教育究竟是什么?

100位思想家论教育

[英] 乔伊·帕尔默 /主编

任钟印　诸惠芳 /译

北京市版权局著作权合同登记号：01-2006-4016，01-2006-3945
图书在版编目(CIP)数据

教育究竟是什么？100位思想家论教育/(英)乔伊·帕尔默主编；任钟印，诸惠芳译.—北京：北京大学出版社，2008.11
（北大开放教育文丛）
ISBN 978-7-301-14346-9

Ⅰ.教… Ⅱ.①帕… ②任… ③诸… Ⅲ.教育思想-思想史-研究-世界 Ⅳ.G40-091

中国版本图书馆CIP数据核字(2008)第160555号

Fifty Major Thinkers on Education：From Confucius to Dewey 1st Edition/Edited by Joy A. Palmer.
ISBN: 9780415231268
Fifty Modern Thinkers on Education：From Piaget to the Present 1st Edition/Edited by Joy A. Palmer.
ISBN: 9780415224093

Copyright © 2001 by Routledge.
Authorized translation from English language edition published by Routledge, an imprint of Taylor & Francis Group LLC. All rights reserved.
本书原版由Taylor & Francis出版集团旗下Routledge出版公司出版，并经其授权翻译出版。版权所有，侵权必究。
Peking University Press is authorized to publish and distribute exclusively the Chinese (Simplified Characters) language edition. This edition is authorized for sale throughout Mainland of China. No part of the publication may be reproduced or distributed by any means, or stored in a database or retrieval system, without the prior written permission of the publisher.
本书中文简体翻译版授权由北京大学出版社独家出版并限在中国大陆地区销售。未经出版者书面许可，不得以任何方式复制或发行本书的任何部分。
Copies of this book sold without a Taylor & Francis sticker on the cover are unauthorized and illegal.
本书封面贴有Taylor & Francis公司防伪标签，无标签者不得销售。

书　　名：	教育究竟是什么？100位思想家论教育
著作责任者：	〔英〕乔伊·帕尔默　主编　任钟印　诸惠芳　译
责任编辑：	刘军
标准书号：	ISBN 978-7-301-14346-9/G·2464
出版发行：	北京大学出版社
地　　址：	北京市海淀区成府路205号　100871
网　　址：	http://www.jycb.org　http://www.pup.cn
电子邮箱：	zyl@pup.pku.edu.cn
电　　话：	邮购部 62752015　发行部 62750672　编辑部 62767346 出版部 62754962
印　刷　者：	北京虎彩文化传播有限公司
经　销　者：	新华书店
	890mm×1240mm　A5　22印张　490千字
	2008年11月第1版　2020年2月第9次印刷
定　　价：	68.00元

未经许可，不得以任何方式复制或抄袭本书之部分或全部内容。
版权所有，侵权必究
举报电话：010-62752024　电子邮箱：fd@pup.pku.edu.cn

作者简介

安德森(James D. Anderson):美国阿巴纳-香槟伊利诺伊大学教育学院教授,教育政策研究系主任。

阿普尔(Michael W. Apple):美国威斯康星-麦迪逊大学课程与教学、教育政策研究系约翰·巴司克姆(John Bascom)教授。

阿季奇维利(Alexander Ardichvili):美国阿巴纳-香槟伊利诺伊大学教育学院人力资源教育系助理教授。

贝克尔(Eva L. Baker):美国洛杉矶加利福尼亚大学教育教授。

巴托(G·R. Batho):英国德拉姆大学(Durham)教育专业荣誉教授。

伯尔金(David A. Bergin):美国俄亥俄州托利多大学教育心理学教授。

布利(William L. Bewley):美国洛杉矶加利福尼亚大学全国评价、标准和学生考试研究中心助理主任。

邦尼特(Michael Bonnett):英国剑桥大学霍默顿学院教育学高级讲师。

布雷格(Debra D. Bragg):美国阿巴纳-香槟伊利诺伊大学教育学院副教授。

布雷斯勒(Liora Bresler):美国阿巴纳-香槟伊利诺伊大学课程与教学教授。

伯布利斯(Nicholas C. Burbules):美国阿巴纳-香槟伊利诺伊大学教育政策研究系教授。

卡伦(Eamonn Callan):美国(加利福尼亚)斯坦福大学教育学教授。

陈舒纳(Shunah Chung):韩国首尔苏克明(Sookmyung)大学讲师。

伺则克(Gregory J. Cizek):美国北卡罗来纳大学教育测量和评价副教授。

克拉克(James A. Clarke):英国德拉姆大学哲学系博士生。

库帕(David E. Cooper):英国德拉姆大学哲学教授。

迪克尔森(Adam B. Dickerson):澳大利亚国立大学社会科学研究系哲学研究计划研究会员。

多布斯(Stephen Mark Dobbs):伯纳德·奥谢尔基金会执行副主席,美国旧金山州立大学文史哲学兼职教授。

杜大(Krishna Dutta):英国伦敦自由学者。

艾斯纳(Elliot W. Eisner):美国斯坦福大学教育学教授和艺术教授。

艾利斯(Nancy C. Ellis):美国佛蒙特大学教育专业研究教授。

范伯格(Walter Feinberg)：美国阿巴纳-香槟伊利诺伊大学教育学院教授。
范伯格(Eleanor Feinberg)：美国伊利诺伊州私人开业注册心理学家，专攻自我心理学。
费兹帕特里克(P. J. FitzPatrick)：英国德拉姆大学哲学系荣誉高级讲师。
菲茨-吉本(Carol Taylor Fitz-Gibbon)：英国德拉姆大学教育学教授，课程、评估和管理中心主任。
弗林德斯(David J. Flinders)：美国布卢明顿印第安纳大学教育学院副教授。
加伯德(David A. Gabbard)：美国北卡罗来纳州(格林维尔)东卡罗来纳大学教育学院副教授。
干丁(Luís Armando Gandin)：巴西南里奥格兰德联邦大学教育社会学教授。
加德纳(Howard Gardner)：美国哈佛大学教育研究生院教授。
古德森(Ivor F. Goodson)：英国东英吉利大学教育应用研究中心教授。
格罗斯曼(Pam Grossman)：美国斯坦福大学英语教授。
哈格里夫斯(Andrew Hargreaves)：加拿大多伦多大学国际教育改革中心两主席之一，教授。
哈利斯(Violet Harris)：美国伊利诺伊大学教育学院教授。
哈特(Thomas E. Hart)：英国德拉姆大学哲学系博士生。
西格尔(Siegel, Harvey)：美国迈阿密大学哲学教授。
欣谢尔伍德(Robert Hinshelwood)：伦敦精神分析学家，英国艾塞克斯大学精神分析研究中心兼职教授。
霍布森(Peter Hobson)：澳大利亚新英格兰大学教育研究学院副教授。
休斯(Martin Hughes)：英国布里斯托尔大学教育研究生院教授。
胡森(Torsten Husén)：瑞典斯德哥尔摩国际教育研究会名誉教授。
海波利托(Álvaro Moreira Hypolito)：巴西佩洛塔斯联邦大学教育学教授。
英巴(Dan Inbar)：以色列耶路撒冷希伯莱大学教育学院教授。
约翰尼森(Ingólfur Ásgeir Jóhannesson)：冰岛阿克雷里大学教育学副教授。
奈特(David Knight)：英国德拉姆大学哲学教授。
科恩哈伯(Mindy L. Kornhaber)：美国宾夕法尼亚州立大学助理教授，哈佛大学民权项目校外研究员。
库钦克(K. Peter Kuchinke)：美国阿巴纳-香槟伊利诺伊大学教育学院人力资源教育助理教授。
拉内(Frankie S. Laanan)：美国阿巴纳-香槟伊利诺伊大学教育学院助理教授。
来尔德(Susan Laird)：美国俄克拉荷马大学教育主管和政策研究系副教授。
莱文(Tamar Levin)：以色列特拉维夫大学教育学教授。

作者简介

利伯曼（Ann Lieberman）：卡耐基改进教学基金会高级学者，美国（加利福尼亚）斯坦福大学访问教授。

马丁（Jane Roland Martin）：美国波士顿马萨诸塞大学荣誉哲学教授。

麦克劳克林（Terence H. McLaughlin）：大学教育学高级讲师，英国剑桥大学圣埃德蒙兹学院特别研究生。

芒克（Ray Monk）：英国南安普顿大学哲学教授。

莫里森（Keith Morrison）：澳门高等校际学院教育学教授

诺丁斯（Nel Noddings）：美国斯坦福大学荣誉李·杰克教育专业教授，哥伦比亚大学师范学院哲学与教育教授。

奥哈根（Timothy O'Hagan）：英国东英吉利大学经济与社会研究系哲学教师。

奥希尔（Antony O'Hear）：英国布拉福德大学哲学教授。

伊尔克尔（Jürgen Oelkers）：瑞士苏黎世大学教育研究所教授。

奥尔森（David R. Olson）：教授，加拿大安大略多伦多大学大学学院和语言学系交叉任命的应用认知科学中心主任。

奥斯本（Margery D. Osborne）：美国阿巴纳-香槟伊利诺伊大学教育学院课程与教学系副教授。

帕尔默（Joe A. Palmer）：英国德拉姆大学教育专业教授，前副校长。

裴布尔尼克（Jaroslav Peprnik）：捷克奥洛穆茨市帕拉基大学英美研究系教授。

彼得斯（Michael Peters）：苏格兰格拉斯哥大学教育系教育学教授，新西兰奥克兰大学教育学院教授。

皮克仁（William Pickering）：英国牛津大学社会与文化人类学研究所不列颠涂尔干研究中心秘书长。

波普凯威茨（Thomas S. Popkewitz）：美国麦迪逊威斯康星大学课程和教学系教授。

波斯尔思韦特（T. Neville Postlethwaite）：德国汉堡大学教育学名誉教授。

普拉萨德（Devi Prasad）：印度新德里教育家、艺术家和世界和平工作者，印度维司瓦·巴拉地（Visva Bharati）访问教授。

拉克（Henry Rack）：英国曼彻斯特大学前神学高级讲师。

瑞吉威（Jim Ridgway）：英国德拉姆大学教育专业教授。

罗宾逊（Andrew Robinson）：《泰晤士报》高等教育副刊文学编辑。

罗威（Christopher J. Rowe）：英国德拉姆大学希腊文教授和利维昂姆研究教授。

拉塞尔（Joan Russell）：加拿大麦吉尔大学教育系副教授，音乐教育主任。

塞拉尼（Connie Leean Seraphine）：美国伊利诺伊州芝加哥市美国福音路德派教

会首召神学教育主持人。

塞维拉（Diego Sevilla）：西班牙格拉纳达大学教育系教授。

沈剑平（Jianping Shen）：美国西密歇根大学教学-学习和领导系副教授。

史密斯（Louis M. Smith）：美国圣路易市华盛顿大学教育系荣誉教授。

史密斯（Richard Smith）：英国德拉姆大学教育专业教授。

史密斯（Leslie Smith）：英国兰开斯特大学教育研究系心理学和发展认识论教授。

司台梯希（Danal Malhas Steitich）：约旦阿曼约旦大学教育科学系教授。

斯塔查尔（Dana L. Stuchul）：美国肯塔基比里学院教育研究系助理教授。

塔维尔（Hani A. Tawil）：约旦阿曼约旦大学教育科学系教授。

台特保木（Kenneth Teitelbaum）：美国肯特州立大学，教学、领导和课程研究系教授、系主任。

汤普逊（Christine Thompson）：美国宾夕法尼亚州立大学教育专业副教授。

桑顿（Stephen J. Thornton）：美国哥伦比亚大学师范学院副教授。

托尔（Carlos Antonio Torre）：美国南康涅狄格州立大学教授，耶鲁大学研究员。

特洛勒尔（Daniel Tröhler）：瑞士苏黎世大学教育学院高级助理。

土费克西（Aysel Tufekci）：美国伊利诺伊大学研究生。

尤尔麦彻（P. Bruce Uhrmacher）：美国科罗拉多丹佛大学教育学院副教授。

维拉里尼（Jusino Angel Villarini）：波多黎各大学哲学教授。

瓦尔什（Daniel J. Walsh）：美国伊利诺伊大学教育学院幼儿教育副教授。

韦斯特伯里（Ian Westbury）：美国阿巴纳-香槟伊利诺伊大学课程与教学系教授。

怀特（John White）：英国伦敦大学教育研究所教育哲学教授。

维力斯（Arlette Ingram Willis）：美国伊利诺伊大学教育学院副教授。

瓦恩伯格（Sam Wineburg）：美国西雅图华盛顿大学历史系教授。

曾拜拉斯（Michalinos Zembylas）：美国密歇根州立大学教师教育系助理教授。

前　言

　　本书的意图是为读者提供一套有价值的、有吸引力的资料,它所关注的是"有影响的人"及其重要思想、行为和已经影响到教育领域的政策和实践的更为晚近的研究,考虑到了从古至今对教育思想和教育实践的各种影响。上卷考察了从孔子时代到杜威时代50位人物的生平和影响,下卷从前一卷终止的时间起继续考察从皮亚杰到当代的另外50位人物的贡献。

　　每一卷和每一篇文章都遵循共同的版式。每篇文章的开头有一段引文,然后为读者提供该研究对象的工作概要和基本传记资料。各篇作者随后进行批评性的考察,目的是阐明该研究对象思想的影响、重要性或革新的性质,必要时还阐明他的研究和行事。换言之,作者们远非单纯的描述,而是讨论了每位人物的生平、思想和著作所产生的理智上和实践上的结果的性质,或他(她)现在对我们的教育理解和实践正在产生的结果。

　　每篇文章的末尾为有兴趣的读者提供了更进一步详细研究的资料。首先是文内提到的注释数码的相关参考资料,其次是与本篇研究对象的思想影响明显有关联的这两本书中其他研究对象的相互参照资料,再次是本篇研究对象的主要著作目录(适用的),最后是为打算更深入研究本课题的读者提供的资料目录。

　　在编纂这本书时,最大的困难是最后确定要包括进去的这100位论教育的思想家的名单。怎样才能在如此宽广的教育领域里从两千年以上的思想史中选出这100人呢?不可避免的是,由于篇幅不够的明显原因而被遗漏的那些有影响的人的建议和思想多得要把我的编辑顾问和我自己淹没了。最终确定的这100位研究对象包括一些很明显的"大名鼎鼎的人",如柏拉图、杜威、卢梭,以及名声没有那么大但仍然有影响的人。在选定名单时,我们的目的是要在教和学的宽广而复杂的领域内包括众多的范围:哲学、心理学、幼儿教育、测验、评价等等的思想。更重要的是,我们要着重指出,这本书肯定不是详尽无遗的。正如前面所指出的,我们对研究对象的选择证明是极端困难的。此外,这本书肯定不敢自认为是对世界知名的100位教育思想家的生平的概括。我们相信,进入这个目录中的人之中,有一些人对教育思想和教育实践的世界影响是有争议的。但是,更重要的是,本书中所包括的所有人都以某种形式对教育思想作出了实质性贡献。我们希望有些读者能从本书中获得巨大的收获和快乐,因为它为读者提供了以前所不知道的人物的生平事迹。总之,对那些乐于更多地了解过去和现在曾影响到世界各国人民关于知识和教育思想的个人的生平事迹的那些人,我希望本书能使他们感兴趣。

乔伊·帕尔默

目 录

作者简介 …………………………………………………… (1)
前言 ………………………………………………………… (1)

上 卷

001　孔子（Confucius）………………………………… (3)
002　苏格拉底（Socrates）…………………………… (7)
003　柏拉图（Plato）………………………………… (13)
004　亚里士多德（Aristotle）………………………… (19)
005　耶稣（Jesus）…………………………………… (26)
006　奥古斯丁（Saint Augustine）…………………… (32)
007　阿尔-伽扎利（Al-Ghazzali）…………………… (38)
008　伊本·图发义尔（Ibn Tufayl）………………… (44)
009　伊拉斯谟（Desiderius Erasmus）……………… (48)
010　夸美纽斯（Jan Amos Comenius）……………… (55)
011　洛克（John Locke）…………………………… (60)
012　威斯利（John Wesley）………………………… (66)
013　卢梭（Jean-Jacques Rousseau）………………… (73)
014　康德（Immanuel Kant）………………………… (79)
015　裴斯泰洛齐（Johann Heinrich Pestalozzi）……… (84)
016　沃尔斯顿克拉芙特（Mary Wollstonecraft）…… (90)
017　费希特（Johann Gottlieb Fichte）……………… (95)
018　洪堡（Wilhelm von Humboldt）………………… (103)
019　黑格尔（Georg Wilhelm Friedrich Hegel）……… (109)

020	赫尔巴特（Johann Friedrich Herbart）……	（116）
021	福禄倍尔（Friedrich Wilhelm Froebel）……	（122）
022	纽曼（John Henry Newman）……	（129）
023	密尔（John Stuart Mill）……	（135）
024	达尔文（Charles Darwin）……	（141）
025	拉斯金（John Ruskin）……	（149）
026	斯宾塞（Herbert Spencer）……	（155）
027	阿诺德（Matthew Arnold）……	（159）
028	赫胥黎（Thomas Henry Huxley）……	（165）
029	阿尔科特（Louisa May Alcott）……	（171）
030	巴特勒（Samuel Butler）……	（179）
031	莫朗特（Robert Morant）……	（186）
032	霍斯托斯（Eugenio María de Hostos）……	（190）
033	尼采（Friedrich Nietzsche）……	（199）
034	比奈（Alfred Binet）……	（205）
035	涂尔干（Émile Durkheim）……	（211）
036	库帕（Anna Julia Haywood Cooper）……	（216）
037	杜威（John Dewey）……	（226）
038	亚当斯（Jane Addams）……	（232）
039	施坦纳（Rudolf Steiner）……	（238）
040	泰戈尔（Rabindranath Tagore）……	（244）
041	怀特海（Alfred North Whitehead）……	（250）
042	雅克-达尔克罗兹（Émile Jaques-Dalcroze）……	（261）
043	杜波伊斯（William Burghardt Du Bois）……	（269）
044	甘地（M. K. Gandhi）……	（278）
045	蒙台梭利（Maria Montessori）……	（284）
046	罗素（Bertrand Russell）……	（290）
047	桑戴克（E. L. Thorndike）……	（295）
048	布伯（Martin Buber）……	（302）
049	奥尔特加-加塞特（José Ortega y Gasset）……	（308）
050	伯特（Cyril Lodovic Burt）……	（314）

下　卷

051　尼尔（A. S. Neill） …………………………………（323）
052　艾萨克斯（Susan Isaacs） …………………………（330）
053　拉格（Harold Rugg） …………………………………（336）
054　维特根斯坦（Ludwig Wittgenstein） ………………（342）
055　海德格尔（Martin Heidegger） ………………………（352）
056　里德（Herbert Edward Read） ………………………（358）
057　维果茨基（Lev Semyonovich Vygotsky） …………（365）
058　皮亚杰（Jean Piaget） ………………………………（370）
059　奥克肖特（Michael Oakeshott） ……………………（378）
060　罗杰斯（Carl Rogers） ………………………………（383）
061　泰勒（Ralph Winifred Tyler） ………………………（389）
062　斯金纳（Burrhus Frederic Skinner） ………………（394）
063　布劳迪（Harry Broudy） ……………………………（401）
064　韦伊（Simone Weil） …………………………………（408）
065　施瓦布（Joseph J. Schwab） ………………………（413）
066　克尔（Clark Kerr） ……………………………………（420）
067　布卢姆（Benjamin S. Bloom） ………………………（429）
068　布鲁纳（Jerome S. Bruner） ………………………（434）
069　胡森（Torsten Husén） ………………………………（442）
070　克隆巴赫（Lee J. Cronbach） ………………………（449）
071　坎贝尔（Donald Thomas Campbell） ………………（453）
072　格林（Maxine Greene） ………………………………（461）
073　彼得斯（Richard Stanley Peters） …………………（468）
074　古德莱德（John I. Goodlad） ………………………（473）
075　弗莱雷（Paulo Freire） ………………………………（480）

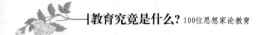

076	萨拉森(Seymour B. Sarason)	············	(486)
077	谢弗勒(Israel Scheffler)	············	(497)
078	利奥塔(Jean-François Lyotard)	············	(504)
079	克雷明(Lawrence A. Cremin)	············	(511)
080	伯恩斯坦(Basil Bernstein)	············	(520)
081	福柯(Michel Foucault)	············	(530)
082	唐纳森(Margaret Donaldson)	············	(537)
083	伊里奇(Ivan Illich)	············	(544)
084	科尔伯格(Lawrence Kohlberg)	············	(553)
085	赫斯特(Paul Heywood Hirst)	············	(559)
086	杰克逊(Philip Wesley Jackson)	············	(567)
087	马丁(Jane Roland Martin)	············	(572)
088	诺丁斯(Nel Noddings)	············	(580)
089	哈贝马斯(Jürgen Habermas)	············	(587)
090	贝莱特(Carl Bereiter)	············	(598)
091	布迪厄(Pierre Bourdieu)	············	(604)
092	波兹曼(Neil Postman)	············	(610)
093	赛泽(Theodore R. Sizer)	············	(619)
094	艾斯纳(Elliot Eisner)	············	(627)
095	怀特(John White)	············	(634)
096	舒尔曼(Lee S. Shulman)	············	(640)
097	阿普尔(Michael W. Apple)	············	(648)
098	加德纳(Howard Gardner)	············	(659)
099	吉鲁(Henry Giroux)	············	(668)
100	达林-哈蒙德(Linda Darling-Hammond)	············	(675)

译后记 ············ (682)

上 卷

孔 子
(Confucius, 551—479 BCE)

> 好仁不好学,其蔽也愚;好知不好学,其蔽也荡;好信不好学,其蔽也贼;好直不好学,其蔽也绞;好勇不好学,其蔽也乱;好刚不好学,其蔽也狂。①

孔子(Confucius)这个名字是孔丘的拉丁文拼写。孔是姓,丘是名,人们通常尊称他为孔夫子。"夫子"的意思是"老师"。孔子出生在一个破落的贵族家庭。他的父亲是一个低级别的军官。据说,孔子3岁时,父亲就去世了。孔子甚至不知道父亲葬在何处。

孔子19岁结婚。他曾担任公职仓库管理员,后来又担任过园林和畜牧管理员。他在大约30岁时(公元前522年)建立了一所私学,并因为精于"礼"而逐渐成名。以后他利用自己的威望涉足政治舞台,曾成为鲁国以及邻近诸国的国王和贵族的顾问。他的政治抱负是恢复"周礼",那是500年以前西周王朝建立者周王所建立的政治和宗教制度。

孔子在50岁时(公元前502年)成为鲁国的一位官员。大约一年以后,他成为司空(司法大臣)。他组织了一次削弱三家贵族集团的战役。战役失败了,他从此丧失了在鲁国的政治前程。以后,他成了在各邻国周游的政治流亡者达14年。直到现担任高官的他以前的一个学生帮助他在鲁国重新定居下来,那时他60岁。他死前的最后5年是他的私学最繁荣的时期。在生前,他所建立的私学招收过3000学生。公元前479年,孔子去世,享年73岁。

没有任何可靠的证据证明孔子本人亲手所写的著作,然而史学家们大都同意,孔子的哲学观和教育观除其他著作外都记载在所谓"四书"——《论语》、《孟子》、《大学》、《中庸》——中。在20世纪以前的中国社会,这四部经典被列入那些打算参加遴选帝国政府官员的科举考试的人必读的教科书。在"四书"中,在孔子死后由他的学生编纂的《论语》是孔子与学生和时人交谈的记录,包括很多他的重要言论。现代史学家都同意《论语》是孔子言行的最可靠的记载。所以,下面的论述将倚重于《论语》。

孔子教育思想的心理学基础是人在出生时人性是中性的。他说,"性相近也,习相远也"。②由于人在出生时,人性是中性的,因此包括教育在内的环境在年轻人的培养中起着重要作用。据说,孟母三迁其居,以便找到一个培养儿子的良好环境。孔子死后大约100年,孟子成了孔子学说的重要发言人。

孔子的私学曾因它同样为精英和普通人提供教育机会而受到赞扬。他说,"有教无类"③,又说,"自行束脩以上,吾未尝无诲焉"。④尽管关于"束脩"(一束干肉)在当时的价值以及他的私学向所有人开放的程度,还存在一些争论。《论语》中提到的曾与孔子交谈过的学生的确来自各种社会背景。

然而,对于精英和对于普通人,教育目的似乎是不同的。他说,"君子学道则爱人,小人学道则易使也"。⑤这里的"君子"代表出身贵族的孩子,而"小人"则是普通平民的孩子。所以,对于来自不同社会背景的人,似乎有不同的教育目的。尽管他关于教育机会的观念主要是维持现状,他的学生中几个出身贫寒的杰出学生的确成了政府中的重要官员。孔子说,"仕而优则学,学而优则仕"⑥,这种读书做官的观念成了后世科举考试的主要理由。

孔子十分专注于教学,有许多经文是与他的教学方法和教育内容有关的观点和实践。孔子注意学生的个性特点。《论语》记载有孔子评论他的学生的个性差异,并对他们适合于从事各种不同的工作提出建议。他自己说,"中人以上,可以语上也,中人以下,不可语上也"。⑦

孔子希望他的学生成为自动的、积极的学习者。他说,"不愤不启,不悱不发。举一隅不以三隅反,则不复也"。⑧根据这段引文,孔子要求他的学生在学习中发挥主动性。他们应当渴求学习,为学习投入全身心。学生在学习任何事物时,孔子要求他们能从事物中得出中肯的结论。

在教育内容方面,孔子有点轻视实际知识。《论语》中有下列记载:"子曰,兴于诗,立于礼,成于乐。"⑨除其他著作外,孔子使用所谓"五经"——《诗经》、《书经》、《礼记》、《易经》、《春秋》——作为主要的教材。孔子的学生之一樊迟请学稼,孔子答复说,"吾不如老农",

当樊迟请学圃时,孔子说,"吾不如老圃"。樊迟离开以后,孔子批评樊迟胸无大志。⑩他所注重的是学习经典,而不是获得实际知识。这种侧重对中国教育史也有着重大影响。在科举考试年代,考试科目几乎全是以经书为基础。

除智育外,在孔子的教育理论和实践中,道德教育也起着重要作用。他的一个学生评论说,"子以四教:文、行、忠、信"。⑪后面三项属于道德教育。根据孔子的伦理学说,"仁"是最高的美德和一切美德的总和。而且它在我们的日常生活中在很多方面表现出来。例如,孔子说,"克己复礼"⑫,"仁者己欲立而立人,己欲达而达人"⑬,"仁者先难而后获"。⑭

孔子强调在日常生活中一个人对待父母和他人时"仁"的重要性。他说,"其身正,不令而从;其身不正,虽令不从"。⑯在《论语》的另一处,他说了同样的话,"苟正其身矣,于从政乎何有?不能正其身,如正人何"。⑰

孔子和他的后继者总体上对中国社会特别是对教育产生了重大影响。在许多东亚国家和东南亚国家也可以感受到这种影响。尽管历史上儒家有过起落,儒家的学者在社会上以及在政治领域仍享有重要威望。在有些朝代,只有儒家的学者能对政治领导人进谏,这种现象被称为"罢黜百家,独尊儒术"。

至于儒家对中国社会的影响,下面两点最为明显。首先,孔子提出的许多传统价值观,诸如孝顺、尊敬长上、中庸,仍然在中国人的生活中起着重要作用。其次,孔子和他的后继者重视教育和学习,在中国和许多其他邻国仍然能感受到这种传统。

至于儒家对教育的影响,下述几点是最重要的。首先,"仕而优则学,学而优则仕"⑱的原则曾经指导中国的教育。这条原则和由此推论出的读书做官的观念成了以个人成绩的基础遴选官员的科举考试制度的辩护理由。这一制度一直存在到1905年。为了造就最有才能的、最有高尚道德的统治者,孔子主张所有人都要受教育,而不论其社会阶级如何。他是平民教育的先行者。

其次,儒家学派写作了大量学术著作,它们成为许多世纪中主要的教材,直到1905年废止科举考试制度。没有任何可靠的证据说明《论语》是孔子自己亲笔所写。据说孔子编纂了五经之一的《诗经》。然而儒家的正统经典例如《四书》、《五经》成了准备科举考试的基本教科书。由于孔子全力注重于经书,竟至完全忽视实际和科学知识,孔子和他的后继者受到了批评,因为他们阻碍了中国科学技术的进步。

再次,孔子教育目的更为注重的是社会的发展而不是个人的发展,他所提出的道德价值最终是为了从政和规范社会关系。孔子为他的学生提出了一条发展的路径——修身、齐家、治国、平天下。所以,真正的重点乃在于教育的社会目标,而不是个人目标。强调社会方面往往与教育的工具目标有关,运用教育作为手段去达到教育本身以外的目的。训练忠于政府的才能之士,是官方儒家教育的基本原则。教育目的的工具功能仍然是中国现代教育中最严重的问题之一。

注　释

①②⑤《论语·阳货》。
③《论语·卫灵公》。
④⑧⑪《论语·述而》。
⑥⑱《论语·子张》。
⑦⑬⑭《论语·雍也》。
⑨《论语·泰伯》。
⑩⑯⑰《论语·子路》。
⑫⑮《论语·颜渊》。

其他参考书

没有可靠的证据指出孔子本人所写的著作。读者可以查阅下列资料以进一步学习孔子的一般思想,特别是教育观点和实践。

① Cheng, M., *A Study of the Philosophy of Education of Confucius and a Comparison of the Educational Philosophies of Confucius and John Dewey*, Laramie, Wyoming: University of Wyoming, 1952.　② Huang, C., *The Analects of Confucius (Lun Yu). A Literal Translation with an Introduction and Notes*, Oxford: Oxford University Press, 1997.　③ Mayer, F., "Confucius," in *The Great Teachers*, New York: The Citadel Press, pp. 35 – 43, 1976.　④ Tong, K. M., *Educational Ideas of Confucius*, Taipei: Youth Book Store, 1970.　⑤ Zhu, W., "Confucius and Traditional Chinese Education: An Assessment," in R. Hayhoe (ed.), *Education and Modernization: The Chinese Experience*, Oxford: Pergamon Press, pp. 3 – 21, 1992.

沈剑平

苏格拉底

(Socrates, 469—399 BCE)

未经省察的人生没有价值

上面这句题词是在柏拉图的《申辩篇》①中苏格拉底说的。《申辩篇》是导致苏格拉底定罪并被判处死刑的那次审判会上苏格拉底发言的一篇在很大程度上是虚构的记录。我们不能保证苏格拉底的确说过这句话，或任何其他的话——尤其是不能保证他的确思考过的任何事情，因为他自己没写下任何东西，我们不得不相信确实写作过的人如柏拉图和色诺芬(他们也许是当时两位著作最多的权威作家)的大量往往是互相矛盾的记录。但上面引述的11个字*——柏拉图的原著希腊文只6个字——构成了我们主要从柏拉图的著作②中综合出来的苏格拉底思想的可信度很高的记载中的一个主要部分。因为，从教育理论的观点看，这是使苏格拉底变得特别令人感兴趣的记载——因为，也就是说，这句话将赋予他一个使教育家们特别感兴趣的理论——即令结果证明真实的苏格拉底根本没有这样的理论，我们也有充分的理由将它列入本书的内容(为什么要讨论一个呆滞的人而不讨论一个更光辉的理论)。总之，除了他死而复生之外，对于人们有时所称的"苏格拉底问题"很难作出确切的解答。这里所介绍的也可以代表他的主张(我相信即使不是确定无疑，也有充足的理由假定那就是他的主张)。③

下面是我们似乎知道的关于历史上的苏格拉底的一些事情。他出生在雅典，是索福罗尼克斯(Sophronicus)——可能是一位石匠——和费纳瑞特(Phaenarete)——一位接生婆——的儿子，他曾在多次战役中出色地担任重装步兵，但从未担任过指挥员。他总是避免卷入通常的政治活动，但

---

* 这句话在英文和中文中都是11个字，这是巧合。——译者注

确实担任过一次民主议会的执行委员。这个委员会也代行全体大会的职能。有一次，在轮值担任这个委员会的主席团成员之一时，他触犯众怒，选定坚决与大众的意愿相对抗。但是他也——和平地——在公元前404年冒着生命危险抵制三十僭主的残暴统治。除了服军役，他几乎没有离开过雅典，他一生的大部分时间是用于谈话，也许特别是与年轻人谈话。他以不信神的罪名——或者更明确地说是不信城邦的神而是相信其他的神以及败坏青年而受到审判。他被判死刑并被执行。他留下妻子和年幼的孩子。

在现代人的论述中，人们往往把苏格拉底与一种特殊的教学观相联系；这种教学观以问题为基础，并不直接传授知识，而是允许学生自己去认识真理。事实上，柏拉图笔下的苏格拉底典型地根本否认自己是教师。他一无所知，所以，他没有任何知识可以传授给任何人；如果他比别人聪明些，那是因为他知道自己的无知，因而认识到他需要学习知识。因此，他到处走访，向别人提出问题，指望（他自己如此说）能找到能拥有苏格拉底自知并不拥有的知识的人。但是，结果是，他所提问的人之中竟没有人能证明自己知道任何值得知道的事情，除非是从事某种特殊专业的人，如鞋匠、医生。所以，他的行为的全部成功就在于向他自己、也向别人表明，如果他打算一本正经地倾听别人，别人却并不知道自以为知道的事情。然而，这往往有一种或暗或明的吸引力，吸引着刚刚自我认识的人继续和苏格拉底一道进行探讨，这就的确有点像我们对苏格拉底方法的奇想——唯一的区别在于，我们把苏格拉底方法理解为，假定存在着有待学习的最后真理，如果有人要求，我们通常可以将这些真理一一列举出来。与此相反，苏格拉底不仅口头上说他一无所知，而且也是这样做的；他不仅仅等待别人跟上他的思路，用假定的中性的问题将他推向正确的方向，而且他自己也参加到探讨中去。（事实上我们的确发现柏拉图笔下的苏格拉底赞同将教育理解为使灵魂转向——确切地说是灵魂皈依——真理，但这是与把学习看做探讨的观念完全一致的，这主要是用来强调一种观点，即认为似乎在我们之外存在着真理等待着我们去发现这一苏格拉底式的观点。）

然而，这远不是苏格拉底的主张的全部，它是所需加以补充的更令人感兴趣的部分。苏格拉底可能对任何事情都知之不多，但确实存在着大量他相信并相信得很执著的事情。他所相信的这样的事情之一就是通过推理对事物作出结论的重要性。当然,这可能是我们直接从关于未经审察的生活的命题推演而来。但我们可能要反驳说,那种说法有点过于极端——如果生活是未经省察的(unexamined),为什么这种生活就是不宜过的生活呢?我们有大量的人事实上过的就是那种生活,我们自己完全感到自满自足(我们可以说);而且,大多数人确实没有能力理性地审察任何事情,而是让他们的生活听其自然,不去管它。苏格拉底对第二点似乎不怎么感到困扰,因为从总体上看,他似乎准备与任何人交谈(虽然,如果交谈的是年轻人,他显然首先对其有吸引力)。至于第一点,他会直接对它挑战说,如果我们全都需要他为格言④的幸福,要是我们不去认真思考什么是幸福,我们怎能知道我们现在的所作所为是不是对幸福有作用呢?

"我们全都需要幸福",对苏格拉底来说,它就是对驱动我们所有人的善的期望——我们自己的善(good)——这就是说,他是一个"心理学上的自我主义者",他相信,实际上驱动我们的东西往往是对我们自己的幸福的期望。但苏格拉底牌号的自我主义是一种特殊的自我主义。鉴于自我主义直接意味着自私自利,而苏格拉底所理解的——他所深信的——作为动因(任何动因)的善,事实上最终都包括对别人的关心。所以,举例说,在他关于善的生活的概念中,他赋予正义和其他美德以重要地位。他反复坚持说(这也是柏拉图笔下的苏格拉底),除了正义的事以外,一个人不应做任何事——虽然,当环境要求时,人也应当有限度地、怀着对诸神的崇敬等等,勇敢地行动。这已经意味着捍卫别人的权利(如我们所已指出的)的绝对义务,或者在环境需要时,为朋友和同胞而赴死。他自己的行为也说明了对他人福利的密切而直接的关怀。他的哲学研究不仅仅是为了关心他自己的灵魂——不管他所理解的灵魂是什么——而且也是为了别人的灵魂,即是说,他与之进行哲学探讨的那些人的灵魂⑤。

"关心灵魂"——似乎主要是指不要被所谓"身体上的"即肉体上的快乐的明显诱惑所误导。⑥在这里,正义再一次受到注意:专心致志地追求这种肉体上的快乐——一种更低劣的自我主义——这就意味着,如果别人挡道时,就要准备践踏别人。苏格拉底的回答是,即使得到的回报是非正义,也永远不要非正义地对待别人;在任何情况下,永远不要伤害任何人。因此,在极端的情况下,苏格拉底宁可准备赴死,也不愿意——如他所说——选择从监狱逃跑以躲避法庭的定罪,因而伤害城邦和法律。但是他之所以这样做的理由不是出于任何对"道德价值"的考虑,相反,他把它看做是一个单纯的对他来说什么是善的问题;对他来说,最好的事情就是忍受法庭的判决,不管它多么不公正,而不是损害他的城邦(他与城邦的纽带联系不亚于与父母的纽带联系)。[7]这就是说,正义就是知道对个人来说,什么是善,什么是恶,在某种情况下,这可能意味着损害别人——正如勇敢就是知道在关系到个人的安全和防护的问题上什么是善,什么是恶;节制或自我克制在有关食物、饮料、性等等方面知道什么是善,什么是恶。

于是,按照苏格拉底的两个似非而可能是的说法,"一切美德归于一"[8],因为"美德即知识"。正是这第二个断语使我们也许接触到了苏格拉底的主张的核心。这个断语等于说,对于"合乎德性的行为"来说,我们应该知道什么对我们是善的,什么对我们是恶的,这不仅是必需的而且是"充足的"条件。如果我们知道对我们什么是最好的,我们就只能循此而行动。这是为了一个单纯的理由:即我们所有的人,也只有我们所有的人渴求我们自己的幸福。如果我们知道什么事有助于达到那个目的,那就——除了外来的强迫——什么东西也不能阻止我们那样做。所以,苏格拉底特别强调研究哲学的重要性,特别强调与任何一个我们能找到与之交谈的人谈论一个十分紧要的问题:我们应当怎样生活以及在当前情况下我们应当怎样行动。[9]

这种主张的最特别之处——从构建教育理论的角度看,最令人感兴趣之处——是,它没有给我们大多数人赖以长大成人并往往予以认可的那种"非理性的自我"这个概念留下任何余地。这就是说,尽管在我们身上生来就有各种各样的冲动(饮食、性、形成亲密的关系等等),在我们身上没有什么东西——柏拉图自己所指出的那种东西——与理性本身相抗衡并促使我们的行为与我们的理性确定对我们最有益的方向,(即是说,理性确定与对善的普遍渴望相一致的方向)背道而驰。于是,有苏格拉底第三句似非而可能是的命题,即没有人自愿做错事,或没有人志愿走错路。[10]柏拉图给了我们双重的灵魂,它由理性和非理性组成(后者又通常被分为二),一旦我们有了我们感到遗憾的行为时,双重的灵魂就容许呼喊出"我不知道被什么鬼抓住了","我本来就知道我就是不应该做那种事";我们的更严肃的自我告诉我们不要那样做,但是我们内在的兽性却起而压倒理性。(后来的哲学家于是不得不提出"意志"的概念作为理性与非理性冲突时的调节者。)苏格拉底嘲笑这样的呼喊;如果我们是按照自己的意愿做某事,那就是我们确定对我们最有益的事。因此,这就是,透彻地思考事物、哲学、苏格拉底式的辩证法就具有头等重要的意义。

事实上,如果我们要改变行为,它们(指上述彻底地思考事物、哲学、苏格拉底式辩证法——译者注)就是有关的最合适的事情。试图用其他方法都是没有意义的,即是说,试图用任何非理性的手段:毒打一顿、威胁、给甜食,或者用柏拉图的著名建议的方式(用苏格拉底的口说出的,也许他是认为对这位老人的观点有所改进),用养成习惯的方法"训练欲望"——让儿童鹦鹉学舌地背诵改善了的诗句,给他们讲好听的故事,把他们带到最好的博物馆去参观,总之,是在健全的环境中培养他们长大成人。如果苏格拉底是对的,就绝对没有理由相信上述手段中的任何一种能取得任何效果——除了极其暂时的效果以外:它可能迫使他们服从,或立即停止对事物的思考。但是,如果我们需要一种影响人们行为方式的可靠的方法,除了与他们交谈,并继续与他们交谈以外,就别无他法。

这个理论是人们往往称之为"主智主义"的精确的表述。这一理论是苏格拉底所独有的——如果它真是属于苏格拉底的话(此外,它是主要以另一个人的著作为基础的重构。而且原著作者在某一点上——如果重构是与原著相符的话——一定已经发现这个理论是不能令人满意的)。不管我们是否认为这个理论是似是而非的,它对我们通常的概念,而且对我们关于教育实践的一些通常的设想提出了挑战。按照苏格拉底的意见,如果责备对儿童带来的好处很少,那么,奖励对儿童带来的好处也不会更多。除了与他们说理,并向他们解释为什么我们要他们做的事是对他们有益的(如果真是有益的话),此外别无他法——苏格拉底会想要知道:我们认真思考过这件事吗?

注 释

① Plato, *Apology* 38A.
② 特别是在通常认为的早期著作中(虽然也许不是十分可靠):多数人列入的书目有 *Charmides*, *Hippias Minor*, *Ion*, *Laches*, *Lysis*, *Crito*, *and Euthyphro*, 以及 A-

pology。其他明显包括有苏格拉底的资料有 *Gorgias*, *Meno*, *Protagoras*, *Republic 1*, 以及我相信有 *Symposium*。

③ 关于苏格拉底的其他观点，参见 Xenophon, *Memoirs of Socrates*（道德权威、导师？）; Aristophanes, *Clouds*（科学家，专业演说家）; Vlastos (author of *Socrates: Ironist and Moral Philosopher*) 以及下面"其他参考书"中所列书目——Penner 除外，他笔下的苏格拉底体现的是本文所描写的苏格拉底在哲学上更复杂、更深奥的观点。

④ 参见 *Gorgias* 466A – 468E, *Meno* 77A – 78B。

⑤ 苏格拉底哲学的其他相关方面也许更明显的是在 *Crito* 和 *Symposium*——虽然也许它永远表现在苏格拉底谈话的实践中。

⑥ 特别参见 *Apology* 29D—30D。

⑦ 前面4句多少是 *Crito* 中部分主要论点的意译。

⑧ 如 *Protagoras* 中最后一部分柏拉图终于让苏格拉底发表的论证。

⑨ 在"关于定义的对话"如 *Laches*, *Charmides* 或 *Euthyphro* 中，这通常是暗示而从来没有明说的一种分析(总之，苏格拉底一无所知)。

⑩ "美德即知识"的明显的对应语(恶行即无知)假定是苏格拉底的分析，参见 *Meno* 87Bff., *Hippias Minor* 371E – 373A 及 376B, *Apology* 25D 及 37A。

参　　考

本书中的"柏拉图"。

苏格拉底的主要著作

苏格拉底本人没有写任何东西。苏格拉底的思想主要反映在柏拉图的对话集中。此外，可参考色诺芬的《回忆苏格拉底》。

其他参考书

① Irwin, Terence, *Plato's Ethics*, Oxford：OUP, 1995.　② Kahn, Charles H., *Plato and the Socratic Dialogue：The Philosophical Use of a Literary Form*, Cambridge：CUP, 1996.　③ Kraut, Richard, *Socrates and the State*, Princeton, NJ：Princeton University Press, 1984.　④ Penner, Terry, "Socrates and the Early Dialogues", in Richard Kraut (ed.), *The Cambridge Companion to Plato*, Cambridge：CUP, pp. 121 – 169, 1992.　⑤ ——"Socrates", in Christopher Rowe and Malcolm Schofield (eds), *The Cambridge History of Greek and Roman Political Thought*, Cambridge：CUP, pp. 164 – 189, 2000.　⑥ Santas, G. X., *Socrates：Philosophy in Plato's Early Dialogues*, London：Routledge and Kegan Paul, 1979.

罗威

柏拉图
(Plato, 427—347 BCE)

> 一个受过适当教育的儿童……对任何丑恶的东西,他能如嫌恶臭不自觉地加以谴责,虽然他还年幼,还知其然而不知其所以然。等到长大成人,理智来临,他会似曾相识,向前欢迎,因为他所受的教养,使他同气相求。①

柏拉图(Plato)出生于雅典一个贵族家庭,这个家族中有些成员参加了雅典被斯巴达打败以前曾短期统治这个城邦的三十僭主集团。就凭这种身份,在民主政体恢复、他的老师和朋友苏格拉底在公元前 399 年被判处死刑时,他本来可能会遭到个人危险。柏拉图必定是不得不离开雅典数年,其中有几年是在西西里担任王者的教师和政治顾问。当他第一次访问西西里后回到雅典时,他创建了著名的学园,这是一个吸引了希腊世界各国的年轻人包括马其顿人亚里士多德的哲学团体。柏拉图继续从事写作和教学,直到 80 岁时去世。

柏拉图的哲学著作当首推哲学对话集,其中有 20 多篇被保存下来。有些对话如《会饮篇》和《费得罗篇》,既是杰出的剧作,也是哲学探讨作品。几乎在所有这些对话集中,主要的发言人是苏格拉底,虽然人们大都认为,只有早期对话集中发言者所表达的观点是历史上的苏格拉底的观点。到成熟的对话如《理想国》也许是在公元前 370 年代写成时,苏格拉底成了柏拉图本人观点的代言人。这些观点中最重要的观点也许就是关于"相"(form,或理念,idea,或形式,type)。按照这个观点,最真实的实在是非物质的、抽象的实体(entity)。例如美,在物质世界中可以经验地观察到的具体事项(items)都不过是不完善的摹写(copies)。

然而,柏拉图从来没有离开过他的老师的某些信念。首先,师徒二人都深信,哲学的最重要的任务——的确也是生活的最重要的任务——是道德。只要有道德上是善的生活就是保证幸福,给人带来充实。因为完满的道德的存在需要有对美德、对人性和对真理的理智的理解,因而对他们二人来说,善的生活的一个重要成分就是哲学理性,而且,无论是苏格拉底还是柏拉图,他们所理解的都不是零零碎碎的道德理性,因为"美德是一个整体"(virtue is one),作为它的组成部分的各种不同的美德都必须从它们内在的统一性去把握(普罗泰哥拉篇)。② 这种对统一性的强调,在柏拉图关于明智的哲学家要达到最高形式的知识——即作为可理解的事物、自然和一切其他真正存在的事物的源泉的善的知识——的要求中达到了顶点(《理想国》)。

像在其他问题上一样,柏拉图关于教育的见解给西方哲学史留下了长远的影响。关于教育目的和性质的言论在他的许多对话中都可以见到,例如在《普罗泰哥拉篇》中,苏格拉底向当地有名望的哲学家和其他智者——他们是向注定要从事各种专业的雅典富家子弟收取学费的教师——的可信度提出挑战,因为他们既教人们怎样过正当生活,又以其对待真理和道德的"主观主义"或"相对主义"教育人。又如,在《米诺篇》中有关著名的"奴隶孩子"的部分,主张我们有些知识——肯定地说,至少是数学知识——严格地说,根本不是学来的。相反,"教师"是唤醒(reminding)这个孩子——使他能够回忆起——他已经生来就知道的事情(《费得罗篇》)。柏拉图生动地描绘了肉体出现以前的生命,这时灵魂原来就认识了形式(forms),它没有色彩和形状……但却是完全真实的实在,教师使学生回忆起来的正是这种知识。

人们往往把强调儿童先天认知才能的教育家与"儿童中心"的教育方法联系起来,这是一种允许儿童的理解力自然地生长的"不干涉"方针,这完全是柏拉图在《理想国》中论述的方法,同时,《理想国》是他的最著名的对话,也是主要阐发他的教育思想的一篇对话。既然教育(paidein)确实可以净化并重新点燃"人人都有"的智力器官,如果要让这个器官不致被"损毁"或"陈蔽",对儿童的环境和培养进行严密控制就是必要的(《理想国》)。

《理想国》中用于讨论教育的七十来页篇幅的显然目的就是规定造就将要成为柏拉图在对话中勾勒出轮廓的理想国家统治者的护卫者或哲学

家——国王的教育计划。然而,柏拉图对所描述的理想制度的真正意图还很不清楚,包括作为人们切实渴望的蓝图的教育安排。正如柏拉图的解释,政治讨论的主旨是为个别人或"灵魂"提供一个广泛的类比。因为整个社会在某些方面也类似于个人,对前者的看法既有助于使人们认识到一个人要成为正义的、有道德的人是什么意思,同时也有助于使人们认识到为什么只有这样的人才能真正成功和幸福。在这个类比的核心是将构成这一政体的人们的种类和阶级比喻为个别灵魂或人物的身体的部位(parts)。柏拉图论证说,正如一个繁荣的国家就是其中的每个阶级坚守最适合于它的岗位,因而只有当他或她的每一项才能都没有越出各自应有的范围时,个人才能取得成功。特别是,正如一个社会应由有特殊才能和能合理指导公共事务的人来管理,因而个人的生活应当服从最高的才能——理性的统治。③

于是,关于《理想国》中的教育规定,恰如其分的方法不是作为构建一个政治乌托邦的纲要,而是看做发展个人的道德理性的建议。例如,关于未来护卫者在转向学习辩证法或哲学以前应当学习10年教学科目的建议显然是使一个严肃的论点变得轻松愉快的方法,这个严肃论点就是,数学不仅促进对哲学探究十分必要的抽象的有训练的思维,而且——因为它与非物质的永恒的对象如数有关——这吸引着头脑转向最"绝对的实在",即"相"(form)的领域,(《理想国》)。在柏拉图看来,以数学和辩证法为其主要组成部分的高等教育的目的,不是以知识使人惊异,不是为知识而知识,或获得实际技能,而是为了使灵魂"从朦胧的光线转向真实的日光"(《理想国》)。灵魂转向了的人就会从沉浸于尘世的经验的事物中上升,转向对事物的秩序有明晰的理解。如果没有这种理解,即使他的意见是真实的,也不能成为建立在牢固基础上的知识,只有这种知识才能提供在生活中的有效指导。

然而,柏拉图坚持认为,在高级阶段的教育以前就把年轻人引入这种理性的道德理解是有害的。没有能力领会这样的理解,使儿童自己达到理智成熟的早熟的企图,都只会造成他们对传统智慧的背叛和不尊重。所以,在《理想国》讨论年轻人的教养(culture)和体育的前几部分中,柏拉图辩护说,教育就是训练性格的观念重于一切。④特别是在儿童的幼年时期,那时他"吸收着任何人想要在他们心上铭刻的每一个印象",这时,对儿童的教育环境进行周密管理是必要的,首先是为了抵消包括感官上的嗜好的那些压力,这些嗜好预示着消除与生俱来然而仍然脆弱的对理性的偏好的危险,明确地说,它之所以是必要的,还因为正如在本文开头的引文中所指出的——年轻人必须获得诸如爱好优雅这样的性感上的气质,而这种爱好优雅正是以后领会"理性的美"的前提条件(《理想国》)。在一个很长的时间里,年轻人对于为什么事物是美的、善的,还没有自觉的领悟,这没有什么关系,紧迫的任务是发展一种易于接受甚至渴求启蒙和精神通达的性格。

按照柏拉图的意见,包括音乐和建筑在内的一般的文化形成一种教育环境,因而也有着塑造幼年的可塑的头脑的力量。柏拉图特别注重的焦点是文学、史诗、颂歌和戏剧对性格的影响,它们不仅是雅典教育的主要管道,而且也是在广大民众中传布观念和知识的主要媒介。他批评这些文学中的多数作品,包括对荷马的批评,因为他不敬神,不尊重英雄和伟大人物,正是他们在现代方言中是年轻人的模仿的角色(role-models)。他更严厉地批评一种常有的习惯做法,即让年轻人担任剧中人或朗诵卑下或卑劣的人物,其结果是他们具有了他们所"扮演"的那些人的品格(《理想国》)。在第10卷中,柏拉图将攻击扩大到文学作品:诗人必须几乎毫无例外地从我们的社会中消失,因为他们用影响情绪而不是宣讲理性从事于与哲学的"古老的争论"(《理想国》),只有在伦理上最能振奋人心的那种艺术才允许存在。

柏拉图对待文化教育的这种家长式的态度,成了对他的计划大量进行批判的主要目标,然而这些批评中有很多既犯了时代错误,又误解了柏拉图的宗旨。柏拉图痛惜其作用的艺术是当时流行的艺术,而不是无力地追求"自炫博学"。他的关注之点应当是类似于当今很多人所表达的关注电视上的暴力和粗俗的内容,或者,比如说,令人头脑麻木的流行音乐的享受对可塑的儿童的影响。⑤至于柏拉图的文学教育的宗旨,这不是为了进一步建立集权主义制度,而是以引人注目的方式强调文化环境对个人、对理性和道德的可接受性的巨大影响。用现代人的眼光来看,如果柏拉图对儿童的自主性表现得不够尊重,就有理由提出问题:他的下述主张是否也是错误,他主张与对待传统的自作主张、满不在乎的态度截然不同的纯正的自主性(autonomy),只有受到鼓励去"选择他自己的价值"、"做他自己的事情"的年轻人才能获得,这比任何训练有素的理性探讨的方法都更重要。

对于柏拉图的精英治国论的众所周知的指控可能也是由于时代错误和误解。因为受到正式教育的只有富裕的雅典人的儿子,在将高等教育限于少数人方面,柏拉图并不比他的同时代人甚至并不比迄今为止的大多数教育家更像是精英主义者。在他的时代,柏拉图是激进的,他认为女人应和男人一样接受高等教育,唯一的衡量尺度是具有"必需的天赋能力"(《理想国》)。柏拉图无疑会嘲笑当代关于大众高等教育的诉求,这不是因为高等教育应当成为未来居于统治地位的精英的特权,而是因为,人们从所需的智力训练中受益所必须具有的天赋能力——而不是蠢货——只有相当少数的人才具有。

一个更中肯的批评是,由于从他的有问题的知识论为根据的理由,认为柏拉图强调教学和哲学的抽象训练,这是缺乏根据的。⑥然而,我们应当回想起,对柏拉图而言,哲学不是从学术中分离出来的专业性职业,而是理解力的形式,它首先赋予人们以综观理解力的其他形态的能力。其次,它赋予人们以使人能阐释、清楚表达认识对象的性质和相互联系的明智通达(《理想国》)。

在一个将获得知识、实际技能和"自主性"受到更高赞赏的教育氛围中,对上述那种理解力和明智通达漠不关心,有助于解释为什么柏拉图的教育理论——在过去时代如文艺复兴时期受到那样真挚的赞扬——在今天往往受到的更多是攻击而不是赞颂。至于他的观点还会继续引起批评,即使不管是多么吹毛求疵的批评,那只是更进一步证实了一个概念,西方教育哲学本身就是柏拉图教育哲学的遗产。

注　释

① *Republic* 401-402.
② 本文中我们不打算详述苏格拉底和柏拉图共有的观点,因为本书中 C. J. 罗威关于苏格拉底的论文已经作了讨论。
③ 作为相互敌对的才能的战场的人的形象,主要是理性和嗜欲的对立,既已经深入到日常的希腊思想中,又已深入到哲学中,参考 James Davidson, *Courtesans and Fishcakes*: *The Consuming Passions of Classical Athens*, London: Fontana, 1998。
④ Julia Annas, *An Introduction to Plato's Republic*, Oxford: Clarendon Press,

p. 86, 1981.

⑤ 参见 Iris Murdoch, *The Fire and the Sun: Why Plato Banished the Artists*, Oxford: Oxford University Press, 1977。

⑥ 参见 R. S. Peters, "Was Plato Nearly Right About Education?", 载其 *Education and the Education of Teachers*, London: Routledge and Kegan Paul, pp. 119 – 132, 1977。

⑦ 这里我是模仿 Bernard Williams 的评论"西方哲学就是希腊对西方哲学的遗产", "Philosophy", in M. Finley(ed.), *The Legacy of Greece*, Oxford: Clarendon Press, p. 202, 1981。关于 Plato 的主要影响之一,参见 M. F. Burnyeat, "The Past in the Present: Plato as Educator of 19th C. Britain", in A. Rorty (ed.), *Philosophers on Education: Historical Perspectives*. London: Routledge, pp. 353 – 373, 1998。

参　考

本书中的"亚里士多德"、"密尔"、"苏格拉底"。

柏拉图的主要著作

柏拉图对话的全译本见 E. Hamilton & H. Cairns(eds.), *Plato: Collected Dialogues*, Princeton: Princeton University Press, 1961. 大部分亦见于企鹅版译本。我使用的 *Republic* 的译文见 R. Waterfield, Oxford: Oxford University Press, 1993.

其他参考书

① Annas, J., *An Introduction to Plato's Republic*, Oxford: Clarendon Press, 1981.　② Barrow, R., *Plato, Utilitarianism and Education*, London: Routledge & Kegan Paul, 1975.　③ Cross, R. C. and Woozley, A. D., *Plato's Republic: A Philosophical Commentary*, London: Macmillan, 1964.　④ Nettleship, R. L., *The Theory of Education in Plato's, Republic*, Oxford: Clarendon Press, 1935.　⑤ Peters, R. S., *Education and the Education of Teachers*, London: Routledge & Kegan Paul, 1977.

库帕

亚里士多德
(Aristotle, 384—322 BCE)

……最强大、最使其快乐的东西,对人来说这就合于理智的生命。如若人以理智为主宰,那么,理智的生命就是最高的幸福。①

历史上最伟大、最有影响的教育哲学家之一亚里士多德(Aristotle)于公元前384年出生于希腊北部的城镇斯塔吉拉,他在马其顿度过了童年。在大约18岁时旅行到雅典以完成其教育。他在柏拉图的学园中学习。亚里士多德肯定深受柏拉图教导的影响,但后来开始反对其中某些最重要的教导。据说,他曾说过:"吾爱吾师,吾尤爱真理。"(Plato is dear to me, but dearer still is truth.)

公元前347年柏拉图去世后,亚里士多德离开学园,漫游小亚细亚和希腊各地,直到公元前343年他被邀请担任马其顿国王菲力浦13岁的儿子亚历山大的家庭教师。亚历山大后来征服了波斯和当时已知的世界很多地方。公元前336年亚历山大继承王位后,亚里士多德回到雅典,创建了他自己的一所学园,取名吕克昂(Lyceum)。他在那里执教12年。公元前323年,由于日益加深的雅典对马其顿的敌意,亚里士多德被迫退隐到欧比亚(Euboea),次年在该地去世。

亚里士多德的著作对西方思想发生过重大影响,虽然直到13世纪他的主要著作才在西欧被重新发现。从那以后,他被看做是许多学科的权威。任何与亚里士多德的说法不一致的新理论首先就会受到怀疑。不幸的是,并不是亚里士多德的全部著作都被保存下来。我们真正拥有的据说主要是他的讲课笔记的复制品。

在本文这样一篇简短的论文中要全面详述亚里士多德的教育观是困难的,只能涉及主要之点。下面将按照与任何教育理论截然不同的四个组成部分加以讨论,即知识论、学习论、个人论以及教育在社会中的作用。这种划分也将用来说明亚里士多德的一般哲学与他的教育观之间的联系。

知 识

  和柏拉图不一样,亚里士多德不相信有两种彼此分立的实在,而且仅仅只有一个我们通过感官能感知的实在。他的确谈到过理念的形式(ideal forms),但它不是先验的实体(entities)而是真实的物质对象的组成部分。柏拉图的认识方法是回忆不变的完善形式的理念世界,而亚里士多德则是要仔细地审察我们生活于其中的真实的物质世界。这种不同导致柏拉图被人们认为是唯心主义者,而亚里士多德从确认物质世界的实在性和客观性的意义上说是唯物主义者。

  亚里士多德也把世界看做是一个动态的场所,在那里万事万物都按照内在的目的不停地演变。一切事物都有它力图表现出来的潜能,用教育的术语说,其目的就是帮助把儿童的潜能发展成为他自己最宜于成就的人。

学 习

  那么,知识是如何在人的头脑中形成的呢?亚里士多德也反对柏拉图关于知识与我们与生俱来的理论。对于亚里士多德,知识始于感官知觉——我们观察对象或事件,从这种观察中在我们头脑中形成一个可以用来理解和解释这些对象和事件的一般原理。这就是归纳推理的过程,它从特殊的观察达到一般的结论。当然,这是与数学中的演绎方法相对应、在科学中应用的主要的推理方法。这里再一次明确表现出柏拉图和亚里士多德之间的分歧。柏拉图的主要兴趣在数学,而亚里士多德的主要兴趣在科学。

  当然,亚里士多德知道,并非所有的推理都是归纳推理。一旦我们形成了一个一般原理,我们就可以从中推演出特殊的推论。例如说,凡人皆有死,苏格拉底是人,从这个前提就可以推演出结论,苏格拉底也是要死的。这就是所谓三段论式的推理。亚里士多德对这种推理作了详尽的论列。

然而对亚里士多德来说,新知识真正的产生总是来自归纳法,而学习的过程就是在头脑中形成与外在真实世界相符合的一幅关于现实的图画。我们出生时的头脑如同一块白板,它有能力接受来自外部世界的印记,教师的作用就是帮助儿童将各种各样的来自经验的感受条理化,帮助儿童为这一切互不联系的材料提供某种结构。从那时以来这已经是教师作用的一个经久不变的模式。

人

亚里士多德主张人拥有一个灵魂,它赋予身体以形式,而身体是物质。请注意,当亚里士多德谈到灵魂(soul)时,他所说的不是我们今天所说的灵魂。我们今天所说的灵魂是完全基督教化了的灵魂。他似乎不相信灵魂可以脱离肉体而存在。

假如每一个有生命的事物都有一个目的,亚里士多德(在《尼各马可伦理学》中)问道,人类的目的是什么呢?他的回答是追求幸福。这就是唯一的自满自足的善。但是我们怎样才能获得幸福呢?首先就是过有道德的生活。如果这种说法听起来对有些人没有说服力,他将智力上的德性与道德上的德性加以区别,以进一步展开他的论据。智力上的德性(virtue)相当于我们所说的智慧或智力,它主要是通过教学和教导获得的,而道德上的德性(moral virtue)是涉及我们对待别人的行为,它主要是通过实践获得的。当亚里士多德说德性是幸福所必需时,他所指的包括这两种德性。

我们还必须记住,我们译作德性(virtue)的这个古典希腊字没有今天英文中 virtue 这个词(从拉丁文 Virtus 而来)的精确含义,希腊字是 arete,它大致可译作 inner excellence(内在的美德)或 fitness for purpose(与目的相符)。记住了这一点,就更容易理解,为什么亚里士多德对 virtue 评价这么高。如果人们缺乏德性,他们就不能履行应当履行的职责,不能有效地实现他们的目的,因而不可能得到幸福。

关于亚里士多德在《伦理学》中加以区分这两类德性(virtues),他最感兴趣的是道德上的德性,他进一步详尽地考察了这种德性。在力图把握他的本质时,他阐述一种观点,即合乎德性的行为(Virtuous actions)通常是处于两个极端之间的中道。例如慷慨是吝啬和浪费的中道。这一理论已被称为"中庸之道"(Golden Mean)。从那时以来,它一直深受相信在一切事物中的不偏不倚、不被自己的情绪冲昏头脑的道德学家所欢迎。

亚里士多德关于德性是幸福所必需的论点似乎是对德性仅仅采取权宜之计的态度,意即我们应当行善,只是因为行善似乎可以带来幸福。但是,这里再一次遇到翻译问题。我们将希腊字 Eudaimonia 译作 happiness(幸福),它的意思不仅是指个人愉快的感受(亚里士多德自己所指出)[2],它的意思是过善的生活,这包括了现代意义上的幸福,也意味着所获的条件是可以终身应用的、稳定的长期的事态。正如他在著名的已经家喻户晓的一段文字中所说,"一燕不成夏,一天也不能成夏。同样,也不可能在一天之间或一瞬间获得幸福或上天赐福。[3]亚里士多德也把 Eudaimonia 看做是必要的公众义务,包括每个人在社会中扮演适合其身份的角色。

亚里士多德的论点的下一步就是问,一个人的行为中什么行为最能表现完全意义上的德性,因而最可能带给我们长远的幸福。他的回答是theoria,或英文中的 contemplation(沉思)或追求理智上的悟性(intellectual understanding),这是人所独有的理智功能的最好证明(这也使我们回想起亚里士多德把人定义为"理性的动物")。因此,他的最终结论有点像柏拉图。不同的是亚里士多德的沉思的目的主要是改善对围绕着我们的物质的、可见的世界的理解,而不是针对某种抽象形式的抽象世界。如果注意到这两位希腊思想家和某些东方神秘主义者和其他把沉思看做最高尚的最高贵的活动的人们之间的联系,这是有趣的。

教育与社会

这里所说的亚里士多德的观点主要来源于他的《政治学》。也像柏拉图一样,他受到了他的贵族背景的影响,他认为有些人就是奴隶或体力劳动者,而另一些人天生适合于做武士和统治者。然而,他不是像柏拉图那样质疑民主制度而赞成他称之为 polity(政体)的一种政府形式,在那种政体下,治理国家的是某种意义上能代表全民的最优秀最明智的人。

像柏拉图一样,亚里士多德认为国家应完全掌控教育,用教育训练国家所需要的各种类型的公民。也像柏拉图一样,他仅仅对自由的希腊公民的教育真正感兴趣——劳动者和奴隶只需要对他们未来工作的基本训练。

现在我们已考察了在知识、学习、人和社会各个方面亚里士多德的基本设想,我们可以着手探究这一切对他独特的教育上的建议有何含义。他关于道德教育的言论最多,而且我们已经注意到,他认为道德上的德性主要从通过实践获得的。正如他说"我们因行正义而成为正义的人,因行节制的事而成为节制的人,因行勇敢的事而成为勇敢的人"。④因此,父母和教师的正确指导具有重要意义。如果儿童从幼年起就习惯了正当的道德行为,做正当的事就会成为他的第二天性。从那时以来,这已经成为很有影响的道德教育模式。

然后,他继续对他刚刚说过的话提出反对。他说,如果我们是通过做有道德的事而成为有道德的人,难道这不是意味着我们已经是有道德的人了吗?因为,如果我们不是已经成为有道德的人,我们怎么能先有合乎道德的行为呢?⑤他对这个问题的回答是思考道德问题的里程碑,而且今天仍然有重要影响力。它再一次涉及作出重要区别。这一次是区别符合道德的行为和严格意义上的道德行为本身。实际的行为可能是完全一样的(例如帮助有困难的人),但区别在于行为者的心态和动机。对于完全道德的行为,亚里士多德认为有三个必要条件:(1) 我们的行为必须是知而后行;(2) 我们必须审慎地选择行为本身;(3) 行为必须是源于稳定的性格特质。⑥这三个特征已广泛地被人们承认是完全成熟的道德行为的特征。

另一方面,符合道德性的行为,也许只是由于习惯,由于对惩罚的恐惧,为获得赞扬等等。于是,亚里士多德解决了他自己提出的问题:在我们成为道德圆满的人以前,符合道德性的行为是十分可能的。事实上,这是一个人的道德教育开始的唯一道路,然后,当儿童在智力上成熟时,就可以向他们讲解为什么我们的行为应符合道德的真正理由,然后,儿童就能够向有原则性的道德行为前进。现代心理学家如皮亚杰和柯尔伯格已经根据实验论证了亚里士多德在这里所述的观点。

除道德教育外,其余的课程还有些什么呢? 在这方面,亚里士多德明确论述的并不多。但他大概已有了一个类似于柏拉图⑦的分等级的课程计划。到大约 7 岁时,基本上是体育锻炼和性格训练。从 7 岁到大致青春期再到 21 岁是公立的国家掌控的教育。基本学科是体操、识字、绘画和音乐。关于这些课程,亚里士多德详论了音乐的教育价值。^⑧除了它们的直接价值外,这些课程的设置也是为在他的最后阶段的教育中培养合格的希腊公民。这最后阶段的教育是指终身教育,它扩展到学校的范围之外。亚里士多德在这里用"他的"这个词是经过深思熟虑的,他(不像柏拉图)明确地将女子排除在高等教育之外。

这个最后阶段是博雅教育(liberal education)的阶段,之所以称为博雅的是基于两个理由。如果我们回忆起 liberal 这个词的由来(来自拉丁文 liber = free)时,这是一种将我们的头脑从愚昧无知中解放出来(free)的教育,也是适合于自由人(free men)的教育。这个阶段学习的学科近似于我们相信是在亚里士多德的吕克昂中教授的学科,主要是数学、逻辑、形而上学、伦理、政治、美学、音乐、诗学、雄辩术、物理和生物。

使亚里士多德最感兴趣的也就是他认为其本身就有价值或有内在价值的正是这最后一个阶段。这种关于教育的内在价值的见解(与任何可能导向职业利益或实际利益的见解相反)已经成为历来教育思想中一个永久的主题。尽管今天有很多人可能感到在当前经济理性主义的氛围中存在着忘记这种思想的危险。亚里士多德特别鄙视将教育用于任何外在的或工具性的目的,正是在这里他的某些贵族的偏见最明确地表现出来。职业教育仅仅适合于低下的阶级,对于希腊公民来说,教育的理想是把你造就成称得上是更完美的更有教养的人。

总之,亚里士多德所强调的很多十分重要的主题直到今天在教育中还是属于我们的,其中包括他的怎样学习的经验主义模式,强调在道德教育中的习惯训练,继之以获得完整性的道德;关于幸福、德性和沉思都相互关联并且是十分关键的教育目标,最后是博雅教育的理想以及对学问的内在价值的强调。

注 释

① *The Ethics of Aristotle* (*The Nicomachean Ethics*), trans. J. A. K. Thomson, London: Penguin Books, 1955, rev. 1976 by H. Tredennick, Book X, p. 331(1177a – 1178a).

② Ibid., pp. 326 – 328(1176a – 1177a)

③ Ibid. , p. 76(1098a).
④ Ibid. , pp. 91 – 92(1103b).
⑤ Ibid. , p. 97(1105a).
⑥ Ibid.
⑦ 参见 Books Ⅶ and Ⅷ of the *Politics* for fuller details.
⑧ 参见 Book Ⅷ, *Politics*.

参　考

本书中的"柏拉图"、"皮亚杰"、"柯尔伯格"。

亚里士多德的主要著作

① Barnes, J. (ed.), *The Complete Works of Aristotle—The Revised Oxford Translation*, Princeton: Princeton University Press, 1984.　② McKeon, R. (ed.), *The Basic Works of Aristotle*, New York: Random House, 1941.　③ *The Ethics of Aristotle*, trans. J. A. K. Thomson, London: Penguin Books, 1955, revised 1976 by H. Tredennick.　④ *The Politics of Aristotle*, trans. T. A. Sinclair, Harmondsworth: Penguin Books, 1962.

其他参考书

① Barnes, J. (ed.), *The Cambridge Companion to Aristotle*, Cambridge: Cambridge University Press, 1995.　② Evans, J. D. G., *Aristotle*, Sussex: Harvester Press, 1987.　③ Bauman, R. W., *Aristotle's Logic of Education*(New Perspectives In Philosophical Scholarship: Texts And Issues), Vol. 19, New York: Peter Lang, 1998.　④ Howie, G. (ed.), *Aristotle on Education*, London: Collier-Macmillan, 1968.　⑤ Lord. C., *Education and Culture in the Political Thought of Aristotle*, Ithaca and London: Cornell University Press, 1982.　⑥ Verbeke, G., *Moral Education in Aristotle*, Washington, DC: Catholic University of America Press, 1990.　⑦ Frankena, W. K., *Three Historical Philosophies of Education*, Glenview, Illinois: Scott Foresman, 1965.　⑧ Rorty, A. O. (ed.), *Philosophers on Education*, London: Routledge, 1998.

霍布森

耶 稣
(Jesus, 4 B.C.—29 A.D.)

耶稣正说这话的时候,众人中间有一个女人大声说:"怀你胎的和乳养你的有福了"。耶稣说:"是,却还不如听神之道而遵守的人有福。"①

拿撒勒人耶稣(Jesus)作为一名教师、传道者和改革家,把历史翻转过来了。耶稣终身教导人。他以非传统的方式生活,他的方法和他的教训是一个非传统教会的经和纬(warp and woof)——启发人们以新的方式思考。大概公元前4年,耶稣出生于希律大王(Herod the Great)统治末期的巴勒斯坦。他的母亲叫玛利,父亲名约瑟夫。他的家族谱系可以追溯到生活于约公元前1000—前961年的大卫王。耶稣的家乡拿撒勒镇是南加利利(Galilee)的一个镇,在耶路撒冷以北大约100英里,距加利利的最大城市Sephroris仅数英里。巴勒斯坦从公元前63年起被罗马帝国吞并,由罗马指派的国王治理。

关于耶稣的童年,我们知之甚少。但主流学者们认为耶稣在一所当地的犹太教堂里学习写字,以犹太教的经书托拉(Torah)作教材。他有几个兄弟姐妹,他的父亲是一位木匠,也许在耶稣开始公开布道前就已去世。作为长子,他可能学习了他父亲的手艺,制造像牛轭、犁、门框、家具和柜子等产品。木匠被认为是农民阶级中最低层的人,因为他们没有土地。②

一则关于12岁的耶稣的故事表明他对宗教的兴趣,把他描述成为一个思维敏捷的人。耶稣和他的家人与其他人一道从拿撒勒旅行到耶路撒冷去参加一年一度的逾越节的庆典。节日活动结束后,他的家人动身回拿撒勒。走了一天以后,他们发现耶稣不在回家的行列中。玛利和约瑟夫返回耶路撒冷,如痴如狂地寻找他。最后在一所圣殿里发现了他,他正在"听教师们讲道并向他们提出问题"。

《路加福音》描述了这个小男孩对这些学者的印象:"凡听见他的,都希奇他的聪明和他的应对。"(《路加福音》2—47)他的激动不已的母亲对他说,"我儿,为什么向我们这样行呢?看哪,你父亲和我伤心来找你"。耶稣说:"为什么找我呢?岂不知我应当以我父的事为念吗?"他所说的话,他们不明白。路加在故事的末尾暗示耶稣对父母的愿望很理解,直到他长大成人。"他就同他们下去,回到拿撒勒,并且顺从他们。他母亲把这一切的事都记在心里"(《路加福音》,第 2 章第 51 节)。"耶稣的智慧和力量并神和人喜爱他的心,都一齐增长"。③

大约 30 岁时,耶稣开始了他的施教和传道的服务,但不是以当时那种传统的范式进行。他不适合于街头传道者或漫游的预言者那种模式,这是整个犹太历史上常见的人物。他也不像当时受过希腊哲学教育④的精英。这些教师不仅被人们认为是智者,并且被认为是由于道德上高于未受教育者而获得的权威。

耶稣的施教是平等主义的。在一个结构森严、阶级意识明显的社会里,这种平等主义本身就会吸引人们的注意。如同蜜蜂产出蜂蜜一样,下层阶级犹太人对这位加利利教师的布道百听不厌。他关于希望有仁慈和正义的新的一天的布道吸引着穷人和被边缘化了的人。也许甚至比这些言论更能打动人的是耶稣尊重他所接触到的每一个人。他言行一致。例如,他花时间教不识字的农民识字,花时间与被人看不起的人们(收税人)接近,接触那些被人视为不洁的人(麻风病人)。尽管他的门徒试图把那些孩子赶走,他却邀请他们走拢来并和他们坐在一起。耶稣反复地教导他的追随者,他们应当在自己心中寻求真理和救赎——神的王国。圣·路加记载道:

>"法利赛人问,神的国几时来到?耶稣回答说,神的国来到,不是眼所能见的。人也不得说,看哪,在这里;看哪,在那里。因为神的国就在你们心里。"⑤

与受过第一流教育的精英形成对照的是,耶稣认为,他的权威不是由于他自己的道德水平更高,而是来自精神的源泉——派遣他来完成这一使命的父。在早期基督教会中,信仰的捍卫者或辩护士力图尊耶稣为圣师(Divine Teacher),认为他的权威来自神。在 2 世纪,殉难者尤斯丁(Martyr Justin)指出,耶稣贡献给罗马文化和犹太文化的是比哲学精英们更高尚的德性,因为他能够在他自己(作为教师)和未受过教育、受压迫的大众之间建立亲密的关系。他教导他的追求者说,神可能就在他们心中。

这位教师的受人尊敬的表现产生了一种解释、理解、交流和教导的力量,它指导学生们去追求成为神学者。经过了一个成长的过程,学生们终于被神学家所同化,他们自己也达到了神学家的地位。⑥

奥理根(Origen)是一位公元三世纪的神学家,他说,经过这个成熟的过程,一个人就可成为"神的儿子"。后来,在早期教会中,这种信心成熟的发展过程变成了教义问答的过程、学习的过程,它通常要花三年时间并作为徒弟过基督徒生活。

然而耶稣很不愿意别人视他自己为神圣。他和他的追随者的关系是教师和学生的关系。在罗马社会中,有两类教师。一类是富裕家庭雇用的给家中的儿童教授知识和道德的家庭教师。另一类是给一批学生教授科学和哲学的名师(master teacher)。2世纪的一位基督教神学家克利门(Clement)认为耶稣兼具这两类教师的身份。首先,耶稣以关于神的国度和一种新方式的爱的生活教导他的门徒和其他追随者。作为一位名师,他和他的精选的12门徒和少数其他人,其中包括一名非犹太人撒玛利亚妇女和他的朋友、拉萨路和玛利的姊妹玛尔撒一道更深入地钻研神对他自己和世人的计划。⑦

耶稣在教学中是民主的。但是他靠威信进行教学——这种威信不是基于学位,事实上,贯串于他与人们谈话中的机智和他的许多比喻使当时受过教育的领导人大惊失色。他们感到奇怪,一个出身于低微的农村家庭和像拿撒勒这样的小镇的巡游布道者怎么会谈吐具有如此超凡的魅力和权威?一个不懂得严格的犹太立法——如在安息日治病和被逐出教会者一道进餐——的人怎么竟能迷住成千上万犹太各界人士?

耶稣的威信的基础是他深知神已经召唤他去履行宣讲真理的使命。在耶稣被钉上十字架以前受到庞休士·比拉多(Pontius Pilate)审问时,他在回答比拉多问他是不是王时,说"你说我是王,我为此而生,也为此来到世间,特为给真理作见证;凡属真理的人就听我的话"。⑧比拉多反驳"真理是什么呢"⑨已成为知识寻求的永恒的问题。

研究耶稣的学者波格(Marcus Borg)说到耶稣具有与传统智慧不相

容的智慧⑩,传统的智慧基本上是按照社会性建构的世界内部的生活⑪。耶稣运用反论和反驳的语言颠覆了以他认为已经不合时宜的传统为基础的他那个时代的传统智慧。像这样的警句"穷人有福了"、"第一个将是最后一个"、"让死者去埋葬死者"传达了要求人们进一步思考的意外的信息。

耶稣主要的教学手段是寓言。寓言是促使人们以新的思维方式进行思考的优美的故事。波格评论说,"并不是诉诸意志——不要做这事——而是"请考虑用这种方式看问题"。作为一种有吸引力的说话方式,寓言并不乞灵于永久的权威。⑫寓言作为一种教学法吸引听者不仅注意故事本身,而且注意到他(她)自己想象中的形象,思考故事的含义。

在福音书中,耶稣告诉他的门徒,为什么他用寓言说话。⑬他解释说,寓言中包含有天国里不可思议的事物,凡愿意接受天国的人都能听到,都能理解。耶稣发现,那些没有受过教育的、被压迫的人都容易理解他的寓言的意义,因为他们已准备好去思考一种新的生活方式。

耶稣言行一致。他体现了对他那个时代的习俗的挑战。他所打破的犹太律法,其中许多与身体有关(吃、尝、拾谷穗)都不仅仅是私人行为,而是社会的缩影,它们对一种文化的行为准则或一个社会的习惯法不是支持就是挑战,不是肯定就是否定。⑭耶稣通过他的行为教导一种方式,挑战政治社会结构——国家(body politic)。约翰·多米尼克·克罗桑(John Dominic Crossan)指出,当一个人的身体以挑战社会准则的方式与社会准则相互影响时,国家(body politic)也能成为政治团体(politic body)。⑮

在20世纪下半期,圣经学中有很多集中研究作为历史人物的耶稣。波格评论说,"一个犹太农民拿撒勒人,在他死后两千年,仍然是一个具有如此重大意义的人物,这是非凡的,的确是不寻常的"。⑯近年来有一些神学家集中注意力于耶稣的激进的平等主义的生活。在上世纪60年代后期,随着 Gustavo Gutierrez⑰的著作的出版,在拉丁美洲出现的解放神学依据耶稣的教导和行为,宣称神对穷人的优先选择。贫困的、往往是不识字的农民受到学习圣经的方法的教导以帮助他们洞察他们的困境,鼓励他们在本地区为公共福利而采取行动。其结果是,被视为"底层社会"(base community)的基层基督教团体遍布拉丁美洲,今天仍在为正义而继续活动。

巴西东北部的一位天主教教育家保罗·弗莱雷(Paul Freire)支持普拉克西(Praxis)的观点,就是使人民认识他们所受的压迫,学会怎样施加影响于社会政治变革。[18]

在上世纪60年代和70年代(一直继续到今天)的美国,宗教团体已参加市民团体和劳工联合会以形成基础广泛的共同体,组织社会底层参加关于公正问题的运动。穷人和工人阶级的住房和保健已经成为这些团体的两个主要推动力。

由耶稣的事迹所形成并得到加强的另一种神学是"故事神学"(narrative theology)。它首先把圣经主要看做是一个故事。斯坦利·豪尔华(Stanley Hauerwas)从伦理学的层面看待圣经故事,它们告诉我们怎样作为神的人民生活在这个世界上。[19]把耶稣理解为教人一种新的方式,以生活在尊重每个人的人性的世界上,这是作为一位平等主义的"名师"的耶稣的一份永久的遗产。

注　释

① The Gospel According to Luke, 11: 27 – 28, *Holy Bible*: *New Revised Standard Version*, Nashville, TN: Thomas Nelson Publishers, 1989.
② Marcus J. Borg, *Meeting Jesus Again for the First time*, San Francisco: HarperCollins Publishers, p. 26, 1994.
③ Luke 2: 49 – 52, *The Holy Bible*: *The Contemporary English Version*, Nashville, TN: Thomas Nelson Publishers, 1995.
④ Karen Jo Torjesen, "You are the Christ: Five Portraits of Jesus From the Early Church," *Jesus at 2000*, Boulder, CO: Westview Press, p. 80, 1998.
⑤ Luke 17: 20 – 21, *Holy Bible*, *New Revised Standard Version*, Thomas Nelson Publishers, 1989.
⑥ Torjesen (1998, p. 82).
⑦ John 4: 1 – 30, *Holy Bible*, *New Revised Standard Version*, Thomas Nelson Publishers, 1989.
⑧ John 11: 1 – 27.
⑨ John 18: 37 – 38.
⑩ Borg (1994, p. 75)
⑪ Ibid., p. 76.
⑫ Ibid., p. 74.
⑬ Matthew 13: 10 – 17; Mark 4: 10 – 11; Luke 10: 21 – 23.
⑭ John Dominic Crossan, *Jesus*: *A Revolutionary Biography*, HarperSanFrancisco: HarperCollins Publishers, p. 77, 1994.

⑮ Ibid. , p. 76.
⑯ Marcus J. Borg, "Introduction: Jesus at 2000", *Jesus at 2000*, Boulder, CO: Westview Press, pp. 1 – 2 , 1998.
⑰ Gustavo Gutierrez, *A Theology of Liberation*, rev. edn, trans. and ed. Sister Garidad Inda and John Eagleson, Maryknoll, NY: Orbis, 1988.
⑱ Paulo Freire, *Pedagogy of the Oppressed*, trans. Myra Bergman Ramos, New York: Continuum, 1982.
⑲ Stanley Hauerwas, *The Peaceable Kingdom*, Notre Dame, IN: University of Notre Dame Press, 1983.

参　考

本书中的"弗莱雷"。

其他参考书

① Borg, M. J. , *Meeting Jesus Again for the First Time*, New York: HarperSanFrancisco, HarperCollins Publishers, 1994. ② —— ed. , *Jesus at 2000*, Boulder, CO: Westview Press, 1998. ③ Borg, M. J. and Wright, N. T. , *The Meaning of Jesus: Two Visions*, New York: HarperSanFrancisco, HarperCollins Publishers, 1999. ④ Crossan, J. D. , *Jesus: A Revolutionary Biography*, New York: HarperSanFrancisco, HarperCollins Publishers, 1994. ⑤ Ehrman, B. D. , *Jesus: Apocalyptic Prophet of the New Millennium*, New York: Oxford University Press, 1999. ⑥ Johnson, L. T. , *Living Jesus: Learning the Heart of the Gospel*, New York: HarperSanFrancisco, HarperCollins Publishers, 1999. ⑦ Powell, M. A. , *Jesus as a Figure in History: How Modern Historians View the Man from Galilee*, Louisville: John Knox Press, 1998. ⑧ Neusner, J. , *A Rabbi talks with Jesus: An Intermillennial Interfaith Exchange*, New York: Doubleday, 1993.

塞拉凡

奥古斯丁
(Saint Augustine, 354—430)

　　因为仅仅称"圣神"是你的恩宠:在这恩宠之中我们憩息,我们享受你,而我们的憩息即是我们的安宅。……物体依靠本身的重量移向合适的地方。

　　……任何事物不得其所,便不得安定,得其所便得安定。我的重量即是我的爱。①

　　我们称之为圣·奥古斯丁(St. Augustine)的奥瑞利乌·奥古斯丁(Aurelius Augustine)于公元354年出生于塔伽斯特(Thagaste)的一个北非小镇。他的母亲莫尼卡是一名基督教徒。他的父亲帕特里休斯是一名异教徒。他在临终时接受了洗礼。奥古斯丁出生时,西罗马帝国离它的最后崩溃只有不到120年了。当他终于在希波(Hippo)的主教职位上去世时,该城已被汪达尔人包围。他留下的著作注定将在与他的世界完全不同的另一个世界被人阅读。

　　他遭受到了那个时代令人沮丧的旧教育方法的折磨:死记硬背地学习,只注重单个的字而忽视整体,矫揉造作的作文,用令他作呕的希腊文进行教学——他从没有读过长篇的希腊文,读起来也很困难。自始至终都伴随着体罚。他在《忏悔录》第一卷中曾写到他的学校生活的痛苦、恐惧和枯燥无味,然而他所受的教育(他的父母花费昂贵)把他造就成为一个在罗马世界任何地方都会受欢迎的特权阶级中的一员。

　　奥古斯丁开始当教师,先在诺伽斯特,后在迦太基。他和一个社会地位比他低下的妇女长期通奸并生了一个儿子。他受的教育是文学方面的,但是他偶然见到一本西塞罗的哲学著作(现在仅存片断)——《荷尔滕修斯》(Hortensius),该书认为,追求智慧是最高的幸福。他深受感动。但是,他一读到圣经,就觉得灰心丧气。他加入摩尼教,成为一个地位低下的成员——摩尼教是二元论的宗教,它认为善的原理才是真正的善,但并不是万能的。他后来去到罗马,然后又去到特大的城市米兰,他在那里成为一名雄辩术教授。他的忠实伴侣离他而去——她是他进步的障碍。他的摩尼教信仰终于消失,他转入怀疑主义。但当他一旦读到柏拉图主义者普洛提努和波尔菲瑞(Plotinus and Porphyry)的著作时,他就被引导到更接近基督教。他在公元386年采取的最后一步在《忏悔录》第8卷曾提到(在那件事以后13年写的)。他在米兰接受洗礼。三年之内,他的母亲和儿子双双去世。奥古斯丁回到非洲,并被任命为牧师。公元395年,他凭借暴力当上主教——这在当时是惯例。他在余年一直承担着主教的管理职责。

他的多卷本著作包括对圣经的注释、祈祷作品、反对怀疑主义的哲学论文、论意志自由、论教育工作、《忏悔录》本身以及驳斥神学敌手的著作。显然,这些著作中首先是反对摩尼教的著作。其次,他写文章反对多纳提斯派(Donatists),这一非洲教派将教会限制在只接受完美无缺的人。他也写文章批驳佩拉纠派(Pelagius),这是一个源于不列颠的教派,它认为行正义的事不是神的恩宠所需。* 然而,在他的晚年,他写成《上帝之城》(City of God),这是针对这时已处于瓦解之中的帝国的异教学说。奥古斯丁的思想对拉丁神学的影响是不可估量的。在他死后的几个世纪中,当西罗马帝国灭亡、黑暗时代来临时,与异教的学术和文学残篇一道,在修道院的藏书楼中能找到基督教遗产只有两种,一种是圣·哲罗姆(St. Jerome)译的拉丁文圣经,另一种就是他的同时代人奥古斯丁的著作。不管人们怎样看待他的影响,它事实上存在着,这是不可以抹杀的。

我在本文开头所引的奥古斯丁的一段文字是他在沉思我们对神的愿望的情景中写下的,这种对神的愿望贯串于我们全部想象和神志恍惚之中。正如身体寻找"它们天生的位置",按照当时的信仰,我们因此也寻找神。神选我们是为了他自己。我们的心如不安息在神的怀中,便不会安宁(《忏悔录》卷一,中文版第1页)。但这段引文也可以作为奥古斯丁的教育言论的引言,因为在那里凸显出的是他关于教师必须对学生充满同情心的论点:不依靠残忍和体罚的鼓励,以爱的意图看待学生的景况,引导

---

* 译者按:佩拉纠主义者认为人生来本无罪,行善行恶都取决于每个人的自由意志。人类行善并不是出于神的恩宠。

他领会教师要教给他的东西。

他在《忏悔录》第一卷中对比了他上学时学习希腊文的体验和他学会本地语言拉丁语的体验。学校实行的体罚使语文学习变得令人索然无味。甚至荷马说的故事也是令人生厌的,如像向他们喷洒的苦艾。而童年时代拉丁语的学习进行得没有任何痛苦或惩罚的威胁。他的保姆爱抚他,人们说笑话,他和别人一道做游戏。"识字出于自由的好奇心,比之因被迫而勉强遵行的更有效果"(《忏悔录》,中文版第 18 页)。甚至在学校时,维吉尔(Virgil)的诗也打动了他的心,他为狄多(Dido)的死而流泪(《忏悔录》,中文版第 16 页)。后来,(在他所受的大量文学教育中)当他读到西塞罗(Cicero)关于追求智慧的哲学著作时,导致他后来改宗的第一步便来到了。他在《忏悔录》写道:"这一本书使我的思想转变,使我的祈祷转向你(主),使我的希望和志愿彻底改变"(中文版第 40 页)。甚至他在米兰最终转向神的那个著名场景——即使我们考虑到事情的发生和对这些事件的记述在时间上相隔很远——也被奥古斯丁描写为心的改变,烦恼的解脱(《忏悔录》第 8 卷第 12 节)。

在 De Catechizadis rudibus(论教育无知者)这部著作中说明了同样的全神贯注的状态,但现在是处在进行宗教教育的实际情景中。狄奥格拉西亚斯(Diogratias)(一位写过很多鼓励和劝世作品的教义问答学者)一定不会令人失望:学生对他的谈话的看法比他自己的看法更好,这是很有理由的。任何一个教师有时也会痛苦地意识到,不能把头脑中所想的充分表达出来。他必须努力使自己成为使人高兴的人——神爱乐善好施者——使他所说的话令人感到愉快(同上书,第 2 卷第 3—4 节)。他必须记住,神对我们的爱已经在基督到来时表现出来。我们必须使这种爱成为我们一切教学活动的基础,以便使学生"听了就相信,相信了就希望,希望了就爱"(同上书,第 4 卷第 8 节)。

在学生方面或教师方面可能出现困难。当学生寻求教导时,他的动机可能是不纯的。如果是这样,我们不要忘记,教学本身有时就能纯化接受教导者的意图。所以,我们不应当表现出好像是在暴露学生的虚假,而是要竭尽全力深入了解学生的情况;我们应当努力给予能触动他的内心,引导他向善的教导(第 3 卷第 9 节)。

不然的话,如果学生已经受过其他事物的教育,也许他熟习圣经上的一些章节。再说一遍,我们必须同情他的情况。我们在言谈中不要显得他似乎一无所知,而且要在言谈中表露出我们是在提醒他想起他已经知道的东西。对他的困难和反对意见,不要傲慢地置之不理,而是要在谦虚交谈中加以讨论。应当使一切教师回到"更好的道路"(参考《新约·哥林多前书》第13章)即爱的道路(《忏悔录》第8卷第12节)。至于说到那些已经受过语文和雄辩术训练的学生(奥古斯丁是从他自己的教育背景去看待别人),应当教育他们谦卑——不要被圣经上不完善的语句和牧师讲道中的文理不通所吓住。必须教导他们要看到所说的要旨是什么问题。他们需要改变注意的重点(如同我们看到奥古斯丁在《忏悔录》中所注意的重点),优先注意正确的谈话和明智的朋友(第9卷第13节)。

或者,教师自身可能也有困难。他不得不把他内心深处所有的东西以他自己感到令人生厌的方式详尽地说出来。也许,似乎使学生感兴趣的东西却使教师心烦;他自己的个人烦恼可能妨碍他的效率,或者——现代人对此有足够洪亮的声音——他可能从事于某种他自己醉心的工作,但又不得不放弃它去做教师。

奥古斯丁并不要求急于排除这些困难。我们对待学生需要有基督的仁慈。基督自己曾以母鸡把小鸡聚集在羽翼下作比喻。在一定意义上我们在教学时需要与我们的学生一道学习——这时熟悉的事情就变成对我们是新事。学生的迟钝应促使我们让学生无所畏惧地表白自己的感情。总之,我们需有耐心。也许,只要改变一下姿势就会有所帮助——为什么不让他坐着而让他站着呢?至于我们自己优先要做的工作,我们应当对我们的工作和要优先做的事订出计划。如果我们的计划被打乱,要以宽厚的态度接受它。

在《忏悔录》和《论教育无知者》这两本书中,奥古斯丁写到了他所喜爱的教学方法。在《论教师》(*De Magistro*)中,他提出一个显然自相矛盾的意见说,单单一个人永远也不能教别人——你们有唯一的教师,他就是基督。福音书上说,正是他与我们一道教别人。《论教师》是一篇不易理解的对话;它的文风转弯抹角而不明确,一个明显的结论又被另一个结论取代。[柏尔尼卡特(Burnycat)正确地评论说,它近似于维特根斯坦(Wittgenstein)后期著作的写作方法。]为了了解这篇论文,除了请读者去查阅柏氏的论文(下详)外,我别无他法。这里只需提出奥古斯丁不是仅仅依赖于一段圣经就够了。他是要提出一个总的哲学观点,尽管他提出这个哲学观所采取的路线可能使我们困惑。文字是事物的符号,它们吸引着我们去看,但我们必须是为我们自己而进行观看。不看,符号是没有用的(奥古斯丁举了《但以理书》中一个晦涩的字作为例子)。为了取得理智的知识,我们需要有内在的灵光,对于这种内在的灵光来说,教师不过是外在的诱因。学生从事物本身受到教导,而神从内部将事物启示给我们。

"我的重量即是我的爱"。我们从开始的地方结束。教师需要同情学生的状况并提供鼓励,而不是简单地把知识从教者的头脑中传输到学习者的头脑中去。他必须激发学生通过别人告诉他的东西去发挥自己内在的力量。他必须把听到的东西变成自己的东西。教师的语言的作用不过如此而已。

注　释

① *Confessions* XIII. ix. 10. 我在写作本文时,查阅了奥古斯丁的三部著作:*Confessions*(《忏悔录》)写于约 397 年,它不仅论述了奥古斯丁自己所受的教育,也详述了当时学术界的情况,他一生在基督教和众多其他宗教之间的斗争。最后的 3 卷是以《创世记》中经文的那种沉思的方式写的。它们有一种哲学趣味(奥古斯丁在那里思考了时间问题),但也有教育的趣味——它们展示了教师如何从课文中引出其意义的方法。我在引用《忏悔录》时注明了卷、章、页数。*De catechizan dis rudibus*(《论教育无知者》)是在约 400 年时送给一位对他的进步感到失望的基督徒教义问答教师的。它是一部富于同情心的非常适用的作品,它清楚说明奥古斯丁自己是如何教学的。我引述此书时注明了章、页数。*De Magistro*(《论教师》)大约写于 389 年,它考察了语言、符号的意义,并进一步提出没有人能教育别人的论点。启发必然来自内部;在内部,基督是我们的教师。我引证时注明了章、页的数码。

参　考

本书中的"耶稣"、"维特根斯坦"。

奥古斯丁的主要著作

除注释①所列书目外,我补充三本与奥古斯丁教育观有关的著作:*De doctrina Christiana*(《论基督教教义》),*De musica*(《论音乐》)和 *De Civitate Dei*(《上帝之城》)。我之所以提到后一本著作,是因为它说明了奥古斯丁对形成了他的教育的异教文化熟悉的程度。

其他参考书

① Brown, P. , *Augustine of Hippo: a Biography*, London: Faber and Faber, 1967.
② Burnyeat, M. , "Wittgenstein and Augustine *De Magistro*", *Proceedings of the Aristotelian Society*, supplementary volume 61, pp. 1 – 24, 1987. ③ Harrison, S. , "Augustine on What we Owe to our Teachers", in A. O. Rorty (ed.), *Philosophers on Education: Historical Perspectives*, London and New York: Routledge, pp. 81 – 94, 1998. ④ Howie, G. (ed. and trans.), *St Augustine: On Education*, with introduction and notes, Chicago: Henry Regnery Company, 1969. ⑤ Marrou, H. , *Saint Augustin et la fin de la culture antique*, Paris: E. de Boccard, 1938.
⑥ —— *History of Education in the Ancient World*, translated by George Lamb, London: Sheed and Ward, 1956.

费兹帕特里克

阿尔-伽扎利
(Al-Ghazzali, 1058—1111)

  有两种眼睛：一种是外部的眼睛；一种是内部的眼睛。……前者属于一个世界,即感觉的世界,内部视觉属于全然不同的另一个世界,即天国的世界。……这两种眼睛中每一种眼睛都有一个太阳和一个光源,凭借它们,视觉才得以完善。……谁要是永不去到那个(后者)世界,而听任把生命限制在这一个决定着他的较低级的感觉世界,他就似乎是从把我们形成为人的那个世界被革出教门的野兽。……正如果皮与果实的关系……正如黑暗与光明有关,地狱与天堂有关,所以此岸的感觉世界与天国的世界也有关。由于这个缘故,后一种世界被称为天上的世界、神灵的世界或光的世界,与下层的世界、物质的世界和黑暗的世界形成对照。①

  伊斯兰意识形态,特别是伊斯兰的早期,为世界提供了最强有力的激励的源泉。伊斯兰在各个科学分支的丰硕贡献是现代科学发展的基础。虽然很多早期的西方作家有点忽视这一事实,但现代研究者重视并承认,在人类努力的各个领域特别是在科学世界观领域穆斯林贡献的重要意义。

  穆罕默德·伊本·穆罕默德·伊本·阿默得,阿布·哈米尔·阿尔-土西·阿尔-伽扎利(或阿尔-伽扎尔利)(Muhammed Ibn Muhammad Ibn Ahmed, Abu Hamid Al-Tusi Al-Ghazzali or Al-Ghazzalli)阿尔-沙菲(Al-Shafi)于1058年出生于伊朗离现在的麦舍得(Meshed)不远的库尔杉的图斯(Tus),他也被称为胡贾德、阿尔-伊斯兰(Hujjat Al-Islam,伊斯兰的证据)、"为信仰增光添彩的人"和众多科学的集大成者。他是一位大法学家、异教学说研究者和在教义原理和法理学原理上的辩论专家。阿尔-伽扎利是一位出色的神学家、法学家、创造性的思想家、神秘主义者和宗教改革家。他的父亲在他幼年时去世,他和他的兄弟早年被遗弃在孤儿院。

他的家族在研究卡农法(Qanon Law)方面名声卓著。当阿尔-伽扎利放弃他在巴格达的尼扎米亚(Nizamyah)学校的教师岗位时,他授权他的兄弟阿尔默得接替他的职位,他的兄弟在布道方面是很有名的。他究竟是姓阿尔-伽扎尔利还是阿尔-伽扎利,自古以来有过很多讨论。阿尔-伽扎利于公元1111年死于巴格达。

　　阿尔-伽扎利在邻近里海的朱尔柬(Jurjan)受教育,他的教师中有当时在内沙布尔(Nayshabur)的纳塞尔-阿尔·伊斯梅利,他在那里见到了很多学者,如伊玛姆·阿尔-哈拉明·阿布·阿尔-玛阿利·阿尔-朱威尼(Imam. Al-Haramyn abu Al-maali Al-Juwayni),他在麦加和麦地那两地讲学,这是伊斯兰的两个圣城。阿尔-朱威尼是一位神学家,一位穆塔卡林地方的学者,他主持着尼扎姆·阿尔-木尔尼建立的著名的尼扎米亚(Nizamyah)学校。阿尔-伽扎利在该校学习8年,1077至1085年,他学习了神学、哲学、逻辑学和自然科学。阿尔-伽扎利以后离校去到巴格达,他在那里进入了萨尔纠克斯(Saljuks)宫廷,他在该宫廷中遇见了受到波斯大臣(司法大臣)尼扎姆·阿尔-木尔克庇护的许多杰出学者和诗人。尼扎姆·阿尔-木尔克是以他的名字命名的尼扎米亚学校的创建者,这所学校是建于1067年的巴格达最杰出的宗教法学校。阿尔-伽扎尔被任命为教授,在那里讲授神学和哲学四年之久。很多学者来到他那里学习和讨论。阿尔-伽扎利放弃了他的职位,成为一位漫游的神秘主义者。他到麦加去朝圣,然后去到大马士革,在那里,他按照当时旅行者的习惯住在清真寺里。他在那里写出了他的杰作,《宗教科学的复兴》(The Revival of Religious Science, Ihya Uhum Al-Din)。阿尔-伽扎利写了很多深刻而有创见的著作,它们综合了神秘主义和正统观点。

　　阿尔-伽扎利研究了基督教,他特别熟悉希腊基督教的学说和信条,它们对他的宗教教学有根本性的影响。他也读过柏拉图、亚里士多德和其他人的希腊哲学。他的好几本著作都涉及很多不同的学科。这些著作与他自己精神上、智力上的成长有着密切联系。阿尔-伽扎利想通过他的著作既展示给普通人,也展示给学术界的精英。他喜欢与每个人联系,向所有的人传布他的观点。阿尔-伽扎利为不同的群众写作不同程度的作品。在高级层面上,他以一种深奥的方法将他在低级层面上的主张加以哲学化,加以丰富。有充分的理由可以说,阿尔-伽扎利过去是、现在仍然是伊斯兰世界最伟大的作家和思想家之一。

他的主要贡献在宗教、哲学和泛神论神秘主义。就阿尔-朱威尼所介绍过的哲学而言,他的第一部著作《哲学家的目标》(*Makasid Al-Falasifa*, *Objectives of Philosophers*)在西方广受赞扬,特别是在12—13世纪。这本书叙述了哲学家们的学说和思想,因为他是从最早的译本、从阿尔-法拉比(Al-Farabi,死于950年)和伊本·西纳(Ibn Sina,死于1037年)的研究中了解这些学说和思想的。接着他又写了对这些哲学家的学说的批评,书名为《哲学家的自相矛盾》(*Tahafut Al-Falasifa*, *The Inconsistency (or incoherena of Philosophers*),这本书在1095年写成。在这本书中,他重点放在指出其他哲学家的自相矛盾,特别是那些受到希腊人影响的哲学家,他没有从正面展开论述他自己的任何观点。

在哲学方面,对阿尔-伽扎利影响最深的是逻辑学,特别是亚里士多德的三段论。然而在哲学上,阿尔-伽扎利强调在理解绝对和无限方面理性的无能。他争辩说,宗教和理性在其各自范围内各有其无限和有限。在宗教中,特别是在宗教神秘主义中,阿尔-伽扎利清除了泛神论神秘主义过头的方法,重建了正统宗教的权威。然而,他强调纯正的泛神论神秘主义的重要意义。他坚持认为,这是通向绝对真理之路。他在这方面的主要著作是《信仰的系统》(*Al-Ikisad fi El Itikad*, *The Economy of Believing*)。这本书既充分利用了亚里士多德的逻辑学,特别是他的三段论,又为泛神论神秘主义的智慧或灵知(Márifa)作了准备。

阿尔-伽扎利在去世前写了《遗失的救助者》(Al-Munqith min Al-dulal, The Rescuer from Loss),一篇发挥他的宗教观的论文。尽管很多人将这部著作看做是一部自传的概要,但它不是严格意义上的自传,因为它的内容的安排是提纲式的而不是按年代顺序的。在本书中,他很关注捍卫他自己的观点,反驳对他所表达的思想和表现的行为的指控和批评。这本书对教育家是有启发性的,因为他强调自省的方法,或真理探寻者通过宗教与理性之间的平衡继续进行他(她)的真理探寻所必须仰赖的方法。

阿尔-伽扎利的最著名的、最不朽的著作之一无疑是《论宗教科学的复兴》。他在该书中陈述了他的统一的宗教观,这种宗教观将以前认为互相矛盾的三个来源——传统、主智主义和神秘主义的因素融合起来了。

这本书对虔信生活提供了一个完善的指导,也是一位穆斯林所写的真正最伟大的著作之一。该书有 4 卷。第一卷讨论"礼拜习俗"(Ibadat, Cult Practices);第二卷讨论"社会习俗"(Adat, Social Customs);第三卷讨论"导致沦入地狱的性格上的罪过和错误"(Muhlikat, Vices or faults of charater Leading to perdition);最后一卷讨论"导致获得救赎的德性或优秀品质"(Munjiyat, virtues or qualities leading to salvation)。每卷都有十篇。于是《复兴》一书对一个虔信的穆斯林来说,是对宗教生活的每一个方面——礼拜、祷告的仪式、日常生活中的行为、内心的净化和沿着神秘的道路前进——的完备的指南。

阿尔-伽扎利的哲学思想和观点对教育有重大影响。他的著作有助于将逻辑思维引入伊斯兰教育思想,通过把服从引入伊斯兰法律的规定,作为有意义的生活方式。他无疑对各种程度的虔诚的穆斯林教育作出了重大的贡献。以这种生活方式,他促进了教师和学生双方在任何教育活动事务方面发挥自制的意识。阿尔-伽扎利关于人对天国的认识的性质的见解,他对于正直和虔诚的人能达到一种直觉或直接体验神圣事物的信念,意味着在教育领域,一个虔诚和勤勉的学习者不应当仅仅是一个抄袭者或跟随者,而是能参与发展和丰富知识的领域。他在学术努力中愈是真诚,他就愈有机会增加可信的知识。

在思考阿尔-伽扎利的思想时,人们可能急于作出结论,说他反对理性主义。这个结论是没有可靠根据的,因为阿尔-伽扎利有力地争辩说,宗教是理性的基础。所以,任何形式的理性都要在宗教的范围之内予以描述。

阿尔-伽扎利对教育的影响是多方面的。首先,他强调了培育一代亲近神而相互之间没有冲突的虔诚的人的重要性。教育应当服务于社会,以崇高的道德标准培养人。他还强调教育是一种美德,它应与神圣的《古兰经》的经文和穆罕默德愿平安降临于他的教导符合一致。他争辩说,教育学所关注的本质上是人性的过程,这就意味着,除非通过谦卑、细心的倾听以及在爱、亲密和人类之间合作的基础上作出回应的能力,教育就不可能正当地实施。

他坚持说,教育在本质上是一个逻辑过程,所以,它应当从生活的最简单的方面开始,进到最复杂的一面。教师的职责是以最明白的话语解释即使是最复杂的事情。此外,教育是一个道德的过程。所以,教师应当对他的学生有同情心,和善地对待他们,把他们看做是自己的儿子,指引他们,给他们以忠告。教学不应当成为一个惩罚的过程,而应当是一个劝告的过程。因此,教师应当支持他的学生,帮助他们满足他们的需要,达到心理上、情绪上的稳定。阿尔-伽扎利还解释说,教学要将理论与实际结合起来。因此,教师的言行应成为学生的活的榜样。作为一个文化过程,教育对个人和群体都将在其中成长、进步的社会的未来作出的贡献是十分重要的。

阿尔-伽扎利经常强调的是,教育是一个建立价值观的过程。应当鼓励学生在诸如说真话、诚信、诚实、谦卑、避免骄傲自大等价值观这样一种使全方式的基础上培养良好的行为。他强调教育是一个完整的过程,它应当关注人类的每一个方面——智力上的、心理上的、社会的、身体上的、精神上的。教学应当进行得能感动人,因而承认学生之间的差别,帮助他们按照他们自己的能力和兴趣去发展。

阿尔-伽扎利死于公元1111年12月。在他的床上找到的一页纸上有如下一节诗句:

"不要相信你所见到的这具尸体是我自己。我是精神,而这只是肉体。我是一颗将外壳抛弃了的珍珠。我在不幸中消耗我的时间的那个地方是我的监狱。我是一只鸟,当我不能飞出时,它是我的鸟笼,它被留下作为一个纪念。赞美归于神,他现在使我得解脱。"

注 释

① *Mishkat Al-Anwar*, Muhammad Ashraf, Kashmiri Bazar-Lahore, 1924.

参 考

本书中的"亚里士多德"、"伊本·图发义尔"、"柏拉图"。

阿尔-伽扎利的主要著作

① *Ihya Ulum Al-Din*, translated by K. Nakamura, The Islamic text Society:Cambridge, 1996. ② *Tahafut Al-Falasifah*, translated by Sabih Ahmad Kamali, Pakistan Philosophical Congress:Lahore, 1963. ③ *Miskat Al-Anwar*, translated by W. H. T. Gairdner, Muhammad Ashraf, Kashmiri Bazar-Lahore, 1924.

其他参考书

① Carr, B. and Mahalingam, I. (eds), *Companion Encyclopedia of Asian Philosophy*, Part VI, London: Routledge, 1997.　② *Encyclopaedia of Islam*, London: Luzak, 1965.　③ Qarbullah, Hasan, *The Influence of Al-Ghazzali Upon Islamic Jurisprudence and Philosophy*, Beirut: Dar el-Jil, 1993.　④ Smith, M., *Al-Ghazzali the Mystic*, London: Sheldon, 1944.　⑤ Watt, W. Montgomery, *The Faith and practice of Al-Ghazali*, London: Allen & Unwin, 1970.

塔维尔

伊本·图发义尔
(Ibn Tufayl, 1106—1185)

> 如果有一个无限完美的存在……那么失去对这个存在的把握……必然意味着折磨。同样，保持对它的经常不断的认识，就是准确无误地认识快乐，认识永无止境的乐事，无限的狂喜和高兴。①

阿布·巴克尔·穆罕默德·伊本·阿布得·阿尔-马利克·伊本·穆罕默德·伊本·图发义尔·阿尔-卡义西(Abu Bakr Muhammad Ibn Abd Al-Malik Ibn Muhammad Ibn Tufayl al-Qaysi)通常简称为伊本·图发义尔(拉丁文为 Abubacer)——是一位西班牙穆斯林哲学家、医生、数学家、诗人和科学家。12世纪头10年出生于瓜迪克斯(Guadix)。他在克拉那达行医，成了穆瓦西得(Muwahhid)的统治者阿布·雅库布·尤素夫(Abu Yaqub Yusuf)的御医，担任他的秘书达20年之久，终于被任命为朝廷瓦兹尔(大臣)。在这个职位上，他于1182年自己推荐，由比他年轻的同时代人伊本·卢什德(Ibn Rushd，即 Averroes)继任，后者是最有名的伊斯兰哲学家。注定要对未来几个世纪欧洲思想产生最大影响的人。伊本·图发义尔继续从事公共事务和外交事务，直到1185年在玛拉克什(Marrakesh)去世。穆斯林西班牙在这一时期中哲学和学术繁荣，像伊本·图发义尔，伊本·拉什得和伟大的医生伊本·祖尔(Ibn Zuhr)(Avensoor)都受到最高集团的庇护。塞维尔(Seville)和科尔多瓦(Cordoba)竞相成为学术和科学的伟大中心。

伊本·图发义尔是对阿尔-伽扎利哲学的一位重要批评家。后者是一位最伟大的伊斯兰神学家，特别是后者的 Tahafut Al-falasifa(哲学家的自相矛盾)，它也是伊本·图发义尔的批评目标。然而现在伊本·图发义尔因为是受到赞美的哲学小说 Hayy Ibn Yaqzan(活着的一个，警觉者的儿子)的作者而成了最有名的人。这是中世纪最著名的作品之一，14世纪被译成希伯来文，17世纪被译成拉丁文，最后被译成多数欧洲文字。英文版是贵格会的凯斯(G. Keith)于1674年出版的。稍后不久，又由阿什维尔(C. Ashwell)和奥克里(S. Ockley)出版。对于阿拉伯读者，最主要的版本是附有法文翻译的Léon Gauthier版本，1900年在阿尔吉尔首次出版。

《活着的一个，警觉者的儿子》一书在文艺复兴时期受到许多杰出人物的赞扬。伟大的日耳曼哲学家莱布尼茨(Gottfried Von Leibniz)读到了它的拉丁文译本，对它作了高度评价。近来有人提出，迪福(Daniel Defoe)的著名小说《鲁滨孙飘流记》的中心思想是取材于伊本·图发义尔的故事，很可能来源于1708年Ockley的译本。人们还可以把它的故事看做是稍后一个时期广为流传的欧洲教育小说如歌德的《威廉·迈斯特》(Wilhelm Meister)的先驱，它讲述了年轻人在"生活的学校"中的教育，而且从这种教育中引申出哲学和道德的教训。这本书直到今天仍有影响。正如某位评论家所说，学者们仍然能从中发现某种新鲜的有意义的东西。它不仅在学者们中间，而且也"在内心有伊斯兰哲学的学者中间找到有鉴别力的听众"。[②]

这本书的书名的直译是《活着的一个，警觉者的儿子》或《警觉者的活着的儿子》(The alive son of the awake)。这个书名很有象征意义。"活着的一个"象征着人或人的智力，"警觉者"象征神或神的智力。它暗指神圣的《古兰经》中的一节诗句，其中说到神"既不微睡，也不深睡"。于是，这本书象征性地描述了一个主题：人的智力分享神的智力，因而不必有经书中记载的先知的启示就有能力认识现实的最内在的真相。伊本·图发义尔是在最广的意义上使用智力(intellect)这个词，它甚至包括某种神秘主义的幻觉。这就与新柏拉图主义哲学结合起来了。本书中所陈述的学理深受其影响。

伊本·图发义尔的杰作的目的在于，通过一个小孩在自然状态中成长的故事表明，即使没有传统和启示的帮助，人也可以达到认识自然界和道德，并通过它们去认识神。在这个故事中，据说海依(Hayy)是自然而然地生出来的，在幼年时被一只鹿抚养长大。在这只鹿死亡时，解剖它的尸体的结果，他开始理解——通过他自己的观察能力和反省——死亡是精神和肉体的统一分解所造成的。

小说在许多有重大哲学意义的问题上提出了有趣的观点。例如，没有天启的宗教——自然宗教是可能的吗？小说以最强调的词语承认有这种可能性。即令神没有通过预言启示他自己，他也会由于科学家、神秘主义者和哲学家对自然、对人自身和宇宙的研究而被发现。由于对自然的研究，甚至也可能得出神的特性，如它的智慧和爱。

伊本·图发义尔进而证明神的存在，证明对神的本性的认识是理性的、经验的真知灼见。神是宇宙的真正的统一的原理。哲学达到证明这一真理应该没有麻烦。神秘主义者通过在他内部钻研他，也可以在他自己的灵魂的激励下获得神的幻象。对于神秘主义者来说，这不单纯是"幻象"，而是生动的与最终实在的接触，与神的联合。神和人的精神是相互近似的，这对神秘主义者已经成为显而易见的事情。人的精神真正地与神性共享，所以才有 Hayy Ibn Yaqzan 这个书名，这意味着赋予每个人以特殊义务，努力用尽一切方法去获得神的属性，去模仿神的方式，把他的性格改造成神的性格……使一切都臣服于神。③

在这部小说中，伊本·图发义尔也明显地提出了区分知识的两种形态——逻辑的形态或沉思的形态和直觉的或直接的形态——在教育理论和教育实践上的重大意义。只有通过后者的媒介，我们才能有与神圣的实在联合的生动的经验。然而，前者的优越性易于用言辞表示，因而易于传达给别人。因为没有直接的手段把直觉的知识表示出来，人们必须运用比喻和寓言。因此，伊本·图发义尔运用了哲学寓言。

伊本·图发义尔对教育哲学的重要性在于坚持主张在他那个时代不寻常的观点，即人只要通过利用理性和经验的贡献，就能够达到理解并在很大程度上认识他们的世界以及他们应当怎样在其中行动。也像后来的"自然状态"理论家如洛克、卢梭一样，他也试图通过表明人设想在与传统和习俗分离的条件下怎样能得到理解力和知识，来建立这样的理论。然而，他的理论是比这些后来的思想家更宽广得多的关于经验和理性的理论。他的哲学是一种高度综合性的哲学，在他的哲学中，神秘主义的体验也和通常的感性经验一样有一席之地。

注　释

① Ibn Tufayl, *Hayy Ibn Yaqzan*, trans. L. E. Goodman, Los Angeles: Gee Tee Bee, p. 137, 1984.
② M. Schembri, "Philosophy and Mystical Knowledge in Ibn Tufayl's *Hayy Ibn Yaq-*

zan", Ph. D. Dissertation, University of Malta, p. 4, 1997.
③ Ibn Tufayl, *Hayy Ibn Yaqzan*, p. 142.

参 考

本书中的"阿尔-伽扎利"、"洛克"、"卢梭"。

伊本·图发义尔的主要著作

① *The History of Hayy Ibn Yaqzan*, trans. S. Ockley, London: Darf, 1986.   ② Ibn Tufayl, *Hayy Ibn Yaqzan, a Philosophical Tale*, trans. L. E. Goodman, Los Angeles: Gee Tee Bee, 1984.

其他参考书

① Fakhry, M., *A History of Islamic Philosophy*, London: Longman, 1983.
② Goodman, L. E., "Ibn Tufayl", in S. H. Nasr and O. Leaman (eds), *History of Islamic Philosophy*, Part I, London: Routledge, pp. 313 – 329, 1996.   ③ Lawrence, L. I. (ed.), *The World of Ibn Tufayl: Interdisciplinary Perspectives on Hayy Ibn Yaqzan*, Leiden: Brill, 1996.

司台梯希

伊拉斯谟
(Desiderius Erasmus, 1466—1536)

没有人是为他自己而出生的,没有人是生来无用的。你的孩子不是仅仅为你自己而出生的,而是为你的国家出生的,不仅仅是为你的国家,而是为神而出生的。……提供足够数量的教育全国年轻人的合格人员,这是同样赋予政治家和教会人士的责任,这是绝不亚于军队命令的公共义务。①

尽管从来没有当过教师,伊拉斯谟(DEsiderius Erasmus)从早年起就对教育目的和方法有着浓厚的兴趣。人文主义者——他被称为"人文主义者的王子"——提出了与"学校人士"截然不同的一套新课程和新的教育方法。他们指望"新学问"(new learning)不仅仅是为了教师,而是为了所有基督教人民,特别是为了王子和他们的家庭教师。他们强调性格的形成,而不是强调获得知识本身。有人曾写到伊拉斯谟,说"为了推进学问的复兴,他作出的努力比任何其他人都多"。②

伊拉斯谟于1466年10月27日出生于鹿特丹。父亲革拉尔得(Gerard of Gouda)是一位牧师,母亲玛格丽特(Margaret)是泽文伯根地方一位医生的女儿。由于以坎帕尼亚一位殉难主教圣·伊拉斯谟的名字取名,他的不合法的身份使他倍感烦恼,以致后来在1516年他为他出生的事实请求教皇赦免。

1480年,由于一场鼠疫,他的父母在几个月之内相继去世。至少在回忆中,他厌恶他上过的所有学校。他首先上古达地方由他后来的保护人彼得·文克尔(Peter Winckel)办的学校。后来在他9岁时上德文特学校之前上了乌特勒希的天主教唱歌学校,德文特学校附属于圣·勒布英的教会,赫吉亚斯(Alexander Hegius)是该校的校长,著名学者辛台姆(Sintheim)是助理。伊拉斯谟在德文特学校表现出大有出息,竟然有一位教师对他说,"伊拉斯谟干得很好,你达到学问巅峰的一天一定会到来"。③

14岁时,他进了波依斯·勒·杜克地方的共同生活兄弟会的学校。这所学校引起了他对修道院学校的持久的厌恶。他后来抱怨该校苛刻的纪律和贫乏的教学。他写道:

"一个好教师的标志就是坚守他的类似于家长的职责……在某种意义上他也要再成为一个孩子,使他可以把学生吸引到他身边来。"④

他显然是一位勤奋好学的青年,看起来体质很弱,不爱运动,他甚至可能在孩子们面前表现得不自在。

尽管如此,或者说,正因为如此,他于1483年进了在古达附近的斯太恩的艾毛斯的奥古斯丁修道院,并在1492年被任命为祭司。作为一个穷孩子,修道院生活为他提供了友谊和学习的空余时间。他的丰产的文学作品开始于18岁时的一本劳伦修斯·瓦拉(Lawrentius Valla,1405—1457)的《拉丁语精华》(*Elegantiae Linguae Latinae*)一书的摘要,它是为《新约》研究作出了重大贡献的那位伟大的意大利学者所广为采用的教科书。1486年,他写了一封规范的书信 De Contemptu Mundi,详述了修道院生活的诱人之处。

但是,伊拉斯谟立志高远,雄心勃勃,在1493年愉快地离开了修道院,去为坎布来的主教、获得最高勋位的大臣亨利的门下供职,这给予了他在巴黎大学神学院学习的机会。他专心致志于古典著作的研究并开始学习希腊文。人文主义者毕竟相信学习古典著作能使人过正当的生活。1051年他宣称:

"没有希腊文,不管拉丁学问的数量有多少,都是孱弱无力、不完善的;在拉丁文中我们充其量只得到一些涓涓溪流或混浊的小水塘,而希腊人有更清澈的源泉和流淌着黄金的河流。"⑤

1499年,他陪伴他的学生威廉·布朗特(William Blount)、蒙特乔依爵士(Lorδ Mount joy)去英国会见约翰·柯力特和托马斯·莫尔爵士。他回到巴黎。于1500年把他的《谚语集》(*Adagia*)呈献给蒙特乔依爵士。这本集子有800条拉丁格言,为多数同时代人对古典的过去提供了一个基本的可以接受的概要。仅仅在他生前该书就发行26版。

由于鼠疫,他被迫离开巴黎。他去到奥尔良,然后到鲁汶。1502年他在那里谢绝了主持雄辩术讲座的邀请。到1506年,他在意大利整理博学的拉丁博士、伊拉斯谟十分崇敬的圣·哲罗姆(342—420)的书信。

1507年末,正当伊拉斯谟写信给著名的出版商马努休斯(Aldus Manutius)商谈他翻译的欧里庇德斯(Euripides)的作品的新版问题时,他获得一个机会亲自去威尼斯准备《谚语集》的增补版。大约一年以后,他去到帕都瓦(Padua)并于1509年春天去到罗马。

现在还有人读的他的唯一著作也许就是《愚人颂》(Moriae Encomium),这本书是1509年在英国住在托马斯·莫尔(他有四个孩子)家里时在七天之内写成的。从书名就可推定是出自深思熟虑的作家之手。在本书中,他攻击弥漫全国的傲慢、专业人士的自负,特别是教会的欺骗和修道院的规章制度。该书结尾的论点是,有组织的宗教是愚人的一种形式,真正的信心来自内心而不是来自头脑。这本书是莫尔的《乌托邦》的先驱,并成为16世纪最有名的非宗教著作。

第二次访问英国也许是伊拉斯谟一生中最幸福的时期,他在1499年给罗伯特·费舍尔(Robert Fisher)的信中写道:

"当我听我的柯力特(Colet)说话时,我觉得我是在倾听柏拉图本人说话;谁不赞扬拥有人世间全部学问的格罗辛(Grocyn)?有谁的头脑比里拉克里(Linacre)的头脑更敏锐?大自然什么时候创造过比莫尔的性情更友善的性情?……令人吃惊的是在这个国家的每个地方都生长着如此稠密的研究古典著作的作物。"⑥

伊拉斯谟正是在剑桥大学担任玛格丽特夫人神学教授讲座时出版了《论正解的教学方法》(De Ratione Studii)(巴黎,1511)。他在该书中对评论教学艺术表示慊意,因为昆体良(公元35—100)把要说的话都说完了。该书中所关注的仅仅是古典著作:

"没有……任何一门学科,没有任何研究领域——无论是音乐、建筑、农业或战争——不能证明它对教师解释古代的诗人和雄辩家是有益的。"⑦

他赞成关于雄辩家的古典的概念,将雄辩家的理想与文法学家的理想融合为一。文人除了必须知道怎样运用书面语言外,也特别必须知道怎样运用口语。算术被简单化地取消了。数学虽然还是四科（Quadrivium,旧称四艺）的一部分，但往往变成思辨性的而不是实用性的、与哲学相关的人文学科。

"当然，一个学生为了丰富语汇和学习文体的目的而阅读作家的作品时，确实不得不收集一些其他东西。但是，当我说到学习"内容"时，我想到的比这要多得多。因为我确信，除了稀有的例外，能获得的全部知识都包括在古希腊人的不朽文学作品之内。"⑧

尽管如此，伊拉斯谟的主要贡献还是他通过将希腊文作品译成拉丁文而促进了对古代希腊人的认识。他论证，决定个人学习进步有三个条件：

"它们是天性、训练和实践。天性，我是指部分是有待训练的内在能力，部分是天性趋向于美德的倾向；训练，我指的是教育和指导的熟练运用；实践，我指的是自由运用由天性注入、由训练促进的我们自己的能动性。"⑨

对话体对于伊拉斯谟所主张的那种教学是有益的。他在1611年在巴士列出版了《论词语的丰富》(*De Copia, De Duplici Verborum ad Rerum, of Abundance*)，它是为圣·保罗公学写的教科书。后来被柯力特发现，成了用于雄辩术的资料宝库，在17世纪出版了100多次，成了全欧洲的文法学校的标准著作。该书第一编由扩充了的词汇汇编而成，它的编排方式是为每个词提供替换的词，以便为每段文字用替换词以第二种不同的方式重新加以安排。他拟定了按不同标题收集词语的指导原则。标题包括了范围广阔的题目，包括当代的主题如儿童的礼仪、僧侣的行为不检、结婚的困难和贵族的无节制。伊拉斯谟还修订了李利(Lily)的拉丁语句法教科书。它终于成为伊顿公学的拉丁文法教科书。

伊拉斯谟于1514年离开英国去巴士里(Basle)，那里的一家著名出版社约翰·弗罗本准备自费出版他编辑的《圣·哲罗姆书信集》，那是他二十年来所心爱的计划。接着的两年并不安静，他从事希腊文《新约全书》的翻译工作。他成了西班牙查理一世(后来的查理五世皇帝)的顾问，他于1516年(即莫尔出版他的《乌托邦》的那一年)写成《一个基督教王子的教育》。那年伊拉斯谟还出版了希腊文圣经，附有拉丁文的新译文。他在

前言中说他希望看到福音书和保罗书信被译成所有文字:

"对于国王的秘密,隐藏起来才更安全。但基督希望把他的秘密尽量公之于世。我唯愿即使是最弱智的妇女也能阅读福音书和保罗书信。"⑩

起初,伊拉斯谟支持路德,也像他做过的那样挑战教会的弊端。但后来就路德对社会秩序的强烈威胁出现了尖锐的争论。

1520年代伊拉斯谟继续到处流动,从鲁汶到巴士里,再到弗莱堡。在30年代当他回到巴士里时,他仍然是有崇高声誉的人物,继续有丰富的作品出版。在1530年代中期,他卷入关于西塞罗的争论。在一篇他称之为西塞罗主义(1525)的拉丁文对话中,他主张拉丁语应当是表现现代生活的工具。1529年他出版最成熟的教育论文 De Pueris instituendis(论男孩的教育)。

"它的一个显著特征就是强调学生的个性。一个教师如果能在儿童生命的早期阶段观察像个性这种自然倾向,便是明智的教师。因为与个性符合一致的东西我们最容易学习"。⑪

莫尔不能接受伊拉斯谟关于缓和对亨利第八的宗教措施的反对的劝告,莫尔于1535年去世。罗素的判断也许仍然是公正的。他说,在路德的反叛以后,对于伊拉斯谟和莫尔来说:"在两方面,对于他们那种类型的人来说,这个世界太过于暴乱了。莫尔殉难,而伊拉斯谟陷入无能为力。"⑫

他们体现了以反对经院为标志的对神学和哲学中任何成体系的东西的反对。正如伍德瓦德(Woodward)所说,伊拉斯谟一直工作到"死神自己从他的手中把笔夺走"。⑬他于1536年7月12日死于巴士里。具有讽刺意味的是,这一年正是最著名的圣经英译者威廉·丁代尔(William Tyndale)被作为异端分子判处绞刑并在比利时维尔伏德(Vilvorde)的火刑柱上被烧死的一年。1559年伊拉斯谟的全部著作被列入教会的禁书目录,但是他也许是因出版的著作而享盛名的最早的主要欧洲人物。

注　释

① *De Pueris Instituendis*, 494A, 508D, in W. H. Woodward, *Desiderius Erasmus Con-*

cerning the Aim and Method of Education, Cambridge: Cambridge University Press, pp. 187, 209 – 210, 1904.

② D. Crystal, *The Cambridge Encyclopedia*, 2nd edition, Cambridge: Cambridge University Press, p. 392, 1994.

③ *Letters*, ed. F. M. Nichols, vol. 1, p. 26, 1901.

④ *De Pueris Instituendis*, 509B, in Woodward (1904, p. 211).

⑤ *Erasmi Epistolae*, ed. P. S. Allen, Oxford, no. 149, vol. I, p. 352, 1910.

⑥ Allen (1910, no. 118, vol. I, pp. 273 – 274).

⑦ *De Ratione Studii*, 523F, in Woodward (1904, p. 168).

⑧ *De Ratione Studii*, 522A, in Woodward (1904, p. 164).

⑨ *De Ratione Studii*, 497A, in Woodward (1904, p. 151).

⑩ Quoted in F. Seebohm, *The Oxford Reformers*, 3rd edition, p. 327, 1913.

⑪ *De Pueris Instituendis*, 500A, in Woodward (1904, p. 196).

⑫ B. Russell, *History of Western Philosophy*, 1946, p. 533.

⑬ Woodward (1904, p. 29).

参　考

本书中的"罗素"。

伊拉斯谟的主要著作

① *Erasmi Epistolae*, *Opus Epistolarum des Erasmi Roterodami*, ed. P. S. Allen, 12 volumes, Oxford: Oxford University Press, 1910.　② *Epistles of Erasmus*, trans. and ed. F. M. Nichols, 3 volumes, London: Longman, 1901 – 1918.　③ *Erasmus and Cambridge*, *The Cambridge Letters of Erasmus*, trans. D. F. S. Thomson ed. H. C. Porter, Toronto and Oxford: Oxford University Press, 1964.　④ *Adages*, ed. M. M. Phillips, Cambridge: Cambridge University Press, 1964.　⑤ *Colloquies*, ed. and trans. C. R. Thompson, Chicago: Chicageo University Press, 1965.　⑥ *The Education of a Christian Prince*, ed. Lisa Jardine, Cambridge: Cambridge University Press, 1997.　⑦ *Enchiridion Militis Christiani* (*The Manual of the Christian Knight*), trans. F. L. Battles in *Advocates of Reform*, ed. M. Spinka, Philadelphia: SCM Press, 1953.　⑧ *Praise of Folly*, trans. John Wilson, 1668, Prometheus Books, 1994.　⑨ *Desiderius Erasmus Concerning the Aim and Method of Education*, W. H. Woodward, Cambridge: Cambridge University Press, 1904 including *De Ratione Studii* and *De Pueris Instituendis*, in translation.

其他参考书

除另有说明外，都是在伦敦出版。

① Ackroyd, P., *The Life of Thomas More*, Chatto & Windus, 1998.　② Adams,

R. P. , *The Better Part of Valor: More, Erasmus, Colet and Vives on Humanism, War and Peace, 1496 – 1535*, Seattle: University of Washington Press, 1962.　③ Bainton, R. H. , *Erasmus*, Collins, 1969.　④ Bolgar, R. R. , *The Classical Heritage and its Beneficiaries*, Cambridge University Press, 1954, 1964.　⑤ Caspari, F. , *Humanism and the Social Order in Tudor England*, Chicago: University of Chicago Press and Cambridge University Press, 1954.　⑥ Charlton, K. , *Education in Renaissance England*, Routledge & Kegan Paul, 1965.　⑦ Goodman, A. and Mackay, A. (eds), *The Impact of Humanism on Western Europe*, Longmans, 1990.　⑧ Hildebrand, H. J. , *Erasmus and his Age*, 1970.　⑨ Huizinga, J. , *Erasmus of Rotterdam*, Phaidon Press, 1952.　⑩ MacConica, J. K. , *Humanists and Reformation Politics under Henry VIII and Edward VI*, Oxford: Oxford University Press, 1965.　⑪ Perkinson, H. J. , *Since Socrates: Studies in the History of Western Education and Thought*, Longman, 1980.　⑫ Russell, B. , *History of Western Philosophy*, Allen & Unwin, 1946.　⑬ Schoeck, R. J. , *Erasmus of Europe: The Making of a Humanist, 1467 – 1500*, vol. 1, Edinburgh: Edinburgh University Press, 1990.　⑭ ——*The Prince of Humanists, 1501 – 1536*, vol. 2, Edinburgh: Edinburgh University Press, 1993.　⑮ Seebohm, F. , *The Oxford Reformers*, 1867, 3rd edition, Longman, 1913.　⑯ Simon, J. , *Education and Society in Tudor England*, Cambridge University Press, 1966.　⑰ Sowards, J. M. , *Desiderius Erasmus*, Boston: Twayne Publishers, 1975.　⑱ Trapp, J. B. , *Erasmus, Colet and More: The Early Tudor Humanists and their Books*, British Library, 1991.

巴托

夸美纽斯
(Jan Amos Comenius, 1592—1670)

> 伟大的教学法,即是说,将一切事物教给一切人的无所不包的艺术,它是真正能以确定性教授它们、务使必有成效的教学艺术,它是愉快地进行教授的艺术,即是说,教师和学生双方都没有烦恼和厌恶,而是双方都引为最大的乐事;它是彻底地而不是肤浅地、浮华地进行教学的艺术,这种教学能导致真实的知识、文雅的道德和最深厚的虔信。①

有少数"伟大人物"继续活在民族的记忆中,而不仅仅活在历史学家的著作中。夸美纽斯(Johann Amos Comenius,捷克文为 Jan Amos Komensky)就是其中之一。他的同胞的大多数人都记得他的命运:一个因为祖国的处境而被迫离乡背井的人,一个准备随时为自己的信仰而遭受苦难的人。仍然活在捷克人共同的记忆中的两个话题就是迫害和流放。

在 20 世纪初期,在很贫穷家庭中可以看到一张带框的图片:"夸美纽斯离开祖国"。当独立的捷克斯洛伐克共和国成立时,它的首任总统托马斯·马萨利克(Thomas Masaryk)从美国回来时,他宣布他的计划是发展胡司和夸美纽斯的遗产。夸美纽斯也受到斯洛伐克人的尊重,因为他出生在莫拉维亚——斯洛伐克的边境,正是马萨利克的同一地区。一代人以后,许多捷克人离乡背井,首先是逃避纳粹的迫害(十年以后是逃避极权主义的独裁)。此外,在他们的心中夸美纽斯是一位不在逆流中屈服的人,是一个无论走到何处都要做些有益国家的事情的人。

但夸美纽斯绝不只是逃亡的人民的楷模。首先,就他的背景略说几句。他生活在一个令人感兴趣的时代,那时欧洲分裂成为互相冲突的两个意识形态领域——地中海区(西班牙——奥地利天主教)和北方文明区(尼德兰、斯堪的纳维亚和北德的新教地区)。在宗教和作为社会与文化的典范方面,夸美纽斯赞赏后者。他的祖国那时是个重要国家。它的边界包括了辽阔的领土（从那以后失去了西里西亚和劳西茨），所以和它的400万人民一道几乎和英国一样大。

夸美纽斯年轻时曾第一次有了出国的经验——他去海德堡学习神学，即使在19世纪和20世纪那对于捷克人也是难得的机会。他作为兄弟会（莫拉维亚兄弟会）一名牧师的事业很快就随着哈布斯堡政府下令禁止他的教堂并将每一个不服从命令的人驱逐出境的威胁而破灭。

年轻的夸美纽斯一定是有着令人喜爱的个人品质，因为他找到了一个上层社会的家庭，他们愿意至少在一定时间内让他非法地住在他们的庄园里。当他确实不得不离去时，他总能找到新的朋友来庇护他、鼓励他。夸美纽斯一生中的大部分时间是流浪者，但是，直到他去世时他仍然是波希米亚1620年起义的信徒和波希米亚的温特国王费得里希和他的妻子伊丽莎白·司徒亚特（英国国王詹姆斯一世的女儿）的支持者。当他们在1619年访问莫拉维亚时，他无疑去见了他们。后来直到1668年他将他的著作 Unum neccessarium 呈送弗里得里希的儿子茹帕尔特，他在他父亲统治的三个月期间在1619年出生于布拉格。

尽管夸美纽斯的有些旅行具有政治目的，例如，他去柏林会见捷克流亡者，他带着政治使命去海牙，在瑞典，他受到克里斯蒂娜王后和大臣奥克兴斯梯尔纳的款待，他在英国会见很多有影响的人物，但是他从来不把自己看成一个政客。现在，我们要简单地称他为一名"知识分子"（像他在1642年会见过的笛卡儿一样）。

他是一位教育家，他的狭隘的观点成熟到成为广阔的视野。作为一名神学家，他不能不慎重考虑为什么正义的斗争失败了（指1620年的白山战斗）。他得出的结论是，那是对捷克人以前的罪过的惩罚。他对世事的看法是悲剧性的，因为除了他永远没有机会再见到自己的祖国这个事实以外，他一生中还有许多不幸，如他的第一个妻子和两个孩子的去世，1633年在富涅克丧失了他的书籍，在波兰黎撒他的编辑词典的卷宗毁于大火，他的第二个妻子的去世，以及最后一个但并非不重要的事实，即正当他在一些国会议员支持下获得一个机会改革英国教育时，英国爆发了一场内战，他被迫离开。然而，据说英国皇家学会的创立是由于夸美纽斯的鼓动。

考虑到这些旅程和各种磨难时，他的作品就更值得赞扬。他唯一的一本小说《世界迷宫和心的天堂》仅仅充满着悲剧性的暗示。小说中的主要人物是一位朝圣者(Pilgrim),他在世界上遭遇到的是愚蠢多,智慧少。这个宗教性寓言与后来班扬的《天路历程》相近似。然而他的大部分作品是教育著作。在这些著作中,他的观点从在教室中改善学生发展到改善整个人类。

1630年,他着手编写一套打算献给全国教育的教科书。他偏爱学习拉丁文,以便使学习欧洲文化更加容易。他的真正意义上的第一本教科书《语文入门》(*Janua linguarum reserata*)(1631)是一个成功(它被译成12种文字),《语文初阶》(*Gate of Tongues Unlocked*, 1633)* 和《母育学校》(*The School of Infancy*)也是如此——后者是为母亲们写的书。在这些著作中他发挥了这样的原理:教给学生的应当是使学生感兴趣并在日后有用的东西。此外,他还相信,"只工作,不玩耍,聪明的孩子也变傻"——一句永不过时的教育学要义。然后,他着手《大教学论》的写作,并拟就了泛智学的计划。在该计划中,他确定知识的三个来源是感觉、理性和圣经。他的教育著作的完整的文集是1657年出版的《教育论著全集》。普及知识的目的在于消除世界的紧张。《世界图解》是一本关于词汇的书(1658)。

除这些比较大的著作外,他偶尔也写些小的论文,如《光明之路》。他在该文中提出了他的计划并总结了他关于改革教育的主张,它是在1642年为他的英国朋友写的,但是到了1668年才出版。Faber Fortunae 是一篇论智慧的文章,是呈献给他的已故的保护人的儿子的。《致瑞典国王英明的查理·古斯塔夫书》是一篇描述一位正义君主的论文。夸美纽斯的宗教宽容,17世纪宗教普世主义的一种,在很多地方表现出来(例如他赞赏耶稣会派和他们的教育兴趣,表示对犹太人的理解)。

在30年战争中,夸美纽斯继续密切注视宗教的发展。当他认识到同盟者(Allies)将不会坚持在中欧重新引入宗教自由时,他用拉丁文写了一本他所挚爱的教会的历史而从中得到安慰。该书的醒目的书名是《波希米亚教会遭受压迫史》(原来的意义是作为 John Foxe 的《殉难者之书》的

---

* 译者按:此处原文有错讹,*Gate of Tongues Unlocked* 即是1631年出版的 *Janua linguarum reserata* 的英译,二者是同一本书。《语文初阶》1933年版的英译是 Entrance Hall as an Easy Introduction to the Gate。

一章)。以后,他用捷克文写了另一本书,用了一个更令人伤感的书名:《母亲的临终遗言:兄弟的团结》(1650)。他的最后岁月以日益浓厚的神秘主义为标志。

要估量夸美纽斯对现代教育初期的贡献是困难的——也许,不管怎样,新观念迟早会到来,但是,毫无疑问,他是先驱者之一。作为一个思想家,他在许多方面是超前于他的时代的,他是第一位女子教育的现代倡导者,他给人的感觉是。他既是一位爱国者,又是一位世界公民。作为一位在逆流中仍坚持其信仰的勇敢的诚实的人,人们不能不肃然起敬。

一段语录,他的遗言中的预言,是他的祖国千百万人所熟悉的:"我相信,天罚的风暴将要成为过去,对国家的统治权必将再一次回到你的手里,哦!捷克人民!"这些话语在苏联入侵的最初日子里成了抗议歌声的主题,那次入侵镇压了1968年的布拉格之春。这首歌遭到禁止。只是在20年之后,它的歌唱者才能公开露面。但是,她有过多少听众啊!全国四分之三的人民在户外集结——1989年11月的天鹅绒革命达到顶点,夸美纽斯同时代人中有谁能与之相比?

在欧洲,夸美纽斯也没被遗忘:在纪念他出生400周年时,在牛津的波得雷安(Bodleian)图书馆举办了"夸美纽斯:欧洲的改革者和捷克的爱国者"的展览。(除了在布拉格举行的国际学术讨论会以外)在阿姆斯特丹举行了学术讨论会。在(莫拉维亚的)奥洛毛克(Olomouc)大学,成千的学生每天进入中心图书馆,步行走过这座18世纪的高大建筑的入口处的底层的金属铭文,铭文写道:"愿我们化军械库为图书馆,J. A. 考门斯基。"*这句语录使人想起1989年天鹅绒式革命以后的事实,军火库变成了图书馆。

注　释

① Comenius, J. A. *The Great Didactic*: *of John Amos Comenius*, ed. M. H. Keatinge, 1910(引文由作者译自捷克语)。

＊ 译者按:考门斯基即夸美纽斯。

夸美纽斯的主要著作

① *Janua Linguarum reserata*: *The Gate of Languages Unlocked*, trans. T. Horn; afterwards much corrected and amended by J. Robotham. sixth edition, London, Printed by James Young and sold by Thomas Slater, 1643.　② *Joh. Amos Commenii Orbis sensualium pictus*: *Joh. Amos Commenius's Visible World*, trans. Charles Hoole, London, Printed for John Sprint, 1705.　③ *The Great Didactic*: *of John Amos Comenius*, trans. and with biographical, historical and critical introductions by M. W. Keatinge, 2nd edn, London, A. & C. Black, 1910.　④ *The School of Infancy*, with an introduction by Ernest M. Eller. Chapel Hill: University of North Carolina Press, 1956. ⑤ *The Labyrinth of the World and the Paradise of the Heart*, trans. and introduced by Howard Louthan and Andrew Sterk; preface by Jan Milic Lochman. New York: Paulist Press, 1998.

其他参考书

① Kyralova, M. and Privratska, J. (eds), *Symposium Comenianum 1982—The Impact of J. A. Comenius on Educational Thinking and Practice*, Uhersky Brod: Jan Amos Komenský Museum, 1984.　② Laurie, S. S., *John Amos Comenius*, *Bishop of the Moravians*: *his life and educational works*, 6th edn, Cambridge: Cambridge University Press, Pitt Press Series, 1904.　③ Murphy, D. J., *Comenius*: *A Critical Reassessment of his Life and Work*, Dublin: Irish Academic Press, 1995.　④ Needham, J. (ed.), *The Teacher of Nations*: *Addresses and Essays in commemoration of the visit to England of the great Czech educationalist Jan Amos Komenský, Comenius, 1641 – 1941*, Cambridge: Cambridge University Press, 1942.　⑤ Panek, J., *Comenius*: *Teacher of Nations*, Prague: Vychodoslovenske Vydavatelstvo, 1991.　⑥ Sadler, J. E., *J. A Comenius and the Concept of Universal Education*, London: Allen and Unwin, 1966. ⑦ Spinka, M., *John Amos Comenius*: *That Incomparable Moravian*, 1st edn 1943, Chicago, IL, The University of Chicago Press; 2nd edn 1967, New York: Russell and Russell, 1967.　⑧ Turnbull, G. H., *Hartlib, Dury and Comenius*: *Gleanings from Hartlib's Papers*, Liverpool: University Press of Liverpool, 1947.　⑨ van Vliet, P. and Vanderjagt, A. J. (eds), *Johannes Amos Comenius(1592 – 1670)*: *Exponent of European Culture?*, Amsterdam, Oxford, North Holland, 1994.　⑩ Wright, C. J., *Comenius and the Church Universal*, London: Herbert Barber, 1941.　⑪ Young, R. F., *Comenius in England (1641 – 1642)*, London: Oxford University Press, 1932.

裴布尔尼克

洛 克
(John Locke, 1632—1704)

> 对于人世幸福状态的一种简洁而充分的描绘是:健康的精神寓于健康的身体。凡是二者都具备之人就不必再有其他的奢望了。……我们日常所见到的人中,他们是行为端庄或品质邪恶,是有用或无能,十分之九都由他们的教育所决定。人与人之所以千差万别,均仰仗教育之功。我们童稚时所得到的印象,哪怕极其微小,乃至无法察觉,都有极重大、极久远的影响……[①]

约翰·洛克(John Locke)出生于英格兰布里斯托附近。父亲是一名律师和地方政府的低级别官员。洛克年轻时在牛津大学学习医学、自然哲学(即科学)和哲学,毕业后先后获得希腊文、雄辩术和道德哲学的学术职位。1667 年他成为沙夫茨贝利(Shaftsburry)爵士的私人医生并兼任他的出生于 1671 年的儿子的家庭教师。当沙夫茨贝利在 1683 年受到叛国罪的指控时,他迁居到尼德兰,洛克也随同他的家人一起逃亡。奥伦治家族的威廉即王位后,洛克回到英格兰,他获得的职位薪俸丰厚而又清闲,使他有可能完成他的大部分著作。从 1689 年以后,他的著作使他声誉卓著。

那些著作包括四封论宗教宽容的信(第一封信发表于 1689 年)和《教育漫话》(1690,1694、1695 又再版)。《漫话》终于被人们看做是经典的启蒙教科书。洛克反对人的知识和道德能力来自先天的观点,他争辩说,相反,应当把个人看做是一张白纸或一块白板,严格地说,是一块没有印上印记的蜡版——是后天的经验在它上面印上痕迹。因此,人们通常把他看做主要是一位经验论哲学家。一位倾向于认为我们获得的印象取决于我们自己的感官和对于世界的经验提供给我们理解力的程度的哲学家。

在洛克的教育著作中,不难发现经验论的因素。正如本文开头时引用的摘录所示,洛克强烈地倾向于把儿童看做可以随心所欲地加以形成和型范的白纸或蜡版(《教育漫话》第 217 节),然而上下文暗含着一定程度的警示。我们应当注意十分之九(如前述)是由抚养和教育形成的,要对其余的十分之一给以应有的重视。在 1693 年第一次发表的他的最长、最著名的教育著作中,洛克认为每个儿童都有其"天生的脾气"或性格:

"上帝在人类的精神上烙下了各种特性,那些特性正同其体态一样,少许加以改变或许可以,但要彻底改造,转变为完全相反的模样却是异常困难。"

(《教育漫话》第 66 节)

由此就必然得出结论,教育者应当仔细地观察每个儿童的性格,以便知道哪些地方能够加以改进,哪些地方这种努力将徒劳无功或者更坏,只会导致矫揉造作。教育的真正误入歧途——正如洛克所想象的——就在于儿童只是假装理解,以便取悦于大人(同上)。

洛克反对通过我们现在所称的外在动力训练学生,即是求助于他们的好恶。我们的知识也许在很大程度上来自感觉,但是用这样的动机如感官上的快乐或痛苦去管理他们,指导其行为,这就是在儿童身上培养这种原则,而我们的职责正是要连根拔除和摧毁这样的原则(第 48 节)。这就是为什么要尽可能避免体罚的原因。洛克关于体罚的危险的许多警告和它造成儿童胆怯和垂头丧气的倾向,无疑部分是来自他的天性的仁慈和来自他那个时代的反感。但是它们也来自这样的事实:这种惩罚造成天然倾向迷醉于快乐而避免痛苦,这正是要全力加以反对的,儿童是要受教育,而不仅仅是受制约。这就意味着他们的推理能力要得到加强,他们抗拒欲望的能力要得稳步的增长。

在洛克看来,教育在本质上是我们现在所称的道德教育,它的目的是德行,所以要小心翼翼地保持身体的强健和活力,使它能服从和执行头脑的命令(第 37 节)。教育者的第二个任务是使头脑保持正确,使它在任何情况下,除合于一个理性生物的尊严和美德的东西以外,不愿同意任何事情(同上)。这种双重的使命使人懂得了很多现代看来似乎是奇怪的东西。洛克在一系列问题上对我们提出忠告,例如,"无论冬夏,儿童的穿着都不可过暖"(第 5 节),或者,一旦孩子的头发已长得丰满,无论白天黑夜,他都不应戴帽子,"没有什么比把头脑捂得严严实实更容易引起头痛、伤风、发炎、咳嗽及其他诸种疾病的了"(同上节)。除其他题目外,读者还在儿童的饮食②、睡眠和鞋袜③上受到指导,运动后发热时坐在凉的地上的后果(第10节,似乎往往是致命的),以及在很大程度上定时大便的重要意义(第231节)。

这类事情是我们不能指望从现代教育书籍中找到的。然而,对洛克来说,教育比现代意义上的学校教育更具有"抚养"(德文 Erzichung)的意义。他的著作是为那些指望他们的儿子(这里很少提到女儿)在家庭教师的个别指导下成长为绅士的那个阶层的人写的,这些人感兴趣于更广阔的问题,即他们的下一代怎样才能成长为合乎要求的成年人,而不仅仅是感兴趣于他们在智力上的发展。

所以,像大多数教育理论入门书那样④,仅仅只注意到洛克关于智力发展和道德发展要说什么,而认为《教育漫话》的其余部分稀奇古怪而予以忽略,这样做是一个错误。有重要意义的是洛克是一位从业医生。例如,他对奎宁(quinine)的原物金鸡纳皮(Cinchono)进行了现场试验,并记录它对病人的疗效。⑤对于有些相信肉体感官的印象是知识的重要来源的人来说,具有头等重要意义的是那些感官也需要良好的维修。为了这个目的,洛克的很多科学上的同时代人热心地试验了一系列的食物、药品和摄生法,部分地是为了发现哪些东西能使感官最机灵、最有接受能力。⑥我们现在为正在成长的孩子在医生和教师之间划分专业责任(个人的、社会的责任和健康教育),这种趋向可能使洛克困惑不解。

《教育漫话》给我们呈现了一幅完全世俗的图画。儿童并不是生来就有神的观念和道德真理,他不具有正在等待释放出来并加以激活的"天生的良好道德"。将自我中心的、过于苛求的婴儿——洛克对儿童没有罗曼蒂克的观念——转变成为完美的年轻人的正是教育。这幅画在很多方面同时也是传统的。儿童就像刚刚到达一个陌生国度的旅行者(第120节),他不得不学习这个国家的习俗和生活方式。他们要学习这些,如同学习其他事物一样,不是通过学习规则,而是通过实践。如果实践的时机没有自然而然地出现,那就必须创造这样的时机。实践"可以使他们养成一种习惯,有关习惯一旦培养成功,便无需借助记忆,轻易自然地能发生作用"(第66节)。

于是，教师的技巧就在于寻找这样的时机，将习惯形成的过程与积极发展儿童的理智能力结合起来。关键在于，应当使儿童有学习的需要。单纯等待这样的需要出现是不可能的，要催生这种需要。阅读教学提供了一个富于启发性的事例。洛克描述了他怎样帮助进行一次谈话让孩子无意中听到，谈话的内容是读书使继承人和兄长成为受到每个人"喜爱"的绅士（第 148 节）。这样的谈话有助于弟弟们好好学习读书——如果他们选择做不识字的无知者，他们就会成为那样的人。显然，其效果是使得这次善意操控的对象热心地学习读书。洛克告诉我们，更通常的做法是，应当通过骰子上面有字母的玩具，用游戏的方式教儿童学习字母，变文字的学习为游戏（同上）。

正是这种不相信儿童天生有学习的要求激怒了卢梭：

"人们在煞费苦心地寻找教读书识字的好办法，有些发明了单字拼读卡片和字卡，有人把一个孩子的房间变成印刷厂。洛克则主张用字骰教孩子们读书识字。这岂不是找到了一个最好的办法吗？真是可怜！其实有一个办法倒是比以上的办法都更为可靠的，但这个办法一直被人们遗忘了。这个办法就是促使孩子们有学习的欲望。"

在这里我们看到了两种教育哲学之间的差别，一种也许可称之为儿童中心的放任的教育哲学，另一种是自由的人性的教育哲学，但怀疑儿童格外倾向于学习，除非他们受到正确的教导。洛克绝不是不近人情的。他理解儿童时代有其自己的需要，如我们现在所称的有它自己的发展心理学。例如，他不怀疑儿童需要游戏和玩具（第 39 节），但这不是儿童中心主义，他所提倡的教育的着眼点较少考虑快乐的愿望得到满足的孩子，他考虑较多的是孩子要成为有教养的成熟的成年人。

那样的成人首先要有良好习惯、道德及其他。他要学到比世界上的全部知识都更难得到也更重要的德行（第 20 节）。然而他也要热爱和珍爱知识——一个真正的终身学习者——要懂得在他需要的时候怎样、从何处寻找到知识（第 195 节）。即使出身很好，他也不轻视手工艺，学习木工或园艺（第 204 节），或怎样磨薄、磨光光学玻璃（第 209 节）。这些活动严格说来是娱乐性的、自我发展才能的，防止无所事事地虚度光阴的懒散、无精打采的情绪（第 208 节）。

尽管洛克关于培养17世纪青年绅士的忠告不能轻易地移植于现代大众教育的条件,但是他的言论中仍然有很多足以激励和指导今天的教育工作者和家长。例如,在一个商业压力和使儿童重新成为婴儿消费者的努力使得以天性旺盛的好奇心为基础的卢梭《爱弥儿》中的自然教育变得日益不可思议的世界里,洛克关于在为儿童的学习创造机会时教师的作用的观点,即使在《漫话》中它有时是操纵性的,现在仍然有重要意义。当我们遭遇到众多的(往往是相互矛盾的)学习理论和指导原理、往往是十分详尽地发表各个学科的权威性的教学方法时,洛克却敢于仅仅提供"一点漫话",这也是足以引人注意的。他的谦逊,对儿童世界的同情,在字里行间跃然可见。但是,人们还是要为桃子、李子美言几句。

注　释

① *Some Thoughts Concerning Education*, §1. 全部引文出自 *Some Thoughts Concerning Education*,除非另有说明。我参考了 Yolton 1989 年版本。
② 西瓜、桃子、大多数梅类以及英国出产的各种葡萄,儿童应完全避免触及,因为它们的味道虽然异常可口,但是汁液极不卫生(第20节)。草莓、樱桃、醋栗或者覆盆子,只要完全成熟了,我觉得让他们食用非常安全(同上)。
③ "我主张让他每天用冷水洗脚;他的鞋子应该做得很薄,遇到须踩水时,水可浸入。"(第7节)
　　"那些从小养尊处优的人一旦沾湿了脚,会带来何等麻烦,甚至可能把命搭上,大家那时就会觉得不如和贫穷的孩子一道赤脚混大的好;由于从小养成了赤脚习惯,受苦的孩子即使弄湿了脚,也如同弄湿了手一样,不会伤风。"(同上)
④ 例如 Yolton and Yolton(1989):"在导论中没有讨论 *Some Thoughts* 的特点,那一部分涉及对儿童的身体健康的关怀。"
⑤ Lisa Jardine, *Ingenious Pursuits*, Little, Brown, pp. 282 – 283, 1999.
⑥ 同上。洛克比他的同行更加意识到他称之为 physic 的当时的医药致病和治病一样容易,他写道:"儿童有点小恙,不用动辄服药,请医生……一个曾耗费过精力去研究医学的人,他劝你不可滥用药物、乱请医生,恐怕是没有人有借口去加以怀疑的。"(第29节)
⑦ Rousseau, *Émile*, Book 2.

参　考

本书中的"卢梭"。

洛克的主要著作

① *A Letter Concerning Toleration*, 1689.　② *An Essay Concerning Human Understanding*, 1690.　③ *Two Treatises of Government*, 1690.　④ *Some Thoughts Concerning Education*, 1693.　⑤ (All available in the Clarendon edition of the works of John Locke, published by Oxford University Press.)

其他参考书

① Axtell, J., *The Educational Writings of John Locke*, Cambridge: Cambridge University Press, 1968.　② Stephens, R. C., *John Locke and the Education of the Gentleman*, University of Leeds: Institute of Education Research Studies, 14, 1956.
③ Yolton, J. W. and Yolton J. S., Introduction: John Locke, *Some Thoughts Concerning Education*, Oxford: Clarendon Press, 1989.

R. 史密斯

威斯利
(John Wesley, 1703—1791)

天性的倾向性顽固地误入歧途,教育的目的是使之归正。①

约翰·威斯利(John Wesley)于1703年6月17日出生于英国林肯郡的埃布沃斯(Epworth),他是埃布沃斯的教区长塞缪尔·威斯利(Samuel Wesley)和苏珊娜的第二个幸存的儿子。曾在查特豪斯公学(Charter house)和牛津基督教堂受过教育的威斯利于1726年被选为林肯学院的研究员并得到任命。从1725年起,通过充满活力的自律,他决定过一种圣洁的生活。从1629年起,他领导着一个取名"圣洁俱乐部"和"卫理公会"(Methodists)的志同道合的团体。1735—1737年在佐治亚(Georgia)担任传教士时,威斯利受到莫拉维亚移民的影响,当他回到英国时,他说服他们相信,救赎只有靠对基督的信仰,而不是靠自己的努力。1738年5月24日他经历了福音的改宗。从那以后,作为一名在各地游历的福音会教徒,他组织了一些宗教团体,它们发展成为由俗人布道者为之服务的全国性的网络。从1744年起,一次布道者的年会制定了组织的规章。尽管他声称他没有脱离国教会,1784年威斯利将他的联合会(Conference)作为一个合法实体进行了登记,并开始主要为美国颁布他自己的法规。1791年3月2日他去世后,卫理公会发展成新的教会派别,在19世纪它分成许多分会。威斯利的卫理公会虽然只是国际福音派复兴运动的一部分,但它以其集中的组织、对加尔文的预定说的反对和关于基督教至善论的争辩而独具特色。

威斯利是一位多产作家,虽然他的很多作品都是裁剪了他的观点的其他作者的缩写本。除了广泛的智力上、文化上的兴趣以外,威斯利最关心的是利用文化以推动宗教,而且他对超自然的东西有着强烈的兴趣。必须从他改宗以后的压倒一切的宗教关怀的视角看待他的教育著作。

对威斯利的教育理想和教育实践有影响的公开出版的和其他来源的证据大部分是间接的,从明显的共鸣和类似的观点中推演出来的。他在耶拿(Jena)引证了弥尔顿(Milton)和虔信派(Pietist)的制度,但他仅仅是为了分别论述继续教育原则和教师经常和学生在一起。威斯利的《论儿童教导》(Instructions for Children)(1743)公开承认是采自皮尔·波依瑞和克劳地·弗勒瑞(Pierre Poiret and Claude Fleury),他的《儿童的纪念品》(A Token for Children, 1749)是取材于清教徒詹姆斯·健威(James Janeway),他的布道词和肯伍德(Kingwood)学校的读书目录反映了分离派学园校长菲力浦·道得瑞治(Philip Doddridge)的忠告。虽然威斯利没有直接承认,人们还是认为,在他的规定和洛克的《教育漫话》、冉森派的波尔·罗耀拉(Port Royal)学校以及夸美纽斯之间的共鸣极其相似。

威斯利的最显著的灵感可以从在埃布沃斯时他母亲的儿童抚养和教育制度、从他1738年访问德国时对虔信派和莫拉维亚派学校的考察并在他的日记上发表的内容中看出来。苏珊娜·威斯利关心从最小的年龄开始,当人世间的堕落还没有归入的时候,就培养儿童的服从和虔信。这与当时人们认为宗教教育应留待以后岁月的观点形成明显反差,而苏珊娜几乎不允许有个人的变通和儿童的发现能力。为了加强虔信和良好的学习,必须"摧毁意志",使儿童的行为与父母的行为符合一致,直到他能自己作出品行好的决断。奖励和惩罚可以使用,必要时可以责打。[②]威斯利将这些服从原则运用于学校教师。

他关于教育目的的观点是基于他对人性的看法和神关于人类的论述。他公开反对卢梭和其他人关于人生而性善的观点。卢梭的《爱弥儿》是"一个自负的异教徒所写的东西中最无聊、最愚蠢、最不明智的东西"。[③]威斯利相信,自从"堕落"以后,我们继承了亚当的罪恶的天性。由于只有靠神的恩宠才能得救,可能有人认为威斯利不具有关于教育的救赎力量的现代乐观主义。确实他曾写过,"我们的全部智慧都不足以使他们(儿童)理解、更不能感悟神的事情"。[④]然而威斯利乐于既诉诸理性,又诉诸宗教。他反对预定论,相信神给了人接受或拒绝救赎的自由,并通过准备和培植恩宠的赠品以促进宗教上的进步和道德成就。像洛克一样,他反对天赋观念,强调感觉印象的力量。所以,在培养智力上的、道德上的和宗教上的进步方面教育有重要作用。这就解释了"天性的倾向"的说法(与弥尔顿共鸣)。威斯利相信"教育的唯一目的是使我们的理性恢复到它的正常状态。所以,要把教育看做间接地学得的理性,也就是尽最大努力填补原始完美性的损失。⑤虽然他最终的关怀即使对最幼小的儿童来说也是皈依宗教和圣洁的生活,但威斯利在他的出版物和按照他的追随者的接受能力裁剪过了的忠告中,他对教育给予很大注意。

在威斯利的肯伍德学校中,虔信派和莫拉维亚派的影响是显而易见的。肯伍德学校的规章制度与哈勒、赫恩胡特(Herrnhut)和耶拿的规章制度十分相似。不论他是否直接知道夸美纽斯的教育观点,他肯定从夸美纽斯的莫拉维亚门徒中学到了很多东西。像洛克和夸美纽斯一样,他强调必须首先彻底掌握一门学科,然后才进到新学科。

威斯利对社会改革的贡献往往被夸大了。假若他一生忙碌,他的追随者的地位相对低下,那就毫不奇怪,他未能领导一个像威伯福斯(Wilberforce)及其同事那样领导的一个大规模的运动。尽管他谴责奴隶贸易,赞扬主日学校,他的追随者更直接地卷入了这些事业。在教育上,在很大程度上更加常常是这样。他一方面批评女子学校的轻浮,谴责女子教育"似乎仅仅是为了把她们培养成惹人喜爱的玩物"。⑥一方面他又推荐由女性朋友主持女子学校。尽管如此,威斯利在教育上采取的直接行动比他所关心的任何其他社会问题都要多。他自己创建了一所新的慈善学校,为普通教育和宗教教育出版了大量书籍,包括祷告书、赞美诗和儿童用的圣经摘要以及一批为他的肯伍德学校用的教科书和文选。此外,他用出版物、祈祷词书目和个人通信为成人自我教育作出了贡献。他的《基督教文库》(1749—1755)提供了范围广阔的虔信书籍的文集。他编写了神学书籍《神的创世智慧研究》和历史书,虽然他公开承认,"我写作历史书(如同写作自然哲学一样),是为了使神进入历史"。⑦他在这方面的活动是作为半大众的教育家或文化精英和受教育不多者之间的中间人。

然而,威斯利对教育的最主要最持久的贡献是在1748年开办的他的肯伍德学校。这所学校的计划是作为一所极其重视宗教教养的初级文法学校。虽然学校的目标是一般的基督教信众,但后来它日益被用来教育他的巡游布道者的儿子(偶尔也有女儿)。像许多福音派会员和其他严肃的人们一样,威斯利不相信旧的公学可疑的教育方法以及在道德上、宗教上的失败。他声称,它们大多位于大城镇附近,因而容易受到堕落现象的影响。儿童的入学不考虑其品性,大多数教师的宗教信仰并不比学生强。教育的计划性很糟,忽视基本的工作而偏爱希腊文、拉丁文,工作不是按照难易的程度加以适当安排。但是肯伍德既地处偏僻,又接近布里斯托(Bristol),只接受经过挑选的寄宿生,他们一直留在学校里而没有中断,以避免父母的干扰。目的是"借神之助,以智慧和圣洁塑造他们的头脑",灌输思辨的和实践的真正宗教的原理,以老式的方法,训练他们成长,以便使他们成为理性的、符合圣经教义的基督徒。⑧

　　早上4点起床,以宗教仪式补充学业功课。不允许有游戏,因为"儿时玩耍的人长大了也玩耍"。⑨对虔信派来说,娱乐活动包括散步、从事园艺和其他体力劳动,而且儿童常常有一位教师陪同一起活动。饮食是清淡的,床上是草垫而不是羽毛垫子(这与洛克的观点是类似的)。男孩在6—12岁时学习"读、写、算、英文、法文、拉丁文、希腊文、希伯来文、历史、地理、年代学、雄辩术、逻辑、伦理、几何、代数、物理、音乐"。⑩然而在威斯利的书目中,有些学科没有包括在内,科学的参考书可能意味着像哈勒一样是娱乐活动的一种形式。一旦基础英语的学习过去,并以传统方式学完诗、作文和演讲,课程的核心就是古典课程占绝对优势。另一方面,威斯利强调分年级的教学。古典作家是从他认为最早、最纯正的作家中挑选的。也和虔信派一样,他删去了"下流的"作家。更鲜明的特色是在每年阅读和翻译的书目中居首位的都是威斯利所喜爱的作家。

　　威斯利制订了一个四年的学术课程计划,除古典著作外,还有专科学、历史和文学方面的现代著作。怀着独特的自信,他说,"谁只要读完了这些课程,谁就会成为比十分之九的牛津和剑桥毕业生更优秀的学者"。⑪这个课程计划被中止执行,直到1760年代后期卫理公会成员被禁止从牛津大学毕业。1775年,有人建议在肯伍德培养布道人员,但未必有人读完过这一学术性课程。偶尔有一个布道者短期内在该校呆过,威斯利有时对布道者进行牛津式的个别指导。他经常悲叹肯伍德学校不符合他的理想,因为除学生不好对付外,教师很少具有一切必需的虔信、教学的品质和管理技巧。然而学校经过了许多盛衰变化后保留下来了,终于成了一所现代公学。

　　威斯利作为一名教育家的意义和影响是不容易确立的。虽然很多福音派成员和卫理公会会员在原罪、育儿和教育作用方面和他有共同的观点,但有些人允许有"无害的游戏"并将儿童的好奇心用于教育性的目的。纵观 17 世纪和 18 世纪关于教育改革的建议,卫理公会和福音派的态度表现得大多是保守的,虽然在分级教学和严密监督方面属于例外。独具特色的是他们关于人性堕落的分析和关心把教育看做培养儿童获得救赎的、即使是不完善的却是必不可少的工具。所以,必须在宗教的前后关联中进行传统教育。这与现代兴起的关于人性和仅仅依靠教育就可以达成的东西所持的乐观主义是显然相反的。迟至 19 世纪,肯伍德学校的董事职位由年长的牧师占据,他们既控制管理权,又控制宗教,并阻碍校长使课程现代化的努力。

像 19 世纪的国教会和不信奉国教者一样,威斯利的门徒渴望在初等和中等教会学校和教师培训学院里教育他们自己的信众。到世纪末,大多数不信奉国教者放弃了非宗派学校的希望,支持世俗的地方教育局办的学校,这些学校至少可以使儿童免受国教主义的灌输。威斯利的信徒虽然在这个问题上有分歧,仍然更长时间坚持了他们自己的学校。威斯利赞扬主日学校,显然希望它既促进宗教,也促进教育。威斯利在这两方面的建树都是出色的。[12]然而威斯利派想控制它们,把它们限制于识字和教义问答教育的管理的企图往往导致脱离和丧失非宗派的控制。尽管不断有将教育与威斯利派的宗教气质结合起来的企图,在 19 世纪威斯利派教育机构的发展往往既反映了社会意向的压力,同样也反映了从威斯利继承下来的宗教目的。虽然他们的坚定不移证明了既想使卫理公会会员与世俗的网罗绝缘,同时又实现他们的一些社会的、教育的宏图大略,这是 19 世纪教会教育的一个重要特征。在美国,卫理公会发展了在英国不可能的广泛的非宗派的学院和大学的系统,虽然只有存在时间很短的柯克斯贝利学院(Coksbury)似乎严格遵守了肯伍德的模式。

至于在威斯利的出版物中所表现的他对文化和教育的更广泛的关注,他的遗著似乎主要是 19 世纪初威斯利派重印的,他的《神创世的智慧》和畅销书民间医方的《古老的医术》重印的时间则更长。然而,作为一个从"高雅文化"到以宗教为基础的"大众文化"的改编者,艾萨克·瓦茨(Isaac Watts)的同样性质的作品却有更长的生命,更广泛的影响。这是值得争论的。就小册子的最大众化的程度而言,令人吃惊的是,威斯利只在 1782 年创立了一个小册子协会以散发他的简短的致各种罪人书,但它们没有小

册子的文风和汉纳·莫尔(Hannah More)所达到的有效的发送制度。⑬

注 释

① "A Thought on the Manner of Educating Children", in *Works*, XIII, p. 476, 1872.
② John Wesley, *Journal*, ed. W. R. Ward, in *Works*, bicentennial edition, XIX, pp. 286 – 291, 1990; *Sermons*, ed. A. Outler in *Works*, bicentennial edition, III, pp. 367 – 368, 1986.
③ "A Thought on the Manner of Educating Children", in *Works*, p. 474, 1872; 亦见于 *Journal* in *Works*, bicentennial edition, XXII, p. 284, 1993.
④ John Wesley, *Letters*, ed. J. Telford, VI, p. 39, 1931.
⑤ John Wesley, *Sermons*, in *Works*, bicentennial edition, III, p. 348, 1986, quoting William Law, *Serious Call*.
⑥ John Wesley, *Sermons* in *Works*, bicentennial edition, III, 396, 1986.
⑦ John Wesley, *Letters*, VI, p. 67.
⑧ "Plain Account of Kingswood School", 1781, in *Works*, XIII, p. 293, 1872.
⑨ 引自"A Short Account of the School in Kingswood"中的一句德国谚语, 1768, in *Works*, XIII, p. 283, 1872; and "Plain Account", 1781, in *Works*, XIII, p. 294.
⑩ "Short Account" in *Works*, XIII, p. 283. In the "Plain Account" in *Works*, XIII, p. 295, 最后两门学科是作为"自然哲学"和"形而上学"开设的。
⑪ "Short Account", last sentence, in *Works*, XIII, p. 289; cf. "Plain Account" in *Works*, XIII, pp. 296 – 301 列举他对牛津和剑桥的批评。
⑫ John Wesley, *Journal*, ed. N. Curnock, 1916 reprinted 1938, VII, pp. 3, 306, 377.
⑬ V. E. Neuburg, *Popular Education. A History and Guide*, Harmondsworth: Penguin, pp. 131 – 137, 1977.

参 考

本书中的"夸美纽斯"、"洛克"。

威斯利的主要著作

① The Bicentennial Edition of Wesley's *Works*, 34 vols, ed. F. Baker and R. P. Heitzenrater, Oxford: Oxford University Press, continued by Abingdon Press, Nashville, 1975 –) is in progress. For some writings the older edition of the *Works*, 14 vols, Wesley Conference Office, 1872, reprinted Grand Rapids: Zondervan, n. d. is still necessary; also the *Journal*, ed. N. Curnock, London: Epworth Press, 1916 reprinted 1938, vols. VII and VIII for 1787 – 1791; *Letters*, ed. J. Telford, London: Epworth Press, 1931, vols. III – VIII for 1756 – 1791.　② The following items deal directly with education; ③ *Journal*, ed. W. R. Ward in *Works*, bicentennial edition, XIX, pp. 286 – 291, 1990 (Susanna Wesley's child-rearing). ④ *Sermons*, ed. A. Outler on "Family Religion", "The Education of Children", "Obedience to Parents" in *Works*, bicentennial edition, III, pp. 333 – 372, 1986. ⑤ "A Thought on the Manner of Educating Children", in *Works*, XIII, pp. 474 – 477, 1872. ⑥ *Instructions for Children*, London, M. Cooper, 1743 (emphasizes doing all to the glory of God and repression of the passions). ⑦ "A Short Account of the School in Kingswood", Bristol, F. Farley, 1749; reprinted in Ives, *Kingswood School*, pp. 11 – 18; 1768 edition in *Works*, XIII, pp. 283 – 289, 1872. ⑧ "A Plain Account of Kingswood School", in *Works*, XIII, pp. 289 – 301, 1781.

其他参考书

① Body, A. H., *John Wesley and Education*, London: Epworth Press, 1936. ② Ives, A. G., *Kingswood School in Wesley's Day and Ours*, London: Epworth Press, 1970. ③ Matthews, H. F., *Methodism and the Education of the People 1791 – 1851*, London: Epworth Press, 1949. ④ Naglee, D. I., *From Font to Faith. John Wesley on Infant Baptism and the Nurture of Children*, New York: American University Studies, Series VII, Vol. 24, P. Lang, 1987. ⑤ Prince, J. W., *John Wesley on Religious Education*, New York and Cincinnatti: Methodist Book Concern, 1926. ⑥ Sangster, P., *Pity My Simplicity. The Evangelical Revival and the Religious Education of Children*, London: Epworth Press, 1963.

拉克

卢 梭
(Jean-Jacques Rousseau, 1712—1778)

出自造物主之手的东西,都是好的,而一到了人的手里,就全变坏了。①

启蒙时代自学成才的天才让·雅克·卢梭(Jean-Jacques Rousseau)于1712年出生于加尔文主义的日内瓦,父母是布尔乔亚阶级。他的父亲是一个没有责任心的钟表制造者。他出生后没有几天母亲就去世。尽管对他出生的城市感到自豪,他还是在年轻时离开了它。后来他与它的统治者展开了激烈的公开的争议。他成年以后大部分时间作为一个局外人住在巴黎。他在那里既成了那个闪闪发光的文明世界的装饰品,也成了它的肉中刺。

卢梭作为一名教育理论家的个人资格是微不足道的。他几乎没有受过什么正规学校教育。他将和合法妻子特瑞斯·勒瓦色(Thérèse Levasseur)生的五个孩子抛弃给孤儿院。1740—1741年,他成了里昂一个小贵族的两个儿子的家庭教师,但是他承认对这份工作兴趣不大。②

然而,在1762年,即发表《社会契约论》的一年,他写了发展心理学的最杰出的著作之一的《爱弥儿》,或《论教育》。

《爱弥儿》提高了卢梭的声望。但是当它受到巴黎神学院的谴责继尔受到巴黎议会的谴责并下令逮捕他后,该书给他带来了放逐和流放。日内瓦当局紧跟效法,下令将《爱弥儿》和《社会契约论》"看做莽撞的、可恶至极的、不敬神的、足以导致毁灭基督教和一切政府"的书加以焚毁。最后,巴黎大主教发表了"谴责日内瓦公民让·雅克·卢梭的一本书名《爱弥儿》的书"。最重要的指控是作者否认原罪,在一年以后的详细答复中,卢梭再一次强调那种否认,"一切道德的基本原则……是人是生来善良的生物,他热爱正义和秩序。人心中没有原始的邪恶。天性的第一次动作总是正确的"。

在瑞士和英国流亡之后，卢梭于1770年回到巴黎。他的能量似不减当年。他为波兰起草了一份经过深思熟虑的宪法草案，但大部分精力用于自我辩护的工作，这些作品只是在死后才发表。卢梭晚年的行为往往被描述为妄想狂。但是他感到在他周围有一群人密谋对他的名声抹黑，这是有些根据的。他的著作给他招致了许多敌人。他们来自教会当局和国家当局，但也来自知识界精英中他故意疏远了的以前的朋友。1778年他死于埃尔梅隆维尔（Ermenonville）他的最后避难所。

《爱弥儿》构建了一个想象中的教育实验。卢梭的目的是要表明，在他那个时代的不合理的秩序中，怎样把个人造就成为能作为自动的动因活动的人。由于公立学校和学院的机构已经无可救药地腐败，唯一的解决办法就是使教师和学生都离开社会，在与社会隔离的环境中进行实验。

在《爱弥儿》中，卢梭对教育采取始终如一的自然主义的方法。他坚持说，孩子生来善良，只是环境使他变得邪恶。他主张知识来自感觉，儿童应当积极地与秩序良好的环境接触，在与环境的互动中学习。因为对这种学习方法来说运动是至关重要的，所以出生后就要指导他的活动。于是卢梭反对用襁褓束缚婴儿，用牵绳控制小孩的蹒跚学步。孩子长大了要用实践的课程，向他们介绍自然科学，"在做事中学习"。最好是在户外，远离教科书和学习室的枯燥无味的学究气。在这种想象中的微型环境里，学生的天然冲动，那种健康的、自立的、尚未开发的动力就能得到培养。大社会扭曲的结果就能陷入困境。自相矛盾的是，需要有最高明的技巧来在一个腐败的现代社会保证天性的继续存在。"在今天的情况下，一个生来就没有别人教养的人，他也许简直就不成样子。偏见、权威、需要、先例以及压在我们身上的一切社会制度都扼杀他的天性，而不会给他添加什么东西"（《爱弥儿》第1页）。

如果《爱弥儿》的教育实验取得成功，教师就能培养出"居住在城市的野蛮人"，一个快乐的、自动的、洞明世事的成年人。为了能造成所希望的情境，重要的是灌输一定程度的关于个人自己和个人的环境的坚忍的现实主义。"真正自由的人，只有他能够得到的东西，只做他喜欢做的事情，这是我的第一个基本原理。只要把这个原理应用于儿童，就可源源得出各种教育的法则"（《爱弥儿》，中文版，第80—81页）。自由不能堕落成任性。成为一个自动的人，就是成为自己的主人，首先是个人自己的想象的主人。做一个任性者和宠坏了的人就是被冲动所奴役,被谬误的梦想和不能满足的野心所奴役。任何人也不能保证有永久的幸福。但真正自由的人至少有过幸福的内在资源。

至于应当以特定的程序、按照他的能力的发展向学生介绍不同的问题,这不是卢梭的新见解。但是,在对儿童经验的评价上,在论证他的本质不同上,他比他的先行者走得更远。"要爱护儿童,帮他们做游戏,使他们快乐,培养他们可爱的本能"(《爱弥儿》中文版第 72 页)。"儿童是有他特有的看法、想法和感情的,如果想用我们的看法、想法和感情去代替他们的看法、想法和感情,简直是最愚蠢的事情"(《爱弥儿》中文版第 91 页)。后来的发展心理学有很多应归功于卢梭在《爱弥儿》中的先驱工作。在该书的草稿中,卢梭区分了人的四种年龄阶段:天性的年龄阶段(0—12 岁);理性或智力的年龄阶段(12—15 岁);力量的年龄阶段(15—20 岁);智慧的年龄阶段(20—25 岁)。接着而来的是(异想天开的)"幸福的年龄阶段(Age of happiness)——余生"。在最后的版本中,这些标题不见了,但仍然是该书结构的指导思想。在那里,卢梭增加了一个伦理发展的三阶段计划:(a) 婴儿时代和儿童时代,应受需要的支配;(b) 在儿童时期和成人时期之间,应受功利支配;(c) 性征到来时,应受道德支配。

早期阶段伦理训练的进步受"消极教育"原理的支配,至少直到 12 岁时。"最初 12 年的教育应当纯粹是消极的,它不在于教学生以道德和真理,而在于防止他的心沾染罪恶,防止他的思想产生谬见"(同上书,第 96 页)。卢梭特别急于推迟获得一些不适当的道德词汇,因为"在达到懂事的年龄以前,他对精神的存在(中译者按:英译本为'道德的存在')和社会关系是没有任何概念的;因此应当尽量避免使用表示这些东西的词"(《爱弥儿》,中译本,第 90 页)。在消极教育时期,孩子应当处于人为的需要的环境包围之中,遭遇他自己行为的后果,而不是别人故意造成的障碍,其结果他就会变得"即使在他得不到他所希望的东西时,你也可以使他心平气和,觉得没有关系,得不到就算了。因为人在天性上可以安心地忍受物质的缺乏,而不能忍受别人的恶意"(同上书,第 93 页)。

按照卢梭的计划,到了儿童懂事的年龄,消极教育就开始让位于积极教育,但是只有到青春期(adolescence, or age of energy)才能完全接替。以后,当教师向他揭示他的一切道德关系时爱弥儿就进入道德世界,到达新世界的关键是自爱(amour-propre),"小孩子的第一情感就是爱他自己"(同上书,第290页)。爱自己包括反省。一个人建立他自己的自我是通过与别的自我的互动,交换承认和赞许、轻视和拒绝。教师必须保证他的正在进入社会的学生与值得与他互动的人互动,与承认值得承认的东西的人、与给他提供真正的借鉴的人互动。但自爱是一个"有用的但危险的工具",因为这种新的互动已不再在教师的完全掌控之内。

消极教育使延迟成为好事。卢梭主张在到达青春期以前不可能有道德行为(与有用说相反)。在那个时期到来以前,因为他们不是天然地残忍,而是被"在看到其他生物受苦时先天的厌恶"所驱使,他们能够有同情心地对待他的人类同胞(以及其他动物)。但是,只是到后来,通过想象和自爱,他开始把他们看做有权享受正义的权利的承担者。按照卢梭的意见,只有到那时,他们才能理解神的观念。因此,与公认的习俗相反,爱弥儿在青春期到来之前没有接受宗教教育。更令人吃惊的是卢梭企图让他的学生到20岁时才第一次接触性问题。即使到那时,完全接触性问题还要再推迟到5年以后,当爱弥儿已受到关于世事的教育但还没有被世间败坏、到国外旅行学习政治和社会的时候,直到他结婚时,教师才妥善安排爱弥儿的性生活,为他找到理想的配偶苏菲,并对他进行一次相应的教育。与他受到的启蒙运动的智慧相对立,卢梭强调男女之间有根本的生理上的差别,应当承认分配在两性之间的互补的而不是完全相同的作用,并用根本不同的两种教育去强化这种差别。因此,爱弥儿直到青春期以前略去宗教教育,而苏菲从婴儿时期就接受宗教教育。总之,爱弥儿要培养成自主的人,而苏菲要被培养成人身依附的人。

卢梭主张说,在这里也和前面一样,他是在一个社会环境内重建事物的一种"自然的"秩序,再一次承认男女是互补的,而不是竞争的,从而为他的不合时宜的两性不平等论辩解。

《爱弥儿》对父母和教育工作者两方面的影响是直接的。到世纪末,在整个西方世界都可以感受到他的影响,虽然在天主教国家比在新教国家对它的反对更强烈[③]。父母、贵族和资产阶级是最乐于接受的群体。上层阶级的母亲被劝告要亲自哺乳孩子,而不要把他们交给奶妈。有些父母"回到自然",反对用襁褓束缚孩子,允许他们的孩子赤脚在室内或到户外去跑。然而,有另一些人鼓励他们的孩子获得手工艺术的技巧。在理论家中,反应是混杂的。有的人认为卢梭的主张不是原创的,而是派生的。另一些人认为他是荒诞的乌托邦和走极端。但是历史学家们同意,他的著作对整个欧洲的理论上的争论有着强大的持久的影响。进步主义的教育思想家从18—19世纪的裴斯泰洛齐和福禄倍尔到20世纪的蒙台梭利和皮亚杰全都受惠于《爱弥儿》。

  从《爱弥儿》出版之日起,它引起了强烈的批评,这个批评一直继续到今天。乌托邦主义、精英论、极权主义、性别歧视等指控经常再现。对于第一个指控说《爱弥儿》的观点仅仅是乌托邦的幻想、不可能应用于实际,可以回答说,最好把该书理解为运用树立样板创建出一个典型。至于经验性的实例可以和它符合一致,也可能不那么完全符合一致,没有打算把它当做第一流的对那些实例的描述。第二个指控说,如果将它应用于实际,也只能用于卢梭所认可的不平等社会中的少数精英。他会争辩说,《爱弥儿》的教育方式,也只有那种教育方式才可以应用于他那个时代的堕落的社会,而不同的民主的方式则适应于一个理想的民主的政治秩序。按照第三个指控即极权主义,教师使学生服从于有失体面的欺骗和操纵,必定要摧毁造就自己成人的最终目的。回答是,如果不在儿童时代树立起精心设计的舞台,在他有机会发展他自己的个性、成为他自己真正的主人以前,学生就会成为狂妄、任性和时尚的奴隶。虽然这种回答符合卢梭的最深层的思想,但他自己从来没有充分相信他的"准备从远处支配自由"的方法会取得成功。他在未完成、未发表的《爱弥儿》的续篇《爱弥儿和苏菲,或隐士》中,他表示了在这一点上的保留。在该书中,这对年轻情侣,一接触到巴黎的堕落世界,就没有幸福的结局,而是婚姻破裂、通奸、离异。第四个指控是,卢梭主张的男女教育不同方式会造成不平等,而不是他主张的"互补"。其结果,女子将永远不能达到道德上、智力上的成熟,更不用说政治上、经济上的独立。玛丽·沃尔斯顿克拉芙特是批评卢梭在这个问题上的两重性的许多批评者之一。虽然对卢梭关于两性的差别和一致的见解仍然有共鸣,但是她从卢梭见解中引申出的药方没有经受住时间的考验。

注　释

① Jean-Jacques Rousseau, *Émile*, Book I, trans. A. Bloom New York: Basic Books, p. 37, 1979. 引文均出自此译本。

② 尽管如此,卢梭还是利用他的经验写了两篇教育论文 Mémoire(回忆)和 Project (计划)。他将它们呈送给了他的雇主。这两篇论文中包含有后来在 Émile 中发展了的观点。
③ 参见 Leith (1977, p. 19)。

参　考

本书中"裴斯泰洛齐"、"福禄倍尔"、"蒙台梭利"、"沃尔斯顿克拉芙特"、"皮亚杰"。

卢梭的主要著作

① 卢梭法文著作的标准版本是 Jean-Jacques Rousseau, *Œuvres complètes*, ed. B. Gagnebin, M. Raymond, Paris, Gallimard: Bibliothèque de la Pléiade, 5 volumes, 1959, 1964, 1969, 1995. 　② 卢梭著作(非全集)的英文标准版本是 Jean-Jacques Rousseau, *Collected Writings*, series editors, R. Masters, C. Kelly, Hanover, NH: University Press of New England, 1990 ff. 　③ *Collected Writings* 没有收录。 ④ *Émile, or on Education*, trans. A. Bloom, New York: Basic Books, 1979.

其他参考书

① Cranston, M. , *Jean-Jacques: The Early Life and Work of Jean-Jacques Rousseau, 1712 - 1754*, London: Allen Lane, 1983. 　② ——*The Noble Savage: Jean-Jacques Rousseau, 1754 - 1762*, London: Allen Lane, 1991. 　③ ——*The Solitary Self: Jean-Jacques Rousseau in Exile and Adversity*, Chicago: University of Chicago Press, 1997. 　④ Dent, N. J. H. , *Rousseau: An Introduction to his Psychological, Social and Political Theory*, Oxford: Blackwell, 1988. 　⑤ Jimack, P. , *Rousseau, "Émile"*, London: Grant and Cutler, 1983.

奥哈根

康　德
(*Immanuel Kant*, 1724—1804)

> 那么,怎样找到完美?我们的希望何在?在教育中,而不在别处。①

康德(Immanuel Kant)在西方知识界是一位中心人物,通过他的影响巨大的哲学著作而对教育思想有重大影响。作为德国一所地方大学的专业哲学家,他过着平淡而有条理的生活,但他的著作改变了现代思想。作为一个马具制造者的儿子,康德于1724年1月22日出生于东普鲁士(今俄国加里宁格勒)首府哥尼斯堡。从1740—1746年,他在哥尼斯堡大学学习数学、自然科学、神学、哲学和古典文学。以后,他担任当地各种富家子弟的家庭教师达8年之久,直到回到大学担任讲师。1770年46岁时,康德被任命主持大学的逻辑学和形而上学讲座。这时他已发表了有关各种科学和哲学问题的论文,但他对哲学的根本性贡献只是到了1781年随着他的划时代的著作《纯粹理性批判》的出版才开始。该书讨论了形而上学和认识论的主要问题。紧接着出版了其他主要著作,包括《道德形而上学原理》(1785)和《实践理性批判》(1788),论述美学的《判断力批判》(1790)。康德于1804年2月12日去世。几乎从那以后,所有的哲学发展都以某种形式受到他的著作的影响。康德对教育思想的影响,包括教育心理学和教育哲学两方面,特别在思想家诸如裴斯泰洛齐和赫尔巴特身上可以看出来,他们对他在认识论和道德哲学中的论点或受影响或有所反应。

尽管康德对教育有深厚的、持久的兴趣,但他从没有写过论教育的系统论文。然而一本书名为《伊曼努尔·康德论教育》(1803)在康德死后不久由他以前的学生林克(F. T. Rink)②出版。这本书的英译本于1960年以《论教育》③的书名出版,该书自称是根据1770年代和1780年代康德作的4次论教育的系列演讲的笔记。现在人们知道事实上这本书包括了大量林克按表面上的顺序整理的康德其他著作的段落的意译和误引。④所以它不是康德教育观的权威性的论述。要发现那些观点,必须转向康德的主要哲学著作和散见于他的伦理学、史学、政治学讨论中论述的教育言论。

　　康德的"批判哲学"的详细内容很复杂,但自主的概念提供了一个重要的统一的主题。受到卢梭思想的深刻影响,康德的认识论和道德哲学两者都可以看做是对卢梭的"服从我们为自己制定的规则就是自由"⑤的见解的深刻论述。在《纯粹理性批判》中,康德从我们怎样具有关于世界的先验知识如数学和几何学所提供的知识这个问题着手。他证明,只有当世界的基本特性(如空间、时间、因果性)都仰赖于头脑的本性时,这才是可能的。人的认识不单纯是被动接受材料,而是也包含着头脑的建构活动,其中某些先天的范畴影响到感觉所给予的复本。所以,我们的理智是自主的,因为它的根本的理论原则不是要与外在现实相匹敌的企图,而是理智为它自身从而也为经验世界规定的法则。然而我们的经验的、宿命论的、时空的世界没有穷尽现实。在我们所经验的"现象"之外潜在着"本体"(noumena)的领域,我们对它不能有确切的知识。人既存在于作为因果关系决定的自然秩序各部分的现象领域,也存在于作为潜在自主道德动因的本体领域。作为道德动因,我们能够是自主的,康德论证说,因为合于道德的行动不是服从于我们之外的某种东西的问题,如神的命令或我们的文化的道德准则,道德律也是理智为它自身规定的法则。只有当这一个行为纯粹是为了它自身的缘故,而不是例如出于习惯、出于尊重宗教的或政治的权威,或作为满足某种其他目的的手段例如对幸福的渴望时,这个行为才是在道德上有价值的。这就是说,按照康德的意见,关于道德律的主要事实是它是无条件的义务。所以,它对我们有强制作用必须只是由于我们的理性,而不是因为任何我们可能有的特殊欲望或偏爱。所以,在遵守道德律时,推动我们行动的完全是我们必不可少的东西即理性,从而它们是自主的。康德进一步论证说,要使道德律以这种方式成为无条件的,它必须能够得到始终如一的普遍化,换句话说,被所有理性的人承认是有约束力的。必须强制我们尊重一切理性的人的固有价值。

　　于是,康德对自然的领域和道德的领域作了明显的划分,但他把教育看做是连接这两者的过程——即是说,引导儿童从受天然欲念强迫的状态进到进行正当的行为仅仅是由于理解到它是正当行为的状态。所以,按照康德的意见,教育的最终目的应当是形成道德品质。在这个问题上,他再一次表明了卢梭的影响,但康德关于道德的根源和基础的观点和卢梭截然不同,因而对道德品质发展的含义有相应的不同陈述。对康德来说,道德品质是指一种能力,推动这种能力去纯正地行动的是基于对道德律的理性把握,而不是基于某种天然欲念。由于他这样地把理性看做是道德性的必要条件,他主张,儿童既不是天生的性善,也不是天生的性恶,而是天生非理性的,因而也是天生非道德的。儿童生命开始时并不具有理性自主的能力,但必须通过教育过程引导他发展这种能力。这就意味着,教育不能简单地包括养成某种习惯(例如通过死记硬背),因为习惯性的行动不是合乎道德的行为。一切教育的目的必须是最终引导儿童自己思维,成为能够行动真正合乎道德的自主的个人。康德不要求知道达到这个目的最佳方式,虽然他建议说,卢梭的《爱弥儿》包含有很多有价值的建议。康德确实证明,多数当代的教育方针即使不是有害的,也是无用的。因为它们鼓励整齐划一和尊重权威,而不是尊重自主性。因此,他建议建立实验学校,以寻找在儿童身上发展道德品质的最佳方法。他还是热心的教育改革家 J. B. 巴泽多的热心支持者,后者在德骚主办了泛爱学校、一所以卢梭的原理为基础的实验学校。

虽然康德不打算提出很多有关教育改革的具体建议,他也没有提供包括养育、训练和教导或培养这三个组成部分的教育过程的总的纲要。在儿童的最早年龄阶段只需要养育(nurture),即是说,我们对于诸如儿童的食物、温暖和情感自然需要必须予以满足。当他长大一点以后,他们开始需要训练。如果让孩子们听其自然,他们就将仍然是动物,按照他们感受到的直接冲动去行动,永远也不能成为可教的人。所以,必须迫使他们控制他们的欲念,作为发展他们的理性的必要先决条件。但是这种强迫必须保持在最低程度,因此,康德写道:"人必须受到训练,因为他生来是处于自然状态的、野性的……训练包括强制,但因为强制是与自由相反的,而自由构成人的价值,训练的强制必须在应用于年轻人时保持他们的自由。"⑥这就意味着必须允许儿童有足以与他自己的安全和别人的自由相一致的最大限度的自由。因此,不像卢梭,康德证明学校的公共教育优于家庭的私人教育,因为在学校中,儿童有更多机会与别人交流,学会尊重别人的自主性。教育的余下部分即教导或培养。儿童必须发展他们的思考和理解的能力,学习成年后需要的技能和知识。在所有这些教导中一定不要教儿童只会机械地做事,而是必须永远引导他们理解所做的事情的意义。为此目的,康德审慎地推荐运用苏格拉底问答法。还建议理论的教学要与实际结合。最重要的是,这种教育的组成部分也包括道德教育或培养外在的正当行为的习惯。当然按这种习惯行动并不是真正的合乎道德的行为,但它是走向真正合乎道德的行为的第一步。在道德教育最后一部分,必须引领儿童理解美德的无条件的价值,因而也可以说是重建基于正确基础的正当行为的习惯。这是教育的终极目的。一切前此的训练和教导的方向应当是引领儿童走这最后一步,迈向自主的真正的成年。

在以发展个人的道德品质为目的时,教育过程从而也应以发展一个理想的政治社会为目的,因为有些按照对道德律的理解行动的人从而也想要有一个使所有理性的人的自主性都得到尊重和实现的事态,这样一种事态就是有着与道德要求一致的法律的政治社会。康德证明,这就包含着根据自由与共和原理的政治组织。因此,他写道:"但愿教育是按正确的方针构想出来的,但愿天赋才能得到应有的发展,但愿根据道德原理养成性格。总有一天,这样做的影响甚至会延伸到政治中心。"⑦事实上,康德把从婴儿的自然状态到成年人的自主状态的人的发展看做是与整个人类的发展相类似的。带着启蒙运动的典型的乐观主义,他把历史看做是人类通过自己的努力为完善自己而斗争的故事——从野蛮状态到文明状态,最后,在遥远将来的某一点上,达到真正道德社会和完美政治组织的状态。因而教育的重大任务不仅是发展个人的道德品质,而且也是由此而努力走向人类的完善。

注 释

① I. Kant, *Lectures on ethics*, trans. L. Infield; New York, Harper and Row, p. 252, 1963.

② *Immanuel Kant über Pädagogik* in *Kants gesammelte Schriften*, vol. 9, Berlin, de Gruyter, pp. 437–499, 1923.

③ Kant, *Education*, trans. A. Churton, Ann Arbor; University of Michigan Press,

1960.

④ 参见 T. Weisskopf, *Immanuel Kant und die Pädagogik*, Zurich, EVZ-Verlag, 1970. For a brief summary of Weisskopf's claims, see L. W. Beck, "Kant on Education" in his *Essays on Kant and Hume*, New Haven: Yale University Press, pp. 194 – 197, 1978.

⑤ J.-J. Rousseau, *The Social Contract*, trans. G. Cole, London: Everyman, Book 1, chapter 8, 1993.

⑥ Kant, *Lectures on ethics*, p. 249.

⑦ Ibid., p. 253.

参　考

本书中的"洪堡"、"裴斯泰洛齐"、"卢梭"。

康德的主要著作

康德著作的标准评注版是 *Kants gesammelte Schriften*, ed. Deutsche Akademie der Wissenschaften, 29 vols, Berlin, de Gruyter, 1902—1983。康德著作的推荐英译本如下：

① *Critique of Pure Reason*, trans. P. Guyer and A. W. Wood, Cambridge: Cambridge University Press, 1998.　② *Practical Philosophy*, trans. M. J. Gregor, Cambridge: Cambridge University Press, 1996.　③ *Critique of the Power of Judgment*, trans. P. Guyer, Cambridge: Cambridge University Press, 2000.　④ *Lectures on Ethics*, trans. J. B. Schneewind and P. Heath, Cambridge: Cambridge University Press, 1998.　⑤ *Political Writings*, ed. H. Reiss, trans. H. B. Nisbet, Cambridge: Cambridge University Presss, 2nd edn, 1991.

其他参考书

① Back, L. W., "Kant on Education" in his *Essays on Kant and Hume*, New Haven and London: Yale University Press, pp. 188 – 204, 1978.　② Crittenden, P., *Learning to be Moral: Philosophical Thoughts About Moral Development*, Atlantic Highlands and London: Himanities Press International, chapter 7, 1990.　③ Frankena, W. K., *Three Historical Philosophies of Education: Aristotle, Kant, Dewey*, Scott, Foreman and Co., Glenview, chapter 3, 1965.　④ Herman, B., "Training to Autonomy: Kant and the Question of Moral Education", in A. O. Rorty (ed.), *Philosophers on Education: New Historical Perspectives*, London and New York: Routledge, pp. 255 – 272, 1998.

迪克尔森

裴斯泰洛齐
(*Johann Heinrich Pestalozzi*, 1746—1827)

造就人教育人的是生活。[①]

裴斯泰洛齐(Johann Heinrich Pestalozzi)的教育思想产生于18世纪下半期在瑞士进行深入讨论的共和主义意识形态,由于受到历史学家和文学批评家波德梅(Johann Jacob Bodmer)的影响,在裴斯泰洛齐的家乡城市苏黎世的共和主义者讨论得很热烈,并出现了一个改革运动。在这个改革运动中,他在1760年代参加了政治性的社会活动。年轻的共和党人所主张的理想是家长式的、公正的和贵族式的共和国,在这个共和国中,教育将成为政治融洽的组成部分。裴斯泰洛齐在政治上的卷入,他的家庭不属于上层阶级这个事实(他5岁时父亲去世)使得他不可能追求做牧师或做一名政客的事业。为了与反商业的共和党人的意识形态和卢梭的爱弥儿的光辉榜样保持一致,他决定成为一名农民——梦想过一种远离像苏黎世这样的商业城市中所见的恶行和堕落现象的正直生活。

1767年,他去到伯尔尼开始学习现代耕作。伯尔尼是一个农业共和国,伯尔尼人相信他们自己是罗马共和国的真正继承人。伯尔尼的改革者们在政治上不像苏黎世的改革者那样激进,他们的主要目标是改良农业生产。正是在这种所谓"经济爱国者"的背景下,裴斯泰洛齐第一次领悟到一个繁荣的经济也能对乡下人有益。在购地开办他自己的农场以后,他成了1771—1772年灾难性大歉收的牺牲品。由于这个原因,他在他的农庄的地下室安装了织布机,以低工资雇请邻村的穷人织棉布。面对着他周围日益增长的贫困,在1774年他决定建立一个机构教育穷户人家的孩子。他的想法是,孩子们在进行棉布生产时能够维持他自己的生活费用。裴斯泰洛齐还应允教给孩子们穷人所需要的基本知识。然而孩子们不能维持自己的生活。1780年这所机构倒闭。

在商业基础上解决贫困问题的诉求促使裴斯泰洛齐与最重要的瑞士

记者、18 世纪的编者、哲学家和慈善家艾萨克·艾色林（Isaak Iselin）接触。艾色林支持裴斯泰洛齐的写作，帮助他出版第一部小说《林哈德和格特鲁德》(1781)。该书描写了一个正直的王子对一个腐败农村的改革。受到德国自然权利理论和法国重农学派的影响，作为著名的卢梭批评者，艾色林对裴斯泰洛齐的理论思维有深刻影响，使他的思想变得更加倾向于世界主义、基督教和自然权利论。在 10 多年中，我们的自然状态和我们的社会状态之间的关系成了他优先思考的问题。他放弃了人民是一个有机社会的观点，主张在国家的政治领域和个人宗教领域之间作出根本的区分。1782 年艾色林去世后，裴斯泰洛齐开始写作诸如犯罪和杀婴这样的社会、政治问题的文章。他对人性的怀疑主义增长了，他放弃了他的已故的良师益友的乐观的、具有宗教气息的自然权利共和主义。人被看做是野性的动物，自私，前社会的，基本上是反社会的，因此教育主要是通过学徒生活和准备人们劳动功能而与社会化相一致。宗教的社会功能只限于在不同社会阶级之间促进和谐。

  1789 年法国革命之后，裴斯泰洛齐集中思考自由的含义和作用。主要受到启蒙运动的德国批评家如雅可比（Jacobi）的影响，他发挥了一种关于个人自由的概念，很多学者认为它与康德的伦理学相一致。1797 年他发表了他的最重要的哲学著作 Nachforschungen（考察），在该文中，他将个人发展比作种族发展，在此基础上，他力图通过建议一个第三者内在状态（inward state）作为自然状态和社会状态之间的冲突的真正解决，从而解决根本的社会问题。这种内在的德性的状态是受惠于他的关于真正基督教的见解，并且特别是为政治领袖们提出的，因为在裴斯泰洛齐看来，滥用权力的诱惑是社会生活中的主要问题。他反对平均主义民主的观点。理由是，人民受教育不充分，因而格外自私。所以达到德性的状态将需要早日和完全的社会化以进入社会状态，以便抵消这种自私自利，促进意志的力量。为了摧毁这种自我主义，家庭中的教育具有决定意义，因为在家族的环境以内，爱是中心的情感。正是这种爱使儿童能培养他的善良意志。当不公正的情感和爱或利他主义之间发生冲突时，意志的力量对于形成判断是必需的。所以，内在德性的状态是必需的，如果人们按符合道德的方式作决定、行动的话。

  1798 年，赫尔维希革命戏剧性地改变了裴斯泰洛齐的生活。由于相信革命会重建古时公正的共和国,由于相信新的领导人的道德,他很快起草了一个贫苦儿童工艺劳作机构的计划。由于被新政府派遣到斯塘茨,裴斯泰洛齐花 7 个月时间在一所女修道院内建立和组织一所机构。直到 1799 年 6 月房屋被法国军队征用。这 7 个月在裴斯泰洛齐生活中具有决定性意义。许多学者主张应当将斯塘茨看做是现代教育学的诞生地。这一评价的根据是 1807 年发表的一封信。裴斯泰洛齐在信中提倡在他与儿童接触的经验的基础上建立一种新的三级教育制度。第一级也是基本的一级是家庭生活。其主要目标是通过满足儿童的基本需要以开启儿童的心扉。第二级的目标是在日常生活中鼓励实践第一级所唤起的利他主义的冲动。第三步是介绍对这种日常生活的反思,使儿童能理解什么是道德判断。所以,学校要受到"形成人"这种总的教育观的指导,这种教育观中知识总是与道德标准联在一起的。②

　　理解到 1807 年时,这种形成人的观点怎样变得如此重要,这是至关紧要的。至少有两个中心的。也许是相反的因素要加以考虑。第一个因素是裴斯泰洛齐在新政治制度下的失望。议会对税制的辩论使他相信,政府体制的改变并没有消除精英们的自私自利。确实,政治不能是根本的。因为除非人民首先受到道德教育,良好的政治是不可能的。这个结论标志着从旧的共和主义理论的完全改宗。人民必须首先受到教育,不是在政治领域或公众领域,而是在起居室中(Living room, Wohnstube)。按照这次改宗,道德的引路人不是王子,而是母亲。她成了神、儿童和起居室之外的世界之间的枢纽点。用卢梭的二分法(dichotomy)的词语来说,焦点不是 Citoyen(公民),而是 human being(人)。"我不是苏黎世人,我不再是瑞士人。我们不再有祖国。让我们坚持做人,不要忘记关心人类,直到死亡。"③所以,一个民族的整个社会、政治命运仰赖于真正的教育,而这种教育的实现有赖于明智的引路人。

　　第二个因素,虽然它是裴斯泰洛齐在 1800 年以后取得巨大成功的一个原因,却是与第一个因素不一致的。正当他以去政治化的、母性化的"起居室"观点取代家长式的共和主义的意识形态时,赫尔维希政府,特别是它的科学教育大臣斯塔布费尔(Philipp Albert Stapfer)相信裴斯泰洛齐是监督新教育制度的理想人选。裴斯泰洛齐的教学法被认定能解决年轻共和国的一切教育上的宏图。教师的培训要以裴斯泰洛齐能使道德高尚的知识观为基础。1800年,裴斯泰洛齐成为第一个国家教师培训人并出版了他的教学法教科书。

裴斯泰洛齐的教学法背后的中心思想是,每个人都受永恒的自然法则所预先构造的基本力量的支配,因而教育的目的就是自然地、合乎心理学地发展那些力量,要把人性的全部三个主要方面——头脑、身体和心——理解如有待这种教育的"胚芽"。正如裴斯泰洛齐在他的重要著作《葛特鲁德如何教子》(1801)中所强调的。一旦自然地得到发展,它们就一起形成一个任由德行支配的全面的和谐。尽管以自然状态到道德状态的自然转变有明显的自相矛盾——尽管有他的教学法教科书运用中的机械性——裴斯泰洛齐的教学法和他的布格多夫学院享誉全欧洲。充分适合当代的思想潮流如德国的浪漫主义和洪堡的人道主义的已不再是在家庭的或母爱的基础上建立现代国家的教育制度,而是全盘的"人的形成"的观点。人们觉得有吸引力的已不再是机械的教学法,而是该教学法的"精神",即认为教育不是教授知识,而是强化和协调智力和其他心理能力的教育观。裴斯泰洛齐的影响的证明是在各国以他的教学法为基础建立的学校,包括德国、法国、英国和美国以及在《葛特鲁德如何教子》出版后的头四年中讨论裴斯泰洛齐教学法的将近200篇著作的书名。

19世纪的第一个十年中,裴斯泰洛齐将对教育的关心引入更广阔的公众讨论的技巧取得巨大成功,备受赞扬。由于政治原因离开布格多夫以后,裴斯泰洛齐换了几个位置以帮助他的学院。在慕尼黑布赫采(München buchsee)与费伦伯格(Philipp Emanuel Fellenberg)短期合作以后,裴斯泰洛齐将他的学院迁到瑞士的法语区伊佛东,他在那里呆到1825年。然而他的成功是混杂的,因为他的基于设想的永恒的自然律的放之四海而皆准的教学法能够应用于任何一种政治制度。例如普鲁士就利用他的观点以建立一个国家的、军事方面的教育制度。裴斯泰洛齐相信他的教学法能够成为国家复兴的基础,他要求瑞士议会以他的教学法作为瑞士学校教育的基础。然而,1810年发表的官方报告表明,无论是机械的教学法,还是学院的家庭式结构都不能适用于公立学校制度。

19世纪的第二个十年是混乱的十年。裴斯泰洛齐的合作者之间的争论,他自己在管理一所大的机构和安排他的继任人方面的无能导致了学院的衰落。在这种情势下，裴斯泰洛齐开始不仅割断与他的教学法的关系，而且悔恨将教育理论归结为一套永恒的自然律的打算。由于日益转向基督教的观点，他也为他的原本是意在为贫苦儿童办的学院在很大程度上却适应富家儿童而担忧，所以，1818年，他为贫苦儿童开办了一所平行的学校。目标是建立能为年轻人找到一种体面的生活道路的范围宽广的学徒制。然而，由于经费上的原因，仅仅一年以后实验就失败了。让这些贫家儿童并入主要的学院造成了新的问题，因为富家儿童和贫家儿童的不同对待是不能被接受的。

1813年，开始写作一本关于他的教育理论的书，它只是在1826年才以《天鹅之歌》的书名出版。可以把该书看做是他的教育的箴言。在本书中，我们惊奇地发现了很多与1797年的《考察》中的相类似的内容，虽然没有对政治领导人的颂扬，并对乐观主义的基督教人类学作了新的强调，虽然还是按照目的论理解人的力量，但只有在与儿童的最初发展有关时才认为外在的自然是恰当的。现在强调的重点是在于不同社会和家庭背景的实际的关联，具有决定意义的是这些背景。此外，现在认为每个个人有其独特的性格，反对理论上的或成体系的一般化。这就意味着认为可能有一种一般的、放之四海而皆准的永远有用的教育理论的梦幻的终结。特定环境内的实际生活是教育的基础。家庭生活愈完善，教育也就愈完美。

《天鹅之歌》是裴斯泰洛齐回到他过去的农庄以后出版的。一年以后，他于1827年去世。到这时，无论是学校制度的急进改革，还是"人的教育"的观点都已经不再是时尚的论题。然而，在瑞士，当自由运动在1840年代赢得了多数人的拥护时，气候变了。这个运动需要它的英雄，没有人是比裴斯泰洛齐更理想的和平主义、无利己之心、忠实可信和有教育上的雄心壮志的代表人物。虽然，正如这种英雄常有的命运一样，他的著作很少有人阅读。到19世纪末，裴斯泰洛齐成了全国一致的具有决定意义的象征。1896年他的诞辰150周年纪念日是第一个全国的节日。除了这种政治上的封圣徒——它本身就具有教育上的重要意义——教育研究人员继续讨论着裴斯泰洛齐提出并谈论过的主要问题：学校教育和它所"造就"的男女的公德之间的关系。

注　释

① *Schwanengesang*, in *Pestalozzis Sämtliche Werke* (*PSW*), XXVIII, p. 83.
② *Stanser Brief*, in *PSW*, XIII, pp. 14f.
③ *Letter to David Vogel*, in *Pestalozzis Sämtliche Briefe*, vol. 5, Zurich, pp. 35f., 1961.

参　考

本书中的"洪堡"、"康德"、"卢梭"。

裴斯泰洛齐的主要著作

① *Pestalozzis Sämtliche Werke* (*PSW*), vols I–XXIX, Leipzig/Zurich, 1927–1996.
② *Von der Freiheit meiner Vaterstatt*, 1779, in *PSW*, I.　③ *Über Gesetzgebung und Kindermord*, 1783, in *PSW*, IX.　④ *Meine Nachforschungen über den Gang in der Natur in der Entwicklung des Menschengeschlechts*, 1797, in *PSW*, XII.　⑤ *Wie Gertrud ihre Kinder lehrt*, 1801, in *PSW*, XIII.　⑥ *An die Unschuld, den Ernst und den Edelmuth meines Zeitalters und meines Vaterlandes*, 1815, in *PSW*, XXIV.
⑦ *Schwanengesang*, 1826, in *PSW*, XXVIII.　⑧ *Pestalozzi's Educational Writings*, ed. J. A. Green, London, 1912.

其他参考书

① Hager, Fritz-Peter and Tröhler, Daniel (eds), *Pestalozzi—wirkungsgeschichtliche Aspekte. Dokumentationsband zum Pestalozzi-Symposium 1996*, Neue Pestalozzi-Studien, vol. 4, Berne: Haupt, 1996.　② Oelkers, Jürgen and Osterwalder, Fritz (eds), *Pestalozzi—Umfeld und Rezeption. Studien zur Historisierung einer Legende*, Weinheim: Beltz, 1996.　③ Oelkers, Jürgen, Tröhler, Daniel and Zurbuchen, Simone (eds), *"Methode" um 1800: Ein Zauberwort? Der Erfolg Pestalozzis im historischen Kontext*, Neue Pestalozzi-Studien, vol. 7], Berne: Haupt, 2001, work in progress.　④ Stadler, Peter, *Pestalozzi. Geschichtliche Biographie*, vols 1 and 2, Surich, NZZ, 1988/1993.　⑤ Tröhler, Daniel (ed.), *Pestalozzis "Nachforschungen" I: textimmanente Studien/18 neuendteckte Briefe Pestalozzis*, Neue Pestalozzi-Studien, vol. 5, Berne: Haupt, 1998.　⑥ ——(ed.), *Pestalozzis "Nachforschungen" II: kontextuelle Studien. Tagungsakten des interdisziplinären Kolloquiums am Pestalozzianum im April 1998*, Neue Pestalozzi-Studien, vol. 6, Berne: Haupt, 1999.

特洛勒尔

沃尔斯顿克拉芙特
(Mary Wollstonecraft, 1759—1797)

我认为,最完善的教育,是这样来运用理解力,即它最适合于加强体力和形成心,或者,换言之,使个人既获得刚毅的习惯,又能使他独立。事实上,将不是来自理性的刚毅,也叫做刚毅,这是可笑的。这是卢梭关于男人的见解。我将它延伸到女人。①

玛丽·沃尔斯顿克拉芙特(Mary Wollstonecraft)出生于伦敦。在家里,挥金如土、经常辱骂她的父亲一再把他的妻子和五个孩子赶出家门。乱花费,总是使他们前景无望。在18岁时,在一个大家所说的悲惨的、没有爱的环境中接受了一点乱七八糟的教育以后,她离家出走了。沃尔斯顿克拉芙特在以后的九年中从事过当时向妇女开放的三种职业。首先受雇于一个住在巴斯(Bath)的寡妇。其次在她的姐妹和一个密友的帮助下,她创办并主持了一所女子学校。当那次冒险事业失败后,她当上了保姆。

人们感到奇怪,如果没有约翰逊(Joseph Johnson)来帮助,沃尔斯顿克拉芙特会发生什么事。当她从最后一个位置被辞退时,那个发表了她1786年的论文《关于女儿教育之我见》的人给了她住处,雇请她为他新出刊的《分析性评论》写稿,并吸收她加入其成员包括威廉·卜拉克、威廉·戈得文和约翰·培因在内的文人朋友的亲密圈子。在这种令人兴奋的环境下,沃尔斯顿克拉芙特进入了自己的繁盛期。在指出沃尔斯顿克拉芙特在《关于女儿教育之我见》中的观点是零星的、有限的、大部分是主观主义的以后,一位传记作者写道:"她思想上的大跃进还是几年以后的事。"1790年,沃尔斯顿克拉芙特发表了《为男子权利辩护》。这是一篇答复埃德蒙·伯克(Edmund Burke)的《法国革命反思录》的论文。该文使她声名鹊起。但是,代表她的大跃进的是1792年发表的《为妇女权利辩护》。

沃尔斯顿克拉芙特受到当时激进思想家的赞扬,也受到保守派的责难,她的论文使她名扬英国和国外。事实上,当她在1792年末到达革命的巴黎时,现在普遍认为是女权主义经典之作的这位作者发现,在她到达巴黎以前,该文已译成法文。可悲的是,沃尔斯顿克拉芙特再也没有机会达到这么高的成就。1797年8月,在她嫁给受到喝彩的激进论文《政治公正探究》的作者戈得文以后不久,也就是《为妇女权利辩护》发表仅仅5年以后,沃尔斯顿克拉芙特在产后去世。然而,孩子活下来了。她的照片和她母亲的照片一样,现在悬挂在伦敦国家肖像艺术馆。因为19岁时,玛丽·沃尔斯顿克拉芙特·戈得文·雪莱写出了杰出的哥特式小说《弗兰肯斯坦》。

在众多女权主义者中,苏珊·B.安东尼、伊丽莎白·凯迪·司唐顿、埃玛·戈尔曼、弗吉尼亚·伍尔夫、西蒙·德·波瓦都在自己的著作中称颂沃尔斯顿克拉芙特。然而,《为妇女权利辩护》多半被看做仅仅是政治论文。卢梭在《爱弥儿》中说,沃尔斯顿克拉芙特在她的第二篇《辩护》的最后讨论了一本书,"柏拉图的《理想国》,它完全不是仅仅凭书名就判断内容的人所认为的是一部政治著作,它是前所未有的最漂亮的教育论文"。③事实上,《理想国》既是政治论文,也是教育论文。卢梭的《爱弥儿》也是如此。《为妇女权利辩护》也是如此。

作为对妇女理性的赞扬,《辩护》成为对卢梭和无数其他人支持的一种女子教育观的抨击。这种观点通过使理解力的培养从属于获得某些身体上的技艺④而使妇女成为矫揉造作的和虚弱的人。作为一个有道德的人,沃尔斯顿克拉芙特说,一个人必须运用自己的理性,"一个服从任何权威而不服从理性的人⑤,不能认为是理性的、有德性的人"。反之,理性的运用需要培养知识和理解力。换言之,为了培养作为真正有德性的人的标志的理性。智力的教育是主要的。

如果德性的必要条件也是不朽的必要条件要求女子教育尽可能充分地发展她的理性,那么,按照沃尔斯顿克拉芙特的意见,这也是妻子——母亲角色的必要条件。在为妇女的权利辩护时,她并没有取消妇女的这种角色(指妻子——母亲的角色。——译者注),而是邀请男人和妇女分担家庭中与生活有关的任务和责任。她只是反对卢梭所规定的依附的教育。她争辩说,一个妇女必须了然于她自己的权利,因为她不能假定她的丈夫是明智的,而且"一个逆来顺受的妻子往往是一位愚蠢的母亲"。⑥

沃尔斯顿克拉芙特是启蒙运动的真正女儿。正如洛克一样,理性是她的政治哲学的出发点。她相信,人有与生俱来的权利,因为他们是理性生物。她相信,理性形成这些权利的基础,因为本身是神赐予的理性,他能领会真理,获得有关正确和错误的知识。她相信,拥有理性把人提升到高出野兽之上。她还相信,通过运用理性,他们成为道德的人,最终成为政治力量。然而,如果说,沃尔斯顿克拉芙特怀有与别人一样的世界眼光,那么她就是系统地论证了要用世界眼光去看待妇女的一个人。她的观点的原创性和深刻性不在于她的启蒙哲学本身,而在于她把那种哲学的基本信条扩展到妇女的做法上。

在《为妇女权利辩护》中,沃尔斯顿克拉芙特给自己提出了三个任务:反驳认为妇女是没有理性而只是感情的奴隶的傲慢态度;表明如果将男人的权利扩展到女性,妇女的家庭责任就不会是受苦;建议一种女孩的教育和培养,使之能充分发展她们独立推理的能力,使她们明了应享受与男人同样的政治权利。她出色地完成了第一个任务。在为历来所谓女性社会化提供详细证明时,她表现出了也许只有柏拉图可以与之媲美的对社会的教育力量的敏感性。她还建议在生活中实验。她说,由于拒绝妇女享受发展理性所需的真正的教育,要想知道她们是否生来具有理性是不可能的。先培养她们的理解力,然后再考察她们是不是非理性的生物。由于将提供证据的麻烦转移到否认女性具有理性的人身攻击上去,她因此把一个关于政治权利的问题转变成了一个关于教育的问题。

沃尔斯顿克拉芙特对第二个问题的处理同样是令人鼓舞的。由于她将理性主义的特征和启蒙运动以之与良好公民联系的个人自主性应用于对妻子——母亲角色的再定义中,她使妇女家庭义务的履行仰赖于将男性的权利扩展到妇女。

为了完成她的第三个任务。沃尔斯顿克拉芙特采取了另一个引人注目的行动。必须懂得,虽然她在《为妇女权利辩护》中提出的女子教育的观点是完全反对卢梭推荐的女子教育,但是这篇论文将卢梭关于男子教育的观点结合进去了。换言之,恰恰在她将启蒙运动关于男子权利的哲学运用于妇女时,她主张也将卢梭关于男孩和男人的教育哲学运用于女性。不用说,卢梭定会感到震惊。当他知道她不仅要求男女接受同样的教

育,而且主张男女在一起受教育时,他会更加感到忧伤。

在19世纪和20世纪,改革家们开始将沃尔斯顿克拉芙特的男女同校的梦想变成现实。到那个世纪末,男女同校已变成全世界千百万人的活生生的事实。麻烦在于这一伟大的历史发展结果变成了使妇女成为旧有的不平等的承接者和新问题的制造者。沃尔斯顿克拉芙特不可能预见到,当男生和女生的课程有显著差别的教育双轨制男女分校变成几乎过时的同时,一种在男女合校内部的性别双轨制会得到发展以取代旧的双轨制。沃尔斯顿克拉芙特所没有预见到的,有一个人预见到了。⑦她不可能预见到男女合校的教室的气候对女生来说是寒冷的,但它的确是如此。⑧

1932年,弗吉尼亚·伍尔夫写道,《为妇女权利辩护》的创造性"已变成了我们的普通常识"。⑨就沃尔斯顿克拉芙特的教育幻想而论,这个断语言之过早。虽然历史已赶上了沃尔斯顿克拉芙特的判断,那些和沃尔斯顿克拉芙特一样对女子教育有着持久兴趣的人们所面临的一个任务是,保证男女合校是"女孩和妇女所能适应的"。另一个同样重要的任务是,为男女两性设计一种教育制度,将卢梭归之于男性的美德——理性、自制——和他归之于女性的美德——忍耐、文雅、热情和情感、温柔和细心——结合起来。⑩

注　释

① Mary Wollstonecraft, *A Vindication of the Rights of Woman*, ed. Carol H. Poston, New York: Norton, p. 21, 1975.
② Eleanor Flexner, *Mary Wollstonecraft*, New York: Coward, McCann, and Geoghegan, p. 61, 1972.
③ Jean-Jacques Rousseau, *Émile*, trans. Allan Bloom, New York: Basic Books, p. 40, 1979.
④ Wollstonecraft, *A Vindication of the Rights of Woman*, p. 23.
⑤ Ibid., p. 191.
⑥ Ibid., p. 152.
⑦ Jane Roland Martin, *Coming of Age in Academe*, New York: Routledge, pp. 77 – 84. 2000.
⑧ Ibid., pp. 85 – 90.
⑨ Virginia Woolf. "Mary Wollstonecraft." in Wollstonecraft, *A Vindication of the Rights of Woman*, p. 221.

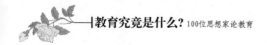

⑩ Jane Roland Martin, *Reclaiming a Conversation*, New Haven: Yale University Press, chapter 5, 1985.

参　考

本书中的"柏拉图"、"卢梭"、"洛克"。

沃尔斯顿克拉芙特的主要著作

① *Maria, A Fiction*, in *A Mary Wollstonecraft Reader*, ed. Barbara H. Solomon and Paula S. Berggren, New York: New American Library, 1983.　② *Thoughts on the Education of Daughters*, in *A Mary Wollstonecraft Reader*, ed. Barbara H. Solomon and Paula S. Berggren, New York: New American Library, 1983.　③ *A Vindication of the Rights of Men*, in *A Mary Wollstonecraft Reader*, ed. Barbara H. Solomon and Paula S. Berggren, New York: New American Library, 1983.　④ *A Vindication of the Rights of Woman*, ed. Carol H. Poston, New York: Norton, 1975.

其他参考书

① Eisenstein, Zillah, *The Radical Future of Liberal Feminism*, New York: Longman, 1981.　② Flexner, Eleanor, *Mary Wollstonecraft*, New York: Coward, McCann, and Geoghegan, 1972.　③ Ferguson, Moira and Janet Todd, *Mary Wollstonecraft*, Boston: Twayne Publishers, 1984.　④ Krammick, Miriam Brody, "Introduction", Mary Wollstonecraft, *A Vindication of the Rights of Woman*, Harmondsworth: Penguin Books, pp. 7 – 72, 1982.　⑤ Martin, Jane Roland, *Reclaiming a Conversation*, New Haven: Yale University Press, 1985.

马丁

费希特
(*Johann Gottlieb Fichte*, 1762—1814)

对自由的自我活动的召唤,就是所谓的教育。①

约翰·戈得力卜·费希特(Johann Gotlieb Fichte)于1762年5月19日出生于西萨克逊的拉梅瑙。中学毕业后他进入耶拿大学神学系。费希特很快就彻底研究康德的批判哲学。1792年出现了一篇匿名发表的《对一切神祇的批判》。起初,人们认为那是康德本人的亲笔之作。当后来知道作者是一位年轻的不太知名的哲学家时,在学术界引起了一场轰动,而费希特也被提供了耶拿大学备受崇敬的哲学讲座。他在1794年到职时,很快写出了第一份献礼《知识学》(*Wissenschaftslehre*, *Doctrine of Science*)②,即1794—1795年的《全部知识学基础》。费希特认为他的知识学是康德的超验唯心主义的完成。以康德的超验主观主义为凭借,费希特寻求将一切知识或系统的知识建立在"绝对我"的自发活动的基础之上。全部知识学最初是打算从"我"的自发性③中衍生出关于美学、自然、宗教、自然权利的超验理论。只有后二者得到了系统的阐述。《自然权利基础》在1796—1797年出版,《伦理学体系》出版于1798年。

尽管他在耶拿取得最初的成功,费希特变成了在同事和上级中不得人心的人。尽管这部分是由于他作为危险的革命思想家④的名声,也是由于他的易激动的个性。费希特惯用一种傲慢的、凌辱的态度答复对他的批评。⑤表现在1798年的论文⑥中的明显的无神论观点因而提供了一个理想的报复的机会。随之而来的"无神论的争论"导致费希特于1799年被解职。他去了柏林,在那里他继续发挥和讲授他的"知识学"。1805年,他接受了埃尔兰根大学的任命。这个任命是由1806年拿破仑入侵普鲁士、费希特逃到哥尼斯堡避难而结束。1807年宣布和平时,费希特回到被占领的柏林,在详述一个建立一所大学的计划以后,他发表了他的著名的告德国民众的系列演讲,推动德意志民族的团结和自主。1810年,费希特被任命为新的柏林大学的首任校长。在监管这所大学的发展的同时,费希特还继续修改和发挥了他的知识学。1814年1月29日,他52岁时去世。

下面论述费希特早期的教育观。这种教育观与费希特最初描述的超验唯心主义有着密切联系,甚至以超验唯心主义为前提条件。因此,我在开始论述这一教育观时,先简单讨论一下超验唯心主义的根本特点。

1794—1795年的《全部知识学基础》试图在"绝对我"的自发行为的基础上建立理论的和实践的知识,以发现促进人的认知和行动的"必要的""恼的活动"。⑦这种"我"的活动是三重的:它设定(posits)它自身,它设定非我(not-I),它设定"我"和"非我"之间相互限制的关系,从这三重设定就推衍出理论知识和实践知识的基础。在对待理论知识上,费希特将这一活动看做是构成决定世界基本特征的现实的基本结构。费希特认为,一切存在都是为我而存在的,是由"我"设定的。至于说"我"的活动构成实在(Reality),这并不是说,它在物质上生产出一个整体的实在。费希特不主张——作为谢林和黑格尔的前导——一种主观唯心主义的理论。按照这种理论,世界只不过就是"我"。⑧事实上,他把他独具特色的批评唯心主义描述为"实在唯心主义"(real idealism)或唯心的实在论(ideal-realism)。⑨费希特的唯心论的实在论(realistic)的方面可以在他的"撞击论"⑩(doctrine of Anstoss)中看出来。大家公认,这是实在论的一种高度弱化了的形式。——撞击既不是外在对象,也不是事物自身,而是"在头脑中出现的原生的事实"。⑪然而,虽然 Anstoss 必须是为了"我",但它表明是既不属于我,也不能用"我"的活动加以解释的一种非理性的偶然性的因素。这种偶然性既是"我"的无限活动的障碍(Anstoss),又是进一步活动的刺激(Anstoss)。正是由于在 Anstoss 中遭遇到的需要才引导"我"决定自身(限制自身)和"非我"。⑫

在1794—1795年的知识学的实践部分,Anstoss 被描述为有限的经验的"我"所遇到的感情(feeling, Gefühl)。这种感情限制它的活动,决定感情上的有限的"我"。然而它能激发它的进一步活动。因为,就有限的"我"是受外在支配力所决定而言,它不能作为无限的、自发的"我"与它的本性相一致。所以它必须克服这种对活动的障碍,力图实现它的绝对的自主性。然而这是绝不能达到的。由于绝对的"我"被描述为限制的理念

(Idea),是理性思维和行动不能达到的目标。然而我们应当不断努力争取达到这个理念,克服一切非"我"达到绝对自主的企图。根据费希特的意见,这就是"人本身的天职"。

但是,普通的非哲学专业的人怎样才能认识到这种伦理的天职,认识到她应当努力争取达到的自主和自由呢?假如费希特深信可以很快使大多数人相信他们只是月亮中的一片熔岩,而不把他们看做是一个"我"[13],达到这种认识也似乎是不可能的。这种认识是否仅仅属于那些领会了费希特的超验唯心主义真理的哲学家?对这些问题的答案可以从费希特的教育观中找到。

在 1794 年的论文《论知识学的概念》中,费希特告诉我们,哲学家不必为人的头脑规定法则,而是必须试图描述它,承担"实际历史的作者"的作用。[14]关于哲学家的任务的这一忠告十分重要。对于康德,"实际历史"的目标是促进人类的幸福和福利。它达到这一目标的方法是教导人类通过"谨慎"[15]以避免不幸。对于费希特,知识学的任务就其克尽教育的职能、唤醒人类认识到它的自主性和自发性而言,是"实际的"(pramatic)。然而,就这种"历史"的终极目标不是幸福而是道德——动作者的活动与理性的、自定的道德律符合一致而言,他与康德是不同的。

在 1794—1795 年的知识学中,"实际的历史"的概念起着中心作用。费希特告诉我们,知识学要成为"人的头脑的实际历史"。[16]这种历史在简短而又至关重要的、完成了知识学的理论部分为《论象征的演绎》(Deduction of Representation)中已提供出来。

从"我设定受到非我限制的自我"[17]这个命题的探讨中推演出丰饶的想象力和 Anstoss 时,费希特在这一部分转向考虑怎样将这种表达达到非哲学的意识(自觉)。费希特论证说,非哲学的意识就是在哲学家的监督下,从反面详细研究从感觉进行到理性的系列。通过对它与 Anstoss 的最新接触的反复反思,就是构建它的世界。在做完这一切以后,领会它自己的自主性和自发性——认识到它的活动构成显然独立于头脑的世界的象征。超验哲学家并不指导这一过程,也不强迫非哲学的意识接受超验唯心主义的真理。她仅仅是一个无声的向导,指出出现的活动。

这个过程具有多方面的意义,它是非哲学意识得以进入超验哲学立场的工具,因为,达到理性以后,它现在就能开始研究"知识学",领会它的出发点和理论知识的复杂讨论,因此,它能探究理论理性的基础和限度。然而,至关紧要的是它也能继续进行到工作的实际部分——探究实际知识的基础。换言之,它能领会行动符合出自本身的理性法则的必要性。所以,"象征的演绎"是自然意识赖以实现其道德职能的手段。这是它的真正的实际的特点。

但是,非哲学意识和"平静地追随事物的过程"[18]的超验哲学家之间的关系是什么？哲学家的作用使人想起卢梭的《爱弥儿》。超验哲学家的不引人注目的监督构成一种"消极教育"。这位哲学家(通过指出 Anstoss)已开始这一过程。然而,非哲学意识不知道有任何教育在进行。

这一过程的一个有趣的含义是,非哲学意识在达到了超验哲学的立场以后,也能把这种知识传达给另一个非哲学意识。受教育者可以变成训练其他受教育者的教师,其他受教育者又可以依次训练另一个人。如此类推。所以,"象征的演绎"意味着一个没有终点的循环的教育过程。当然,这意味着受教育者必须认识到她已经受教育,换言之。她必须能够认识到另一个自由人曾教育过她。[19]

这就引导我们到达作为费希特教育观核心的他的哲学的一个方面,他与互动主体性(intersubjectivity)的关系,与自然的关系以及主体的哲学意义和主体之间的关系。这种关系在《关于学者职能的几篇演讲》(1794年)中作了介绍。费希特主张,学者职能的问题提出了许多其他问题,包括人本身(an sich)的职能、任何被认为是孤立于像他那样的理性生命[20]的关系之外的人的职能。我们已经讨论了这种职能,它就是有限的主体努力实现"绝对我"的自主性和推理性。其次只要有限的动作者(agont)是依赖于非我(最终是依赖于 Anstoss)——为了达到自主——她必须按照她的事务应当是什么样的必要的实际概念对非我(或自然)加以改造。

在第二篇演讲中,费希特指出,人不是孤独地生活的,而是与他那样的其他人一起生活在社会中。费希特将它(社会)定义为"理性生命在其中互为存在的相互关系"。[21]于是,按照费希特的意见。只有通过这种相互关系,动作者才能知道、认识到人的职能本身。这种相互关系是一种特殊的相互关系,它应当从作为理性生命的人类动作者中获得。它是这样一种相互关系,其中的参与者获得一种自由的意识和学习成为有伦理的人的道德义务。所以,这是一种有教育作用的相互关系。然而它也是——这具有根本的重要意义——非强制性的互惠的相互关系,因为,费希特主张,强迫另一个人认识到他的自由[22]是完全错误的。必须通过开放的、自由的互动吸引另一个人认识到他的自由。总之,这种相互关系中的每一个成员必须既是教师,又是受教育者,慷慨地提供知识,但又平等地准备接受知识。费希特将这描述成为一切人的最美好的联结——自由地相互给予和取得的联结,并建议各种族、各种信仰的人民都可以参加这种联结。[23]

于是,通过这样一种教育性的相互关系,人类的每个成员都认识到他的职能,每个人都共同奋斗以达到绝对自由和具有理性,如果这个不能实现的目标能够达到,社会的每个成员就会是完全理性的、在伦理上完美无缺的人。他们就会成为完全相同的、一致的,每个主体的自主立法都能合于普遍有效的道德律。这样一种社会就是康德的"终极的王国"(Kingdom of ends),其中每个成员既是立法者又是守法者的社会。我们必须努力达到这个目标,人在社会中的职能就是一个"联合"或"共同完善"的无止境的过程,一个由特殊形式的众人——教育支撑的过程。[24]学者的职能就是指导和监督这一过程,以他的知识服务于人类。[25]追随莱辛之后,费希特主张,"学者是人类的教师"。[26]只要超验哲学家是一名学者,他的真正的职能就是应用他的哲学——将理论转化为实践。

费希特的教育观在其1796年的《自然权利基础》中得到进一步发挥。在该书的第一节中,费希特试图展示互动主体性是自觉的可能性的一个条件。他主张,一切理性生命的无限活动必须受到限制,如果它要达到自觉的话。这种限制不再由Anstoss的深奥的计谋来解释,而是由与另一个理性生命的最初遭遇来解释,在这另一个理性生命中,主体应这另一个理性生命的召唤履行它的自由活动。

费希特主张,这种"承认"(recognition, Anerkennung)的相互关系是一种教育性的相互关系。在这种关系中,每个人都教育另一个人认识到他的自主性——"自由的自我活动的召唤就是人们所称的教育"。费希特将教育与互动主体性置于他的超验唯心主义的核心地位,主张理性生命只有通过对另一个有限理性生命的教育性相互关系才能达到自觉和自主——主体性和互动主体性是相互依存的。"一切个人都必须受到教育成为人。否则他们就不是人"。[27]所以,教育不仅仅是在课堂范围内进行的事情,也不仅仅是一种社会现象——而是我们成为人的真正的手段,即是说,把握我们的自主和推理能力。

　　费希特的早期教育观的影响问题是难以评估的。尽管费希特的后期著作影响到德国的教育实践,他的早期著作的直接影响甚微。这无疑应归因于这样的事实:直到最近,费希特的哲学被谢林和黑格尔的唯心主义遮蔽得黯然失色。有人认为,费希特的主观唯心主义充满了矛盾和前后不一致,他对互动主观性的强调与他认为世界是由一个"绝对我""创造出来的"这一信念相冲突的。尽管对费希特的计划的这一种解说是完全错误的。这种解说之所以众所周知,是由于它首先是由谢林和黑格尔提出的。事实上,就黑格尔来说,这种误导性的解说可以用来遮掩他对费希特的重大负债——在他的教育观中显然可见的负债。因为正是费希特的《象征的演绎》才为黑格尔的《精神现象学》提供了灵感。在《精神现象学》中,自然意识被培养成为科学的立场。如果说黑格尔的哲学对教育思想有重大影响,也许应当说,费希特对我们关于教育的思维起了看不见的、间接的影响。

注　释

① Fichte, *Foundations of Natural Right*, ed. F. Neuhouser, trans. M. Baur, Cambridge: Cambridge University Press, p. 38, 2000. 译文有改动。
② 遵循 D. Breazeale 的做法, Fichte 的新创词 *Wissenschaftslehre* 我没有翻译。
③ *Fichte—Early Philosophical Writings*, trans. D. Breazeale, Ithaca and London: Cornell University Press, p. 135, 1988.
④ 这个称号主要是由于 Fichte 1793 年论法国革命的文章。
⑤ 关于这一点,参见 *Fichte—Early Philsosphical Writings*, pp. 341－354。
⑥ *On the Belief in the Divine Governance of the World.*
⑦ *Concerning the Concept of the Wissenschaftslehre* in ibid., p. 126.
⑧ Fichte 一点也不夸张地认为,基本的主观性活动构成一切人类知识的基础并推动人类一切知识的进步。说一切存在都是为了"我",简直就是说要"去掉"这种活动,考察独立于头脑之外的"现实"是不可能的。
⑨ Fichte, *The Science of Knowledge*, trans. P. Heath and J. Lachs, Cambridge: Cambridge University Press, p. 247, 1982.
⑩ Ibid., p. 189.
⑪ Ibid., p. 196. 译文有改动。
⑫ 对 *Anstoss* 的极好的解释见于 D. Breazeale 的文章 "Check or Checkmate? On the Finitude of the Fichtean Self", in *The Modern Subject*: *Conceptions of the Self in*

Classical German Philosophy, Albany: SUNY Press, pp. 87 – 114, 1995。

⑬ *Fichte—Early Philosophical Writings*, p. 162, fn. 2.

⑭ Ibid., p. 131.

⑮ 参见 Kant, *Grounding for the Metaphysics of Morals*, trans. J. W. Ellington, Indianapolis and Cambridge: Hackett Publishing Co. Inc., p. 26, fn. 5, 1993。

⑯ Fichte, *The Science of Knowledge*, pp. 198 – 199.

⑰ Ibid., p. 122. Translation modified.

⑱ Ibid., p. 199.

⑲ 我将这些观点归功于 Alexis Philonenko 对"象征的演绎"("Deduction of Representation")的出色讨论, in Philonenko, *La liberté humaine dans la philosophie de Fichte*, Paris: Librairie Philosophique J. Vrin, pp. 303 – 316, 317 – 332, 1980.

⑳ *Fichte—Early Philosophical Writings*, p. 152.

㉑ Ibid., pp. 153 – 154.

㉒ Ibid., p. 159.

㉓ Ibid., p. 161.

㉔ Ibid., p. 160.

㉕ Ibid., p. 172.

㉖ Ibid., p. 175.

㉗ Fichte, *Foundations of Natural Right*, p. 38. 译文有改动。

参 考

本书中的"黑格尔"、"康德"、"卢梭"。

费希特的主要著作

① *Sämmtliche Werke*, 8 vols, ed. I. H. Fichte, Berlin: Berlin, 1845. ② *Gesamtausgabe der Bayerischen Akademie der Wissenschaften*, ed. R. Lauth, H. Jacob and H. Gliwitsky, Stuttgart-Bad Cannstatt, Frommann-Holzboog, 1964 -. ③ *Early Philosophical Writings*, trans. D. Breazeale, Ithaca and London: Cornell University Press, 1988. ④ *Foundations of Natural Right*, ed. F. Neuhouser, trans. M. Baur, Cambridge: Cambridge University Press, 2000. ⑤ *Foundations of Transcendental Philosophy* (*Wissenschaftslehre*) *nova methodo* (1796/1799), trans. D. Breazeale, Ithaca and London: Cornell University Press, 1992. ⑥ *Introductions to the Wissenschaftslehre and Other Writings* (1797 – 1800), trans. D. Breazeale, Indianapolis: Hackett Publishing Company, Inc., 1994. ⑦ *The Science of Knowledge*, trans. P. Heath and J. Lachs, Cambridge: Cambridge University Press, 1982.

其他参考书

① Breazeale, D., "Check or Checkmate? On the Finitude of the Fichtean Self", in *The Modern Subject: Conceptions of the Self in Classical German Philosophy*, Albany: SUNY Press, 1995.　② Hohler, T. P., *Imagination and Reflection: Intersubjectivity in Fichte's Grundlage of 1794*, The Hague: Nijhoff, 1982.　③ Neuhouser, F., *Fichte's Theory of Subjectivity*, Cambridge: Cambridge University Press, 1990. ④ Zöller, G., *Fichte's Transcendental Philosophy: The Original Duplicity of Intelligence and Will*, Cambridge: Cambridge University Press, 1998.

克拉克

洪 堡
(*Wilhelm von Humboldt*, 1767—1835)

把这些论文中展开的每一个论据直接集中为一个主要的、主导的原则,就是人的最丰富的多样性发展的绝对和首要意义。①

密尔(John Stuart Mill)引用洪堡的这句话作为他于1859年出版的著名的《论自由》一书的题词。密尔在写作这篇论文时阅读了洪堡的《政府的范围和义务》,该文于1854年当密尔撰写他的《论自由》的著作时被译成英文出版。原来写于1792年的洪堡的著作在他生前只发表了片断。德文《试论国家的限度和有效性》②是洪堡著作全文③的一部分,它在德国被普遍忽略,而在英国成了自由主义的主要来源。

洪堡(Wilhelm Von Humboldt)的《论政府的范围和义务》是一本早期的作品。威廉·冯·洪堡和他的弟弟,著名探险家和自然科学家亚历山大(Alexander,1769—1860)都受家庭教育,两人都没有上过普通的中小学。威廉·冯·洪堡于1787年在法兰克福或柏林附近的大学开始上大学。一年以后,他离开法兰克福去哥廷根改革大学学习法律和古典哲学。他于1789年访问了革命的巴黎,并于1790年结束学业。两件事影响到他的早期论政府的著作:法国革命和洪堡充任普鲁士文职官员的经历。他仅仅服务一年,于1791年辞职。同年与卡洛林·冯·达科乐登结婚后,洪堡作为一名独立的学者隐居10年,没有担任任何职务。

他的广泛的研究受到对康德哲学的持久讨论、他对于古典古代著作的阅读和 F. A. 沃尔夫关于语言学和教育的观点的影响。洪堡成为魏玛圈子里的一员,成为歌德和席勒的亲密朋友。除了几篇小文章以外,没有出版任何著作。并非偶然,他的第一本著作专注于魏玛圈子里的一个论题,即歌德的史诗《赫尔曼和多罗提亚》(*Hermann and Dorothea*)。该书于1798年发表,在有教养的公众中立即取得成功。洪堡与他的同时代人有着共同的观点,并对1799年④出现的观点写了一篇赞赏的评论。

1802年,洪堡接受了一份文官职位,他成为普鲁士派驻罗马天主教教廷的顾问⑤,他和他的家人在那里住了6年多。1807年普鲁士被拿破仑的部队打败。此后;普鲁士国家完全改组,特别是高等教育。洪堡进入普鲁士内政部⑥的文化和公共教育司。在两年中（1809—1810）他是支持教育改革的主要力量之一,也是柏林大学的创建者之一。该校很快成为欧洲智慧生活的中心之一。当洪堡在他的祖国被人遗忘时,马修·阿诺德在他的《大陆的学校和大学》(1868)中提到了洪堡的领导作用。

柏林大学于1810年开学。在那以后,洪堡的职位变动,他成为普鲁士宫廷驻维也纳代表团的参赞,他在那里部分地参加了重建普鲁士的欧洲超级强国角色的维也纳会议(1814—1815)。洪堡担任普鲁士驻伦敦代表团的参赞达两年(1817—1818)。在与普鲁士大臣哈登柏格发生一系列冲突后于1819年离开文官职位。从那以后,再次隐居10年。1830年他回到公职岗位,担任普鲁士国务会议大臣。(关于详细传记,参阅 Menz 1975年和 Scurla 1976年的著作)。

他的著作范围广阔,但都是围绕着后来被称为哲学人类学的中心论题,但这部著作没有完成。洪堡生前只有一小部分发表。直到19世纪末当他被像威廉·狄尔泰(Wilhem Dilthey)这些学者讨论和在教育方面斯普朗格(Eduard Spranger)讨论以前,洪堡的影响不大。洪堡对教育的兴趣是由他对古典的研究引起的。特别是古代希腊的精神被他看做现代个性的楷模(著作集,第2卷,第26页)。⑦希腊把生活提高到理想的形式,又将理想的形式再转变为生活(同上,第29页),这是由文化的五种媒介完成的,即美术、诗、宗教、道德和历史(同上,第32页)。这些都是洪堡感兴趣的领域。后来在其影响不亚于诺姆·乔姆斯基(Noam Chomsky)的语言史的研究中作了补充。

洪堡的教育观具有不同的性质。和他的全部著作一样,它是零星的,但可以清楚地认识出来。基本的观念是人与世界的关系。教育是交换和发展,而不是有组织的知识意义上的学术。洪堡称它为人的易感性和自我活动之间的交互作用(著作集,第一卷,第237页)。认识和行动要在人的经验的范围内组织起来,提供所谓"人的能力的精确发展"(同上,第51页)。密尔所引用的"发展"概念有两重意义。一方面洪堡将它归于世代相承内部的人类的演进(同上,第51—52页),另一方面,又将"发展"看做个人达到人类共同理念的道路(同上,第 54 页)。于是,个人主义不是主观主义。洪堡的思想是柏拉图式的。教育的目的是把"真实生命的个人"转变成为共同的理念(同上,第 54 页)。这种共同理念指导着个人生活而不是强迫他们走向某一特殊方面(同上,第 55 页)。

在 1797[⑧]年的一部作品中,洪堡提到沙夫茨贝利关于"内在形式"[⑨]的观点。这个观点对整个德国古典教育哲学具有十分重要的意义(Oelkers,1999)。用洪堡的话说,经验就是继续不断地将人对世界的观察转变成为作为学习中心的头脑的"内在形式"(著作集,第 1 卷,第 347 页)。学习不过是继续不断地使我们"存在"的模式与我们的判断的模式符合一致,这就是说,继续不断使我们在实践上的存在和理论上的存在符合一致(同上),两种模式通力合作,于是洪堡克服了康德理论理性和实践理性的二元论,从而也克服了他的两个世界的理论。推理就是单一性质的观察和作结论,这种单一性质不可能划分为一部分是实践的,而另一部分是理论的(同上,第 348 页)。洪堡所称的"个性"(character)应当看做是个性的独一无二的形式,它不能成为教育的对象,而是教育的主体。

在这里,洪堡追随已故的康德,特别是他的《判断力批判》中的审美判断。教育应当为通过一切经验而不仅仅通过学术以建立内部形式的"美好的个性"而奋斗。洪堡将后来所称的教育的"完整性"(Wholeness)看做它(指美好的个性。——译者注)的主要来源之一。教育不是在白板上印上什么东西,但也不仅仅是发展天性。洪堡既与洛克冲突,又与卢梭冲突。他的个性观与个人的独特性有关,这种独特性将自己学习仅仅与内在形式符合一致的东西。一旦个性被唤醒,它就摆脱影响它的一切事物而仅仅接纳与它相适应的东西(同上,第 348 页)。

这不是把总的标准排除在外[⑩],而是它们必须按照个人加以具体化。最终分析起来,教育(Bildung,另译修养、陶冶、培养)[⑪]就是一种经验,它能发现什么是生活经历中"人性和人道主义的印记",而排除一切机械的东西(同上,第 508—509 页)。人类的最佳理念可以从真正的诗、哲学、文学中找到,而真正"内在的教育"[⑫]是通过培养而不是通过教训得到的。在洪堡看来,教育理论的一个主要错误就是寻找可以从中推演出有效教育原则的人类行为的特殊"法则"。相反,真正影响到继续不断地构建一个人的个性的是"纯正的艺术"和"纯正的哲学"。人的改进是没有限度的(同上,第512页)。

在所有这些方面,洪堡是一位柏拉图主义者,他追随18世纪在英国和欧洲大陆的艺术、文学以及一定程度的哲学发展中的新柏拉图主义(参考Baldwin和Hutton 1994年的著作;关于新柏拉图主义也参看Hankins 1994年的著作)。对于洪堡后来的历史编纂理论⑬,这也是明显的,这种历学编纂理论把历史看做受理念指导,以致所有历史学家都努力描述历史事件背后的理念的作用。历史不是自发的,而是受理念指导的。正如一切个人都是受理念指导一样。在这个意义上,历史也是教育,史学家的任务就是描绘理念争取成为现实的努力(洪堡,1971,第303页)。这是因为历史是由个人组成的,而"每个人的个性都不过是理念的外部表现"(同上,第302页)。

在洪堡《论政府的范围和义务》⑭以前写作的一篇小文中,对什么应当称作教育、什么不是教育下了一个简短的(也是唯一的)定义。"一切教育都来源于人的内在灵魂,一切外在的安排或事件只能引发教育而不能使教育产生"(同上,第87页)。这种教育自我产生的观点对后来的所谓新人文主义产生了强烈的无与伦比的影响。即使洪堡没有创立任何像思想派别之类的东西,他的教育理论,即使是零星的,也被用来反对19世纪的正规学校教育,推动进步的人文主义,今天与整体性心理学(psychology of wholeness)的联系事实上不是洪堡当年所想到的。他是十足的柏拉图主义者,竟至期望道德⑮的发展是一种受理念指导的教育的结果,而不完全是学校指导的结果。

密尔从洪堡准确地学到了这一点:"希腊人自我发展的理想"(Mill,1974.第127页)是指"培养个性",而不只是指个性本身(同上,第128页)。"个性"是"发展",在此情况下,试图把人们铸造成为彼此完全一模一样(同上,第177页),即是说,使他的道德、从而各个人的内在世界完全一样,是与有教养的个人这个前提冲突的。洪堡在英语国家的读者不多。尽管他提出了一个理论,虽然很零散。却想在直到现在还有影响的18世纪教育理论的两种主要力量感觉主义和自然主义之外寻找第三条道路。在德国,洪堡被多数人认为是教育理论的奠基人之一,虽然他没有创立这一理论。尽管他的《全集》的编者有此主张。

但是不要把洪堡仅仅看做形成了像Bildung(教育)这种范畴的哲学

家,他同时是活跃在德国和整个欧洲的、具有崇高影响的外交家、政治家和在众多知识领域有影响的学者,他所称之为教育或 Bildung 的东西不是特殊的德国概念与政治无关的"内在本性",而是一种文化的体验,这种文化体验以某种方式对没有国家干预的思想和个性的形成有重要意义。内在世界的培养是应当成为教育结果的东西,而教育不过是观察、学习、思考的终身过程。于是,洪堡头脑中的概念不是狭隘的,而是宽广的,它把教育看做是一个男人或女人所有具有的一切智力的特别是美学的经验的灵活的总和。

注 释

① *The Sphere and Duties of Government*(Humboldt 1854).
② *Ideas for an attempt to define the limits of effectiveness of the state.*
③ *Gesammelte Werke*, ed. by Carl Brandes, Vols 1 – 7, Berlin 1841 – 1852. Humboldt's *Gesammelte Schriften* were published later by the Prussian Royal Academy of Sciences, 17 Vols, Berlin 1903 – 1936.
④ *Aesthetische Versuche. Erster Teil. Ueber Goethes "Hermann and Dorothea"*, Braunschweig, 1799.
⑤ "*Ministerialresident*".
⑥ 内务部。
⑦ *Latium und Hellas oder Betrachtungen über das classische Alterthum* in *Werke*, Vol. II, pp. 25 – 64, 1806.
⑧ *Plan einer vergleichenden Anthropologie* in *Werke*, Vol. I, pp. 337 – 375.
⑨ "*Innere Geistesform*" in *Werke*, Vol. I, p. 347.
⑩ "*Massstäbe*" in *Werke*, Vol. I, p. 507.
⑪ 内在发展意义上的教育。
⑫ "*Innere Bildung*" in *Werke*, Vol. I, p. 511.
⑬ *Ueber die Aufgabe des Geschichtsschreibers*. Published first in *Abhandlungen der historisch-philosophischen Klasse der königlich Preussischen Akademie der Wissenschaften aus den Jahren 1820 – 1822*, Berlin, pp. 305 – 322, 1822(Humboldt 1971, pp. 289 – 304).
⑭ *Ueber den Einfluss des Theismus, Atheismus und Skeptizismus auf die Sitten der Menschen*(1788/1789)(Humboldt 1971, pp. 69 – 92).
⑮ "*Innere moralische Bildung*"(Humboldt 1971, p. 92).

参 考

本书中的"阿诺德"、"康德"、"密尔"、"洛克"、"卢梭"、"柏拉图"。

洪堡的主要著作

① *The Spheres and Duties of Government*, London, 1854. ② *Studienausgabe*, Vol. 2, *Politik und Geschichte*, ed. K. Müller-Vollmer, Frankfurt am Main, Fischer Taschenbuch Verlag, 1971. ③ *Werke*, ed. A. Flitner and K. Giel, Vol. II, *Schriften zur Altertumskunde und Aesthetik. Die Vasken*, 3rd edn, Darmstadt: Wissenschaftliche Buchgesellschaft, 1979. ③ *Werke*, ed. by A. Flitner and K. Giel, Vol. I, *Schriften zur Anthropologie und Geschichte*, 3rd edn, Darmstadt: Wissenschaftliche Buchgesellschaft 1980.

其他参考书

① Baldwin, A. and Hutton, S. (eds), *Platonism and the English Imagination*, Cambridge: Cambridge University Press, 1994. ② Hankins, J., *Plato and the Italian Renaissance*, Leiden/New York/Köln, E. J. Brill, 1994 (Columbia Studies in the Classical Tradition, ed. by W. V. Harris, Vol. XVII). ③ Menze, C., *Die Bildungsreform Wilhelm von Humboldts*, Hannover/Dortmund/Darmstadt/Berlin, Hermann Schroedel Verlag 1975 (*Das Bildungsproblem in der Geschichte des europäischen Bildungsdenkens*, ed. E. Lichtenstein and H.-H. Groothoff, Bd. XIII). ④ Mill, J. S., *On Liberty*. ed. G. Himmelfarb, Harmondsworth/Middlesex: Penguin Books, 1974 (first edn 1859). ⑤ Oelkers. J., "The Origin of the Concept of 'Allgemeinbildung' in Eighteenth-Century Germany", *Studies in Philosophy of Education*, 18(1-2), pp. 25-41, 1999. ⑥ Scurla, H., *Wilhelm von Humboldt. Werden und Wirken*, Düsseldorf: Claassen Verlag, 1976 (first edn 1970).

伊尔克尔

黑格尔
(*Georg Wilhelm Friedrich Hegel*, 1770—1831)

我们的时代是诞生的时代,向新世纪转变的时代。①

黑格尔(George Wilhelm Friederich Hegel)于 1770 年 8 月 27 日出生于斯图加特。18 岁时他就读于图宾根神学院,他在那里结识了诗人赫尔德林(Hölderlin)和谢林(F. W. J. Schelling)。神学院毕业后,黑格尔开始了做家庭教师的事业,为伯尔尼和法兰克福的几个家庭服务。在这一段受雇期间,黑格尔写了很多神学、政治学方面的文章,它们是他后来的许多哲学论题的先导。由于他父亲于 1799 年去世,黑格尔获得一笔不大不小的遗产,足以供他集中精力于学问,到耶拿去旅行——很大程度上是受到费希特和歌德的影响——当时耶拿已成为德国学者的首都。在耶拿,黑格尔恢复了与谢林的接触,他当时享有费希特的具有革新精神的学生和解说者的盛名。1801 年,黑格尔写了一篇短文,这篇短文对谢林与费希特的决裂发生了作用。②在这篇短文中,黑格尔概括出了费希特的纯粹的主观唯心主义和谢林的同一性哲学之间的差别。黑格尔很快就在耶拿大学获得了一个执教的职位,开始奠定他的绝对唯心主义的基础。在那以后不久,他决定撰写他的《精神现象学》,打算以这一著作作为他的哲学科学的导论和第一编。1806 年,拿破仑入侵耶拿,《精神现象学》第一版于 1807 年出版。

黑格尔移居汉堡,做了很短一段时间的报社编辑后,他接受了纽伦堡文科中学校长的职务。他在那里推敲并发展了他的哲学体系,给学生讲授《哲学入门》。1812 年,黑格尔出版了里程碑性的《逻辑学》第一编,一本明确说明概念的辩证发展的著作。黑格尔将这种范畴的相互关联的体系设想为构成实在的根本结构,决定着思维和存在的基本特点。换言之,这是一个逻辑的本体论——范畴决定多样性的实在。1816 年,黑格尔被任命为海德堡大学教授。他在那里继续讲授和发挥他的体系,讲授哲学史、政治哲学和美学。1817年,他出版了哲学科学百科全书。

从1818年到1831年,黑格尔在柏林大学讲学。1820年,他出版了影响非常大的系统的政治哲学——法哲学著作。在柏林,黑格尔达到了他的声望的巅峰,成为普鲁士最受赞美的、最有影响的哲学家。1830年,他当上柏林大学校长,但在第二年死于霍乱。具有几分讽刺意味的是,他葬在费希特的附近——正是这位哲学家的影响受到了他的损害。

尽管黑格尔的早期著作大部分是关于政治和神学问题,它预示了他后来的哲学的许多论题。在黑格尔早期论宗教的论文中,他痛斥将基督教转变成一套绝对的教义——一套只能单纯地服从的永恒的律法。③黑格尔认为,这一套教义窒息了宗教的充满生气的性质,使宗教情感屈从于宗教权威。与这种宗教观形成对照的是,黑格尔赞扬希腊社会的"人民宗教"(folk religion),一种用节日、庆典和日常生活表现出来的政治的、公众的宗教。因此,黑格尔支持一种观点——像赫尔德林和谢林这样一些作者所特有的——希腊人的时代是统一的时代,那时,个人与公众、国家与社会、思想与情感都是不可分离地相统一的。对于这些作者来说,统一的时代已无可挽回地在我们面前消失了,已让位于现代社会的分裂和支离破碎的特性。然而,黑格尔仍然认为,现代社会的矛盾将会在一个新时代得到解决,现代性让位于统一的新时期。这种重建的统一只要它能保留、包容现时代的差别,将与希腊时期的统一不同。这是一种更高级的统一,在这种统一中,现代社会的矛盾被扬弃了——同时被超越了,消除了,保留下来了。④

黑格尔带给他对那个时代的哲学研究中去的正是当代社会分裂和支离破碎的概念,这一研究在很大程度上是受到年轻的谢林的激发。对于黑格尔来说,现代哲学的特点是充满根本的对立和矛盾,它使知识反对信仰,使理性反对爱好,使无限反对有限,思维反对存在,主观反对客观。尽管康德的批判哲学强调思想的自发性,它又对自然性加以限制,保留一个事物自在的不可知的领域。尽管费希特的唯心主义用建立一个绝对的我作为实在的来源,它这样做是以牺牲客观性和自然为代价的。按照谢林和黑格尔的意见,它是一种纯粹的主观唯心主义,不能把握绝对的真正性质、绝对的无条件的实在的本性。(用神学术语来说,"神"不是一个超验的存在,而是一切存在的总体。)

追随谢林,黑格尔论证说,这种完全的主观唯心主义——认为思维产生存在——还必须用说明思维产生存在的方式加以补充。绝对应被理解为主观与客观的同一,正如思维与存在的同一。然而,黑格尔把谢林的这种同一概念看做是不能令人满意的无差别的术语合成。⑤黑格尔坚持说。必须把"绝对"理解为"同一和非同一的同一"——有限经验所特有的分离,必须予以应有的评价。⑥"绝对"远非直接的原初的统一,必须把它理解为相关运动的渐积的过程,这个过程的总体就是"绝对"。"绝对唯心主义"的适当体系必须从总体上展现"绝对",领会"绝对"的基本结构和它作为人类和自然的表现。⑦

这种从总体上提出"绝对"的要求为曾经构建过的最雄心勃勃的哲学体系之一提供了活力。黑格尔把这一体系看做是一切哲学的终极和完成。然而他也感到,它对人类具有最重大的意义,使人类得以认识它的真正的潜能,它将会使人类克服它的分裂的、支离破碎的状态,上升到一个新时代。哲学不会创造这个新时代,而是仅仅促进它的转变。然而,如果哲学要完成这个任务,它就要成为所有人都能理解的。和谢林相反,它不能是仅仅由少数天才的个人所秘密占有的。⑧这一使真理为一切人所理解的要求导致黑格尔描述了一种让普通意识能达到对"绝对"的认识的道路。正是这种描述成了精神现象的核心。

在《现象学》中,黑格尔对教育的论述中心——以及对他的总的教育观的中心——就是 Bildung 这个词,这个词不单纯是指教育,也是指培养(cultivation)和形成(formation)。在 18 世纪后期德国一个流行的文学派别就是 Bildungsroman(教育小说)——一部小说的主人公通过一系列的经验获得了知识。这种主人公的榜样包括歌德的《威廉·迈斯特的学徒生活》(Wilhelm Meister's Apprenticeship, 1795—1796)和诺瓦利斯(Novalis)的《亨利·冯·奥夫特林》(Henri von Ofterling, 1802)。这些作品中发挥的教育观影响了黑格尔的《现象学》——一部他描述为"意识本身的教育(Bildung)到科学观的详尽历史"的作品。⑨

《现象学》的开头是怎样迫使自然意识放松它对它的知识的控制(一种被割裂了的知识)而走上绝对认知的道路。显然,某种批判是必需的——因而批判的标准(Criterion, Massstab)是必需的。标准的问题是黑格尔的谋略(strategy)的中心,它的解决构成他的最主要的革新之一。黑格尔论证说,哲学家不能违反某种事先想好的标准和尺度简单地评判知识。因为假定某一知识概念是正确的,简直就是以未经确定的问题为依据,简直就是用本身需要证明其正确而普通意识又不认可的标准去判断知识。然而,对这个问题有一种解决的办法———一种存在于普通意识之内的解决办法。这个解决办法就是我们让普通意识对比它自己的真理观批评它自身,判断它自己的知识。所以,我们不需要输入标准,或在探寻的过程中利用我们自己的巧主意,巧思想。相反,我们必须参加"纯粹旁观"(pure Looking on, das reine Zusehen)的活动,仅仅观察展开的过程,而让普通意识自己作出判断。⑩在这里,费希特的影响是显而易见的,即哲学家旁观非哲学意识的发展。

这个过程包括一系列相互关联的"意识形式"——特别是意识与它的实在的关系。这些"形式"包括自然意识的它与它的对象的关系的观点(它的知识观)以及它的关于真理究竟是什么的观点。后者就是意识据以检验它的知识的标准。其次,意识不可避免地会发现,认识知识概念的企图是与真理的概念相冲突的,它破坏这两种概念。因此,它不得不采取一种新的意识形式———一种符合这种观点的新的真理观和一种新的知识观。

对它的知识的这种反复的破坏对自然意识是一种有严重伤害的经验。它的知识的否定似乎仅仅是空虚的、抽象的否定——简单的破坏。进一步说,意识的每一种形式不仅仅是知识和真理的抽象理论观点,而是意识与它的世界之间的关系。所以黑格尔把自然意识的进步描述为"怀疑的小径"(pathway of doubt),或者更准确地说,描述为"绝望的道路"(way of despair),意识不断地被迫从对它的世界的一种不能令人满意的观点转向另一种不能令人满意的观点。⑪

然而,就自然意识的单方面的看法而言,似乎是"绝望的小径"(pathway of despair)的东西,对于观察哲学意识有着十分不同的一面。对自然意识看似无意义的破坏性的过程被观察着的"我们"看做是通向发生在自然意识"背后的"真理的渐进过程。⑫按照我们特有的看法,我们看到意识的每一种形式通过内部矛盾过渡次一个形式的必要性。我们也看到意识的每一种形式被它的后继者所"保存",意识的每一种新形式继续着以前诸形式的痕迹。自然意识看做是空虚的、抽象的、否定性的东西,我们理解为有决定作用的否定(bestimmte Negation)⑬,理解为满意的否定(negation with Content)。

换言之,我们看到自然意识据以上升到能达到绝对认知地位的渐积的辩证的过程,所以黑格尔将《现象学》描述为"意识经验的科学"。从绝对认知的立场看,意识经历的过程就是它的"教育"或"培养"(Bildung)。

必须注意的是,这个形成过程也是社会的、历史的过程。意识通过认识到它与其他自我的群体之间不可分割的关系,而开始将它自身认作是精神(Spirit, Geist)。精神的概念在黑格尔讨论自我意识时首次提出。黑格尔认为,活动者(agent)之间的相互承认的关系是自我意识成为可能的条件。在黑格尔看来,自我意识的基础是自我群体(community of selves),其中每一个自我都承认他所需要的别人的尊重和自由。这种作为"我们"的"我"和作为"我"的"我们",显然就是精神的概念。[14]然而,自然意识还要达到"精神是什么的经验"。[15]它首先必须穿越"贵族身份和奴役"[16]之间的不对称的关系和许多形式的破裂的、分割的主体性。它也必须穿越理性的诸形式,最终达到作为独立的、个别的活动者探究它自身的概念。达到了"精神"时,意识必须追随它的复杂的历史的发展。从单一的希腊城邦国家的衰落开始,意识就穿越支离破碎的异化了的"培养"世界(World of Culture, Bildung),最终达到批判哲学的"道德的世界观"和良心的浪漫主义概念。对后两种立场之间的冲突的考察首先将意识引向宗教(企图通过偶像和隐喻把握绝对),然后通向绝对的认知。在那里,意识终于认识到社会世界和自然世界都是绝对精神的表现,终于认识到经验既是"绝对"自我认识的表现形式,也是"绝对"自我认识的手段。它的经验世界不再被矛盾撕裂,而是和"绝对"的表现一样根本上明白易懂的。达到这样一种洞察时,意识现在就可以向黑格尔的逻辑本体论前进——探究"绝对"的根本结构。然而,它也可能——这是十分重要的——积极地对它的时代作出贡献,自觉地帮助发展和实现绝对精神。

自然意识由此而经历一个形成的过程,在这一过程中它从感觉确定性过渡到"绝对认识",它通过痛苦的、艰难的过程获得了真理,它的真正意义对它还是不明显的。然而,在完成这一过程时,它就更明智、更老练了。于是在黑格尔看来,真理不是通过孤立的研究和沉思默想就可以得到的,而是要通过经历沧桑变化和磨难才能得到的。知识和真理都是通过经验磨炼出来的。

　　黑格尔对教育思想的影响像他在哲学上的影响一样是具有纪念碑意义的。他对马克思产生了重大影响。马克思是一个不断前进的、被冲突驱动的过程的论点从黑格尔的历史辩证法中获得了灵感。当很多马克思主义者反对以黑格尔作为灵感的源泉时，卢卡奇(G. Lukács)利用黑格尔的《现象学》为阶级意识的形成提供了论据。阿多诺(T. W. Adorno)写作的立场根本与卢卡奇的立场相反——利用黑格尔对否定性的强调为资本主义社会的经验提供了论据。黑格尔对杜威的实用主义也产生了重大影响，后者的教育观在很大程度上归功于黑格尔的"意识经验的科学"。

注　释

① Hegel, *Phenomenology of Spirit*, trans. A. V. Miller, Oxford：Oxford University Press, p. 6, 1977.
② Hegel, *The Difference Between Fichte's and Schelling's System of Philosophy*, trans. H. S. Harris and W. Cerf, Albany：SUNY Press, 1977.
③ Hegel, *Early Theological Writings*, trans. T. M. Knox, Chicago：University of Chicago Press, 1948.
④ *Aufhebung*（扬弃）这一概念首次出现于 1800 年的 *Spirit of Christianity and its Fate* 中。
⑤ 这是黑格尔(在 *Phenomenology of Spirit*)间接地批评谢林的"绝对"概念为"黑夜看牛全是黑"。
⑥ 这一信念首次出现于 1801 年的 *The Difference Between Fichte's and Schelling's System of Philosophy*, p. 156。
⑦ 正如黑格尔在 *Phenomenology* 中所写："真实就是完整。但完整不过是通过它的发展而完善它自身的本质。"
⑧ Ibid., p. 7.
⑨ Ibid., p. 50.
⑩ Ibid., p. 54. 译文有改动。
⑪ Ibid., pp. 49 - 50.
⑫ Ibid., p. 56.
⑬ Ibid., p. 51.
⑭ Ibid., p. 110.
⑮ Ibid., p. 110.
⑯ *Phenomenology* 中这一段不出名的话与马克思关于阶级斗争的论述显然很近似，一位有影响的马克思主义者将这一段看做是对 *Phenomenology* 的核心理解，见 A. Kojève, *Introduction to the Reading of Hegel*, trans. J. H. Nichols, Jr., Itha-

ca and London: Cornell University Press, 1980。

参　　考

本书中的"康德"、"费希特"、"杜威"。

黑格尔的主要著作

① *Werke in zwanzig Bänden*, ed. E. Moldenhauer and K. M. Michel, 20 vols, Frankfurt: Suhrkamp Verlag, 1969ff.　② *Hegel's Phenomenology of Spirit*, trans. A. V. Miller, Oxford: Oxford University Press, 1977.　③ *Hegel's Science of Logic*, trans. A. V. Miller, Atlantic Highlands, New Jersey: Humanities Press, 1989.　④ *Hegel's Logic*, trans. W. Wallace, Oxford: Oxford University Press, 1975.　⑤ *Hegel's Philosophy of Nature*, trans. M. J. Petry, 3 vols, London: Allen & Unwin, 1970. ⑥ *Hegel's Philosophy of Mind*, trans. W. Wallace and A. V. Miller, Oxford: Oxford University Press, 1971.　⑦ *Hegel's Philosophy of Right*, trans. T. M. Knox, Oxford: Oxford University Press, 1967.

其他参考书

① Beiser, F. C. (ed.), *The Cambridge Companion to Hegel*, Cambridge: Cambridge University Press, 1993.　② Inwood, M., *A Hegel Dictionary*, Oxford: Blackwell Publishers Ltd, 1992.　③ Mure, G. R. G., *The Philosophy of Hegel*, London: Oxford University Press, 1965.　④ Taylor, C., *Hegel*, Cambridge: Cambridge University Press, 1975.　⑤ Westphal, M., *History and Truth in Hegel's Phenomenology*, Bloomington and Indiana: Indiana University Press, 1998.　⑥ Wood, A. "Hegel on Education", in A. Rorty (ed.), *Philosophers on Education—New Historical Perspectives*, London and New York: Routledge, pp. 300 – 318, 1998.

克拉克

赫尔巴特
(Johann Friedrich Herbart, 1776—1841)

> 当做一门科学看的教育学……要与一种特殊的困难作斗争……它的一切主要的观点都在普通谈话的范围之内,同样也在每个人都知道的众所周知的老生常谈之中。①

可以证明,19世纪最有影响的教育理论是赫尔巴特的教育理论,同时,这也是最容易忘记的教育理论。赫尔巴特的教育学是第一个得到各国接受的教育体系,几乎在每个文明国家取得成功,然而这种成功在1841年赫尔巴特死后才出现。在他生前,他是一位知名的德国哲学家,只偶尔写点教育问题,但没有被认为是一个教育理论派别的创立者。他的少数学生都是互相接触不多的神学家和哲学家,而且也不太热心去宣传他的老师在哲学和教育方面起主导作用的理论著作。这是在赫尔巴特的主要著作写作十年以后的学生去做的。

赫尔巴特(Johann Friederich Herbart)在德国北部靠近不来梅的一个城镇出生并在那里长大。赫尔巴特还是一个中学生时就学习了康德哲学。1794年他在奥登堡文科中学毕业离校时用拉丁语发表了一篇演讲,比较康德和西塞罗的实践哲学。这是赫尔巴特的终身兴趣之一。同年10月,他开始在耶拿大学学习,在那里他成了费希特的"第一学生",完全被费希特的哲学和演讲的力量所征服。赫尔巴特到耶拿以前半年,费希特得到耶拿大学的任命。在耶拿大学,费希特发挥了他的知识学和论自由②的学说,但他的激进的观点使这个学生和老师疏远。赫尔巴特中断他的学业,离开耶拿大学,去瑞士担任家庭教师。

从1797—1800年,赫尔巴特担任施台格尔(Karl Friederich Steiger)的几个儿子的家庭教师,施台车尔是伯尔尼州最主要的家族之一。其间,赫尔巴特数次去布格多夫访问裴斯泰洛齐,这引发了他对裴斯泰洛齐教学法的批评。1800年发表的这一批评文章是赫尔巴特第一次发表教育方面的文章。③那段时间,赫尔巴特住在不来梅,一面准备重返大学。1802年,他成为哥廷根大学④不拿国家工资的讲师。1805年,在他拒绝去海德尔堡大学任职的邀请后,成了哲学系的一员,赫尔巴特被破格任命为哲学教授,但于1809年去了哥尼斯堡大学接受以前由康德主持的讲座。赫尔巴特在哥尼斯堡待了20多年,发挥他自己的哲学。他于1831年重返哥廷根。1811年,他娶玛丽·简·得拉克(1791—1876)为妻,她是梅美尔一位英国商人的女儿。

赫尔巴特一生没有惊人之处,只有一事是例外,即所谓"哥大七贤"⑤——哥廷根大学7位教授——于1837年抗议汉诺威国王奥古斯特(Ernst August)改革大学章程的要求。那时,赫尔巴特是系主任,他成为七人被免职的连带责任人。因为这七人都是开明人士,赫尔巴特被控告为"反动",虽然从严格意义上说,他们的免职是正确的。但从那以后,赫尔巴特的哲学和他的教育体系往往被认为是"保守的",或至少不是政治上开明的。将他归于保守者的这种说法是令人吃惊的,因为在他以前的老师费希特⑥的著名演说《告德国民众》发表以后,赫尔巴特对在普鲁士和德国变得很有势力的国家教育的保守的集体主义的形式曾强烈反对过。费希特的《告德国民众》是19世纪德国国家主义教育理论的主要源泉之一,这种理论是围绕着原本是一个政治浪漫主义的术语,以后用作国家政治教育的一个总概念的基础的集体主义(Gemeinschaft)观点建立起来的。赫尔巴特提出警告反对"为国家服务的老师"⑦,批评教育的政治化。"真正的教育"是一种不把自己与国家和政治利益联系起来的教育,而是"为教育而教育"。

这是赫尔巴特著名的但在出版时没有引起注意的⑧1806年的⑨《普通教育学》的主要论点。儿童的个性是教育的中心。教育必须尽可能不使个性受到妨碍。而是同时它又应当产生改变儿童的结果。为了解决这一两难问题,赫尔巴特对儿童的"确可被承认的"个性和性格的发展作了区分。儿童必须学会合理地运用他的意志,"意志"意味着"喜怒无常"与"渴望"的反面。不像意志,这两者都不会有坚持性(resoluteness)。⑩但是,这还只是构成教育的东西的一半,因为个性需要有第二个方面,即多方面性(manysidedness)。性格只是片面的,而个性比性格更丰富,因为它有意志和兴趣。兴趣不需要坚定性而需要教导。因此,教育的艺术就是保护个性并发展它的两个方面。

赫尔巴特的普通教育学的最受欢迎的部分是论训育的一章,而不是论性格的道德训练意义上的教育的一章,但训练和教育这两者是一起配合的,因为两者都服务于教育的两个总的目的。赫尔巴特在可能的目的和必要的目的之间、在为学生将来成年时可能遇到的情况做准备的目的和未来任何场合都必定会遇到的情况做准备这两种目的之间,作了严格的区分。第一个目的是与多方面性和个人兴趣相联系的,第二个目的是与道德⑪和性格相联系的。德性排除偶然的动作而多方面性需要精湛的技巧。赫尔巴特将这称为他的教育理论中的"主要考虑"。

他对教育作为一门科学的贫乏的抱怨,对它靠近琐碎的公共事务的抱怨,对它缺乏鲜明的范畴的抱怨,都在 1824 年作为在哥尼斯堡教育讲习会上的年度报告的一部分发表出来了。赫尔巴特是这次讲习会的主持人,同时又在哲学和教育讲座负责。讲习会培训教师,而赫尔巴特经常抱怨在教师培训班"理论的权利"被忽视或受到轻视。具有讽刺意味的是,赫尔巴特主义⑫在国际上的成功主要是得力于 19 世纪下半期欧美各国在教师培训上的发展。赫尔巴特在教师培训中有着狭隘地、含糊不清地应用教育术语的直接经验,他要求有一种"丰富的、明确的、完善的"教育理论。教育理论的教学必须要求高标准和"思想活跃"。⑬

赫尔巴特 1806 年的《普通教育学》为未来的著作起了蓝图的作用。但后来的著作与他的教育理论的最初观点没有联系。大致说来,赫尔巴特发展了、提炼了他的形而上学、数学心理学和伦理学。但没有发展和提炼他的教育理论。他试图将教育与心理学和伦理学联系起来,在后来的著作中⑭主张由伦理学决定教育目的,心理学决定教育方法。然而他从来没有详细论述过怎样做到这一点。赫尔巴特,一位常常被认为是教育科学研究的"创始之父"的人,在心理学和伦理学之间发展一门"教育科学"的企图是完全失败的。

赫尔巴特后来想在心理学和伦理学基础上建立教育学的打算既没有改变早期的理论,也没有改变术语⑮方面"意志"和"性格"之间的主要区别。另一方面,"兴趣"和"多方面性"被保留下来了。真正有影响的是"方法"和"目的"的方案,直到现在它似乎还是教育方法的核心。但是后一个概念与最早时期⑯所说的"教育机智"(Educational tact)没有联系,这种"教育机智"即是被认为需要教育科学的调停的教育领域中理论与实际的精确的平衡。"机智"被认为是理论过多或理论过少之间的中间道路,这条道路原通过个人的判断在各种教育情景中寻找。赫尔巴特在一定程度上在其后期更注重心理学和伦理学的著作中放弃了这种审美的教育研究法。这不仅变换了问题。而是使心理学、伦理学和教育之间的联系受到损伤。

那不是偶然的,因为赫尔巴特的心理学理论没有论及儿童、他们的教育和教育目的,它是以数学计算为基础的普通心理学,而且是围绕着头脑中[17]观念的起落的概念展开的,它的动态是可以用数学来描述的。这种"心理的物理学"在19世纪影响到很多心理学理论,直到弗洛伊德。但在教育方面的应用是不成功的,或至少是不成功的。同样,赫尔巴特的实在论的——与唯心论不同——形而上学是有影响的,特别是对美国实用主义[18]的影响,如同他对康德批判的影响和他对康德的实践理性批判的取舍的影响一样。赫尔巴特反对德性的基本问题可以通过康德的绝对命令来解决的观点,取而代之的是他发展了一种存在于一切道德习俗和道德推理后面的"实践观念"的理论。但是他在将他的一般理论应用到教育上从来没有取得成功。他的"普通实践哲学"(general practical philosophy)[19]很少提到教育,也不打算阐明伦理学在教育上的应用。尽管赫尔巴特自己将伦理学与教育密切结合[20],但它们似乎属于两个不同世界。

就不能简单地将教育理论或教育科学看做心理学与伦理学的结合而言,这种失败是有趣的,影响深远的。在这方面,赫尔巴特的早期著作具有重要意义。后来,他将他的哲学集中于受到非唯心主义方法严重影响的其他学科,这种非唯心主义方法有助于发展后康德的心理学、伦理学形而上学。首先克服赫尔巴特主义的是心理学。19世纪中期经验主义的转变表明赫尔巴特的心理学既非观察的,又非经验的,它不能用于统计的描述和实验室的实验。克服赫尔巴特主义的最后一个学科是教育理论,主要是因为在数十年中赫尔巴特的教育学没有真正的对手。在19世纪末随着儿童心理学和进步主义教育[21]的兴起,这种情况就改变了。在那以后,赫尔巴特对教育理论的国际影响就以惊人的速度消失了。

注 释

① Herbart, *Sämtliche Werke*, Vol. 14, p. 223 (trans. Dunkel 1970, p. 68).
② *Wissenschaftslehre*, *Freiheitslehre*. 关于 *Jena Wissenschaftslehre* 参见 Perrinjaquet (1994)。
③ *Pestalozzis Idee eines ABC der Anschauung untersucht und wissenschaftlich ausgeführt* (1802). 第二版(1804)很重要,因为有增补(特别是"the aesthetical presentation of the world being the main business of education")。
④ 一年之内提供了论文就取得在大学任教的资格,这是不寻常的。
⑤ 由自由主义史学家 Friedrich Christoph Dahlmann(1785—1860)领导。
⑥ *Reden an die deutsche Nation* (1808)。费希特的演讲发表于柏林,始于1807年12月,当时柏林仍被拿破仑的军队占领。其议论的中心是一种激进的理论,认为民族的解放要靠以裴斯泰洛齐的教学法为基础的教育制度。
⑦ "Pädagogik im Dienste des Staates",引自: *Ueber Erziehung unter öffentlicher Mitwirkung* (Education under public participation) (1810) (Herbart 1964, pp. 143—151)。
⑧ 赫尔巴特是德国教育问题原有作者队伍中的新手。在1800年左右,讨论的范围很广,讨论是由像 August Hermann Niemeyer(1754—1828)和 Friedrich Heinrich Schwarg(1766—1837)这些人物领导的,他们写了具有丰富教育理论的成功的教科书。
⑨ *Allgemeine Pädagogik aus dem Zweck der Erziehung abgeleitet* (Göttingen 1806; English translation, Herbart's *Science of Education*, 1892)。
⑩ *Sittlichkeit*.
⑪ 很长一段时间,人们认为赫尔巴特主义的故事不过是一个衰落的故事。但是,对赫尔巴特主义的研究兴趣新近在增长(参见 Metz 1992, Cruikshank 1993, Coriand and Winkler 1998)。
⑫ *Sämtliche Werke*, Vol. 14, p. 234.
⑬ *Umrisse pädagogischer Vorlesungen* (second edn 1841) (Herbart 1964 - 1965, pp. 155 - 283).
⑭ 参见 Oelkers (2001, chs 2 - 3)。
⑮ *Erste Vorlesungen über Pädagogik* (1802).
⑯ *Vorstellungen*.
⑰ Charles Sanders Pierce 将赫尔巴特的概念用于一般哲学。
⑲ 写于 *General Education* 之后,出版于1808年。
⑳ 道德教育的目的是将权利与善的观念灌输到儿童的头脑中去,以便在他的意志亢奋时,它们能成为目标(Herbart 1964—1965, p. 43)。
㉑ 参见 Metz (1992)。

参 考

本书中的"裴斯泰洛齐"、"康德"、"费希特"。

赫尔巴特的主要著作

① *Sämtliche Werke*: *In chronologischer Reihenfolge*, ed. K. Kehrbach and O. Flügel, vols 1 – 19, Langensalza: Hermann Beyer & Söhne 1997 – 1912 (reprinted Aalen: Scientia, 1964). ② *Pädagogische Schriften*, vols 1 – 3, ed. W. Asmus. Düsseldorf/ München: Helmut Küpper, 1964 – 1965. ③ *Allgemeine Praktische Philosophie*, new edition, Leipzig: Leopold Voss, 1873. ④ *Zwei Vorlesungen über Pädagogik. Diktate zur Pädagogik*, in B. Adl-Amini, J. Oelkers and D. Neumann (eds), *Pädagogische Theorie und erzieherische Praxis. Grundlegung und Auswirkungen von Herbarts Theorie der Pädagogik und Didaktik*, Bern/Stuttgart: Paul Haupt, pp. 106 – 119, 1979. ⑤ *Science of Education*, trans. H. and E. Felkin, Heath: Boston, 1892. ⑥ *Outlines of Educational Doctrine*, trans. A. Lange, London: Macmillan, 1901.

其他参考书

① Asmus, W. , *Johann Friedrich Herbart. Eine pädagogische Biographie*, vol. I: *Der Denker. 1776 – 1809*, vol. II: *Der Lehrer. 1809 – 1841*, Heidelberg: Quelle & Meyer, 1968, 1970. ② Coriand, R. and Winkler, M. , *Der Herbartianismus—die vergessene Wissenschaftsgeschichte*, Weinheim: Deutscher Studien Verlag, 1998. ③ Cruikshank, K. , "The Rise and Fall of American Herbartianism. Dynamics of an Educational Reform Movement", Ph. D. Diss. , University of Wisconsin, 1993. ④ Dunkel, H. F. , *Herbart and Herbartianism*: *An Educational Ghost Story*, Chicago/ London: The University of Chicago Press, 1970. ⑤ Metz, P. , *Herbartianismus als Paradigma für Professionalisierung und Schulreform. Ein Beitrag zur Bündner Schulgeschichte der Jahre 1880 bis 1930 und zur Wirkungsgeschichte der Pädagogik Herbarts und der Herbartianer Ziller, Stoy und Rein in der Schweiz*, Berne et al. , Peter Lang, 1992. ⑥ Oelkers, J. , *Einführung in die Theorie der Erziehung*, Weinheim/Basel: Beltz, 2001. ⑦ Perrinjaquet, A. , *Some Remarks Concerning the Circularity of Philosophy and the Evidence of Its First Principle in the Jena Wissenschaftslehre*, in D. Breazeale and T. Rockmore (eds), *Fichte. Historical Contexts, Contemporary Controversies*, New Jersey: Humanities Press, pp. 71 – 95, 1994.

伊尔克尔

福禄倍尔
(Friedrich Wilhelm Froebel, 1782—1852)

由此,在儿童时期,人(儿童)被置于一切事物的中心,一切事物都被看做仅仅与他自己,与他的生命有关。①

福禄倍尔(Friedrich Wilhelm Froebel)于 1782 年 4 月 21 日出生于杜林吉亚的奥伯外斯河。福禄倍尔出生 9 个月时母亲去世。他的路德教牧师的父亲再一次结婚,弗里得利希的继母把他交给仆人和五个哥哥照管。有一段时间他被送去上女校。他得到了一个"愚笨、恶作剧、不可信任"的恶名声。②

从 11 岁到 15 岁,他和舅父住在一起,被送入一所男校。那是幸福的岁月,虽然由于他的迟缓、无力和缺乏敏捷性,曾有一段时间他不能得到应有的参加游戏的机会。③即使如此,他还是对学校与实际生活没有联系感到灰心丧气。这种早年的灰心丧气成为他的教育思想的一个中心课题——将实际活动作为儿童教育组成部分的重要意义。由于他的父亲和继母认为他不适合于读大学,15 岁时跟一个护林员当学徒两年。他在那里开始了与大自然的一种终身"虔敬的"关系,他在自然中发现了他认为人与人之间所没有的和谐。

1799 年,他利用从母亲得到的一笔小小的遗产进耶拿大学学习科学和数学。他在那里贷款给一个兄弟,但后者没有归还。由于负债,他在大学被囚 9 周,直到他父亲为他还清债务,条件是放弃对父亲遗产的继承权。在以后三年中,他从事各种工作——在林业部门工作,测量员、地产管理人。

1805 年,利用从叔父得到的一小宗遗产,23 岁的福禄倍尔去法兰克福学习建筑,但却开始了作教师的事业。安东·格吕纳(Anton Gruener)说服他在自己的示范学校中任教并访问裴斯泰洛齐在伊佛东的学院。在格吕纳的学校里,他教一个有 9—11 岁的学生 30—40 人的班级达两年之久。

1807年,他离开学校担任了三兄弟的家庭教师。他把他们带到伊佛东住了两年。福禄倍尔深深崇敬裴斯泰洛齐,特别迷醉于裴斯泰洛齐实行的儿童游戏和大自然中散步。然而最后他得出结论说,裴斯泰洛齐的教学方法是不完善的。他决定发展一种完善的教学方法。

1811年,福禄倍尔进入哥廷根大学学习语言和自然科学。1812年,他移居柏林,跟魏斯(Weiss)教授学习自然史和采矿学。魏斯使福禄倍尔相信,在一切生命中潜在着一条法则,它是一切发展的基础。福禄倍尔将在以后将这一观点转译成他的"神圣统一律"。他写道:"在我心中产生的最有深远意义的思想……就是:万物一体,万物归于一体,万物源于一体,万物为一体而奋斗,万物导致一体,最终又回到一体。"④

1813年,普鲁士对法宣战,福禄倍尔参加了志愿军。在军队中,他结识了朗根塔尔(Heinrich Langenthal)和米登多夫(Wilhelm Middendorf),他与米登多夫的侄子巴罗卜(Johannes Barop)成为终身同事(米登多夫后来为福禄倍尔致颂词)。他的团队于1814年被解散,福禄倍尔在柏林矿物学博物馆为魏斯工作2年。1815年他拒绝了在斯德哥尔摩做矿物学家的职位。1816年,他从博物馆辞职,致力于教育工作。

1816年11月13日,34岁的福禄倍尔在一家农舍里开办了"全德教育院",招收5名学生,全部都是教士的私生子。1817年,朗根塔尔和米登多夫来到教育院,他们把学校迁移到凯尔豪。1818年,福禄倍尔和他在柏林博物馆相识的霍夫迈斯特(Henrietta Wilkelmine Hoffmeister)结婚。学校增加到60名学生,但最后遇到麻烦。福禄倍尔是一个不谙实务的人,拙于事务,经济问题折磨了他一生。地方人士的反对导致了政府对学院的检查。报告是有利的,但学校的声誉受到损害。到1829年,学校只有5名学生。

1826年,福禄倍尔自费出版了《人的教育》。在该书中他讨论了他的总的教育原理、儿童发展和学校教导。最初几年他将重点放在初等学校。他对学龄初期的兴趣尚处在形成阶段。这本书如同他的整个写作风格一样,今天是难以理解的,甚至也遭到了他的同时代人的挑战。他的文风是神秘主义的、浓厚象征主义色彩的,文体冗长、哲学上晦涩、经常重复⑤,表达和含意上的困难、噜苏、翻来覆去、冗长的浮夸的段落、怪僻的俏皮话和古怪的强势语气。⑥他在向公众解释他的观点时缺乏技巧,无疑造成了他经常遇到的反对意见。

1828年,得到施尼德(Xavier Schnyder)允许使用他在瓦滕湖的城堡后,福禄倍尔去了瑞士。但他遭到了当地天主教教士的反对(福禄倍尔和他的同事都是新教徒),而且城堡也不适合办学校。受当地商人邀请,他们移居到维利萨乌。学校开学时有36名学生。1835年,福禄倍尔移居瑞士布格多夫,担任一所孤儿院的监督。在那里他将注意力转向幼儿。1836年,他妻子健康不佳,他们回到德国。她死于1839年。

1837年,55岁的福禄倍尔在凯尔豪开办一所幼儿学校。他苦于不能为它找到一个恰当的名称。1840年的一天,福禄倍尔和巴罗卜与米登多夫在林中散步时,突然大声叫起来:"我想出来了!就把这所学校叫幼稚园。"1840年,他在鲁多市和卜兰肯堡建立了幼稚园,其目标是"通过游戏和作业对幼儿提供心理训练"。⑦福禄倍尔将幼稚园描述为"一所人类自我训导、自我教育、自我培养的学校,同时也是一所多方面的学校,因而也是通过游戏、创造性的自我活动和自动的自我训导而进行的同样的个人培养"。⑧

为了促进这些特色,他开发了称为"恩物"和"作业"的玩具。恩物和作业具有历史意义,但很久以来在实践中消失了。福禄倍尔开发了10种恩物,小的用手操作的玩具,如一套6色纱线球、木球、立方体、砖形木块、各种形状的木片以及其他。恩物是用来发展智力和知识的。福禄倍尔把恩物看做一个整体,它的各个部分相互解释,相互促进。按照他的发展的连续性原则,每一个环节的事物必须成为其后继物的条件;每一个新恩物都充实和解释它的先行的恩物,使隐含的意思明白表现出来。⑨作业是在应用知识时形成技巧的手段,它们都是手工艺活动——泥工、纸板作业、木雕、叠纸、剪纸、编织、绘画以及其他。每一种恩物和作业都有按照儿童心理的进步和发展而定的各自的目的。

1843年,福禄倍尔出版了他的最有名的著作《母亲与儿歌》(*Mutter und Kose-Lieder*),一本为婴幼儿的母亲编写的儿歌集。从1844年到1847年,福禄倍尔在德国各地讲学。被人们和专业教育工作者对他的观点的消极反映弄得灰心丧气的福禄倍尔将注意力转向妇女。他开始培训妇女成为幼稚园教师,为此目的而于1849年移居里本斯台因(Liebenstein)。同年,他遇见男爵夫人玛仁霍茨—布洛(Baroness Bertha von Marenholtz-

Bülow)。她成了他最有影响的门徒,她将余生贡献于在全欧洲旅行和讲学。1851年7月,他与她的学生路易斯·李汶(Luise Levin)结婚,她将继续他的事业。次月,即1851年8月,悲剧突然发生。普鲁士政府混淆了福禄倍尔和一个信奉社会主义的教士私生子卡尔·福禄倍尔(Carl Froebel),封闭了幼稚园。尽管福禄倍尔和他的同事作出努力,直到1860年封闭令也没撤销。具有讽刺意味的是,封闭令加速了幼稚园在国外的传布,特别是在英国和美国。1852年6月21日,福禄倍尔在他70岁生日后两个月去世。他葬于里本斯台因。他的坟墓的标志物是一个有着立方体、圆柱体和球体的立柱,上面铭刻着歌德的铭文:"来吧,让我们为我们的儿童而活着。"

假如福禄倍尔在他人生稍晚的时候没有将他的注意力转向早期学校教育,今天他会是教育史上一个不重要的人物。他却是幼儿教育史上的一个主要人物。认为儿童早期不同于儿童后期和少年时期,因而幼儿的正规教育必须不同于年龄较大儿童的教育,这种观点并不来源于福禄倍尔。但它的力量和坚持性在很大程度上应归功于福禄倍尔既受到这一领域中的创新思想家夸美纽斯、卢梭、裴斯泰洛齐的影响,又改进了他们的观点,如同他锻造自己的哲学一样。例如,在福禄倍尔看来,儿童的自由、独立和个性的获得是由于遵循永恒的发展法则,而不是为卢梭所论证的在于保护他们免受不自然的社会的影响。

福禄倍尔也受到了当时的哲学家特别是黑格尔、谢林、费希特和席勒的强烈影响。他的著作必须理解为属于德国唯心主义的范围之内,这种哲学认为"经验世界……是真实世界的外部表现,真实世界不能靠乏味的经验主义和无情的推理达到,只能通过神秘的直觉体验达到……它在本性上是精神的"。[10]现代读者看来是神秘主义的东西,在福禄倍尔时代的德国是对存在的性质、世界的本源和知识的性质的形而上学的解说。奇怪的是,他在他的著作中很少提到这些思想家、教育家和哲学家。

福禄倍尔对现代幼儿教育的影响是难以理解的。随着岁月的流逝,他所使用的术语的隐含意义改变了。毫不奇怪,即使他的著作难懂,他常常被有选择地翻译。例如,他的泛神论唯心主义使他对美国的先验论者特别是伊丽莎白·皮波迪(Elizabeth Peabody)具有吸引力。她在美国办了第一所英语幼稚园。福禄倍尔对社会和自我活动的重视吸引了美国的黑格尔主义者苏珊·布洛(Suoan Blow)和哈利斯(William Torrey Harris),他们在圣·路易斯将幼稚园引入公立学校。然而，他在很多领域有着广泛影响。下面将予以讨论。

他的最重要的贡献之一就是"幼稚园"（Kindergarten）这个名称，字面上说就是"儿童的花园"。在福禄倍尔性质的幼稚园衰落以后，这个名称长期盛行。随着幼稚园这个名称，他充实了在早期教育的论文中长期占主导地位的把儿童比作有待按自然法则进行培植的这个隐喻。但是，他也要求幼稚园成为儿童的花园——事实上，他建议幼稚园的每个儿童都有一处自己的花园，而所有的儿童又都分享两个大的区域，一个是种花的，一个是种蔬菜的。

福禄倍尔将教学专业向妇女开放。他将他最后的岁月贡献给了妇女教育，号召德国妇女担负起女性的神圣使命。主要在英国和美国幼稚园的普及应归功于女性的追随者，著名的有玛仁霍茨——布洛男爵夫人。更早期著名的在英国有伦奇（Berthe Ronge），在美国有皮波迪和苏珊·布洛。很多幼儿教育的重要人物和大多数教师，都曾经是并继续是妇女。

福禄倍尔明显地将儿童教育和关于他们的发展法则的知识联系起来。于是教学的要义就是使主体适应儿童发展的现阶段。幼稚园中的儿童不是要受学校中的教育。而是要"自由发展"。到今天，儿童发展的知识被人们看做是教育幼年儿童的最重要的事情。福禄倍尔认为，教育必须遵循发展的神圣法则，他把这种法则详细描述为对立的法则、生命的部分——整体法则和联系法则。例如部分——整体法则揭示了对早期儿童教育在人的整体发展中的重要性的认识。福禄倍尔把早期儿童教育和稍后的儿童教育看做是个人整体发展中有意义的阶段，而不仅仅是为成人作准备。福禄倍尔提出了人的发展连续性的概念。它来源于他对树木生长的观察。他把一个新芽的阶段看做是树木整个发展中的继续。同样，儿童时代的充分发展一直继续到成年。如前一阶段没有充分完成，那么下一阶段就不可能充分发展。

福禄倍尔把儿童时代区分为两个主要时期：早期儿童时期（从出生到8岁）和稍后的儿童时期或者叫"学龄时期"。认为早期儿童时期从出生延伸到8岁的观点今天仍然是强有力的。福禄倍尔认为，在早期儿童阶段，儿童的智力是有限的，学校中的抽象知识的学习和幼儿的处于发展中的特点是不相称的，倒是幼儿应该在他们的世界中的事物上进行活动，以便获得真实世界的知识。福禄倍尔认为,当时婴儿学校中的教学不适合于尚处于发展中的儿童的思维能力。"主要考虑的应是儿童、他的天性以及强化、鼓舞、发展、助长和教育这个小家伙"。⑪

福禄倍尔对游戏的重视在实践中产生了丰硕的成果。福禄倍尔证明说,在幼儿阶段,幼儿的游戏是他们从真实世界学习的主要方式。幼儿通过运用感官去影响自然界而获得自然界的知识,这种活动他称之为游戏。在影响他们环境中的具体的、外部的对象时,儿童就获得了关于它们的知识。幼儿是通过他的感官而不是通过推理学习的。游戏的职能就是把物质世界的对象呈现在儿童内在的头脑中——自己活动的表象。游戏包括恩物、作业(前已描述)和玩耍。福禄倍尔认为,游戏不是他那个时代婴儿学校中所强调的那种自由游戏。通过游戏儿童就变成自觉的、聪慧的。福禄倍尔给游戏引进了一个新的含义:理解外部世界的教育性媒介。

儿童中心主义这一术语来源于福禄倍尔,最早出现在《人的教育》中(本篇题词中所引)。儿童中心将要成为早期学校教育的中心议题。福禄倍尔的儿童中心观出自他认为早期儿童的特点是智力有限的观点,因为儿童智力的限制防止了他们抽象地获得关于世界的知识,必须将儿童置于事物的中心,因为"万物只有与他、与他的生命联系起来,才能被理解"。儿童宛如被置于用爵士标准的用语说"正中间",重要的尺度是,儿童不是像后来的儿童中心论那样被置于学校教育的中心,而是被置于他们的世界的中心,在那里直接作用于他们的世界。

克伯屈关于福禄倍尔写道:"也许一切事物中最有价值的就是,福禄倍尔通过幼稚园给世界提供了实际的证明,当儿童们从事教育性的活动时,他们能够成为一群多么幸福的儿童……福禄倍尔的幼稚园是一座耸立于高山之上的城市。"⑫ 这是恰当的颂词。

注 释

① F. W. Froebel, *The Education of Man*, trans. W. Hailmann, New York: D. Appleton, p. 97, 1889.

② R. B. Downs, *Friedrich Froebel*, Boston: Twayne, p. 12, 1978.

③ H. C. Bowen, *Froebel and Education by Self-Activity*, London: Heinemann, p. 8, 1893.

④ F. W. Froebel, *Autobiography of Friedrich Froebel*, trans. E. Michaelis and H. K. Moore, Syracuse, NY: C. W. Bardeen, p. 69, 1889.

⑤ M. S. Shapiro, *Child's Garden: The Kindergarten Movement from Froebel to Dewey*, University Park: Pennsylvania State University Press, p. 20, 1983.
⑥ I. Lilley, *Friedrich Froebel: A Selection From his Writings*, New York: Cambridge University, p. 3, 1967.
⑦ J. White, *The Educational Ideas of Froebel*, London: University Tutorial Press, p. 13, 1907.
⑧ F. W. Froebel, *Pedagogics of the Kindergarten*, trans. J. Jarvis. New York: D. Appleton, p. 6, 1900.
⑨ Ibid, p. 98.
⑩ P. Edwards, *The Encyclopedia of Philosophy*, New York: Macmillan, p. 302, 1967.
⑪ F. W. Froebel, *Education by Development*, trans. J. Jarvis, New York: D. Appleton, p. 278, 1899.
⑫ W. H. Kilpatrick, *Froebel's Kindergarten Principles*, New York: Macmillan, pp. 205–206, 1916.

参　考

本书中的"裴斯泰洛齐"、"夸美纽斯"、"卢梭"。

福禄倍尔的主要著作

① *The Education of Man*, trans. J. Jarvis, New York: A. Lovell, 1886.　② *Autobiography of Friedrich Froebel*, trans. E. Michaelis and H. K. Moore, Syracuse, NY: C. W. Bardeen, 1889.　③ *Pedagogics of the Kindergarten*, trans. J. Jarvis, New York: D. Appleton, 1990.　④ *Froebel Letters*, ed. A. H. Heineman, Lothrop: Lee & Shepard, 1893.　⑤ *Mother-Play and Nursery Songs*, New York: Lee & Shepard, 1879.

其他参考书

① Downs, R. B., *Friedrich Froebel*, Boston: Twayne Publishers, 1978.　② Shapiro, M. S., *Child's Garden: The Kindergarten Movement from Froebel to Dewey*, University Park: Pennsylvania State University Press, 1983.　③ Von Marenholtz-Bülow, B., *Reminiscences of Friedrich Froebel*, trans. H. Mann, Boston: Lee & Shepard, 1877.　④ Woodham-Smith, P., Slight, J. P., Priestman, O. B., Hamilton, H. A., Issaacs, N., *Froebel and English Education*, New York: Schocken Books, 1969.

瓦尔什　陈舒纳　土费克西

纽 曼
(*John Henry Newman*, 1801—1890)

　　他的教育叫做"自由"教育，一种终身不变的理智习惯形成了，这种理智习惯的特征是自由、公平、宁静、节制和明智，或者在前一篇谈话中我斗胆称之为哲学习惯的东西。于是我将这归之于大学所提供的教育的特殊成果，以别于其他教学场所或教学模式。[①]

　　纽曼（John Henry Newman）出生于伦敦。在进入牛津大学三一学院以前，在法林上学。他于1827年开始在牛津住校。他学业成绩很好，但没有拿到学位。他读了全部学位课程，但仅仅达到合格。1822年，他在Oriel学院得到一份奖学金，这在当时被人们认为是在大学取得的最崇高的成就，他由此成为该校院士。1828年又担任大学圣玛丽教区的牧师。1832年，由于与该学院院长不和，他辞去院士职务。从那以后，他在牛津大学专注于教会史和宗教问题的研究。1833年，那里开始了所谓的"牛津运动"，一个反对当时被认为是来自辉格党牧师的危险的自由主义的运动。当纽曼开始发表他的系列论文"时代论丛"捍卫国教会中的天主教遗产时，他在这次牛津运动中的作用就开始了。他在圣玛丽教区的布道词中表明了同样的信息。纽曼在名声和对牛津的影响方面都获得无与伦比的地位。但是他对教会史的研究导致他怀疑国教会的立场是否站得住脚。1841年，他试图赋予他的39篇论文中的某些论文以天主教意义的第90篇短文（tract）受到了大学的批评，随之他的系列论文也就终止。纽曼从牛津大学的公众生活中退隐。1845年10月被吸收加入罗马天主教会。

　　在罗马呆了一段时间以后，他回到英国，按照纽曼所崇拜的16世纪的圣徒菲力浦·内蕊（Philip Neri）在意大利开创的模式，他在伯明翰建立了一所宗教会所，即小礼拜堂（Oratory），后来在伦敦也建立了一所小礼拜堂。1854年，在爱尔兰主教们的邀请下，纽曼去都柏林就任那里拟议中的一所天主教大学的校长。虽然这次冒险没有成功，纽曼的《大学的理念》

及相关的著作仍然只是意图的回忆和他对高等教育看法的表达。

1859年他在伯明翰创建了一所小礼拜堂学校,他将自己的牧师工作和校长工作、教学工作和写作结合起来。1864年,和查理·金斯来关于他自己的诚信的争论导致了他的著名著作《自辩书》的发表并重建了与很多牛津朋友的关系。从那以后,纽曼的名气更大,更被他的同胞所理解。

他在罗马教会的生活在很多方面是一种磨炼。他的计划——在牛津建立一所小礼拜堂,重译拉丁文圣经——因为与他的上级的分歧与敌意而失败。他对其他改宗者如曼宁(Manning)和瓦德(W. G. Ward)对罗马教会的喧闹的挑衅失去了同情,他认为在第一次梵蒂冈宗教会议上胜利的一方所使用的手法是错误的。在1874年与格拉司同(Gladstone)的一次争论中,他争辩说,宗教会议的教令没有指责罗马天主教徒的对民政当局的忠诚。

后来的几年,他时来运转。1877年,三一学院选举他为名誉研究员,在多年以后,他很高兴再回到牛津。1878年,新教皇利奥十三任命纽曼为红衣主教。他能够将余年住在伯明翰的小礼拜堂,同时出版了他的文集。他被人们认为不仅是英语文体的大师之一,而且也是在漫长的生命中放弃了很多也成就了很多的人物之一。

纽曼写的很多东西——论文、布道文及其他——体现了或表达了他的教育观,但在这里首先引起我们注意的是他写的有关都柏林计划的东西,它们由克尔(I. T. Ker)出色地编辑,并附有内容丰富的导言、有益的注释,对纽曼后来对文章的许多改动作了明晰的论述。要理解它们,我们就需要从克尔写的内容知道它们的背景。我简述一下他们写作的时机。

1845年,皮耳(Peel)对爱尔兰的天主教徒作了一个和解的姿态。在那以前,他们曾被阻止——理论上,虽然实际上并不总是如此——进入国教会的都柏林三一学院。那里将建立非宗派的王后学院,这些学院将为一切人提供大学教育。有些爱尔兰天主教主教赞成,但多数主教不赞成,而来自罗马的教令正好是反对的。都柏林的大主教库伦(Cullen)于1851年请求纽曼帮助在那里建立一所天主教大学。纽曼接受担任校长职务,但由于对管理工作包含的内容的谅解而做了一点调整(他要求仅仅担任管理学术工作的主管)。1851年11月——当他的个人生活因预期有诽谤行动而变得阴沉的时候——他开始撰写一系列论大学教育的谈话。前 5 篇 1852 年 5 月和 6 月在都柏林发表。回到英国后,纽曼又写了 7 篇谈话,将全部 12 篇交给一位都柏林的出版商,他在 1853 年将它们出版。哲学文学学院于 1854 年开学,同年,《天主教大学报》发刊。纽曼为该报写了一系列关于大学题材的论文。这些论文于 1858 年以演讲集出版。两部分——谈话和论文——构成《大学的理念》,这是列入图书目录的克尔出版时用的书名。

纽曼能够写出他在如此多的心烦意乱中所做的事,这是对他的思想活力的称颂。但是,如果我们要对谈话和论文作出正确判断,我们就需要回顾一下这些心烦意乱是什么。有些爱尔兰的主教不满于一个英国人的到来并担任大学校长,怀疑他对他们抱有牛津的观点。有些人告诉他说,天主教徒中没有一个人需要一所大学。主教们——特别是红衣主教库伦——要求对它严加控制。世俗学问的全部观念被很多完全由教会教育培养出来的教士看做是危险的。纽曼不得不挑战、争取支持、探索,他还需要顾及在爱尔兰、英国和罗马人们可能说些什么。他所写的内容不能不带上这些压力的标记。所以我们需要以慷慨大度的态度阅读他所写的东西,并以慷慨大度的尺度去衡量。这里只需指出几个经常提到的问题。我以《谈话》为参考,页码是按 Ker 的版本。

纽曼认为,大学表示与知识的一切分支有关的普适性。从一开始就不排除任何一门学科,"对它们要加以比较和评定"(Ker,第 94 页)。学生可能从这些学科中研习少数学科,但他们会从这个地方的智力传统中获益,得以领会给予他以本文开头的题词中纽曼所描述的精神状态的那些原理,精神的这种扩展比被动地接受新观念更为重要。它存在于精神"对这些新观念的……强有力的……作用"之中,需要对观念进行比较,将它们系统化(Ker,第 120 页)。

这种自由教育意味的作用与纽曼称为当时危险的东西是毫不相干的。这些危险的东西是以大量没有意义的学科使人精疲力竭,似乎只要增加数量,我们就能几乎不知不觉地受到教导。一所大学是它的孩子们的母校,而不是单调的踏车。纽曼继续说,如果要他在两所大学之间进行选择:一所大学不过是在考试以后授予学位(免费提供住宿和教师指导),一所大学完全没有考试,只是把年轻人聚在一起——如果仅仅从学术的立场判断——他宁愿选择后者。在后一种大学中,他们的精神将得到扩展,而在前一种大学中则不能(第6篇,Ker,第127—129页)。这种知识是精神的一种状态或条件,这种条件本身就是值得培养的,这种知识本身就是财富,是多年努力的充分的补偿(Ker,第105页)。

但是,如果说纽曼认为博雅教育是大学的目标,而对这种知识的评价只是根据它自身的目的,他却否认这种教育也适合于一个以黑暗和罪过为标志的世界中的道德训练。自由教育脱离了对宗教的依赖,认为道德意识就是对罪过的认识,而追求文雅就是为美德而奋斗。在一次著名的必须结合上下文才能理解其要旨的谈话中,纽曼继续描述了作为博雅教育培养成果的"绅士"(gentleman,第8篇,论绅士的一段,Ker,第179—181页)。因此在最后一篇谈话中,他说到需要有教会对天主教大学的积极的管辖(第9篇谈话,Ker,第184页)。

我曾说过,纽曼写作时面临的压力需要我们以宽容大度的态度去理解他所写的东西。在提供了这一概括以后,我感到更需要重复同样的话。在对谈话一再修订的过程中,纽曼自己插进了一些限制条件和保留;如果我们提出的明显问题要得到任何答复的话,就必须理解这些限制条件和保留。读《演讲集》时也是如此,因为《演讲集》中吸收了《谈话集》的观点,并与之保持平衡。如果我们要把握他在这方面的思想的全部内容,还应当记住纽曼自己关于大学体制的方略。

例如,他说,大学的任务是传布知识而不是推进知识。又说——以一种已经变得离我们更远的方式——科学院和私人研究更适合于推进知识。但是在一次演讲中,他的确考虑了科学研究,更公正地说到"哲学研究"的问题(第8次演讲,Ker,第370页)。在一次关于基督教与文学的演讲中。他认为理所当然的是以古典著作为中心的人文学科训练应成为自由教育的主要手段。但是论知识和专业技能的第8篇谈话表明了其他的关心。纽曼充分意识到了在都柏林所能做到的限度(Ker的导论)。Ker正确地记载了都柏林是最先拥有英文文学讲座的大学之一(第62页注)。

今天的读者,不管他们的信仰是什么,都会发现,强调神学,强调教会管辖是奇怪的。虽然这些都是都柏林的环境所造成的,但是,纽曼在牛津时期也正像在都柏林一样,坚持这种观点。只是到了他一生中的晚期,当他被控反对罗马教廷的残酷现实时,纽曼才开始明白教会的干预将带来什么后果。②

也许纽曼所写的东西给我们提出的最大问题是关于时间的问题。在课程大纲和大学院系倍增的今天,他的理想除了不过是乌托邦以外,还有任何意义吗?我希望到第9篇谈话中去寻找对这个问题的答案不是空想。这是一篇很有洞察力的(也是很有趣的)对两名大学《基础学科》(*Elementary Studies*)入学考生的描述。其中一人缺乏思想的精确性,另一人则具有这种精确性;除此之外,纽曼还补充了与他们家长的通讯联系。谈话和书信的特点生动地凸显了纽曼所说的思想的精确性是指什么,以及它对于纽曼所要求大学提供的东西是多么必需。纽曼将另外两篇和这放在一起,两者都在 Ker 的导论中付印了。有一篇谈到他写作《谈话》时的劳苦:"整整三天,我几乎从早到晚都坐在书桌前,一到晚上,又把我整天写的东西看做是毫无价值的而弃置一旁"(Ker,第32页)。另一篇是纽曼1869年写的。在一封给一位曾赞誉他的英文写作风格的人的信中,他写道:"我不得不为我所写的每一件事呕心沥血……我的唯一的愿望和目的就是去做如此困难的事——即是明白而准确地表达我的意思,这是我的一切修改和重写的动力的来源。"(Ker,第52页)

然而,纽曼的文风被认为是明白易懂的和具有个人特色的——准确无误地是他自己所特有的。如果今天的大学仍然坚持他们的学生要努力培养写作的准确性和明晰性,他们就是在一个完全不同的时代去做无异于纽曼在当时所做的事情。

注　释

① *Idea of a University*, Discourse V; Ker 96.
② 我在给 Nicholls 和 Kerr(1991)的投稿中仔细考虑过这个问题。

纽曼的主要著作

① *An Essay on the Development of Christian Doctrine. The Edition of 1845*, edited with an introduction by J. M. Cameron, London: Penguin Books, 1973.　② *The Idea of a University Defined all Illustrated: I In Nine Discourses Delivered to the Catholics of Dublin. II In Occasional Lectures and Essays Addressed to Members of the Catholic University*, edited with introduction and notes by I. T. Ker, Oxford: Clarendon Press, 1976.
③ *Apologia pro Vita sua*, ed. M. J. Svaglic, Oxford: Clarendon Press, 1967.

④ Ward, W. (ed.), *Newman's Apologia pro Vita sua. The Two Versions of 1864 and 1865. Preceded by Newman's and Kingsley's Pamphlets*, Oxford University Press, 1931. (This older edition of the *Apologia* and connected writings has not lost its usefulness.)
⑤ *An Essay in Aid of a Grammar of Assent*, edited with introduction and notes by I. T. Ker. Oxford: Clarendon Press, 1985.

其他参考书

① Newman, J. H., *Letters and Diaries*. Begun in 1961, and superlatively edited, these give a day-to-day picture of Newman's activities, with biographical details on persons mentioned.　② Nicholls, D. and Kerr, F. (eds), *John Henry Newman: Reason, Rhetoric and Romanticism*, The Bristol Press, 1991.　③ Tristram, H. (ed.), *The Idea fo a Liberal Education: A Selection from the Works of Newman*, Harrap: London, 1952 (a useful collection).　④ Ward, W., *The Life of John Henry Cardinal Newman*, 2 vols, London: Longmans, Green, 1912.

费兹帕特里克

密 尔
(*John Stuart Mill*, 1806—1873)

对人的性格具有如此巨大力量的教育和舆论,应当运用这种力量在每一个个人的头脑中建立起他自己的幸福和全体的幸福之间的稳定的关系。①

哲学家、政治理论家、经济学家、国会议员和妇女解放运动的辩护人约翰·斯图亚特·密尔(John Stuart Mill)是英国19世纪中期最出色的知识分子。他对公共生活的影响比任何其他英国哲学家产生的影响都要大得多。密尔的教父是英国唯一神教的创立者边沁(Jeremy Bentham,1748—1832)。J. S. 密尔的父亲,一位政治经济学家和印度史专家詹姆斯·密尔(James Mill)是边沁的亲密朋友和事实上的门生。由于父亲的家庭教育,J. S. 密尔受到在他的《自传》中列举的卓越的教育。到8岁时,他已懂希腊文和拉丁文,阅读柏拉图和荷马的著作,这是他惊奇地发现在当时男孩子中并不普遍的爱好。在他父亲严格的课程计划中,紧接着便是亚里士多德的逻辑学、经院哲学逻辑学、政治经济学、历史、自然科学和许多其他学科。

10多岁时,密尔已经是他的父亲和教父圈子中的自由党激进分子如里卡多(David Ricardo)等人的知己,并给他的喉舌《威斯特敏斯特评论》投稿(事实上只是编辑而成)。然而他很快就经历了一个他归因于他的特殊教育的意气消沉时期。密尔的意气消沉——终于因沉浸于华兹华斯(Wordsworth)的诗而重新振作起来——就像部分地造成他的意气消沉的他所受的教育一样——深深地形成了他后来关于教育方法和教育目的的观点。

密尔的职业生活大部分是在东印度公司伦敦办事处中度过的。他最著名的作品的大部分,包括《论自由与唯一神教》都是在1858年公司解散以及在同一年他的妻子H. 泰勒去世以后写的。H. 泰勒是一位寡妇和早期女权主义者,在她们1851年结婚以前很久,她曾是他的"最宝贵的朋友"。在1860年代经过了一段做威斯敏斯特自由党议员的短暂而以精力旺盛为特色的时期以后,密尔退休去到法国阿维农,部分是为了离妻子墓地更近。1873年他在那里去世。

密尔思想总的倾向是坚定的经验论。他认为,凡是没有经过经验证据严格检验过的东西都不能认为是真实的。因此,他终身批评的目标就是一种观点,这种观点认为,人具有先天的直觉知识的能力,这种知识先于经验,因而不需要经验的证实。在《逻辑体系》一书中,密尔论证说,从经验观察到的材料而来的归纳推理是达到关于世界的理性信仰的唯一必要的或者说可以允许的方法。他认为,即使是逻辑和数学的真理,都是经验的概括,被"我们生活的几乎每一瞬间"所证实,而不是逻辑学家所想象的它们是必然的先验的东西。③在《逻辑学》和大部头著作《威廉·哈密尔顿爵士哲学考察》这两部著作中,密尔承认受惠于洛克的追随者。18世纪经验主义者如大卫·哈特利(David Hartley)的联想主义心理学。根据这种心理学,我们的一切概念都是全部真正"赋予"经验的简单的、细微的"感觉"相结合的产物。因此,所谓外部的物质的事物只有被看做"永远能感知的东西"时才是可以理解的。④

密尔的经验论对他的道德哲学以及逻辑学和知识论都具有决定性意义。像他的父亲和教父一样,他赞成"功利原则",赞成以最大多数人的最大幸福作为正义和正当要求的唯一标准的观点。他辩解说,除了"人民的确真正需要"这个事实以外,没有任何东西可以确认是需要的。有大量的证据证明,每个人最终需要的唯一的东西是他自己的幸福。⑤所以,对于功利原则,我们有"可能得到的一切证据"。然而在有些方面,密尔所理解的功利主义虽然在论证上不如边沁的功利主义观那样前后一致,但却更为精到。首先,拥有广泛的各种不同经验的人们的证据表明,有些幸福或快乐比其他的幸福或快乐更为高级。诗歌和"宁静的沉思"不可能产生比儿童游戏针戏(pushpin)更多的快乐,对不起,边沁先生,可是它们更加重要,"做一个不满足的人比做一头满足的猪更好"。⑥其次,密尔激烈地粉碎边沁的门徒们所造成的印象,即一个人应当追求别人的快乐,只是因为这里通向他的或他自己的幸福的一种手段。他坚持说,"必须认识到,别人的幸福,事实上也是全人类的幸福,对每个人来说,是幸福的最大的最可靠的来源"。⑦最后,密尔比边沁更重视培养情感,这种情感不管它多么不明显,的确在事实上激发有益的行为。密尔在意气消沉时的体验使他相信,像普遍的福利这种如此遥远、抽象的目标也许都不能保证一个人的情绪和热忱。所以,激发一种情感,例如自然美的情感的需要,尽管是间接的,也会有助于达到那个目标。

功利原则为密尔著名的"自由原则"提供了主要的固定的理由。"对文明社会的任何一个成员正当地行使权力的唯一目的是违反他的心愿防止对他人的伤害。他自己的幸福……不是充足的理由"。⑧总之,因为每个人对于什么能使他幸福能做出最正确的判断,如果其他情况保持不变,干预人们的自愿的决定必然减损幸福的总量。然而,明显的是,密尔对个人自由的一往情深超越了仅仅靠功利主义考虑认为有理由的任何事情。他认为,屈从于别人或舆论的生活背离了真正人的生存,正如在《妇女的屈从》一书的结论中所明白表达的:"对行动自由……的限制"不仅"使人类幸福的主要源泉……枯竭",而且"使给个人生活带来价值的一切事物丧失殆尽。"⑨

关于教育问题,密尔没有写大部头的著作,但是,除关于这个问题的一篇较小的论文⑩外,像《论自由》、《自传》这些主要著作都包含有很多关于教育方法、教育目标的议论。密尔的教育观可以大致区分为两类:专论教育改革的建议和更具哲学特性的一般议论。

密尔的最重要最激进的建议是强迫普及教育。"国家应当要求……教育提高到一定的水准,为每个……公民所有,难道这不是几乎不证自明的公理吗?"不能提供给"儿童精神的训练",犹如忽视儿童的食物的需要一样是同样严重的"道德上的犯罪"。⑪虽然国家应当强迫教育,但不应当"指导"它。密尔"不赞成"国家办的学校教育是由于担心它会造成千篇一律和对舆论的钳制。第二个激进的建议是要求妇女同样接受教育,包括上大学。要禁止妇女入学,人们就必须说明,"没有任何一个妇女适合于担任具有最高智力性质的职务"⑫,但这样的说明是不可能有的。密尔的第三个引起争议的建议是关于"有争议的话题"——主要是宗教——不应教导儿童或检查他们关于"意见的真假、正误",因为这是不能通过任何可靠的证据确证的。所以,作为一个宗教上的不可知论者,密尔认为"在有争议的问题上国家使它的公民的结论倾向于一边的任何企图都是错误的"。⑬他大概会同意联合王国今天所实行的宗教教育的方针。如果说密尔在大多数政治问题上的立场是激进的,但他在少数问题上是更为传统的。例如,他主张精通希腊文和拉丁文对于智力的有规律的训练是必要的。

密尔关于教育的更广阔的哲学议论可以预见是来自他的经验论。关于"天性和培养的问题"他的立场是明白无误的。密尔相信教育对于形成我们的信仰和智力具有巨大的力量。他说,要达到几乎所有人的幸福,唯一真正的障碍是"现在可怜的教育和可怜的社会安排"。⑭密尔自己所受的教育使他相信,由于他自己没有特别的天赋、过人的智力,更多的是由于在儿童时期受到了比"一般人所设想的""更好的教导"。只要愚昧地相信对多数儿童的能力有先天约制或者错误地要求只教给儿童他们喜爱学习的东西,就会妨碍强制实行一种需要的课程。事实上,所有儿童最终都能从这种课程中受益,首先是获得"形成他们自己的见解的能力"。密尔不是卢梭式的浪漫主义者或"儿童中心"论者。他一定会厌恶当代的一种倾向:凡是儿童认为不合意的,就不对他们提出要求。"永远不要用学生做不到的事情去要求他,永远不要要求他做一切他能做的事情"。⑮

密尔看到教育中最重大的,同时也是"最重要的"、"最复杂的"潜力⑯正是在于"道德上的影响"。如果没有恰当的影响,年轻人就不会发展作为人的正当道德状态的思想独立和行动自主所需要的"精神修养"。而且,根据密尔的意见,儿童是反常地自私的,这不是由于像某些成人那种冷酷无情的算计的态度,而往往是"受眼前的欲望所驱使"而行动。⑰正如在本文开头的题词中所表明的。迫切的任务是利用教育的力量去培养其满足与全体人民的幸福最少矛盾的欲望,最理想的是培养为别人谋幸福的欲望。

密尔仍然是英国哲学家中最广泛地被攻读、常常被引证的哲学家之一。虽然他的逻辑学和知识论中激进的经验主义论述今天已很少有赞同者,但它们仍然是对立立场的支持者们需要认真对待的论述。当代大多数功利主义者所优先选择并打算加以发展的正是密尔的而不是边沁的功利主义观。然而,密尔的最重要的遗产却是他对个人自由的捍卫。对于所提出的关于自由的问题——从同性恋者的权利到对猎狐的监管以及独立的学校教育——没有哪一种辩论不是进行得引人入胜,往往是从参加这种辩论对立各方说到密尔的论断。也许具有讽刺意味的是,在密尔死后的岁月中,密尔对教育政策的最大影响不是推进免于强制的自由的方针,而是强迫教育的方针,强制实行允许妇女接受高等教育的方针。

注　释

① *Utilitarianism*, in John Stuart Mill, *Utilitarianism*, *On Liberty*, *Essay on Bentham*, p. 269.
② John Stuart Mill, *Autobiography*, pp. 114 – 115.
③ *A System of Logic*, Bk 2 sect. 5. 4.
④ *An Examination of Sir William Hamilton's Philosophy*, Toronto: University of Toronto Press, p. 184, 1979. 密尔经常——但也许并不确切地——被解释为"现象主义者",因为他声称物质对象可以被解释为实际的或可能的感觉信息。参见 John Skorupski, *John Stuart Mill*, London: Routledge, 1989.
⑤ *Utilitarianism*, p. 288.
⑥ Ibid. , p. 260.
⑦ *Autobiography*, p. 115.
⑧ *On Liberty*(see n. 1), p. 135.
⑨ *The Subjection of Women*, Indianapolis: Hackett, p. 109, 1988.
⑩ 一个著名的例子是"Inaugural address delivered to the University of St Andrews",他在其中论证大学教育对社会及个人的"精神文化"均有益处。
⑪ *On Liberty*, pp. 238 – 239.
⑫ *The Subjection of Women*, p. 54.
⑬ *On Liberty*, p. 241.
⑭ *Utilitarianism*, p. 264.
⑮ *Autobiography*, pp. 25, 58, 45.
⑯ Ibid. , p. 49.
⑰ 转引自 Mary Warnock 对 Mill 的 *Utilitarianism*, *On Liberty*. *Essay on Bentham* 一书的导论, p. 29。

参　考

本书中的"洛克"、"卢梭"。

密尔的主要著作

① *A System of Logic*, London: Longmans, Green & Co, 1886.　② *Utilitarianism*, *On Liberty*, *Essay on Bentham*, ed. by M. Warnock, London: Collins, 1962.

③ *Autobiography*, Harmondsworth: Penguin, 1989.   ④ These and all other writings mentioned in the text and notes are also included in *Collected Works of John Stuart Mill*, 33 vols, Toronto: University of Toronto, 1963 –.

其他参考书

① Anderson, E., "John Stuart Mill: Democracy as Sentimental Education", in A. Rorty (ed.), *Philosophers on Education: New Historical Perspectives*, London, pp. 333 – 352, 1998.   ② Cavenaugh, F. (ed.), *James and John Stuart Mill on Education*, London: Cambridge University Press, 1931.   ③ Robson, J., *The Improvement of Mankind: The Social and Political Thought of John Stuart Mill*, Toronto: University of Toronto Press, 1968.   ④ Ryan, A., *The Philosophy of John Stuart Mill*, London: Macmillan, 1970.   ⑤ Skorupski, J., *John Stuart Mill*, London: Routledge, 1989.

库帕

达尔文
(*Charles Darwin*, 1809—1882)

（写于 1831 年）我常常担心,我会被我本应掌握的我的数量上占优势的船员所压倒。要规划出任何计划是困难的。我确信,如果在船上没有秩序,就办不成什么事情。主要的目的首先是收集观察以及阅读我能弄到手的博物学的各个分支……如果我没有力量使我在航程中一贯保持勤奋,我将丢弃一个使我自己进步的多么重大、多么非凡的机会。但愿我永远一刻也不要忘记这件事,然后我才可能有我在剑桥时丢失了的某种锻炼我的思想的机会。①

（写于 1871 年）这部著作作出的主要结论……(也是现在很多完全有能力作出健全判断的博物学家所主张的）就是,人是从较低的有机形式遗传而来。②

写于 1831 年 12 月 13 日的上述第一段引文出现在达尔文(Charles Darwin)为他乘国王陛下毕戈号船海外航行做准备时的日记。第二段引文出现于 40 年后即 1871 年,在《人的遗传》最后一章中。两段引文概括了一个人的智力上的成长和改变了世界历史、改变了人在世界历史上的地位的一系列观念的发展。

对于作为教育工作者的读者来说,重要的是要注意出生于 1809 年的达尔文是一个非常成功的医生的儿子和一位医生、诗人的孙子,他的母亲是威吉伍德家族的人,是那个富裕的、显赫的制陶业者家族的一员,他的哥哥在爱丁堡学过医。达尔文的教育是从一位年长的修女的家庭教育开始,后来又上了拉格比公学,那是他不喜欢的一所学校,他在那里是一个普普通通的学生。后来,他试图在爱丁堡学医,他在那里同样感到不满意,最后他上了剑桥学习为教会工作的专业,可能是做农村教区牧师的职位。在这里,除了他对博物学的日益增长的兴趣以及他与植物学教授亨斯洛(John Stevens Henslow)的接触外,他也是一名平平常常的学生。他得到了

教育究竟是什么？100位思想家论教育

一个绰号"和亨斯洛形影不离的人"。在他的正式教育结束时，亨斯洛提名他在国王陛下毕戈号船上做一名博物学专家。该船打算花2年时间绘出南美海岸的经度图。他的父亲认为这次航行是愚蠢的，不打算同意他去，除非达尔文能找到某位"深明事理的人"的举荐。达尔文的备受尊敬的舅父威吉伍德（Josiah Wedgwood）以否定的论据作了答复，并解释说，对于一个有"广泛好奇心"的青年来说，那将是一次出色的体验。

航行持续了5年。在自传中③，达尔文称之为"一生中最重要的经验"。他作为一位博物学家刻苦地工作——搜集各种植物、动物的标本和各种化石，长期保持写日记的习惯，这些日记后来都加以扩充归入他的《探索之旅》。④他给家里的姊妹和朋友写长篇书信。当达尔文仍在海外时，他的恩师亨斯洛简短地介绍、编辑、出版了这些考察和说明，因而向他保证，在他回国时将受到热烈的备受尊敬的欢迎。他在22岁时作为一名非专业的博物学者离开英国。5年后，他作为一名年轻的但是将对地质学、动物学和植物学发起重要袭击的大科学家回国。这次航行对于他称之为智力发展的"自我教育"起到了主要的教育经验的作用。在这篇简短的论述中所要吸取的"教训"对于生活在两个世纪以后的教育工作者是有强烈争议的。

1837年春天，达尔文从毕戈号船航海回国不到一年以后，他开始写作一系列札记，其中包含有他的主要教育思想。在1842年和1844年他撰写的两篇没有出版、后来大约20年以后在1859年出版的《物种起源》⑤的开头部分的两个大纲。《探索之旅》发表于1839年，为引起兴趣的使人爱读的博物学建立了一个新标准。1839年和1843年间专门论述毕戈船上的动物学五卷合作出版了。1842年和1846年间出版了他撰写的三卷本《航海中的地质学》。其中一卷《珊瑚礁的结构和分布》为珊瑚通过地块下沉而形成提供了一个新的理论分析和综合，这一理论基本上一直持续到现在。仅仅这一本书就保证了他作为19世纪杰出科学家的位置和重要地位。在他20多岁到30多岁的10年中他使自己成了一位卓越的博物学家。

但是，成为达尔文观点中界标性遗产的还是1859年出版的《物种起源》。物种的演变而不是《圣经·创世纪》所主张的"特别创世"得到了那个时代的明确陈述。对进化论讨论的最关键的补充是达尔文关于物竞天择是进化的主要机制的假说。这是整合了很多观念和论据的智慧上的浓墨重彩。赫胥黎在一篇评论中说,那是如此简单的一个观点,以致他很奇怪,他自己为什么没有想到。该书使西方日常生活中的观点、哲学、科学、大概还有多数的神学和宗教思想家革命化。通过物竞天择的观点,进化论继续在讨论和争论中高声表明自己的立场——在现代教会和原教旨主义者中,在自由主义者和保守主义者中。一切学校都讲授生物学和生物科学,其核心就是进化论。在学校政治中,"创世学术"依然是公民和当选官员在学校教育中最具政治意义的问题之一。

虽然1859年仍然是关键的出版日期,但这些观点在达尔文的思考中经历了一场漫长的不平常的经历。1831年他离开剑桥时是一个坚定的"圣经即真理的基督徒",打算成为一名对博物学感兴趣的教士,一名普普通通的农村或村落的业余教区牧师。他在国王陛下毕戈号船上5年航行中,在他的笔记和日记中只有很少一点资料暗示任何一点进化论思想。当他还在海外时,他和船长费兹罗依(Fitzroy)发表了一篇文章,赞扬教士的美德,因为他们在航行中曾遇到过他们。巴尔罗(Barlow)[⑥]从他的鸟类学记录中提出,在日期标明为1835年的一段论述中有一次进化论的主张。最近,希梅法卜(Himmelfarb)[⑦]对这个日期提出质疑并争辩说,这一主张在后来才出现。没有人怀疑,达尔文在从毕戈号船航海回国不到一年以后于1837年公开了他的"进化记录"。在他的记录中,当他谈到马尔萨斯人口论时,其中强调了人口趋于按指数比例增长而食物供应按数学比例增长时其可怕的后果,最初的探索得到了澄清。从这里,达尔文通过他的生存竞争优者生存顺利地达到了进化论解释的开端。

1842年,达尔文写了一个35页的关于他的发展观的大纲。1844年,他撰写了更详细的230页的纲要。那时,他要求他的妻子埃玛,如果他出了什么事,就把手稿给胡克(Hooker)或利尔(Lyell)看。1896年他的妻子死后,家人清点房屋时,最早的大纲遗失了。两个纲要在《物种起源》出版50周年时由达尔文的儿子弗朗西斯·达尔文[⑧]于1909年出版。1858年,当华莱士(Alfred Russel Wallace)寄给达尔文一封信和一篇论文,说明他独立地达到了同样的物竞天择的进化论时,这个观点的历史发生了戏剧性的曲折。达尔文致信他的好朋友、同学和知道他的长期研究的杰出科学家胡克和利尔说,他遭到劫掠。他们建议把两篇论文都在林奈学会(Linnean Society)的夏季会议上一并提出。在会上这两篇论文没有引起震动。

一年之内,在1859年达尔文完成并出版了他的展开论述的著作。这本书开始了对这些观点的更大的争论,这个争论一直持续到现在。

最具有纪念意义的插曲之一出现在《物种起源》出版一年后的1860年的大不列颠联合会牛津会议上。T. H. 赫胥黎在会上初次和威伯福斯主教(Bishop Wilberforce)辩论这些观点的科学功绩,而威伯福斯打算在第二天发言。虽然他曾打算离会,但赫胥黎决定留到第二天听演讲并被卷入另一次交锋。在作了长篇演讲论述达尔文的理论的不适当以后,主教把话锋转向赫胥黎并问道,他主张从猴子变来的那个人是否经过了他的祖父或祖母?据说,赫胥黎对亲密的同事解释说,"是上帝把他送到我们手上"。赫胥黎再一次驳斥对方科学上的论据并以一个有点像压倒性的评论作结:"或者认可怜的猿猴做祖先,或者认一个以其才能将愚蠢可笑带入科学讨论中并贬低真理追求者的天赋很高又有影响的个人做祖先,如果要我在这两者之间作出选择,我宁肯首先选择猿猴。"接着是一场巨大的骚动。据说,一位妇女晕倒了。威伯福斯的主张似乎承认失败,他选择了不做答辩。

半个世纪以后,美国田纳西州投票决定在公立学校讲授进化论为非法。⑨这条立法为年轻的科学教师斯科布(John T. Scopes)以违法受控设置了脚手架。1925年他被告上法庭。这次审判案成为著名的"司科布审判案"、"猴子审判案"、"世纪审判案"。此案引起了美国公民自由联盟(ACLU)反对原教旨主义新教的牧师和世界著名的能言善辩的律师达罗(Clarence Darrow)的辩护和布里安(William Jennings Bryan)的起诉。问题变得复杂化了——新教现代主义及其根据圣经解释的"更激烈的批评"、来自诸如普林斯顿神学院的对原教旨主义信条的更生动的描述、对进化的含义的歧异、从教会与国家分离到言论自由的宪法问题,如布里安所表达的更广泛的社会担心,担心达尔文主义理论代表了"仇恨法则——按照这种残忍的法则,强者将排挤弱者并杀死弱者"。在全国众目睽睽的背景下,斯科布被判有罪。最后由于技术原因被释放。直到1967年为止,这条法律再没有被引用过,争论还在继续。

但是,回到《物种起源》这本书本身。在千差万别的理智的信仰中,任何一种信仰的新手都会被该书的许多方面所感动。首先,它是一部巨著——400多页。它综合了大量种类繁多的当时的科学考察和传统的关于动植物种类的常识性知识。其次,除了在结语中有一句话提到在未来的科学研究中"将更多注意人及其历史"(第449页)这句也许是历来最软弱无力的话以外,书中没有出现关于人的论述。第三,该书的结构具有强有力的雄辩的品质,该书从章节的长度、资料的大量报道、家养动植物的变异和野生动植物的变异开始,然后进入到"生存竞争"或"物竞天择、适者生存"和"变异律"。从主要使人消除敌意的雄辩的开头以后,达尔文的论述转移到标题为"这个理论的困难"、"对物竞天择理论的各种反对意见"的两章。然后,他提出两个特殊的问题——"本性和杂交"。然后以几章"论地质报告的不完美性"、"论有机物的地质连续性"将论证转向另一个领域和另一个论据,地质学。然后再一次将论证转向另一种思维和证明的方式,共有两章论述植物和动物的地理分布,其中论述了地理环境在物竞天择中适应进化时的"障碍"和差距。然后,笔锋转向更大范围的论述"有机物的相互亲和,形态学、胚胎学和退化器官"。最后一章"概括和结论"写得恰如其分。总而言之,本书呈献了文理通畅的、生动的、详细的、综合的论述。

  达尔文的智力生活一直继续到1862年他在73岁时去世为止。在他的众多著作中可以提到三本。在一部两卷本的巨著中,达尔文将《物种起源》中的观点推广到人,书名为《人的遗传和与性有关的选择》,每一册400多页,总共约21章。可以说,《物种起源》消除对特别创世的需要,"遗传"则以其强烈的唯物主义的风韵消除对不论什么神灵的需要。此外,达尔文直接提出了关于人的智力发展和道德发展的问题。在对身体特点和行为特点的一点比较分析中,达尔文提出了在动物之间以及人和其他动物之间的差异的连续统一体而不是绝对差异的观点。接下来的第三本,如果它可以说是第三本的话,就是《人与动物的情绪表达》。[10]在本书中,达尔文也继续了他的范围广泛的、尖锐的对所谓形态学和动物与人的行为的批判性评论。在对其他科学家的评价中,他的观点是清楚的。他赞扬一个人说:"他建立了一个宏伟的结构。"(第2页)但对另一个人他写道:"然而他对主题说明得很少。"(第3页)而对一些解剖图他写道:"我相信这是发表过的最好的解剖图"。(第5页)讨论就是这样进行下去。在他的动物与人的情绪表达的比较分析中,他对细节的观察是仔细的、范围广阔的、完整的、理智上强有力的。

教育究竟是什么？100位思想家论教育

最后，人们需要在他的自传中通过达尔文解读达尔文。这本书是在晚年为他的家族写的。细心的读者需要知道，原先发表在弗朗西斯·达尔文的《查尔斯·达尔文的生平和书信》⑪中的是他关于他的同事以及大量宗教评论的更精练的陈述删改而成。后来巴洛（Nora Barlow）出版了"修订版"，恢复了被删节的文字。智慧史的痕迹的另一部分就是这样。

在前述各种讨论之后，接着提出了几个结论性的观点。达尔文的理智生活的最显著的一方面出现在他的思想的连续性、演变和综合之中。进化观的痕迹出现于他的日记、航海日志中，而在他长途旅行回国后不久的笔记本中变得更加明显。通过他在40年代早期的两个大纲，这种痕迹在继续，最后在《物种起源》和10年以后的《人的遗传和与性有关的选择》中得到充分发展，一个经得起辩论的定论。

达尔文的遗产的最有争议之点在于这样一个疑问——创立这一震撼世界的一系列观点的为什么是达尔文？达尔文自己、他的同时代人、他的解说者提出了许许多多的假设——家庭背景、非凡的智力、命运、勤奋工作、剽窃、天时。吉塞林（Ghiselin）提出了一个最有说服力的假设是，"达尔文认为，他系统地、富有想象力地、活跃地进行推理，并批判他自己的观点"。⑫他同样地、连续地跨越问题、资料和观点的领域这样推理。如前所述，只要仔细阅读他的著作，按照年代先后，注意他离题和从直接目标改变方向，他的思维的协调性和综合的水平就是显而易见的。

但是，即使在他的思维模式和探究方法上，争论也是存在的。一个极端是培根式的观点，即做很多观察，慢慢地、归纳地达到一个理论上的立场。有时，达尔文自己指出这是他的研究方法。另一个极端是从他的航海日志和笔记中得出的证据，即他所做的是和这（指归纳法——译者注）完全不同的。一位最近的分析者克鲁伯（Gruber）评论道："达尔文的笔记的混乱、他的实际的工作方法是许多不同的方法杂乱无章地互相碰撞——理论概括、实验、偶尔的观察、小心翼翼地提出问题、阅读等等。"⑬一成不变的科学研究方法是与达尔文无缘的。

实际上，不管这些观点多么重要以及支持者的地位如何，争论在科学内部和科学以外都在很大程度上存在。在19世纪末和20世纪初，生物学家对达尔文的物竞天择的进化论、一般的物种起源特别是人的起源，有过

146

激烈的争论。这些争论有很多都集中于由于当时知识的局限性所必然出现的假设。例如,缺少遗传学(Bateson 在 1908 年创立的名称)是至关重要的。孟德尔(Mendel)的早期实验直到世纪之交时在达尔文死后很久被重新发现,一直没有传出德国之外。同样,关于化石的记录是模糊不清、不完全的。加之在争论的最前沿的是关于"缺失中间环节"的最重要的争论。在生物学内部,进化论仍然是重要的有条理的原理。简言之,可以看到,他的一本著作的每一次新版都有一位著名科学家的简短的导言,指出该书开启了一直延续到现在的探讨方向,他的著作是一个显著的成就。

如前所述,争论也溅落进入神学的宗教和政治学中,两者都进入到非宗教的公众之中。这些并不是不重要的争论。学校课程和教学同样远不能置身于事外。简言之,当世界观有争论时,每个人都被卷入。有争议的达尔文仍然与我们同在。

注 释

① N. Barlow(ed.), *Charles Darwin's Diary of the Voyage of H. M. S. "Beagle"*, Cambridge: Cambridge University Press, p. 14, 1933.
② Charles Darwin, *The Descent of Man and Selection in Relation to Sex*, Princeton, NJ: Princeton University Press, p. 385, 1871/1981.
③ N. Barlow, N. (ed.), *The Autobiography of Charles Darwin, 1809 - 1882*, New York: W. W. Norton, 1958.
④ Charles Darwin, *Journal of Researches*, London: Henry Colburn, 1839.
⑤ Charles Darwin, *The Origin of Species, by Means of Natural Selection or the Preservation of Favoured Races in the Struggle for Life*, New York: New American Library, 1859/1959.
⑥ N. Barlow, "Charles Darwin and the Galapagos Islands", *Nature*, 136, p. 391, 1935.
⑦ G. Himmelfarb, *Darwin and the Darwinian Revolution*, Chicago: Ivan R. Dee, 1959/1996.
⑧ F. Darwin(ed.), *The Foundations of the Origin of Species, Two Essays Written in 1842 and 1844 by Charles Darwin*, Cambridge: Cambridge University Press, 1901/1987.
⑨ S. N. Grebstein (ed.), *Monkey Trial, the State of Tennessee vs. John Thomas Scopes*, Boston: Houghton Mifflin, Co., 1960.
⑩ Charles Darwin, *The Expression of Emotions in Man and Animals*, Chicago: University of Chicago Press, 1872/1965.

⑪ F. Darwin (ed.), *Life and Letters of Charles Darwin*, 3 vols, London: John Murray, 1887.
⑫ M. T. Ghiselin, *The Triumph of the Darwinian Method*, Berkeley, CA: University of California Press, 1969.
⑬ H. E. Gruber, *Darwin on Man, a Psychological Study of Scientific Creativity*, second edition, Chicago: University of Chicago Press, 1981.

达尔文的主要著作

① Barlow, N. (ed), *Charles Darwin's Diary of the Voyage of H. M. S. "Beagle"*, Cambridge: Cambridge University Press, 1933.　② ——*The Autobiography of Charles Darwin, 1809 – 1882*, New York: W. W. Norton, 1933.　③ Darwin, Charles, *Journal of Researches into the Geology and Natural History of the Various Countries Visited by H. M. S. Beagle Under the Command of Captain FitzRoy, R. N. From 1832 – 1836*, London: Henry Colburn, 1839.　④ ——*The Origin of Species, by Means of Natural Selection or the Preservation of Favoured Races in the Struggle for Life*, New York: New American Library, 1859.　⑤ ——*The Descent of Man, and Selection in Relation to Sex*, Princeton, NJ: Princeton University Press, 1877/1981.

其他参考书

① Desmond, A. and Moore, J., *Darwin*, London: Michael Joseph, 1992.
② Ghiselin, M. T., *The Triumph of the Darwinian Method*, Berkeley, CA: University of California Press, 1969.　③ Gredstein, S. N. (ed.), *Monkey Trial, the State of Tennessee vs. John Thomas Scopes*, Boston: Houghton Mifflin Co., 1960.
④ Gruber, H. E, *Darwin on Man, a Psychological Study of Scientific Creativity*, 2nd edition, Chicago: University of Chicago Press, 1981.　⑤ Huxley, J. and Kettlewell, H. B. D., *Charles Darwin and his World*, New York: The Viking Press, 1965.

L. M. 史密斯

拉斯金
(John Ruskin, 1819—1900)

即使一小时走 100 英里,一分钟织出 1000 码毛料,位置的改变和毛料的生产丝毫也不能更强壮、更幸福、更聪明。世界上有比人们所能看见的更多的东西,尽管他们走得那么慢,也不能比走得快看得更清楚。他们终于会很快发现,他们为征服空间和时间(他们自己认为能征服)的堂皇的发明实际上什么也没有征服。空间和时间就其本质而言是不可征服的。此外,空间和时间不需要任何征服,它们需要利用。愚人常常要求缩短时间和空间,而智者又要求延长它们。愚人要求扼杀空间和时间。智者要求首先得到它们,然后使它们生气勃勃。你们的铁路,当你们开始理解它时,它不过是为了使世界变小的一种手段,至于说到能够从一个地方与另一个地方谈话,的确是很好的,方便的,但是你本来就无话可说又如何?我们将在最后不得不忏悔,我们本来在很久以前就应知道的事情,即真正宝贵的东西是思想、眼光,而不是进度。①

拉斯金(John Ruskin)生于 1819 年,卒于 1900 年。他生平的最后 10 年,像他的同时代人尼采一样,是在精神崩溃中度过的。不像尼采,在他生前,拉斯金所写的每一个字都是专心写出的。他是他的时代即维多利亚时代最伟大的预言家之一,在很多很重要的问题上影响了人们的思想和精神,从艺术和建筑到资本主义和社会的性质,再到科学的性质,技术的影响和宗教的意义。正如克拉克(Kenneth Clark)所指出,在 50 年中,阅读拉斯金的著作被公认为是拥有灵魂的证明。然而,自从 20 世纪初期以来,拉斯金之星陨落了,正如尼采曾经冉冉升起一样。现在细想起来,这可能部分是因为拉斯金的传记中的一些令人为难的方面。

或者,更根本的是,它可能是因为拉斯金的思想的极为不合时宜的性质。对一个宣称工人的投票其价值抵不上"老鼠的吱吱叫声"的人,试想我们怎么能认真对待他呢？或者，他是一个自由主义的凶恶的反对者，或完全不相信平等的人呢？或者是一个坚持认为从道德的立场看歌德的文风要大大优于古典作品，坚持认为是在歌德的文风中而不是在古典作品中，允许个别手艺人的灵魂表现它自己？或者，那个激烈攻击劳动分工，理由是，划分的不只是劳动而是劳动者自己"被分割成了更多部分的人、分裂成为小的碎片和生命的碎屑，以致人剩下来的所有小片的智力不足以制造一根针、一颗钉，而是耗尽他的精力去制造针尖或钉子的盖头"？②或者这个人将他对资本主义的批评在很大程度上以一个（肯定是错误的）假设为前提："只要交换的结果是物质上的获利，每一份增益恰好与亏损相等。"③

阅读拉斯金的著作的困难之一是他的著作的数量之巨大。其次是它们十分特异的方法和文风。其三是他的思想和思维完全缺乏系统性。除此以外，还有他的思想明显的变化。要想在像教育这一类主题上挖掘拉斯金的观点，似乎是不十分值得的找麻烦。

然而在这一切表面的困难甚至是思想的改变的下面，却存在着有重大意义的主题。它们对教育也有启发作用。在这些主题中，有两个是杰出的（在这些问题上，拉斯金从未动摇过）。只要是因为它们不是"教育家们"正规讨论的那一类问题，也有强有力的理由去找这个麻烦。

这些论点的第一个是，拉斯金在科学和他所称的高级沉思（或理论）之间经常不断地作出区别。拉斯金承认科学的探求是值得赞扬的，它把我们（或我们中的某些人）从不活跃的幻想提升到有益的思维，但它们是令人担心的，应受责备的。他说，这显然是它们有一种倾向钳制向高级沉思前进的冲动。它们有一种倾向使情感变得冷淡，受到抑制，把一切事物都分解成原子和数字。

"对大多数人来说，愚昧无知的享乐要比广见博闻的享乐更好，把天空设想为一个蓝色的顶盖比设想为一个黑洞好。把云设想为一个金色的宝座比设想为一层冻雨薄雾更好。我很怀疑，任何一个懂得光学的人，不管他对宗教多么虔诚，他是否能和一个没有文化的农民见到彩虹时的感受一样，也能感受到同等程度的快乐和崇敬。事情就这样仁慈地被注定了，鉴于生命的法则，对于有限的存在来说，由于对无限的存在的创造物的崇敬，必须永远成为无限的无知者。

我们不能探知一朵花的神秘,也没有打算我们应该探知;但是科学的探求应当经常受到对美的热爱的抑制,知识的精确性应经常受到情绪的温柔的抑制。"④

于是,用拉斯金的话说,有一种关于事物的外貌的科学,同样有一种关于事物的本性的科学,在拉斯金的一生中,他始终犹豫不定,是否它们的本性要用基督教的术语来理解,是否要把世界按传统的圣经上的意义看做神的手工作品,我们在理解自然时,我们是否是在从事特别的基督教的活动。但是,他没有犹豫不定的是在他所称的感觉和理论之间作出区分。这是具有教育理论意义的第二个拉斯金的主题。

感觉仅仅是外表的快乐,而理论是与美以及一个人的整个道德存在相符合时才出现的。拉斯金一生都担忧停留于感觉层面的艺术会沉沦到单纯的娱乐,变成病态的感受性的工具,成为灵魂的麻木的挑逗者和鼓动者。⑤[因此才有他的误入歧途的与惠斯勒(Whistler)的小争论,之所以是误入歧途,只是因为,不管惠斯勒关于他的艺术说了什么,在实际上,他所做的远远超过了为艺术而艺术的"单纯的娱乐。"]另一方面,理论能够达到所描述的事物的真正本性,对拉斯金来说,这种真正本性总是包含有精神的兼道德的因素,即使他相当确定地放弃了正统的基督教。但是他继续用准柏拉图式的用语把美看做是暗示远离物质、远离科学所能显示的体验的高度。

显然,对于像拉斯金这样的思想家来说,教育不可能是功利的,它也不能以科学为中心。事实上,它要从根本上成为道德性的教育,他是从最宽广的意义上理解道德性的,包括整个人生哲学的东西。所以,在1872年的《鹰巢》(*The Eagle's Nest*)的第一讲中,我们看到拉斯金发展了一种与纽曼不同的大学观。

"大学教学的目标是形成你们的概念——不是要你熟习技艺,也不是要你熟习科学,举例说,它是要给你关于铁匠的劳动是什么意思的观念——而不是要使你变成铁匠。它是要给你什么叫医学的概念,而不是要把你培养成医生。铁匠的合适的学校在铁匠铺,医生的合适的学校在医院。这里要你远离铁匠铺,远离医院,脱离一切专门的有限的劳动和思想,进入劳动和思想的'大学',使你可以在安静、闲逸、公正、沉思的宁静中,使你正当地构思自我的法则和人的命运。"⑥

这不一定是反对一个并不存在、也许从来没有存在过的思想。关于拉斯金的大学(Universitas)，令人感兴趣的是，当高等教育中的很多人准备在口头上高唱某种类似的思想时，在第三个千年开始时，我们却离它愈来愈远。学术部门已经变得更加专门化和狭窄，同时政府和管理人员关于大学的宗旨变得更加工具主义，更加变成无所不包的顾客消费者至上主义。

对于拉斯金来说，教育的"消费者"这个概念本身就是矛盾的，因为教育的任务是对那些不知道如何作明智选择的人进行指导，使他们转变。事实上，在《英国的未来》(1869)的演讲中，拉斯金用如下的话对管理阶级的人发表演说："人民正在呼唤你们发布命令，而你们站在那里踌躇不定，默不作声……'管理我们吧'，他们万众一心地呼唤道……只有你们能给他们以衣食，使他们思想端正，因为只有你们能管理——即是说，只有你们能教育他们。教育或管理，它们是同义词。教育不是指教人民知道他们所不知道的事情。它的意思是教那些行为不规矩的人学会行为规矩。"⑦

因为，领导者们，也许是大学的人和贵族政治的人，要教育其余的人。领导者们要教给他们什么，已经在《芝麻和百合花》(1865)中，也在《鹰巢》(1872)中模糊地提出来了。在《芝麻和百合花》中，他申斥了认为教育的任务就是促进社会和物质的进步的人们。真正的教育是关于阅读和学会阅读，它是要阅读这样一位作家的作品，他"有一些他认为是真实的、有用的、有益于美的东西要说"，以及他说过的或能够说的。这样一位作家就能对他的作品说，"这就是最佳的我，除此以外，我吃、喝、睡、爱、恨和别人一样，我的生命过去像烟雾，而现在不是；但这是我看到过的，已经知道的；如果这里有任何东西是我的，就是值得你们记忆的"。⑧拉斯金说，这一类书在各个时代已经有该时代的最伟大的人们写出来。作为一个民族，我们应建立藏书丰富的图书馆，一切清洁的守秩序的人从早到晚整天进去阅读；订有严格的强制执行的规则、保持整洁和安静的规则——所有的一切都是正确意义上的终身学习，可是没有对新东西的偶像崇拜，没有喧闹的无头脑的忙碌。

女孩和妇女也必须和男人一样受这种教育。男女都应当学习科学、历史和数学,从事运动。但是这一切的宗旨,正如绘画、雕刻,首先是建筑的宗旨一样,是给我们灌输"提高人性的力量"的意识,理由是人性的必死的部分总有一天会被不朽所吞没,可是,拉斯金当然不相信关于来世的正统教义。但是他真正相信的是生命会变得高贵。他相信,虽然生命的空虚是徒劳地给予的,但是在帷幕的背后还是有些不是空虚的东西。

他还相信,艺术要教给我们的第一课就是,任何不完美的东西都不可能是真正高贵的。伟大艺术家的工作往往超出他们的执行的能力。他们的很多作品都像自然本身一样,是没有完成的,不规则的。这种不规则性就是生命的征兆。因而矛盾的是,这也是美的征兆。事实上,追求完美就是准备好接受死者的完美,平庸的完美。通常它也意味着,一项任务的助手不得不压抑自己的个性,以便按照别人所规定的范式去工作。"但是,准确地说,不论什么好的作品都不能是完美的作品,要求完美往往是错误地理解艺术宗旨的标志"。② 当然,在拱顶中和超验的幻觉中允许有不完美、不规则的装饰,这是哥特式建筑的部分优点。

这些观点的实际意义是什么,在《鹰巢》中已表达出来了。视力是一种精神能力。它是艺术所需的一切知识的源泉,读和写在任何意义上都不是教育,除非它们能引导我们具有仁慈地对待一切生物的情感。为了我们应当理解自然物和人的作品本身就是什么,绘画就是"最宝贵的一种不可缺少的教育"。这一切使我回到在《现代画家》中他归之于科学的外表的那些东西——用人的词语、用它们与人的关联和它们对人的意义去理解事物和世界,妨碍那种关联和意义导向理论(theoria)上的超越,一切都与科学的抽象和去神秘化截然不同——以及伟大的画家们首先是杜尔纳(Turner)曾经成功地论证过的东西。

今天的政治领导人和教育界领导人所能理解的东西,拉斯金没有什么可说。对我们文化界的精英所能理解的也很少。这是对我们的时代的评论,而不是对他要说的东西的价值的评论。

注　　释

① John Ruskin, *Modern Painters*, vol. III, part IV, ch. 17, 1856; Collected Works (see below), vol. V, p. 381.
② John Ruskin, *The Stones of Venice*, vol. II, 1853, "The Nature of the Gothic", as in John Ruskin, *Unto This Last*, ed. Clive Wilmer, Penguin Books, p. 87, 1985.

③ John Ruskin, *Unto This Last*, essay 4, "Ad Valorem", p. 213, 1860.
④ John Ruskin, *Modern Painters*, vol. III, part IV, ch. 17; Collected Works (see below), vol. V, pp. 386 – 387.
⑤ John Ruskin, *Modern Painters*, vol. II, part III, ch. 1; Collected Works (see below), vol. IV, p. 33.
⑥ John Ruskin, *The Eagle's Nest*, Lecture 1, Section 18, 1872.
⑦ John Ruskin, "The Future of England", 1869, Collected Works (see below), vol. XVIII, pp. 500 – 503.
⑧ John Ruskin, *Sesame and Lilies*, 1865; Collected Works (see below), vol. XVIII, p. 61.
⑨ John Ruskin, "The Nature of the Gothic", p. 91.

参　考

本书中的"尼采"。

拉斯金的主要著作

E. T. Cook and Alexander Wedderburn 编,拉斯金文集,39 卷,1903 和 1912 年间伦敦 George Allen 出版。

其他参考书

① Anthony, P. D., *John Ruskin's*, *Labour*: *A Study of Ruskin's Social Theory*, Cambridge: Cambridge University Press, 1983.　② Batchelor, John, *John Ruskin*, *No Wealth But Life*, London: Chatto and Windus, 2000.　③ Fuller, Peter, *Theoria*, London: Chatto and Windus, 1988.　④ Hewison, Robert, *Ruskin and Oxford*, *The Art of Education*, Oxford: Oxford University Press, 1996.　⑤ Hilton, Tim, *John Ruskin*, *The Early Years*, Yale University Press, 1985; and *John Ruskin*, *The Later Years*, Yale University Press, 2000.

奥希尔

斯宾塞
(*Herbert Spencer*, 1820—1903)

> 应当引导孩子们自己进行研究,作出他们自己的结论。应当尽可能少告诉他们,尽可能多地引导他们去发现。[①]

这些意味深长的话是斯宾塞 1861 年写的。他没有什么教学经验,但是他对教学和教师训练有深远的影响。奎克(R. H. Quick)在其《论教育改革家》(1868)中将斯宾塞比作穆卡斯特、阿沙姆和洛克(Mulcaster, Ascham and Locke),而阿姆斯特朗(H. E. Armstrong)建议所有的教师阅读斯宾塞的《论教育》以便在这个问题上有清晰的观念。[②]

赫尔伯特·斯宾塞(Herbert Spencer)于 1820 年 4 月 27 日出生于德尔比的一个笃信卫理会教义的家庭,他祖父马修是一位教师,他父亲乔治是一个有着坚定的、顽强的社会观和宗教观的人,于 1819 年娶当地一名管子工的女儿荷梅斯(Harriet Holmes)为妻。然而斯宾塞的早期教育没有受到重视。13 岁时他被送到巴斯附近与他的叔父托玛斯住在一起,他的叔父是一位激进的思想家和牧师。他从剑桥的一位前大学教师那里学到了很多东西。16 岁时,为他提供了一个大学的名额,但是他谢绝了。1837 年他给德尔比的一位小学教师当了三个月助手。他离开此地,成为伦敦——伯明翰铁路一个路段的常驻工程师福克斯(Charles Fox)的助手。他干得很好,成了主任工程师木尔逊(Captain Moorson)的私人秘书。

到 1841 年铁路完工时,他被辞退了。他当上了完全选举运动德尔比分会的荣誉秘书。后来又当上该组织的报纸《领航者》的副编辑。1846—1848 年间,他不得不回到他的铁路事业,但 1848 年找到了一个《经济学家》副主编的稳定的位置。在这个岗位上,他会见了当时知识界的头面人物,并在 1850 年发表了《社会静力学,或人类幸福不可缺少的条件》,其目的是要表现"每个人都有做他所愿意做的一切事情的自由,前提是他不得侵犯任何他人的同样的自由"。他的友人刘易斯(G. H. Lewes, 1817—

1878)、作家伊略特(George Eliot)的合伙人是一份激进派的报纸《领袖》的编辑,正是在那份刊物上斯宾塞在1852年3月的一篇论"发展假设"的论文,在达尔文的《物种起源》发表以前7年捍卫了有机物进化的理论。他努力在他的进化的框架内发现科学规律。根据这个理论,个人能够没有来自政府的干预管理他自己的生活。在达尔文将他的理论限制于生物学的地方,斯宾塞将进化论用于一切自然和社会。他的思维影响到自然主义者华莱士(Russel Wallace,1823—1913),他对于进化论也作了一个重要的先于达尔文的贡献。

1853年得自他的叔父汤姆逊的一份遗产使他在数年中免于生计的匮乏。他去英格兰和苏格兰旅行,又到了瑞士。在那里,他身体上过度的操劳导致心脏病发作,以后再没有康复过。他撰写《心理学原理》(1855),但精神上的过劳导致精神崩溃,以后再也没有完全康复。该书在进化心理学上具有革新精神,为将他的余生中的最大部分献身于他所称的综合哲学的发展布下了种子。这项研究在1896年以前没有完成,尽管他在1863年的《基本原理》的前言中提出了一个轮廓。数年以后他才得以完成,由于他从父亲和叔父威廉那里获得一笔遗产,在以后几年又从出售他的书籍有所收益。他从太阳系的变化,从地球的结构、气候、动植物群、个人和社会,归纳出进化的法则。他认为进化是一个普遍的进程,"一个从不很清楚的形式到更加清楚的形式的改变"。T. 赫胥黎(1825—1895)说到斯宾塞时,说他是最有原则性的思想家,虽然他从来没有发明过新思想。原创性在于他应用进化法则去研究如此之多的知识——心理学、生物学、地质学和地理学,社会学、教育和伦理。事实上,他创造了"适者生存"这句成语,他相信哲学是科学的科学,由于它有概括出一般性结论的特性。他很关心演化的过程,关心从同质的情况到异质的情况的变化。正如他在《第一原理》中所说:

> 试将野蛮人的头领的管治与由下层地方政府及其官员、下至街道警察辅佐的文明时代政府的管治比较一下,我们就看出人们是怎样由几十个人的部落进步到千百万人的民族的,管理的方法在数量上大大增加了。③

他论证说,同样地这种演变也出现在语言、绘画和雕刻中。他的传记作者伊略特(Hugh S. R. Eliot)在《1901—1911年全国传记辞典》中称《综合哲学》是"对当代知识的最佳综合"。④

虽然对年轻人的教学经验很有限,他还是以他的教条式的方法有根据地也是热情欢呼地就教育的整体发表了他的意见——儿童发展、课程、教学方法。1861年,他将4篇论文集成《论教育、智育、德育和体育》。这4篇论文是他在50年代发表的——《教育的艺术》发表于1854年5月《北英评论》。《儿童的道德训练》发表于1858年《英国季刊》;《体育》于1859年4月发表于《英国季刊》;《什么知识最有价值》于1859年7月发表于《威斯特敏斯特评论》。他作为一位教育家的声誉有赖于该书,该书强烈主张作为一门学科的科学具有至高的价值,主张不用恐吓而用自由培养儿童,让他从错误行为的自然后果中学习而不用父母的卷入。因为思想是从同质向异质前进的。他意味深长地论证说,教育应从简单的进到复杂的,教学应从具体的进到抽象的。他的论点"教育应当是文化的缩影"⑤没有得到多少支持。该书发行了许多版,因此出售几千册并被译成多种文字,它受到了进步主义教育家的欢迎,广泛地被用于教师培训。斯宾塞本人受到过裴斯泰洛齐的影响,又通过杜威(1859—1952)的著作,他的思想对英国初等教育有重大影响。虽然他强调科学在课程中的重要性的观点除了在俄国以外没有被广泛采纳。他的名言被广泛接受大约在10年以后:

"为我们的完美生活做准备是教育应当履行的职能。"⑥

他对为家长和公民作准备作得如此之少感到吃惊。

不可知论者斯宾塞于1903年12月8日逝于布赖顿,由柯特内(Leonard Courtney)作了非宗教性的致辞后在戈得斯格陵(Golders Green)火化。

注 释

① H. Spencer, *Education*: *Intellectual*, *Moral and Physical*, p. 94, 1861.
② H. E. Armstrong, *The Teaching of Scientific Method*, p. 381, 1903.
③ H. Spencer, *First Principles*, p. 395, 1862.
④ H. S. R. Eliot, sub Spencer in the *Dictionary of National Biography for 1901 – 1911*, p. 366, 1920.
⑤ H. Spencer, *Education*, p. 83, 1861.
⑥ H. Spencer, *Education*, p. 10, 1861.

参 考

本书中的"裴斯泰洛齐"、"达尔文"。

斯宾塞的主要著作
除另有说明外,出版地均为伦敦

① *Social Statics*, Williams and Norgate, 1850. ② *The Principles of Psychology*, Longman, 1855. ③ *Education: Intellectual, Moral and Physical*, Williams and Norgate, 1861. ④ *First Principles*, Williams and Norgate, 1862. ⑤ *The Principles of Biology*, Williams and Norgate, 1864 – 1867. ⑥ *The Study of Sociology*, The International Scientific Series, volume 5, 1872. ⑦ *Descriptive Sociology*, Williams and Norgate, 1873 – 1881. ⑧ *The Principles of Sociology*, 3 volumes, Williams and Norgate, 1876 – 1896. ⑨ *The Principles of Ethics*, 2 volumes, Williams and Norgate, 1892 – 1893. ⑩ *Autobiography*, 2 volumes, Williams and Norgate, 1904. ⑪ Cavanagh, F. A. (ed.), *Herbert Spencer on Education*, Cambridge: Cambridge University Press, 1932. ⑫ Duncan, D. (ed.), *The Life and Letters of Herbert Spencer*, Madras, 1908. ⑬ Low-Beer, A. (ed.), *Selections, Herbert Spencer*, Educational Thinkers Series, Macmillan, 1969. ⑭ Offer, J (ed.), *Political Writings*, Cambridge: Cambridge University Press, 1994.

其他参考书

① Armstrong, H. E., *The Teaching of Scientific Method*, Macmillan, 1903. ② Compayré, G., *Herbert Spencer and Scientific Education*, New York: TY Crowell & Co., 1907. ③ Eliot, H. S. R., *Herbert Spencer*, Makers of the Nineteenth Century, 1917. ④ Kennedy, J. G., *Herbert Spencer*, Boston: Twayne Publishers, 1978. ⑤ Lauwerys, J. A., "Herbert Spencer and the Scientific Movement", in A. V. Judges (ed.), *Pioneers of English Education*, Faber & Faber, 1952. ⑥ Peel, J. D. Y., *Herbert Spencer: The Evolution of a Sociologist*, Heinemann, 1971. ⑦ Quick, R. H. (Revd), *Essays on Educational Reformers*, new edition, Longman, 1902. ⑧ Wiltshire, D., *The Social and Political Thought of H. Spencer*, Oxford: Oxford University Press, 1978.

巴托

阿诺德
(Matthew Arnold, 1822—1888)

作为思想和精神内在条件的完美观与我们所尊重的机械的、物质的文明是不一致的。我曾说过,任何地方都不像我们这样尊重机械的物质的文明。作为人类大家庭普遍发展的完美观与我们强烈的个人主义、我们对限制个性为所欲为的憎恨,我们"人人为自己"的格言是不一致的。首先,作为人性和谐发展的完美观与我们缺乏灵活性、与我们看事物的片面性、与我们对我们发现紧随在后的特殊追求的强烈的专心致志是不一致的。所以,在我国,文化有一个艰难的任务有待完成。[①]

马修·阿诺德(Matthew Arnold)生于1822年,卒于1888年。阿诺德既是著名的诗人,又是文学批评家(1857年在牛津担任诗学教授)。他对教育有着很大的个人的、专业的兴趣。他的父亲是托玛斯·阿诺德博士(Dr. Thomas Arnold),拉格比公学的具有改革精神的校长,而他自己在1851—1886年一直是女王的督学。虽然在这一时期阿诺德主要注意于英格兰初等教育的状况,他肩负教育使命在欧洲广泛旅行,并积极从事在不列颠建立中等学校的运动。除了他的专门教育著作外,他的论文《文化与无政府主义》(1869)有着明显的教育上的启迪。在多年以后,它还被认为是后来成为所谓"博雅教育"的优点的主要论述。后面将会明显看到,在这里所谓自由是指非工具性的,它并不是说博雅教育是没有规章制度的教育——它是有严格规章制度的——它也不是指在国家办教育、在制定规章制度时国家不起作用。阿诺德的观点与他的同事、品德高尚的自由主义改革家J. S. 密尔的观点完全相反。

与维多利亚时代的许多思想家一样,阿诺德严厉批评他的社会的现状。他那个时代的英国被阶级的分裂、也被对财富和权力的无思想的追逐变得残酷无情了。国家用财富和权力来衡量它的进步。但是,所有这些财富是为了什么？财富本身不能成为目的，它也不能成功地将这样的目的蒙蔽我们，使我们昧于更好的更少市侩性的目的。因为1869年时英国的现实情况是，社会分成三个阶级，没有一种能团结、协调社会各阶层的文化上的中心眼光。

其结果是，每个人都与其余的人隔绝，除了自己的利益就看不见任何东西，每个人继续禁闭于他自己特有的恶习之中。于是，用阿诺德的话说，贵族统治就是野蛮人的统治。在某种意义上说，他们是贵族，但主要对外部表现感兴趣——堂皇的房子、生活方式的准则、他的兴高采烈和户外运动。他继续可悲地智慧不足，除了他自己的生存方式以外，再也想不到其他生存方式。中产阶级、市侩庸人再也想不到其他生存方式。另一方面，他们并不全都是邪恶的，他们表现出勤奋工作和慈善事业的优点，但是，他们有他们自己的狭隘的眼光，他们在精神上是气量狭隘的，甚至在他们的慈善事业中也是机械的、沉闷的。低下阶级、"广大的社会阶层"，或阿诺德所称的群氓，都是粗暴的、半发展的，他们长期始终隐藏在贫穷和肮脏之中，但现在他们从隐藏处出现，"要求一个英国人的做他自己愿意做的事的天生特权，他们开始想在哪里进军就在哪里进军，想在哪里集合就在哪里集合，想在哪里高声叫喊就在哪里高声叫喊，想破坏什么就破坏什么"。②阿诺德不喜欢自由，他认为自由和无政府状态难以区分。天晓得他对第三个千年开始时大众的爱好或社会的习俗要说些什么。

因为阿诺德把文化看做是释放每个阶级的最优天性、和谐地整合他们的社会的统一者，看做是我们时代我们全都缺少的产生追求个人完美动力的内在目标的提供者，因而也看做是放任不羁的个人选择和自私自利的唯一防范者。（记住，阿诺德是《多佛滩》的作者，他相信公众的、教条式的宗教已经过时。）在一个充满真正的文化的社会里，他也把国家看做是通过它每个人将最大限度地实现自我，而在每人仅仅追求他的个人目标时，这是不可能的。

可是，文化到底是什么？正如文化评论家们的论断，它不是一知半解地懂一点希腊文、拉丁文，也不是在良好的生活之外再轻浮地、随意地增加点什么。它是公正无偏的研究，是人类完美性的理想的轮廓，因为它的出现是通过依靠它才被人们听到的人类经验的一切声音：艺术、诗歌、哲学、历史以及宗教。③被设想为从这种研究中、从对"世上想到的知道的最好的东西"的宣传中产生出来的完美的理想将会既抵消我们的唯物主义(由于它的内在性),又将抵消我们的个人主义和阶级划分(由于它以整个人类大家庭的普遍发展为目标)。用阿诺德的话说,它是对他所说的绝对完美性的追求,这是一个继续不断地形成的状态,而不是已经一次达成的状态。我们达到这种形成的状态是靠继续不断地按照人们曾经想到、听说过的最好的事物不断地阅读、观察和思考以培养根深蒂固的思想习惯。

对于曾经体验过已过去的20世纪的文化冲突的人来说,阿诺德的文化观看来是显然乐观的,因为他相信文化的教化力量,显然相信世上想到过、听说过的最好的事物能够再现。至于后者,为阿诺德的观点的辩护可以诉诸时间的检验,也可以通过这样一种思想,即无论是他或任何其他传统文化的辩护者都不需要宣称标准是不可改变的。他们真正需要宣称的是有许多著作,通过很长时间很多地方的一切可信的判断,已经被认为是样板性的著作:伊利亚特、奥德赛、伊尼德、神曲、哈姆雷特、费德尔、失乐园、浮士德、欧根尼·奥涅金、人间喜剧、中途,等等。从这些判断所含的标准来看,其他的著作都是可有可无的。每个人都知道,文化上的阅读的乐趣之一是发现新的珍宝,而阿诺德关于灵活性、创造性和快乐所说的每一件事都意味着他和任何人都一样地深知新的文化阅历的好处。

但是,阿诺德所拒绝的而且是正确地拒绝的是这样一种观念,即我们应给予大众以一些劣质的精神食粮。他认为中产阶级的特殊作用是在文化上教育他们自己的社会阶层——首先是为他们的儿童建立中等学校——然后把他们学到的东西传布给社会全体。

"可是,它必须是真正的思想、真正的美、真正的甜美和真正的智慧。很多人将努力给予他们所称的大众以一种他们认为适合他们的状况的方式准备和改编的精神食品,普通的通俗文学就是影响大众的这种方式的一个范例。很多人将努力教诲大众,……但文化的作用不同,它不打算将它的教导降低到下等阶层的水平,它并不努力以现成的判断和口号去说服他们接受这一派或另一派的文化,它追求废除阶级,使世上想到的知道的最好的东西无所不在,使所有人都生活在甜美与智慧融洽的气氛中,在这种气氛中,他们可以自由地运用思想,正如文化本身自由地运用思想一样——受到思想的养育,而不是受到它们的束缚。"④

对于这些见解，如果许多现代的神圣不可侵犯的圣物要冒犯这个建议，人们只能补充一句："阿门"（但愿如此）。在一个远远没有通向较低阶级的所谓高等教育事实上强调较高的文化和较低的文化没有真正区别的时代，在一个像戴克先生（Greg Dyke）这样的人成了BBC（英国广播公司）的首脑、成为通过连续电视剧节目教育大众的运动的驱动力的时代，人们只能为阿诺德的这种情操喝彩，同时又遗憾它们不再被人们认真对待。

但这不是说，阿诺德自己关于文化的立场是没有异议的。首先，他对文化的一般的解释和对希腊文化的具体解释，从美与智融合的角度看，显得狭隘、有偏见。也许这些话是不恰当的，也不应要求阿诺德严格信守这些言论，但是在《文化与无政府主义》和其他对希腊主义的讨论中，他很少表现出像尼采在《悲剧的诞生》中的倔强和激动。《悲剧的诞生》是一本改变我们对古典古代的态度，从而使阿诺德兼来顿爵士关于古代希腊的观点变成难以得到支持的观点。

阿诺德关于古典古代的观点，关于文化的纯化和提升能力的观点，以及事实上关于国家在促进一种高尚的民族文化中的作用的观点要很大地归功于德国的评论，归功于温克尔曼（Winckleman），归功于歌德、席勒、谢林和洪堡。因为首先正是这些浪漫主义的作家，用有机的词语观察文化，像阿诺德本人一样，认为通过文化和教育活动可以重新创造一种新型的雅典时代，认为国家是"具有集体的合作的特性的民族"，把国立中等学校看做促进本民族的最优秀的文化的杰出工具。

根据纳粹在柏林交响乐团中的最高指挥权要嘲笑这一切都是没有希望的乐观主义，这是容易的。以奥斯威辛——一个文化高度发达的民族所犯的残暴罪行——作为不去努力用高度文化教育我们的青年的借口，也是容易的。结果是，我们听任青年人的眼光受到戴克先生愿意给予他们的不管什么东西的约束，于是伤害一个接着一个，自称主要的技巧和"媒体学习"就能构成某一种教育。要反对这一类的探索——我国供得起孩子的教育费用的父母一刻也不能容忍的——阿诺德在他1882年的《忠告》的演讲中说的话是中肯的：

"如果我们知道世上人们曾到过、说过的最优秀的东西，我们就会发现。那些也许是生活在很久以前、自然知识还十分有限、对很多重要事件都持有错误看法的人们的艺术、诗歌和辩才,就会发现这种艺术、诗歌和辩才事实上不仅有使我们精神振奋、使我们高兴的力量,而且它们还有一种力量——本质上这是他们的作者对生活的批判的力量和价值——它们有着使我们坚强、使我们升华、鼓舞我们、富于启示的力量,这种力量能够惊人地帮助我们,将现代科学的成果与我们的行为的需要、与我们对美的需要联系起来。"⑤

在他当督学时的报告中,他坚定地断言,在何种程度上优秀的诗歌既能启示行为的高尚目的,又能雄辩地鼓舞将这种目的付诸实践所必需的情绪。

这是完全正确的,优秀的诗——莎士比亚、华兹华斯、弥尔顿和阿诺德自己——的确扩展了、解放了思想。它的确把我们提高到超越功利主义,它的确启示了超越于日常生活的可能性和志气,它的确使我们跳出狭隘的自我中心。它暗示宽厚、不幸、高贵、同情和许多没有诗歌我们就不可能具有的其他想法,它能够而且的确起了鼓舞作用。不管有多么粗陋,阿诺德所确信的正是这点。在一项复兴国家计划中,他要求释放的正是这点。批评家们是对的,他们指出任何这种想法和良好行为之间没有必然联系,他们反对阿诺德的国家实行阶级合作的主张,这无疑是对的。但如果他们的意思是指缺乏只有文化才能提供的鼓舞的生活根本不是狭隘的、不充实的生活,那他们就错了。

在阿诺德以前的时代,异教起了他要求文化所起的作用。虽然,正如他自己指出,它是以一种"希伯来式的"、"教条式的"、"说教式的"方式起作用的。即使在宗教时代,狂热的希伯来式的道德性需要用希腊主义的智慧和爱美心加以调剂。我们今天的问题之一是,我们忘记了阿诺德所珍视的美、宽厚和敏捷、积极的智慧的榜样,无论在教育中还是在更宽广的文化中还能起任何作用。我们可能发现阿诺德的美与智的融合是枯燥无味的,但是散文写作是没有生气的。但是,如果这是我们在阅读阿诺德的作品时的体验,我们应该用镜子照一照我们自己和我们的文化修养的高低。如果根本思想是有根据的——或曾一度是有根据的,枯燥无味和缺乏生气不是最坏的缺点。也许对阿诺德来说,真正的问题是在于我们有一种文化,在这种文化中,阿诺德无论是对大众还是对中产阶级所怀有的那种雄图大略已经被政客们、教育家们和一切应受诅咒的人们中最应受到诅咒的行为,被阿诺德的思想作了如此重大的努力建立起了他们在公众生活中的地位、尊重和津贴的那批文化精英弄得简直令人难以置信了。

注　释

① Matthew Arnold, *Culture and Anarchy*, New York: Chelsea House, p. 10, 1983 [1869].
② Ibid. , p. 66.
③ Ibid. , p. 8.
④ Ibid. , p. 31.
⑤ Matthew Arnold, "Literature and Science", in *The Oxford Authors*: *Matthew Arnold*, ed. Miriam Allott and Robert H. Super, Oxford University Press, pp. 456－471, at p. 468, 1986[1882].

参　考

本书中的"密尔"、"尼采"、"洪堡"。

阿诺德的主要著作

① *Arnold. The Complete Prose Works*, ed. R. H. Super, Michigan: Ann Arbor, 11 vols, 1960－1977.　② Apart from numerous editions of Arnold's *Culture and Anarchy*, there is a Penguin education special *Arnold and Education*, ed. Gillian Sutherland, Harmondsworth: Penguin Books, 1973.

其他参考书

① Allott, Kenneth (ed.), *Matthew Arnold*, Writers and their Backgound Series, London, 1975.　② Connell, William F., *The Educational Thought and Influence of Matthew Arnold*, London, 1950.

奥希尔

赫胥黎
(Thomas Henry Huxley, 1825—1895)

> 如果我国人口中有一半人将成为没有一点科学气息的有造诣的文人,而一半将成为没有一点学问气息的懂科学的人,那的确是最令人讨厌的事情。[①]

托马斯·亨利·赫胥黎(Thomas Henry Huxley)出生于依林一家肉店的上首,然后住在伦敦郊区。他是一个不成功的教师乔治·赫胥黎和拉切尔的八个孩子中的老七。虽然他受过很少一点正规教育,他在1842年获得查林十字医校(Charing Cross Medical School)的一份奖学金,他在该校表现良好,但没有经费读完医学学位。在取得初级外科医生的资格后,他参加了皇家海军。探险家、海军高级医生约翰·得森发现了他的才能,让他担任国王陛下拉托司内克号船上的助理外科医生,于1846年开始探索的航程以探测澳大利亚和新几内亚之间的航道。如果他们能保持全体船员身体健康,人们就期望这次航行中的外科医生(可以追溯到18世纪的一个传统)调查研究他们所遇到的博物学资料。船长是多病的欧文·斯坦利。他的父亲是曾任主教和伦敦林奈学会会长的高贵的牧师——自然学家。他本人追随詹姆斯·库克和马修·弗林得尔(James Cook and Mathew Flinders)的传统,热心于促进科学。航海已被公认是在科学上成名的道路。

在航程中,赫胥黎发掘出了前人不曾知道的海洋无脊椎动物,但是他在发现船长神经质地拒绝在岸上延长游览时,他感到遭受到重大挫折。赫胥黎的确参加了一次穿越酷热的澳大利亚丛林陆地远征。对他来说,这次远征的结局几乎很严重,而且被斯坦利只允许与新几内亚的土著居民作粗略的接触的决定弄得干着急(无疑是因为他们可怕的名声)。他与显然对他表示父亲般关心的斯坦利的关系是充满麻烦的:由于拒绝受到庇护,赫胥黎不愿成为船长的宠物。他以平民自居,与全体船员和查林·克罗斯的可怜的病号打成一片。他打算终身都把自己看做是现存体制的灾星——即使当他后来成为这个体制的一部分时也是如此。在澳大利亚,这个不成熟的医生遇到了希多恩(Henritta Heathorn),他们坠入爱河。航船于1850年回到英国。通过书信来往求婚达6个月之久获胜后,她嫁给了他。他们于1855年幸福地结婚,并建立了一个理智的王朝。

赫胥黎的研究是如此出色,致使他在1851年被选为皇家学会会员,但这是个没有收入的头衔。他获得三年假期以便将他的发现写出来。当写作结束时,他决定放弃海军的职务,继续从事科学事业。理查德·欧文(Richard Owen)成了他的保护人,后来他的庇护像斯坦利一样受到轻视。在自己的文字技巧得到磨炼以后,他靠做新闻工作和翻译(主要从事德文翻译)维持生计。1854年赫胥黎被任命为伦敦矿业学院的讲师。这意味着他的兴趣转向化石和教学。晚上,他给工人上课。这不是赫胥黎的新观点,但这是他特别高兴的事。在那里,他的雄辩技巧特别明显地表现出来了。他还去伦敦西区上流社会的皇家协会去演讲。半个世纪以来,那里聚集着各种各样的知识分子听众,他们受到赫姆弗里·达维(Humphry Davy)、法拉第(Michael Faraday)的款待和激励,而现在则是受到赫胥黎的同时代人、物理学家约翰·丁道尔(John Tyndall)的款待和激励。他和赫胥黎一样具有滔滔辩才,一样对教育界和学术界的往往是教士的能言善辩而浅薄的剑桥、牛津人士的特点不感兴趣——与研究型的德国大学形成鲜明对照。

他在矿业学院和后来在南肯辛顿(South Kensington)师范学校(两校后来都成为伦敦帝国学院的一部分,那里保存有赫胥黎的论文)的教学可以他1880年出版的著名教科书《小龙虾》(The Crayfish)作为样板。该书的大部分都是与解剖学、生理学和分类学有关的,只是在最后的百分之十我们才看到讨论小龙虾和其他甲壳动物的进化关系。这种形式的教学体现了明显的弗兰西斯·培根的传统,事实与理论的分离。虽然,如果被赫胥黎的富有吸引力的言语和黑板上的熟练的绘图着迷的学生能够抗拒他的雄辩的绪论,那将是令人吃惊的。他把科学[②]看做是"经过修剪和组织的常识",因而否定了它的神秘性。他使科学成为可以理解的、重要的,却从来不打算用科学去蒙蔽人。他的科学观与他对有组织的宗教的反对是相应的。为了反对他无论在何处发现的教条,他杜撰了"不可知论"这个名词来描述他自己的立场。"不可知论"的"不知道"就是满足于怀疑没有任何人能证实的东西。无神论者被认为是昧于"十诫"、对最后审判无动于衷的人。赫胥黎过着严格的道德生活,尊崇不可知论。③对于赫胥黎的不可知论是恰如其分的、常识性的对科学生活的向导,而又超越科学,而训练和组织是建立专业性科学社团的关键。

他对一本新近出版的匿名的进化论著作《遗迹》(Vestiges,1844)写了一篇破坏性的评论,严厉批评它的不准确。但是达尔文认为,如果赫胥黎能被说服转变他的观点,他将是进化论的热心倡导者。尽管赫胥黎从来没有深信物竞天择足以解释新发展,但是他还是同意《物种起源》(1859)这盏黑暗世界中的明灯,使进化论的事实变得十分强而有力,即使对一个不可知论者也是如此。他磨刀霍霍,做好了为达尔文而战斗的准备。讲学对他来说是一种表演艺术,他的演讲使人不得不信服,特别是当他点缀一点挑衅性言词以调味的时候。在进化论方面,他现在已经有了一个弄懂生物学的框架。他的前辈主要是依靠自然神学、依靠神的智慧和仁慈的迹象。赫胥黎却没有这东西也过得去。他出色地将前所未有的惊人的通俗的反对愚昧、偏执和疾病的语言带进科学。但是他坚持说,与宗教和政治不一样,科学从来没有做有害的事。

在1860年2月他在皇家学院作关于《物种起源》的演讲,但是令达尔文失望,他从不可知论的立场把它看做是一种假设;然后,话锋一转,大谈英国怎样才能"向世界证明,对于任何一个民族,专制政治和蛊惑民众都不是必要的可供选择的政府,证明自由和秩序并不矛盾,证明尊严是知识的女仆,证明自由讨论是真理的生命,也是一个民族真正团结的生命"。④他申明,但愿科学能摆脱愚蠢的爱管闲事者而得到拥护和保存,那些爱管闲事者认为阻止研究他的著作就是为神服务。最后,他以引证丁尼生(Tennyson)的话作为结束。他的听众感到深受刺激、羞辱,产生了两极分化。这样的战斗风格不符合达尔文和其他科学界先生们的情趣。但是在春天,在不列颠科学促进联合会在牛津举行的一次没有充分报道的会上,赫胥黎与萨缪尔·威伯福斯主教进行了较量。这种没有结论的对抗保证对进化论不能一笑置之。赫胥黎也变成公众人物,他的著作《人在自然中的地位》(1863)就是这场争论的产物。

学生需要一种雄辩风格。皇家学院或不列颠科学促进联合会上的精英听众需要另一种雄辩风格,对于工人他采取了另一种不同的风格。他从来不以教师爷自居,他造成一种情境,像是站在审判员面前的一位律师,引他们入彀,在提供证据以后,引导他们作出结论。在1868年一次特别值得纪念的谈话是"论一支粉笔",他运用这种最基本的教具作为手段以达到比那些饱读有关人类的记录而对自然的记录一无所知的最渊博的学者们更正确的"关于这个奇妙的宇宙和人与它的关系的概念"。[5]在让听众听完了化石的记载以后,他问他们是否真的相信这一切都是无穷无尽的特别创世的结果,最后他把手一挥,说:如果这支粉笔被放进烈焰中,而不是被用来说明深不可测的遥远的过去,它就会像太阳一样燃烧起来。他知道工人们也像他的学生一样,决不会真正希望成为科学家。他向他们力陈一种观点,科学与他们一直在做的推理没有多少区别。科学是激动人心的,它具有解放作用。

1870年,赫胥黎当选为不列颠科学促进联合会主席。到一定时期他也成了地质学、人种学、古生物学会的主席和皇家学会的主席。他参与了美国第一所研究型大学霍布金斯大学的创办。他的研究具有特别重要意义的是探索爬行动物和鸟类之间的进化关系:对恐龙髋骨的研究使他深信,很多动物都曾经像鸵鸟那样用后肢奔跑而不是像鳄鱼那样缓慢地滑行。他仔细研究了始祖鸟的化石。但是,从1860年代开始,他在教育方面的作用是至关重要的,他的个人研究处于次要地位。在南肯辛顿他创办实验室以讲授、研究动物学。到他去世时,英国大多数生物学教授都是他的学生,生物学已是与医学和博物学不同的非宗教的专业学科。他发起的在学术界以各个领域的学术精英专家取代教士并由有权威的教授予以高贵的保护的运动取得了成功。他的胜利包括在达尔文于1882年去世时将他葬在威斯敏斯特大教堂与丁道尔、斯宾塞和其他一道组成了一个X-俱乐部,在科学共同体内部作为一个有点凶狠的压力集团的后台的角色。然而,作为一位年高望重的人,作为曾无畏地指责暴君的旧约先知的崇拜者,他开始放弃认为进化论是达到伦理的关键的观点,实行包括妇女、儿童(弱者)优先的权利,而不是以牺牲他们为代价去让适者生存。仅仅靠科学不是幸福生活的关键。

作为一个非常积极的人,他也周期性地陷入情绪低落和"忧郁"。他身兼十种皇家的或其他官方的职务,常常需要他去发表演讲,被深深卷入出版计划,包括科学杂志和重要的高级教科书《国际科学丛书》。1870年,当普及初等教育终于引入英国时,他被选入伦敦学务局(School Board),他是一位有影响的成员,抵制了此前曾提供过一切教育的各个教会在学务局中的成员的要求,推动将科学作为各级教育的一个重要部分,拒不将霍乱看做是神对受苦人的惩罚。他把霍乱看做是对愚昧和懒散的惩罚。他的著作被广泛阅读,受到作者们高度的尊敬。但他坚信仅仅有文科教育只是对生活的贫乏的准备。他在1872年科学教育德丰郡(Devonshire)委员会上的作用是特别显著的。他几乎不能容忍一种观点,即认为教育仅仅是灌输事实。他十分关心使教育普及于广大群众。

在生命的末期,他被卷入与大物理学家、热力学的开山者威廉·汤姆逊(即Lord Kelvin)关于地球生命从而关于进化速度的争论。赫胥黎不能理解汤姆逊的数学推论,也反对物理学家认为他们的学科是根本的科学这种傲慢态度。在这次争论中,后来证明赫胥黎是正确的,因为汤姆逊一点也不懂放射现象,这种现象改变了计算的结果,使之允许地球和太阳有更加长得多的年龄。

赫胥黎从一位探险者开始,他始终是一位眼界开阔的具有好奇心的人,在一个绚丽的新世界中寻找他们自己的人。他的热情传给了他的听众和读者。20世纪的科学也像汤姆逊时代的科学一样,拒绝普通常识,依赖于抽象的数学模式,对多数人没有多少吸引力。赫胥黎的一些鼓励在科学研究中仍然是需要的。

注　释

① *Royal Commission on Scientific Instruction and the Advancement of Science*, London: Eyre and Spottiswoode, para. 3640, 1872.
② David Knight, "Presidential Address: Getting Science Across", *British Journal for the History of Science*, 29(129 – 138), p. 132, 1996.
③ Bernard Lightman, *The Origins of Agnosticism*, Baltimore: Johns Hopkins University Press, 1987.
④ T. H. Huxley, "Species and Races and Their Origin", *Proceedings of the Royal Institution*, 3, p. 200, 1858 – 1862.
⑤ A. P. Barr(ed.), *The Major Prose of Thomas Henry Huxley*, Athens, GA: University of Georgia Press, p. 156, 1997.

赫胥黎的主要著作

① Barr, Alan P. (ed.), *The Major Prose of Thomas Henry Huxley*, Athens, GA: University of Georgia Press, 1997.　② Winnick, Charles (ed.), *Science and Education*, by Thomas Huxley, New York: Citadel Press, 1964.

其他参考书

① Barr, Alan P., *Thomas Henry Huxley's Place in Science and Letters*, Athens, GA: University of Georgia Press, 1997.　② Desmond, Adrian, *Huxley*, 2 vols, London: Michael Joseph, 1994, 1997.　③ Jarrell, Richard A., "Visionary or Bureaucrat: T. H. Huxley, the Science and Art Department and Science Teaching for the Working Class", *Annals of Science*, vol. 55, pp. 219–240, 1998.

奈特

阿尔科特
(*Louisa May Alcott*, 1832—1888)

我要告诉你,我的特别爱好之一是把我的家庭看做一个小小的世界,是看着我的小男子汉们的进步。最近,是看着我的小女士们对他们产生多么好的影响。①

很多人称阿尔科特(Louisa May Alcott)为"儿童之友"。②伊默逊(Ralph Waldo Emerson, 1803—1882)称她为"儿童的诗人"。③虽然,她最有名的是作为通俗家庭小说、现已成为儿童经典作品的、最著名的《小女士们》(1868—1869)的作者。这部自传性的道德教育小说和关于两代道德家庭的两部续集仍然以它们所述的故事和它们所描绘的人物而受到全世界的喜爱。④但是这些书也同时艺术地把儿童养育、学校教育、教师和教学、特别是关于男女合校问题的切实可行性、目的和方针作了理论上的阐述。男女合校问题也是美国教育理论家很少有人谈论过的主题。⑤

出现在本卷中的是路易莎·梅·阿尔科特而不是她的父亲、卓越的教育理论家和学校改革家阿摩司·布朗逊·阿尔科特(Amos Bronson Alcott, 1799—1888)⑥,也许标志着教育思想史上一个值得注意的发展。最近的生动报道也表明:

"1982年以前,根据国际论文摘要目录,谈到布朗逊的论文以2∶1以上的比例超过谈到路易萨的论文。在1982—1987年间,原子价改变了。研究路易萨的论文以大约3∶1的比例超过研究布朗逊的论文。从那以后,路易萨以20∶1以上的比例超过布朗逊。"⑦

在一本第一次出版的关于儿童发展的美国日记中,路易莎·阿尔科特和她的姐姐在幼年时代曾是布朗逊的研究对象。⑧然而她给自己规划了一条作为教师、思想家和作家的道路。⑨在她的父母贫困的老年时,她用写作维持他们的生计。布朗逊·阿尔科特和他的朋友皮波迪(Elizabeth Palmer Peaboby, 1804—1894)和夫勒(Margaret Fuller, 1810—1850)一道,在他自己的不分种族的滕普尔学校(Temple School)⑩中曾是大胆地实行男女同校的改革者。该校后来成为路易莎·阿尔科特在《小女士们》及其续集中的"家庭式学校""梅田"(Plumfield)的原型。令人啼笑皆非的是，阿尔科特的教育小说中，对她的在教育上以苏格拉底(469—399 B.C.)和耶稣为榜样的⑪、声誉卓著的父亲的教育实践的赞扬还不如对她的母亲阿巴·梅(Abba May)的赞扬多。阿尔科特是在著名的新英格兰唯一神教家族中受家庭学校的教育长大的，她体验过集体生活。由于她父亲的理想主义常常使他们身无分文，她常常仰仗这个家族的朋友伊默逊救济。但是她的父母亲都精通教育理论，特别是瑞士的理想主义者裴斯泰洛齐(1746—1827)，埃吉沃斯(Maria Edgeworth, 1767—1849)的爱尔兰实用主义，他们二人对《小女士们》都有明显影响。她的母亲写道，"妇女应当坚持她们思想、感受和单独生活的权利"，"不要自暴自弃"。⑫有一段时间，阿尔科特自己曾做保姆。作为一位早期的妇女参政的鼓吹者，她在她的信函上署名"拥护各种改革的人"。⑬虽然她自己从来没有做过母亲，但她确曾作为家仆抚育过孩子，作为一个单身的阿姨，在家里抚养了她姐姐的一个孩子。她是一位教师，开办了自己的学校；在早期幼稚园运动中与皮波迪合作；作为一名成人识字运动的教师参与了废奴运动。但是，她对教育的主要贡献是作为一位艺术性很强的作家，她的思想富有想象力，她提出了有关儿童养育、学校教育和男女平等这样一些最棘手的挑战。阿尔科特是多产作家。一本详细的自传将她列入有270部(篇)作品的作家。大部分都发表在当时著名的家庭刊物上。⑭虽然这些作品中有12本以上是长篇小说，只有《小女士们》及其两本续集被公认是教育作品。

在阿尔科特的教育思想得到公众的承认以前很久，她是一位艺术性很强的作家。到1880年，《纽约时报》报道说，她是"得到广泛承认的美国最受欢迎的最成功的文学妇女"。⑮她去世时，她的讣告刊登在《时代周刊》的封面上。一个世纪以后的1986年，她是《妇女家庭杂志》所列美国历史上25名最重要的妇女中仅有的三名作家之一。她的《小女士们》从未绝版，它影响到卡通片、食谱、邮票、影片、戏剧、T恤衫、书包、刺绣样品、谜语、趣味玩物、记事卡、招贴画、日记本、珠宝饰物、睡衣和玩具。教授会(表现出不关心儿童，既蔑视伤感主义，又蔑视流行文化)与她无缘。事实上有很多证据足以证明这样的重要主张，"在美国文学史上很少有其他著作对一半的读者有如此巨大的重要影响,而在另一半人的藏书和批评中只占有如此微不足道的地位"。[16]因为有教养的妇女——图书管理员和学校教师——如同推广有高度文化修养的和有中等文化修养的流行文化一样尽力推广阿尔科特的著作。阿尔科特的著作经常出现在被推荐的儿童读物的目录中,而且以特别的学校版的形式到达儿童的手上。女童子军手册引用了《小女士们》并称赞阿尔科特将一位值得女孩子们模仿的有教养的理想妇女具体化了。[17]阿尔科特在美国读者中的声望不顾自以为有高度文化修养的人们的冷淡态度而坚持下来了。事实上,由于那种坚持,重要的妇女知识界如西蒙·德·波娃(Simone de Beauvoir)、M. 凯莉·托玛斯(M. Carey Thomas)、珍·亚当斯(Jane Adamms)、格特鲁德·斯太茵(Getrude Stein)和亚得开安·丽姬(Adrienne Rich)认为阿尔科特的作品证明了她们的独立的抱负。

在1970年代,妇女文学评论界对阿尔科特的学术兴趣增强了。在随后的10年中,女权运动的教育理论家们弘扬了被忽视了的《小女士们》及其续编中明显的教育思想的重要意义。后来,阿尔科特的小说中的玛米(Marmee)的教学成了反面教材是由于珍·R. 玛丁(Jane Roland Martin)利用它展现当时的分析哲学家们援引苏格拉底在市场上进行教学的范例,后来又宣布它的这种"权威性"的教学在概念意义上是多么严重的错误。不分青红皂白的分析的范例无法作为"教学"与任何像玛米的那种教学相提并论。只有将它(分析哲学家的范例)连同甚至不值得认为是"教育"[18]的裴斯泰洛齐的葛特鲁德的"社会适应性"或"文化适应性"的教学一起废除掉。于是,《小女士们》出版一个多世纪以后,它在教育哲学内部开创了一个女权范例的转变。

作为为女孩和她们的母亲提供的一份家庭教育课程计划,《小女士们》形象生动地描写了玛米对10来岁的孩子美格、卓、贝斯和阿米·马奇的儿童养育的实践。后二者都是中途退学的学生。小说中关于对女孩马奇的错误的教育是一个值得研究的对象。他们的家庭教育也同样是值得研究的对象。因为小说将这些女孩的贫乏的教育机会和邻居一个有充足的教育特权而又没有利用这些特权的富家无母的小男孩作了批判性的对比。同时,马奇等女孩不顾充满弊端的学校、不顾她们的受过教育的父亲不在场和枯燥的家务事而兴高采烈地努力学习各门功课。然而玛米对她们和邻居的男孩进行了很多教学,虽然既不是像苏格拉底那样在市场上教导年轻人,也不像教授们今天在大学的研究班和演讲厅对青年男女的教学。她的课程不是学术性的,它包括学会爱和生存的复杂技能,不管她的女儿们在前进的道路上遇到什么麻烦,特别是当她本人不在场的时候。此外,这种爱和生存的技能的课程包含的内容比烹饪和其他家务要宽广得多,它往往采取有意安排的实验的方式进行,在试验中让女孩们自己自由地作出抉择。接着是集体评价从她们的选择的结果中学习到的东西。有时它采用服务——学习的计划:帮助邻居的穷人,或作牺牲,其目的是学会区分欲望和需要。利用家庭仪式,玛米教给她的女儿们以对爱和在困境中生存至关重要的社会习惯,如互相交流经验,在重述、冒险和进行诚恳的批评时把心中所想的大声说出来,互相帮助、互相鼓励、互相赞扬,认可每个人通过日常的困难和胜利学到的东西,将游戏的和富于想象力的精神应用到一切困难的学习任务上去(诸如克服厌烦、羞耻、失望、害羞、虚荣心、脾气暴躁、懒惰、怀恨、自私)。以精力充沛的顽皮小姑娘卓的学习作为光辉的范例,玛米的教学所要达到的成就就是她的女儿们学会爱和在困境中生存的不断增长的能力和责任心。《小女士们》艺术地将玛米的母亲般的照料与无论从分析哲学家的标准还是从玛米的标准看都没有资格称为教学的其他几个人的儿童养育的实践作了对比。这种行文的结构本身就是合理的,不是通过乏味的抽象论述、而是通过叙事性的对应物、反语、比较、对照、出席与缺席的游戏以及对正面教育和错误教育结果的发展的叙述表现了独特的教育价值的概念意义。

　　例如,《小女士们》中对男教师的画像全都是或多或少地受过教育的男人的自由理想的榜样。阿尔科特不是讽刺性地安置在商业和国事的公众领域里,而是安置在家庭和学校中。与玛米、贝斯和卓形成鲜明对照的是,这些男教师没有准备好去处理那些十分可爱然而却恶作剧的、羞怯的、多病的、贫困的、肥胖的、宠坏了的、失去父母的、吵吵嚷嚷的、懒惰的、自负的、卑琐的、迟钝的、书生气的等等孩子们教育上的需要。于是,阿尔科特对教师的批评性的研究在她的畅销书三部曲中构成了一个理论上的隐喻的意义,这个隐喻的意义说明了严肃的问题,即任何合乎理想的受过教育的教师不是完全来自受过博雅教育的男士就是完全来自受过家庭教育的妇女。

《小男子汉们》中的主人公、梅田学校的创立者巴尔教授和卓太太暗示着在课堂教师和学校教师之间的罕见的区分。却模糊了母亲教师和学校教师之间的通常的区分。因为在那部小说中,"家庭式学校"梅田(Plumfield)的课程扩展到超出课堂以外,包括每个儿童的全部学校生活。于是梅田在某种程度上改组了家庭及其与学校教育的关系,使从家务禁闭中解放出来的妇女同时又不放弃她们的孩子们养育的需要。显然阿尔科特的梅田是对实验性"家庭学校"的早期的美国的贡献。这种家庭式学校在20世纪包括蒙台梭利的"婴儿之家"(casa dei bambini)[19]和马丁的"学校之家"(Martin's Schoolhome)。

除了这些学校改革之外,梅田(在《小女士们》中只收男孩)在《小男子汉们》中成了男女合校的乌托邦式实验。接着,卓的《男孩们》(1886)又加以扩充,包括招生"不分性别、肤色、宗教信仰和社会地位"[20]的劳伦斯学院。阿尔科特对男女合校的理由的论证和很久以后杜威的通常被人们忽视的关于这个题目的论文是一致的。杜威在论文中提出使女孩们能教男孩们的行为举止,但男孩们能增强女孩们的理智。[21]然而在《小女士们》的两本续编中阿尔科特叙述了玛米在男女合校环境下教会孩子们爱和生存的观念的创造性改编,其困难似乎杜威也难以理解。阿尔科特的主题直面着男孩子歧视、骚扰女孩子的现实。它说明,要消除这些问题,要教会女孩子必要的集体自信,教会男孩们必要的敏感性和谦恭,女教师和男教师的合作多么重要。因此,阿尔科特是为男女合校建立了一种男女平权主义教育学的早期美国教育理论家之一,这种教育学坚决而具有全局意义地提出了这样一些问题,使男女生都能参加体育活动。在理智上对女孩提出要求,鼓励她们在艺术和专业中成为独立的、有改革头脑的女性。此外,在妇女出现在美国高等教育中以前一个世纪,当阿尔科特虚构的劳伦斯学院鼓励男女都有选举权时,她就为妇女高等教育提供了一个早期的版本。因为卓给妇女们演讲关于健康、宗教、政治以及所有人都一定感兴趣的各种其他问题,并从开明的妇女为她们的姐妹所写的优秀的作品中作了丰富的引证,既然她们都觉醒起来了并且问:"我们怎么办?"[22]时,路易莎·梅·阿尔科特就不只是"儿童之友",作为一名教育理论家,在一定程度上她也是一位独一无二的"妇女之友"。

注　释

① Louisa May Alcott, *Little Men*: *Life at Plumfield with Jo's Boys*, New York: Grosset & Dunlap, p. 369, 1947.
② Janice M. Alberghene and Beverly Lyon Clark, introduction to *Little Women and the Feminist Imagination*, ed. Alberghene and Clark, New York: Garland, p. xxi, 1999.
③ 转引自 Madeleine B. Stern 铭文, *Louisa May Alcott*, Norman: University of Oklahoma Press, p. xv, 1950.
④ Alberghene and Clark (1999, p. xxii).
⑤ Susan Laird, "Learning from Marmee's Teaching: Alcott's Response to Girls' Miseducation", in Alberghene and Clark (1999, pp. 285-321).
⑥ 对他的简短介绍,参见 Frederick C. Dahlstrand, "Alcott, Amos Bronson (1799 - 1888)", in *Philosophy of Education*: *An Encyclopedia*, ed. J. J. Chambliss, New York: Garland, pp. 13-14, 1996。这篇文章没有提到他著名的女儿路易莎,在这部百科全书中多处条目提到她,尽管没有关于她的一个条目。
⑦ Alberghene and Clark (1999, p. xxvii).
⑧ Sarah Elbert, *A Hunger for Home*: *Louisa May Alcott and Little Women*, Philadelphia: Temple University Press, p. 23, 1984; Sarah Elbert, *A Hunger for Home*: *Louisa May Alcott's Place in American Culture*, New Brunswick: Rutgers University Press, pp. 26-29, 1987; Martha Saxton, *Louisa May*: *A Modern Biography of Louisa May Alcott*, Boston: Houghton Mifflin, pp. 76ff., 1977.
⑨ Beverly Lyon Clark, "Domesticating the School Story, Regendering a Genre: Alcott's *Little Men*", *New Literary History*, 26, p. 332, 1995.
⑩ Elizabeth Palmer Peabody, *Record of Mr. Alcott's School*, *Exemplifying the Principles and Methods of Moral Culture*, Boston: Roberts Brothers, 1874.
⑪ Walter Harding (ed.), *Essays on Education (1830-1862) by Amos Bronson Alcott*, Gainesville, Fla.: Scholars' Facsimiles and Reprints, 1960.
⑫ Sarah Elbert, *A Hunger for Home*: *Louisa May Alcott and Little Women*, Philadelphia: Temple University Press, p. 86, 1984.
⑬ 转引自 Elbert, *A Hunger for Home*: *Louisa May Alcott's Place in American Culture*, p. xiii。
⑭ Stern (1950, pp. 342-360). 这部传记没有包括最近新发现和作者死后出版的作品。
⑮ Ibid.
⑯ Elaine Showalter, cited by Jan Susina, "Men and *Little Women*: Notes of a Resisting (Male) Reader", Alberghene and Clark (1999, p. 161).
⑰ *Girl Scout Handbook*, New York: Girl Scouts, Inc., p. 17, 1920; *Girl Scout Handbook*: *Intermediate Program*, New York: Girl Scouts of the U.S.A., p. vi, 1953.

⑱ Jane Roland Martin, "Excluding Women from the Educational Realm", in *Changing the Educational Landscape*: *Philosophy*, *Women*, *and Curriculum*, New York: Routledge, chapter 1, 1994.
⑲ 蒙台梭利能读到这些通俗儿童读物吗？她出生在《小男子汉们》初版的那一年，早在1906年该书就译成了日文，不幸的是，美国对其他语种翻译的研究尚待开展。Aiko Moro-oka, "Alcott in Japan: A Selected Bibliography", p. 377, and Beverly Lyon Clark and Linnea Hendrickson, "Selected Bibliography of Alcott Biography and Criticism", p. 382, both in Alberghene and Clark (1999).
⑳ Louisa May Alcott, *Jo's Boys*: *A Sequel to "Little Men"*, New York: Grosset & Dunlap, p. 260, 1949.
㉑ Susan Laird, "The Ideal of the Educated Teacher: *Reclaiming a Conversation* with Louisa May Alcott", *Curriculum Inquiry*, 21(3), p. 276, 1991.
㉒ Alcott, *Jo's Boys*, p. 262.

参　考

本书中"亚当斯"、"杜威"、"蒙台梭利"、"裴斯泰洛齐"、"苏格拉底"、"耶稣"、"马丁"。

阿尔科特的主要著作

① *Little Women*, New York: Penguin, 1989.　② *Little Men*: *Life at Plumfield with Jo's Boys*, New York: Grosset & Dunlap, 1947.　③ *Jo's Boys*: *A Sequel to Little Men*, New York: Grosset & Dunlap, 1949.　④ Madeleine B. Stern, "Bibliography", in *Louisa May Alcott*, Norman: University of Oklahoma, pp. 342-360, 1950.

其他参考书

① Alberghene, J. M. and B. L. Clark (eds), *Little Women and the Feminist Imagination*, New York: Garland, 1999.　② Clark, B. L. and L. Henrickson, "Selected Bibliography of Alcott Biography and Criticism", in *Little Women and the Feminist Imagination*, eds Alberghene and Clark, New York: Garland, pp. 381-420, 1999.　③ Clark, B. L., "Domesticating the School Story, Regendering a Genre: Alcott's *Little Men*", *New Literary History*, 26, pp. 325-344, 1995.　④ Douglas, A., *The Feminization of American Culture*, New York: Avon, 1977.　⑤ Doyle, C., "Transatlantic Translations: Communities of Education in Alcott and Bronte", in Alberghene and Clark (eds), *Little Women and the Feminist Imagination*, New York: Garland, pp. 261-283, 1999.　⑥ Elbert, S., *A Hunger for Home*: *Louisa May Alcott's Place in American Culture*, New Brunswick: Rutgers University Press, 1987.　⑦ ——*A Hunger for Home*: *Louisa May Alcott anti Little Women*, Philadelphia: Temple University Press, 1984. ⑧ Laird, S., "Who Cares About Girls? Rethinking the Meaning of Teaching", *Peabody Journal of Education*, 70 (2), pp. 82 – 103, winter 1995. ⑨ ——"Teaching in a Different Sense: Alcott's Marmee", in *Philosophy of Education 1993*, ed. A. Thompson, Urbana, IL: Philosophy of Education Society, pp. 164 – 172, 1994. ⑩ ——"The Ideal of the Educated Teacher: *Reclaiming a Conversation* with Louisa May Alcott", *Curriculum Inquiry 21*, 3 (1991), pp. 271 – 297. ⑪ Langland, E., "Female Stories of Experience: Alcott's *Little Women* in Light of *Work*", in *The Voyage In: Fictions of Female Development*, ed. Abel, Hirsch, Langland, Hanover, University Press of New England, 1983. ⑫ Martin, J. R., *Reclaiming a Conversation: The Ideal of the Educated Woman*, New Haven: Yale, chapter 5, 1985. ⑬ ——*The Schoolhome: Rethinking Schools for Changing Families*, Cambridge: Harvard, 1992. ⑭ Murphy, A. B., "The Borders of Ethical, Erotic, and Artistic Possibilities in *Little Women*", *Signs*, 15, pp. 562 – 585, spring 1990. ⑮ Saxton, M., *Louisa May: A Modern Biography of Louisa May Alcott*, Boston: Houghton Mifflin, 1977. ⑯ Stern. M. B., *Louisa May Alcott*, Norman: University of Oklahoma Press, 1950.

来尔德

巴特勒

(*Samuel Butler*, 1835—1902)

他说:"帮助学生自己思考,这不是我们的任务。确实,这是唯愿他们好的人应当鼓励他们做的最后一件事。我们的责任是保证他们像我们的思考那样思考,或者,至少也要像我们想怎么说就怎么说的那种思考去思考。"①

本文开头的引语意味着将巴特勒(Samuel Butler)归入伟大教育家的理由,尽管他既不是教师,严格说来也不是教育哲学家。在他的成功的半自传体小说《人类之路》(The Way of All Flesh)中,他富有说服力地、形象生动地向我们展示了残酷的、愚蠢的儿童养育方法所造成的悲剧性的结果。在《埃鲁洪》(Erewhon)中,他嘲笑学校教育的愚蠢,正如从教育角度看很重要一样,在他所有的作品中,他以实例说明,要消除模棱两可是多么困难(有时是令人讨厌的)。按照巴特勒的方针进行教育的人们会主张他们的观点(几乎像所有物一样)是他们自己的,但他们可能发现有令人信服的理由争辩说,一个问题还有另外的一面。

巴特勒是一位牧师的儿子,一位主教的孙子。他的父亲期望几乎是要求萨缪尔从事教会事业,但这个孩子拒绝满足这种期望。他要求成为一名艺术家。事实上,他的才能是很不错的,他的作品有资格偶尔送到皇家学会去展览。他在音乐上也很有天才,他学过弹钢琴。终身热心于汉得尔(Handel)的音乐。他甚至按照汉得耳的风格谱写了动人的曲子。然而,对他的父亲来说,任何艺术方面的事业都是不能接受的。为了逃避教会工作,萨缪尔作了妥协——他向父亲借了一笔巨款——去新西兰成了一个成功的养羊的牧场主。

在那里,也许毫不奇怪,他用一只"迷失的羔羊"的隐喻,描写了他的童年时代的寂寞:

"万籁俱寂。只有一只迷失的羔羊在山坡上发出咩咩叫声。好像它的小小的心正在破碎。然后,来了一只消瘦的衰弱的老母羊,它的声音深沉而粗重,样子很难看,从诱人的牧场快步走过来。现在,她仔细察看这边的山谷,时而看看那边。现在她抬起头站着倾听。指望能听到远处的哀诉的声音,以便寻声去找。啊!它们看见了,母羊和羔羊都互相向对方急奔过去。唉,母羊和小羔羊都弄错了!母羊不是羔羊的母亲,它们既不是亲属,又互相不感到亲切,还有点冷淡。对方谅必哭得更伤心,还是彷彷徨徨地向更远的地方走去。但愿命运惠顾它们,让它们在黄昏时找到各自的亲宝贝。"②

巴特勒在养羊牧场上取得了成功,他把牧场卖掉,回到了伦敦。在这里他打算从事绘画,但是,因为一位明星在艺术上的声誉使他困惑不解,他也从事写作。即使还在经营养羊牧场时,他就写了一些散文和短小的评论,而且他开始了对进化论的评论。他接受了进化论的基本观点,而且在开始时甚至还收到了达尔文的友好的信件。然而,已经变得很明显,巴特勒提出了一种拉玛克主义的观点——坚持认为改变必定以目的为基础,而达尔文主义认为这是偶然的——他的观点受到广泛批评。一部全面的巴特勒的传记当然包括充分讨论他的进化论的立场,也包括他分析《奥德赛》的令人很感兴趣的结论。在《"奥德赛"的女作者》一文中,巴特勒提出并辩护说,《奥德赛》的作者不是一位老年男人,而是位年轻妇女。③

我不打算进一步评论巴特勒这两篇饶有趣味的文章,但是从教育的视角看,值得注意的是他有着巨大的理智上的勇气和感情。他不怕怀有别人反对(或别人没有想到的)观点,他也没有遇到"冲昏头脑"的烦恼。显然这是在最成功的学者中也少见的两个理智上的优点。事实上,在他讨论无意识记忆时,他预见到了弗洛伊德和荣格,而他对机器的分析(在Erewhon 中)使今天的读者想起围绕着图灵机(Turing machines)和计算机的"生命"所展开的热烈争论。

对教育家特别感兴趣的是《埃鲁洪》[Erewhon,几乎是 nowhere(乌有之乡)一词的倒过来拼写]和作者死后才出版的《人类之路》。评论家们已经难以确定《埃鲁洪》是一部乌托邦的作品还是反乌托邦的作品,还是讽刺作品,它包含这三者的因素。有些评论家当时宣称它是前后矛盾的,甚至是语无伦次的。④在更晚近的评论中,对《埃鲁洪》的评论并没有改善。⑤

读者肯定不能给《埃鲁洪》贴上纯粹乌托邦论文的标签,因为"埃鲁洪"人清楚地表现出令人讨厌的行为和信仰。它也不完全是反乌托邦的,因为他们很多生活方式暗示着对我们自己的生活方式的改进。它的讽刺的因素并不全是针对巴特勒自己的社会,很多是针对虚构的《埃鲁洪》的生活方式。这本作品充满了模棱两可和矛盾心理,在这些模棱两可和矛盾心理中,巴特勒表现出了值得尊敬的深沉的心思。例如,我们很多人都赞许"埃鲁洪"人像处理和医治疾病一样处理和医治犯罪。但我们看到像对待罪犯那样(对它要惩罚而不是帮助)对待疾病时,既残忍又愚蠢。巴特勒用讽刺两种社会来证明自己的观点。

巴特勒的教育讽刺鼓舞了一大批读者将它广泛地应用于实践。在《埃鲁洪》中的"非理智学院",年轻的"埃鲁洪"人学习一种"假设的语言",这是一种原来"当国家处于与现代文明很不相同的文明时期创造的语言"。⑥巴特勒的宣讲者、《埃鲁洪》的叙述者西格斯(Higgs)认为这是滑稽可笑的。他质疑对不愿学习这种受到高度尊敬(但似乎是无用的)的语言的学生使用的强制手段。除了强制学习假设以外,还精心地训练学生"非理性":

> "赞成刻意发展非理性能力的论据的说服力要大得多。但在这里他们违反了他们论证学习假设的正当性时所依据的原理,因为他们认为假设之所以重要的根据是它们是为例外作准备,而他们学习非理性的根据是发展处理日常事务的能力。因此,他有'前后矛盾'(inconsistency)和'遁词'(Evasion)两个教授职位。在这两门学科中,青年人要经过考试才能获得'假设'学位。更认真学习的学生在这些学科上达到的熟练程度是十分惊人的,很少有任何前后矛盾是如此显眼,但他们很快就学会了为之辩解。很少有任何命令是如此明白无误,以致他们找不到任何借口不予理睬。"⑦

啊!读者,巴特勒似乎是暗示,挑选你自己喜爱的大学学科,在你心智更健全、更有幽默感的时刻,问问自己,常见的教学是否就是埃鲁洪的那种教学。

埃鲁洪的教育,以其暗示西方传统教育,也使才智之士厌心丧气。

"他们的观点明显地就是认为天才如同犯罪——事有必至,但福祸由人。他们认为一个人的职责就是像邻人的思考一样思考,因为他把他认为的坏事看做是好事,老天爷就会帮助他。事实上很难看出埃鲁洪人的理论与我们自己的理论有何不同,因为'白痴'这个词的意义就是指独立思考的人。"⑧

在这些言论中,我们听到了一点个人的悲叹,因为巴特勒的天才常常被否认,他的名望长期受到争议。但是他对天才的关心比个人主义更为深刻。按照巴特勒的意见,驳倒达尔文主张的偶然变化的一个强有力的理由就是天才的出现。在这个问题上,他追随几位早期的作者——爱德华·杨(Edward Young)、赫德尔(Johann Herder)和伊曼努尔·康德——使天才成为相信进步的基础。再就个人而言,他坚持认为,亨得尔(Handel)的天才(他非常崇拜的作家)不可能是在偶然的进程中出现的,他说,天才的实际存在表明在达尔文所称的"物竞天择"(自然选择)中必定以某种形式包含有目的。即使在今天,这个问题也是饶有趣味的、具有挑战性的。

通过对这些问题的考察,巴特勒得出结论说,相信上帝是"第一原因"是合理的——这个"第一原因"(也许是)对整个人类关心的一种力量,这种关心在天才的产生中表现出来。但是,巴特勒说,相信有个人的上帝——只关心个别人的事务的上帝,这是不合理的,因为这种信仰没有证据。同样,巴特勒也悲叹对基督教奇迹的相信,认为任何人如果相信奇迹,一定是脑子出了点毛病。⑨

他在《埃鲁洪》中的教育批评是有讽刺性的,也是很有趣的,但是在《人类之路》中它们变得具体而又实际了。巴特勒在他父亲的教育努力下所受的痛苦在这里变得形象生动的也许是夸大了的描绘。虚构的巴特勒的代表朋提费克斯(Ernest Pontifex)肯定受到了虐待。"埃内斯特两岁时,提奥包德(Theobald,他的父亲)……开始教他识字,他开始教他两天以后,就开始用鞭子抽他。"⑩严厉惩罚是公认的教育方法。

"在埃内斯特会爬以前,他就学会了跑。在他会说话以前,就教他口齿不清地读主祷文和一般的忏悔。怎么能够过早地教这些东西?如果他的注意力疲倦了,或者他记不起来了,这里就有一株莠草,除非立即拔掉,它就会飞快地生长。拔除的唯一办法就是鞭打,或者把他关在碗柜里,或者剥夺他参加儿童游戏的权利。在他 3 岁以前,他就会读并照摹本写字。在 4 岁以前,他就学拉丁文,会做三位数的运算。"⑪

结果如何呢？埃内斯特虽然有着可爱的天性,他是世上一只迷失的羔羊——可笑地、感人地幼稚。在遭受了数年单方面的爱以后,他终于离开了父母。最后,在一场原本是根本没有婚姻关系的灾难性的结婚(他的妻子是重婚罪犯)以后,他把两个孩子交给可爱的养父母照管,以免重复他自己在被养育中所受的恐怖。作为一个成功的作者和投资者,他富裕起来了,慷慨地资助他的孩子,他是他的孩子的恩人,而不是父亲。此外,他从来没有答应他们去见他们的祖父提奥包德。当然,巴特勒将这看做是一个积极的改变。家庭联系——《人类之路》——要被破坏。

巴特勒是否(或在多大程度上)夸大了他在童年时代的不幸,评论家们意见不一。然而,我们从 19 世纪和 20 世纪初期很多其他关于学校教育的论述中知道,家庭教育和学校教育两者都给很多聪明的孩子造成苦难。例如,乔治·奥威尔(George Orwell)和温斯顿·丘吉尔(Winston Churchill)的学校生活说明教师们使他们承受了同样的残酷行为。

"哦,教师们——如果你们中有任何人读这本书——请您记住,当任何一个特别胆怯的、胡言乱语的小淘气被他的父亲送到你的学堂里来时,您以他所应得的轻蔑的态度对待他,而以后又使他的生活成为他多年的负担时——请您记住,你这样做恰恰是在把这样的孩子装扮成为您未来的所作所为的记录者。不要让一个可怜的、眼神疲倦的小家伙无言地面壁而立,焦急地等待着。'如果我不小心,也许正是这个孩子将来有一天会告诉世人,我是一个什么样的人。'如果哪怕只有两三个教师领会这个教训并牢牢记住,前面的几章就不是白写的。"⑫

除了对脾气恶劣的教师的有说服力的警告外,巴特勒对一切教育工作者都有启示意义。除了批评前后矛盾外,他还以坦率受到称赞。他反对把他造就成为一个令人头痛的、不可理喻的憎恨快乐的人的传统宗教,但是他仍然认为上帝可能是宇宙中的目的。由于他自己要求自由思考和"享有"他自己的思想,他主张应鼓励(而不是强迫)一切学生创造性地、批判性地思考。他的独立思考表现在他接受进化论,但反对偶然的变化。他还辩护一个惊人的主张,即《奥德赛》是一位妇女所写。关于后者,被他说服了的人包括肖伯纳(George Bernard Shaw)、格里姆托布(Lord Grimthorp)和格来夫斯(Robert Graves)。他的研究和学习的爱好在下述评论中展示出来了:

"《奥德赛》是在哪里写的,或者它的作者是位男人还是一位妇女,这与我有什么相干? 在我内心深处,我可以真诚地说,我对这些问题如何解决并不关心,但是我的确关心而且是十分密切地关心,那些考虑过我在本书中提出的问题的明智的人们是怎样解决这些问题的。"⑬

巴特勒常常弄错,但他是以热情从事他的研究,他从他所感兴趣的问题的一切合理的方面寻找证据,这是可以用来鼓励今天的教师和学生的不坏的习惯。

注　释

① Samuel Butler, *Erewhon*, London, Penguin Books, p. 189, 1970. 说话者是埃鲁洪学院中的"非理性学院"的"世俗智慧"教授。
② Ibid., p. 43.
③ Butler, *The Authoress of the Odyssey*, London: Longmans, 1897.
④ 参见 Lee E. Holt, *Samuel Butler* 中的讨论, Boston: G. K. Hall, 1989。
⑤ 参见,例如, Malcolm Muggeridge 的尖刻评论, *The Earnest Atheist: A Study of Samuel Butler*, London: Eyre and Spottiswoode, 1936.
⑥ Butler, *Erewhon*, p. 186.
⑦ Ibid., pp. 186 – 187.
⑧ Ibid., p. 189.
⑨ 此评论见于 Holt, *Samuel Butler*, p. 16. Holt 引自 Henry Festing Jones, *Samuel Butler, Author of Erewhon* (1835 – 1902), *A Memoir*, London: Macmillan, 1919.
⑩ Butler, *The Way of all Flesh*, New York: Library Publications, p. 110, n. d.
⑪ Ibid., pp. 106 – 107.
⑫ Ibid., p. 144.
⑬ *The Authoress*, p. 281.

参　考

本书中的"达尔文"、"康德"。

巴特勒的主要著作

① *Works of Samuel Butler*, ed. Henry Festing Jones and A. T. Bartholomew, London: Jonathan Cape, 1923 – 1926.　② *Erewhon, or Over the Range*, London: Trubner, 1872.　③ *Life and Habit*, London: Trubner, 1878.　④ *The Authoress of the Odyssey*, London: Longmans, 1897.　⑤ *The Way of all Flesh*, London: Grant Richards, 1903.　⑥ *The Note-books of Samuel Butler*, ed. H. F. Jones, London: Fifield, 1912.

其他参考书

① Furbank, P. N., *Samuel Butler* (1835 – 1902), Hamden, CT: Archon Books, 1971.　② Holt, L. E., *Samuel Butler*, Boston: G. K. Hall, 1989.　③ Jones, H. F., *Samuel Butler, Author of Erewhon* (1835 – 1902), *A Memoir*, London: Macmillan, 1919.　④ Muggeridge, M., *A Study of Samuel Butler, the Earnest Atheist*, London: G. P. Putnam, 1936.

诺丁

莫朗特
(Robert Morant, 1863—1920)

在英国有多少城镇和乡村,金钱……被不知不觉地浪费在给孩子一种十分不适合他们的能力的教育,使他们在受这种教育后听任他们束手无策,找不到工作,否则就是受一种低劣的、欺骗性的、虚假的教育的赝品。这种教育对他的影响,比小伙子离开小学直接出去谋生还要坏得多。①

上面的文字引自莫朗特(Robert Morant)1897年的《关于法国高级小学制度的报告》,它典型地表现了他的直率的态度和他对高级小学的反对,他把它看做是对发展真正的中等教育有害的。

莫朗特于1863年4月7日出生于汉普斯台德(Hampstead),他是装饰艺术家罗伯特·莫朗特*和米尔山学校(Mill Hill School)校长的女儿赫伦·贝莉(Helen Berry)的独生子。尽管父亲早死后母亲生活贫困,他还是上了温彻斯特公学和新学院。他学习勤奋,生活节俭,在拳击运动上表现优秀,而且在1858年取得了神学第一名。他在格罗夫圣堂预备学校担任短期教学工作后于1868年11月到暹罗(今泰国)担任朱拉龙康国王的侄儿的家庭教师,后来又担任王储的家庭教师。在那里的8年之中,他奠定了该国公立教育制度的基础。

当他回到英国时,他来到托因比厅(Toynbee Hall)。在那里,艺术家理奇蒙(W. B. Richmond)用他做圣保罗大教堂圣台顶上天花板上的基督的模特儿。他后来的上司米歇尔·赛得勒曾谈到过莫朗特的"端庄的主教模样的外貌"。他成了从1896年起担任枢密院副主席的约翰·戈尔斯特的知己。因此,莫朗特得到任职内务部的任命,担任教育署的特别调查研究的助理主任。他的报告《瑞士实行的全国各级教育组织》(1898)为20

---

* 译者按:原文如此,父子姓名相同。

世纪初期的英国教育、一个缺乏地方管理的国家教育制度提供了一幅蓝图。莫朗特相信中央当局即教育署（Board of Education）应当成为智能的总管（an aristocracy of brains）。他的报告预言了1902年的教育法案，依据该法案建立了地方教育局（Local Education Authority），作为教育署提供教育服务的配手。

作为他的后继者，路易·西尔比—毕格爵士（Sir Lewis Selby-Bigge）在他的《1912—1921年全国传记词典》中关于莫朗特的词条中写道：

"作为一位职位较低的官员，他在动员和调度全国政治上、市政上和教育上的力量，以便从支离破碎的、相互对抗的成分中建设一个早期的综合性的公立教育制度的不无风险的事业中所取得的成绩，是文职人员中的传奇故事之一。"

他得到的报答是在1903年4月成为教育署的常任秘书。在他的领导下，初、中、高等教育取得了长足的进步。

1902年2月6日他就见习教师（Pupil-teacher）的培养提出了报告，1903年的新章程要求，在他们年满16岁、曾有一定时数的课堂接触和最低限度的教学时数以前，不得正式雇用他们。正如伊戈闪教授在其《20世纪英国教育的基础》中所写道：

"在莫朗特的思想深处，见习教师中心的典型产品是衣着硬挺整洁、操地方口音、见多识广、技术熟练，但是没有一点温彻斯特公学和牛津大学培植的痕迹。"

莫朗特被认为是负责撰写了1904年的《公立初等学校规章法典》的导言。虽然不一定是他自己写的，他对该法典的主要目的一定是同意的：

"为了养成和增强儿童的性格，发展儿童的智慧，……充分利用可利用的学年，帮助女孩和男孩，根据他们的不同需要，既实际又明智地使他们适应全部生活的需要。"

五周以后，接着又提出了《中等学校规程》（1904），从而为县立文法学校的兴起提供了平台。在1902年的巴尔福法案（Balfour Act）和1944年的巴特勒法案（Butler Act）之间的岁月里，文法学校是社会流动的主要力量。规程比以前更强调人文学科，课程也显著地不同于将于1988年制定的全国课程标准。

1904年跟着制定了培训和技术学院规程。1911年出炉了补助大学手册。然而,也许更有意义的是在他的倡议中起了更大作用的《学校医疗处》(School Medical Service)。学校供膳的整合,在他的后继者的任职以前没有完全实现的学校医疗处领导下的检疫计划,对于改进儿童健康都有根本性的意义,它使得在两次世界大战之间普通人民群众教育能取得更大成就。

正如史密斯(F. Smith)在其《1760—1902 年初等教育史》(1931)中所引 HMI(皇家学院)早在 1896 年所说:

"取代使教育适应教育者的观点的是我们努力使教育适应儿童的天性和能力的观点。"

使态度发生如此显著的转变是一个崇高的抱负和了不起的成就,与他所得到的荣誉是完全相称的。1911 年使他转任全国健康保障委员会(National Health Insurance Commission)主席是一个非凡的决定,他在任上开创了许多重要的革新,包括支付保险捐、提供卫生设施、建立全国医疗研究资助制度和全科医生处。事实上,在 1919 年健康法案部(Ministry of Health Act of 1919)成立后,对中央和地方当局的职能的重新定义都与公共健康有关。

莫朗特为管理工作废寝忘食,他在 50 多岁时就去世,也许并不奇怪,因为他不允许自己的操劳有所松懈。1920 年 3 月 13 日他在伦敦英年早逝,正如西尔比在其全国传记词典中所指出,使他在文职官员同僚中失去了"文职官员中曾经出现过的最伟大的人物之一——在性格和成就两方面都伟大"。

莫朗特在 1896 年娶苏福克的威特林塞特田庄的埃得文·克拉克内尔的女儿赫伦·玛利为妻,他们有一儿一女。

莫朗特的主要著作

① *The French System of Higher Primary Schools*, Special Reports on Educational Subjects, 1896 – 1897, 1, Education Department, PP 1897, XXV, Cd. 8477.　② *The National Organisation of Education of All Grades as Practised in Switzerland*, Special Reports on Educational Subjects, 3, PP 1898, XXV, Cd. 8988.　③ *Code of Regulations for Public Elementary Schools*, Board of Education, PP 1904, LXXV, Cd. 2074.　④ *Regulations for Secondary Schools*, Board of Education, PP 1904, LXXV, Cd. 2128.

其他参考书

① The place of publication is London unless otherwise stated. ② Aldrich, R. and Gordon, P., *Dictionary of British Educationists*, Woburn Press, 1989. ③ Andrews, L., "The School Meals Service", *British Journal of Educational Studies*, 20(1), pp. 70–75, 1972. ④ Banks, O., "Morant and the Secondary School Regulations of 1904". *British Journal of Educational Studies*, 3, pp. 33–41, 1954. ⑤ Chester, D. N., "Robert Morant and Michael Sadler", *Public Administration*, 29, pp. 109–115, 1950. ⑥ ——"Morant and Sadler—Further Evidence", *Public Administration*, 31, pp. 49–54, 1953. ⑦ Daglish, N., "The Morant—Chulalongkorn Affair of 1893–1894", *Journal of Educational Administration and History*, 15, pp. 16–23, 1983. ⑧ ——"Robert Morant's Hidden Agenda? The Origins of the Medical Treatment of School-children", *History of Education*, 19, pp. 139–148, 1990. ⑨ ——*Education Policy-Making in England and Wales: The Crucible Years, 1895–1911*, Woburn Press, 1996. ⑩ Eaglesham, E. J. R., "The Centenary of Sir Robert Morant", *British Journal of Educational Studies*, 11, pp. 5–18, 1963. ⑪ ——*The Foundations of 20th Century Education in England*, Routledge & Kegan Paul, 1967. ⑫ Holmes, E. G. A., *What Is and What Might Be*, Constable, 1911. ⑬ Lowe, R., "Robert Morant and the Secondary School Regulations of 1904", *Journal of Educational Administration and History*, 16, pp. 37–46, 1984. ⑭ Markham, V., "Robert Morant—Some Personal Reminiscences", *Public Administration*, 28, pp. 249–262, 1950. ⑮ Selby Bigge, L. A., "Morant, Robert", in *Dictionary of National Biography, 1912–1921*, ed. H. W. C. Davis and J. R. H. Weaver, Oxford University Press, 1927. ⑯ ——*The Board of Education*, G. P. Putnam's Sons, 1927. ⑰ Smith, F., *A History of English Elementary Education, 1760–1902*, University of London Press, 1931.

巴托

霍斯托斯
(Eugenio María de Hostos, 1839—1903)

> 为了使人成为人,即是说,至已得上认识他们的生活目标,大自然赋予了他们以对她自身的认识,赋予了他们以能力,使他们知道自己的来源,他们自己的力量和弱点,他们自己的超绝和相互依赖,他们的权利和义务,他们自己的自由和责任,自我完善的能力和自我提升他们的理想存在的能力。①

霍斯托斯(Eugenio Maria de Hostos)被认为是西班牙语世界的约翰·杜威。②尽管在这两位教育家—哲学家—政治科学家—人道主义者之间有着显著的相似之处,事实仍然是霍斯托斯早于杜威20年,而在杜威出版他的有影响的著作《我们怎样思维》(1910)和《民主主义与教育》(1916)以前数年去世。霍斯托斯是一位教育家和作家,他写了50部以上著作(已出版的和未出版的)和关于社会科学问题的散文、论文,从道德发展到教育,再到政治科学。在他死后,他的著作出版了很多版,其中包括最近波多黎各大学出版的他的全集的评注版。他除了是教育、法学、政治、社会学、伦理学和他的祖国波多黎各的其他领域的中心人物外,霍斯托斯还广游各国,并在许多国家(阿根廷、巴西、智利、古巴、多米尼加共和国、秘鲁、西班牙、委内瑞拉)作出了同样的贡献,往往在重建那些国家的教育制度上起了主要作用。

霍斯托斯是妇女科学教育和波多黎各自治的早期提倡者,同时是一位卓越的作家。他的《评哈姆雷特》原来用德文出版,后来被译成几种文字,被认为是论莎士比亚的四大名著之一。他的其他散文大部分都被认为是拉丁美洲文学中的优秀作品。霍斯托斯也谱写音乐和儿童摇篮曲。他还写诗和三部独幕剧(喜剧)。他的作品和传统仍然被当代的教育家、诗人、小说家、短篇小说作家和散文作家所保存。

霍斯托斯在三涓(San Juan)一所私立学校上学,然后上了比尔保(Bilbao)大学和西班牙中央大学。在西班牙时,他在马德里的文学俱乐部著文演说,支持在古巴和波多黎各的自治改革和废除奴隶制。他的第一本著作《班扬的人生历程》(La Peregrinaeión de Bayoán)在小说虚构的帷幕下揭露了西班牙殖民制度的束缚。他的民主观点导致他参加了西班牙共和党。后来他去到巴黎,参加了卡斯提拉、萨尔美荣、卜力姆和其他著名西班牙共和党人在那里建立的党的委员会。这一举动以及他决定不接受君主制政府授予的学位使他没有毕业就退了学。

离开巴黎后,霍斯托斯去了纽约。在那里他为古巴革命委员会服务。在以后的两年中,在报纸上作为一个发言人成了委员会的报纸《革命》的主编,作为报纸《波多黎各》的作者,公开为这一事业辩护。

1871年,霍斯托斯去到南美展开他的政治活动和教育活动。在秘鲁,霍斯托斯指导了一个支持受剥削的中国工人的运动。1873年在智利工作时,他的著名的论文 La educatiòn Cientificade La mujer(妇女的科学教育)提出了一个综合性的妇女教育计划,正如他的解释所说,因为妇女提供了人类形成的基础。此外,他成了圣地亚哥 Academia de Bellas Letras(美文学研究会)的成员,并出版了他的著名散文《论哈姆雷特》。

在阿根廷,他为建筑横跨安第斯山的铁路进行游说。为了赞扬他的功绩,第一列爬上安第斯山的机车被命名为"霍斯托斯机车"。在巴西,他就该国丰富的自然资源写了一系列论文,发表在布宜诺斯艾利斯的 La Naciòn(民族)上。1877年,霍斯托斯移居委内瑞拉的加拉加斯,在一所当地学院任教,主持一个系,开始应用他的教育观点。然而在他能够在全国范围内推荐并检验他的教育观以前,他的恩人、最近在多米尼加共和国取得胜利的自由派领袖卢皮荣(Gregorio Luperon)将军于1879年请他去该国领导教育改革。

霍斯托斯着手在该国重建遭到破坏的公立教育制度的任务。他起草了建立师范学校的法案,同时还提出了其他改革所需的立法。1880年2月,在他的指导下,师范学校开学,在那所受尊敬的学院中,他为讲授科学和宪法、国际法和刑法建立了新的教育学标准。霍斯托斯既是培养未来教师的师范学校的校长和教授,同时又是教师专业学院的校长和教授,还在该校讲授政治经济学。他利用这两种身份成功地充当了教育改革的先锋。当时,教师专业学院起了该国唯一一所大学的作用。在九年的紧张工作中，霍斯托斯完成了他的使命，建立了多米尼加学校制度的基础，反过来又使该国变成了在政治学、哲学、教育组织和教育实践上最进步的国家之一，他在同期又编写了几乎全部教科书。

霍斯托斯的实证主义的和自由主义的观点（特别是他的教会与国家分离和发展俗世妇女教育的主张）使他处于与保守政治集团和教会当局相冲突的敌对地位。1888年，由于被赫流斯总统（独裁者）的政治花招所吓倒，又由于再一次受到智利总统巴尔马西达的邀请，霍斯托斯逃离多米尼加共和国回到智利。在那里，他开始被卷入很多文化斗争。作为阿缪纳提圭（Amunátegui School）的校长（和教授），他对智利公立学校产生了重大影响，提出了一套取代更为保守的欧化倾向的替代物。他的贡献特别显著的是在法制教育的改革和律师的培养上，他坚持在进行基本技能培训的同时要重视社会学、伦理学的培养。

当古巴革命爆发时，霍斯托斯离开智利，把目光转向波多黎各。公共教育部违反他的意愿任命他去美国实验心理学研究所学习。在他到达纽约时，迈尔斯（Miles）将军的远征（后来于1898年7月25日进犯波多黎各）已经在组织。随着美国的入侵带来的西班牙在波多黎各的统治的崩溃，由于担心波多黎各会成为美国的殖民地，霍斯托斯回到他的祖国，打算组织一个政治——教育运动 Lige de los Patriatas（爱国者联盟）。1899年1月，联盟派出一个使节团去华盛顿会见麦金利（Mekinley）总统，与其他使节团的成员一道，霍斯托斯极力说服美国当局承认波多黎各人民通过公民投票的自决权。他们就与波多黎各有关的问题提出了一个广泛详尽的报告供麦金利总统考虑并要求解决岛屿的地位问题。

在岛上，同盟试图以美国政治制度的价值教育波多黎各人民并倡议一场教育改革。霍斯托斯的意图是使波多黎各处于要求从美国独立的地位。他建立了一所农学院和一所市政学院，并力图在波多黎各建立一套合理的公立教育制度。朱亚那·迪亚兹镇是第一个赞成他的观点的市镇，它召开了第一次大会以为一场运动举行开幕式。遍及全岛的集会接踵而至。然而，美国共和党人和当地政客们压制了他们的努力。

1900年，来自多米尼加共和国的他的支持者（他们领导自由党取得了一次新的胜利）的信催促他回到该国。在桑托·多明戈（Santo Domingo）的支持下，他不顾传统派的反对，指导了一次新的教育改革的努力。他主持中央学院。其后不久又成为公立教育总监,直到他于 1903 年 8 月 11 日去世。霍斯托斯把他的时间贡献于建立学校和进步的学会以及课程的开发和起草法律。

霍斯托斯的教育理论既从孔德(August Comte, 1798—1857)和斯宾塞(1820—1903)的进化论的实证主义,又从克劳茨(Karl Krause, 1781—1830)的唯心主义中汲取哲学灵感。按照霍斯托斯的哲学观点,物质的、社会的和精神的(道德的)和智力的现实存在是一系列特殊的条件和关系的结果,这个现实存在在时间的推移中向着实现它的充分潜能演变。因此,它服从于法则,对于它的认识是可以建构的,通过发现和表现这些法则的媒介,它是可以被学习、被掌握、被用概念表达出来的。这个媒介就是人的理性,它的最重要的副产品就是科学。认识了条件或现实的法则就可以对现实进行合理的控制。只有人这个物种能够通过对这些法则的认识组织它与现实的关系。通过这种认识所获得的能力提供并允许按照该物种的利益和价值观对它进行改组。就认识和对现实的力量而言,科学已成为人类用来组织他们与环境的关系的最重要的途径。这种人与环境的关系是一个必要的条件,它使通过劳动和计划以达到其合理的命运的新人类的出现成为可能。从这种对现实和知识的概念出发,霍斯托斯发展了他自己的社会学(Tratado de Sociologia)伦理学(Tratado de Moral)和思维心理学(Tratado de Lógica)。霍斯托斯将这些学科所提供的概念框架应用于拉丁美洲的特殊历史环境,以创立他的教育理论的理论基础。

对霍斯托斯来说,19 世纪的最后 25 年是道德重建时代到来的时期,这种重建的基石埋藏在科学的基础之中。从新近建立的美洲各共和国中,霍斯托斯看到了这种重建的历史因素。对他来说,美洲③是一个对自己还不认识、对它的力量还不在意的大陆。如果它认识到这种潜力,它将创造一个惊人的未来。④但是,迟迟不去的殖民主义的条件是通向这一前途的障碍。共和党人的政治革命未能建立产生共和党人的理想,美洲社会仍然处在痛苦中。无政府状态、缺乏合理的秩序,是最恰当地描述它的社会特性。"他们的社会状况是一种病态,"霍斯托斯用下述言论总括这一切,"我们的(拉丁美洲)各国人民是进化了的社会,它的坚强的生长受到了传统主义的阻碍,如同我们的认识是孩子的小小的尸体,他们的生命被在寻找黄金中误入歧途的哥哥牺牲了。……我们的拉丁背景的各国人民在他们的故国时属于不同的民族,现在沉浸在对我们的年轻的社会很不合身的借来的意识形态之中。"⑤

霍斯托斯看到那种由于片面的观点而限制理性发展的教育是维护统治权的最完善的工具。个人和社会自由的程度直接与一个人的独立思考有关。统治是对人类思想的最沉重的压迫。一个被压迫的个人的生存就是存在于发展不充分的思维之中。新殖民主义的教育由于它生产没有良心、真理、自由和正义的病态思想而成为统治的工具。

这种情况发生在拒绝给予发展一个人的精神所必要的条件的那种教育过程中。理智技能的正常状态和发展受到阻碍,从而加强了促进最迅速、最盲目、最奴性地传递别人已经形成的观念、推理、判断和知识的技能。不是直接接触现实和发现现实的法则,取而代之的是出现了片面地强调记忆和想象。根据霍斯托斯的意见,"拉美各国的青少年不是以植根于人类思想生理学的精神健康为基础,而是被仅仅关心压制青少年的精神并使之病态化的一种理智上秩序所统治和奴役"。⑥

受中世纪经院哲学和文艺复兴时期的唯美主义(古典主义的)指导的殖民地教育对美洲各国的新生代有着严重的影响。它创造了一种虚假的人类理想,把美洲人从他们的大陆上根除,忽视了民族性和科学思想的发展。霍斯托斯争辩说,教育是统治的工具,因为它缺乏:

1. 对教育是干什么的这个问题的清晰认识;
2. 学生关于自然的知识和他们怎样才能实现其教育目标的知识;
3. 帮助教育者指导他们的学生去达成这些目标的以这种知识为基础的教育方法;
4. 对教育经验和知识的客观理解和对教育者可以用来鼓励他们的学生的组织的客观理解。

对霍斯托斯来说,教育的最终目的是发展精神,精神的发展意味着智力和道德的同步发展,因为精神是各种有机体、根据感觉、爱和思维这三种基本职能表现其能动性的各种力量的混合物。像一切其他有机体一样,精神有需要和必须通过其能动性去实现的目的。特别是它需要发现、认识和拥有自己的真理以便行"善事",正如霍斯托斯所说:"要知道一个人是否充分发展了他的思维能力的最可靠的方法是他(她)自己的生活提供的证明。如果他/她造成了伤害,思维能力就不会十分合理。"⑦

思维的过程包括一系列有确定顺序的互相联系的作用。霍斯托斯确定思维过程中的4种基本功能:直觉、演绎、归纳和系统化。每种功能都再可以细分为更简单的作用。诸如记忆、想象和注意都是每种功能的组成部分。每一种功能都产生一个结果或继之而来的功能对它发生作用的或它据以进一步发挥的理智上的成果。所以,如果不与直觉(概念)、演绎(原理)、归纳(判断)相联系的知识是缺乏真实证据的因而被认为是没有意义的知识。没有意义的知识的传授是给学生提供观念(Concepts)、公式、原理和理论而没有进入到它们从中产生的直觉、演绎和归纳。精神是一个活跃的有机体,知识是学习者必须进行的过程的后果。教育是知识构建和精神发展的产物,这个过程是精神本身的本质。正如霍斯托斯所说,"精神不接受完成了的观念,而是自主地依靠它的感觉提供的信息形成观念"。⑧

霍斯托斯的教育改革明确地规定了它的解放的目标。它的基础是对影响精神发展的各种力量和条件的理解,同时与这些条件协调一致,将知识和教育经验组织成为一个既能产生逻辑结果又能产生心理学结果的学习计划。落实这一教育改革要求有一群有能力改造教育的"改造了的"教师。凡是想使教学能促进思维的发展并帮助它创造知识的教育工作者都必须向现在教学的结构和一系列功能和作用作斗争。教学必须从直觉向演绎、向归纳、最后向概括和系统化前进。在这一过程中,教育工作者自始至终必须在学生的恰如其分的逻辑推理前进时,以各种功能和作用教育他们。

按照霍斯托斯的意见,精神是一个发展着的有机体:

"一旦精神的自然秩序建立起来,就必须承认,像每一个有机体一样,精神也有产生、发展、生长,而且在它的发展中服从于影响它的功能的同样的法则,换言之,有时精神高于一切直觉之上,而另一些时候它又依靠基于直觉的演绎,在另一些时候它又依靠演绎法从一般原理、从可以预先发现和看到的具体真理进行归纳,最后,当思想开始清楚地认识到它自己的作用、认识到构成知识各组成部分的一切因素时,在系统化的过程中精神就活跃起来了。"⑨毫无疑问,教育工作者必须使他们的教学不仅仅以思想的结构和过程为基础,而且还要以它的特殊发展阶段为基础。

归根结底,教师的任务远远超出于使精神与相关的现实相联系之上。教学的任务变成了要求学生将他们的思想发展到人类发展的现阶段所允许的最充分的程度。通过以发展精神为目标的教育,一个人在一生中个人的思想可能达到人类以前要花几千年才能达到的发展水平。这就是为什么教育工作者必须不仅了解人的思想的结构和自然发展,而且要了解人类所达到的知识的结构和它的客观的分类。

"知识的等级不是从头脑所能得到的知识对象的等级划分以外的任何其他等级划分自然地自发地演进的,也不是从头脑中自然地演进的……从现实中汲取所需的营养是集体理智演进所经由的道路。同样地,正是依靠以自然事件和基于观察的观念以及对这些事件和观念的分析为营养物,个人的思想才能占有集体理智的丰富性,从而避免重复人类理解力用以驾驭现实的巨大努力。"⑩

因此,学校课程应当是人类精神发展路径的汇编。在追随这些路径时,学习者就达到了人类所达到的精神发展的最高水平。对霍斯托斯来说,现代实验科学是人类思想的最高成就,而思想的教育就是科学方法的教育。

虽然霍斯托斯没有进行过有关精神及其发展的精密研究,他对于哲学、语言学、心理学、社会学、历史和其他学科的百科全书式的知识给了他一个前后一贯的概念化和一个起作用的思想模型。作为既是理论家又是实践家,霍斯托斯的工作综合了人类发展的目标、结构和进化过程,从而得出结论,教育必须促进个人的和集体的解放。将这种教育制度转变成实际是霍斯托斯表现了他的最大创造性之所在。他建议了一种类似于布鲁纳所称的"螺旋形的"进步主义的同轴课程。同样他实践了诸如归纳讲演(deductive lecture)、苏格拉底问答法、合作学习、实验法、运用操作、圆球和形象的资源、展览、野外远足、以问题为中心的学习和很多其他互相起作用的和有意义的学习方法等教学法和教学技巧。此外,霍斯托斯为语言、文学、几何、地理、历史、戏剧、法律和体育的教学编写了教科书和教学手册。

总之,霍斯托斯的工作是全面的、朝气蓬勃的,他可以和欧洲的裴斯泰洛齐(1746—1827)、西班牙的里奥斯(Giner de los Rios, 1839—1915)和更晚的美国的约翰·杜威(1859—1952)的工作相媲美。就以这种身份而论,霍斯托斯的思想是 20 世纪很多为促进人类发展而构建教育理论和教育学的企图如皮亚杰(Piaget)的结构主义、维果茨基(Lev S. Vygotsky)的社会—文化观和弗莱雷(Paulo Freire)的解放教育学的先驱。

霍斯托斯的非凡的教育结构以及他为拉丁美洲各国教育改革进行的斗争促进了拉美各国人民的解放,使自己成为拉丁美洲最重要的教育家。如果我们把教育哲学的作用看做是综合关于人性的哲学知识和科学知识并得出人类培育和进步的启示,那么也应当把霍斯托斯看做是全世界最伟大的教育哲学家之一。

注 释

① Hostos, *Obras Completas. Edición Crítica*, Vol. XII.
② 传记部分的材料引自 E. F. Garcia, F. W. Hoadley, and E. Astol (eds), *El Libro de Puerto Rico* (The Book of Puerto Rico), San Juan: El Libro Azul Publishing Co., 1923, and other sources.
③ 本文中"America"和"American"指的是整个美洲和美洲人民,而不是专门指美国和美国人。
④ *Obras Completas. Edición Critica.* (Complete Works. Critical Edition), Vol. XIII, San Juan: Editorial de la Universidad de Puerto Rico, University of Puerto Rico Press, p. 159.
⑤ Ibid., p. 299.
⑥ Ibid., p. 204.
⑦ Ibid., p. 299.
⑧ Ibid., p. 214.
⑨ *Obras Completas. Edición Crítica*, Vol. XVIII, San Juan: Editorial de la Universidad de Puerto Rico, p. 29.
⑩ Manuel Maldonado Denis, *Eugenio María de Hostos: sciólogo y maestro*, Rio Piedras: Editorial Antillana, p. 190, 1981.

参 考

本书中的"杜威"、"斯宾塞"、"苏格拉底"、"裴斯泰洛齐"、"皮亚杰"、"维果茨基"、"弗莱雷"。

霍斯托斯的主要著作

① "Tratado de Moral", *Obras Completas. Edición Crítica.* [Complete Works. Critical Edition], *Vol. IX Filosofia*, Tomo I, San Juan, Puerto Rico: Editorial de la Universidad de Puerto Rico, 2000. ② "Lecciones de Derecho Constitucional", *Obras*

Completas, *Tomo XV*, San Juan: Editorial Coquí, 1969. ③ "Tratado de Lógica", *Obras Completas*, *Tomo XIX*, San Juan: Editorial Coquí, 1969. ④ "Ciencia de la Pedagogía", *Obras Completas*. *Edición Crítica*, *Vol. VI*, *Educación*, *Tomo I*, San Juan: Editorial de la Universidad de Puerto Rico, 1991. ⑤ "La Peregrinación de Bayoán", *Obras Completas*. *Edición Crítica*, *Vol. I*, *Literatura*, *Tomo I*, San Juan: Editorial de la Universidad de Puerto Rico, 1988. ⑥ "Tratado de Sociología", *Obras Completas*. *Edición Crítica*, *Vol. VIII*, *Sociología*, *Tomo I*, San Juan: Editorial de la Universidad de Puerto Rico, 1989. ⑦ "Diario(1866-1869)", *Obras Completas*. *Edición Crítica*, *Vol. II*, *Diario*. *Tomo I*, San Juan: Editorial de la Universidad de Puerto Rico, 1988. ⑧ "Epistolario(1865-1878)", *Obras Completas*. *Edición Crítica*, *Vol. III*, *Epistolario*. *Tomo I*, San Juan: Editorial de la Universidad de Puerto Rico, 1988.

其他参考书

① Bosh, Juan, *Hostos, el sembrador*, La Habana: Editorial Trópico, 1939. ② Henriquiz Ureña, Camila, *Las ideas Pedagógicas de Hostos*, Santo Domingo: Secretaria de Estado de Educación, 1994. ③ Hostos, Eugenio Maria de, "La Educación Cientifica de la Mujer", *Obras Completas*, Vol. XII, San Juan: Editorial de la Universidad de Puerto Rico. ④ Maldonado-Denis, Manuel, *Eugenio María de Hostos: sociólogo y maestro*, Rio Piedras: Editorial Antillana, 1981. ⑤ Pedreira, Antonio S., *Hostos, Ciudadano de América*, San Juan: Editorial Edil, 1976. ⑥ Rojas Osorio, Carlos, *Hostos: Apreciación Filosófica*, Humacao: Instituto de Cultural Puertorriqueña, 1988. ⑦ Sisler, Robert Frank, *Eugenio Maria de Hostos: A Comparative Study of the Educational and Political Contributions*, New York: New York University Press, 1962. ⑧ Villarini Jusino, Angel R., "La Enseñanza Orientada al Desarrollo del Pensamiento Según Eugenio Maria de Hostos" in *Actas del Primer Encuentro Internacional sobre el Pensamiento de Eugenio María de Hostos*, San Juan: Editorial de la Universidad de Puerto Rico, 1997.

尤西诺　托尔

尼 采
(*Friedrich Nietzsche*, 1844—1900)

最困难的任务仍然在于,怎样才能从这一理想中引申出一系列新的义务,一个人怎样才能通过实践活动向着如此过高的目标前进——总之,展示出这个理想对人有教育作用。①

尼采(Friederich Wilhelm Nietzsche)于1844年10月14日出生于弗朗齐斯卡(Fanziska)和卡尔·路德维希的家庭,路德维希是德国一个小村罗肯的牧师,尼采的父母双方都是虔诚的路德教派的家庭。神学曾是尼采打算学习的课程,直到他上波恩大学学习语言学。他的父亲去世时,他刚刚4岁。正是当时所称的"脑子柔和"的时期。这一诊断终身缠绕着尼采,因为他从幼年起就衰弱头痛。父亲死后,母亲把家迁到瑙姆堡,他在那里上了大教堂学校(Dom school)。1855年,尼采得到一笔供学校住宿的奖学金,因而进了普佛大学校,那是普鲁士文科中学制度中古典教育最优秀的学校之一。在该校毕业时,尼采继续上波恩大学受高等教育。但刚刚一年以后,随着在他的导师奥托·约翰和系主任弗里得利希·里策尔之间一场不幸的权力斗争以后,他转到了莱比锡大学。虽然尼采起初支持约翰,他还是跟随里策尔到了莱比锡。这场争论对尼采来说是意义重大的,因为那是第一次接触专业学术的政治性质。因为他追随里策尔的决定回过头来又以猛烈攻击他的第一本著作《悲剧的诞生》的形式缠绕着他不放。这些攻击来自尼采的年轻的同时代人乌里希·冯·威拉毛维茨—莫伦多夫。后一件事标志着尼采退出专业学术界,开始集中精力于哲学发展。1867年,尼采参军当了炮兵军官。在因为受伤被解职后,1869年他被任命为巴塞尔大学古典语言讲座教授,那时他才24岁,是历来被任命担任这一职务的最年轻的学者。虽然,毫无疑问,他在如此年轻时取得的成功部分地是由于里策尔的支持,他曾称尼采为"整个年轻的语言学界的偶像"②,但尼采早就被公认是一位古典学者和最高水平的学者。

1871年，尼采的第一本著作《悲剧的诞生》遭到来自学术界的过度的愤怒。上述的攻击进一步证实了尼采的怀疑，所谓专业学术太过于受到政治动机的驱使，因而不适合于他的兴趣。后来他减少了在大学的主动服务，从巴塞尔大学的讲座上退休。从1871年起，尼采对学术界已不再抱有希望。他集中精力于发展他的哲学，这种哲学的使命是通过反对教条主义地接受传统而恢复文化、教育和社会的活力。他在这方面的工作仍然是哲学研究深入到迄今为止的现代理智评价的发展的一个典范。尼采哲学的最有意义的部分是他对教育和教师在社会中的作用和他们与文化发展的关系的重视。

1888年，尼采的身体垮了，从此卧床不起，直到1900年8月25日去世。在1871年至1888年之间尼采写出了11部讨论现代文化生活和智慧生活很多方面的主要著作。他的很多著作都是以散文集的形式出版，他常常把简洁的警句看得比论文的详尽无遗的单调乏味更加重要。他写作的文风和流畅是无与伦比的。他的著作对学术界内外都有巨大影响。尼采对教育的影响在20世纪初期开始发挥作用。他受到那时以来的教育思想家的关注。

尼采对教育哲学的重要意义通过对他的更大的哲学研究课题的赏析和发生于19世纪上半期的变化可以得到更深刻的理解。在尼采的全部事业中，他深深关注由于日甚一日地重视物质财富和舒适超过了重视文化和社会的发展而导致了智慧生活的停滞和社会的四分五裂。他的文化批评的动力是他所看到的教育的衰落、有增无减的学术的专业化和日益强化的国家对教育和文化的控制。在19世纪前半期中德国的中学和大学都经历了某种程度的革命。③旧的法学、医学、神学的专业学位的首要地位受到了人文学科和自然学科的挑战。不幸的是，凡是人文学科或自由学科曾因为真正关心人类理解力的发展而被人们追求的地方，现代学术的性质促进了一种竞争性的学术工作的态度，这种态度将地位和名望置于更中心的角色，而这正是尼采感到与真正的教育目标背道而驰的。这种态度的结果不仅增加了不同学科之间的分裂，也增加了每一学科内部各专业之间的分裂。尼采在巴斯勒大学开学典礼的演讲中，称他的学科是血与骨的混合物，或者换言之，它是给予生命而在死后仍存的东西。他描述语言学包含了最多样性的兴趣和技巧，要求他的同事抵制日益增长的把古代理想化的倾向,他认为那是过度专业化本身的结果,是寻求"真实"的古代作为文化和社会进步的样板的结果。直到 1867 年为止,尼采早期作品的主调是灰心丧气,这种心态促使他去发展能适应他的目标的教育哲学。在这一时期过后,他变得关心于状况的恢复,这导致他发挥他的著名的批评方法:系谱分析和重新构建。只要尼采理解这些消极力量在社会中的发展和扩散,教育就在他的整个哲学课题中取得中心地位。

尼采教育哲学的基础是"更高的"文化和"真正的"教育的概念。他把当时的文化描写成为市侩文化。这种文化的特征表现在他所认为的浅尝辄止的倾向。他在他出版的四本《不合时宜的沉思》的第一部《大卫·施特劳斯:忏悔者和作家》中最猛烈地攻击这种倾向。在这篇散文中,他认定市侩文化是"完整哲学"的创立者,这种完整哲学的唯一条款是一切都必须照旧,任何事情都无论如何不能伤害那种"合理的"和"真正的"文化,即市侩文化。④他的观点是,当学术努力受到那些很少或没有远见和首倡精神的人规定时,教育就变成灌输一堆事实而不是发展人类理解力的过程、没有生气的过程。尼采论证说,这种状况部分地是语言教育衰落的结果。过分强调在某一学科内部的专业化的兴趣,其代价是牺牲学者以明确有力的精确的态度表达他(她)自己的结论和贡献的能力。尼采将语言置于教育中心地位的观点首次向听众发表于 1877 年在巴斯勒大学所作的以《我国教育制度的未来》为题五次系列演讲中。在这几次演讲的过程中,尼采提出了一个"德国教育制度的错误"的纲要,他论证说,教育由于从属于国家而堕落了,而且变成由两种有害的力量所组成,它们联合起来,摧毁教育,从而也摧毁文化;既尽最大可能扩展教育,又把它变得狭隘,削弱它。⑤他认为应强调严格的教育和严格的指导,更明确地说,必须给学生以工具和指导,以发展他(她)自己的能力,而不是将一个供模仿的偶像交到他手上。尼采教育哲学的终极目标和他的整个哲学体系一样,就是通过造就真正的个人或他所谓的更高类型的人类来发表真正的文化,因为通过造就这种个人,社会全体就会是健全的并收获最珍贵的回报。

从本质上说,尼采的教育哲学是与未来有关的。他尖锐地批评了现代社会的价值观,认为这种价值观应对现代意识的混乱和分崩离析负责。除非进步是对过去进行批判性评价的结果,他不懂得有什么进步,这里指的是文化的人类的进步。要做到这一点,有赖于确定什么东西因其对个人继续发展因而通过个人对整个社会的发展具有有用的、有益的性质而应当被保留下来。按照尼采的意见,教育的目标就是造就真正的文化和"更高的品位","自由精神",最终造就出"超人"(Overman)。"超人"就是有能力自己确定什么东西有价值,什么东西没有价值,而不依赖于对传统的教条式接受的个人。生活的最高形式就是完全的真人,这种真人理解他作为作者的幻象和必要的虚构故事对他是适合的,但并不是每个人都能在同样的条件下以同样的方式达到同样的思想活跃的状态。尼采认为,现代社会的特征可以说就是缺乏真实性。追求越来越多的物质财富和舒适的驱动力产生了与之相应的结果,它反过来又促进了包括教育在内的文化的停滞不前。这种相应的结果造就了一种愿望,更使每个个人赋予同样的事物以同样的价值,从而彻底消除个别性。这是尼采所反对的最重要的态度之一,因为它的唯一后果是虚无主义:认为既然每件事对每个人都有同样的价值,因而没有什么东西有任何可以评估的价值。显然,正是在这里尼采的教育哲学才具有最重要的意义,因为他主张教育的目的与社会的目的是相同的,因此,如果社会认为任何事情都没有可以评估的价值,从发展和进步的意义上说,教育也同样变成了没有意义的东西。为了反对这种虚无主义,尼采强调,一方面通过自省和对自己的"真正教育者"的批评性分析,另一方面通过练习重建个人判断价值的能力从而重建社会判断价值的能力的坚强而严格的教育制度来形成真正个人的重要性。这种形式的教育目标的达成就是赋予我们所建立的社会以意义或证明它的合理性。

  从定义上说,"真正的"教育不是每个人都能达到的领域,它是为少数人所有的。大多数人或者说百姓,需要一种不同形式的教育,但那是一种不应当看做是价值更少的教育,因为它也允许那些个人达到可能达到的最高水平的真实性。尼采的论据是,完全的真实性需要牺牲并以罕见的规模承担义务。对尼采来说,能够说得上已经达到"更高类型"状态的人是极少数的个人,而且那也是偶然的,还没有超人"在地球上行走过"。这种情况不要误解成为世袭的贵族制度,因为当他说"高贵"(Noble)时,尼采不是说的狭义的字 Von⑥(指贵族的社会地位、身份——译者注),他说的是精神和智力上的贵族,那就是说,任何一个追求更大真实性的人应该都有可能得到那种发展的手段。所以,重要的不是一个人与生俱来的权利,而是信心、态度和兴趣。尼采认为,一个社会的这种更高类型的兴趣与对整个社会的关心是一样的。这个观点就是,我们和我们的最伟大的榜样一样伟大,在那个意义上,他们证明我们是正确的。例如,恺撒、伯里克利或拿破仑,作为他们的社会的最高价值的榜样,与罗马、雅典和法国的最高价值是一致的。对尼采来说,判断一个社会的依据是它的教育目标的性质以及达到那种目标的坚持性。在这种教育目的基础上,社会的政治和经济结构就会以更真实的态度朝着其自身的发展开动。如果这种关系被颠倒,进步变成经济增长和技术提高的同义语,反过来,这种情况又会使与真正的个人和真正的社会背道而驰的拉平效果永久化。

虽然尼采生前在知识界只处于边缘的地位,在他死后,他的影响却稳步增长。这种情况的主要原因之一是他的哲学反对分析和分类的规范研究方法。事实上,对他的哲学的一些最强烈的凌辱和误解应由这种方法负责。也许这种误解中最有意义的是纳粹分子为了辩护他们的可恶的方针和政策的正当性的目的而扭曲了尼采的一些关键概念。尽管尼采的确仅仅写了三本专门论述教育问题的著作,但是,如果认为这些就是他的全部教育哲学,必将陷入他致力于纠正的目光短浅。从他14岁时的第一本自传起,直到他最后著作,教育在尼采的著作中一直是一个中心课题。他对教育的探讨来自于现代教育制度刚刚形成的时期,它一直是警世钟。虽然在他生前不幸地被忽视,但他的著作愈来愈被公认为是他以非凡的智力去研究的课题中的重要著作。他的思想对20世纪的存在主义、批判的文学理论和后现代主义有着重大的影响。时间丝毫没有削弱他的方法、他的分析和他的结论给予人们的启示。

注　释

① *The Will to Power*, translated by W. Kaufmann and R. J. Hollingdale, New York: Vintage Books, section 942, 1967.
② F. Ritschl quoted in F. A. Lea, *The Tragic Philosopher*, London: Methuen & Co. Ltd, p. 30, 1957.
③ 参见本书中的"洪堡"。亦参见 *Die deutschen Universitäten und das Universitätstudium*, by Friederich Paulsen, Berlin pp. 60－77, 1902。
④ "David Strauss: confessor" and writer in *Untimely Meditations*, translated by R. J. Hollingdale, New York: Cambridge University Press, p. 11, 1996.

⑤ *Werke*: *Kritische Gesamtausgabe*, G. Colli and M. Montinari (eds), Berlin: Walter de Gruyter, Berlin, III, ii, p. 139, 1967.
⑥ *The Will to Power*, translated by W. Kaufmann and R. J. Hollingdale, New York: Vintage Books, 942, 1967.

参 考

本书中的"洪堡"、"黑格尔"。

尼采的主要著作

① *The Birth of Tragedy* (1872), trans. W. Kaufmann, New York: Random House, 1967.　② *Untimely Meditations* (1873–1876), trans. R. J. Hollingdale, Cambridge: Cambridge University Press, 1996.　③ *Human, All Too Human* (1878–1880), trans, M. Faber and S. Lehmann, London: Penguin, 1984.　④ *The Gay Science* (1882), trans. Walter Kaufmann, New York: Vintage Books, 1974.　⑤ *Thus Spoke Zarathustra* (1883–1892), trans. R. J. Hollingdale, London: Penguin, 1969.　⑥ *Beyond Good and Evil* (1886), trans. W. Kaufmann, New York: Vintage Books, 1966.　⑦ *Genealogy of Morals* (1887), *trans*. W. Kaufmann, New York: Vintage Books, 1967.　⑧ *Twilight of the Idols* (1888), trans. D. Large, Oxford: Oxford University Press, 1998.　⑨ *The Will to Power* (1883–1888), trans. W. Kaufmann and R. J. Hollingdale, New York: Vintage Books, 1967.　⑩ *Werke*: *Kritische Gesamtausgabe*, ed. G. Colli and M. Montinari, Berlin: Walter de Gruyter, 1967ff.

其他参考书

① Aloni, N., "The Pedagogical Dimension of Nietzsche's Philosophy." *Educational Theory*, 39, pp. 301–306, 1989.　② Cooper, D. E., *Authenticity and Learning*: *Nietzsche's Educational Philosophy*, London: Routledge and Keagan Paul, 1983.　③ Hollingdale, R. J., *Nietzsche*, Cambridge: Cambridge University Press, 1999.　④ Murphy, T. F., *Nietzsche as Educator*, Maryland: University Press of America Inc., 1984.　⑤ Rosenow, E., "What Is Free Education: The Education and Significance of Nietzsche's Thought", *Education Theory*, 23, 345–370, Fall 1973.

哈特

比　奈
(Alfred Binet, 1857—1911)

　　利用测验,今天已经很普遍了,甚至有当代作者根据理论观点组织专门的新测验,但是他们没有作出努力耐心地在学校对它们进行试验。他的测验是一种娱乐性的消遣,犹如一个人去阿尔吉利亚进行殖民远征,他总是仅仅在地图上前进,而没有脱下他穿的长袍。我们不太相信这些作者所虚构的测验,我们从他们的测验中得不到任何启示。我们所推荐的全部测验都经过了反复的试验,是从很多测验中保留下来的,很多在试验后被抛弃了。我们能够肯定我们在这里所提出的测验已经被证明是有价值的。[①]

　　比奈(Alfred Binet)于1857年7月8日出生于法国尼斯。他的同时代人有弗洛伊德(Sigmund Freud),早一年出生;高尔登(Francis Galton),他的《人的能力研究》于1883年出版;罗丹(Auguste Rodin),他的《地狱之门》于1880年面世;雨果,他的《悲惨世界》1862年出版;还有达尔文,他的《物种起源》于1859年出版。比奈的父亲是一名医生,但他的父母离异,他由母亲抚养。关于比奈的童年时代没有什么记载。他15岁时,母亲把他带到巴黎,以继续他的学业。在巴黎,比奈学习了法律和医学,但对两者都不满意。1878年他获得法律学位,以后又进入索邦(Sorbonne)学习自然科学。同时在他20岁左右时,他开始在国家图书馆学习心理学。后来,他成为一名没有在心理学科正式注册的心理学家,从此不再研究法律。1884年,比奈和洛尔·巴尔比安妮(Laure Balbiani)结婚,他们有两个女儿:玛得兰(1885年生)和艾丽斯(1887年生)。

　　1883年左右,比奈被介绍到巴黎的一家医院萨尔培特里(Salpètrière),那本来是一家火药工厂,路易十四把它改为一家医院和贫民收容所。正是在萨尔培特里,比奈结识了让·马丹·夏柯(Jean-Martin Charcot),在那里建立了当时最大的神经病诊所的一位医生、教授。麦柯和他的诊所闻名全世界并吸引了比奈和弗洛伊德等人。癔柯和他的同事所从事的研究途径之一是处于催眠状态之下的癔病。比奈在1880年代参加了这种研究，他热心地参与出版上的争论，包括萨尔培特里的研究人员和来自南希市的南希学院的研究人员之间的争论。比利时的数学家德尔贝(Joseph-Remi-Leopold Delboeuf)也批评来自萨尔培特里的研究结果，包括比奈和查理·费尔所进行的一系列研究。

根据沃尔夫(Wolf)[②]的描述，这场争论的中心是比奈和费尔是否像他们所主张的那样对进入催眠状态的病人的被诱导的现象进行了实验观察，或者说，他们是否仅仅观察了易受暗士的结果，这种结果包括将身体一侧的催眠诱导的麻痹转移到另一侧去，将催眠诱导的情绪表现根本上从笑改变为哭，这一切仅仅是靠用一块磁铁放置在靠近身体的关键部位。德尔贝在观察了研究人员在被催眠的病人面前讨论他们的预期以后，同意南希学院的观点，即认为结果是由于暗示。结果证明，德尔贝是正确的，而比奈则蒙羞。然而，比奈受到的萨尔培特里经验的影响是如此之深，他后来竟出版了一本《论暗示》的著作以及其他论述这一问题的论文。重要的是，他变得在收集资料以支持自己的观点时很细心，变得对坐在扶手椅上的推理持怀疑的批判的态度，如本文开头时的格言所暗示。

大约1890年以后，比奈已经在观察他的两个女儿玛得兰和艾丽司并作记录(他在公开发表时称她们为玛格里特和阿芒得)。婴儿传记在那时并非不常见，他的研究并不完全适合于婴儿传记模式，因为它们更多是实验的。他观察、提问、分析他的孩子们的行为和反应的经验，似乎影响到他关于个性差异、智力和怎样测量智力等方面的思想。他的著作有点预示了瑞士心理学家皮亚杰的观点，包括数目守恒(Conservation of number)。事实上，在1900年，皮亚杰与比奈的最亲密的合作者之一西蒙(Thèodore Simon)共同工作，肯定知道比奈的著作。

1891年，比奈在新建的索邦实验心理学实验室志愿服务。他在1894年成为医生，他在这个岗位上一直到1911年去世。1894年他和亨利·波尼(Henri Beaunis)创办了L'Annee Psychologique(心理学年报)，它一直是法国主要的心理学杂志。他的很多作品发表在年报上，包括他与西蒙合写的关于智力的论文。比奈同情心理学的奉献精神和赤诚的程度表现在这样的事实上，他有独立的收入，他在萨尔培特里或索邦的职位是没有工资的。

比奈积极研究多得令人吃惊的各种领域,而且对很多年以后的问题进行了前瞻性的研究。例如,1894年和杭内渠(L. Fèlix Henneguy)合写一本书叙述超凡的心算者和棋手。假如是认为思想即是映象的争议,比奈特别感兴趣于将一个不利用视觉印象的计算者和一个依靠视觉印象的计算者作对比。这本书也叙述了熟练棋手的思想。此外,比奈出版的书籍课题多种多样,诸如单调乏味的记忆、目睹的证据、智力、恐惧、偶像、催眠、笔迹分析、暗示性、创造性写作和与社会的影响一致。

虽然比奈论智力的著作在全世界产生巨大影响,但他在其他方面的研究的影响就小得多。为什么？正如齐格勒(Siegler)所写:"用经济学的术语讲,比奈的产品强劲,而他的市场脆弱。"③比奈对旅行或出席会议不感兴趣。似乎他没有离开过法国去出席任何一次会议,也可能没有出席过在法国举行的会议。④他在54岁就去世也是一个因素,他简直没有活到足够长的年龄以超越其他活得更久、写作更久的人。

当比奈正发挥他关于智力的观点时,其他科学家如高尔顿(Francis Galton)和卡提尔(James MeKeen Cattell)正试图发现是否可通过物理的和心理——生理学的测量方法对智力的特性进行测量——包括对头的周长、反应的时间、视觉的敏锐度、辨别颜色的能力等等。比奈也从事这样的研究,但是他相信智力的测量需做更复杂的艰苦工作。在1896年的一篇论文中,比奈和亨利(Victor Henri)表示惊奇,其他研究人员都是用"简单的方法"试图测量智力,他们说,"更高级的方法"还有待开发。

1899年,比奈参加了 La Sociètè Libre pour I'Etude Psychologique de I' Enfant(儿童心理研究自由学会)。1904年,法国公共教育部任命了一个"弱智儿童教育委员会"。委员会的成员包括来自"学会"的4位会员。比奈是4位会员之一。委员会的使命是制订一套诊断智力缺陷的方法,以便精确地预知谁将享受正规教育,谁需要另一种形式的教育。这正适合于比奈现在想理解儿童智力的个别差异。与西蒙合作,比奈于1905年⑤⑥设计了一套成为比奈—西蒙量表的包括30个作业题的测验。修订版在1908年⑦和1911年⑧发表。其中的项目包括这样的作业:如区分早晚、照画几何图形、数钱、重复说出数字、按轻重不同顺序放置重物、理解一个构造复杂的句子、三分钟内说出60个单词、说出不同的抽象词之间的差异

（例如：闲着和懒散有什么区别）。比奈、西蒙将作业按年龄分级。给7岁的孩子以7岁的作业。如果他（她）胜利完成了，就给他8岁的作业。如果不能完成，就给他6岁的作业。用智力年龄作为选择的标准和测量项目，被认为是比奈、西蒙的创造性的贡献。⑨

比奈—西蒙量表是由一个训练有素的测量者个别地进行的并被指定用于儿童的测试。比奈在回想起他关于暗示性的经历，比奈和西蒙提出警示："一个没有经验的测试者不懂得言语的影响，他说得太多，他帮助了他的被测试者，使他跟随测试者的暗示，而没有意识到这样做也就给予了帮助。他扮演了教师的角色，而他本来应当仍然是一个心理学者。"⑩当比奈主张试图测量与教育无关的天生智力时，他的著作表明他清醒地理解到社会条件对这些测验的影响。

在美国，比奈—西蒙量表被亨利·戈达（Henry Goddard）引进并加以推广。台尔曼（Lewis Terman）在经过数年的发展后于1916年发表了斯丹佛—比奈量表。在一个有趣的脚注中，比奈、西蒙指出，当他们的量表被译成英语时，有些句子被批评为过于令人可怕而作了修改。例如，比奈、西蒙写道："我们特别提到，在一次造成48人死亡的火车事故中那位被碾成碎块的妇女，而责任人自杀了。看来，这些故事对美国青年似乎很恐怖。而我们巴黎的青年嘲笑他们。"⑪关于科学输入的事实是，比奈和西蒙坚持认为，修改和翻译的句子必须经过实验的测试而不能设想其为正当。这是心理测试研究的一个领域，这已愈来愈被现代学者所公认。

比奈和西蒙在他们的著作中对个别测试项目的记分提供了指导，使儿童按年龄记分、超过年龄多少年，落后于年龄多少年。德国心理学家威廉·斯滕（William Stern）在1911年介绍了这种观点，划分儿童的智力年龄和自然年龄，以得出"智商"。台尔曼和他的助手将智商乘于100，以清除小数点，形成了众所周知的"智商"（IQ）。

比奈很可能被这种窜改所打扰，因为他不惬意于用一个简单的数字描述一个人的智力。他相信智力太多方面，太复杂。他感兴趣于儿童能够做或不能做的特殊的事情。比奈还反对认为智力代表了相对固定的遗传特性的观点，例如他写道：

"当少数现代哲学家主张一个人的智力是一个固定的量而不能增加时，他们似乎将他们的道德支持借用到支持这些可悲的论断。

我们必须抗议和反对这种蛮横的悲观主义,……经过实践、训练等方法,我们能够提高我们的注意力、我们的记忆力、我们的判断力。不加夸张地说,变得比以前更聪明。"⑫

比奈的遗产以不同的方式继续存在,例如从比奈—西蒙量表派生出来的斯丹佛—比奈量表直到引入威西勒(Wechler)量表以前一直在个人的智力测验中占主导地位。1986年发表了斯丹佛—比奈量表的第4次修订版而继续成为主要的测验手段。比奈的描述自然年龄和认知能力之间的关系的功能增长概念预示了现代智力测验的模式项目反应理论(Item Response Theory)。最后,今天的特殊教育和天才教育计划都使人想起比奈检查儿童能力个别差异的尝试,从而为它们提供了一个恰当的教育经验。

注　释

① Alfred Binet and Théodore Simon, trans. Elizabeth S. Kite, *The Development of Intelligence in Children*, Baltimore: Williams & Wilkins Company, 1916; reprinted New York, Arno Press, 1973.
② Theta H. Wolf, "Alfred Binet: A Time of Crisis", *American Psychologist*, 19, pp. 762 – 771, 1964.
③ Robert S. Siegler, "The other Alfred Binet", *Developmental Psychology*, 28, pp. 179 – 190, 1992.
④ Siegler (1992, p. 181).
⑤ Alfred Binet and Théodore Simon, "New Methods for the Diagnosis of the Intellectual Level of Subnormals", *L'Année Psychologique*, 12, pp. 191 – 244, 1905; reprinted in Binet and Simon, *The Development of Intelligence in Children* (see note 1).
⑥ Alfred Binet and Théodore Simon, "Application of the New Methods to the Diagnosis of the Intellectual Level Among Normal and Subnormal Children in Institutions and in the Primary Schools", *L'Année Psychologique*, 12, pp. 245 – 336, 1905; reprinted in *The Development of Intelligence in Children* (see note 1).
⑦ Alfred Binet and Théodore Simon, "The Development of Intelligence in the Child", *L'Année Psychologique*, 14, pp. 1 – 94, 1908; reprinted in *The Development of Intelligence in Children* (see note 1).
⑧ Alfred Binet and Théodore Simon, "New Investigations Upon the Measure of the Intellectual Level Among School Children", *L'Année Psychologique*, 17, pp. 145 – 201, 1911; reprinted in *The Development of Intelligence in Children* (see note 1).
⑨ Arhur, R. Jensen, "Individual Differences in Mental Ability", in John A. Glover

and Royce R. Ronning (eds), *Historical Foundations of Educational Psychology*, New York: Plenum Press, pp. 61-88, 1987.
⑩ Binet and Simon, *The Development of Intelligence in Children*, p. 44 (see note 1).
⑪ Ibid., p. 274 (see note 1).
⑫ Binet (1909). 引自 Siegler (1992, p. 183). 自 *Les idées modernes sur les enfants*.

参　　考

本书中的"达尔文"。

比奈的主要著作

① Binet, Alfred, *La suggestibilité*, Paris: Schleicher, 1900.
Binet, Alfred, *Modern Ideas about Children*, trans. S. Heisler (originally published in Paris, 1909 as *Les idées modernes sur les enfants* by Flammarion).　② Binet, Alfred, and Henneguy, L. *La psychologie des grands calculateurs et joueurs d'échecs*, Paris: Hachette, 1894.　③ Binet, Alfred, and Simon, Théodore. *The Development of Intelligence in Children*, see note 5 (includes Binet and Simon's articles from L'Année psychologique in 1905, 1908, and 1911 describing the intelligence scales).

其他参考书

① Fancher, R. E., *The Intelligence Men: Makers of the IQ Controversy*, New York: Norton, 1985.　② Pollack, R. H. and Brenner, M. W. (eds), *The Experimental Psychology of Alfred Binet: Selected Papers*, New York: Springer, 1969.
③ Reeves, J. W., *Thinking about Thinking*, New York: Dell, 1965.　④ Siegler, R. S., "The Other Alfred Binet", *Developmental Psychology*, 28, pp. 179-190, 1992.　⑤ Wolf, T., *Alfred Binet*, Chicago: University of Chicago Press, 1973.

伯尔金　伺则克

涂尔干
(Émile Durkheim, 1858—1917)

我们永远不要看不见一个事实:班级是一个小社会。①

在对教育研究作出过贡献的各种学科如哲学、心理学这样一些学科中,最后登场的是社会学,至少在英国,原因之一是社会学迟迟才被承认为值得赞扬的大学学科。表明社会学对教育研究的价值的先行者是1858年出生于罗兰省的埃皮纳(Epinal)的涂尔干(Émile Durkheim),他可以真正地被称为教育社会学之父。这种主张的部分原因是他为在法国科学院创建他所定义的社会学作为一门科学所作的贡献。在他以前,孔德(1798—1857)和普拉伊(Frédéric Le Play,1806—1882)写过关于社会学的论文,但他们的著作没有被大学承认,而后来的涂尔干社会学得到了承认。另一个因素涉及各级教师的培训。从法国革命时代起,它在法国就比以前、例如在英国受到更认真的对待。在英国,教育学院只是在19世纪后期才建立起来。法国的学院、师范学校和高等师范学校是在拿破仑时代创办的。从1887年涂尔干去波尔多大学作讲师的时候起,直到他去世,当他在索邦大学当教授时,他讲授教育学。在讲授教育学时,他还出版了大量关于社会学的专著和论文并出版一本很有影响的杂志,*L'Année Sociologique*②(《社会学年报》)。令人十分感兴趣的是,该杂志从来没有刊登过一篇论教育的文章,几乎所有他论教育的著作都是在他死后发表的。

虽然他觉得讲授教育太多妨碍了他对社会学本身的研究,他充分认识到教育对任何社会继续生存的最高的重要意义。最广义的教育从人类社会开始时就存在了。所以教育是作为一个不断前进过程的社会的不可缺少的组成部分,因而它也是明显的社会问题。所以社会学对于教育理论的重要性也正如同当时以个人为基础的(因而也是以心理学为基础的)更普遍的研究,如在斯宾塞那所看到的那种研究同等重要。

基本上,涂尔干把教育看做社会化过程的一部分。孩子刚一出生并为他在社会中过成人生活作准备时教育就开始了。一个人是由于生活在社会中而形成为人的。每个社会要进行运转都需要有其同质性,教育的任务就是提供集体生活所要求的东西,把个人造就成真正的人。有些人可能争辩说,社会化是没有止境的,但在涂尔干看来,对大多数实践者来说,教育所指的是集中在儿童在学校受教育以及也许在大学受教育的时期。他反对一种观点,即认为教育有改变社会的任务,不要教导年轻人去完成这一任务。但是,他们也不是国家的意识形态的玩偶。他主张,要把每个孩子看做是一个个人,他是教育的结果,他(她)要在社会内部达到他的自主性。这就是他的自由人道主义的基本意识形态。他坚持说,教育的真正功能首先是凸显出并发展我们人人都有的人性的种子。他强调的一点是教育之所在就是个人与社会相适应。

他对后来初等学校教师的影响是巨大的,他没有教过小学生,但使他们成为门徒(卢克斯,1973年,第369页)。在留传给我们的所有演讲稿中,没有哪一次演讲比给未来初等学校教师的演讲更引起争议、更重要。演讲集,正如它的书名《道德教育》(1925)所暗示的,集中讨论教学技巧问题的分量没有讨论范围更宽广的问题那么多。总之,涂尔干阐释了教育工作者应采取的政策,作为一个相信最高尚的人类行为是道德行为的人,他感到必须表明,灌输不是以传统宗教为基础,而是以理性的俗世的人道主义为基础的道德教育是必须履行的责任。这完全与第三共和国的意识形态相一致。为了取代天主教对社会生活的压制,他根据政府的方针,要法国数千个农村的男女教师在教育年轻人中承担起 Curé(天主教教士)的职责。显然,天主教反对这种接管。然而,涂尔干在一点上与天主教是一致的,他认为教导俗世道德的问题要找到某种近似于传统宗教的权威。他充分了解宗教与道德的密切关系,前者给予后者以神圣的基础,从而给予了一个传承的权威。俗世道德有双重任务,既要证明道德观的正当性,又要说明道德改变的理由。在承认这些问题时,涂尔干表明,他不是旧式的反宗教的理性主义者。

涂尔干认为,道德的实际内容是相对的,每个社会都有适合于它自身需要的制度。但是一个孩子是怎样把一种制度看做是有权威性的、要求尊重、服务和忠诚的呢?必须履行的责任在哪里?对涂尔干来说,回答是在于他认为实际上是神圣的或半神圣的社会之中。是否像某些批评者所断言的那样,儿童是否能理解这样的观念,这种观念是否会导致对国家的崇拜呢？涂尔干强烈否定这种崇拜。但是作为一个出身于犹太教教士家庭的无信仰的犹太人,他认为他的更进一步的答复是为教授道德而努力构建一个"宗教的/俗世的"基础。在事实上已经产生并取代了天主教和新教的一种新的人道主义宗教中就可以找到这个基础。这是个人的崇拜。在这里,很多人会认为他是今天所发生的事的预言者,但有些人可能质疑个人崇拜是否就是宗教这个词普遍承认的意义上的人在起作用的宗教。

他认为,人道主义或个人崇拜不证自明地与科学有关。在1870年与德国的灾难性战争以后,人们感到法国教育制度需要像德国那样改变成一个更具科学性的制度。由于哲学上和实践上的原因,涂尔干似乎与他经常强调科学在学校课程中的重要意义一样,将科学看做是知识的关键。虽然他自己精通古典著作,他对它们在学校和大学中的重要性估价不高。他对由于具有给予想象以太多余地而贬低现实的倾向的艺术持否定态度。③在第一次世界大战时期的作品中,涂尔干对法国教育制度在教育它的士兵以对国家,对人类的崇高义务感方面所取得的成就感到满意。

涂尔干认为,应当把课堂看做一个雏形社会,儿童在其中相互影响,相互发生联系。学校和课堂是社会的反映。然而,在某种意义上,尽管课堂有这种社会性质,但决不要把它看做成人社会的完整的镜子,因为在学校和课堂中存在着教师与学生的特殊关系和那种关系中的一种权威,而这种权威在更广阔的社会中是不存在的。例如,在涂尔干的眼里,小学生没有民主权利,儿童必须服从父母的权威和教师的权威。

社会和学校都对犯规者给予惩罚,但这里是有区别的——在社会中,惩罚的宣判通常要在一定时间。在学校中惩罚是更为及时的,当然那里的惩罚也并不是像广阔的社会那样严厉。纪律对于社会和学校都是需要的。虽然涂尔干是位清教徒和禁欲主义者,但他强烈反对学校中的体罚。他认为体罚是卑劣的,失去人性的。④这就是真正的人道主义。然而,他承认,当儿童到达7岁时,体罚对儿童是有益的,因为他相信这是他们能够理解的唯一"语言"。儿童生来就是利己主义的——幼小的动物——不能回应理性的论证:真是弗洛伊德的影响？没有天生的任何东西暗示儿童在本性上是道德的。在儿童教育问题上,涂尔干深受卢梭的影响。在他强调周围的现实的深刻要求中,他对卢梭强调事物和天性是儿童教育中心的观点很感兴趣。他称赞卢梭的自由观。

涂尔干强调历史对理解教育实践、教育政策和教育制度的重要性。他不情愿地做的演讲《法国教育的演变》(*L'Evolution Pèdagogique en France*, 1938)在其历史的——社会学的探讨上是有权威性的。它们是打算在公立中学或大学从事教学工作的人们的必修科目。这些备受忽视的演讲中他的中心是探讨从早期教会到现代欧洲这个时期。他的目的是评论各种教育政策得以通过的复杂的情况。他说明了教会在贯串于各个时期的教育中的重要作用以及它的政策在各个世纪的变化。很多争议都指向以各个时期的文化变迁为背景的古代世界的教育理想和教会教育理想之间的冲突。涂尔干特别批评鼓励为知识而知识的教育目标以及耶稣会派所支持的以雄辩术为基础的教育理想。事实上,在给予法国教育理想和文化的持久影响上耶稣会派取得了成功。教育必须与现实联系,与社会的幸福联系。所以,尽管学生在进入大学时没有直接的职业上的关心,但专业化正是他们在大学时开始的,他们开始为使自己将来成为医生、教师、科学家、作家等也正是当他们在大学的时候。知识和教育都是对人类有益的,它意味着与实在的社会面对面地接触,意味着承认科学和科学方法的成就。涂尔干在他的具有革新精神的著作中指出,大学界的变迁的原因不是由于简单的、单一的因素,而是在各个时期起作用的各种因素结合的结果。这些因素包括宗教、政治、经济等等。这样一种分析包括各个思想家和政策制定者如阿伯拉德、夸美纽斯和拉伯雷。

涂尔干对教育研究的贡献没有得到应有的承认。虽然社会学在这种研究中现在已取得公认的地位。用学生使用的语言的词语说,学校的偏见的问题被英国的伯恩斯坦(Basil Bernstein)所发展。然而美国的柯尔伯格(Kohlberg)攻击涂尔干关于道德教育的态度(参看 Walford and Pickering,1998 年,第 4 章),而杜威及其心理学探索仍然是教育社会学研究的反对者(同上书第 10 章)。然而涂尔干的与众不同的观点的力量正缓慢地得到承认。

注 释

① Durkheim (1925, pp. 171—172). 英译本, 1961, p. 150.

② 该刊始于 1898 年,终刊于 1913 年。第 2 辑和第 3 辑在涂尔干去世后仍在出版。
③ 涂尔干强调严肃的生活,有一点娱乐是社会的幸福所必需的,但不能占主导地位,生活中充满困难,必须以对现实的清醒认识去对付,所以,一切知识的培育都是为此目的。
④ 在当时的法国,偶尔有关于性教育的公开争论,两方讨论的都是儿童性教育问题和一夫一妻制婚姻的必要性,涂尔干支持天主教和新教的观点。

参　考

本书中的"夸美纽斯"、"杜威"、"卢梭"、"伯恩斯坦"。

涂尔干的主要著作

① *Éducation et sociologie*, introduction by Paul Fauconnet, Paris, Alcan, 1922, trans. S. D. Fox, *Education and Sociology*, Chicago: Free Press, 1956.　② *L'Éducation morale*, introduction by Paul Fauconnet, Paris, Alcan, 1925, trans. E. K. Wilson and H. Schurer, *Moral Education: A Study in the Theory and Application of the Sociology of Education*, edited, with an introduction, by E. K. Wilson, New York: Free Press, 1961.　③ *L'Évolution pédagogique en France*, 2 vols, Paris: Alcan, 1938.　④ *The Evolution of Educational Thought in France*, trans. P. Collins, London and Boston: Routledge and Kegan Paul, 1977.　⑤ Lecture, "L'Enseignement de la morale à l'école primaire", 1991 in Pickering 1995.

其他参考书

① Cardi, F. and Plantier, J. (eds), *Durkheim, sociologue de l'éducation*, Paris: L'Harmattan, 1993.　② Filloux, J.-C., *Durkheim et l'édcuation*, Paris: Presses Universitaires de France, 1994.　③ Lukes, S., *Émile Durkheim. His Life and Work: A Historical and Critical Study*, London, Allen Lane, 1973; new edition, London: Penguin, 1992.　④ Pickering, W. S. F. (ed.), *Durkheim: Essays on Morals and Education*, London, Boston and Henley: Routledge and Kegan Paul, 1979.　⑤ ——"Durkheim and Moral Education for Children: a Recently Discovered Lecture", *Journal of Moral Education*, 24(1), pp. 19–36, 1995.　⑥ Walford, G. and Pickering, W. S. F. (eds), *Durkheim and Modern Education*, London and New York: Routledge, 1998.

皮克仁

库 帕
(Anna Julia Haywood Cooper, 1858—1964)

我们的立场是人类的团结,生活的完整,不论是对性别、种族、国家或境遇的特别偏爱都是不自然的、不公正的……而且主张……不要等到种族、肤色、性别和境遇被看做是偶然的意外而不是生活的本质;不要等到人类对生活自由和追求幸福的普遍权利被承认是一切人不可分割的权利;不要等到那时妇女受到教育、妇女的事业取得胜利……不是白种妇女,也不是黑色妇女,不是红色妇女的事业,而是在强大的邪恶势力之下默默地痛苦不安的每一个男人和女人的事业。[①]

库帕(Anna Julia Haywood Cooper)的生平和著作代表了她作为教育家、女权主义者、历史学家、语言学家、学者、社会活动家和作家的"声音"(Voice)。她也被她所扮演的许多角色描述为人权提倡者、演讲家、校长、教授、学者、大学校长和作家。此外,她是著名的黑人女权运动之母。她关于教育、平等、女权、种族等问题的思想和著作对 19 世纪后半期直到 20 世纪中期非洲裔美国人提供了深入的洞察。因为库帕的"声音"在 21 世纪开始时仍显得有现代意义,要真正理解她的生平和事业,就必须理解她的事业在其中展开的社会历史背景。

安娜·朱莉·赫依伍德·库帕于 1858 年出生于北卡罗来纳州的拉雷(Raleigh)。在一篇简短的、没有注明日期的私人出版的自传中,她回忆起"我的母亲是一个奴隶,她是我所知道的最好的女人,虽然没有受过教育,她能阅读圣经,会写一点东西"。可以设想,他的父亲是她的母亲的白人主人乔治·华盛顿·赫依伍德(George Washington Haywood),是一个其庞大的家族聚集了大量财富和土地、几代人都在阿拉巴马、北卡罗来纳和田纳西州拥有奴隶和进行奴隶买卖的人。库帕完全了解她的混合种族血统,她并不将它的出现幻想化,她通过与一个赫依伍德亲属的通讯,于

1934年确认了她的父亲。

在库帕幼年时代,她从母亲那里学到了一些重要的功课,为她一生的事业打下了基础:"对家庭和社区中其他人的责任,抵制种族、阶级和性别压迫的策略,和她对上帝的仁慈的坚定信心。"②

在库帕出生以前,有一本关于种族隔离和排斥非洲裔美国人学文化受教育的法律的历史书已经出版。然而,据库帕的传记作者路易·哈经逊的记载,在1867年库帕8岁时上了圣奥古斯丁师范学校,并加入了联合教会的学校,那是拉雷的赫依伍德家族所有的建立在110英亩土地上的一所宗教学校。圣奥古斯丁师范学校是圣公会建立的,目的是为获得自由的非洲裔美国人提供师资训练和培训牧师。库帕获得一笔奖金进入该校,她天真地把它看做是她的生命的中心。库帕后来在传记中回忆道,作为一个早熟的孩子,"我贪婪地注视着呈现在我面前的一切,……而且……期待着更多的东西。我常常感到(我设想每一个有志气的女孩都曾感到过)一种任何外来的召唤都无可比拟的来自内心的震撼"。③10岁时,库帕开始教其他学生,部分地生活自给。从1871—1887年,库帕和另一名早期入学的学生珍·托玛斯一道受雇在圣·奥古斯丁学院任教。

当库帕争取修习专为男人开设的课程的权利取得胜利时,她作为圣·奥古斯丁学院的一个学生的经历预示了她终身对平等女权和非洲裔美国人享受高等教育的权利的信奉。她选修了专为对教会工作有兴趣的男人开设的古典教育课程。然而,当学校的课程改变和重组,以便为有志于教会工作的男人开设希腊语的课程时,库帕向新任校长斯半底博士(Dr. Smedes)提出抗议。她争辩说,该课程也应向女性开放。事实上,她说:"在他(Smedes)的学校里向一个女孩子开放的唯一的使命就是为报考者中的一个女孩子证婚。"④去争取妇女权利和追求非洲裔美国妇女接受高等教育的许多战斗取得第一个回合的胜利后,库帕获准进入乔治·A. C.库帕所教的班级。后来,在1877年6月21日,安娜·赫依伍德嫁给了乔治·库帕,她是来自英属西印度群岛(拿骚)的移民,职业是成衣匠,他(她)们相遇时,他正在准备成为新教圣公会的牧师。在乔治得到任命后,这对年轻夫妇一面在圣奥古斯丁学校任教,一面继续学习。然而,两年后,乔治意外地去世。安娜从未再嫁,继续在奥古斯丁学校任教,直到完成她的学业。

安娜·朱莉·库帕从她在圣奥古斯丁学院的经历中也学到了很多生活中的教训,包括对美德的信奉和不妥协的信仰。正如她的著作、社会服务和个人成功所证明,她仍然热情地终身献身于每一个这样的理想。作为一名寡妇,社会习俗规定了安娜可以追求她的人生之梦——做一名教师。尽管她有学术上的杰出才能和独立性,她在寻求更高一级的教育时还是受到了强力的阻拦,因为准许非洲裔美国人入学的学院和大学很少,准许非洲裔美国妇女入学的更少。安娜大胆地写了一封鼓舞人心的入学申请的信给奥伯林(Oberlin)学院的院长费尔契尔德(Fairchild)。她选定奥伯林学院是因为它在基督教信仰支持下招收非洲裔美国妇女入学,并提供半工半读奖学金的资助。安娜的强有力的学术背景使她获准进奥伯林学院二年级就读。在那里,她结识了另外几位非洲裔美国妇女玛莉·邱吉(Terrell)和艾达 A. 吉布(Hunt),她们也是打算成为社区工作者、非洲裔美国人享受高等教育和人权的提倡者,这些妇女已注册在奥伯林可以得到学士学位的"男士课程",或曰古典主义课程。课程计划包括拉丁文、希腊文、现代欧洲语文、文学、哲学、科学和高等数学。这些课程要求学生进入三个班级。然而安娜常常要求允许她进入第四个班级(四年级)。

她 1881 年在奥伯林学院入学,1884 年毕业时获得数学理科学士学位。在学习之外,安娜还在奥伯林专科学校给白人学生教高等代数。毕业以后有不长一段时间在威伯福斯(Wilberforce)教法国文学、德国文学和科学,直到后来回到圣·奥古斯丁学院任教,建立社区资助并资助她的年迈的母亲。三年以后,安娜·库帕回到奥伯林学院,攻读并获得硕士学位。当安娜在奥伯林学院时,她的生活受到她的导师的重大影响,她后来承认他们对她的思想的贡献和影响。她后来写道,"激发了我的信念,鼓舞了我的希望,深化了我对服务生活的热爱和殊荣"。[5] 安娜·库帕的世界观从奥伯林的经历得到了提高,这些经历帮助她形成她的哲学态度,帮助她在终身为非裔美国人社区的解放和权力而战斗时进行反对种族压迫、阶级压迫和性别压迫。[6] 她在完成攻读学位后,应奥伯林的毕业生、时任 M 街学校校长的乔治 F. T. 库克(George F. T. Cook)的征名,安娜·库帕同意在位于华盛顿特区的声誉卓著的 M 街中学教数学(该校后来更名为 Dumber 中学)。

M街中学以前是华盛顿预备中学,到安娜·库帕受雇任教时,它是声誉卓著的首都种族隔离学制中的非裔美国人学院的预备学校。华盛顿特区的社会等级分明的非裔美国人社区力求保持学校的荣誉和学业成绩的优异记录,学校的行政、教师队伍和学生团体都是不成比例地一律女性。然而,学校行政和教师队伍掌管学院和学位在数量上比她们的白人同行要多些。此外,学校的行政领导、教师队伍和全体职工和非裔美国人社会以高标准的学业表现要求学生,鼓励她们的智力,争取高等教育的奖学金。M街中学开设两类课程:古典教育和职业教育。大多数学生都参加古典课程的学习。

M街中学和华盛顿特区非洲裔美国人的中产阶级社会令人吃惊地非常适合于在古典教育中有成功经历的安娜·库帕。她参加了学校的学术课程计划、课外活动计划和社区内活动计划。在学校里,她为鞭策非裔美国学生争取优异学业成绩而树立高标准,希望培养一代非裔美国人的领袖。库帕要求培养和训练出非裔美国人不仅仅是只关心自己的痛苦的领袖,而是能领导他们的社会、民族和世界走向正义的领袖。许多学者将库帕的立场比作杜波依斯(W. E. B. DuBois)的立场,称她为"女性中的杜波伊斯"。库帕和杜波依斯两人都相信,重要的问题是保证多数非裔美国人学生获得机会在学术上有杰出表现,成为民族的、州的和地方的非裔美国人社会的领袖。

作为一个有才能的教师,由于库帕的培养工作能力,很快声名鹊起,成了M街中学的校长并成功地修订、加强了学校的学术课程。她深信并鼓励学生参加古典课程。虽然她不是职业教育的强烈反对者。和她的许多同时代人一样,她了解两类课程的需要。然而,她优先让学生学习古典课程,和当时流行的认为职业教育和劳动教育是"黑人教育的标本"的观念形成强烈的对照。⑦

库帕在M街中学的任期内,很多来校参观访问的人中1904年有巴黎天主教学院的教授克来因神父(Abbé Klein);1905年有塔斯基奈(Tuskega)学院的创建者和院长华盛顿(Booker T. Washington)。克来因神父生动地描绘了他对库帕、对学校和学生团体的印象是令人鼓舞的,好学的。库帕和克来因神甫的交往对她以后的生活起了好的作用。

在库帕的教导下,M街中学的一些学生获得奖学金名额,到声誉卓著的中学后教育机构深造,包括布朗学院、哈佛·奥伯林和耶鲁。M 街中学的毕业生获得的奖学金名额比同地区的白人学生多得多。根据传记作者伽贝尔(Leona C. Gabel)的记载,库帕在 M 街中学取得的成功部分地归因于她挑选工作人员的能力,主持对学生的特殊辅导的能力和鼓励她的工作人员为学生争取奖学金的能力。⑧

库帕取得成功正值一个历史时期,那时关于非洲裔美国人的智力问题是公众争论的一部分。那时 W. E. B. 杜波依斯和布克 T. 华盛顿在哲学上和关于非洲裔美国人教育的理论正阵线分明。当地方的和学校的政策不鼓励在 M 街中学继续开设古典课程、宁愿减少古典课程、减少发出粗糙声音的课程时,库帕对这些改变是直言不讳的反对者。他于 1906 年辞去校长职务而不愿改变她的标准。辞职后,她立即离开华盛顿,去密苏里州杰弗逊市林肯大学担任现代语言系讲座的职务。她在那里待到 1910 年。辞去林肯大学的职务后,库帕回到 M 街中学担任拉丁语教师。

1914 年,库帕开始在哥伦比亚大学攻读拉丁系语言的博士学位。然而,由于她的教学和家庭的责任,她不能满足住校的规定。但是在部分完成她的学业时,库帕翻译了 11 世纪的法文叙事诗《查理曼朝圣记》(*La Pélerinage de Charlemagne*),附有语汇表和注释。⑨其间,克来因神甫鼓励库帕去巴黎大学(索邦)完成她的博士学位课程。当继续在 M 街中学担任教学并面临被解雇的威胁的情况下,库帕在 65 岁时完成了她的学业,获准毕业。她用法文写作并用法文答辩的论文题目是《奴隶制度与法国革命者》(1788—1803)。此后,库帕回到她在 M 街中学的教学岗位并在那里待到 1930 年。她绝不是一个将生命虚度的人,在 1930 年代她在《危机》上发表了数篇论文,号召培训非裔美国人师资。

库帕担任了弗里林会森(Frelinghuysen)大学的第二位校长(1930—1940)。该校初建于 1906 年,是为了给在职的非洲裔美国成人提供机会,使他们在夜校班获得高中、大学本科和研究生学分。学生要交学费,可以选修几类课程:学术性的、宗教的、职业的。作为校长,库帕以她母亲的名义建立了汉娜·斯坦利·赫依伍德补习学校(Hannah Stanley Haywood Opportunity School)。当学校奖金不足时,库帕打开自己家里的大门,作学生的教室。该校在 1961 年关闭。

在 105 岁时,安娜·朱莉·库帕于 1964 年 2 月 27 日平安地在家里去世。在她的讣告上回顾了她作为教育家、作家和 M 街中学校长的"服务的一生"。葬礼仪式在圣·奥古斯丁学院教堂举行,她葬在北卡来罗纳。华盛顿特区的一条街以她的名命名。安娜·朱莉·库帕纪念厅位于西北 T 街区 3 号。

安娜·朱莉·赫依伍德·库帕的成就对于一个 19 世纪的非洲裔美国妇女来说是非凡的。她是一位以奴隶身份开始其生涯的妇女,一位将自己的一生献给对别人的教育的妇女。在她生命的早期,她是高等教育的重要性、特别是对非洲裔美国妇女的重要性的直言不讳的提倡者,直到以之作为社会平等、政治平等的手段。像她的时代很多其他非洲裔美国妇女教育家一样,库帕坚定地相信,教育特别是高等教育能够帮助"提升种族"。她主张,非洲裔美国妇女同样有资格将此种教育授予非洲裔美国青年;这是一种能有力地改变学生的生活、改变社区、民族和世界的教育。库帕终身献身事于教育,她要提升种族的强烈愿望,她高深的学术水平,为很多非洲裔学生在有威望的学院和大学追求中学后教育铺平了道路。此外,她理解在为一切学生创造机会方面教育的潜能,通过树立学术上的高标准,给奋斗中的学生提供资助,经常鼓励学生充分利用人生,以寻求改变他们的生活。库帕终其一生都始终不渝地忠于改善非洲裔美国人特别是非洲裔美国妇女的教育机会。

库帕坚定不移地相信,在增强非洲裔美国人种族的力量、提升他们的地位方面教育的力量。她的教育思想常常出现在她的论文中。早在 1892 年她就观察到"教育是对一个人的最安全、收获最丰厚的投资。它付给最大的红利,给世界——一个人最丰硕的果实。需要总是大于供给——世界对它所珍视的东西给予厚报"。[10]作为第一个即最早的教师,库帕后来在 1930 年写了《教学的幽默》一文,发表在《危机》上。她富有洞察力地详述了教师的挫折和他们需要在实践中更多地思考。在一篇没有注明日期的文章《论教育》中她写道:"所以,唯一健全的教育就是能保护最低阶层的教育,最优良的最经济的教育就是根据每个人的能力训练每个人的'脑、手、心',或者更精确地说,就是训练每个人的'思想、身体、精神',把他变成为世人服务的有益的力量。"[11]

库帕对学习的狂热和对妇女做好了从事智力上的职业的准备的真诚信心[12],导致她运用她作为一个演说家的熟练技巧,在教会、妇女团体和泛非主义者的集会上发表演说。在她的第一次公开演讲,1886年给非裔美国人牧师所作的演讲中,库帕"使他们激动不已"。她主张,我们所需要的男人和女人不是要绞尽脑汁分享贵族的尊严、感谢上帝他们与众不同的那种人,我们所需要的是真诚的、无自私自利之心的精英,他能深入到主要的和次要的研究中去,用基督福音的宽厚的仁慈之心进行激励、引导、忠告和鼓舞。[13]贯串在她的演讲和著作中,库帕一贯明确表示她献身于基督教的信仰和价值观,她经常引用圣经上的隐喻和有关的资料。虽然她常常被称为"黑人女权主义之母",库帕的著作反映了黑人女权主义作家的流行的推理,正如她在1886年宣称:"'我是我的姐妹的守护人',应当是本种族的每个男人和女人的发自内心的反应,他的信心应当净化、提升狭隘的、自私的、小我的生活目的,达到高尚的、神圣的目标。"[14]她不仅知道在白人妇女运动内部非洲裔美国妇女的被歧视、边缘化和默默无声,她还攻击白人妇女运动和非洲裔美国男人的伪善。此外,在她挑战这两个团体、抗议种族的、性别的、阶级的不公正时,她毫不犹豫地求助于她的基督教信仰。

库帕深信,作为一名非洲裔美国妇女和一名知识分子,在有关两个问题的不和谐音中,她的声音需要被人们听到。她抓住她的独一无二的地位指出,非洲裔美国妇女"既面临着妇女问题,又面临着种族问题"。[15]为非洲裔美国妇女的声音而斗争的无畏战士库帕写道:"这种微弱的声音已经加入到洪亮的合唱队的歌声中了。'另一面'还没有被'生活在那里'的那个人描绘出来。除了心明眼亮但此前一直默默无闻的美国黑人妇女外,没有很多人更能敏锐地认识到、更准确地说出'长期沉闷的痛苦'所带来的重压和烦恼。"[16]她理解在一个种族主义的社会里强调非洲裔美国妇女的处境的重要意义。

库帕的最著名的著作《来自南方的声音,一个南方黑人妇女的声音》是1886年和1892年发表的文章和演讲的集子。她对美国社会思想的理解和她通过教育改变事件进程的行动在本书中得到了生动透彻的陈述。库帕文风清新而直截了当,描述在美国社会中非裔美国人的宗教、种族、性别和阶级关系的相互关联和错综复杂性。她在1892年芝加哥商品交易会妇女代表大会上发表的题为《美国自释奴宣言以来有的妇女在智力上的进步:答 F. B. 威廉(Fannie Barrier William)》确立了她那个时代的最坦率的、最直言不讳的女权主义者之一的地位。她巧妙地将她对世界历史、文学、哲学、社会学的广博知识和理解以及个人的历练融会起来对白人妇女运动的伪善进行强烈指责。

在 W. E. B. 杜波依斯著名的论预见力和来世的生活发表以前数年,库帕在作品中就相信,非裔美国妇女是人类独一无二的特殊种类的人,她们凭着经验和信仰,是对过去的明智的辨别者,现在的顾问,未来的幻想家。对库帕来说,非裔美国人在美国的历练还处于幼稚阶段。她叙述了世界历史,承认美国的非裔美国人的艰难处境对白人所信奉的种族优越性的科学性的流行雄辩是一种挑战。她迅速而坚决地驳斥了一切白人种族优越性的理论连同一句谚语:"魔鬼总是被白人画家涂上黑色。"[17]她驳倒白人在身体上、智力上、道德上的优越性的理论,挑战这种理论所依据的"科学"。库帕特别厌恶科学家、白人女权主义者、学者和政客们为继续保持对非裔美国人的压迫而运用的科学概括和以意见为事实。她论证说:"这就是'统治'种族的自我庆幸的根源,似乎'统治'就是正义的,就有权继承地球。这就是对所谓孱弱的、不好战的种族和个人的轻蔑的根源。这就是认为他们的明显的命运就是在这个先进的文明的面前被当做害人虫一样被扫除掉这种惬意的狂言的根源。"[18]库帕很难将基督教的反种族主义的学说和种族主义的科学宣传协调起来。

库帕在反对她周围的不可知论和非宗教主义时,既挚爱她的哲学立场、又坚定不移地挚爱她的基督教宗教信仰。她在她的著作中勇敢而又灵活机智地对流行的意识形态提出质疑:

"从前,人们告诉我,两三个非洲黑人聚集在一起祈求或祷告时,如果没有一个白人在旁进行监督和修正,他们就不得在仁慈的君王面前提出请求,因为担心可能白人至上及其特殊的制度在全能的法庭会因这些颤抖的嘴唇和粗野的语言而受到危险。"[19]

在库帕漫长的一生中,她经常与 W. E. B. 杜波伊斯和 B. T. 华盛顿一道参加电台上的讨论。她是 1900 年在英国伦敦威斯敏斯特大厅举行的第一次泛非大会被邀请在大会上发言的两位女性之一。虽然她理解种族的、阶级的、性别的歧视的普遍存在,她并非不知道有多少人是不自觉的参与者。

作为一名教育家和社会活动家,库帕工作的结果通过她的教育哲学扩大到了全国和她的社区,用现代的语言说,安娜·朱莉·赫依伍德·库帕是运用改革教育学为男女平权问题、社会正义、阶级和种族平等和高等教育机会而奋斗的非裔美国女教育家。关于她自己的终身事业,她说:

> "我可以诚实地、如实地说,我的唯一的目的是、从来就是,竭尽我之所能为儿童这一受剥削太久、受蔑视太频繁的群体高举火炬,为他们争取光明而奋斗。"[20](1925年12月29日)

注　释

① Cooper(1893),引自 Loewenberg and Bogin(1976, pp. 330 – 331).
② Karen A. Johnson, *Uplifting the Women and the Race*: *The Educational Philosophies and Social Activism of Anna Julia Cooper and Nannie Helen Burroughts*, New York: Garland Publishing Inc. , p. 36, 2000.
③ Anna Julia Cooper, 私人印未注明日期的自传。
④ Ibid.
⑤ Cooper, quoted in Jackson (2000, p. 46).
⑥ Jackson (2000, p. xii).
⑦ Louise D. Hutchinson, *Anna J. Cooper*, *A Voice from the South*, Washington, DC: Smithsonian Institution Press, p. 45, 1981.
⑧ Gabel (1982).
⑨ Ibid.
⑩ Cooper (1892, pp. 244 – 245).
⑪ Ibid. , p. 250.
⑫ Hutchinson(1981).
⑬ Cooper (1892, p. 64).
⑭ Ibid. , p. 32.
⑮ Ibid. , p. 134.
⑯ Ibid. , p. ii.
⑰ Ibid. , p. 51.
⑱ Ibid. , p. 59.
⑲ Cooper (1902), reprinted in Lemert and Bhan (1998, p. 214).
⑳ Cooper (1925), reprinted in Hutchinson (1981, p. 131).

库帕的主要著作

① *A Voice from the South*, *by a Black Woman from the South*, New York: Negro Universities Press (original privately printed 1892, Xenia, OH, Aldine Publishing

House), 1892. ② *L'Attitude de la France a l'égard de l'esclavage pendant la Revolution*, Paris, trans. F. Keller, 1988, Lewiston, New York: Edwin Mellen Press, 1925. ③ *The Life and Writings of the Grimke Family*, privately printed, 1951. ④ "The Third Step: Autobiographical", in M. Mason and C. Green(eds), *Journeys: Autobiographical Writings by Women*, Boston, MA: G. K. Hall & Co. pp. 138 – 145) (original privately printed, 1925), 1979.

其他参考书

① Baker-Fletcher K., *A Singing Something: Womanist Reflections on Anna Julia Cooper*, New York: Crossroads, 1994. ② Collins, P., *Black Feminist Thought: Knowledge, Consciousness, and the Politics of Empowerment*, second edition, New York: Routledge, 2000. ③ Crenshaw, K., "Demarginalizing the Intersection of Race and Sex: A Black Feminist Critique of Antidiscrimination Doctrine, Feminist Theory, and Antiracist Politics", in J. James and T. Sharpley-Whiting (eds), *The Black Feminist Reader*, Oxford: Blackwell Publishers Ltd, pp. 208 – 238, 2000. ④ Gabel, L., *From Slavery to the Sorbonne and Beyond: The Life and Writings of Anna J. Cooper*, Northampton, MA: Department of History of Smith College, 1982. ⑤ Hutchinson, L., *Anna J. Cooper, A Voice from the South*, Washington, DC: Smithsonian Institution Press, 1981. ⑥ Johnson, K., *Uplifting the Women and the Race: The Educational Philosophies and Social Activism of Anna Julia Cooper and Nannie Helen Burroughs*, New York: Garland Publishing Inc., 2000. ⑦ Lemert, C. and Bhan, E. (eds), *The Voice of Anna Julia Cooper: Including A Voice from the South and Other Important Essays, Papers, and Letters*, Lanham, MD: Rowman & Littlefield Publishers, Inc., 1998. ⑧ Loewenberg, B. and Bogin, R. (eds), *Anna Julia Cooper. Black Women in Nineteenth-Century America Life: Their Words, Their Thoughts, Their Feelings*, University Park: The Pennsylvania State University Press, pp. 317 – 331, 1976. ⑨ Pellew, D., "Anna 'Annie' J. Cooper (1858/9 – 1964)", in J. Smith (ed.), *Notable Black American Women*, Detroit, MI: Gale Research Inc., pp. 218 – 224, 1992. ⑩ Hundley, M., *The Dunbar Story, 1870 – 1995*, New York: Vantage Press, 1965. ⑪ Terrell, M., *Colored Woman in a White World*, Washington, DC: Ransdell, 1940.

威利斯　哈里斯

杜 威
(John Dewey, 1859—1952)

……使每个学校都成为一种雏形的社会生活,以反映大社会生活的各种类型的作业进行活动,并充满着艺术、历史和科学的精神。当学校都在这样一个小社会里引导和训练每个儿童成为社会的成员,用服务的精神熏陶他,并授予有效的自我指导的工具时,我们将拥有一个有价值的、可爱的、和谐的大社会的最强大的并且最好的保证。[①]

约翰·杜威(John Dewey)被普遍认为是 20 世纪最著名的美国教育家。在其跨越 70 年的(他的全集共 37 卷)富有创造力的事业中,杜威的视线聚焦于范围广阔的问题,主要是在哲学、教育和政治方面。在杜威的死后和生前一样,他的著作是无数学者阐释和再阐释的主题。关于他的和他所写的著作卷帙浩繁。对他的工作的性质和影响的评价众说纷纭。具有讽刺意味并与他的著作的评论者的设想相反,尽管在整个世纪的学术讨论中他始终处于中心地位,但杜威自己的观点从来没有真正渗入美国教育制度的课堂实际中。他的遗产也是这样,但是它作为与将民主扩展到社会生活各个方面有关的教育眼光的基础仍然是极端重要的。

杜威于 1859 年出生于佛蒙特州的柏林顿,美国大体上从 19 世纪后期和 20 世纪初期从相对简单的拓荒农业社会向更复杂的城市工业国家迅速演进。一个名副其实的内聚的民主社会在一个新的工业秩序的强扭的经济、文化变迁中得以保持的道路是杜威终身关注的最重要的问题。

1879 年从佛蒙特大学毕业后,他在宾夕法尼亚石油城的一所中学教拉丁文、代数和科学达两年。其后曾短期在一所农村学校担任唯一的教师。这些年中,他在佛蒙特大学一位教授的鼓励下写了三篇哲学论文并发表于《思辨哲学杂志》。他在这一领域的成功增强了他继续研究的兴趣。他终于进约翰·霍布金斯大学攻读哲学研究生课程。在教师中,他接近的人有以信奉德国唯心主义、厌恶英国经验论的莫里斯（George Sylvester Morris），与哈佛的威廉·詹姆斯（William James）奠定了实用主义哲学基础的皮尔斯（Charles Sanders Peirce），以及主张深入研究儿童和少年以确定适宜于开发的教学方法的心理学家霍尔（G. Stanley Hall）。

1884年完成论康德心理学的博士论文后，杜威在密歇根大学得到一个哲学和心理学讲师的位置。1888年他离开密歇根大学去就任明尼苏达大学哲学讲座的位置。但一年以后他回到密歇根大学就任同样的位置。1894年，芝加哥大学聘请杜威担任哲学、心理学和教育学系的主任。

在到达芝加哥时，杜威目睹了世纪转换时期大城市生活的骚乱，特别是普尔门（Pullman）罢工和克里夫兰总统（Growes Cleverland）决定派遣联邦军队去支持公司的利益。罢工事件以及他与社会活动家亚当斯（Jane Adams）和教育家如埃拉·弗拉格·杨（Ella Flagg Young）的联系提高了他对范围广阔的进步主义运动的信念。

在芝加哥大学时，杜威建立了一所初级程度的实验学校以评估、修改、发展他的教育思想和心理学思想。然而，和大学校长的一场争论致使杜威于1904年从芝加哥大学辞职。哥伦比亚大学立即聘任他担任哲学教授，并安排他偶尔去该校著名的师范学院讲学。1930年，他被聘任为哥伦比亚大学住校的哲学荣誉教授，他在那个位置上一直留任到1939年他80岁时为止。

杜威一生都积极投身于多种教育的、社会的和政治的事业。例如，他是国家科学院的成员；帮助创立了美国大学教授联合会、新的社会研究学院和美国公民自由联盟；他是纽约市第一个教师联盟的创始成员之一；他是许多有影响的自由杂志的定期撰稿人；在30年代初，他试图以工人、农民和中产阶级为基础组成一个激进的第三党的两个团体的主席。此外，作为他终身致力于进步事业的进一步的标志是1937年（他已78岁高龄）他去墨西哥领导一个委员会，以调查在不光彩的莫斯科清洗审判中针对被放逐者托洛茨基的叛国和谋杀的指控。

然而，杜威的最重要的遗产也许是他所写的许多论文和书籍，包括《学校与社会》(1899)、《儿童与课程》(1902)、《我们怎样思维》(1910)、《民主主义与教育》(1916)、《公众及其问题》(1927)和《经验与教育》(1938)。杜威把哲学的作用看做是与社会批评密切结合的，而不是与实际道德性疏远的抽象的沉思操练。他特别关心在一个似乎正处在丧失其道德和精神方向的国家中的民主社会的提高。对杜威来说，名副其实的民主不仅仅是简单地涉及政府的作用和礼仪制度，而是一个日常的、积极平等地参与的动力过程，它不仅包括正式的政治机器，而是与文化、经济、事实上与生活的一切领域有关。

与杜威对民主社会的关心交织在一起的是支持他的全部工作的实用主义。杜威相信，每一种观念、价值和社会机构都来源于人类生活的实际环境。它们既不是神造的，也不是某种理想形式的反映。真理不是等待着被人们发现的观念，它只能在实践中被认识。每一种机构，每一种信仰，从它特有的前后关联的内部看，都应当从属于从最广阔的意义上对公众和个人利益所作的贡献来测量。

杜威将变化和生长看做事实上的事物的本性。因此，社会实验而不是抽象原理，是评估一种观念或习俗所需的。然而这种实验不是受随意的尝试错误的指导，而是要受科学的思维习惯的指导。对杜威来说，一个能清楚有力地说话的公众，是民主社会的基础，这个公众是具有不是狭隘地被限定、而是广阔的与充满活力的、反思的(科学的)探究能力有关的、发达的智慧方法的公众。他攻击绝对原理和强制接受的图谋，因为尽管从它们之中可能得到某种好处，它们却无助于在一个不断变迁的社会中建立真正的民主形式。只有理性的批评和实验，结合起来关心创造一个人道的公正的社会，才能够做到这一点。

对杜威来说，理智发展从而对社会进步的关键是学校教育，特别是当其他机构(如家庭、教会等)的教育影响急剧减少的时候。杜威强调学校的社会和道德性质，并且相信，它应当成为一个"微型的社会、一个雏形的社会"，特别要成为一个积极地培植正在被城市工业社会削弱的民主的生长的社会。这种观点与"工厂制度模式正在被全国的教育计划制订者和效率专家所接纳"的主张形成尖锐对照，后一种主张强调学生是有待教师铸造的相对被动的原材料，强调背诵的教学法，强调教材与社会内容分离。于是，在一个急速变迁的社会中，不仅普及学校教育是至关重要的，而且，被学校即生活而不是生活的预备的前景所指导的"新教育"同样是至关重要的。因此，给民主主义的最好的预备就是给学生(和教师)提供积极参与民主生活的机会。

这种学校的最有效的课程将认真注意学生现在的兴趣,不是作为驱动的策略,而是作为教给人类知识和社会经验之间的主要关系的途径。杜威严厉批评公立学校压制和漠视学生的兴趣和经验,运用人为的语言(可能是关于某种虚幻的未来的语言)即仅仅用来疏远学生,过分依赖考试评估学生的学习,根据学生参加智力学习或手工学习而不是将两者提供给全体学生的推测的学生能力将学生分组,使学科之间互相分割,而不是围绕着学生的活的经验将学科与知识统一起来。杜威不是责备学生的消极被动,而是直接注意于学校的教育学。

然而重要的是,要同样强调,杜威强烈反对儿童中心的进步主义的更极端的主张,他明确指出,为了使学生的兴趣与持续的智力发展与教育性的经验结合起来,教师起着至关重要的作用。因此,对杜威来说,教育就是建设和改组经验,以增加经验的意义,增强每个人指导后续的经验过程的能力。例如,儿童在课堂中的自由本身不是目的。

这种与儿童中心教育家的争议部分地说明了杜威长期主张的反对二分法的思维和绝对原理。他攻击这样一些常见的二元论:如理论与实际、个人与团体、公众与私人、方法与教材、思想与行为、手段与目的、文化与职业。他的企图不是要寻求妥协,而是要改组这种争论使之不再互相把对方视为反面。因此,例如,在课程的建构中,问题不是要在使儿童的兴趣合法化和教材之间作出选择,而是要理解和发挥连接它们的经验的连续性。

杜威终身仍然坚定地支持"自觉的进步主义的"社会。他谴责传统的观念将文化看做是以不平等和选择为特点的贵族性质,而不是将文化和美学置于共同的经验之上。同样,他主张学校不再与社会生活分离而是主张学校要在向更好的社会秩序转变中起帮助的作用。他承认有阶级的壁垒和划分,然而,根据杜威的观点,这并不等于说,在改变一般的社会生活特别是改造资本主义的恶习中,学校的作用应当包括某种经济上的"主义",而是要通过学习和积极从事基本的社会性活动(他称之为"作业"),诸如栽种粮食、烹饪、建筑掩蔽所、缝制衣服、编故事和制造手工艺品,儿童就能更好地加入到道德的、社会的成员中去。他们将得到机会学习"有效自我指导的工具",以及对社会问题的敏感和动手处理这些社会性问题的能力(包括读、写和解决问题的技巧)。其结果,课堂就拥有了某种民主社会生活,有了对人的尊严的关心和在学校以外寻求的科学智慧。事实上手段就是目的。

杜威在美国激进运动中的地位常常在一定程度上受到置疑。例如,他对他的社会主义身份(例如,他支持美国参加第一次世界大战)发生了摇摆,并将马克思主义说成是"不科学的乌托邦主义"。此外,在他保持弹性和反对教条主义的努力中,特别是他不同意超前确定明确目的的努力中,对于有些为激进的社会变革积极从事斗争的人们来说,似乎显得过于"中立"。他反对教授固定的社会信念与很多社会改造主义教育家的态度形成对照,后者相信,这种政治主张是教育中不可避免的方面。应用创造性和科学的探究于社会问题,和杜威要走的路一样远。事实上,他的适应现在的观点和实验主义的远景,倾向于造成对他为之奋斗的选择的描绘有点模糊不清,因为他寻求避免一切以阶级为基础的和其他的"蓝图"。

进一步说,在一个权力和财富如此显著不平等和消费主义占主导地位的资本主义社会中,杜威所主张的那种共同的社会目的和积极的公民是否可能,还是一个疑问。有些人还争论说,杜威对科学的信心是错位了,因为科学智慧可以同样轻易地用来为贵族的目的服务或用于培植统治地位。

尽管有这些批评,杜威仍然作为美国教育、哲学和政治的一个主要人物高耸着,他是一个岿然屹立的人物。他的著作因为它对直到如今仍然被人们如此关心的许多社会问题的深入考察,仍然值得人们认真阅读。事实上,虽然他关于进步、自由、社会、科学等等的乐观主义可能有时显得与霸权文化的现实不合节拍,但它仍然使我们想起通向进步社会变革的许多道路。我们可以对他提出的答案进行争辩,但约翰·杜威为企图对社会世界的根基不是要理解它而是要改变它提供了一个例证。

注 释

① John Dewey, *The School and Society*, Chicago: University of Chicago Press, pp. 39 - 40, 1899.

杜威的主要著作

① *The School and Society*, Chicago: University of Chicago Press, 1899.　② *The*

Child and the Curriculum, Chicago: University of Chicago Press, 1902.　③ *How We Think*, Chicago: University of Chicago Press, 1910.　④ *Democracy and Education*, New York: Macmillan, 1916.　⑤ *The Public and Its Problems*, New York: Henry Holt, 1927.　⑥ *Experience and Education*, New York: Macmillan, 1938.

其他参考书

① Archambault, R. D., *John Dewey on Education: Selected Writings*, Chicago: University of Chicago Press, 1964.　② Bernstein, R. J., *John Dewey*, New York: Washington Square Press, 1966.　③ Kliebard, H. M., *The Struggle for the American Curriclum*, New York: Routledge and Kegan Paul, 1986.　④ Mayhew, K. C. and Edwards, A. C., *The Dewey School: The Laboratory School of the University of Chicago, 1896–1903*, New York: D. Appleton-Century, 1936.　⑤ Westbrook, R. B., *John Dewey and American Democracy*, Ithaca, New York: Cornell University Press, 1991.

阿普尔　泰特鲍姆

亚当斯
(Jane Addams, 1860—1935)

尽管公立学校是移民区伟大的救助者,是引导儿童初步适应已改变了的美国生活条件的唯一的机构,但还是可以公正地对它提出控告,控告公立学校过度地把儿童与他们的家长隔离开来,控告它加宽了父亲与儿子之间的鸿沟。来到这个国家的这些移民与他们的进了公立学校并感到在这里学到了一切的孩子之间的隔阂,从来没有像现在这样深,像现在这样令人痛苦。[①]

简·亚当斯的上面这段文字和包含了这段文字的她的那篇短文,以及她的其他许多陈述,应该是对我们今天有时能听到的关于她是一位"同化者"之类论断的驳斥。亚当斯想要欢迎移民并帮助他们去适应美国的生活,但她也想要保留"旧世界"的文化并教育年轻人去赏识他们父辈的遗产。帮助孩子们理解并欣赏其父辈的非美国文化的愿望,推动她去创办赫尔会所劳动博物馆。博物馆中既陈列了工具(诸如纺车和织布机),也展出了产品,博物馆的工作计划中还结合了赫尔会所其他教育活动。亚当斯指出:"我们珍爱它(博物馆)远远不只是因为它的直接的教育价值,还因为它常常把移民放在教师的位置上,我们设想,它能使他们愉快地改变受监护的状况,而所有的美国人包括他们的孩子在内都倾向于把他们留在这种状态中。"[②]今天,我们正在千方百计地为移民和他们的第二代、第三代子孙提供能让他们在他们的新国家中获得成功所必需的教育,同时又要致力于尊重他们自己的原先的文化,我们可以从简·亚当斯那里学到很多东西。

亚当斯出生于伊利诺伊州一个富裕的家庭。她的母亲在分娩第九个孩子时去世,而当时亚当斯只有2岁,她对自己的母亲知之甚少。但是她知道她的母亲作为一位"对穷人充满爱心的"妇女所享有的声望,她是一位在任何地方,"在家中,在社会上,在教堂里,在任何做好事和解除痛苦的地方,都被人惦记的人"。③亚当斯还是一个小女孩时就被城市中触目惊心的贫穷所打动,非常清楚自己所享有的特权。

她的父亲约翰·亚当斯(John Addams)对他的女儿的一生影响是巨大的。他鼓励女儿继续学业。他的父亲再婚后安娜·霍尔德曼·亚当斯(Anna Haldeman Addams)成为对亚当斯的一生产生重大影响的人。是安娜保证了亚当斯在家中能充分接触上流社会、音乐和艺术,他的一位异母兄弟乔治(George)引导她研究自然并让她爱上了科学。亚当斯从早年起就决心让自己生活得有价值——既要独立,又要献身于服务。

亚当斯像其他许多年轻妇女一样,经历过一段优柔寡断和神经焦虑的时期,几乎对她的独立生活中的所有一切和所要从事的服务表示担忧。④1889年,亚当斯与埃伦·盖茨·斯塔尔(Ellen Gates Starr)一起开办了赫尔会所,这是为教育穷人并满足他们的需要而设计的一个贫民区社会改良团体。最初,除了开设幼儿园和烹饪班之外,他们还集中力量搞一些文化活动,但很快就明白了,周边地区有巨大的需要。亚当斯和她的朋友们对这些需求作出了响应,甚至当帮助提出要求的人接送孩子。虽然亚当斯承认对诸如此类的某些活动是有保留的,但她的朋友朱莉娅·莱思罗普(Julia Lathrop)和弗洛伦斯·凯利(Florence Kelley)让她相信这样做是合适的,即使对赫尔会所的基本工作来说最重要的是仁爱地作出响应并帮助所有真正有需要的人。⑤亚当斯对于自己的经历所给予的教训是很敏感的,她说:"我明白了,确定的规则和准则不能用来管理生活,处理人所遇到的困难的智慧只能来自他的生活知识和全部习惯;而孤立地处理一件事情几乎肯定会犯错误。"⑥这里所表达的态度非常像今天的关怀伦理学所推崇的那种态度。

亚当斯主要从她的欧洲游历中吸取的另一个教训是,社会问题并不总是听从理智的解决。把对贫穷的厌恶理智化确实可能妨碍对实质性的帮助作出响应。在一篇很辛辣的短文《配剂的诱惑》中亚当斯说到,她认识到她自己和与她同一阶级中的许多人"还在麻木不仁地读着小说,这只能使在我们眼前展开的真正生动的生活情景蒙上阴影",亚当斯描述了她此时的厌恶感。⑦亚当斯继续埋头于阅读和写作中,但是她不允许自己用丰富的作品替代她认为必需的直接关怀。

亚当斯认为,"各阶级彼此的依赖是相互的"。⑧不仅仅是人们在从事所有各种工作和服务时要相互依靠,而且贫民区社会改良团体所做的这类工作,被看做是"正在为全人类的同胞情感寻找一条出路的……年轻人"的"主观需要"。⑨亚当斯没有说明如何去满足这个要处理的需要,如果贫穷果真被克服的话(这种情况的发生似乎没有什么可能性),我们现在担忧的是,我们的仁爱和我们想成为仁慈的人的需要,可能会丧心病狂去帮助维护我们试图清除的邪恶。亚当斯的迅速反应和她致力于教育的决心相结合,看来足以抵制这样的不幸结果。

亚当斯的灵活和敏感的特性以及她为全面管理赫尔会所编写的手册,都扩展成他们的教育方案。亚当斯的某些批评是针对一些教授和讲演者的,他们不能适应赫尔会所那些最初是如饥似渴的听众。热情有时转化成厌烦和缺课。亚当斯指出,这些教授"研究习惯和他们用最新的词汇来论述任何主题的愿望,常常不让他们以同情的态度去理解自己的听众,讲演者可能用其他方法去开发这些听众,自己却麻木不仁地跌入不知不觉地养成在教室中说枯燥的术语的习惯"。⑩

在赫尔会所最受欢迎的形式是"社会化教育",敦促教师迅速地向新移民传授他们所需要的知识。但是,赫尔会所的教育不局限于这些重要的和工具性的知识,诗歌和艺术活动是相当丰富多彩的。莱思罗普发起成立柏拉图俱乐部,斯塔尔成功地主持了一个研究但丁和勃朗宁的讲习班。而且赫尔会所的所有教师都提供家政训练和职业训练。亚当斯和她的教师们在设计教学计划时时刻刻不忘他们的学生的需要和兴趣,他们是约翰•杜威的进步教育的生动榜样。

杜威实际上是赫尔会所的常客,他与亚当斯结为亲密的朋友。杜威的女儿简(Jane)就是以简•亚当斯的名字命名的,亚当斯还为杜威的8岁时就夭折的儿子戈登(Gordon)写了颂文。杜威和亚当斯相互学习,他们的实践才华和理论才华是互补的,这一点也是显而易见的。而且,杜威与亚当斯一起共同致力于社会事业,他们两人都是工人和工会的坚强的支持者。

此外,为了继续自己在赫尔会所的工作,亚当斯奋力写作并经常卷入政治问题中。埃伦•拉格曼(Ellen Lagemann)提出了一份关于她所卷入的问题的简明摘要。

亚当斯在芝加哥学校委员会服务过。她支持过西奥多•罗斯福

(Theodore Roosevelt)1912年作为进步党的总统候选人的提名。她担任过全国有色人种促进联合会第一届执行委员会委员、美国全国妇女选举权委员会副主席,是美国反对军国主义联合会的奠基人,从这一组织派生出外交政策委员会和美国公民自由联盟。1915年被选为妇女和平党主席,主持了1915年在海牙召开的国际妇女大会,此次大会诞生了国际妇女争取和平和自由联盟,1919年她成为该联盟第一任主席。[11]

第一次世界大战考验了亚当斯的勇气和对于非暴力主义的信仰。虽然她的好朋友杜威在早期反对美国加入战争之后最后转为支持美国的行动,但亚当斯始终坚定自己的立场并直言不讳地反对美国参加战争。亚当斯在报刊上甚至在国会上发表激烈的批评,这使她失去了许多过去热爱并崇拜她的人的支持。由于遭受的人员损失和战争造成的苦恼,她为国际和平所作出的努力最终得到了人们的承认,1931年她被授予诺贝尔和平奖。她是获得诺贝尔奖的第一位美国妇女。

亚当斯对不抵抗主义的信仰,支持禁止在赫尔会所的健身房中进行军事训练,当她的原则处于关键时刻时,当街坊邻居的男孩们显然都希望从事此类活动时她作出了让步。她有点幽默又有点沮丧地复述了当时的情况,她打算让男孩子们训练时用铲子来代替枪和刀。她说,进行军事训练的请求"冲击了我的不抵抗原则",但是作为回应她强迫这些男孩用铲子去向芝加哥街头上的秽物发起进攻(至少在想象中)。这个尝试是不成功的。数年后一看到铲子就让她想起她的这一次教育工作的失败。她写道:"我只能在绝望中看着它,可能这预示着战争的武器应该变为市民的救济品的和平时期。"[12]

有一个时期,政策制定者曾经(至少在美国)力图用一只标准的学术模子强行地套住所有的孩子,我们可以从简·亚当斯那里得到教诲。虽然她明确地希望使所有对文化感兴趣的人都能获得文化财富,但她拒绝将自己的兴趣强加于其他人。她尊重所有诚实的工作形式,欢迎所有的人都参与进来,不管他们的教育状况如何。赫尔会所的教育是真正社会化的。当想学点什么的人郑重地提出了请求,就会在社区中找到某个人去教他们或领导他们进行合作学习。同样,当某个人想去教一门自己所钟爱的学科时,那么,他就去讲课,或者演示某种技能,通常总是会有热心的听众。如果没有听众，这项活动也就逐渐消失。

赫尔会所的居民在宗教信仰上是极其不同的，禁止在星期日晚上的宗教仪式上有任何企图。赫尔会所的生活证明了，人们是可以合作的，他们真实地生活在一起，尽管他们的宗教信仰、国籍和经济地位不一样。除了所有的人都要对改善街区、芝加哥乃至工人阶级的生活作出承诺之外，在赫尔会所没有其他任何意识形态上的考察。

赫尔会所的教育计划中每周的课程包括体育、绘画、缝纫、英文作文、社会问题讲座、生物学、烹饪、拉丁语文法、历史、歌咏、编织、阅读小组、算术、法语、莎士比亚、代数、德语、陶艺、意大利人的英语班、神话故事……这份名录简直是不可思议的。此外，还有制衣工人保护工会的日常会议以及专门为装订工人和制衣工人工会的会员举办的体操班。[13]在读到关于赫尔会所提供的财富以及穷人对参与所从事的工作的渴望时，人们会感到奇怪，为什么学校的教学竟会如此长期地处于强制状态。

亚当斯坚定地认为应该用日常生活中的事件去进行教育。但是，她所理解的"用日常生活中的事件去进行教学"，与我们的公立学校的教师通常的理解是不一样的。她的意思是要用有重大现实意义的事件和问题并且能鼓励进行开放的探究和讨论。她把能力范围测试当做一种奇妙的范例来使用。亚当斯不是简单地断言那些为进化辩护的人智力优秀，而是指出，"那一群所谓的智力狭窄的人为我们国家的教育作出了自己的贡献。首先，他们维护了宗教的现实性"。[14]亚当斯继续证明，这一事件如何不仅可用于科学教育，而且可能更重要的是可用来重新开始在年轻人和老年人之间展开关于宗教的讨论。她的讨论是公平的宽宏大量和创造性思维的榜样。

她抓住她所寻找的价值去促进用下述方式利用当前的事件："这时常看上去似乎我们打算不确定地延伸我们要求公众的东西，除非它延伸到世界范围，我们时代最有意义的信息就有可能轻易地从我们眼前消失。"[15]

注　释

[1] Jane Addams, "The Public School and the Immigrant Child", in *Jane Addams on Education*, ed. Ellen Condliffe Lagemann, New York: Teachers College Press, pp. 136 – 137, 1985.

② Ibid. , p. 139.
③ Lagemann's introduction, *Jane Addams on Education*, p. 7.
④ 参见同上。同时参见 the introduction by Victoria Bissell Brown (ed.), Jane Addams, *Twenty Years at Hull-House*, Boston: Bedford/St Martin's, 1999.
⑤ See Addams, *My Friend, Julia Lathrop*, New York: Macmillan, 1935.
⑥ Addams, "Problems of Poverty" in *Twenty Years at Hull-House*, p. 109.
⑦ Addams, "The Snare of Preparation", ibid. , p. 71.
⑧ Addams, "First Days at Hull-House", ibid. , p. 80.
⑨ Addams, "The Subjective Necessity for Social Settlements ", ibid. , p. 90.
⑩ Addams, "Socialized Education", ibid. , p. 198.
⑪ Lagemann, "Introduction", *Jane Addams on Education*, p. 30.
⑫ Addams, "Socialized Education", p. 203.
⑬ 参见 the Hull-House Weekly Program in *Twenty Years at Hull-House*, pp. 207 –218.
⑭ Addams, "Education by the Current Event", in *Jane Addams on Education*, p. 214.
⑮ Ibid. , p. 224.

亚当斯的主要著作

① *Democracy and Social Ethics*, New York: Macmillan, 1902.　② *The Spirit of Youth and the City Streets*, New York: Macmillan, 1909.　③ *Twenty Years at Hull-House*, New York: Macmillan, 1910.　④ *Peace and Bread in Time of War*, New York: Macmillan, 1922.　⑤ *The Second Twenty Years at Hull-House*, New York: Macmillan, 1930.　⑥ *The Excellent Becomes the Permanent*, New York: Macmillan, 1932.　⑦ See, also, the Bibliographic Essay in Ellen Lagemann(ed.), *Jane Addams on Education*, New York: Teachers College Press, 1985.

其他参考书

① Davis, A. F. , *American Heroine: The Life and Legend of Jane Addams*, New York: Oxford University Press, 1973.　② Diliberto, G. , *A Useful Woman: The Early Life of Jane Addams*, New York: Scribner, 2000.　③ Farrell, J. C. , *Beloved Lady: A History of Jane Addams's Ideas on Reform and Peace*, Baltimore: Johns Hopkins University Press, 1967.　④ Lasch, C. (ed.), *The Social Thought of Jane Addams*, Indianapolis: Bobbs-Merrill, 1965.　⑤ Linn, J. W. , *Jane Addams: A Biography*, New York: D. Appleton-Century, 1935.　⑥ Ryan, A. , *John Dewey and the High Tide of American Liberalism*, New York: W. W. Norton, 1995.

诺丁斯

施坦纳
(Rudolf Steiner, 1861—1925)

先知领悟启示,看做情感世界的印记。①

鲁道夫·施坦纳,是今天私人的、非营利的教育提供者的最大帝国的奠基人,这种教育是与教会提供的学校教育相分离的。鲁道夫·施坦纳的学校是在西方世界的学校教育中迅速成长起来的企业。②这个企业成立于第一次世界大战之后的1919年,并迅速地成为最有吸引力的非传统的提供义务教育的学校。在战后的德国,瓦尔多夫学校成为教育改革运动的不可或缺的一部分,它对"新教育"作出的重要贡献得到承认,尽管Weltanschauung(宇宙观)一词有着自己特殊的含义(Hilker 1924; Oelkers 2001)。在20世纪的整个20年代和30年代,整个欧洲都办起了施坦纳的学校,这些学校的建立为今天的帝国打下了基础。该企业接受来自瑞士的多尔纳赫的领导,多尔纳赫是在全世界活动的人智学协会的中心。

瓦尔多夫学校的Weltanschauung被称作人智学(人的智慧),由施坦纳的学说体系组成,鲁道夫·施坦纳是它的精神校长。施坦纳出生在匈牙利并在那里长大。③1879年至1883年在维也纳工业大学学习数学和科学。他21岁时被任命为歌德科学著作的编辑。④1884年至1890年他在维也纳的一个富有的家庭中担任私人教师,1886年他出版了自己的第一本著作,这本书并非偶然地以歌德的哲学为主题。1891年施坦纳在罗斯托克大学获得哲学博士学位。学习期间他在维也纳的歌德—席勒档案馆工作,1894年他在那里遇到了患精神病的弗里德利克·尼采(Friedrich Nietzsche)。1895年施坦纳出版了一本论尼采的书,1897年出版了他的歌德研究全集。歌德和尼采对施坦纳的反经验主义精神哲学都产生了影响,这种哲学反对当时的实证主义的归纳主义。

但是,对他的思想影响最大的是玛丽·冯·西弗斯(Marie von Sievers),1900年施坦纳第一次遇到她。施坦纳当时在柏林担任私立工人高中的教师。⑤从 1902 年起施坦纳在柏林自由学院教了三年的书⑥，然后成为通神论学会德国分会的总干事。⑦他在这里遇到了玛丽·冯·西弗斯⑧，她成了他的妻子，后来又成了他的私人经理人，组织了成为施坦纳一生事业的德国分会的发展。1902 年 10 月 8 日他公开了自己向神秘主义和神秘哲学的转变，当时他正在柏林市政厅举办他的著名的"一元论和通神论"讲座。

通神论是包括他的教育理论在内的他后面的著作的关键。由海伦娜·勃拉瓦茨基（Helena Blavatsky）和亨利·斯蒂尔·奥尔科特（Henry Steel Olcott）创建的最初的通神论学会，试图复活东方的精神哲学，防止它在西方文化中的衰退。施坦纳提出了他自己的西方精神的"人智学"，把中世纪的神秘主义、帕拉切尔苏斯（Paracelsus）的自然神秘哲学、乔达诺·布鲁诺（Giordano Bruno）的新柏拉图主义的宇宙神教、雅各布·伯麦（Jakob Böhme）的神秘基督教的复兴，熔于一炉。1912 年施坦纳与通神论学会决裂，从 1913 年在多尔纳赫建立歌德学园开始发展他自己的帝国。从此以后施坦纳的讲座在整个德语世界和欧洲不停地发展，有一大批追随者，其中许多人是中产阶级和上层阶级人士。第一所施坦纳学校的建立是由埃米尔·莫尔特（Emil Molt）发起的，他是斯图加特沃尔多夫—阿斯托里亚烟厂老板。瓦尔多夫学校由于追求不同寻常的、围绕主题开展的学校教学，很快就对中产阶级家长产生了吸引力。⑨

施坦纳的哲学教学有一个中心前提，即称作"精神世界"的存在和个人实体。在他的自传中⑩施坦纳（1982，第 429 页）讲到"精神知识的现代形式"不同于精神的旧形式，就像梦不同于知识一样。对于施坦纳而言，精神就是知识，而且不仅仅是知觉知识。因此应该把教育看做开发世界的精神知识，并把学生变成精神的生气勃勃的部分。它的媒介就是内部经验（同上，第 435 页）⑪，既不是观察，也不是描述。传播这种内部经验的社会组织称作"秘密的社会"⑫（同上，第 447 页），用来表明这类知识的唯一性。所以，把施坦纳称作 20 世纪的"主要的秘教研究者"是毫不奇怪的。⑬

施坦纳的人智学强调身体、心理和精神的统一，不是在个人意义上的而是在宇宙整体的意义上。存在着三个世界，即物理世界、灵魂世界和精神世界。人通过他在地球上完整生存的七种形式成为所有三个世界的一部分。人与他的物质体、以太体和灵魂体[13]一起"植根"于物理世界中,并与他的精神自我、他的生命的精神和他的精神的存在一起"发展"成精神世界。人的躯体的灵魂在一端生根,在另一端开花(施坦纳 1994,第 58 页)。"人智学"就是要求深入研究精神世界的使灵魂成熟的精神科学。[15] 施坦纳在他的自传中说,研究内部世界是与研究外部世界相似的;方法稍微有所不同,但对待真理的态度是一样的(1982,第 458 页)。

人智学当然是西方科学文化的一个反面投影,它包含关于宇宙命运和再生的学说(施坦纳 1994,第 68 页及以下各页)。灵魂有"内部的"和"外部的"区域(同上,第 104、105 页)。肉体死亡之后灵魂进入"灵魂的世界",在这之上它遵循的是纯精神法则(同上,第 110 页)。在这个世界中所有事物和生物的原型(Urbilder)[16]是能看到的(同上,第 121 页)。在两次肉体化之间人的精神在整个灵魂世界中"徘徊",等等。这种纯神秘的哲学被用到了教育上。儿童被看做是"生物人",只有当"隐蔽的"或"秘密的"人性被揭示时才能知晓他的本体(施坦纳 1948,第 9 页)。于是教育成为 Geheimwissenschaft 的一部分,但他不公开宣布,只向他的信徒揭示。这个观点是与启蒙运动以来构成现代教育本质的所有东西相对立的。

对于施坦纳和他的追随者来说,教育的主要成分既不是教,也不是学,而是发展。"发展"不是指卢梭提出的本性,也不是皮亚杰提出的心智。施坦纳说的是"人的三次诞生",这是以七年为周期的一次接一次的循序诞生(同上,第 22 页及以下各页)。7 岁以下的孩子被编织在以太的和星状的罗网中。在儿童长出恒牙后就诞生以太体,到 14 岁时就显露星状体或感觉体,到了 21 岁时"我体"[17]进入精神生活。第一时期的教育手段是模仿和仿造,第二时期的教育手段是接续和权威(同上,第 34 页),而在第三时期通向"人的高级灵魂"的道路已打通(同上,第 16 页)。

第一时期的教不应以"抽象的"方式进行,而要以具体的方式进行,配备能为儿童的理解描述真实的精神的"形象的、生动的画片"(同上,第 36 页)。教育者"应是敏感的,热情的,满怀同情心的"(同上,第 39 页),这是他研究精神科学本源的结果。最后,教育者将表现出"对精神科学的真正了解",而且这将处于所有真正的教育的核心(同上,第 39—40 页)。在性成熟之前教学只与儿童的记忆有关,而在性成熟之后就与推理建立了关系。对概念的研究在性成熟之后才有必要。教学的主要原则就是首先是记忆,然后才是理解。记忆得越好,理解就将越好(同上,第44—45页),所以学校最初的全部教学应该建立在记忆的基础上。

施坦纳的理论是绝对化的。他声称揭开了人的秘密,因此也就揭示了教育的秘密。所以他的"精神科学"是真实的、正确的,是所有教育艺术的没有竞争对手的基础(同上,第40页)。这种强硬的独断论是在教育的内部和外部,诸如建筑学、农学、医学以及所有各类艺术和社会改造中所进行的人智学改革运动的核心。施坦纳的学说影响了很多人,例如,艺术家有:瓦西利·康定斯基(Wassily Kandinsky)、约瑟夫·必尤伊斯(Joseph Beuys);作家有:克里斯琴·莫根施泰恩(Christian Morgenstern);企业家有:埃米尔·莫尔特。但是对教育的影响仅限于他的追随者。施坦纳没被看做是教育哲学领域的"经典"作家⑱,甚至他与国际"新教育"运动的联系,也受到置疑。

施坦纳本人没有讨论过教育改革方面的一些杰出的作家,诸如蒙台梭利、杜威、凯兴斯泰纳,他对新一代作家不感兴趣。1922年夏季,施坦纳第一次在牛津大学开设讲座时遇到了玛格丽特·麦克米伦(Margaret Macmillan)。然后他阅读并以非常典型的空想方式评论了麦克米伦论述教育的著作,即用来肯定他自己的理论(林登堡1997,第二卷,第689页及以下各页)。除此之外他对于20世纪初开始的"新教育"运动没有实质性的贡献。施坦纳显然不提倡儿童本位,他不呼吁教育自由,也不信仰新的儿童心理学。因此,他和他的追随者们站在教育学改革的边缘,在封闭的社会内专心致志于他们自己的活动。

施坦纳的瓦尔多夫学校曾经是,现在依然是他成功的核心。1919年2月,施坦纳在苏黎世办了四个公开的讲座。这些讲座随后很快就作为"社会问题的关键点"出版了(施坦纳1919)。施坦纳发展了后来很出名的"社会的三项式组织"原则,三项式即经济、法律和精神生活(同上,第31—32页)。教育和学校是精神生活的一部分,只有在完全自由时才能起作用。因此,学校教育也应该是完全自由的。瓦尔多夫学校遵循这个原则,它们不是国家的企业,在这个意义上是自由的。它们称自己为"自由学校",因为它们不受本州课程的约束。

学校的建校原则是"有规律的循环运动"而不是训导。有一天的、一周的、一年的有规律的循环运动。以七年为一个周期安排课程,并有特殊的教学形式,诸如文化纪元教学(epoch-instruction)或韵律学习。学校是非选择性的,既没有分数,也不分等级。学生不分年级,他们结合成组,只要这一个循环存在,始终只有同一位教师。学校是男女同校的,有独立的行政管理,教师与家长之间的联系是封闭的。学校努力避免对儿童施加压力,允许他们按自己个人的潜力学习。

家长对瓦尔多夫学校感兴趣是希望避免正规的学校教育的压力,尤其是想避免过早分流的压力。瓦尔多夫学校的实际效果并不清楚,因为对它的成功或失败实际上没有进行过经验主义的研究。关于它所展开的公开辩论倾向于纯意识形态的,强调施坦纳的人智学的韵律学和神圣,但没有公正地评价学校教学实践的资料。施坦纳的神秘哲学大部分是很难相信的。他的教育原则远离20世纪的"新教育",但这并不意味着它提供的这种选择在实践中毫无作用。在某种意义上的讽刺意义表现在两个方面:施坦纳作为教育方面的权威,与威廉·赖因(Wilhelm Rein)和西奥多·沃格特(Theodor Vogt)一样是赫尔巴特学派的,不是"新教育"的代表,但是大多数教育史学家把瓦尔多夫学校看做教育改革运动的一部分。

注　释

① *Theosophie*,1906(Steiner 1994,p.41)。译文为我自译。
② 1996年全世界有600多所这样的学校。
③ 传记资料来自 Lindenberg,1996。
④ 为 Kürschner 的 *Deutsche National-Literatur* 准备的版本,后来成为著名的德国经典作家系列丛书。
⑤ *Arbeiterbildungsschule* 是由威廉·李卜克内西(Wilhelm Liebknecht)创办的,他是德国重要的社会民主主义者。
⑥ 私立的柏林自由学院,由 Bruno Wille 和 Wilhelm Bölsche 于1902年创建,他们二人都是柏林现代主义者圈子中的作家和活动家。
⑦ 通神论学会1875年成立于纽约,是唯物主义的达尔文主义的精神反对派。该学会是19世纪末国际教育学改革的主要力量之一。
⑧ Marie von Sievers(1867—1948)是一位俄罗斯将军的女儿。她成长于圣彼得堡,受过很好的教育。她能说几门语言,是一位作家。
⑨ 参见 Steiner(1977)。
⑩ 在他去世前不久写成。施坦纳的传记是关于他的工作的最后的,也是最个人化的概括。

⑪ *Inneres Erleben.*
⑫ *Geheimgesellschaft.*
⑬ Rudolf Steiner, Website Gotheaneum（http：//www. goetheaneum. ch/leute/esteiner. htm）.
⑭ 在以后的版本中增加了"魂灵"的概念。
⑮ *Geisteswissenschaft*（但不是狄尔泰的人文科学的概念）。
⑯ 原型，*Urbilder* 是歌德的植物形态学中的概念。
⑰ *Ich-Leib.*
⑱ 参见，例如，Oksenbery Rorty（1998）。

参　考

本书中的"尼采"、"罗素"、"蒙台梭利"、"杜威"、"皮亚杰"。

施泰纳的主要著作

① *Die Kernpunkte der Sozialen Frage in den Lebensnotwendigkeiten der Gegenwart und Zukunft*, Stuttgart：Greiffer & Pfeiffer, 1919.　② *Die Erziehung des Kindes vom Gesichtspunkte der Geisteswissenschaft*, Stuttgart：Verlag Freies Geistesleben, 1907/1948.
③ *Mein Lebensgang. Eine nicht vollendete Autobiographie*, edited and with an afterword by M. von Sievers, Dornach, Schweiz：Rudolf Steiner Verlag, 1925/1982.
④ *Theosophie. Einführung in übersinnliche Welterkenntnis und Menschenbestimmung*, Dornach, Schweiz, Rudolf Steiner Verlag, 1904/1994. Translated as *Theosophy*：*An Introduction to the Supersensible Knowledge of the World and the Destination of Man*, London：Rudolf Steiner Press, 1973.　⑤ "A Lecture for Prospective Parents of the Waldorf School", 31 August 1919. Translated by R. F. Lathe and N. Parsons Whittaker, wysiwyg：//contents. 52/http：//www. bobnancy. com/lectures/s3829a. html, 1997.　⑥ *Rudolf Steiner on Education*：*A Compendium*, ed. Roy Wilkinson, Stroud：Hawthorn. 1993.

其他参考书

① Lindenberg. C., *Rudolf Steiner. Eine Biographie*, Vol. I：1861–1914. Vol. II：1915–1925, Stuttgart：Verlag Freies Geistesleben, 1997.　② Oksenberg Rorty, A.（ed.）, *Philosophers on Education*：*Historical Perspectives*, London and New York：Routledge, 1998.

奥尔克斯

泰戈尔
(*Rabindranath Tagore*, 1861—1941)

教育是生动的,不是机械的过程,这个真理就像一直被忽视的那样被自由地接受。①

1940年,牛津大学给诺贝尔奖获得者、诗人、作家、作曲家、画家和哲学家拉宾德雷纳特·泰戈尔授予荣誉博士学衔,表彰他在包括作为教育家在内的一系列领域中所取得的杰出成就,这是对奖励的一种独特的讽刺。泰戈尔不仅厌恶他在儿童和少年时代在加尔各答所受的全部教育,他也没有完成在大学的学习,他把自己人生的大部分光阴用来建立和管理位于孟加拉农村贫民区的桑地尼克坦的一所小学(1901)和一所大学(1921)。这是20世纪印度的两所最非正统的教学机构。这样的悖论是这个复杂的男人所特有的。

泰戈尔在约五十年间写了大量关于教育的论著。他最有名的文章可能是1926年出版的《诗人的学校》,这部著作的目的是要解释他对印度的和外国的无神论者的批评的一些基本观点。这部著作的令人神往的、无从捉摸的开始部分值得全文引述。

从那些经常向我提出的问题中我感悟到,公众要求诗人为建立了一所学校而道歉,因为我鲁莽地干了这样的事。人们肯定承认,正在吐丝的蚕与在空中飞舞的蝴蝶代表两个格格不入的、不同的生存阶段。蚕看上去有金钱价值,根据它所完成的工作而在自然账户中不同程度地升值。但是,蝴蝶是不负责任的。它所具有的意义既无重量也无用途,轻飘飘地由它的一对舞动的翼承载着。可能在阳光下它会令某些人的心愉悦,这些人是色彩之主,他们与账簿无关,而对于浪费的艺术却掌握得尽善尽美。

可以把诗人与愚蠢的蝴蝶作比较。他在诗句中力图改变天地万物的节日的彩色装饰。那么为什么他要把自己囚禁在义务中？为什么他应该让自己对那些本应根据挣得的收益评价他的产品的人承担责任？

  我假设这位诗人的回答是这样的：在冬季的一个阳光灿烂的日子里，他带领几个小男孩置身于枝权优雅地伸展着的高高的、挺拔的大树的温暖的树荫下，他开始写不以词为介质的诗。②

  泰戈尔的家庭在金钱和艺术方面都继承了丰厚的遗产。他的祖先是印度人中最早通过与英国的贸易而获益的。他的祖父德瓦卡纳特·泰戈尔(Dwarkanath Tagore)是一位地主和商业企业家，是加尔各答最富有的人之一，以纵情享受、拒绝宗教的正统性和博爱而闻名，其中包括为在加尔各答和英国的孟加拉人举办高等科学教育。他是第一批注意到要去考察欧洲的印度人中的一个，他在欧洲款待了维多利亚女王和一些作家，如狄更斯(Dickens)、萨克雷(Thackeray)，并在那里被称作德瓦卡纳特"王子"。1846年他在伦敦去世，享年52岁。

  他的儿子，泰戈尔的父亲戴本德拉纳特(Debendranath)，与他完全不一样。直到十八九岁了他还过着一个被富有的父亲宠坏了的儿子所过的那自我纵容的生活。这位年轻人亲历了他的祖母在贝拿勒斯的恒河岸边的弥留时刻，这改变了他的整个人生。他抛弃了自己的世界观，开始在东方和西方的宗教文化中寻找启迪，复兴被称作梵社的改革印度教的宗教运动，直到1905年他88岁去世时他一直在帮助这场运动，使之对印度的教育产生深远的影响。他以苦行、圣洁之人著称，被称为"大圣人"。

  拉宾德雷纳特是他父亲的第14个孩子，出生于1861年。他从一开始就走上了与他的祖父和父亲不同的道路。在某种意义上他也同时仿效他们二人。正如他在《吉檀伽利》中所写："在断念屏欲之中，我不需要拯救。在万千欢愉的约束里我感到了自由的拥抱。"《吉檀伽利》是一部译自孟加拉文的诗集，这部诗集使泰戈尔于1913年荣获诺贝尔奖。

  他的早期教育促使他产生这样的情感：他完全闭居在学校以及在加尔各答北部的泰戈尔家的寓所内，这里处于通常是严厉的仆人和各种惩罚的控制之中。他难得见到自己的父母。七年内他进了四所学校，但这些学校都完全没有学术个性，留下的关于它们的记忆中"没有丝毫甜蜜的东西"。③他渴望自由和欢乐，而在生活中它们又是多么的少。

他评论自己的早期经历以及 19 世纪 90 年代以前他在自家庄园上的农村学校中所见证的死记硬背的学习,于是决定开办自己的学校,泰戈尔说:

> 教我们学校最低的两个年级的那些男人,没有受过能胜任这项工作的训练。其中某些人只通过了马德拉沙考试,而某些人甚至连这个水平也达不到,所有的人都没有掌握足够的英语和文学知识、不了解英国的生活和英语思维。然而他们却是我们的英语教师,我们要为自己的英语学习而感谢他们。他们既不精通英语,也不精通孟加拉语,他们能做的只是错误地教。④

他对这样的学校不屑一顾,从童年起他就广泛地阅读,得到他的多才多艺的家庭成员尤其是他的兄长的鼓励。他的这位兄长为他创造了一个稳定的艺术和文学创作的环境(泰戈尔的家庭毫无疑问是印度在艺术方面最有影响的家庭)。他的第一部流传于世的诗是用孟加拉文写的,他以后的小说几乎都是用孟加拉文创作的。他 16 岁时用笔名写作,审慎地模仿 18 世纪儿童诗人托马斯·查特顿(Thomas Chatterton)。但是他的写作和作曲真正开始进入鼎盛期是在 19 世纪 80 年代,在他长期逗留英国之后,在此期间他主要去伦敦大学学院听课。此刻他已经确信印度人应该受到两方面的最好的教育,一方面是他们自己的传统,另一方面是西方(以及远东)的传统——这是一种世界主义者的态度,是他的被称为"世界艺苑"的大学,尤其是这所大学最多产的部门,即被称为 Kala Bhavan 的艺术学院背后的精神上的动力。泰戈尔写道:"让我来明确地指出,我不会因为外文字母而怀疑任何文化。相反,我相信,外来力量的冲击对于维护我们的才智的活力是必要的。"

> 我反对的是矫揉造作的安排,在矫揉造作安排的情况下外国教育会占据我们民族心智的整个空间,扼杀或阻碍用真理的新的组合创造新思想的机会。我极力主张,必须加强我们自己文化的所有因素;不是抵制西方的文化,而是接受并同化它。西方文化必须成为我们的营养而不是我们的负担。我们必须掌握它而不是勉强地容忍它。⑤

泰戈尔的观点对受过英国教育的尼赫鲁影响很大,尼赫鲁是印度的第一位总理,20 世纪 30 年代他送自己的女儿英迪拉(后来也成为总理)去桑地尼克坦学习,他本人成为"世界艺苑"的名誉校长,当时这所大学已于 1951 年合并为国立大学。泰戈尔的观点也很合受过印度教育的甘地的心意,在他于 1915 年回到印度之前派遣一批男孩从他在南非的菲尼克斯学校到桑地尼克坦,他后来帮助筹钱举办"世界艺苑"(学校长期资金缺乏)。但是,甘地不同于泰戈尔,也不同于尼赫鲁,他不同意加强艺术和科学教育,认为印度的乡村教育首先应该是职业教育。泰戈尔对它的一位英国朋友,农业经济学家伦纳德·埃尔姆赫斯特(Leonard K. Eimhirst)说:"尤其是贴上乡村教育标签的教育,不是我的理想。教育的质量应该对所有需要获得教育以求完善的人在某种程度上是相同的。"⑥

埃尔姆赫斯特是 20 世纪 20 年代至 30 年代与泰戈尔一起在桑地尼克坦工作的许多天才的非印度人中的一位,这些人中还包括一些杰出的学者(主要是东方学者)。但埃尔姆赫斯特是唯一一个在西方建立了自己的教育机构的人,受到与泰戈尔共事经历的直接鼓舞,他在英国西南部的德文郡达廷顿办了一所学校,这所学校与桑地尼克坦一样,都试图通过给予每个学生尽可能多的自由去教育儿童和大学生,让他们一有机会就置身于大自然中,强调艺术(尤其是音乐)——这是与当时英国的崇尚学术和比赛的城市学校和公立学校直接反其道而行之的,其目的也是要培养对其他文化的尊重,远离英国官方教育体系的帝国气质和印度学校系统的模仿气质。埃尔姆赫斯特是这样谈论泰戈尔的:

> 人生没有一个方面不存在对他有某种魅力的东西,围绕着它能充分施展他的理智和丰富的想象力。作为一个年轻人,我在一个宗教与世俗分离的世界中成长。他坚持宗教与世俗在诗歌、音乐、绘画和生活中是合二为一的,它们之间不应有分界线。⑦

对于某些有天赋的人来说,他们都毫不怀疑无论是桑地尼克坦还是达廷顿,都丰富了人生的经历,两处的毫无疑问的缺点都是接纳性差一些。经济学家和哲学家(诺贝尔奖获得者)阿马泰亚·森(Amartya Sen)——20 世纪 40 年代是桑地尼克坦的学生(他的祖父是泰戈尔早期的同事之一,当时任教师)——指出,桑地尼克坦使他在年少时认识到,有价值的生活需要多样化,视野的狭隘会使人愚钝,正是在这一点上桑地尼克坦是"相当重要的"。阿马泰亚·森尤其回忆起他与其他少年学生一起开办一所夜校的情况,教授当地村民 3R,这可能是他终身从事的成人扫盲事业的开端。⑧第二位男校友是电影导演雷伊(Satyajit Ray)。20 世纪 40 年代他是"世界艺苑"绘画班的学生,他是除泰戈尔之外的 20 世纪印度的另一位艺术骄子。雷伊承认,他后来人生中的许多成就的取得首先要感谢桑地尼克坦,在那里他作为加尔各答的一名大学生吸收了更多的西方艺术和文化。桑地尼克坦"为我打开了窗户。他让我……更清楚地意识到我所了解的我们的传统,应该成为我所希望追求的艺术的任何一个分支的基础"。⑨

对任何教育先驱者的工作所给予的这些赞美是很有意义的,反响很广泛。但泰戈尔的麻烦总是在于,其他人不能系统地表述并应用他的思想;他的许多关于教育的出自肺腑的和极其理性的文章以及他为儿童写的教科书,遭到蔑视;他提出的教育理论是不具体的,他确实说过:"我仅仅是开始提出一个简单的思想,即教育绝不可以与生活相隔离。"⑩

从泰戈尔与蒙台梭利的关系中可以清楚地发现其中的长处和弱处。蒙台梭利在访问印度之前给泰戈尔写信:"我感到贵国人民体验情感的能力比欧洲人强,我敢肯定地说,建立在对儿童的爱的基础上的我的思想,将会在印度人民的心中受到很好的欢迎。"这对于泰戈尔和他的学校来说,确实是这样的。泰戈尔在回信中写道:"不仅印度的一些大城市中的人们,而且其他地方的人们也在广泛地阅读并研究蒙台梭利方法。但是,这种方法在实践中没有得到大量应用,主要是因为我国流行的处于官方控制下的教育系统强加的不利条件。"1939 年当蒙台梭利最终访问桑地尼克坦时,她立刻就很同情泰戈尔和他的学校,但是她也意识到,任何事情的成功都取决于创办人的独特的气质。当蒙台梭利听到泰戈尔在 1941 年 8 月去世的消息后对泰戈尔的儿子说:

有两种眼泪,一种来自生活中的共同方面,是人人都会流的。但是另一种眼泪来自上帝。这样的眼泪表现一个人真正的内心、真正的灵魂。这种眼泪与升华人性的某种东西俱在,这样地流泪是允许的。我此时此刻淌下的眼泪就是这样的。⑪

注　释

① Lecture in Calcutta in 1936, 引自 Dutta and Robinson(1995, p.323).
② Tagore(1961b, pp.285-286).
③ Tagore(1991, p.37).

④ "The Vicissitudes of Education" in Tagore (1961b, p. 41).
⑤ "The Centre of Indian culture", ibid., pp. 222 – 223.
⑥ Letter to Elmhirst, 19 December 1937, in Dutta and Robinson (1997b, p. 491).
⑦ 引自 Introduction to Rabindranath Tagore, *The Religion of Man*, London: Unwin Paperbacks, p. 4, 1988.
⑧ "Amartya Sen" in Sian Griffiths (ed.), *Predictions: 30 Great Minds on the Future*, Oxford: Oxford University Press, p. 214, 1999.
⑨ Quoted in Andrew Robinson, *Satyajit Ray: The Inner Eye*, London: Andre Deutsch, p. 55, 1989.
⑩ Letter to Patrick Geddes, 9 May 1922, Dutta and Robinson (1997b, p. 291).
⑪ 参见 letter 207 and notes in ibid., pp. 326 – 327.

参　考

本书中的"甘地"、"蒙台梭利"。

泰戈尔的主要著作

泰戈尔论教育的文章既用孟加拉语也用英语;这里是包括用英语所著或译成英语的作品。他还有些虚构作品,体现出他的教育思想,但此处被省略(在"其他参考书"中可以找到这些书目)。

① *The English Writings of Rabindranath Tagore. Volume 3: A Miscellany*, ed. Sisir Kumar Das, New Delhi: Sahitya Akademi, 1996. ② *My Reminiscences*, 2nd edn, London: Macmillan, 1991. ③ *Rabindranath Tagore: Pioneer in Education: Essays and Exchanges between Rabindranath Tagore and L. K. Elmhirst*, London: John Murray, 1961a. ④ *Towards Universal Man*, London: Asia Publishing House, 1961b.

其他参考书

① Dutta, Krishna and Andrew Robinson, *Rabindranath Tagore: The Myriad-Minded Man*, London: Bloomsbury, 1995. ② ——(eds), *Rabindranath Tagore: An Anthology*, London: Picador, 1997a. ③ ——(eds), *Selected Letters of Rabindranath Tagore*, Cambridge: Cambridge University Press, 1997b. ④ Elmhirst, Leonard K., *Poet and Plowman*, Calcutta: Visva Bharati, 1975. ⑤ Thompson, Edward P., *Alien Homage: Edward Thompson and Rabindranath Tagore*, New Delhi: Oxford University Press, 1993.

杜塔　鲁宾逊

怀特海

(*Alfred North Whitehead*, 1861—1947)

> 我所极力主张的解决方法,是要消除扼杀我们现代课程的活力的各学科之间互不联系的严重现象。教育只有一种教材,那就是生活的一切方面。①

阿尔弗雷德·诺斯·怀特海,主要作为数学家和哲学家闻名于世,他的著作被广泛阅读、频繁引用,他是20世纪最不被理解的哲学家之一。②他因1910—1913年与伯特兰·罗素合作撰写论述数理逻辑的三卷本《数学原理》而流芳百世。怀特海的教育观散见在他的论文和书籍中,但他没有写过一部有条理地解说自己的教育哲学的通俗易懂的书。他最有名的教育著作是《教育目的》,汇集了他于1912—1928年间所发表的论文。1925年以后怀特海的著作的重点是论述形而上学和宇宙论,认为实在是时间中的过程。

他的英国祖先是小地主、渔民和农场主。他的祖先没有祖传的土地,当过当地学校的教师、牧师和医生。当时这些职业不需要高等教育。阿尔弗雷德·诺斯的祖父托马斯(Thomas)是一位非凡的雄心勃勃之人,广泛地涉猎了历史和数学。他成为校长和英国圣公会的牧师,在英国肯特郡的泰内特岛上办了一所查塔姆家庭学校。他是这个家族中第一个供自己的儿子接受大学教育的人。托马斯的儿子艾尔弗雷德(Alfred)也成为英国圣公会的牧师,接替其父亲担任查塔姆家庭学校校长,当时托马斯63岁,接受了拉姆斯盖特市副市长的职务。

阿尔弗雷德·诺斯生于1861年2月15日,出生地是拉姆斯盖特市。他是艾尔弗雷德·怀特海和萨拉·巴克马斯特(Sarah Buckmaster)的四个孩子中最小的一个。他是个身体虚弱的孩子,但他是他父亲最喜爱的一个孩子,得到了他的哥哥、姐姐们的真诚的呵护。他的早年是在拉姆斯盖特在他父亲的膝下度过的,在那里与可见的历史现象的实实在在的联系渗透了阿尔弗雷德·诺斯早年的经历和思想。据说,圣奥古斯丁在597年使盎格鲁—撒克逊国王改信基督教,皈依仪式在拉姆斯盖特附近的一棵栎树下进行,这棵栎树一直存活到19世纪初。离拉姆斯盖特仅16英里远处就是坎特伯雷大教堂,自13世纪以来英国的主教都是在这里举行授命仪式。

1875年9月,14岁的阿尔弗雷德·诺斯离家进入谢伯恩学校学习,在那里学习了5年。他的两个哥哥在他之前就在这所学校上学。阿尔弗雷德·诺斯在谢伯恩学校接受了拉丁语、希腊语的优秀的经典教育,还学习了一些数学。他读诗,尤其是华兹华斯(Wordsworth)和雪莱的诗作。

剑桥(1884—1910)——作为一种修养的数学

1880年阿尔弗雷德·诺斯获得剑桥大学三一学院的奖学金。他在那里集中精力专修数学。1884年他被选为"使徒",这是19世纪20年代由丁尼生(Tennyson)建立的由一批精英们组成的俱乐部,成为其终生会员。知识上的独创性、诚实而又坦率的心智,是该俱乐部最赞赏的特点。俱乐部所讨论的问题更多是哲学性质的,而不是政治方面的问题。1884年阿尔弗雷德·诺斯开始在剑桥大学三一学院讲授数学。他的学生很崇拜他,认为他是一位吸引人的、强有力的讲师,是一位令人愉快的、关心人的人。数学的理性训练让他着迷。格拉斯曼(Hermann Gunther Grassmann)的著作激发了他最初的学术兴趣。(怀特海的传记作者维克托·洛[③]声称,数学史上天才被忽略的事件没有比格拉斯曼因其著作的晦涩而被忽略更触目惊心的了。)格拉斯曼提出了 n-维度空间一致性数学理论,该理论的适用范围超出了三维几何空间。怀特海研究格拉斯曼的理论,开始了他对探索数学的基础性的终其一生的兴趣。他不关心公式及其应用,或者说他不关心纯数和量的科学。在19世纪80年代末他专注于发展格拉斯曼的思想和在逻辑、数学和科学哲学方面的其他新颖的思想。1898年[*]他出版了他的第一部书《普通代数论》,对把抽象的数学思想应用到物理学上进行了系统的研究。

---

[*] 原文为1989年,疑有误。经与《简明不列颠百科全书》核对,应为1898年。——译者注

1890年12月16日,29岁的阿尔弗雷德·诺斯·怀特海与伊夫琳·韦德(Evelyn Wade)结婚。她当时约25岁。他们有4个孩子,都生于剑桥。诺斯(North)生于1891年,杰西(Jessie)生于1893年,一个还没取名的儿子出生时就死了,埃里克(Eric)生于1898年。小儿子埃里克在第一次世界大战期间于1918年3月战死。

怀特海最广为被人称道的是他与伯特兰·罗素合作撰写的三卷本巨著《数学原理》,三卷分别于1910、1912和1913年出版。罗素是怀特海在剑桥的学生。1900年后罗素和怀特海立即开始了他们的合作。在这部著作中他们认为,较之形式逻辑中的推理数学更不是量的科学。对他们的思想有过大量的讨论和评价,但最普遍的结论是他们的努力是失败的。维克托·洛(1985)对这部著作作了如下评价。

> 所有时代伟大的知识纪念碑之一,这是对《数学原理》的主要评价。纪念碑不是活的,这本书对有生命力的数学的影响甚微。它的问世对终结数学神秘主义产生了有益的影响。在这本书出版之后不久的新发展,与它的影响甚微有很大的关系。数学与数理哲学之间的不同就变得很重要;但是《数学原理》没包含该系统的数理哲学理论。④

伯特兰·罗素(1956)回忆他在怀特海指导下学习以及后来与他合作《数学原理》那几年的情况:

> 从学生逐步过渡到独立的作家,在整个过程中我得益于怀特海的指导……1900年我开始有我自己的思想时,我有幸让他相信这些思想不是没有价值的。这是我们十年合作一本巨著的基础……在英国,只把怀特海看做是一位数学家,而美国人发现了他还是一位哲学家。他与我在哲学上是有分歧的,所以合作也就不再可能了。⑤

伦敦,1911—1923——自然性和人性:我们如何学习?

1911年,阿尔弗雷德·诺斯从剑桥转到伦敦的大学学院教数学。转校的理由是在剑桥他已变得安于陈规,他希望接受生气勃勃的挑战。1914年他成为肯辛顿帝国科学技术学院的教授。在伦敦期间他的注意力转向教育和应用数学问题。他研究人是怎样思维的,这一研究最终引向对人性的质疑。他开始思考人是怎样学习的,为什么要学习,以及怎样改进人的学习。1912—1928年间他写了几篇关于教育的论文,1929年以《教育目的》为题结集出版。虽然他个人主要关心的是数学教育,但他把自己的教育思想应用到其他学科上,例如,技术教育、科学、艺术、文学和古典文学。

当时他对自然和科学的持续兴趣主要集中在物理学、相对论的意义以及诸如空间、时间和运动等数学概念上。怀特海批评机械的相对论观点和牛顿的物理学,牛顿物理学认为原子局部地由其他粒子推动,否则是不能运动的。他认为,爱因斯坦的表述建立在过于狭窄的经验基础上。这一时期他写了《自然知识原理》(1919)、《自然的概念》(1920)和《相对性原理》(1922)。阿尔弗雷德·诺斯自己的关于相对性的理论没有被他那个时代的物理学家们接受,部分原因是他拒绝考虑我们用来测量时空关系的手段。[6]

哈佛大学,1924—1947——数学、科学和宗教:所有这一切意味着什么?

1924年,63岁的阿尔弗雷德·诺斯接受哈佛大学的邀请,去那里教五年哲学。1937年他从哈佛大学退休,任哈佛大学名誉教授,居住在坎布里奇,直到1947年12月30日逝世,享年86岁。他的夫人伊夫琳于1961年去世。

在哈佛期间怀特海的工作一直成就斐然。他断然地退出了形式逻辑,在《科学与现代世界》(1926)和《观念的历险》(1933)中探索更一般的问题。在他人生的最后阶段他专注于宗教问题,他的这种兴趣在《宗教的形成》(1926)和《过程与实在》(1929)这两部书中得到了很好的反映。在哈佛的那几年他一共写了7部书。他关于实在的性质的思想,在《过程与实在》(1929)中得到更专业的表现,而在《象征主义》(1927)、《观念的历险》(1933)和《思维的方式》(1938)中更容易理解。退休之后他在坎布里奇的家成为访问者集会的场所,人们欣赏他的睿智和他的热情。

怀特海教育观概述

怀特海早年对古典作家的研究对他影响很大。他对柏拉图的哲学尤其感兴趣。在《思维的方式》(1938)一书中的《自然的无生命》一文中他写道:"柏拉图的基本形式是他的全部实在的基础,可以作为提交给衬在历史事件下面的形而上学的需要予以构建。"怀特海企图调和科学与人的经验之间的差异。他以半数学的形式提出一种形而上学的系统。他的目的是要创造一种思维的模式,在这一模式中我们能够知道的任何一件东西都可以解释成一般图式的特殊事例。他的观点是普遍性总是在进行之中并服从于处在任何事件和事件的任何顺序之下的绝对的力量。他称自己的哲学为"有机哲学"。

他的著作强调教育中的重要主题:"教育只有一种教材,那就是生活的一切方面。"⑦

> 教育指导个人向着理解生活的艺术前进;生活的艺术我指的是表现在他的实际环境的事实中的有活力的生命的潜能的各种活动的最完整的成就。成就的全面性包含着一种艺术的意义,使不可分割的个性的下级层次的可能性从属于上级层次。科学、艺术、宗教、道德,起源于生命结构内部的价值的这个意义上。每个个体体现一种存在的冒险。生活的艺术是这种冒险的指导。⑧

怀特海提倡防止无活力的概念。怀特海强调:"无活力的概念就是仅仅被吸收而不予运用、检验或重新组合的概念。"如何才能防止"心智的干枯"呢?怀特海坚定地认为,"我们要提出两条教育的戒律。一条,'不要教过多的学科',另一条,'凡是你所教的学科,要教得透彻'"。⑨

关于数学,他建议:

> 除非二次方程式配合在一个互相联系的课程中,自然没有理由教它。……首先,你必须决定世界上有哪些足够简单的数量关系应该安排到普通教育中去;然后制订一个代数的计划,这个计划将在这些数量关系的应用中找到例证。我们无须为所宠爱的图解担忧,当我们一旦开始把代数作为研究世界的严肃的手段时,将会出现很多

图解。[10]

关于科学教育,他建议:

对待概念的第一件事是去证明它。但是,请允许我稍为引申一下"证明"的含义;我的意思是证明概念的价值。……所谓证明一个概念,主要就是或者用实验的方法或者用逻辑的推理来证明命题的真实性。……但是,就两个过程中必须有个优先来说,优先应该属于通常运用的赞赏过程。[11]

关于历史知识,他主张:

过去的知识,它仅有的作用,是武装我们对付现在。没有比轻视现在年轻人的心理造成更致命的损害了。现在包含着一切现在存在的东西。现在是神圣的基地;因为它就是过去,它也就是将来。[12]

关于教学本身,他说:

一位大学教授的主要目的可能是展示他自己的真实角色——作为一个愚昧的人,想着积极地分享自己的一点点知识。在某种意义上,浓缩成智慧的知识在增长:细节淹没在原则之中。[13]

怀特海主张,相应于学习者的发展教育的节律分成三个阶段,呈现不同学科的周期很短。"十三四岁之前是浪漫阶段,从十四岁到十八岁是准确阶段,从十八岁到二十二岁是概括阶段。"[14]他把他的节律的三个阶段对应于黑格尔的正、反、合三个阶段。浪漫时期是对生动的新奇的东西的最初理解,其可能性一半已隐约可见,一半还隐藏着。在准确阶段准确地陈述变得十分重要,在这一阶段上我们系统地获得事实。最后一个阶段是概括,是综合或实现分类的观念。怀特海说,每堂课应该构成这种周期的不断地反复。应该鼓励学生一次一次地去重复这些阶段。

怀特海意味着什么?

怀特海是一位数学教师。他专注于对教育问题的研究。他立志于使数学成为对学生是有意义的、有趣的和有挑战性的。他确信在相互作用时,即当学生应用或验证知识时才能产生学习。当教师传递给学生片断信息(无活力的思想)时是不可能出现学习的。对怀特海而言,实在存在于现在之中,而不是存在于过去或将来。怀特海的有机理论的发展建立在过程的基础上,他希望在与时间的相互作用中看到实在,他探索宇宙在自然中的秩序(把所有可知的东西都包含在内)的雄心,他谦恭地只求自己的主张能得到单纯的局部理解,他的毋庸置疑的道德的诚实和宽宏,都深深地打动了我。他拒绝(或忽视)把他的哲学系统地运用到教育上,这令我感到沮丧。哈罗德·邓克尔(1965)在《怀特海论教育》一书中分析了应用到教育上的怀特海的思想和术语。该书试图正确地、解释性地应用怀特海的思想,但不是咄咄逼人的综合或振奋地呼吁像怀特海写的那样行动起来。

怀特海对其他人产生怎样的影响?

怀特海关于教育的主张至今看上去还是神秘的,但许多教育家并不很了解他。他在世时为许多教育会议、理事会、委员会服务过,但他从未当过教育系统的专门管理人员或研究者。他从未自诩为教育哲学家。他的教育著作散见在他的论文中。他从未打算出版一部教育哲学专著或出版一部培养教师的著作。虽然能广泛地阅读到怀特海的教育著作,但这些著作很少以教育理论专著的形式出现。[15]

材料和书面记录的匮乏,阻挠着那些试图为怀特海写传记的人。怀特海不是多产的书信作家。现有的不多的信件主要是他写给伯特兰·罗素的,是在他们十年合作撰写《数学原理》期间写的,因为在怀特海的遗嘱中要求,他给他妻子的所有的信件都必须销毁。[16]

与怀特海同时代的志同道合的思想家们,热衷于在与当时已牢固树立的机械论观点的对抗中兴起的新奇的理论。杜威为怀特海的《科学与近代世界》(1926)写了书评,盛赞怀特海提出智力挑战和新思想的勇气。在他的书评中他引用了怀特海下面这段文字:

(但是当)达尔文和爱因斯坦宣布的理论改变着我们的观念,这是科学的胜利。我们并不打算说科学有其他的什么失败,因为科学的旧观念已被放弃。我们知道的是赢得了科学洞察力的另一阶段。[17]

杜威接着写道:

怀特海先生虽然在使新观念变得直观方面,即在用朴素的、日常的经验去理解新观念方面,并不成功,但是它成功地以绝妙的方式使读者明白变化的性质以及变化带来了什么。[18]

杜威在为怀特海的《过程与实在》(1929)写的书评中写道:

怀特海教授的著作,是最近十年内对严肃的哲学思想产生最轰动影响的作品之一……我合上这本书时也很怀疑,试图以他的方式思考这个混乱的现代世界的每个人,是否都应感谢怀特海先生的光辉的、清晰的智慧。[19]

怀特海以同样的方式记述了杜威对当代思想的影响:

杜威从不害怕观念的新奇性……我们生活在受到杜威影响的时代……约翰·杜威是典型的有效能的美国思想家,他是为环境提供一致性目的的主要的智慧力量之一。[20]

怀特海引导并深远地影响了他的许多同时代人。例如,查尔斯·哈茨霍恩,当怀特海去哈佛讲课时他还是哈佛的一位年轻的讲师。1925年后哈茨霍恩听了怀特海的许多讲座。哈茨霍恩现在是知名的进程哲学家,他的研究重点已转向形而上学和应用怀特海的观点去修改关于上帝存在的传统论点。通过哈茨霍恩和其他进程哲学家的著作,怀特海在形而上学界的影响大于对科学、数学和教育理论的影响。

注　释

① A. N. Whitehead, *The Aims of Education*, New York: Mentor Books, pp. 18 – 19, 1929.
② Victor Lowe, *Alfred North Whitehead: The Man and His Work, Volume I: 1861 – 1910*, Baltimore: The Johns Hopkins University Press, p. 4, 1985.
③ Ibid. , p. 153.
④ Ibid. , p. 290.
⑤ Bertrand Russell, *Portraits from Memory and Other Essays*, pp. 99 – 100, 1956.
⑥ 在麦金农(B. MacKinnon)编辑的选集 *American Philosophy: A Historical Anthology* (Albany: State University of New York Press, pp. 389 – 427, 1985)中把阿尔弗雷德·诺思·怀特海与伯特兰·罗素放在一起讨论,并作为20世纪美国两位主要的过程哲学家进行比较。
⑦ Whitehead, *Aims of Education*, p. 7. 中译文引自《西方现代教育论著选》。

⑧ Ibid. , p. 39.
⑨ Ibid. , p. 1. 中译文引自《西方现代教育论著选》。
⑩ Ibid. , pp. 7 – 8. 中译文同上。
⑪⑫ Ibid. , p. 3. 中译文同上。
⑬ Ibid. , p. 37.
⑭ Ibid. , p. 38.
⑮ H. B. Dunkel, *Whitehead on Education*, Ohio State University Press, p. 7, 1965.
⑯ Lowe, *Alfred North Whitehead*. p. 7.
⑰ J. Dewey, "The Changing Intellectual Climate", *New Republic*, 45, pp. 360 – 361, 17 February 1926, in J. Boydston (ed.), *John Dewey: The Later Works, Volume 2, 1925 – 1927*, Carbondale and Edwardsville: Southern Illinois University Press, p. 222. 1984.
⑱ Ibid. , p. 223.
⑲ J. Dewey, "An Organic Universe: The Philosophy of Alfred N. Whitehead", *New York Sun*, 26 October 26, 1929, in J. Boydston (ed.), *John Dewey: The Later Works, Volume 5, 1925 – 1953*, Carbondale and Edwardsville: Southern Illinois University Press, pp. 375 – 381, 1984.
⑳ A. N. Whitehead, "John Dewey and His Influence", in P. A. Schilpp and L. E. Hahn (eds), *The Philosophy of John Dewey*, La Salle, IL, Open Court, pp. 475 – 478, 1939.

参　考

本书中的"杜威"、"罗素"。

怀特海的主要著作
Cambridge (*1882 or earlier until 1910*)

① *A Treatise on Universal Algebra, with Applications*, Vol. I (no others published), Cambridge: Cambridge University Press, 1898.　② *The Axioms of Descriptive Geometry*, Cambridge Tracts in Mathematics and Mathematical Physics, No. 5, Cambridge: Cambridge University Press, 1907.　③ *An Introduction to Mathematics*, New York: Henry Holt, 1911.　④ *The Organization of Thought, Educational and Scientific*, London: Williams & Norgate; Philadelphia, J. B. Lippincott Co. , 1917.

London (*1910 – 1924*)

① *Principia Mathematica*, with Bertrand Russell, vols I – Ⅲ, Cambridge: Cambridge University Press, 1910 – 1913, 2nd edition, 1925 – 1927.　② *The Aims of Education and Other Essays*, New York: Macmillan Co. ; London: Williams & Norgate, 1929 (originally delivered and published between 1912 and 1928, the majority of them antedating 1920). ③ *The Concept of Nature*, Cambridge: Cambridge University Press, Tarner Lectures, Trinity College, Cambridge, 1920. ④ *The Principle of Relativity, with Applications to Physical Science*, Cambridge: Cambridge University Press, 1922. ⑤ *An Enqury Concerning the Principles of Natural Knowledge*, Cambridge: Cambridge University Press, 1919; 2nd edition, 1925.

Harvard(1924 – 1939)

① *Science and the Modern World*, New York: Macmillan Co., 1925; Cambridge: Cambridge University Press, 1926. ② *Religion in the Making*, New York: Macmillan Co., 1925; Cambridge: Cambridge University Press, 1926. ③ *Symbolism: Its Meaning and Effect*, New York: Macmillan Co., 1927; London: Cambridge University Press, 1928(Barbour-Page Lectures, University of Virginia, 1927). ④ *Process and Reality: An Esssay in Cosmology*, New York: Macmillan Co.; Cambridge: Cambridge University Press, 1929(corrected ed., edited by David Ray Griffin and Donald W. Sherburne, New York: Free Press, 1978. Gifford Lectures, University of Edinburgh, 1927 – 1928). ⑤ *Adventures of Ideas*, New York: Macmillan Co.; Cambridge: Cambridge University Press, 1933. ⑥ *Nature and Life*, Chicago: University of Chicago Press; Cambridge: Cambridge University Press, 1934(reprinted as chapters 7 and 8 of *Modes of Thought*, 1938).

Retired in Cambridge, MA(1939 – 1947)

① *Modes of Thought*, New York: Macmillan Co.; Cambridge, Cambridge University Press, 1938 (six lectures delivered at Wellesley College, MA, and two lectures, given at the University of Chicago). ② *Essays in Science and Philosophy*, New York: Philosophical Library, 1947; London; Rider & Co., 1948.

其他参考书

① Dunkel, H. B., *Whitehead on Education*, Ohio State University Press, 1965. ② Hartshorne, Charles, *Whitehead's Philosophy: Selected Essays, 1935 – 1970*, Lincoln, Nebraska: University of Nebraska Press, 1972. ③ Hendley, B. P., *Dewey, Russell, Whitehead: Philosophers as Educators*, Carbondale and Edwardsville: Southern Illinois University Press, 1986. ④ Jordan, M., *New Shapes of Reality: Aspects of A. N. Whitehead's Philosophy*, London: George Allen & Unwin, 1968. ⑤ Kline, G. L. (ed.), *Alfred North Whitehead: Essays on his Philosophy*, Englewood Cliffs, NJ: Prentice-Hall, Inc., 1963. ⑥ Lawrence, Nathaniel, *Alfred North Whitehead: A Primer of His Philosophy*, New York: Twayne Publishers, Inc., 1974. ⑦ —— *Whitehead's Philosophical Development: A Critical History of the Background of Process and Reality*, Berkeley: University of California Press, 1956. ⑧ Lowe, Victor, Al-

fred North Whitehead: The Man and His Work, *Volume I: 1861-1910*, Baltimore: The Johns Hopkins University Press, 1990.   ⑨ ——*Understanding Whitehead*, Baltimore: The Johns Hopkins Press, 1962.   ⑩ ——with J. B. Schneewind (ed.), *Alfred North Whitehead: The Man and His Work*, *Volume II: 1910-1947*, Baltimore: The Johns Hopkins University Press, 1990.   ⑪ Morris, Randall C., *Process Philosophy and Political Ideology: The Social and Political Thought of Alfred North Whitehead and Charles Hartshorne*, Albany, NY: State University of New York Press, 1991.   ⑫ Russell, Bertrand, *The Autobiography of Bertrand Russell*, London: George Allen & Unwin. 1968.   ⑬ ——*Portraits from Memory and Other Essays*, New York: Simon and Schuster, 1956.

埃利斯

雅克-达尔克罗兹
(Émile Jaques-Dalcroze, 1865—1950)

我开始思考音乐教育,在这样的音乐教育中身体应该在声音和思想之间发挥中介作用,成为有充分表现力的工具。身体运动是被第六感,即被肌觉感觉到的一种经验。它是由运动的动力与身体的空间位置之间的关系,由运动时间的长度与强度之间的关系,由运动的准备与进行之间的关系组成的。这种肌觉必须能被智力抓住,因为它要求所有的肌肉自愿地或不自愿地相互配合,它的韵律教育需要整个身体的运动。①

埃米尔·雅克-达尔克罗兹1865年生于维也纳,父母是瑞士人。②他的家后来迁到日内瓦,那里成为达尔克罗兹一生工作的基地。他的父母发现了他的非凡的音乐才能,在他很小时就让他学习钢琴。他所受到教育具有丰富性、多样性的特点,包含了体操、指挥、作曲[师从一些杰出的作曲家,诸如布鲁克纳(Bruckner)、德利布(Delibes)、福莱(Gabriel Fauré)]和法兰西喜剧院的喜剧。③在阿尔及尔他指挥一个管弦乐队,发现了音乐与姿势之间的相互关系,对阿拉伯音乐的复杂的、不规律的韵律着了迷。他起初是日内瓦大学的学生,后来成为该校的教师,开始与音乐界、戏剧界、教育界和心理学界的一些欧洲知名人士接触,在他整个漫长的一生中他始终保持着这种富有影响力的联系。他的密友包括富有革新精神的舞台设计师阿皮亚(Adolph Appia)、作曲家福莱和心理学家克拉帕雷特(Adolphe Claparède)。此种亲密的个人关系使他能洞察教育领域和艺术学科范围内的著作。

1894年他以日内瓦音乐学院和声学教授的身份初次参加教育学界的社交活动,开始关心他的学钢琴的学生中存在的技术正确但缺乏生命力的演奏问题。④他的学生的韵律感很差,对行云流水般的音乐缺乏情感,他们没有能力听到他们所谱写的东西,这种状况把他吓得胆战心惊。他把这些问题归咎于他们的传统训练,认为这样的训练只教他们操控自己的手指,完成各种各样的技术性任务,全然不考虑情感或声音。他说,"在精确地评价时代和韵律组合的变奏曲方面的无能,阻碍了"学生在音乐上的进步[《韵律、音乐和教育》(*RME*),第Ⅶ—Ⅷ页]。他认为,"音乐教师应该在学生的心灵中培养美感,这是他的第一要务"。(*RME*,第22页)他坚定地认为,每个人应该先学习感受音乐,然后才开始学习某种乐器。

他观察人的运动中的自然韵律,从中得出一个结论:大脑与身体是平行地发展的,大脑把自己的感觉和知觉与身体进行交流,因此,生理上的训练能发展学生对音乐的理解和响应的能力。他在辩论中谈到,韵律,而不是声音,才是运动的主要形式。他提出了八项原则来支持自己的这个理论。⑤

于是达尔克罗兹开始研究自己的教育方法,这一方法的基础他称之为韵律体操——从字面上解释就是:优美的流动,或优美的韵律。他改进并扩展了自己的方法,训练韵律体操教师。他把韵律体操发展成教育工具,这是一种把身体、心智和精神结合在一起的整体论的观点,强调对韵律感受的发展要通过时间和空间。他坚持认为,对时间、空间和能量之间关系的理解和感受,是理解整个身体活动的关键。他的方法为音乐教育、舞蹈、戏剧、歌剧、体育和医疗领域带来了创新。⑥

从1910年至1914年,他是一所以他的名字命名的身体律动术学校的校长。这所学校建于1910年,由实业家沃尔夫(Wolf)和哈拉尔德·多恩(Harald Dohrn)建于德国德累斯顿附近的黑勒劳。许多国家的数以百计的学生来到这里生活并学习一门扩展课程,这门课程包含了视唱练习、韵律体操、键盘即席演奏和高级音乐律动研究(指的也是艺术造型或造型艺术)、音乐理论和实践、瑞典体操、舞蹈和解剖学。1913年,在黑勒劳的一次节日庆典中演出了格鲁克的歌剧《奥菲欧》。舞蹈是由达尔克罗兹的一名学生设计的,歌剧的合唱和独唱部分接受了韵律体操训练。主要目标是要使运动、音乐、光线和空间达成和谐。全世界五千多名戏剧界、舞蹈界和文学界人士来观看演出。⑦黑勒劳成为在艺术中并通过艺术进行教育的世界教育中心,变成了现代戏剧运动的摇篮。达尔克罗兹的韵律体操被引进到戏剧、舞蹈学校和教育中心,欧洲和其他各地开始开办达尔克罗兹的学校。

尽管遭遇两次世界大战的挫折,达尔克罗兹仍继续自己的工作,决心通过韵律体操的练习丰富个人的生活。今天,在近一百年之后,世界各地的许多教育中心都还在盛行达尔克罗兹的方法,这些国家和地区有:几个欧洲国家、加拿大、美国、委内瑞拉、日本、澳大利亚和中国的台湾。希望获得达尔克罗兹讲师资格的人,必须执行非常严格的研究计划,其质量由设在日内瓦的达尔克罗兹学院监控。要获得最高级别的文凭,必须经过优秀的音乐技巧训练和长达十年的专业化训练。⑧

他的著作及其在教育领域中的影响概述

达尔克罗兹的教育是一种在音乐中并通过音乐进行的教育,它不仅仅是音乐教育,还是一种为了生活的教育。它适合于所有不同年龄、不同能力和不同社会经济阶层的学生。它既不是非大众化教育,也不是英才教育。⑨这些观念是20世纪初的创新的教育观念,使他成为其他进步教育思想家的志同道合者,这样的思想家有:福禄倍尔和裴斯泰洛齐以及他的同时代人——蒙台梭利。达尔克罗兹的方法是非正统的。拜访典型的达尔克罗兹音乐班的参观者会看到,那里的教师和学生都光着脚,穿着灯笼裤和宽松的衣服,整个身体都在运动,穿越着空间。因循守旧者对此大为愤慨⑩,而进步主义者欢迎这种新方法,因为这种方法反映出对欧洲专制政治和社会政治运动压制自由⑪理念和民主实践的日益增长的不满。

在达尔克罗兹的音乐教育中音乐技巧始于音乐实体在物理空间中的表演,把身体用作音乐表现的媒介。达尔克罗兹的教育包含三个主要因素:韵律体操游戏⑫——理解并表现听到的音乐;耳朵训练(视唱练习)——唱出眼睛所看到的,写出耳朵所听到的,与嗓音一起创作音乐;即席创作——使用想象力和内心的听力自发地去创造音乐理念。身体的运动是韵律的物质表现。在某种意义上,人可以通过观察身体去读到音乐。

韵律体操的基本观点就是音乐流过空间和时间。例如,一种基本的韵律游戏就是走节拍。走节拍就是在空间中的和谐进行。步行者随着乐句从一个音符到另一个音符在空间中,尤其在时间的框架内向前运动,使出与速度和运动相适应的能量,这样的运动是与肌肉类型相一致的。学生在走路时可能会要求他们打出一个强拍,用手臂画一个大圆表示余留的节拍。当手臂穿过空间画一个不间断的圆时,在两个强拍之间流过的时间就在空间中得到了表现。学生必须估计姿势的大小以及表达上面这种意思所需的能量,使手到达圆周上的适当的一个点,以便在适当的时间打出下一个强拍。[13]

  韵律体操与舞蹈有许多相同之处,但它们的差别也是很重大的:视觉因素在舞蹈中是主要的,而在韵律体操中则成为第二位的因素;舞蹈是一门艺术,而韵律体操是学习的过程。[14]尼任斯基和佳吉列夫也是在黑勒劳的听众,因此很熟悉达尔克罗兹的韵律体操。玛丽·维格曼,一位杰出的德国舞蹈家和舞蹈教师,深受达尔克罗兹的影响。后来她又影响了下一代的舞蹈家。韵律体操训练使舞蹈家能更好地理解伴随着他们的舞蹈的音乐。达尔克罗兹写道:

> 必须训练舞蹈者理解音乐与身体运动之间、主题的发展与姿势的相继顺序和变化之间、声音的强度与肌肉的运动之间、休止、停顿和对位音与相反的姿势、旋律的乐句和呼吸之间、空间与时间之间的密切联系。
>
>   (*RME* , p. 125)

  达尔克罗兹对歌唱家尤其是歌剧舞台上的歌唱家是持批评态度的,他发现:

> (他们)摆出姿势和身段,全然不顾音乐,对音乐他们或者不理解或者理解得不好。如果他们唱得跑了调或者突然开始了另一部歌剧的主调,而乐队还在继续按原来的乐谱演奏时,本应保持静止不动时他们的脚却在移动;他们的手臂在不该动的时候举了起来,他们的躯体与音乐也不和谐,这种不和谐与嗓音与音乐的不和谐不相上下。

  歌唱家们在黑勒劳,用格鲁克的歌剧《奥菲欧》,在达尔克罗兹和他的训练有素的教师的指挥下研究韵律体操,学习如何使他们的嗓音与躯体之间达成和谐。[15]

  就像他主张在儿童尚未进行韵律体操训练之前不要开始学习演奏乐器一样[16],达尔克罗兹坚定地认为,那些从事身体活动的人同样也应该在开始严格的身体训练之前进行韵律体操的训练。他指出:"困难的任务落到懂韵律的人身上,这项任务就是要为教育创造一种通过韵律的心理物理学技术,这是一种专门的技术,它与现在的物理—文化练习在直觉上没有相似之处。我们的专门训练应该优先于运动员、杂技演员或舞蹈家的技术。"(Rosenstrauch—*RME* 1921/1967)

韵律体操的目标很广泛,是要通过心智、身体、精神的平衡达到内在的和谐,通过合作和其他社会相互作用达到与其他人的和谐,这样的目标是与疗法理论相一致的。治疗专家利用韵律体操游戏去帮助他们的病人注意到他们自己的身体和自己的情绪。治疗专家利用这些游戏去帮助病人意识到他们个人的物理空间以及与他人分享的空间。[17]

达尔克罗兹在法兰西喜剧院学习呼吸、嗓音的运用、情绪与姿态、姿势和身段的相互关系。达尔克罗兹的这段经历有助于他形成自己的方法。他的身体律动术,以及他对空间、时间和能量与情感和姿势的关系的强调,适合于用来训练在剧院中演出的演员。[18]

埃米尔·雅克-达尔克罗兹在世时由于他对教育和艺术所作出的贡献而获得了许多奖励和荣誉。他成为瑞典皇家艺术院的会员、法国勋级会荣誉军团官员,获得(瑞士)日内瓦大学和洛桑大学、(法国)克莱蒙—费伦大学以及芝加哥大学的荣誉博士头衔。在他有生之年他亲眼看到了在世界各地开办了达尔克罗兹训练中心,看到了他的方法在公立学校、艺术学院、高等学校、戏剧和歌剧学校中得到应用,看到了他的方法被用来治疗盲人、聋人以及有身心残疾的儿童和成人。他的学生对他的感激之情,他的影响之深广,表现在他70岁生日时收到的一份礼物上,这份礼物就是一本书,代表了46个国家的10500名他以前的学生在这本书上签了名。

注 释

① Émile Jaques Dalcroze, in Dutoit (1971, p.10).
② 他本名埃米尔-亨利·雅克。当他二十几岁开始作曲时,出版商建议他改名,以免与另一位同名的法国作曲家相混淆。他想出了别名达尔克罗兹,把它加到雅克上面,从此以后他就被称为埃米尔·雅克—达尔克罗兹。一些文章和书籍中通常简称他为达尔克罗兹,或简称为雅克—达尔克罗兹。达尔克罗兹也常常作为一种速记,用来表示建立在他的哲学和技术基础上的一种教育,称为达尔克罗兹教育或达尔克罗兹技术。我在本文中称他为达尔克罗兹。
③ 他谱曲的作品包括歌剧、小提琴合奏曲、弦乐器部合奏曲、钢琴曲和歌曲。

④ 他也对教授歌唱的方式大为吃惊,说这像是"鹦鹉的训练"(*RME*, p. 19),意思就是教学生去模仿而不是理解。

⑤ 八条原则是:(1)韵律就是运动;(2)韵律基本上是身体方面的;(3)每个运动都包含时间和空间;(4)音乐知觉是身体练习的结果;(5)身体资源的完美导致知觉的清晰;(6)时间运动的完美保证对音乐韵律的知觉;(7)空间运动的完美保证对造型韵律的知觉;(8)只有练习韵律运动才能达到时间和空间运动的完美。

⑥ 1998年出版的《牛津国际舞蹈百科全书》给了埃米尔·雅克—达尔克罗兹六栏的篇幅,但他的名字,无论是作为作曲家还是作为教育家,都没有出现在《哈佛音乐词典》中。

⑦ 塞尔玛·奥多姆(1998)在《牛津国际舞蹈百科全书》中写道,到黑勒劳来的客人中有塞奇·佳吉列夫、瓦斯拉夫、尼任斯基、安娜·巴甫洛娃、萧伯纳、达赖喇嘛、米约、保罗·克洛岱尔、厄普顿·辛克莱。

⑧ 教学鉴定的三级分别是:证书、执照和文凭,文凭只能由设在日内瓦的达尔克罗兹学院或其代表颁发。

⑨ 达尔克罗兹认为,音乐教育应该是为所有儿童的,应该在学校中进行,应该是学校课程中的必修部分,应该由合格的教师教授。他还坚决主张,所有的儿童都可能通过训练而提高自己的音乐才能和理解能力。

⑩ 某些因循守旧者称达尔克罗兹的女教师为"迷惘的女孩"。这与我有关,当时我在由马卢·哈特—阿诺的领导的卡内基·梅隆大学的达尔克罗兹工作室,她是一位瑞士韵律体操教师,达尔克罗兹教过她。

⑪ "自由"一词常常与达尔克罗兹的韵律体操联系在一起,毫无疑问这是因为经常出现这样的表述:摆脱强制的自由,创造的自由,表现自我的自由。达尔克罗兹宣称,韵律体操训练能把个人从智力和神经的压抑中解放出来。

⑫ 达尔克罗兹把韵律体操或称作游戏,宣扬快乐哲学——自知之明的快乐,这种快乐来自对自身运动的控制。教育中的"游戏"观,与皮亚杰和维果茨基关于游戏在儿童发展中的作用的观点是一致的。

⑬ 这并非像听上去那么容易。学生真正理解对他的要求的唯一方式就是自己做这些动作。

⑭ 关于舞蹈与韵律体操之间的异同的更详细的讨论,见 Farber and Parker, "Discovering Music Through Dalcroze Eurhythmies", in *Music Educators Journal*, November 1987。

⑮ 参见 J. T. Caldwell, *Expressive Singing*: *Dalcroze Eurhythmics for Voice*, 1995 and also A. Davidson, "Dalcroze Eurhythmics and Contemporary Opera: Applications in the Production of John Adams' *The Death of Klinghoffer*", 1995。

⑯ 达尔克罗兹说:"在还没对孩子进行韵律训练和区分声音的训练之前就让他去学习演奏乐器,没有比这样的行为更疯狂的事了。" *RME*, p. 53, p. 54。

⑰ 关于达尔克罗兹韵律体操的治疗用法的细节,参见 Dutoit(1971)。

⑱ 参见 Rogers(1966)。

参　考

本书中的"福禄倍尔"、"裴斯泰洛齐"、"蒙台梭利"。

达尔克罗兹的主要著作

① *Eurhythmics, Art and Education*, trans. Frederick Rothwell, New York: Ayer Company, 1976.　② *Rhythm, Music and Education*, trans. Harold Rubinstein, London, The Dalcroze Society, 1921/1967. A collection of thirteen articles, originally published in French. The titles indicate the era in which he was proposing his method of music education, and show the range of his interests:
"The Place of Ear-Training in Musical Education", 1898.
"An Essay in the Reform of Music Teaching in Schools", 1905.
"The Initiation into the Rhythm", 1907.
"Music and the Child", 1912.
"Rhythmic Movement, Solfège and Improvisation", 1914.
"Eurhythmics and Musical Composition", 1915.
"Music, Joy and the School", 1915.
"Rhythm and Creative Imagination", 1916.
"Rhythm and Gesture in Music Drama and Criticism", 1910 – 1916.
"How to Revive Dancing", 1912.
"Eurhythmics and Moving Plastic", 1919.
"Music and the Dancer", 1918.
"Rhythm, Time and Temperament", 1919.

其他参考书

① Abramson, R. M., "The Approach of Emile Jaques-Dalcroze", in L. Choksy (ed.), *Teaching Music in the Twentieth Century*, Englewood Cliffs, NJ: Prentice-Hall, 1986.　② Abramson, R. M. and Reiser J., *Music as a Second Language: An Integrated Approach to Ear-Training, Sight Singing, Dictation, and Musical Performance*, New York: Music and Movement Press, 1996.　③ Andrews, G., *Creative Rhythmic Movement for Children*, Englewood Cliffs, NJ: Prentice Hall, 1954.　④ Aronoff, F. W., *Move with the Music*, New York: Turning Wheel Press, 1982.　⑤ Bachmann, M-L., *Dalcroze Today: An Education Through and into Music*, trans. David Parlett, Oxford: Clarendon Press, 1991.　⑥ ——*Theoretical Foundations of Dalcroze Eurhythmics*, London, 1986.　⑦ Becknell, A. F., "A History of the Development of Dalcroze Eurhythmics in the United States and its Influence on the Public School Music Program", doctoral dissertation, University of Michigan, 1970.　⑧ Caldwell, J. T., *Expressive Singing: Dalcroze Eurhythmics for Voice*, Englewood Cliffs, NJ:

Prentice Hall, 1995. ⑨ Davidson, A., "Dalcroze Eurhythmics and Contemporary Opera: Applications in the Production of John Adams' *The Death of Klinghoffer*", honours thesis, University of New South Wales, 1995. ⑩ Dutoit, C-L., *Music Movement Therapy*, Surrey: The Dalcroze Society, 1971. ⑪ Farber, A., and Parker, L., "Discovering Music Through Dalcroze Eurhythmics", *Music Educators Journal*, November 1987. ⑫ Findlay, E., *Rhythm and Movement: Applications of Dalcroze Eurhythmics*, Evanston, IL: Summy Birchard, 1971. ⑬ Gell, H., *Music, Movement and the Young Chlid*, Sydney: Australasian, 1949. ⑭ Odom. S. L., *Oxford International Encyclopedia of Dance*, 1998. ⑮ ——"Choreographing *Orpheus*: Hellerau 1913 and Warwick 1991", in *Dance Reconstructed*, ed. Barbara Palfy, New Brunswick, NJ. 1993. ⑯ Revkin, L. K., "An Historical and Philosophical Inquiry into the Development of Dalcroze Eurhythmics and its Influence on Music Education in the French Cantons of Switzerland", doctoral dissertation, 1984. ⑰ Ring, R. (ed.), *Hellerau Symposium*, Geneva: Fédération Internationale des Enseignants de Rythmique, 1993. ⑱ Rogers, C. M., "The Influence of Dalcroze Eurhythmics in the Contemporary Theatre", doctoral dissertation, Louisiana State University, 1966. ⑲ Rosenstrauch. H., *Essays on Rhythm Music Movement*, Pittsburgh, PA: Volkwein Bros Inc., 1973. ⑳ Schnebly-Black, J. and Moore, St., *The Rhythm Inside*, Portland, OR: Rudra Press, 1997. ㉑ Spector, I., *Rhythm and Life: The Work of Emile Jaques-Dalcroze*, Stuyvesant, NY: Pendragon Press, 1990. ㉒ Steinitz, T., *Teaching Music: Theory and Practice of the Dalcroze Method*, Tel-Aviv: OR-TAV Music Publications, 1988.

拉塞尔

杜波伊斯

(*William Burghardt Du Bois*, 1868—1963)

> 在这里谎话掩盖了很多事情,如果您能耐心阅读,它们会向您展示在20世纪的曙光中在这里当一个黑人所具有的奇怪意义。尊敬的读者,这个意义与您并非无关,因为20世纪的问题是对有色人种的歧视问题。①

引　言

　　杜波伊斯,是一位学者、历史学家、社会学家、小说家、编辑、政治活动家、激进的民主主义者、社会主义者、和平主义者、泛非主义者和共产主义者,在将近一个世纪以前他写下了上述预言,这些预言至今还在产生反响。他代表了由彼此完全不同的哲学造就的现代知识分子,这样的哲学有:加尔文教徒的基督教、实用主义以及社会主义之类的政治思想体系。《黑人的灵魂》一书的出版使他以一位美国和世界知名的知识分子的身份亮相。《黑人的灵魂》一书汇编了他论述美国种族复杂情况的文章。这本精美的论文集为杜波伊斯带来的读者比他早期的奠基性著作《禁止非洲的奴隶买卖》(1896)《费城黑人社会研究》(1899)涉及的面更宽,可能更受欢迎。《禁止非洲的奴隶买卖》是由他的哈佛大学获奖学位论文发展而来的,从经济和历史维度系统地考察了奴隶买卖及其影响。《费城黑人社会研究》被某些人看做是城市黑人社会学的诞生,详细阐述了费城第七区的"有色居民的社会状况"。其中每本书的创作、出版和传播,都反映了当时散居在世界各地的非洲人的思想状态、现实和矛盾。

　　大部分非洲后裔当时还处于愚昧、权利被剥夺、被压迫的状态并被视作智力低下的人,在这样的情况下杜波伊斯是如何对这个文化如此多样化的范畴施加影响的?可以从他在马萨诸塞州大巴灵顿的早期阶段中找到部分答案。大巴灵顿是个镇,该地区以同化它的少量的黑人居民和有限的种族歧视而闻名。杜波伊斯在这里获得了刻板的、谨慎的、在社会观点方面保守的虔诚的新英国人的名声。②

杜波伊斯的根——西部非洲、欧洲、巴哈马、圣多明各、海地、新英格兰——反映了能在散居在世界各地的许多非洲人中找到的奴隶状态、混血、奴隶解放和争取公民权的斗争的模式。杜波伊斯1868年2月23日出生于马萨诸塞州大巴灵顿,其父母是艾尔弗雷德·杜波伊斯(Alfred Du Bois)和玛丽·伯格哈特·杜波伊斯(Mary Burghardt Du Bois)。杜波伊斯没有经历过公然的种族歧视和他的南方同胞所经历过的暴力行动。他是在相对仁爱的种族环境中成长起来的。传说杜波伊斯很早就显示出超凡的智能,在学校中一直名列前茅。当他进入中学时美国的种族现实以微妙的方式侵入他的生活。后来,他在一些历史和社会学研究、期刊文章和小说,例如,《黑人》(1915)——一本儿童杂志,《棕仙书》(1920—1921)和小说《银羊毛寻踪》(1911)中,探讨种族和性别问题,

杜波伊斯中学毕业时获得了很高的荣誉,他是这所学校的第一位黑人毕业生。杜波伊斯的母亲玛丽在他中学毕业后不久就去世了。她的去世影响了他的教育抱负,因为她没能为他遗留下继续接受教育所需的钱。社区的一些成员为他的大学教育提供了经济上的资助。杜波伊斯希望去哈佛大学,他的一些白人捐助人同意每年捐助他一百美元教育费用,但不同意他的选择。他们选择了位于田纳西州纳什维尔的菲斯克大学,认为这是最适合男性黑人的大学。这种类型的家长式作风并非少见,这样的行为预示了20世纪的一场最伟大的政治辩论,即关于黑人的未来和保证种族公正和公平的最好的方法的辩论。杜波伊斯向一些意识形态观点发起了挑战,持这种观点者为黑人的智力抱负设置限制的门槛,主张工业教育的霸权。在这些意识形态的小论战中他的对手是布克·华盛顿(Booker T. Washington),华盛顿是塔斯基吉学院的创办人,是美国最有影响的黑人。

17岁的杜波伊斯,作为菲斯克大学一年级学生确确实实地在"罩子"中踏步,如他在《黑人的灵魂》中所巧妙地描绘的那样。菲斯克大学与他的白种欧洲裔美国人占优势的文化背景正相反。对杜波伊斯而言,菲斯克代表的是彻底的黑人文化,无论是知识分子还是普通民众,都完全地浸

入这种文化中。他在一篇回忆录中集中谈了他对菲斯克学生的最初印象以及对主要是黑人的文化环境的反应。他写道:"我热血沸腾地第一次置身于这么多与我自己的肤色一样的人之中,或者说置身于我从前只是瞥见过的肤色如此富于变化的、不同寻常的人中间,新的令人兴奋的外貌纽带看来把我和他们联系在了一起。"③

菲斯克的课程的特点是传统的古典教育:拉丁语、希腊语、物理学、文学、欧洲语言、数学、修辞学、科学和艺术。杜波伊斯在菲斯克是出类拔萃的,但他也注意到某些黑人学生的准备不足,他把此理解为是他们的世代相传的阶级地位和缺乏教育机会的直接后果。解放教育是贯穿他一生的著作的主要原则,例如,他的《黑人教育(1906—1960)》中所包含的论文。在菲克斯大学暑假期间他首先是作为一名教师。

田纳西的山丘把杜波伊斯引进延续其终生的政治工作——教育黑人民众。杜波伊斯想亲自体验南方黑人的生活。

> 我决心去对农村地区黑人做一些了解;于是在暑假期间我就出去教书。我并不是被迫去这样做,因为我的奖学金足够支付我上学的费用。我听说南方农村是奴隶制的真正的中心地。我想了解它。④

杜波伊斯在奴隶制终止之后不久建起的学校中教了两个暑期的书,遇到了"人类中最粗俗的东西"。⑤"用普通易懂的英语"去与不识字的孩子、少年和成人分享西塞罗的著作,杜波伊斯对这种讽刺毫不理会。他坚持自己的传授知识的愿望,坚持提取黑人的有价值的文化知识,这些黑人是最近刚从奴隶制中解放出来的。一个例子就是杜波伊斯很欣赏"忧伤的歌曲"或在这一时期得到提高的黑人精神。在这些山丘的教堂中所举行的令人振奋的、提供参与机会的、歌唱的、虔诚的仪式和音乐,与杜波伊斯在伯克郡所体验到的圣公会和公理会宗教的庄重肃穆完全不同。而且这些仪式使杜波伊斯有机会在贫穷的黑人中间与他们一起分享社区感。

杜波伊斯以预定的速度度过在菲克斯的余下的时间,越来越多地参与诸如合唱小组那样的课外活动,此外还要从事一些固定的工作,如教识字,担当校报《先驱》的主编。杜波伊斯对待宗教和种族的态度也在不断变化之中。1888年毕业之前杜波伊斯决定进哈佛大学攻读博士学位。杜波伊斯被哈佛大学作为三年级学生接受入学,并得到普赖斯·格林利夫基金会的全额补助金。

杜波伊斯被接受进入哈佛大学的"文化联邦"。⑥他的学术生涯在历史学家艾伯特·布什内尔·哈特(Albert Bushnell Hart)的指导下改变了方向。⑦哈特向杜波伊斯介绍了德国大学的严谨的学术研究方法和研究特点。杜波伊斯的教授们把他从褊狭的思维以及他的经验和其他黑人的经验所依托的激进的假设,转向更世界主义、更自由主义的立场。1890年杜波伊斯完成了学士学位的学习,1891年获得硕士学位,1895年获博士学位。他的学位论文《禁止非洲的奴隶买卖》被选入哈佛历史学丛书第一卷。在研究非洲奴隶买卖方面它依然是检验方法论的严密性和内容的丰富性的样板。哈佛开阔了他的智力视野,当他着手进一步研究德国时这种开阔的视野让他能面向世界。杜波伊斯在其整个学术生涯和他的一生中都在探寻与全世界有色民族以及与曾经是进步主义者的欧洲人和欧洲裔美国人在意识形态和智力上的联系。他的这一探索在欧洲学习期间就已开始,并反映在他的许多著作和活动中。

1892年初杜波伊斯进柏林的弗里德里希·威廉大学学习了两年。古斯塔夫·冯·施莫尔(Gustav von Schmoller)、阿道夫·瓦格纳(Adolf Wagner)、海因里希·鲁道夫·冯·格奈斯特(Heinrich Rudolf von Gneist)和马克斯·韦伯(Max Weber)等德国学者,令杜波伊斯着迷,从根本上影响了他的学术发展,让他理解新的经济理论和社会主义。⑧相反,海因里希·冯·特赖奇克(Heinrich von Treitschke)增强了杜波伊斯对杰出人物统治论和权力的关注,尽管他蔑视黑白混血种的后裔和他的国家主义。他回到美国时感到在某种程度上做好了"在黑人大学教书"的准备,感到已准备好"筹建一个历史和社会科学系,招收有能力的年轻黑人学生,科学地研究过去的和现在的黑人问题并最好地解决这些问题"。⑨杜波伊斯谋得了在哈佛大学、汉普顿学院、菲克斯大学教书的职位。欧洲在杜波伊斯身上留下了不可磨灭的印象,影响他改变哲学和意识形态立场。

法律和习俗在奴隶制存在和取缔后期间限制了黑人中的识文断字。其中最臭名昭著的法律是南方的一些黑人法典和法院的判决,它们委托管理"隔离但同等的设施"。实际上大多数学校都资金不足或者根本就得不到资金,教师没有得到适当的培训,设施和材料糟糕透顶。例如,一些个人和慈善组织、自由黑人、废奴主义者和传教士,在南北战争前后期间谋求提供一些学校教育。在南北战争后期间内为黑人教育达成的妥协之一就是决定提供一种类型的教育——手工劳动或工业劳动教育,维护黑人世代相传的地位。[10]

具有决定性意义的一件事是杜波伊斯不接受去由布克·华盛顿领导的塔斯基吉学院教数学的职位,这所学校以强调工业教育而闻名。然而杜波伊斯却接受了威尔伯福斯大学的古典语言文学系主任的职务。威尔伯福斯大学在南北战争前就是一所著名的黑人高等教育学校,是南方种植园主后代教育和解放自己的奴隶的子孙的地方。杜波伊斯在这里教授拉丁语和希腊语、数学以及其他课程,但不允许他教社会学课程。他与学校领导人在诸如课程和教师的得体行为等传统事务上发生龃龉。杜波伊斯在离开威尔伯福斯前几个月与该校的一名学生尼娜·戈默(Nina Gomer)结了婚。离开威尔伯福斯后杜波伊斯去宾夕法尼亚大学当研究员。

美国的种族压制迫使杜波伊斯和尼娜生活在他所研究的贫穷的黑人中间。杜波伊斯重点研究宾夕法尼亚州黑人生活的文件。他花了一年的时间编辑经验数据和统计数据。其成果就是《费城黑人社会研究》(1899),这是一项典范的社会学研究。杜波伊斯的研究把环境、压制和个人的特质看做费城黑人地位的主要原因。拉姆珀萨德发现一种新加尔文教徒的论调渗透在杜波伊斯对在他的某些研究对象的罪恶的叙述中。[11]杜波伊斯并不一味地责备黑人的条件,他为黑人的行为进行抗辩,这就引导他们在道德、经济、文化和政治方面的提升。杜波伊斯完成了在宾夕法尼亚的工作,接受了佐治亚州的亚特兰大大学经济学、历史和社会学教授的职务。杜波伊斯在这里充分展现了自己在智慧和艺术方面的领导才能,其结果就是成全了他作为领袖的历史地位。他坚定地认同自己的黑人身份,制定了研究黑人问题的纲领,组织了一些会议,创办了诸如《月亮和地平线》之类的刊物,经历了其爱子的夭折,写了美国知识史上的一部流芳百世的经典著作《黑人的灵魂》。

亚特兰大大学奉献的哲学和工业或手工教育的现实,与布克·华盛顿在塔斯基吉学院所规定的不同。阿萨·韦尔(Asa Ware)等亚特兰大大学的进步教育家,在种种束缚之中培育了一种学术上的开放性,这样的开放性是威尔伯福斯大学所没有的。随着杜波伊斯的研究成果越来越多,组织了许多会议,他的思想得到了越来越多的支持,他和其他人就更难去接受布克·华盛顿的关于黑人生活的所有各个方面的理论。

许多黑人知识分子,其中有詹姆斯·韦尔登·约翰逊(James Weldon Johnson)、本杰明·布劳利(Benjamin Brawley)、杰希·雷德蒙·福塞特(Jessie Redmon Fauset)和艾达·韦尔斯—巴尼特(Ida B. Wells-Barnett),还有以前的教授威廉·詹姆士(William James),盛赞《黑人的灵魂》能成功地不受约束地论述黑人的状况,与"塔斯基吉机器"的思想意识和权力相对抗。根据拉姆珀萨德的理论,杜波伊斯"谋求使美国白人和黑人改变观念,吸引他们去接受杜波伊斯关于美国黑人文化的乐观主义观点。无论是所有的黑人还是所有的白人,他们都很清楚,生活在美国的黑皮肤的人民拥有能提升他们生活的精神财富"。⑫《黑人的灵魂》含14篇文章,其中的8篇以前曾发表过,收入该书中时作了修改。这些文章结合在一起全面地构成了杜波伊斯的进化哲学观和思想信念,没有受到《禁止非洲的奴隶买卖》和《费城黑人社会研究》两书在方法论上的严密和冷静的风格的束缚。

5篇被引用得最多的文章中有《我们精神上的斗争》。杜波伊斯在这篇文章中提出了在种族束缚的"'罩子'中生活"的思想,以及非洲人后代所感受到的"两个灵魂或双重意识斗争"的思想。《自由的曙光》、《初生子之死》和《忧伤的歌曲》,也是常被引用的。如果说杜波伊斯一生中只写了一篇论文《布克·T.华盛顿先生和其他人》,那么,这篇文章足以保证他在美国的智力生活中所占据的突出地位。这本论文集可能比他的数百篇文章中的任何一篇都成功,或者说比他的任何书、任何研究著作和无数的讲话都要成功,是与杜波伊斯融为一体的具有试金石性质的作品。杜波伊斯用以下这些言辞勇敢地向华盛顿的领导权威提出挑战。

自1876年以来美国黑人历史上最触目惊心的事情就是布克·T.华盛顿先生的权势。它开始于战争的记忆和思想很快逝去之时;令人震惊的商业发展的时代已露端倪;怀疑感和犹豫压倒了自由民的子孙——这时就开始了他的领导。华盛顿先生来了,带着他的简单的、明确的纲领,选择了最适当的时机,正当国家恬不知耻地把如此多的感伤用到黑人身上,为挣美元而全力以赴之紧要关头,他来了。他的工业教育的纲领、南方的妥协、说到公民权和政治权时的屈服和沉默,不完全是原创的……但是,华盛顿先生第一个与这些东西不可分离地联系在一起;他把他的热情、极度旺盛的能量、完美的信念投入到他的这个纲领中,把它从旁门左道改道到生活的阳关大道上来。方法的谎言就是对人类生活所进行的蛊惑人心的研究。⑬

杜波伊斯剖析了华盛顿讨好那些支持各种各样的有关黑人的观点的人的能力,这些观点从政治上的温情主义到白人的至高无上,不一而足。他还描述了华盛顿获取政治权力和唯一的黑人领袖外衣的方式,这种地位在许多白人和黑人的心目中多年来是无可争议的。同样重要的是他注意到了反对意见的沉默,以及一个人的野心的膨胀、他的信条和信念的增强,对作为一个整体的人民所带来的危害。华盛顿对其他黑人所接受的教育类型所表现出的显而易见的轻蔑,令杜波伊斯怒火中烧。杜波伊斯更深入地考察了华盛顿所表现出的对和解和姑息的追求,华盛顿把这种和解和姑息说成是被压迫人民合法要求的有条件的投降和名誉。杜波伊斯尤其保留了对华盛顿关于工业教育的承诺的批评。杜波伊斯承认需要这样的教育,但对工业教育的需要必须与大学教育串联起来。"有才能的第十"这一术语是与杜波伊斯联系在一起的,并且经常与他对工业教育的反对相联系。有些人认为,杜波伊斯要训练一批有才华的学生担当领导角色的思想,表明杜波伊斯脱离了美国生活的现实。但也有许多人把这一思想看做是明智地解决华盛顿及其政策中体现的领导危机或领导空缺。这篇文章中以及"有才能的第十"的思想中所表现出的观点曾经是,现在依然是极端化的。但是,杜波伊斯的文章推动了与华盛顿的对抗,有助于防止对黑人教育雄心的完全征服。

此外,杜波伊斯还帮助发动不同种族的个人组成一个团体,致力于种族公正和平等,这就是尼亚加拉运动,它是全国有色人种协进会(NAACP)和新生的泛非运动的前驱。NAACP与作为其研究指导者的杜波伊斯一起,在街道、法院和有影响的人物的办公室发起行动,并逐渐在种族公正和平等方面取得了一些成就。例如,NAACP的正式出版物《危机》记录了对黑人男子、妇女和儿童的私刑,鼓吹颁布一部全国性的法律去反对这样的罪恶滔天的行为。杜波伊斯和其他人一起扩大了艾达·韦尔斯—巴尼特的工作成果。《危机》杂志发表了黑人作家的小说,这些作家是哈勒姆文艺复兴期间的主要的参加者。杜波伊斯代表NAACP一直致力于这项工作,直到 1934 年辞职。

在他辞去 NAACP 职务之前和之后以及在随后的 29 年内,杜波伊斯一直在推动美国黑人斗争的国际化进程。他出席了许多国际会议,这些会议谋求把全世界的解放斗争连接在一起。例如,他参加了在欧洲召开的几次泛非大会,在会上他遇到了詹姆斯(C. L. R. James)、爱德华·布莱登(Edward Blyden)等人,他们向他关于帝国主义和殖民主义的思想发起了挑战。

杜波伊斯一直在第一线斗争了六十多年,从自由主义立场转向共产主义,成为共产党的一员并定居在西非的加纳。他所作出的贡献是巨大的,没有其他任何黑人知识分子在学术界和政治界取得像他那样的地位。在许多论述他在教育、社会学、政治和解放斗争中的作用的书籍、论文和报刊的文章中,都能看到他的影响。在他身上体现了知识分子的理想和对自由的情之所钟。他也遭受到了很多批评,这让人想起了布罗德里克的指责性的传记。⑬由赫伯特·阿普特克(Herbert Aptheker)、奥古斯特·迈耶(August Meier)、阿诺德·拉姆珀萨德(Arnold Rampersad)、马雷布尔·曼宁(Marable Manning)、戴维·利维林(David Levering)撰写的评论,对他的贡献作出了公平的评价。

注　释

① Du Bois (1903/1989, p.1).
② D. Levering, *W. E. B. Du Bois*: *Biography of a Race, 1868 - 1919*, 1995; A. Rampersad, *The Art and Imagination of W. E. B. Du Bois*, Cambridge, MA: Harvard University Press, 1976.
③ S. G. Du Bois, *His Day is Marching on*, Philadelphia, PA: J. J. Lippincott, 1971.
④⑤ Ibid, p.114.
⑥ Rampersad (1976).
⑦ M. Manning, *W. E. B. Du Bois, Black Radical Democrat*, Boston, MA: Twayne Publishers, 1986.
⑧ Rampersad (1976).
⑨ J. B. Moore, *W. E. B. Du Bois*, Boston, MA: Twayne Publisher, 1981.
⑩ J. Anderson, *The Education of Blacks in the South, 1865 - 1930*, Bloomington, IN: University of Indiana Press, 1988.
⑪ Rampersad (1976).
⑫ Du Bois (1903; 1989).

⑬ Ibid., pp. 36 - 37.
⑭ Manning (1986).

杜波伊斯的主要著作

① *The Suppression of the African Slave Trade*, New York, NY: Longmans, Green, 1896. ② Athanta University Publications on the Study of Negro Problems, 1898 - 1913. ③ *The Philadelphia Negro*, Boston, MA: Ginn & Co., 1899. ④ *The Souls of Black Folk*, New York, NY: Penguin Classics, 1903; 1989. ⑤ *John Brown*, Philadelphia, PA: George W. Jacobs, 1909. ⑥ *The Quest of the Silver Fleece: A Novel*, Chicago, IL: A. C. McClurg, 1911. ⑦ *The Negro*, New York, NY: Henry Holt, 1915. ⑧ *Darkwater: Voices from Within the Veil*, New York: Harcourt, Brace & Howe, 1920. ⑨ *Black Reconstruction*, New York, NY: Harcourt, Brace, 1935. ⑩ *Black Folk Then and Now: An Essay in the History and Sociology of the Negro Race*, New York, NY: Henry Holt, 1939. ⑪ *Dusk of Dawn: An Essay Toward an Autobiography of a Race Concept*, New York, NY: Harcourt, Brace, 1940. ⑫ *Color and Democracy: Colonies and Peace*, New York, NY: Harcourt, Brace & Howe, 1945.

其他参考书

① Aptheker, H. (ed.), *The Autobiography of W. E. B. Du Bois: A Soliloquy on Viewing my Life from the Last Decade of its First Century*, New York, NY, International Publishers, 1968. ②——(ed.), *The Correspondence of W. E. B. Du Bois*, Amherst, MA, University of Massachusetts Press, 19 - .

哈里斯　威利斯

甘 地
(M. K. Gandhi, 1869—1948)

我让我的孩子们获得了其他孩子所得不到的教育,对此我并不感到自负和得意,我剥夺了他们学习自由和自尊的直观教学课,以识字训练为代价教给他们自由和自尊。若要在自由和学习之间做出选择,谁不会说他对自由的喜爱千百倍地多于对学习的喜爱。[①]

莫汉达斯·卡拉姆昌德·甘地,是印度通过非暴力斗争争取自由的设计师。他1869年出生于卡提阿瓦半岛(现在的古吉拉特邦)波尔班达尔城。他的父亲和祖父是卡提阿瓦半岛上几个小土邦的首相。中学毕业后他去伦敦学习法律。回国后在孟买和拉杰果德从事律师工作,但没有取得成功。然而他接受了一份意外的聘约去了南非,在那里两件经历改变了他的人生。一件事发生在他去德班的法院时,法官要求他摘下自己的缠头巾,这伤害了他的民族自尊心。第二件事使他真正认清了种族歧视。尽管他买了一等车厢的火车票,他还是连同行李一起被推出了包厢。这促使他作出了反应:

我应该为我的权利而斗争还是回到印度去,或者我应该不在意所受的侮辱继续去比勒陀利亚还是回印度?……未履行自己的义务就返回印度,这是懦夫行为……如果可能的话,我应该尝试去根除这种顽疾并承受在此过程中的苦难。对错误的纠正我只求达到清除对有色人种的偏见所必需的程度。[②]

在他学生时代发生的一件事对他的影响也很深。一位学校的视察员

让写五个单词进行拼写练习。一个单词是"水壶"。我拼写错了。教师用他的靴子尖踢我,试图以此来提醒我;我没理他。他想让我抄我的邻座的拼写,但我对此并不理解,我以为教师在那里是为了监督我们不让我们抄袭。结果是除我之外的所有男孩都正确地拼写

了每个单词。只有我最笨。后来教师使劲想让我痛切地感到自己的愚蠢,但没有用。我再也不可能学习"拼写"的艺术了。③

1897年甘地回到南非时他就开始了自己的教育实验,实验的对象是三个孩子:他的两个儿子和一个侄儿。他本可以把他们送到为欧洲儿童办的学校中,但

> 我不打算送我的孩子们去那里,因为我不喜欢这类学校中传授的教育。原因之一是在那里的教学语言只有一门英语,或者可能是不准确的泰米尔语或印地语。我不可能忍受诸如此类的缺点。我试图自己去教他们,但这可能是最不正规的,我可能找不到合适的古吉拉特教师。④

他聘了一位英国家庭女教师,但是非常不满意。他根本就不清楚如何着手这项工作。对教育的需求随着他管理的"托尔斯泰农场"的发展而增长。他没有能力向合格的教师支付高工资,何况这样的合格教师很少,而且也没人打算从24英里以外的约翰内斯堡到这里来教书。甘地决定全天24小时生活在孩子们中间,充当他们的父亲,因为他深信,如果依据塑造性格的思想牢固地打下教育的基础,儿童就能够自己或在朋友的帮助下学到所有的东西。

甘地认为每天的体力训练是很重要的。在那里没有仆人,所有工作,从做饭到清扫,都由居住在这里的人自己去做。农场里有一些果树,也由孩子们在居民的指导下照料。职业训练也成为计划中的基本部分。甘地的一位同事去特拉皮斯特修道院学过制鞋。另一位同事会木工。烹饪当然是每个年轻人都要学习的。一条重要的规则是不要求年轻人做教师不做的事。因此,总是有一位教师在与他们合作,实际上是与他们一起工作。孩子们根据其母语分班,利用在农场居民中所能得到的任何资源和技能对班级进行管理。

精神训练问题是一件困难得多的事情。甘地不依赖宗教书籍。他认为每个学生都应了解他(她)自己的宗教的原理,还要具有其宗教经文的一般知识。随着他与孩子的接触更密切,他看到精神训练是不能通过书本来传授的。正如体力训练得之于体力操练,精神训练只能通过精神操练才能得到。而精神操练完完全全地取决于教师的生活和人格。

1914年甘地回到印度，接受在全国重建教育的新挑战，当时的教育失去了自己的几个世纪以来所形成的传统。在印度成为殖民地之前教育是很流行的。正如一位历史学家所言：

> 我敢保证，在每一座保持着自己的古老的形式的印度村庄中，孩子们一般说来都能阅读、书写和计算，但当我们扫视农村制度时，如在孟加拉，农村学校不见了。

一位教育官员在1835年写了一篇文章，他发现在孟加拉邦和比哈尔邦，"每32名男孩有一所学校，15000座村庄中大多数都有这样的学校"。后来马克斯·缪勒发现："还有社会教育和书本外的教育；其教育水平明显高于任何基督教国家。这里的教育已不是所谓的3R教育，而是人文教育。"⑤

殖民统治破坏了印度早先的教育制度。东印度公司在印度人中间制造了一个用西方模式培养出来的特殊阶层。这一阶层的目的是去占领数量很少的管理职位，这些职位对于英国人来说既不够高贵，赚钱也不够多。正如克劳德·希尔爵士指出的，"我们现在必须尽力去形成一个阶层，这个阶层能够成为我们与被我们统治的千百万人之间的译员；这个阶层的人在血统和肤色上是印度人，但在趣味、观点、道德和知识方面是英国人"。⑥这件事的另一个方面就是雷杰·雷姆·莫汉·罗伊（Raja Ram Mohan Roy）在加尔各答开办了一所印度学院，其目的就是把印度文化和英国文化中最优秀的东西结合起来。斯瓦米·戴纳达（Swami Dyananda）、斯瓦米·辨喜（Swami Vivekananda）等社会改革家强调教育复兴的必要性。他们按古典传统开办了学校。但这仅仅是民族觉醒的一部分，并且范围也是很有限的。

甘地回到印度后发现问题非常复杂。首要任务是要摆脱殖民教育制度，殖民教育制度与人民的生活毫无关联并力图使受教育者疏远他们自己的文化。第二项任务就是要建构一种教育制度，这种制度能赋予人民自尊感和使人民拥有教育自己的能力，使受教育者既作为个人又作为集体对自己的生活负责。

拉宾德雷纳特·泰戈尔于1901年建立了桑地尼克坦小学。他的哲学是只有在自由的氛围中才能习得真正的知识。他坚信：(1) 所有各级教育的教学语言都必须是母语；(2) 大自然是知识最丰富的源泉；(3) 创造性活动在教育中必须起核心作用。当甘地一家回到印度时，泰戈尔请他把桑地尼克坦当做自己的家。在桑地尼克坦逗留的一个月,有助于甘地思考印度教育的未来。最后他在萨巴尔马建立了他的阿什拉姆(ashram),还在那里为阿什拉姆的孩子开办了一所学校。

第一次世界大战以印度自治愿望的落空而结束。国大党号召立法机关、公立学校和法院进行联合抵制。这对全国的教育产生了重大影响,导致了古吉拉特民族大学(Vidyapeeths)的建立,还在德里、Jamiá Millia Islamia 等地建立民族学校。这些学校让学生重视自己的文化遗产。根据甘地的意见,为了复兴印度必须把教育和民族的自由看做是同一枚硬币的两面。

1935 年议会改选以后,内阁人选在九个省内形成,甘地向他们提出了一个新的教育制度。1937 年 10 月他召开了教育部长、杰出的教育专家会议,会议通过了一项决议,一致同意对 7—14 岁儿童实施免费义务教育。教学语言是母语,教育应该围绕着适合于儿童周围环境的一些手工艺,并与此相联系整合地发展学生的能力。建立了印度斯坦的泰立米协会(Talimi Sangh)来制定纲领和管理实验学校。第一所学校,即甘地的真理学院建在塞韦格拉姆,第二所学校建在 Jamiá Millia Islamia,其创办人是胡塞因(Zakir Hussain)。

教育重建的浪潮在全国涌动。某些省成立了教育重建委员会。在全国各地都开办了教师训练中心和小学。制定了七年制的教学大纲。在国大党执政的一些邦和一些土邦的学校中进行了"基础教育"的实验。为实验开办了 14 所师范学校和学院、7 所进修培训中心和 5000 多所学校。

1939 年末,内阁辞职导致国立学校的关闭。由志愿者团体管理的学校继续存在,这表明这一制度对人民是有吸引力的。在 1941 年的一次会议上报告了由政府和由私人团体管理的基础学校的工作情况。报告说,健康、行为和智力方面所达到的一般标准是令人鼓舞的。儿童变得更积极、更快乐、更自立。他们的自我表现的能力得到了很好的培养,他们养成了合作工作的习惯,社会偏见被打破。

1942 年甘地发起"退出印度"运动,其结果是许多人被捕。他与数以千计的自由战士一起被投入监狱。1944 年被释放后甘地说:

在囚禁期间我努力思考了(基础教育的)可能性问题……我们决不能满足于我们现在所取得的成就。我们必须深入到孩子们的家中……教育他们的父母。基础教育必须真正成为为生活的教育……我明白了基础教育的范围必须扩大……基础学校的教师必须把自己看做是宇宙的教师……他的村庄就是他的宇宙。⑦

1944年12月甘地在塞韦格拉姆召开全印大会,提出了他的新计划。他说:

> 我们的工作范围现在不可以局限于7岁至14岁的孩子;我们的工作必须涵盖从胎儿到去世的整个人生……在我们对真理的探索中是否有伴侣,对我们来说是无所谓的……我知道,教育必须是自助的。⑧

1944年11月,我作为一名艺术教员加盟了一所教师培训学校,在甘地的指导下工作。

甘地提出的教育纲领是很简要的,这就是:(1)整个社区的包括新生儿的父母在内的成人教育,(2)从2岁至7岁的前基础教育,(3)从7岁到14岁的学校基础教育,(4)从14岁到18岁的后基础教育,(5)大学和师范学校教育。

在塞韦格拉姆的每天的日程安排如下:做完晨礼之后我们所有的人都分成各个小组打扫校园,包括盥洗室,这项活动既被看做是科学,也被看做是艺术。做完45分钟的社区清洁工作后我们去我们的工作室——一些人去农场,那里生产社区所需要的粮食;一些人去纺纱和编织车间,还有一些人去厨房。我们所有的人每天都要轮流做饭。根据社区和教育计划的需要逐渐增加工作室的数量,例如,增加了机械工程车间。我发展了附设制陶部的艺术系。两个小时午休之后学生和教师各自去学习,学习的内容与他们白天的工作有关,包括科学、数学等各个方面。原则是要教授与车间工作或农业生产有关的学术科目。还包括管理和设备的使用。越来越重要的一条原则是"做前要思考,做后还要思考"。

有面向所有学生的音乐和艺术班。有时可以为节日庆祝活动和与所有的宗教有关的特殊的场合排练节目。不管什么时候,只要有演出或庆祝活动,所有的饰品都是由学生和教师制作的。戏剧演出法和管理是教育的一个重要部分。下午,在晚饭之前是游戏。晚礼大家在一起做。

必须指出,在学校中是没有教科书的,但始终鼓励学生去利用图书馆。在塞韦格拉姆的鼓舞和指导下,逐渐地在全国建起了基础教育(Nayee Talim)学校。Jamiá Millia Islamia 是与塞韦格拉姆密切合作的另一个中心。

在经过了最初的 60 年以后基础教育的质量迅速下滑。"失败"背后的主要原因是政治精英们不关心这种教育制度，认为这种制度只是为了村民的。具有讽刺意味的是，他们更执著于印度人从他们过去的殖民地居民那里继承下来的所谓的"现代教育制度"。

注　释

① Gandhi（1963, p. 123）.
② Ibid., pp. 67 – 68.
③ Ibid., p. 3.
④ Ibid., p. 122.
⑤ Reginald Reynolds, *White Sahibs in India*, London：Martin Secker & Warburt, pp. 149 – 150, 1937.
⑥ Ibid., p. 278.
⑦ 引自 Gandhi 1944 年在 Sevagram 的大会就职发言, in Gandhi（1962）.
⑧ Ibid.

参　考

本书中的"泰戈尔"。

甘地的主要著作

① *An Autobiography or The Story of my Experiments with Truth*, translation from Gujrati by Mahadev Desai, Ahmedabad, Navajivan Publishing House, 1963 (first published in 1927).　② *The Problems of Education: A Compilation of Gandhi's Writings and Speeches on Education*, Ahmedabad：Navajivan Publishing House, 1962.　③ *Towards New Education*, ed. Bharatan Kumarappa, Ahmedabad：Navajivan Publishing House, 1980.

其他参考书

① *Basic National Education*, Report of Zakir Husain Committee and the Deiciled Syllabus, Wardha：Hundstani Talimi Sangh, 1939.　② Kumarappa. J. P., *Education for Life*, Rajamundry：Hindustan Publishing Co., 1937.　③ Parekh, Bikhu, *Gandhi's Political Philosophy*, London：Macmillan, 1989.　④ *Two Years Work*, Report of the Second Basic Education Conference Jamianagar 1941 Delhi, Wardha：Hundstani Talimi Sangh, 1942.

普拉沙德

蒙台梭利
(Maria Montessori, 1870—1952)

  塞贡的声音,像荒野中先驱者的呼声。它促使我充分认识到这项能够改革学校和教育的工作的艰巨性和重要性。①

  玛丽亚·蒙台梭利不顾其被震惊了的父母的反对,13岁时就决定当一名工程师。她注册了一所技术学校,但后来转而献身于医学。正是在1896年,令除她自己之外的其他任何人都惊诧不已,她成为意大利第一位毕业于医学院的女性。不久之后蒙台梭利成为一名教育家。她观察了收容所中年幼的"低能儿童",越来越坚信智力缺陷从根本上说是教育问题,这一切导致她直接写信给伊塔(Jean-Marc-Gaspard Itard)和塞贡(Edouard Séguin)。从此开始了一个短暂的时期,在这一时期她研究了卢梭、裴斯泰洛齐和福禄倍尔的教育学和哲学。在这之后不久蒙台梭利在罗马师范学校举办了一系列关于特殊教育方法的讲座,被任命为一所医疗教育学校的校长,并在罗马大学教育学院任教。然后在1907年*她开办了第一所"儿童之家"(Casa dei Bambini),这是一所为"正常儿童"办的学校,这些孩子的父母外出工作,他们在租住的房子里疯跑,无人照管。

  在1909年第一次出版的《蒙台梭利方法》一书中,蒙台梭利提出了儿童之家的理论和实践。这本书被翻译成多国文字并被广为接受,全世界的人们开始成群结队地来到罗马考察她的思想的实施。蒙台梭利本人也去国外作了几次成功的演讲。在她1913年第一次访问美国的前夕,一篇新闻文章把蒙台梭利的教育思想与已在历史上占据一席之地的卢梭、裴斯泰洛齐和福禄倍尔的教育思想相提并论,虽然五年之后他简直是被这个国家的人忘却了。蒙台梭利继续对许许多多听众演讲,在全欧洲举办

---

* 原文为1980年。肯定是印刷错误。经查阅《简明不列颠百科全书》、《蒙台梭利幼儿教育科学方法》《外国教育思想通史》、《外国教育家评传》等著作,改成1907年。——译者注

训练班。1935 年的一天墨索里尼关闭了她的所有的学校,她迁居到荷兰继续自己的工作,这一时期的工作后来都收集进《教育与和平》一书中。1939 年她离开自己的新家来到印度,第二次世界大战期间她在印度通过举办讲座培训了一千多名教师,为撰写《有吸收力的心理》和《儿童的发现》打下了基础。二战后蒙台梭利回到了欧洲,她继续演说,写作、去各地旅行参加会议,举办教师训练班,直到迟暮之年。到她去世时已三次被提名诺贝尔和平奖。

要对蒙台梭利思想的普及及其声望在美国衰落负主要责任的是威廉・赫德・克伯屈(William Heard Kilpatrick),他是哥伦比亚大学师范学院的教师和杜威的弟子。在国际幼儿园协会上的一次发言以及随后的一篇针对教师和学校管理的毁灭性的专论中,克伯屈质疑蒙台梭利的教育体系属于哪个体系。克伯屈指责蒙台梭利崇拜塞贡关于低能儿童的著作,说她是"不合逻辑的",坚定地把她的不当之处与杜威作比较,他说:"他们愚蠢地把蒙台梭利女士与那些为教育理论作出了杰出贡献的人相提并论。说什么她起着推动作用;她是我们的理论的贡献者。"②

1918 年,格拉斯哥大学的罗伯特・腊斯克(Robert R. Rusk)得出了一个相反的结论。与其他许多人一样,腊斯克批评蒙台梭利过高估计了她引进到早期教育中的专门器械对感官训练的重要性。但是,关于蒙台梭利对教育理论所作出的贡献,他得出的最后结论反映在他所作的决定中,他决定在一本书名为《伟大的教育家的学说》中专辟一章论述蒙台梭利的教育体系。

蒙台梭利关于儿童环境重要性的思想,她的个别教学体系、感官训练练习和她所设计的实际生活,她对自我教育的强调,多年来一直被腊斯克及其他许多教育思想家所尊崇。它们对教育实践也具有并继续具有世界性影响。1997 年,在乌普萨拉大学召开了第 22 届国际蒙台梭利大会。在第一所儿童之家开办百年纪念即将来临之际,蒙台梭利学校正在激增,蒙台梭利组织和训练班在北美、亚洲、欧洲和大洋洲发展壮大。在曾经把蒙台梭利遗忘了的美国,现在也有了蒙台梭利公立学校和私立学校,有蒙台梭利学前学校、初级中学、磁石学校和移民儿童的日托所。

但是,蒙台梭利的朋友和敌人都误解了她的理论的一个核心要素。在罗马第二所儿童之家开班典礼的讲话中蒙台梭利说:"我们意大利人几乎已把意大利语'家'(casa)提升到英语中具有神圣意义的'家'(home)的地位——一个充满家庭情感、只有亲人才能进入的殿堂。"③但是蒙台梭利的学校的术语,从一开始就是从英语的"童年之家"(The House of Childhood)或"儿童之家"(The Children's House)借用而来的。1912年,包含她的提醒在内的这篇讲话作为英语第一版《蒙台梭利方法》的第三章出版,这一章的标题为"'儿童之家'开学典礼上的讲话"。

把"casa"一词读作"家",就把人的注意力引向蒙台梭利建立的学校中的适合儿童大小的家具,引向练习穿衣和梳洗、自我教育,以及整个的一天。把"casa"一词读作"家",人们就会发现道德的和社会的维度,这就会改变人们对蒙台梭利理论的理解。对蒙台梭利教育思想的一个共同的批评就是,这一思想忽视了人际教育或社会教育。然而当重新解释她的体系时,该体系的要素呈现出不同的结构:在那里能看到一个个小人正在忙于操作专门为学习设计的材料,在那里出现家庭的情景,具有自己特殊的社会生活和教育形式。

如果蒙台梭利在开学典礼上的讲话本身并不是一个令人心悦诚服的证据,说明她要把学校形成家的概念,那么,她在《教育与和平》中把子宫比喻为儿童的实实在在的第一个家,这里说的是很明确的。蒙台梭利把儿童看做精神胚胎,她对欧洲听众说,"不得再把"儿童"看做是男人的儿子,宁可把他看做创造者和男人的父亲"。④蒙台梭利坚持认为,只有允许儿童正常地发展,精神胚胎的允诺才得以实现。因为儿童的心理生活从一出生就开始了,因此,和平问题就成为教育幼儿的问题之一。只有当物质胚胎从子宫中得到自己的营养时,精神胚胎才能从自己周围的环境中吸收它们。把儿童置于错误的环境中,他们的发展就会反常;他们将变成我们现在所知道的那种行为不轨的成人。为他们创造正确的环境,他们的性格将会正常发展。她把幼儿的合适的环境称作"第二个子宫"。至少从3岁起儿童之家就是那个第二个子宫。

她称作"家"的机构有什么特点?人可以居住在一所房子里。一个人感到安全、安心,感到被爱,感到轻松,这就是在家中,至少是在蒙台梭里想象中的那样的家中。蒙台梭利很清楚,并非所有的家都是安全的、可爱的。此外,1896年柏林国际妇女大会的这位代表知道,她的学校理想中的性别平等,不是普通的意大利家庭的特性。但是她并不幻想仿照任何的家庭来构建自己的学校。在儿童之家开学典礼的讲话中她坚持"这不单纯是一个寄托孩子的地方或儿童收容所,而且是用科学的教育方法教育孩子的真正的学校"⑤,她指出,即使儿童之家与家具有相似性,但它是一个进行教育的地方。

蒙台梭利的像家一样的学校这个概念有一个明确的含义,这就是学校的居民组成一个家庭。就像在蒙台梭利的理论中学校的榜样是一个理想化了的另一种形式的家庭,一个值得模仿的家庭成为相互关系的榜样,上学的人处于这种关系之中互相支持。如果能做到这样,蒙台梭利体系的社会性就显而易见了。儿童之家中的教学规定为是个别化的。但是,就像蒙台梭利想象中的家庭的各个成员那样,即使把儿童当做一个个体来对待并允许其充分发展自己的个性,儿童也应该感到彼此是相互联系的,要关心每个其他儿童的利益。

虽然蒙台梭利的名字通常是与幼儿教育联系在一起的,但是,在《从童年期到青春期》一书中,她把她的学校如同家庭的思想应用到对少年的教育中。在那本著作中她提出,在农村中少年要在一起生活,离开自己的家人,他们管理一座现代的农场、一家农村商店和"农村儿童旅馆"。在对年轻人实施道德影响并保护他们的一对夫妇的指导下,离开了家的这个家将成为一个发展中的商业企业。根据传统,个人的才能要通过制作物品表现出来,为保持这一传统商店不仅要出售年轻人制作的产品,还要出售穷邻居们的产品。友善地把业务混合在一起,它也就成为一种类型的社会中心。

大部分蒙台梭利思想的阐释者忽略了蒙台梭利思想形成的背景,没有认识到儿童之家是为儿童补偿生活中的家庭空白的手段,这些孩子的母亲必须每天离家外出工作。即使那些明白儿童之家起源的人,显然也没有意识到儿童之家的意图是要成为儿童的代理家庭。其后果就是,对蒙台梭利学校思想的后代而言,他们从来没有充分地认识到这种不可思议的贴切。借用威廉·詹姆士(William James)在蒙台梭利发表儿童之家开学典礼讲话之后三年在一个完全不同的背景下所说的一句话:儿童之家是家的蒙台梭利的"道德等同物"。因为自从工业革命以来父亲们必须每天都离家去工作,许多家庭是由单身母亲领导的,而妇女离家去工厂又大大地扩大了学校的适用范围的概念。

蒙台梭利用家庭所作的比喻被忽略的原因之一是,它违背了关于学校在社会中的作用的基本的文化期望。隐约地把社会划分成两部分(私人的家和公共的世界——西方工业和后工业社会的成员)的现实,要求学校承担起改变儿童的职能,要把以前在一个部分中过日子的儿童变成另一个部分的成员。假定私人的家是一个自然机构,相应的在这个机构中的成员身份是确定的,而不是某个人必须去达成的,没有理由要培养人去完成与此相联系的任务和活动。把公共世界理解为人类的创造,把公共世界中的成员身份理解为一个人能够或不能获得的东西,从而是不确定的,于是教育的主要工作就是培养人去完成与此相联系的任务和进行活动。

蒙台梭利希望儿童之家为公共世界中的生活而塑造儿童。但是她知道,适宜于和平的公共世界必须是与她所熟悉的这个世界极其不同的;她也知道,生活在这个世界中的人,要由完全不同的另一类学校去培养。把学校想象成私人家庭的延伸,把世界想象成学校和家庭的继续,于是在蒙台梭利的体系中就没有激进的二等分的余地,然而在学校与家庭、家庭与世界、世界与学校之间这样的二等分是处处存在的。

在西方教育思想史上蒙台梭利可能不是唯一的,即使不是第一个拒绝把家庭与学校激进地分隔开来的人。但是,因为她把家庭的比喻建构进自己的理论中,正如她的教育实践承认环境和爱的重要性以及与家庭和家庭生活相联系的课程的重要性,于是克伯屈宣布她的思想没有什么新意,是革命性不足的。

注　释

① Maria Montessori, *The Montessori Method*, Chicago: Regnery, p. 42, 1972.
② William Heard Kilpatrick, *The Montessori System Examined*, Boston: Houghton Mifflin, p. 30, 1914.
③ Montessori, *The Montessori Method*, Chicago: Regnery, p. 52, 1972.
④ Ibid., p. 104.
⑤ Ibid., p. 62.

蒙台梭利的主要著作

① *Education and Peace*, Chicago: Regnery, 1972.　② *From Childhood to Adolescence*, New York: Schocken, 1973.　③ *The Absorbent Mind*, New York: Dell,

1984.　④ *The Montessori Method*, New York: Schocken, 1964.　⑤ *The Secret of Childhood*, New York: Ballantine, 1972.

其他参考书

① Kilpatrick, William Heard, *The Montessori System Examined*, Boston: Houghton Milfflin, 1914.　② Kramer, Rita, *Maria Montessori: A Biography*, Chicago: University of Chicago Press, 1976.　③ Martin, Jane Roland, "Romanticism Domesticated: Maria Montessori and the Casa dei Bambini", in *The Education Legacy of Romanticism*, ed. John Willinsky, Waterloo, Ontario: Wilfrid Laurier University Press, pp. 159 – 174, 1990.　④ ——*The Schoolhome: Rethinking Schools for Changing Families*, Cambridge: Harvard University Press, 1992.　⑤ Rusk, Robert R., *The Doctrines of the Great Educators*, 3rd edn, New York: St Martin's, 1965.

J. L. 马丁

罗 素
(Bertrand Russell, 1872—1970)

好的生活就是被爱所鼓舞的并在知识指导下的生活。[①]

伯特兰·阿瑟·威廉·罗素被评价为自亚里士多德以来最伟大的逻辑学家,但是在他的有生之年,他有关社会、政治和教育方面论题的著作也同样地有名。罗素于1872年5月18日出生于英国蒙茅斯郡的特雷莱克。在双亲早逝之后他是在彭布罗克长大的,寄居在第一代罗素伯爵的遗孀——他祖母康特斯·罗素(Countess Russell)家里。16岁之前罗素一直在家里接受一个又一个家庭教师的教育,其中大部分都是相当有才能的。然后,为了准备进剑桥大学,罗素被送到伦敦的一所为应考者办的补习学校中,进这所学校的人大部分是打算成为英国军官的男孩。后来他在回忆中提到,到1890年10月进剑桥大学三一学院学习数学之前,自己的童年时代是在寂寞、孤单中度过的,笼罩在神秘之中,没有与同伴相聚的乐趣。

在剑桥大学罗素被选为一个有名的命名为"使徒"的交际社团的成员,这一社团的其他成员包括一些当时最有影响的哲学家,其中最著名是新黑格尔主义者麦克塔格特(J. E. McTaggart)。受到他与使徒们的讨论的激励以及由于对自己的数学研究的失望,在参加完了数学荣誉学位考试之后罗素转学哲学,1894年稳稳当当地被列入了第一等,道德科学的成绩尤其优异。以后几年主要在英国驻巴黎大使馆度过,后来由于他的一篇关于由非欧几里得几何结构引起的哲学问题的论文,他被选为三一学院的研究员(1897年,这篇论文作为他的第一部哲学著作发表,书名为《几何学基础》)。

1894年12月13日,在他被选为研究员之前的几个月,罗素不惧其祖母的强烈反对,与阿利斯·皮尔索尔·史密斯(Alys Pearsall Smith)结婚,她是在英国定居的一位富有的费城贵格会教徒的女儿。在蜜月期间罗素去了柏林,他在那里研究了马克思主义的理论和实践,构思撰写两部书,一部论述从数学到生理学的科学哲学,另一部论述社会和政治问题,这两部书构成一个与黑格尔的体系相似的庞大的、统一的哲学体系。原始形态的这个计划从未实施过,但是,1896年他出版的第一部著作《德国社会民主精神》,可以被看做是实现这一计划的第一步。

在几年之内罗素就放弃了从麦克塔格特那里吸收来的新黑格尔主义的形而上学。历来把罗素摒弃唯心主义归因于穆尔(G. E. Moore)对他的影响,穆尔为实在论所作的有力辩护《判断的本质》,于1899年出版,这对罗素产生了强烈的影响。但是,对他影响更大的是包括维尔斯特拉斯(Weierstrass)、康托尔(Cantor)和狄德金(Dedekind)在内的一群纯数学家,罗素从1898年就开始研究他们的著作。这些数学家向罗素证明,传统的数学悖论(关于连续性、无穷大、无穷小的悖论)完全能够用纯数学的方式予以解决。受到这些发现的鼓舞,也受到穆尔对唯心主义哲学逻辑所发起的进攻的推动,罗素决心为数学提供实在论的基础,证明数学本质上的逻辑性。

1903年出版的研究成果,通常被认为是罗素的最伟大的哲学著作,这就是《数学原理》,罗素在这部书中论证,数学就其整体而言不是别的什么东西,而是逻辑,可以通过对它的所有基本概念(包括数和级数)的界定予以证明,可以在类的纯逻辑理论中推导出数学的所有定理。但是在他出版此书之前罗素已经发现了用他的名字命名的有名的罗素悖论,这一悖论表明,关于类的概念存在一个根本的差错,罗素以及在罗素之前的弗雷格,都试图把这一概念作为算术的基础。罗素对这一悖论的解决体现在他的巨著《数学原理》中,这部书的另一位作者是怀特海,分三卷于1911年至1913年间出版,集中论述被称作类型的分叉理论的令人迷惑的复杂的逻辑系统,虽然它从技术上解决了问题,但提出了关于逻辑性质的难题,并质疑了把数学归类为逻辑的哲学目的。

这些问题由路德维希·维特根斯坦(Ludwig Wittgenstein)着手解决,他1911年来到剑桥大学师从罗素,然而这时的罗素已对这些问题基本上失去了兴趣。在某种程度上这是由于为了完成《数学原理》他必须殚精竭虑,但是,也在相当的程度上是由于奥托琳·莫雷尔女士(Lady Ottoline Morrell)对他的影响。1911年罗素开始与她一起从事一项对罗素的一生产生巨大影响的轰轰烈烈的事业。在奥托琳·莫雷尔的鼓励下,罗素开始以一种新的、不太专业的方式写作,以更广大的读者为目标,而不像《数学原理》那样只有很少的一些人能够理解它。1912年他开始写作《哲学问题》，这是一本篇幅不大的书，出人意料地成为一本畅销书，第一次向公众展示了罗素的写作天赋，尤其是写作优雅的散文的才能，展示他通俗地向普通读者解释一些困难的思想的能力。

1911—1914年间，罗素的哲学兴趣从逻辑转向认识论。1913年他放弃了《知识论》巨著的写作，是因为这部书遭到了维特根斯坦的严厉批评，但一年之后罗素出版了《我们的外部世界的知识》，它表现了一种新颖的经验主义形式，根据这本书，世界被看做是感性数据之外的"构造"。在随后的几十年里这一观点一直是很有争议的，现在在职业哲学家中间一般已得不到支持了。

1914年第一次世界大战爆发，罗素在某种程度上放弃了哲学研究，更多地从事政治运动。他认为战争对文明的损害是灾难性的，英国和德国应该就战争问题彼此检讨自己，写了一些辛辣地攻击导致如此可怕后果的外交政策的文章。1916年实施征兵制度，他对政府的攻击变得更为猛烈，他本人成为无征兵联谊会(NCF)的领导人。他写的一篇支持无征兵联谊会的传单使他陷入与当局的冲突之中，被罚款100英镑，更为严重的是，他在三一学院开设讲座的资格被剥夺了。罗素英勇无畏，继续在文章、公开讲演和书籍中不停地痛斥战争和政府。1918年，他被判囚禁6个月作为对他发表的一篇文章的惩罚，这篇文章提出，美国军队可能受雇于英国起着破坏罢工的作用。

此时罗素的兴趣又回到了哲学上。在服刑前不久他举办了一系列的公开讲座，发表了《逻辑原子说的哲学》，而在囚禁期间他写了《数学哲学导言》，这本书的目的是为了普及《数学原理》一书。战后他立即举办了另一系列的关于哲学的公开讲座，1921年出版了《心智分析》。他接到了返回三一学院的邀请，看来他终于可以恢复自己的学术生涯了。

但是罗素发现自己宁可当自由作家和面向公众的演讲员，所以他并不急于回到自己的学术生活中去。1920年，他访问了苏联，从苏联回来后他很快就写了《布尔什维克主义：实践和理论》，这本书就是对此作出的有力反应。后来，罗素偕同他的情人朵拉·布莱克(Dora Black)在中国度过了1920—1921年。从中国他寄信给三一学院，拒绝了该校重新签约的聘请。在中国时罗素非常高兴，因为朵拉怀孕了，在他们返回英国后没几个月朵拉和罗素就结婚了,使他们的孩子有了合法地位。

他的第一个儿子约翰诞生于1921年11月,1923年添了女儿凯特。儿子的诞生在罗素的生活中是一个重要转折点,鼓舞他不仅要深入地关心做父母和教育的正确方法,而且还要更普遍地、强烈地关心政治和社会改革,以保证他的儿辈继承的世界与1914年卷入战争的世界相比,将更明智、更和平和更理性。罗素心中挂念着这些,在两次战争期间写了大量的报刊文章、普及性的书,其中大部分都是热情支持能证明他是进步运动领袖的一些思想,罗素是激进的社会主义者,他坚定地反对教会,勇敢地向传统的性道德公开挑战并说明"科学观"。他出版的许多书都是用来捍卫这些思想的,其中有《教育论》(1926)、《婚姻和道德》(1929)和《幸福的获得》(1930),这些书的销量都很大,有助于罗素成为公众心目中的一位重要的哲学家,这位哲学家关于道德和当时的政治和社会问题都有重要的见解。

但是在这些年内,罗素的第二次婚姻变得越来越紧张,部分原因是因为罗素工作过度劳累,但主要是因为朵拉选择了与另一个男人生了两个孩子。1932年罗素离开了她,与21岁的牛津大学生帕特里夏("彼得")·斯彭斯(Patricia Spence)在一起,1936年他们二人结婚,次年生了一个儿子康拉德(Conrad)。多年的激动人心的公众活动和欲望,使罗素精疲力竭,在他人生的这个较晚的阶段上(那时他66岁),他返回学术生活。1938年罗素得到了芝加哥大学的职位。在随后的六年中他生活在美国,在芝加哥和洛杉矶加利福尼亚大学教书,但是不许他接受纽约城市学院的职位,因为一件大量报道的法院案例使一位妇女反对对他的任命,这位妇女声称他在学校出现会败坏该校学生的道德。后来艾伯特·巴恩斯(Albert C. Barnes)博士使罗素免于破产,他向罗素提供为在费城的巴恩斯基金会的学艺术的学生教授哲学史的工作。这些讲座成为罗素的《西方哲学史》的基础,这部著作尽管遭到职业哲学家的恣意嘲笑,但事实证明它是极其通俗的,适合于一般公众,而且多年来是罗素的主要收入来源。

1944年三一学院再次邀请罗素返回,而且这次他是非常高兴地接受了聘请。但是他失望了,年青一代哲学家(其中有维特根斯坦,他当时是最有影响的)冷漠地接受他的最后一部主要的哲学著作,即1948年出版的《人类的知识:其范围和限制》。20世纪50年代,对在牛津流行的所谓的"普通语言哲学",罗素发起了一系列的进攻,但这只能使他更疏远职业哲学家们。

1952年,罗素与他的第四位妻子伊迪丝·芬奇(Edith Finch)结婚,在80岁时他最终找到了婚姻的幸福。他的晚年献给了政治运动,起初反对核武器,后来反对越南战争。1961年他第二次被判入狱,在布里克斯顿监狱服刑一周,这丝毫没有缓和他对英国和美国政府的愤怒的指责。1970年去世时,他更被人们称道的是反战斗士而不是哲学家,但是,他对逻辑学和数学哲学的伟大贡献是毋庸置疑的,他将被后代人世代铭记也是毋庸置疑的。

注　释

① "What I Believe"(1925),重印于 The Basic Writings of Bertrand Russell, London: Routledge, pp. 367 - 390 (quotation, p. 372), 1961.

罗素的主要著作

① The Collected Papers of Bertrand Russell, 15 volumes published so far, London: Routledge, 1983.　② The Principles of Mathematics, Cambridge: Cambridge University Press, 1903.　③ (with A. N. Whitehead) Principia of Mathematics, 3 volumes, Cambridge: Cambridge University Press, 1910 - 1913.　④ Our Knowledge of the External World, London: Open Court, London, 1914.　⑤ History of Western Philosophy, London: George Allen & Unwin, 1946.　⑥ Logic and Knowledge, London: George Allen & Unwin, 1956.　⑦ My Philosophical Development, London: George Allen & Unwin, 1959.　⑧ The Basic Writings of Bertrand Russell, London: George Allen & Unwin, 1961.　⑨ The Autobiography of Bertrand Russell, 3 volumes, London: George Allen & Unwin, 1967 - 1969.

其他参考书

① Clark, Ronald W., The Life of Bertrand Russell, London: Penguin, 1978.　② Grayling, A. C., Russell, Oxford: Oxford University Press, 1996.　③ Monk, Ray, Bertrand Russell: The Spirit of Solitude, London: Jonathan Cape, 1996.　④ ——Bertrand Russell: The Ghost Madness, London: Jonathan Cape, 2000.　⑤ Ryan Alan, Bertrand Russell: A Political Life, London: Allen & Lane, 1988.　⑥ Schilpp, Paul Arthur (ed.), The Philosophy of Bertrand Russell, La Salle: Open Court, 1944.　⑦ Slater, John G., Bertrand Russell, Bristol: Thoemmes Press, 1994.

蒙克

桑戴克
(*E. L. Thorndike*, 1874—1949)

教育关心的是人的行为的变化；两个条件之间的变化是不同的；其中的每个条件只有通过被它所制造的产品——做的事，说的话，完成的行为，以及诸如此类的产品，才能被我们得知。衡量这些产品中的任何一件，意味着要以某种方式界定它的量，使有能力的人知道它有多大，比未测量时好多少。[1]

爱德华·李·桑戴克可能是美国最有影响的心理学家。他早期对动物学习所进行的研究工作有助于他建立作为一门实验科学的比较心理学，他创造了一个被称作行为实验分析的心理学领域。他为行为科学引进了重要的方法论创新，也为华生(John B. Watson)和斯金纳(B. F. Skinner)的行为心理学打下了方法论的和哲学的基础。他把在实验室中发现的学习原理和对个体差异的定量测量应用来创造教育心理学。他发表的作品有 507 件，其中 50 多件是书籍。[2] 为判断桑戴克的影响，1938 年托尔曼(Tolman)发现，包括动物学习和人类学习在内的学习心理学，是桑戴克的最有争议的主题。[3] 心理学在不断发展，但桑戴克的影响至今仍能感到，他对心理学和教育的历史发展所产生的影响依然存在。

1874 年 8 月 31 日桑戴克诞生于马萨诸塞州的威廉斯堡。他在他家的四个孩子中排行第二，他们四个人在学术上都很有造诣，其中包括爱德华·李在内的三个成为哥伦比亚大学的教授。[4] 他的父亲爱德华·罗伯茨·桑戴克(Edward Roberts Thorndike)学习法律，后来成为牧师；他的母亲艾比盖尔·布鲁斯特·莱德(Abigail Brewster Ladd)是家庭主妇。[5] 1895 年桑戴克获韦斯利大学文学学士学位，他在韦斯利大学学习文学。1895—1897 年他在哈佛大学学习，1896 年获第二个文学学士学位，1897 年获文科硕士学位。

在哈佛大学通过威廉·詹姆士(William James)桑戴克开始对心理学

产生兴趣,詹姆士在1890年出版了《心理学原理》。在哈佛研究生院的第一年,他就开始对幼儿的能力进行"测心术"研究,他研究在幼儿试图猜测桑戴克脑中的字母、数字或物品时,其根据面部表情或动作阅读无意暗示的能力。当哈佛不允许他继续这样的研究时,桑戴克就修改了自己的研究计划,转而研究小鸡的行为。用动物来代替儿童,被哈佛的包括格特鲁德·斯泰因(Gertrude Stein)在内的另一些人认为是可笑的,斯泰因当时与桑戴克一起听威廉·詹姆士的讲座。但是这却揭示了桑戴克从他开始研究心理学之初就存在的对动物和对儿童的兴趣。⑥詹姆士支持桑戴克的研究,甚至允许桑戴克把自己的小鸡放在他家的地下室,但是当他接受了大学评议员职位时,桑戴克和他的小鸡就迁到了哥伦比亚大学,桑戴克在詹姆斯·麦基恩·卡特尔(James McKeen Catell)的指导下在哥伦比亚大学完成了研究生学业。1898年他获得了哥伦比亚大学的哲学博士学位。他的学位论文第一次发表在《心理学评论》上,这篇专论的题目为《动物的智慧》。⑦这篇论文的发表是心理学史上的一件重大事件。

在完成了研究生学业之后桑戴克在西方储备大学度过了一年,在那里担任教育学教授和实习学校主任。1899年,他回到哥伦比亚大学师范学院,担任心理学讲师,然后从1901—1904年任心理学副教授,从1904年起一直到1940年退休一直任心理学教授。1949年8月9日他在纽约的蒙特罗斯去世。《心理学评论》上刊登的关于他的讣告,说他是一位友善的、宽厚的、仁慈的、很有幽默感的、有才华的好朋友和教师。⑧

桑戴克继续其父母开创的培养有学术才华的子女的传统,他的四个孩子也都获得了博士学位,其中两个获物理学博士学位,一个获数学博士学位,还有一个,即罗伯特·桑戴克(Robert L. Thorndike)获心理学博士学位,成为哥伦比亚大学师范学院心理学和教育学教授。罗伯特·桑戴克的儿子罗伯特·M.桑戴克也成为一名教育心理学家,像他的父亲和祖父一样从事教育测量和智力测验的工作。⑨

桑戴克的学位论文《动物的智慧》是心理学史上的里程碑。此外,作为第一篇把动物作为研究对象的心理学学位论文⑩,它引进了一种实验的研究法,桑戴克的贡献之巨大今天已是一目了然的。19世纪末在动物行为领域中的研究,是轶事的、拟人化的和内省的,在经过筛选的逸事和对迹象的拟人化的解释的基础上,把复杂的智力和情感生活归因于动物。

这样的研究是由自然论者与进化论者之间关于人类智慧的起源的辩论激发的。证明动物具有丰富的智力和情感生活,这种思想是要表明在动物与人类之间存在着一种联系,达尔文的进化论要求对此深信不疑。桑戴克的学位论文对轶事、内省和拟人化提出了严厉的批评,它采用了一套新的方法在有控制的条件下系统地、定量地去研究行为。现在任何刚入门的心理学研究者对这些方法都是很熟悉的,这些方法就是:一个有代表性的被试样品,一个周密设计的、能复现的实验情境,对操作的定量测量,把经过不同处理的各组进行比较,在进行实验之前解释结果。[11]

1911年他的这篇学位论文以书本的形式出版之后,桑戴克对动物智慧的研究工作又进行了十多年。[12]这项工作包含对从他的实验工作中引出的关于学习的两条普遍定律的第一次陈述,这两条定律就是:练习律和效果律。[13]桑戴克的学习概念就是形成刺激—反应(S-R)联结。效果律认为,只有实践是不能产生联结的:刺激和反应的配对必须后继一个结果或效果。积极的结果或奖励将强化这个联结,而消极的结果或惩罚将削弱这个联结。根据练习律,有实践就能强化联结,而无实践就会削弱联结。桑戴克认为,这两个普遍定律,加上这两个定律赖以生效的、为行为提供基本的原材料的本能,足以解释包括人类在内的所有物种的学习行为。桑戴克认为,"包括人在内的高等动物表明,没有一个行为能越出本能律、练习律和效果律的预期"。[14]这就是说,对于动物所进行的练习以及对奖励和惩罚效果的分析,能够产生适用于人类的普遍的学习定律。这个观点后来被行为主义者华生和斯金纳所接受,在整个20世纪对心理学的发展产生纪念碑式的影响。它也构成了桑戴克教育心理学的基础,并对教育产生了相似的巨大影响。

桑戴克把他用于动物的同样的那些实验方法用到对人类学习的研究上。他对人类学习的一项最早的也是最有名的研究,是与罗伯特·伍德沃思(Robert S. Woodworth)一起进行的并发表于1901年,这项研究涉及学习的迁移,证明在一种学习与另一种学习之间的正迁移或负迁移的程度,建立在两种情境的相似性上。[15]这一观点否定了长期以来的一种信念,认为以前的任何类型的训练,即使是在一个不同的领域中的训练,都可以产生正迁移;这种信念是用来为把拉丁语和希腊语作为一种智力练习来学习辩护的,认为这种智力练习有利于以后的任何学科的学习。

在 20 世纪的最初 15 年内,桑戴克从动物心理学转向教育,是因为他对把他的关于学习的普遍定律应用到学校学习中感兴趣,还因为是能够从教师教育计划中得到更多的工作。⑯桑戴克通过研究、写作和教学,发展了一门建立在 S-R 联结基础上的教育心理学、一种实验研究法和对个别差异的测量。他在哥伦比亚大学教过本科生和研究生课程,这些课程有着"心理和统计方法在教育中的应用"之类的名称,这个名称很快就改成了一个新创造的术语"教育心理学"。他的第一部书《人性俱乐部》⑰的对象就是教师和对教育感兴趣的成人。他的第二部书《论儿童学习》于 1901 年出版,该书批评了斯坦利·霍尔(G. Stanley Hall)的儿童学习运动的自然主义的和不科学的研究方法。⑱ 1906 年出版的《教学原理》,把学习律应用到课堂教学中并强调科学教育观的重要性,这种观点是"建立在直接观察并实验教育机构的影响的基础上,建立在具有量的精确性的方法"的基础上。⑲ 1910 年他创办了《教育心理学杂志》,出版了一本论述教育哲学的书《教育》,1913—1914 年出版了三卷本《教育心理学》,这部书论及他的学习律、遗传的心理能力和个别差异。

桑戴克与皮尔逊(Pearson)、比奈(Binet)、斯皮尔曼(Spearman)比肩,是早期心理测验运动的一部分。他更相信能力的特异性而不是单个的因素,并把自己的量表建立在任务的多样性之上。⑳它帮助编制并分析在第一次世界大战中军队所使用的智力测验,并在战后开始编制等级量表和包括写作、拼写、地理和绘画在内的学科测验。他还为教师编写了桑戴克—洛奇单词频度手册㉑,语言学习研究者对这本手册是相当熟悉的;他还编写了词典㉒并为儿童撰写了适于他们理解的数学教科书。㉓桑戴克在测验和课程教材方面取得的成功导致他去进行商业冒险。1921 年他与卡特尔和伍德沃思一起成立了心理公司,出版相当成功的标准化的教育测验和心理测验。

在他学术生涯的后期,桑戴克试图把他的研究方法应用到新的领域中,这些领域包括宜居城市价值等级测定㉔和支持社会决策的价值科学方面的工作。㉕他对科学具有解决所有社会问题的能力深信不疑,但事实证明道德和社会价值不像学习那样容易处理。

教育心理学和心理测验学占据了桑戴克学术生涯的大部分。㉖他是一位实证主义者和进步论者,他相信人类的改善和从观察和实验中提炼的科学定律,会指出一条通向社会进步的道路。这一信念引导他从对动物和人类学习的研究转向包括心理测验、教育心理学在内的应用心理学,引导他去开发数学教科书和编写儿童辞典。

回顾 20 世纪,显而易见的是许多教育实践的建构或者是桑戴克工作的延伸,或者是对桑戴克工作的批判。要考虑在把教育看做科学或者看做艺术之间,在强调过程和强调结果之间,在以原理为基础或以解释性知识为基础之间再度出现的摇摆。这比作出实质性的贡献更重要。美国人在进行教育和心理研究时始终热衷于追求高质量的方法,桑戴克成为发展这种经久不衰的兴趣的工具。当人们考察由美国所发展的心理学和教育学的贡献时,对效果分析的强调可追踪到桑戴克的影响。

桑戴克的贡献和他的研究内容一样重要,他的兴趣、研究范围和智慧实际上遍及整个教育领域。他主要关心的是基础研究和应用研究,也关心实践和政策。汤姆·格伦南(Tom Glennan)认为他的这种非凡的机敏性就是灵活性。能全面论述他对教育领域所作贡献的研究者,能深刻理解他对实践和政策方面所施加影响的复杂情况的研究者,是很少的。

注　释

① Thorndike (1918) 引自 Berliner (1993).
② W. W. Cumming, "A Review of Geraldine Jonchich's The Sane Positivist: A Biography of Edward L. Thorndike", *Journal of the Experimental Analysis of Behavior*, 72, pp. 441–446, 1999.
③ E. C. Tolman, "The Determiners of Behavior at a Choice Point", *Psychological Review*, 45, pp. 1–41, 1938. Cited in Cumming (1999).
④ Berliner (1993).
⑤ Woodworth (1952).
⑥ Jonçich (1968). 引自 H. J. Stam and T. Kalmanovitch, "E. L. Thorndike and the Origins of Animal Psychology", *American Psychologist*, 53, pp. 1135–1144, 1998.
⑦ Thorndike (1898).
⑧ A. I. Gates. "Edward L. Thorndike: 1874–1949", *Psychological Review*, 56, pp. 241–243, 1949. 引自 Dewsbury (1998).
⑨ Berliner (1993).
⑩ Galef, Bennett G. Jr., "Edward Thorndike: Revolutionary Psychologist, Ambiguous Biologist", *American Psychologist*, 53, pp. 1128–1134.
⑪ Ibid., p. 1130.

⑫ Thorndike (1911).
⑬ Galef, op cit., p.1131.
⑭ Thorndike (1911, p.274).
⑮ Thorndike and Woodworth (1901).
⑯ D. A. Dewsbury, "Triumph and Tribulation in the History of American Comparative Psychology", *Journal of Comparative Psychology*, 106, pp.3 – 19, 1992.
⑰ Thorndike (1901a).
⑱ Thorndike (1901b).
⑲ Thorndike (1906).
⑳ Thorndike, Cobb and Woodyard (1926).
㉑ E. L. Thorndike and I. Lorge, *Teacher's Wordbook of 30,000 Words*, New York: Columbia University Press, 1944.
㉒ E. L. Thorndike, *Thorndike-Century Junior Dictionary*, Chicago: Scott Foresman, 1935.
㉓ E. L. Thorndike, *The Thorndike Arithmetics. Books 1 – 3*, Chicago, Rand-McNally, 1917.
㉔ E. L. Thorndike, *Your City*, New York: Harcourt, Brace, 1939.
㉕ Thorndike (1940).
㉖ Dewsbury (1998).

参 考

本书中的"达尔文"、"比奈"、"斯金纳"。

桑戴克的主要著作

① "Animal Intelligence", *Psychological Review*, Monograph Supplement 11, No. 2, Whole No. 8, 1898. ② *The Human Nature Club: An Introduction to the Study of Mental Life*, New York: Longmans, Green, 1901a. ③ *Notes on Child Study* (monograph), Columbia University Contributions to Philosophy, Psychology, and Education, 8(3 – 4), New York: Macmillan, 1901b. ④ *The Principles of Teaching: Based on Psychology*, New York: A. G. Seller, 1906. ⑤ *Animal Intelligence: Experimental Studies*, New York: Macmillan, 1911. ⑥ "The Nature, Purposes, and General Methods of Measurements of Educational Products", in *The Measurement of Educational Products* (Seventeenth Yearbook of the Nationan Society for the Study of Education, Part 2, p.16), Bloomington, IL: Public School Publishing Company, 1918. ⑦ *Human Nature and the Social Order*, New York, Macmillan, 1940. ⑧ Thorndike, E. L., Cobb, M. V., and Woodyard, E., *The Measurement of Intelligence*, New York: Teachers College, Columbia University Press, 1926. ⑨ Thorndike, E. L., and Woodworth, R. S. , "The Influence of One Mental Function Upon the Efficiency of Other Functions", *Psychological Review*, 8, pp. 247 - 261,384 - 395,553 - 564, 1901. Cited in Dewsbury (1998).

其他参考书

① Berliner, D. , "The 100-year Journey of Educational Psychology. From Interest, to Disdain, to Respect for Practice", in T. K. Fagan and G. R. VandenBos (eds), *Exploring Applied Psychology: Origins and Critical Analyses*, Washington, DC: American Psychological Association, pp. 41 - 78, 1993.　② Dewsbury, D. A. , "Celebrating E. L. Thorndike A Century After *Animal Intelligence*", *American Psychologist*, 53, 1121 - 1124, 1998.　③ Galef, Bennett G. Jr. , "Edward Thorndike: Revolutionary Psychologist, Ambiguous Biologist", *American Psychologist*, 53, pp. 1128 - 1134. ④ Glennan, T. K. , "Issues in the Choice of Development Policies", in T. Manschak, T. K. Glennan, Jr and R. Summers (eds), *Strategies for Research and Development*, New York: Springer Verlag, pp. 13 - 48, 1967.　⑤ Jonçich, G. , *The Sane Positivist: A Biography of Edward L. Thorndike*, Middletown, CT: Wesleyan University Press, 1968.　⑥ Woodworth, R. S. , "E. L. Thorndike", in *National Academy of Sciences biographical memoirs*, Washington, DC: National Academy of Sciences, 27, pp. 209 - 237, 1952.

比尤利　贝克

布 伯
(*Martin Buber*, 1878—1965)

　　从出生到死亡之间的这个脆弱的生命,如果它是一种对话,则是可以趋于完善的。在我们的生活和经验中一切都指向我们;通过思想、讲话和行动,通过生产和施加影响,我们能够回答……教育中的关系是一种纯净的对话关系……教师仅仅是无数的其他人中的一分子,他们之间的区别在于教师将参与在品格上打下烙印,他自觉地使处于成长中的人把他看做是某一部分人的代表,这部分人是经过筛选的,代表"正确的"和应该的。教育者的使命基本上就表现为这种意志和觉悟。[①]

　　莫迪凯·马丁·布伯(Mordecai Martin Buber)1878年2月8日生于维也纳,他的父母是犹太人,生活在多瑙河畔的一所房子里。马丁3岁时他的母亲就失踪了,小马丁与他的祖父母一起一直生活在利沃夫,直到14岁他重新回到父亲,一位农场主的身边。10岁之前他的教育主要由他的祖父母精心安排,他的祖父所罗门·布伯(Solomon Buber)是一位有名的犹太圣法经传学者,他的祖母阿黛尔(Adele)是一位有教养的妇女,她亲自教马丁语言和文学,向他注入对精确的语言和诗意的表达的持久而强烈的爱好,而这些正是他的精美作品的特点。他从他的父亲的为人处世中观察到"真正的人的接触"[②],他对此十分赞赏,这与他在祖父母家中的精神生活是相一致的。

　　布伯对未作任何解释就出走从此杳无音讯的母亲的思念,也是同样具有决定性意义的。布伯非常清晰地回忆起那一时刻,当时他的祖母暂时把他托付给一个年龄稍为大一点的孩子照管,那个孩子告诉他,他的母亲再也不会回来了。他回忆道,他后来投掷硬币,用硬币的正反面来"指定人与人之间的相遇和失去联系"。[③]布伯深深地受到这段经历的影响,在他的一生中他目睹了个人之间和群体之间失去联系造成的后果,他决定献身于搞清楚常常存在的真正相遇的可能性,搞清楚如何通过对他们向我们所介绍的情景作出直接的反应来实现这种可能性。

布伯先后在维也纳大学、莱比锡大学、柏林大学和苏黎世大学学习文学、哲学、艺术史、德国研究和历史比较语言学。1898 年他开始正式加入犹太复国主义运动。通过参加与犹太复国主义相联系的文化和政治活动,他遇到了后来成为他妻子的保拉·温克勒(Paula Winkler)。布伯的孩子拉斐尔(Raphael)和伊娃(Eva)先后诞生于 1900 年和 1901 年。1901 年布伯任《世界》周刊的编辑,这份刊物是犹太复国主义者组织的主要出版物。1904 年,他获得了柏林大学的哲学博士学位。此后他很快就发表了许多作品,其中很多主题都是与虔信主义犹太教相关,他对虔信主义犹太教的兴趣日益增长。在其整个生涯中,布伯既是一位具有原创思想的和高产的思想家,又是其他人的著作的一位诠释者。④ 从 1916 年至 1938 年,布伯一直生活法兰克福大学附近的一个德国小镇黑彭海姆,从 1924 年至 1933 年他在法兰克福大学举办关于犹太宗教和伦理学研究的讲座。在此期间,他与弗朗兹·罗森茨维格(Franz Rosenzweig,1886—1929)在自由犹太教讲习所中共事,合作密切,两人合作把《旧约全书》翻译成德文。希特勒在德国掌权后布伯立即辞去了法兰克福大学教授的职务,并很快就被禁止公开演讲。1938 年,他移居耶路撒冷,在希伯来大学教人类学和社会学,并参与讨论阿拉伯人和犹太人之间令人不安的关系问题。

在 20 世纪 40 年代末 50 年代初,布伯在整个欧洲和美国进行讲演。他两次被提名诺贝尔文学奖[第一次由赫尔曼·黑塞(Herman Hesse)提议,他说布伯是"生活在今日世界中的少有的聪明人中的一个"⑤;1961 年再次获得提名,这次是由好些人一起提出的,其中包括艾略特(T. S. Eliot)、奥登(W. H. Auden)、黑塞、马塞尔(Gabriel Marcel)和里德(Herbert Read)]。虽然两次提名最终都没有获奖,但布伯在他晚年时说他自己"沉溺于荣誉之中"。⑥

布伯的著作有三十多卷翻译成英语,有许多版本和多种译本。他的作品包含的主题范围非同一般地宽广,反映了他坚信神学观念和人类学观念是可以整合成一个统一体的,反映了他把"每一天都看做是神圣的……每一天都应毫不妥协地反对一种趋势,这种趋势要把宗教变成与我们的无内聚力的生活分离的二楼"。⑦ 布伯的所有著作都用具体例子解说对话哲学,对话哲学是他的思想的核心。与他的哲学信仰相一致,布伯常常写文章,对当时发生的一些特殊的事件、形势和关心的问题作出反应。

1925年,在德国海德堡召开了第三届国际教育代表大会,布伯在会上为会议的教育革新工作组提出了主要方针。会议的主题是"儿童创造能力的开发",这是组织这次会议并邀请布伯参会的进步教育家们所坚持的思想。布伯响应这一主题,提出"初始"的经历对于成长中的人肯定是很有价值的,需要某种超越创造本能的自由和练习去建立一种真正的教育。在以《教育》⑧为题出版的一篇讲话中,布伯告诫他的听众,孤独地工作的艺术家不可能提供合适的人类潜能的榜样;只有当艺术家走出去并进入与另一个人的对话中时,当超越了孤独并建立了共享时,才有可能提供这样的榜样。有一种观点把艺术教育看做包治世界百病的灵丹妙药,而有人不加批判地接受这种极为个人化的观点,布伯努力去改变这种状况,他告诫我们,不管教与学的内容可能是什么样的,而教师与学生之间的关系,即教育的人际维度,才是最具决定意义的,是最少消耗的。

布伯最有名的论述可能是从他表征为"我—你"、"我—它"的关系之间引出的特性。布伯强调,这两种可能性在生活中随时随地存在,要求时时刻刻作出选择,对我们身处的特定的情况作出不同的反应。布伯着重指出,"我—你"关系突出地表现为对一个人所身处的情境的完全参与,其特点是个性的存在毫不设防,无中介地向其他人敞开。布伯坚持,进入与自然、与植物或动物、与艺术作品、与文本的"我—你"关系中是完全可能的。区别存在于关系本身中,而不存在于对关系参与者的识别中。布伯很清楚,"我—它"关系是一种松散的,甚至是分散注意力的或无意识的注意形式,但他也意识到这种关系的遍在性及其实用价值,也意识到为了处理日常的存在必须持续地返回到"我—它"关系上。"我—它"就是我们的每一天或对世界的"自然态度"。⑨"我—你"标志在与另一个人的共享中的成就,充分参与的场合。布伯坚持,在对我们现世的存在作出的充分反响中就能遇到"永恒的你"。达到"我—你"的场合相对较少,"我—你"不可能单方面地存在,因为根据定义它们是互相构成的。然而通过发展真正的存在,即完完全全地深入到生活中和生活的要求中,就可能使单个的人作好接受的准备。排他地生活在"我—你"中是不可能的;坚持"我—你",

不能进入与那些面对着我们存在的人和物的对话中,把自己作为具有自己的独特性的其他人,这就是过一种不承担责任的生活,是一种独白式的存在,这样的人是自私的,不在意其他人,当其他人对他说话时他拒绝回答。因此,布伯认为这个其他人对一个人的形成是至关重要的,他把"我—你"关系看做中介,自我通过这个中介得以诞生。

布伯强调对话在教育中的特殊性。布伯承认儿童不断地受到被她在这个世界上遇到的任何一样东西的教育,因此他意识到在她[10]的意识中教师是影响学习者的独一无二的人。这一认识对儿童的生活产生重要影响。布伯主张,个人的爱好,爱神厄洛斯,要求放弃某些选择的自由,当我们进入诸如友谊、爱情或共事之类的其他关系中时,我们能自由地去练习。教师与随机搭配的学生相遇,这些学生的出现对她而言是她的责任和命运;她不能在他们中间去选择自己要教的人。这与对话不一样,对话可以在朋友、爱人和同事之间出现,教育中的关系从来不完全是相互的。为了履行她作为教师的责任,教师必须"体验"与学生相遇中的"另一端";[11]她必须认识到,这种情况无论是对于她还是对特定的一个学生,都是面对着她的。但是学生不能简单地依靠她的作为学生的情境以同样的方式体验教师这一端;教师的有利地位是她不可企及的。布伯说这种"单面包容的经验"[12]是教授的、要治疗的、要放弃的一种关系的最重要的特点,处于这样的关系中的一方,自觉地、居高临下地指导着这个关系中的另一方,用自己的享有特权观点进行指导。

用教师的意志去影响学生所造成的另一个后果,就是她只能默认对学生作出的布伯称之为"有效世界的选择"的描述,默认通过审慎选择的课程内容以及通过她所体现的利益和信念而呈现给他们的东西,这是对世界的某种观点,是对是什么的选择,是导出一致性的课程,因为这是通过一个人的生活予以过滤了的。

布伯对教师的期望很高。他强调,教师的个人选择、正直、确实性、实在性以及教师对所有学生作出反应的愿望,不管这些学生可能在教师心中引起好感还是反感,是建立对世界的信任的基础,因为学生首先体验的是对向她呈现这个世界的教师的信任。

布伯致力于具体细致地研究宗教和道德教育问题、审美教育和成人教育或社区教育,这也反映了他本人对这些问题的参与和兴趣。他论述教育的著作主要是《我与你》(1958年第一版)、《人与人之间》(1947)和《人的知识》(1965),常常引用他的这些著作的人,他们对教育问题的兴趣主要集中在教师与学生之间的对话和相互关系上。对教学中的"我—你"和"我—它"关系的论述,一度成为教育哲学教程中关于未来教师的标准,而现在这些著作已不常被引用,虽然对布伯提出的这些概念进行批判地加工同化的工作还在继续进行。⑬但布伯的影响继续存留在保罗·弗莱雷(Paolo Freire)、马克辛·格林(Maxine Greene)、马德林·格鲁梅特(Madeline Grumed)、内尔·诺丁(Nel Noddings)和其他人的著作和实践中。布伯所关心的一些问题,例如,如何对待、尊重其他人的问题,等等,都是后现代的论文中突出的论题。布伯所具有的持久的现实意义的范例,可以从亚历山大·西多金(Alexander Sidorkin)的著作中看到,这部著作的最新一版批评了布伯对话哲学的某些方面,例如,指出布伯坚持对话是一对一的关系,这就限制了它在教室中的适用性,因为在教室中常会出现教育冲突。

注 释

① Martin Buber, *Between Man and Man*, New York:Macmillan, pp. 92, 98 and 106, 1065.
② Martin Buber, *Meetings*, ed. M. Friedman, La Salle, IL:Open Court Publishing, p. 22, 1973.
③ Ibid.
④ Maurice Friedman, *Martin Buber:The Life of Dialogue*, Chicago:University of Chicago Press, 1976.
⑤ Maurice Friedman, *Encounter on the Narrow Ridge:A Life of Martin Buber*, New York:Paragon Books, (p. xi), 1991.
⑥ Ibid., p. 186.
⑦ Friedman 1976, (p. xi).
⑧ Buber (1965).
⑨ Alfred Schutz, *On Phenomenology and Social Relations*, ed. H. Wagner, Chicago:University of Chicago Press, 1970.
⑩ Buber 在他所有的著作中,都用阴性代词来泛指人。为了更适合现代人的理解,我有选择地在不含有直接引语的地方用阴性人称代词。
⑪ Buber (1965).
⑫ Ibid.
⑬ 参见,例如,David Hawkins, *The Informed Vision:Essays on Learning and Human*

Nature, New York: Agathon Press, 1974; J. R. Scudder and A. Mikunas, *Meaning, Dialogue and Enculturation: Phenomonological Philosophy of Education*, Center for Advanced Research in Phenomenology and University Press of America, 1985; A. Sidorkin, "The Pedagogy of the Interhuman", in *Philosophy of Education, 1995*, Urbana, IL: Philosophy of Education Society, pp. 412 - 419, 1995.

参　　考

本书中的"弗莱雷"、"格林"、"诺丁"。

布伯的主要著作

① *Between Man and Man*, introduction and afterword by M. Friedman, trans. R. G. Smith, New York: Macmillan, 1965.　② *I and Thou*, trans. W. Kaufman, New York: Charles Scribner's Sons, 1970.　③ *The Knowledge of Man*, ed. M. Friedman, trans. M. Friedman and R. G. Smith, New York: Harper and Row, 1988. ④ *Meetings*, ed. and trans. M. Friedman, LaSalle, IL: Open Court, 1973.

其他参考书

① Cohen, A., *The Educational Philosophy of Martin Buber*, Rutherford, NJ: Farleigh Dickinson University, 1983.　② Friedman, M. S. (ed.), *Martin Buber and the Human Sciences*, Albany, NY: SUNY Press, 1996.　③ Marphy, D., *Martin Buber's Philosophy of Education*, Dublin: Irish Academic Press, 1988.　④ Schilpp, P. A. and Friedman, M. (eds), *The Philosophy of Martin Buber*, LaSalle, IL: Open Court Press, 1967.　⑤ Sidorkin, A. M., *Beyond Discourse: Education, the Self, and Dialogue*, Albany, NY: SUNY Press, 1999.

汤普森

奥尔特加-加塞特
(José Ortega y Gasset, 1883—1955)

柏拉图的教育学建立在这样一个理念的基础上,即要教育个人就必须教育城市……如果教育是依据某种更好的理念对现实进行改造,那么,教育就必然是社会的,教育学就是改造多门科学的科学。我们习惯于称此为政治,所以我们现在的政治就成了我们的社会教育学,西班牙问题是一个教育学问题。[①]

奥尔特加是西班牙最重要和最引人注目的思想家之一。一位流亡的西班牙哲学家说他是"我国国民的先哲苏格拉底,人们必须更多地追根溯源到他那里而不是到希腊的先哲苏格拉底那里"。[②] 他用通情达理的方式深邃地、激进地考察文化的表现,他的智慧敏锐地洞察个人的内心和人类社会状况的深处,他的文学风格具有暗示性和细腻性,所有这一切使他的文章令读者兴致盎然,充满乐趣。

奥尔特加生于马德里,也在马德里去世。他的家庭属于马德里开明的上层阶级。他在耶稣会开办的学校和马德里中央大学学习。1908年,他被任命为马德里高级师范学校心理学、逻辑学和伦理学讲座教授,1910年任马德里中央大学形而上学讲座教授。

奥尔特加在德国的三次逗留,对他的学术形成起着决定性的作用,他在德国遇到了乔治·西梅尔(Georg Simmel)、赫尔曼·柯亨(Hermann Cohen)和保罗·纳托尔普(Paul Natorp),研究新康德主义和埃德蒙·胡塞尔(Edmund Husserl)的现象学。德国人的效率和组织性,以及德国人对自己的思想和文化的重视,给他留下了深刻的印象,但是他也很担忧对团体和军事的过度重视给当时的德国社会所带来的影响。

他很快就摆脱了新康德主义的唯心主义的影响。人们可以说,奥尔特加在康德那里找到了一种分析的程式,用它可以使西班牙问题的特性具体化并采取复兴行动。他的注意力集中在处于特定的历史进程中的人类的现实,在这个意义上,他与克尔恺郭尔(Kierkegaard)、尼采和柏格森(Bergson)是一致的。奥尔特加也明显地与海德格尔(Heidegger)在关于个人和人的自由的问题的观点上相一致,当时他曾特别强调在这位德国哲学家发表自己的观点之前他本人就已经如何表达了某些思想。更何况在奥尔特加的透视论与狄尔泰(Dilthey)的激进的生活历史观和人类生存之间存在着某种明显的关联。

奥尔特加的早期著作中明显地表现出这样一个观点,即把一个人"此时此地"的生活和选择的印象看做具体的现实。1923年标志着他的"理性"概念开始形成。他以一种平衡的方式同时拒绝理性主义和实用主义的抽象、生物的和直觉的排他解释。对奥尔特加而言,理性与生活必须相提并论。知识必然是理性的,但知识必须植根于生活之中,而所有的理性都是"生动的推理"。在这个意义上,人不是提供推理的生命,但是现实必须使用推理才能生存,生活是"对世界的处理",是"对世界的证明",现实不是表现为智慧的或抽象的形式,而是以具体的、充实的形式出现。

奥尔特加运用这一方法思考20世纪的一些最重要的问题,他意识到这是他的使命和任务。他认为,生活是自我实现的一个连续的过程,生活是无论如何要予以解决的问题,是任务,是生活的计划。一个人确实可以回避生活,但是这个人就是一个不诚实的人。

奥尔特加的教育思想主要是在他处理其他问题时以建议的形式表现出来,虽然他有一些集中论述教育问题的专著,例如,《作为政治纲领的社会教育》(1912)、《生物学与教育学》(1921)和《大学的任务》(1930)。显然人们不可企盼在奥尔特加的著作中找到关于教育学的技术问题的论述。他认为教育学不是别的,而是把关于世界的思维和情感方式应用到教育问题上——"我们可以说,是一种哲学"。因此,他关心的是把学校与他的社会和他的文化联系起来,关心的是对个人主义的克服,因为他认为,如果人们不是为了城市而去进行教育,人就不能成为完人,而当应该为了将来而从现在进行教育时,学校却趋向于按过去的原则工作。

"我是我自己和我的环境,如果我拯救不了他们,我也就不能拯救我自己。"[③]这是奥尔特加的名言之一,它能最好地帮助我们理解他的生活和工作。他相信,为了最好地展示才能,一个人应该全面地认识他们的环境。这就是为什么要从他自己的生活这一层面上去理解奥尔特加的原因,因为对他而言,生活就是世界与后来需要得到实现的人之间的"激动人心的活力的统一体"。④奥尔特加本人就是试图通过设想当时他的国家的环境(西班牙——与欧洲其他国家连接在一起的一个欧洲国家)而去这样做的,他不懈地倡导他的同时代人和追随者去承担同样的任务。

奥尔特加的环境的一部分就是爆发了第一次世界大战和粉碎了现代性的欧洲。正如格雷厄姆(Graham)所指出的,奥尔特加是最早认识到现代时代如何正走到尽头而将被后现代纪元所替代的思想家之一。在两次世界大战之间的期间,以法西斯主义和纳粹主义为一方,以苏维埃共产主义为另一方,欧洲已没有能力用自己的价值观去对这两方施加影响。欧洲又恢复战争状态直到在第二次世界大战中被折腾至百业凋零。

但是,西班牙更是奥尔特加的环境的一部分。1898年西班牙被美国军队打败并随后失去了最后的几块殖民地,对于大部分神志清醒的西班牙人来说,这变成了由于社会缺乏能量和活力而结束了的恶性循环的喧闹的游行,而社会却没有能力去恢复被扭曲的君主立宪制,政界也没有能力去面对国家现代化的需要。君主制随着普拉莫·德利维拉(Primo de Rivera)将军的专政(1923—1929)而消失,导致了第二共和国(1931—1936),它要正面应对克服政治、社会和文化落后的任务。但是,极端分子和军队的暴动挑起的国内和国际困难导致了严酷的内战(1936—1939),内战之后又出现了镇压时期和长期的军人独裁(1939—1975)。

奥尔特加一开始活动就感到必须赶快投身于西班牙的社会,他也是这样做的,通过他的大学讲座、报刊和政治斗争置身于社会中。他感到需要把每一件事联系起来,需要理解所有的一切,需要对任何事情做出解释,需要寻找新的途径去发现事情并把它们传达给自己的人民。奥尔特加拥有渊博的学识和对欧洲文化的深刻理解,他是一位无党派的思想家,具有明显的个人气质,富有魅力地、有说服力地表达思想的能力极强,他的演说给他的学生留下不可磨灭的印象。但是,他不仅仅是一位教师,他拥有成为作家的能力和愿望,他的篇幅达六千多页的《全集》证明了这一点。奥尔特加除了提供传播最优秀的西班牙文化和欧洲文化的手段之外,直到他退出公共生活以前一直不间断地给报刊写文章,一直努力与普通读者保持联系,因为奥尔特加对西班牙的"专家"读者的数量以及他们理解"深奥的理论"的能力表示怀疑。

从 1908 年至 1933 年，可以在国家的政策中感觉到奥尔特加的观点，有时甚至能感觉得到他的行为。这主要是通过他发表的文章和产生巨大反响的讲演。他希望为西班牙形成新的自由信仰作出贡献；他要求建立一个由人数不多的知识分子领导的全国性组织；他的理念明显受到尼采哲学的启示，表明他是杰出人物统治论的鼓吹者；他的纲领的基础是自由、社会公正和竞争以及欧化；他的政治遗产是一个可疑的开放系统，致力于通过工作和科学使国家智力更新的方向得到很好的界定。⑤提出以上所有这一切的基础就是加入到欧洲各国的和谐合作中。这不是同化的问题，而是越来越接近更广阔的、更现代的文化内容。西班牙问题的解决在于它的文化、社会和政治在更高级的欧洲范围内的结合，对此奥尔特加总是深信不疑的：

> 历史现实主义教我看到，作为一个社会的欧洲统一体，不是一个理想，而是非常古老的日常的事实。现在，人们一旦接受了这一点，建立一个全体的欧洲国家的可能性就变得十分必要。突然引起这一过程的机遇完全可能是任何事情，例如，一个中国佬的小辫出现在乌拉尔……⑥

虽然奥尔特加开始宣传圣西门（Saint-Simon）和费迪南德·拉萨尔（Ferdinand Lasalle）的自由社会主义的形式，但最终没有接受马克思，他反对混乱、骚动、革命的暴力，他深信自然贵族能引导、教导和拯救民众，这一切导致他提出保守的甚至权力主义的主张，但他从未否定过基本的自由和民主。他的政治倡议连续失败，例如，鉴于现有的国家模式明显衰败，在他非常倾向于社会主义思想的年代里他倡议成立西班牙政治教育联盟（1913），把它看做是贯彻能改革国家生活结构的新政策的工具，但以第二共和国而告终；他作为议员的政治活动也是失败的。由于他反对社会主义者以及他的方案背离激进的共和主义者；由于他创建宽厚的国家党的雄心，在这个党内，诸如医生、商人、工程师、教师、文人和实业家这样的专业人士，都将行使他们的社会领导才能；由于他为干涉主义和国家的经济控制辩护，鼓吹资产阶级的领导权；由于他对自己的毫不动摇的忠诚，他对政治的积极参与到 1933 年就终止了，再也没有复苏过。他作为一个知识分子的立场不允许自己在各个政治团体之间左右逢源，他希望去解决西班牙的问题，他懂得保守的寡头政治和其他一些力量的强大，正如罗伯特·沃尔(Robert Wohl)所指出的：

> 他也忽略或低估了西班牙生命力的其他方面——军队、无政府工团主义、社会主义、运动的分离主义者，在下一个二十五年内这些方面将在西班牙的政治中起决定性的作用。但是，政治分析的不足无损于他的观点的伟大。西班牙的"1914年的一代"中的许多年轻人的心被奥尔特加所感动，只要看一下西班牙政治教育联盟成员名单就一目了然了。⑦

奥尔特加关于西班牙形势的观点是十分引人注目的，部分原因是因为他把西班牙的形势与德国、英国和法国的形势相比较——他到1949年才发现北美社会，他对这个社会充满了"信心"。如果他把西班牙与南欧或东欧的其他国家作比较，他就能理解现代化是一个复杂得多的现象。在西班牙的个案中，现代化是在经济、社会、文化和政治改革的基础上取得的，这样的改革是后来才发生的，在奥尔特加去世后才清晰地表现出来，改革是在他返回西班牙后没几年时出现的，这时建立了佛朗哥将军的独裁政权。在他去世后不久这个独裁政权在进行臭名昭著的政治抵制和镇压的同时，在战略上做出了重大的经济结构改革，把西班牙社会引向现代化，在民主恢复之后，又像奥尔特加曾经想象的那样把西班牙完全整合进欧洲社会中。

注 释

① J. Ortega, *La pedagogía social como programa político*, en *Obras completas*, Madrid: Revista de Occidente, 11 vols, 1946 – 1969, T. I, 506, 1912.
② J. D. García Bacca, Suptemento literario de *La República*, citado en Mcrán, G. (1998) *El maestro en el erial. Ortega y Gasset y la cultura del franquismo*, Barcelona: Tusquets Editores, p. 517, 1955.
③ J. Ortega, *Meditaciones del Quijote*, en *Obras Completas*, T. I, 322, 1914.
④ J. Ortega, *Goethe desde dentro*, en *Obras Completas*, T. IV, 400, 1930.
⑤ A. Elorza, *La razón y la sombra. Una lectura política de Ortega y Gasset*, Barcelona: Editorial Anagrama, pp. 10 – 12, 1984.
⑥ J. Ortega, "Prólogo para Franceses", en *La rebelión de las masas*, en *Obras Completas*, T. IV, p. 119, 1937.
⑦ R. Wohl, *The Generation of 1914*, Cambridge, MA: Harvard University Press, p. 134, 1979.

参　　考

本书中的"柏拉图"、"康德"、"尼采"、"海德格尔"。

奥尔特加的主要著作

① Ortega 的西班牙语著作见于 11 卷的 *Obras completas*，由 *Revista de Occidente* 于 1946 年至 1969 年出版（*Alianza Editorial* 于 1983 年重新发行了 12 卷本）。② *Meditaciones del Quijote*, Madrid, 1914（*Meditations on Quixote*, New York, 1961）。③ *El tema de nuestro tiempo*, Madrid, 1923（*The Modern Theme*, New York, 1933, repr. 1961）。④ *La deshumanización del arte e ideas sobre la novela*, Madrid, 1925（*The Dehumanization of Art. Ideas on the Novel*, Princeton, NJ, 1948）。⑤ *Qué es filosofía?*, Madrid, 1929 – 1930（*What Is Philosophy?*, New York, 1960）。⑥ *Larebelión de las masas*, Madrid, 1930（*The Revolt of the Masses*, Notre Dame, IN, 1986）。⑦ *Misión de la Universidad*, Madrid, 1930（*Mission of the University*, New Brunswick: Transaction Publishers, 1991）。⑧ *Historia como sistema y Concordia y Libertad*, Madrid, 1935（*History as System and Other Essays toward a Philosophy of History*, Greenwood, CN, 1961）。⑨ *La idea del principio en Leibniz y la evolución de la teoría deductiva*, Madrid, 1947（*The Idea of Principle in Leibniz and the Evolution of Deductive Theory*, New York, 1971）。

其他参考书

① The *Fundación Ortega y Gasset* provides information relevant to his work on http://www.fog.es and at *fogescom@accessnet.es*   ② Dobson, A., *An Introduction to the Politics and Philosophy of José Ortega y Gasset*, Cambridge: Cambridge University Press, 1989.   ③ Donoso, A. and Raley, H. C., *José Ortega y Gasset: A Bibliography of Secunary Sources*, Bowling Green, OH: Philosophy Documentation Center, 1986.   ④ Dust, P. H. (ed.), *Ortega y Gasset and the Question of Modernity*, Minneapolis: The Prisma Institute, 1989.   ⑤ Graham, J. T., *A Pragmatist Philosophy of Life in Ortega y Gasset*, Columbia: University of Missouri Press, 1994.   ⑥ ——*Theory of History in Ortega y Gasset: the Dawn on Historical Reason*, Columbia: University of Missouri Press, 1997.   ⑦ Ouimette, V., *José Ortega y Gasset*, Boston, MA: Twayne, 1982.   ⑧ Rodríguez Huescar, A., *José Ortega y Gasset's Metaphysical Innovation: a Critique an Overcoming of Idealism*, New York: SUNY Press, 1995.   ⑨ Torras, J. and Trigo, J., *Liberal Thought in Spain in the First Half of the Twentieth Century: José Ortega y Gasset*, Barcelona: Mont Pelerin Society, 1997.   ⑩ Tuttle, H., *The Crowd is Untruth: The Existential Critique of Mass Society in the Thought of Kierkegaard, Nietzsche, Heidegger, and Ortega y Gasset*, New York: Peter Lang Verlag, 1996.

塞维拉

伯 特
(Cyril Lodovic Burt, 1883—1971)

　　重要的是要研究儿童发展的每个方面,身体的和精神的、情绪的和智力的……儿童的环境……家庭的和学校的环境,过去的和现在的……忍受不了的不是最后的一击,而是它们的累积;唯一有把握的补救就是逐一清除。

　　……看来(低能的)各种原因的频度大约如下:……三分之二的发展迟缓儿童忍受着不利的环境条件,必须非常严肃地提出要求从根本上改善某些状况……四分之三的发展迟缓儿童健康状况不好——体弱或有病……四分之三以上的发展迟缓儿童有智力缺陷:这里最共同的……条件就是……智力的绝对缺失……约三分之一的人具有……气质性困难……不超过六分之一的人遭受学校中的不利条件。[①]

　　西里尔·伯特是一位医生的儿子。伯特一生中的最初九年他家住在伦敦的一个贫民区中,他在伦敦的一所寄宿学校上学。伯特获得了关于在贫民区中生活和受教育问题的直接经验。后来他的家迁到了沃里克郡,伯特进了公学,然后进了牛津大学。在沃里克郡伯顿一家住的地方离高尔顿(Galton)家只有三英里路远,高尔顿和他的家人是他父亲的病人。伯特受到高尔顿的思想及其著作的强烈影响。在牛津他作为麦克杜格尔(McDougall)的学生,从事心理测验标准化工作。在这里他与皮尔孙(Pearson)相遇。在维尔茨堡生活了一些日子之后,伯特在利物浦大学的谢林顿的部门担任了五年(1907—1912)实验心理学讲师。当他为伦敦州议会工作时就成为英国第一位专职的心理学家。1926 年,他被任命为一所学院(现在这所学院称为教育学院)的院长,后来是伦敦日间教师进修学院院长。1932 年,他接任伦敦大学学院的斯皮尔曼基金会主席。伯特于 1951 年退休,退休后至少又写了 200 篇文章和评论,继续担任《英国统计心理学杂志》的编辑。西里尔·伯特爵士是被美国心理学会授予桑戴克奖的第一个外国人。

伯特是一位应用心理学家,对实践问题的研究几乎耗去了他的半生。他运用娴熟的技巧去处理实际的和政治现实方面的问题,有能力把心理学推向许多重要领域的决策前沿,这些领域包括教育、职业指导和犯罪学。他的许多著作的对象是从事实际工作的专业人员而不是学术研究人员。本文一开始所引的这段文字摘自一本主要为教师写的书,并对照了从对个别儿童的大量研究中得到的主要发现。引起激烈争论的是关于因果关系的多样性和处理方法的多样性。伯特同样也是英国第一个为研究青少年不法行为而通过访谈和评价去系统收集数据的人。在《少年违法者》(1925)一书中,他阐明犯罪行为与一系列因素有联系,其中最值得注意的是不正常的家庭状况,但犯罪行为不是这些因素的必然后果;在明显没有所有相关的原因的情况下也会出现犯罪行为。他得出一个结论:好的和不好的行为都总是精神生活的产物,而不是生活状况的产物。这一结论直接与竞争的遗传理论和精神分析理论相对立。伯特提出了一些原理,这些原理成为1927年他建立英国儿童指导诊所的工具;他还为残疾人创办了一所专门的学校。

伯特最为人们称道的是他的心理测验工作。高尔顿论述个性差异的开拓性著作关注的是相对简单的认知过程,例如,感觉辨别和反应时间,要求进行个体测验。伯特(和其他人)证明,更高级的心理功能能更好地预示教育的成就。伯特为心理测量作出了重大贡献——他用实验的方法去测定"个性心理特征"。为了测定个性的心理特征,需要了解人的能力的结构。数据就是从进行认知测验的大量学生样本中得到的分数(认知测验包括推理、造句、迷津测验、填图,等等),共同点是在不同测验的成绩之间能找到正相关。某些测验表现出的正相关关系比另一些测验强一些,在相关阵列中能看到一些模式——例如,在对语言的某些方面进行评价的测验中,成绩表现出很强的正相关关系。心理测量专家提出用一些术语来描述这些模式,这样的术语有"因素"的数量和"心理空间"的维度。

伯特为因素分析技术作出了贡献,发明了实用的分析方法,这一组非同寻常的方法与瑟斯顿(Thurstone)的质心法相似,瑟斯顿由于自己的这一方法20年后扬名于世。伯特系统地表述了智力的"四因素"模型。这四个因素就是:一般因素、团体因素、特定因素和失误因素。他把其他一些观点

(例如,斯皮尔曼的两因素理论)看做是他的四因素模型的简化。伯特用现代的观点去研究数据与理论之间的关系。他认为,一些理论之间的许多明显的差异,可以用选择用来分析数据集合的代数矩阵来解释;不同的分析方法引起不同的因素结构。伯特坚定地认为,决定智力的下层的因素结构应该是理论美学的事情;但不幸的是,它常常建立在一个信念(常常是盲目的,来源于无知)的基础上,认为一种代数方法优于另一种代数方法。

伯特编制的测验可以由教师在正常的班级环境中组织实施,测验建立在推理、类推、演绎推理等的基础之上,可以认为其中的许多测验是现今的智力测验的基础。正是伯特编制了第一组文字的智力测验(不是第一次世界大战期间在美国军队中工作的心理学家,而过去常常是这样宣传的)。测验和心理测量是达到目的的手段,而不是目的本身。在为伦敦州议会工作时伯特就开始去发现使对儿童教育利益最大化的途径。一个方面就是要鉴别出一些学生,这些学生看来不能从正常的学校教学中获益,这项工作伯特已经做了(见《发展迟缓儿童》,1937),还要估算这样的孩子在普通学校中的数量。他还很关心对能力强的学生的鉴别方式,为他们提供专门的教育设施(见《天才儿童》,1975)。

伯特的智力概念认为,智力是"先天的、一般的认知效率"。先天能力这一概念在他的早期著作中是很显著的——在《优生学评论》杂志的一篇文章中(1912)他以对较高级的职业群体中的人的孩子的成绩进行的优势测验为例,提出了从测验中获得的证据。他对同卵双生子所做的研究工作,确定了遗传学和环境因素对决定智力的机能所作的比较贡献。他的测验的思想是从对许多对个体的测验分数中找到相似性,其范围从遗传的相似性到环境的相似性。遗传的范围包括:无血缘关系的儿童、同胞兄弟姐妹和同卵双生子。环境范围包括:分开教养,在一起教养,像双生子那样教养。在对不同的各对孩子进行的智力测验中,分数的相关程度如何?如果在一起教养的无血缘关系的孩子(例如,同一家中的被收养的孩子)的分数强烈相关,分开教养的同卵双生子的分数的相关程度很差,这就是环境因素强烈影响智力的证据。如果情况相反,则提供了遗传因素强烈影响智力的证据。居于两端中间的各对被试,可供人们去检查从极端的案例中得到的结果的效度。伯特报告了对分开教养的同卵双生子的许多研究的结果,这些结果证明遗传因素对智力具有强烈的相关——他估计,约 80%的智商(IQ)是由遗传因素决定的。伯特报告了他对分开教养的同卵双生子所进行的实验数据,他的样本是当时最大的,他声明,他的同卵双生子全都是在 6 个月大时就被分开抚养;他还声明抚养这些孩子的家庭之间在社会经济背景上没有相关性。同卵双生子所处的分开教养的环境将是特别的。在其他研究者所进行的研究中,许多同卵双生子是一个由亲戚教养,另一个由亲生父母教养;有一段时间双生子重新聚在一起,进同一所学校上学,所以他们声明,他们所经历的不同的环境是很难证实的。伯特所报告的数据具有示范性,导致被广泛地引用。

  智力测验分数是每个人的相对稳定的属性,这一证据给人留下深刻的印象并能广泛地重复实验。人们可以抽样一个小时的行为(通过纸笔测验)并可预测一个人在教育系统中是否有可能成功,甚至能够最适度地准确预告其生活是否可能成功。(测验与预测的行为离得越远,预测能力就越弱;有意提高测验分数或改善教育经历的努力,也可能降低预测能力。)对一个维多利亚女王时代的人来说,他在达尔文的进化论的智力大旋涡中被养育长大,在幼年时就面对高尔顿(达尔文的表弟,能力测验的先驱者,倡导人类的天资是可遗传的思想和优生学思想)这样的人和思想,关于"智力"和智力可以遗传的思想,为人类行为科学和有效的社会政策技术铺平了道路。如果个别差异具有强大的遗传因素,如果优秀的成绩与较高级的社会群体相联系,就可能引出这样的论点:现在的社会划分是自然的,是长时期进化压力的结果。教育是可以改进的,只要通过按各个学生的需要来定制教育措施——通过智力测验鉴别出能力强的学生,向他们提供恰当的教育经历,而不问他们的家庭背景或过去的教育经历;也可鉴别出不能从常规的教育中获益的学生,可为满足他们的需要制定专门的措施。一般的社会改善,在短期内可以通过适当地安置学生并对其进行恰如其分的教育处理来取得,而在长期内可以通过加速达尔文的选择过程来取得。科学信念和政策的主题要到稍后才研究。

  伯特被任命为高级研究员,负责国家职业心理学研究所的职业指导。在两次世界大战之间的年代里,建立了一支庞大的心理学家队伍(四十人左右),这支队伍包含了各方面的专家,涉及人力筛选、人力培训、工作疲劳、工作实践、生物工艺学、人事管理和市场营销等领域。这支队伍形成了由心理学家们完成的一项规模庞大的工作的核心,这项工作构成英国在所有这些领域内在战时所做努力的一部分。其中由伯特倡议的职业指导工作导致编制新的测验,证明了心理学方法优越于其他传统的方法(例如,会谈或教师推荐)。这些程序在第二次世界大战期间被军队成功应用,然后又被大批的雇主应用。

伯特为一系列政府报告提供了大量论证,这些报告为 1944 年巴特勒教育法铺平了道路,这部法律规定要为每个儿童提供最适合于他个人的才能的教育。该法规定,要在儿童 11 岁时进行智商测验,以此作为将学生分流到三个教育轨道的依据,即分流进文法中学、技术中学和现代中学。智力支柱与四个组成部分相结合,它们是:测验对于把学生分流进最适合其才能的不同的轨道上的效能;智商测验能测量每个儿童的稳定特性并含有大量的遗传因素的思想;智商测验能比其他任何测量更好地预测教育成绩的证据;其他评估形式的不可靠性的证据(值得注意的教师报告和学校的考试)。

伯特热衷于推动心理学研究并把各种研究成果应用于教育实践。他与孩子们亲密地在一起工作,既为实践工作者和政治家,也为研究人员写作。[英国发展的以证据为依据的教育观,可以恰如其分地与美国的斯坦利·霍尔(Stanley Hall)和桑戴克相联系的工作媲美。]

伯特是英国他这一代中有争议的最有影响的教育心理学家,他的关于测验、青少年犯罪和儿童成就高低的著作,被看做是里程碑式的研究成果。他论述智力测验和心理测量的著作是令人难忘的并对英国产生了影响,虽然在国外影响很小(除非有人宣称瑟斯顿用了伯特的方法但本人没有承认)。在他的有影响的学生中间,艾森克(H. J. Eysenck)和卡特尔(R. B. Cattell)两人都扩展了他的关于因素分析的工作。在建立教育的"能力倾向"观的中心地位方面,以及在宣传智力是主要的遗传因素的思想方面,伯特是主要人物。他的双生子研究是广为人知的,但确实也是声名狼藉的。

在西里尔·伯特爵士去世后的五年内,全国的报纸都登载文章指责他欺诈,嘲笑他。由英国心理学界著名的历史学家莱斯利·赫恩肖(Leslie Hearnshaw)写的一篇正式传记,根据伯特的日记和私人通信,以及根据伯特的已发表的著作,肯定了对他的欺诈的指责并为这种指责添砖加瓦。英国心理学会接受了赫恩肖的结论。两篇后来发表的传记[一篇发表于 1989 年,作者是乔因森(Joynson);另一篇发表于 1991 年,作者是弗莱彻

(Fletcher)]对赫恩肖的许多结论提出质疑。由麦金托什(Mackintosh,1995)编辑的一本文集对许多指责提出进一步的质疑,得出了一个结论:创造这些数据的确实是伯特,伯特确实是一位与其他研究人员一起工作的人。有人把西里尔·伯特爵士看做科学骗子而铭记于心。

人们可能会问,这种欺诈行为为什么早一些没有注意到。原因之一是伯特早期著作的严密性;另一个原因是许多欺骗性的数据提出的证据与生活中随处可见的证据相吻合。不同的社会阶级的成人,其智商存在巨大的差异,这是有大量的文献记载的;社会阶级上升的儿童具有较高的智商,社会阶级下滑的儿童具有较低的智商。智商的确预示着教育的成就;许多研究证明了,在遗传上相接近的人在智力上也接近。还能提供另外的一些报告书,说明为什么智商测量能预示智商与教育进步或与他们的文化负荷的关系,虽然有遗传率数据,但是关于智商与其他因素之间的联系的原始数据并非是有争议的。伯特的欺诈表明知识的结构主义性质的某些东西;证据形成对世界的观点,一旦形成了世界观,首先接受的数据比没被接受的数据更少受到批评。

任何科学家都可能暂时地搞错数据;科学的力量既留存在个人的工作中,也留存在社会接受知识的过程中。伯特的事件提供了真正的警示,即必须有有效的合法的过程。伯特在他编辑的刊物上大量地发表文章;甚至迟至1966年他还被允许在一些主流刊物上发表存在严重的方法论缺陷的文章。很少有编辑能在刊物上发表自己的作品;光环效应是常见之于报刊的,现代的实践是评论论文时隐去作者姓名。

伯特的事件也让我们领悟科学的社会学——科学家结成联盟、相互抵触的世界观、科学范式中的更替。科学可以用来(合法地或非法地)为政治行动辩护。如果智商在因果关系上与教育成就和社会成就有关,如果智商具有大量的遗传因素,那就没有什么理由要花许多钱去教育低智商的公民,因为对他们的教育不会有什么结果。应用达尔文的推理,社会就是一种途径,社会的改善要通过加速过程(例如,美国某些州根据高尔顿1981年出版的著作,曾经有过让"低能的人"绝育的实践)而不是通过完全改变他们来实现。但是,如果智商是测量其他因果因素(例如,社会阶级或某一种语言的社区的成员)的代用品,而且它没有遗传基础,那么,把钱投在教育上似乎会对所有的儿童并对社会产生积极的效应。所以,关于遗传可能性的辩论就可以改头换面为关于右翼和左翼政策的辩论，甚至可以变成关于善恶的辩论。由"贝尔曲线"（1994）触发的辩论就聚焦在这个议题上。关于智商遗传率的最好证据是欺诈的，这一事实提供了适合于科学、政治和道德的弹药。

西里尔·伯特爵士将因其晚年的失败被人们铭记，这样的失败使他一生的工作黯然失色。他的主要遗产是一个警示：科学的实践不是在一个政治真空或社会真空中进行的；以证据为依据的政策可能是一把锋利的剑，使用时必须谨慎。

注　释

① Cyril L. Burt, *The Causes and Treatment of Backwardness*, 1964.

参　考

本书中的"比奈"、"泰勒"、"皮亚杰"、"维果茨基"、"达尔文"。

伯特的主要著作

① *The Distribution and Relation of Education Abilities*, London：King and Son, 1917.
② *Mental and Scholastic Tests*, second education, London：Staples Press, 1947.
③ *The Young Delinquent*, fourth education, London：University of London Press, 1944.　④ *The Causes and Treatment of Backwardness*, fourth edition, London：University of London Press, 1964.　⑤ *The Backward Child*, fifth edition, London：University of London Press, 1965.

其他参考书

① Devlin, B., Fienberg, S., Resnick, D. and Roeder, K. (eds), *Intelligence, Genes and Success：Scientists Respond to The Bell Curve*, New York：Springer-Verlag, 1997.　② Fletcher, R., *Science, Ideology and the Media：The Cyril Burt Scandal*, New Brunswick, NJ：Transaction Publishers, 1991.　③ Gould, S., *The Mismeasure of Man*, New York：W. W. Norton, 1981.　④ Hearnshaw, L., *Cyril Burt Psychologist*, London：Hodder and Stoughton, 1979.　⑤ Herrnstein, R., and Murray, C., *The Bell Curve：Intelligence and Class Structure in American Life*, New York：Free Press, 1994.　⑥ Joynson, R., *The Burt Affair*, London：Routledge, 1989.　⑦ Mackintosh, N. (ed.), *Cyril Burt：Fraud of Framed ?*, Oxford：Oxford University Press, 1995.

里奇伟

下卷

尼 尔
(A. S. Neill, 1883—1973)

> 我相信,倚仗权威强塞任何东西是错误的。在儿童自己有了想法——认为自己应该去做某件事之前不应让他做任何事情。①

亚历山大·萨瑟兰·尼尔(Alexander Sutherland Neill)1883年诞生于苏格兰的一个叫做福弗尔的小镇,该小镇离邓迪15英里远。他的父亲乔治·尼尔(George Neill)是附近的金斯米尔村学校的教师,尼尔也在这所学校上学。尼尔14岁离开这所学校后在两年内从事过许多不同的工作,1899年他成了一名见习教师。他当了四年非正式的教师,然后成功地被爱丁堡大学录取。尼尔学习艺术,主修英国文学,虽然对大学的学习毫无热情,但还是在1905年毕业了。然后尼尔在苏格兰的国立学校中教了12年的书。

1917年尼尔应征加入英国军队,战后他的生活开始有了更明确的方向。他起初在一所新的实验学校(艾尔弗雷德国王学校)教书,后来在1921年开始担任新教育联谊会创办人恩索尔(Ensor)夫人的助理编辑。虽然合作的时间不很长,但至今仍是肯定尼尔投入了一种新型教育的证据,这种教育完全不同于尼尔自己所受到的传统的教育形式。

把自己的思想付诸实践的机会,在1921年来到了,当时他被邀加盟德国德累斯顿的一所进步学校。他在那里工作到1923年,那时学校迁到维也纳附近的一所废弃的修道院。学校与当地居民之间出现了麻烦,这促使尼尔于1924年返回英国。然后他与诺伊斯塔特女士(Frau Neustatter)联合,在莱姆里吉斯开办了他自己的学校。尼尔与诺伊斯塔特曾一起在德国和奥地利工作,并于1927年结婚。学校按其所在地的名称命名为夏山学校*。

---

* 夏山学校(Summerhill),又译作萨默希尔学校。——译者注

尼尔开始系统地贯彻他的关于学生自由和撇开教师权威的革命思想。学校开始逐渐出名，相对而言也是成功的，虽然在这一时期平均只有四十名左右的学生。1927年，学校迁到离伦敦北部约一百英里的萨福克郡的雷斯顿村，在那里，它成为英语世界中至今可能还是最有名的进步学校。尼尔1973年去世后学校由他的第二任妻子埃娜(Ena)管理，直到1985年她退休，此后，学校由他们的女儿佐伊(Zoe)管理。

尼尔的夏山学校产生了广泛的影响，对此起了不小的作用的是尼尔在1915年至1972年间所写的20本书，在这些书中他非常清晰地并坦率地详细说明了自己的教育思想。这些著作中最有影响的是《夏山学校》(销售了200多万册)，这部书是他的一些著作的汇编，最初于1960年在美国出版，后来于1962年在英国出版，1968年企鹅(Penguin)公司出版了平装版。在第一章中他开宗明义地明确指出他对儿童自由的承诺："我们要办一所学校，在这所学校中我们应该允许儿童成为他们自己。为了做到这一点，我们不得不放弃一切纪律、一切指导、一切暗示、一切道德训练、一切宗教教学。"②儿童从来都不应被迫去学习，夏山学校的基本原则就是任何年龄的儿童都应自愿地去上课。尼尔说，只有自愿地去学习，这样的学习才是有价值的，当儿童做好了学习的准备时，儿童才能了解他们自己。

只有儿童是自由的，他们才能获得幸福，因为大部分不幸福是由于外部的压力在儿童身上造成的内在的敌意。在这方面尼尔深受弗洛伊德(Freud)理论的影响并相信，儿童内在的敌意如不能有效地向家长及其他有权势的人士发泄，敌意就会向内转化并变成怨恨自己。然后表现为反社会的行为，在最坏的情况下会变成所谓的"问题儿童"。许多这样的儿童被送到夏山学校，并应用尼尔所坚持的自由治愈了他们，这些孩子还是生平第一次得到这样的自由。

幸福对尼尔来说意味着最少受压制的状态。从积极方面说，幸福是由"内在的安宁感、平衡感、对生活的满足感"构成的。"只有当一个人感到自由时才会出现这样的情感。"③传统教育的错误在于推崇智力而贬抑情感，其结果就是儿童可能知道许许多多事实，但缺乏内心的满足和完善。尼尔相应的倡导"学校中情重于智"，这是他的一本书的标题。④他指出，"如果情感获得真正的自由，就会自己追求智慧"。⑤

在夏山学校通常也教传统的学术性科目,但不强调这些科目。在课程中占较大比重的一个方面是审美领域(艺术、手工艺、舞蹈、戏剧,等等),尼尔认为这些科目能促进创造性、想象力和情感的发展。这些学科尤其能对有心理问题的儿童起治疗作用,也能使学术天赋较差的儿童能有机会在其他某些方面表现优秀。

尼尔的强烈的自由信念,是与他所怀的另一个信念相联系的,这就是他坚信儿童天生是善良的。"四十多年来(尼尔说)关于儿童性本善的信念从来没有动摇过;而且变成一种坚定的信仰。"⑥尼尔还相信"儿童是天生明智的、现实的。如果没有任何类型的成人的提示,儿童就能尽其所能地发展自己"。⑦

这些信念是促使尼尔摒弃道德教育和宗教教育的重要因素。如果允许儿童自然地发展,他就不需要道德课或宗教课的推动和奖惩,因为他天性的善良使他以自己的方式证明自己的善良。尼尔甚至断言:"我认为,真是道德教学使孩子变坏。我发现,当我击溃一个坏男孩所接受的道德教学时,这个孩子就变成了好男孩。"⑧他认为根本就不需要宗教教育:"热情地、勇敢地面对生活的自由的孩子们,根本就不需要上帝。"⑨

在夏山学校自然没有建立在强权基础上的惩罚。尼尔认为,"惩罚总归是一种仇恨的行为"⑩,能够进行自我调节的儿童从不需要惩罚。那么,夏山学校是如何实现社会控制的呢?对学校尽可能进行民主管理,关于学校管理的大部分重要决定都是在每周的全体大会上投票决定的,每个人(包括尼尔)在会上都只有一票,大多数人的愿望占优势。发现一个孩子有诸如欺负小同学之类的反社会行为的过错,团体就会作出决定给予恰当的惩罚,惩罚的形式往往是罚款或者处罚,例如,上交零花钱或禁看一场电影。⑪这种方式给予儿童在自己的日常生活管理中一种有价值的体验,大部分观察者一般都认为这是夏山学校成功的一个方面。

尼尔怎么能如此坚信自己所做的工作,怎么能如此把自己的一生用来实践自己的信念,全然不顾不断的斗争和不绝于耳的批评?毫无疑问,他本人的不愉快的学校生活和大学经历是主要因素,可以把夏山学校看做是对传统的权力主义教育观的全盘否定。对尼尔产生影响的其他教育理论家,首先就是卢梭,与尼尔有那么多的共同点:他们都相信儿童的本性是善良的,都认为要给予儿童最大的自由,都认为情感是最重要的。但是,尼尔在夏山学校开办 50 年之后才阅读《爱弥儿》。⑫他也表示,在阅读了卢梭的《爱弥儿》后他有一点失望,并敏锐地评论道:"爱弥儿是自由的,但仅仅限于在作者给他划定的环境内。夏山学校是一个设置的环境,但这是一个能作出决定的共同体,而不是个人的导师。"⑬

然而,尼尔受到他的同时代人的强烈影响,例如,在防止性压抑和性犯罪的重要性方面受弗洛伊德的影响,在性自由和自我调节的重要性方面,受威廉·赖克(Wilhelm Reich)的影响,在自治以及对儿童的反社会行为用奖励替代惩罚(即作出爱的响应而不是仇恨的响应)的思想方面,受霍默·莱恩(Homer Lane)的影响。⑭尼尔很了解赖克和莱恩二人,在他的自传中他辟专章论述他们及其他们对自己的影响。⑮

多年来尼尔遭到了大量的批评和赞扬,其中有一些是相当极端的。例如,在《夏山学校:赞成和反对》一书中我们发现有一位作者说,他宁可送自己的孩子去妓院而不去夏山,而另一位作者赞扬夏山是"圣地"。⑯尼尔遭到的某些攻击,可能是即兴之作,是对公认的激进的新的教育实验所作出的保守的过度反应,但在某些方面尼尔看来是易受抨击的。

首先,他缺乏系统的教育哲学,尤其是缺乏有条理的知识理论。他的思想主要建立在他自己的经验和观察的基础上,并辅之以对心理理论(尤其是精神分析理论)的一些研究。某个人的个人经验肯定是任何教育理论的一个重要部分,但这样的经验需要在诸如知识的性质、学习、道德、人性、社会等主题方面,得到某些较系统的哲学论点的补充。尼尔的著作可读性很强,这是因为他的著作以实践作为重点,但是它也包含了许多没有得到证实的论断,有些夸大其词,存在把个案(例如,关于特定的一些学生的轶事)泛化为普遍的教育原则的趋势。他还倾向于把诸如自由与放纵之间的本质区别这样复杂的哲学问题过分简单化,他认为,只要从概念上把二者区分开来,随机地提出他称之为自由或放纵的几个行动的例子就足够了。他所缺乏的正是明确的原则,这些原则是用来判断为什么这些案例属于这一类或那一类,用来帮助判断在这些情境中的利益冲突。

同样有争议的是,尼尔把道德教育和宗教教育看做必然是强权的和说教的观点是相当简单化的,而且是过时了的。现代关于道德和宗教自律的教育观,要求通过开放的讨论向儿童灌输这种自律,看来这样的教育观并不是尼尔所理解的那一种。尼尔在道德和宗教教育领域中最被认可的经验和观察，与他所写的传统模式是相一致的。

夏山学校的另一个严重问题是尼尔的反智力的偏见。学习是否如他主张的那样是不重要的？[17]书本果真是"学校中最不重要的"？[18]儿童是否总是清楚什么是他们最大的教育利益？一个人如果没有扎实的知识核心，如果不能理解使其作出有意义选择的基础，那么，他能否充分地运用自己的自由呢？为什么教育的适切性总是当前性的和实践性的？诸如此类的问题困扰着阅读尼尔著作的人，读者也被他的坚定的信念和真诚所困扰，这一切表明一个重大的教育主张没有得到足够的承认。

一项很好的教育理论考察搞清了一些在实践中曾经实际体验过的观点。有两项对夏山学校以前的学生所作的调查，得到了非常相似的反应。[19]对夏山学校表达得最多的感谢是说，学校使他们变得更自立，更有能力与有权势的人士相处，并且变得更宽容。有些人说，学校确实帮助他们度过了自己生活中的困难阶段，传统学校很难模仿它。但是有少数人说，夏山学校没有真正帮助过他们——这些人一般比较内向，他们说，夏山学校适合于性格较外向的人。有趣的是还发现，那些批评夏山学校的人往往来自在学校中生活过较长时间的学生。对夏山学校的普遍的抱怨是，教育的学术方面质量下滑，能起鼓舞作用的教师常常匮乏。

看来夏山学校不必回答我们的有关教育的所有问题，也并非所有各种类型的孩子都能从这所学校获益。但是，它提供了一些有价值的东西，它提供了一些明显地不同于传统教育制度的东西，这也是有益的，它向我们展示了一种建立在儿童自由基础上的教育在实践中意味着什么。使这项工作能如此长期地取得成功，是尼尔的人格魅力和他对儿童的真正的爱和理解（夏山学校以前的学生们也提到这一点）。

夏山学校的未来将如何呢？教育标准办公室（OFSTED）1999年3月的一次审查，对学校的某些方面提出了批评，并建议进行一些重大的改革。学校对此提出了申诉，论证如果改革建议得到批准，就将危及学校的基本理念。2000年3月，学校在法庭上胜诉，学校至少暂时可以原封不动地保持其基本原则。[20]

注　释

① *Summerhill*, Harmondsworth: Penguin Books, p. 111, 1968.
② Ibid., p. 20.
③ Ibid., p. 308.
④ *Hearts not Heads in the Schools*, London: Herbert Jenkins, 1944.
⑤ Ibid., p. 99.
⑥ Ibid., p. 20.
⑦ Ibid.
⑧ Ibid., p. 221.
⑨ Ibid., pp. 216–217.
⑩ Ibid., p. 151.
⑪ Ibid., p. 58.
⑫ *Neill! Neill! Orange Peel: A Personal View of Ninety Years*, London: Quartet Books, p. 238, 1977.
⑬ Ibib., pp. 238–239.
⑭ 例如参见，S. Freud, *Two Short Accounts of Psychoanalysis*, Harmonds-worth: Penguin Books, 1962; H. Lane, *Talks to Parents and Teachers*, London: Allen and Unwin, 1928; W. Reich, *Selected Writings: An Introduction to Orgonomy*, New York: Farrar, Straus and Giroux, 1973.
⑮ *Neill! Neill! Orange Peel*, op cit., Part Two.
⑯ H. Hart (ed.), *Summerhill: For and Against-Assessments of A. S. Neill*, New York: Hart, 1978; and Sydney: Angus and Robertson, pp. 17 and 28, 1973.
⑰ *Summerhill*, p. 37.
⑱ Ibid., p. 38.
⑲ E. Bernstein, "Summerhill: A Follow-up Study of its Students", *Journal of Humanistic Psychology*, VIII, 2, Fall 1968, pp. 123–136; J. Croall, *Neill of Summerhill: The Permanent Rebel*, London: Ark Paperbacks, chap. 23, 1984.
⑳ OFSTED 的报告及法庭记录的详细资料见于 the Summerhill website: http://www.s-hill.demon.co.uk.

尼尔的主要著作

尼尔 20 部著作中，最新和最有影响的如下：

① *The Free Child*, London: Herbert Jenkins, 1953.　② *Summerhill*, New York: Hart, 1960; London: Gollancz, 1962; Harmondsworth: Penguin, 1968. A new edition appeared as *The New Summerhill*, Albert Lamb (ed.), Harmondsworth: Penguin, 1992.　③ *Freedom Not License!*, New York: Hart, 1966.　④ *Talking of Summerhill*, London: Gollancz, 1967.　⑤ *Neill! Neill! Orange Peel! A Personal View of*

Ninety Years, London: Weidenfeld & Nicolson, 1973; London: Quartet Books. 1977.

其他参考书

① Croall, J. *Neill. of Summerhill: The Permanent Rebel*, London: Ark Paperbacks, 1984. Hart, H. (ed.), *Summerhill: For and Against-Assessments of A. S. Neill*, New York: Hart, 1970; Sydney: Angus and Robertson. 1973.   ② Hemmings R., *Fifty Years of Freedom: A Study of the Development of the Ideas of A. S. Neill*, London: Allen and Unwin, 1972.   ③ Purdy, B., *A. S. Neil: Bringing Happiness to Some Few Children*, The Educational Heretics Series, Nottingham: Educational Heretics Press, 1997.

霍布森

艾萨克斯
(Susan Isaacs, 1885—1948)

> 训练有素的教师的明智的实践的基本依据……为监控和日常工作提供一个稳定的框架,沿着社会途径给予一定的帮助并提供极大的个人自由。……这也是对一种思想的矫正,这种思想认为,儿童不被责骂或鞭打就决不会去学习;同样也是对另一种观点的纠正,这种观点认为儿童不需要学习,需要的仅仅是发现他身上的好的东西。
>
> (苏珊·艾萨克斯,1933,第421页)

苏珊·艾萨克斯把精神分析思想引进到英国的进步教育中,她所从事的"无意识幻想"的研究为精神分析理论作出了贡献,这项研究植根于她对儿童的理解中。

艾萨克斯在英国的兰开夏郡的博尔顿长大,是一个精力旺盛的、言谈直率的北方人。①她的父亲是一位记者,是卫理公会教派的俗家布道者。他反对他的女儿(他的第九个孩子)的职业选择,尤其是当她宣布自己是不可知论者时反对对她进行培养。但是她设法找到了家庭教师的工作,然后作为家庭女教师出国了。她最终进了曼彻斯特大学,并且于1912年才华横溢地进入剑桥大学深造,研究心理学,在剑桥大学她开始对弗洛伊德产生兴趣。

第一次世界大战期间她开始参加布伦斯威克广场诊所的军队训练班,为弹震症的受害者的康复提供治疗,还提供了英国最初的心理治疗和精神分析训练项目。她在那里遇到了詹姆斯·格洛弗(James Glover),在他的影响下,战后她去了在柏林的奥托·兰克(Otto Rank)那里从事一些精神分析工作。

布伦斯威克广场诊所于1924年关闭,苏珊·艾萨克斯参加了英国精神分析学会,开始与弗吕格尔(J. C. Flügel)一起进行新的分析工作。1924年,她对《新政治家》上的一则聘请一位大学毕业生去按非传统的方式管理一所学校的广告作出了响应,这则广告是杰弗里·派克刊登的,他是战时的一位持异见的发明家②,他的妻子玛格丽特(Margaret)是国际计划生育联合会的先驱者,创始人。

杰弗里·派克本人在学校时很不幸福,他希望为自己的孩子提供不同的经历。他有剑桥外面的一所房子的使用权,聘请苏珊·艾萨克斯管理马尔廷家庭学校。

由于对第一次世界大战后的新的社会秩序的关心,"新教育"于 1920 年结合成新教育联谊会。③马尔廷家庭学校属于这一进步教育运动。在这场运动中的学校,其创办人的目的是要改进自己的教育经验,其基础通常是给予儿童学习的自由。④新教育联谊会在 20 世纪 40 年代前一直出版《新时代》,还促成一系列平行的实验,其中有:埃尔姆赫斯特(Eimhirst)的达廷顿学校(1925),朵拉·罗素(Dora Russell)的皮肯希尔学校(1927)和尼尔(A. S. Neill)的夏山学校(1927)。所有这一切都深受德国的福禄倍尔(Froebel)和美国的杜威(Dewey)的影响。苏珊·艾萨克斯的教学实验历时两年半,她在《幼儿的智力成长》和《幼儿的社会发展》两本书中对自己的实验进行了总结。

艾萨克斯在马尔廷家庭学校的教育工作至 1927 年结束。那时派克的事业开始衰败,艾萨克斯离开的原因,部分是因为资金越来越紧缩。在关于言语和语言在幼儿生活中的重要性的问题上,艾萨克斯与派克之间也存在某些分歧⑤,这也是造成她离开的原因之一。然后很快这所学校就关闭了。当时弗吕格尔是伦敦大学学院(UCL)的心理学教授。1927 年,根据艾萨克斯在马尔廷家庭学校的工作,弗吕格尔委派她在伦敦大学学院教授儿童发展。弗吕格尔还与沛西·能(Percy Nunn)爵士有联系,沛西·能是英国精神分析学会早期会员和伦敦教育学院教授。1932 年,沛西·能委派艾萨克斯在教育学院开办儿童发展系。

苏珊·艾萨克斯认为,儿童的智力发展与情绪的发展直接相联系,并与皮亚杰(Piaget)稍有分歧。虽然她把精神分析思想引入教育,但她并非是第一个这样做的人。在英国,霍默·莱恩(Homer Lane)建立了一个小联邦(1913—1917),在那里他为少年失足者提供精神分析治疗,这些失足者中既有男孩也有女孩;莱恩还试图把杜威所倡导的那些政治过程用精神分析术语理解成团体的过程。⑥在欧洲大陆,弗洛伊德的女儿安娜(Anna)

(她曾是位教师)研究了儿童精神分析的教育学方式。在维也纳,赫迈因·赫格—赫尔默恩(Hermine Hug-Hellmuth)⑦、奥古斯特·艾乔恩(August Aichorn)⑧和西格蒙德·伯恩费尔德(Sigmund Bernfeld)等人,把本能发展的理论应用到教育上。他们强调了童年期升华的重要性及其在学习中的作用。安娜·弗洛伊德在1930年为教师举办的讲座⑨,是对这项研究的总结。他们认定关键因素就是超我。超我抑制着儿童的性本能并要求把性本能转变为智力学习任务和获得技能的任务。教育的作用表现为它就是一个过程,通过这个过程被抑制的本能可能经过学习被引导变为社会可以接受的行为。这种行为就称作升华。

艾萨克斯与英国其他进步教育家一样,认为教室中的自由将清除对学习的抑制或性格发展的扭曲。她建立了一种自由的文化并鼓励游戏,把游戏作为表现本能生活的一种方法,作为发现关于对世界的掌握和对升华技能的发展的方法。因为精神分析能解释认为神经症是由压抑引起的理论,所以可以把它作为论据用来支持进步学校的态度。但是,艾萨克斯很快就修正了自己的观点。简单地提供表现的自由,一旦解放了,就会导致极端的竞争和儿童之间的侵犯。虽然教育是本能的升华,自由的本能也可能抑制在学习和自我表现中的升华的自然发展。如果本能的愿望变得过分强烈,儿童则有可能被征服,然后又被抑制,限制了他们的形成,限制了他们对符号和文字的使用,严重地阻碍他们的学习。因此,艾萨克斯的思想不同于在维也纳所采用的用来支持儿童的超我的精神分析方式。她转向了克莱恩夫人(Melanie Klein)的思想。

1926年,克莱恩夫人刚迁到伦敦就加入了英国精神分析学会,艾萨克斯立即就对克莱恩夫人的儿童分析方式产生了越来越大的兴趣,克莱恩夫人的儿童分析方式与安娜·弗洛伊德的稍有不同。克莱恩夫人先是1918年在布达佩斯,与桑多·费伦奇(Sandor Ferenczi)一起,随后在柏林与卡尔·亚伯拉罕(Karl Abraham)一起,倡导一种适合于幼儿的方法。克莱恩夫人的方法⑩采用儿童的自然的自我表现方式和游戏,进入了幼儿(2岁9个月)的无意识生活。克莱恩夫人揭示了维也纳的那些学者所不了解的超我的一些方面。她注意到了,很小的幼儿在游戏中表现出一种对自己造成的侵犯的焦虑。所以,儿童没有必要更自由地游戏,无需鼓励(虽然许多人是这样做的)。过多的自由可能导致令人烦恼的侵犯刺激的自由。在生命的最初几年超我表现为积极的,在早期形式中的超我尤其苛刻。克莱恩夫人证明了,起因于苛刻的超我的自罪感导致儿童感到恐惧,然后向所有的人报复。侵犯可以孳生侵犯。这种严重的恶性循环、恐惧和关系可能导致严重的学习抑制。⑪

克莱恩夫人和艾萨克斯一致认为,宽容的状态能以某种方式缓和超我的束缚在心中的苛刻程度。但是,过多的宽容会让儿童感到有过失(克莱恩夫人在迁到伦敦后不久参观马尔廷家庭学校后发表的评论)。艾萨克斯感到需要在表现的自由与减少这种自由之间达到某种平衡。

在克莱恩夫人的影响下艾萨克斯证明了,游戏的作用不仅仅在于掌握世界和学习升华技能。游戏也是那些可能阻止发展的烦恼的幻想的真实表现。幻想的主要作用不仅仅在游戏中,但是幻想作为儿童的学习困难的表现,使她对智力发展和社会关系产生一种微妙的认识。从对自由游戏的强调转向从对生物本能到表现能力的关注。这就是艾萨克斯的研究领域,她在这一领域中为精神分析作出了最重要的贡献,并给予克莱恩夫人最大的支持。

克莱恩夫人奉行的是一条实践的路线,其思想相对地独立于弗洛伊德和维也纳学派所发展的经典的精神分析。这场辩论演变为相互的谩骂⑫,但是当1938年,弗洛伊德和他全家作为流亡者逃到伦敦时辩论大大地深化了。尤其在1939年弗洛伊德去世后,那些忠诚于克莱恩夫人的人和忠诚于安娜·弗洛伊德的人开始形成独立的有组织的团体,结果成为被叫做"好争论的讨论",在1943—1944年用了约18个月的时间在英国精神分析学会的正式会议上集中讨论克莱恩的创新。⑬在这一时期艾萨克斯成为克莱恩夫人的最受信任的助手。她作为克莱恩思想的捍卫者担当起了领导责任,运用自己敏捷的思维首当其冲地承担辩论的压力。她的论文《幻想的性质和机能》(艾萨克斯,1948)引发了正式的讨论,这篇论文现在还是关于克莱恩的精神分析的经典文本,她在文章中肯定幻想是"无意识心理过程的主要内容"。⑭在辩论中艾萨克斯的敏锐得多的风格在许多场合下挫败了安娜·弗洛伊德及其团体的论战。她没能使维也纳的分析者转变立场,但她证实了克莱恩的精神分析思想的严密性。

精神分析与教育的结合,是教育在20世纪的最重大的发展。在伦敦大学学院,然后在伦敦教育学院,艾萨克斯教授并研究幼儿早期的情绪发展对智力生活和社会生活的重要性。她在为通俗杂志撰写短文方面是很活跃的(有时用笔名"厄休拉·怀斯"),论述儿童的发展和幼儿教育。⑮作为从心理学家转变而成的教育学家,艾萨克斯向教师们提供了关于儿童发展的最新思想;在20世纪30年代期间,艾萨克斯是英国心理学会教育分会的主席。第二次世界大战期间,她与她的儿童发展系一起从伦敦撤退到剑桥⑯,她领导剑桥心理学家小组对疏散的儿童及其家庭进行了"剑桥疏散调查"。这项工作的重点放在儿童观上。

艾萨克斯的教育工作受到精神分析的鼓舞,尤其从关于压抑、升华、游戏的重要性、无意识幻想的进化思想的观点中吸收了营养;她的关于无意识幻想的经典论文,为精神分析所作出的贡献是经久不衰的。

注　释

① Dorothy Gardner, *Susan Isaacs*: *The First Biography*, London: Methuen, 1969.
② David Lampe, *Pyke the Unknown Genius*, London: Evans Brothers, 1959.
③ 参见 W. Boyd and W. Rawson, *The Story of the New Education*, London: Heinemann, 1965; and Maurice Bridgeland, *Pioneer Work with Maladjusted Children*, London: Staples, 1971.
④ T. Percy Nunn, *Education*: *Its Data and First Principles*, London: Edward Arnold, 1920.
⑤ 加德纳(见前引书,第67页)指出:派克关心的是要教儿童认识到,语言是一种形式,言语不是目的。但苏珊认为,不应以这种方式让儿童产生这种思想,可能在儿童的发展到达一个更晚的阶段之前根本就不需要有这种想法。
⑥ David Wills, *Homer Lane*: *A Biography*; London: George Allen and Unwin, 1964.
⑦ George MacLean and Ulrich Rappen, *Hermine Hug-Hellmuth, her Life and Work*, New York: Routledge, 1991.
⑧ August Aichorn. *Wayward Youth*, New York: Viking. 1925.
⑨ Anna Freud, *Einfürung in die Psychoanalyse für Pädagogen*: *Vier Vorträge*, Stuttgart: Hippokrates, 1930.
⑩ Melanie Klein, *The Psychoanalysis of Children*: *The Writings of Melanie Klein*, Volume 2, London: Hogarth, 1932.
⑪ Melanie Klein, "The Importance of Symbol-Formation in the Development of the Ego", *The Writings of Melanie Klein*, Volume 1, London: Hogarth, 1930.
⑫ Riccardo Steiner, "Some Thoughts about Tradition and Change from an Examination of the British Psychoanalytical Society's Controversial Discussions (1943－1944)", *International Review of Psychoanalysis*, 12, 1985, pp.12—71.
⑬ Pearl King and Riccardo Steiner, *The Freud-Klein Controversies 1941－1945*, Lon-

⑭ Isaacs, "The Nature and Function of Phantasy", p. 81.
⑮ Isaacs, *Childhood and After*; and *Troubles with Children and Parents*.
⑯ 她曾短期与 Melanie Klein 共用一间公寓。

参　考

本书中的"尼尔"。

艾萨克斯的主要著作

① *The Intellectual Growth in Young Children*, 1930, London: Routledge.　② *Social Development in Young Children*. London: Routledge, 1933.　③ *Psychological Aspects of Child Development*, London: Evans. 1935.　④ *Childhood and After*, London: Routledge & Kegan Paul, 1948.　⑤ "The Nature and Function of Phantasy", *International Journal of Psycho-Analysis*, 29, 1948, pp. 73 – 97; republished in Melanie Klein, Paula Heimann, Susan Isaacs and Joan Riviere, *Developmenis in Psycho-Analysis*, London: Hogarth, 1952.　⑥ *Troubles with Children and Parents*, London: Methuen, 1948.

其他参考书

① Gardner, Dorothy, *Susan Isaacs: The First Biography*. London: Methuen, 1969.
② Smith, Lydia, *To Help and to Understand: The Life and Work of Susan Isaacs*, London: Associated Universities Press, 1985.

欣谢尔伍德

拉 格
(Harold Rugg, 1886—1960)

　　没有通向新时期的敲定的道路,我们现在正站在十字路口;这里只有一条崎岖不平的教育道路,尤其是一条在人民中间构建一致性的崎岖的道路。在这个过程中学校能够而且必须起领导作用。通过对社会和社会问题的研究,学校必须致力于青年男女的发展,使他们成为敏锐的、聪明的、无所畏惧的,他们要懂得真实的美国生活,决心为了他们自己和为了他们的孩子而使美国变得无比的文明。为了达到这个目的,学校生活和学校计划的设计必须直接来自人民的文化,而不是来自保护古典学科的课程。现在已不是建立以学科为中心的学校的时代了,现在的时代是建立真正以社会为中心以及以儿童为中心的学校的时代。①

　　哈罗德·奥德韦·拉格是美国进步教育运动的一位领导人。用杜威的话来说,进步教育家都坚信"学校是社会进步最基本的和最有效的工具"。②虽然拉格的教育思想不能欣然地顺应任何一个进步主义流派,他主要因自己的社会改革观点以及由此酿成的辩论而被人们铭记。

　　拉格的早年生活没有什么迹象表明他将成为一位举世闻名的教育家。拉格出生于美国的马萨诸塞州,大学学的是土木工程,并有过短期的实践,也教过这个专业。教学工作激发了他的求知欲,他对人们是如何学习的问题感到好奇,于是注册了伊利诺伊大学教育博士课程。1915年他获得哲学博士学位,接受了芝加哥大学的教师职务。拉格在芝加哥大学的同事中最有名的是查尔斯·贾德(Charles Judd),他集中体现了进步教育的"科学"气质。芝加哥大学的工作和在华盛顿特区为政府所做的战时测验工作,与拉格的有条不紊的管理方式结合得严丝合缝。

　　拉格在华盛顿期间认识了一些艺术家和文化界的人士,他们对他产生了巨大的影响。他返回芝加哥后没多久就于1920年转到了位于纽约市的哥伦比亚大学师范学院。他成了一名教授和林肯学校的研究指导员,林肯学校是附属于师范学院的一所实验学校。在纽约时他恢复了战时的与在格林尼治村附近的那些有创造性的、放荡不羁的思想家们的联系。正如劳伦斯·克雷明(Lawrence Cremin)后来所指出的那样,拉格加入了"以斯蒂格利兹为核心的艺术家和文学家团体……一起狂饮烈酒,以抗议极端拘谨的道德、市侩作风和超自然文化"。③

于是,拉格在教育的科学方法中增加了对发展个人创造能力的意义深远的承诺。他对创造性的自我表现的赞美,与夸大了的商业主义形成对照——美国总统柯立芝宣布,20世纪20年代"美国人民的主要事业就是实业"。进步教育承诺发展个人的创造能力,这就表明它是儿童中心的教育。拉格非常赞赏以发展每个儿童的创造性和直觉为目标的"活动",这样的活动不要求全班学生齐步前进去学习预先安排好的标准课程。但是他也质疑儿童活动的教育目标是否过分受到限制。1928年拉格以自我表现的名义写道,儿童中心的教育家"趋向于把其他的、同样重要的教育目标最小化:宽容地理解他们自己和宽容地理解现代文明的显著特征"。④

拉格关于儿童中心教育的矛盾心理,说明了为什么不易对他的这一流派的进步教育进行分类。把拉格与杜威作比较对于理解拉格的立场的个人特质是有益的。例如,当拉格和杜威都对儿童中心方法忽略实质性教材表示忧虑时,拉格认为杜威的经验主义"作为唯一的认知方法"是有局限性的⑤,降低了艺术家所采用的直观的和想象的模式的价值。当杜威和拉格一致认为学校应该是一个社会改革的机构时,杜威对社会改造持有一些保留。拉格的伙伴、社会改造主义者乔治·康茨(George Counts)提出有名的由学校去"建设一个新的社会秩序"⑥,杜威对此表示怀疑。此外,社会改造言论的言外之意触犯了杜威的智力自由观念。尽管如此,当评论者攻击拉格时,以坚持原则性著称的杜威站出来为拉格辩护。⑦

像其他许多进步教育家一样,拉格非常关心大众化的学校教育在工业社会中的现实作用。与其他进步教育家不一样,我们不必去猜测拉格的教育理论在实践中将会是什么样的。在两次世界大战之间的几十年间,拉格把自己的思想发展成教学计划。拉格感到迫切需要一种以工业社会的成长和结果为中心的课程计划;这就是建立在现代生活的需求基础上的课程计划。

拉格宣称,现有的学校课程计划对于自己面临的任务是无所作为的:"就学生方面而言,不折不扣的天才能够通过对规定的材料予以分门别类从而去创造对现代生活的有序理解"。⑧拉格想象中的学校课程计划应该具体体现他的教育观点的广博性,其中包括要特别关注"身体教育"和"创造性工作"。数学"和其他技术"(现在称作"技能")是仅有的没被组织成项目形式或学习单元形式的那部分课程。⑨

但是,对拉格思想的真正的考察是他的实验和他编制的社会研究课程(即历史、地理、公民学、经济学和相关学科)。在这里,拉格对课程发展的科学观和对"新的社会科学"的信念是一致的,取得了极其显著的成就:一门以现代生活中的问题为核心的整合的教育课程。拉格对"理论性的"(相对于"科学性的")课程的不耐烦,使他更确信,对无价值的、预先规定的课程的其他的健康的反应,导致进步教育家们对教室中的自发课程可能带来的结果寄予不现实的期望。拉格悲叹:"努力践行这些关于广域课程和30名至50名学生的训导,其无形的结果就是教育的混乱。"⑩拉格深信,要真正实施的有防御作用的课程计划必须事先规划(当然,要适合使用者的特殊环境)。20世纪20年代至30年代,拉格的主要活动是编制、实地试验和完善社会研究课程计划。

拉格的朋友和对手都承认,拉格精心编制的课程计划是一个非同一般的范例,说明进步的课程观在实践中可能是什么样的。不是像历史、地理这样的传统的学科,拉格的教材建立在"理解单元"的基础上,处理一些日常的问题,例如,法人经济、农业衰退、财富的不平等分配、经济规划的必要性、文化之间的关系和国际合作。要取得最佳的学习效果就必须充分注意达到课程目标所需要的资源和顺序,要对学习活动的重复和多样性作出计划。拉格希望年轻人学习概念,学习概括,而不是学习支离破碎的有关事实的信息,他认为后者是传统的方法和教材的结果。例如,在学习美国之外的文明时,他选择现代世界中具有尤为突出特征的有代表性的国家,而不是对学生毫无意义地包揽尽可能多的国家,然而只提供一些肤浅的、事实性的知识。

很有争议的是,拉格的成就最终恰恰也就是他的失败。他的第一批教材是为初中学生写的,当时这种新设置的课程在全国都还没有其他任何教材。⑪从 1929 年至 1939 年,拉格的教科书销售了 130 多万册,销售网络遍布全美国 4000 多个学区。⑫虽然拉格的教材在格调上更自由而不是激进,但只能适合于大萧条时期美国的意识形态的激变,尤其适合于新政的精神。*而且评价发现,在诸如历史、地理、公民学之类的传统学科中用拉格的教材所得到的学习结果,好于采用学科中心的方法。⑬

即使在 20 世纪 30 年代初,拉格的某些教科书也被更改了,因为其中的许多内容被视为过于激进。到 30 年代末,在社会上开始了对拉格的教科书的攻击。企业团体和自封的"爱国主义"社团组织,把拉格的思想指责为反资本主义的,是对美国传统和现有的社会秩序的颠覆。到 20 世纪 40 年代初,攻击更猛烈了,在几年之内拉格的教科书从大部分学区中撤出并停止出版。回想起来,拉格派的进步教育的已被证实的效能,可能对保守主义者和反动分子构成更大的威胁。虽然拉格灵活地传播自己的现代生活观,但他坚信这是"进取"思想的精华,教育者理所当然地需要"大胆地……接受这个"来自这些十足的自由主义思想家的"确实的、不言自明的真理"。⑭

拉格非常有魄力地回应对他的聚焦于现代问题的教科书所发动的攻击。拉格反击道,问题方法"并不像那些自封的评论家说的那样意味着我们提出了一个'新的社会秩序的计划',向'美国青年灌输'这一新的社会秩序"。拉格欣赏的是,"青年人……必须勇敢地面对清晰地在他们面前出现的交替。除了面对问题外,人们还能有其他的决策实践吗"?⑮然而,在 20 世纪 40 年代保守力量增长的情况下,对拉格的攻击是具有决定性意义的。

虽然拉格已不再像当时那样有影响,但直到他去世前他依然是一位活跃的学者——他的工作甚至延伸到明确处理教师教育和想象等问题。而且,拉格还继续为进步的社会和政治思想作出贡献,例如,在第二次世界大战期间他描绘了一个生气勃勃的、自由的战后社会的概貌(虽然以上这段文字超出了本文论述拉格教育思想的范围)。

如果对教育实践的影响是进行调整的健全的基础,那么,拉格肯定是进步教育家中的一位巨人。其后的进步教育家几乎无人表现出拉格那样

---

* 新政指的是 1933 年美国总统罗斯福实行的新政策。——译者注

的胆识和耐心,对建构体现其理论基础的教育计划进行劝勉和提出社会批评。拉格的工作也应继续鼓舞教师和教育家们,成为区分"学科"和"教材"的榜样。对于欣赏和赞同拉格的教育思想的人而言,他针对更谨慎的、更富有社会责任的社会所作出的关于创造教育学和课程的证明,在狭隘的工具主义教育政策的时代,仍是很有教育意义的。

注 释

① Harold Rugg, *That Men May Understand: An American in the Long Armistice*, New York: Routledge, Doran, p. xv, 1941.
② John Dewey, "My Pedagogic Creed", in D. J. Flinders and S. J. Thornton (eds) , *The Curriculum Studies Readers*, New York: Routledge, 1997, p. 23.
③ Lawrence A. Cremin, *The Transformation of School: Progressivism in American Education, 1876 – 1957*, New York: Vintage, 1964, p. 182.
④ Rugg and Ann Shumaker, *The Child-centered School*, New York: Arno Press and The New York Times, pp. viii – ix, 1969.
⑤ Rugg, *Culture and Education in America*, New York: Harcourt, 1931, p. 4.
⑥ George S. Counts, *Dare the School Buile a New Social Order?*, Carbondale and Edwardsville, IL: Southern Illinois University Press, 1932.
⑦ Alan Ryan, *John Dewey and the High Tide of American Liberalism*, New York: Norton, 1995, p. 340.
⑧ Rugg, *American Life and the School Curriculum: Next Steps Toward Schools of Living*, Boston, MA: Ginn, 1936, p. 332.
⑨ Ibid. , pp. 354 – 355.
⑩ Ibid. , p. 345.
⑪ Murry R. Nelson, "The Development of the Rugg Social Studies Materials", *Theory and Research in Social Education*, V, III, p. 68, December 1977.
⑫ Naida Tushnet Bagenstos, "Social Reconstruction: The Controversy Over the Textbooks of Harold Rugg", *Theory and Research in Social Education*, V, III, p. 29, December 1977.
⑬ B. R. Buckingham, *Rugg Course in the Classroom: The Junior-High-School Program*, Chicago, IL: Ginn, c. 1935, pp. 69 – 72.
⑭ Rugg, *Foundations for American Education*, New York: World Book Company, p. xi, 1947.
⑮ Rugg, *That Men May Understand*, op cit. , pp. 244 – 245.

拉格的主要著作

Rugg 著作很多,并不仅限于教育。有些作品互相重复。下面列出的仅限于他在教育方面有影响力的代表作。他为学校教育开发的指导性材料没有列出,但可以自 Department of Special Collections, Milbank Memorial Library, Teachers College, Columbia University 获得。

① Rugg, H. O. and Bagley, W. C., *Content of American History*, Chicago, IL: University of Illinois, School of Education, 1916.　② Rugg, H. O. and Hockett, J., *Objective Studies in Map Location*, New York: Lincoln School of Teachers College, 1925.　③ Rugg, H. O. and Shumaker, A., *The Child-centered School*, New York: Arno Press and The New York Times, 1969, c. 1928.　④ *Culture and Education in America*, New York: Harcourt, 1931.　⑤ *American Life and the School Curriculum: Next Steps Toward Schools of Living*, Boston, MA: Ginn, 1936.　⑥ *That Men May Understand: An American in the Long Armistice*, New York: Doubleday, Doran, 1941.　⑦ *Foundations for American Education*, New York: World Book Company, 1947.

其他参考书

① Bowers, C. A., *The Progressive Educator and the Great Depression*, New York: Random House, 1969.　② Carbone, Peter F., *The Social and Educational Thought of Harold Rugg*, Durham, NC: Duke University Press, 1977.　③ Kliebard, Herbert M., *The Struggle for the American Curriculum, 1893 – 1958*, 2nd edn, New York: Routledge, 1995.　④ Stanley, William B., *Curriculum for Utopia: Social Reconstructionism and Critical Pedagogy in the Postmodern Era*, Albany, NY: State University of New York Press, 1992.

桑顿

维特根斯坦
(*Ludwig Wittgenstein*，1889—1951)

> 在教授你哲学时，我就像是一个向导，告诉你如何找到伦敦周围的道路……一个相当差的向导。①

1889年4月26日路德维希·维特根斯坦诞生于维也纳的一个贵族家庭。他是八个非常早慧的孩子中的最小的一个，他的整个一生都伴随着对天才、艺术家的创造性和自杀(他的三个哥哥都是以这种方式离开人间的)问题的探究。1911年，他听从戈托洛布·弗雷格(Gottlob Frege)的建议，去剑桥会见了伯特兰·罗素，这次会面后他对三一学院非常神往。罗素对维特根斯坦的印象也很好，因此力劝他研究数理逻辑。他们像同事那样地工作，虽然维特根斯坦以前是学习工程技术的。但是过了一段时间，维特根斯坦与罗素之间的关系变得紧张起来，1913年维特根斯坦离开了剑桥。在第一次世界大战爆发后没几天他就加入了奥地利军队；最后在意大利被俘，但在这几年里他写出了一本哲学著作《逻辑哲学论》并在他在世时出版了该书。当维特根斯坦还在狱中时他就把手稿寄给了罗素，罗素为该书写了前言，在罗素的(有点暧昧的)支持下该书终于在1922年出版，在哲学界产生了巨大的影响，尤其对包括鲁道夫·卡尔纳普(Rudolf Carnap)、赫伯特·菲格尔(Herbert Feigl)、莫里茨·石里克(Moritz Schlick)和弗里德利克·维斯曼(Friedrich Waismann)在内的维也纳哲学界的实证主义者影响更大，他们都与维特根斯坦相识。

维特根斯坦的父亲于1913年去世，他继承了家庭的相当大一部分财产。1919年，他赠送掉了所有的遗产，1920—1926年他在奥地利的特拉坦巴赫等一些小村庄当教师。在遭到一系列唐突的限制后，在被疑为攻击了一个女学生(显然，在他当教师的那些年里，这不是第一个被他攻击的学生)的阴云之下他辞去了在奥特塔尔村的职务。在为他的一个姐姐当园丁和帮助设计并建造了一所房子之后，他于1929年回到了剑桥。他以

《逻辑哲学论》作为他的毕业论文,在此基础上他获得了哲学博士学位,并得到了为期五年的特别研究生的地位和补助,他在三一学院教书一直到1935年,此时他再次离开剑桥,到俄国、挪威、奥地利和爱尔兰生活了一段时间。在1935年之前,维特根斯坦对哲学的价值产生了一系列的疑问,并主动地劝告自己的学生去寻找更"有用的"工作。然而在1938年他又回到了剑桥,1939年成为教授。

20世纪30年代至40年代期间,他写了大量的评论、格言和未完成稿,但在他在世时没有出版其中的任何一篇。1945年前他对这些作品进行了编辑,其中的大部分成为他的第二部主要著作《哲学研究》,但这部著作直到1953年,在他去世两年后才出版。在《哲学研究》中,维特根斯坦批评并在很大的程度上否定了《逻辑哲学论》中的观点,尤其是关于一种更"人类学的"和实用主义的语言观——因此我们就看到了一个奇迹:一个人在自己的有生之年推动了两个重要的然而却是对立的哲学运动。1947年维特根斯坦辞去了教授职务,直到去世前一直在写作《哲学研究》和完成其他计划,1951年4月因前列腺癌去世。维特根斯坦一生都在怀疑自己作为哲学家的价值和哲学本身的价值,怀疑自己的个性和道德品质,怀疑自己的性关系和爱情关系,并与这种自疑作斗争。

维特根斯坦很少被看做一位教育思想家。除了很少的一些评论和格言之外,维特根斯坦几乎没有写过什么有关教育的主题。但是同样显而易见的是,他非常严肃地思考过教育问题。例如,众所周知的是他以高度个性化的方式进行教学,多年以后剑桥年轻的哲学家们还在模仿他的习惯和风格。不太为人们所知晓的是,在20世纪20年代的"迷茫年代"期间,他在奥地利农村教过书,在这一时期他编写过学校的教科书。令我们吃惊的是,在维特根斯坦的著作中频繁地利用教育学上的例子和类比来得出哲学论点。我们确实认为,维特根斯坦的写作风格和他的哲学基本上是教育学的:这就是以教授思考哲学问题的方式为前提,或者在某些情况下以不学习某些坏的哲学习惯为前提。②

至少可用三种方式去探究维特根斯坦的教育思想和实践。第一种方式:通过他的大学教学;第二种方式:通过考察他在奥地利当小学和中学教师的经历;第三种方式:通过他的写作风格,尤其是在他的后期著作中对自己的哲学思想的编辑。

第一，我们拥有的关于维特根斯坦的材料，许多是依靠他的大学学生对他的教学的回忆或重现。他去世后出版的许多"作品"实际上是抄本、讨论稿、课程笔记或他的学生和同事记录的讲演稿。所以，他的教学和思维风格，构成了他现存著作的相当重要的一部分。这些关于他的教学的材料证实了他是勤于思考的，是一位诚实的思想家和教师。如果因他对学生的态度而不能原谅他，这是因为他不能原谅他自己。弥漫在他的班级中的长期的痛苦的沉默，他对教育学中的制度常规的无视，以及他的无情的批评（和自我批评），是他的教学风格的基本部分。

关于作为哲学教师的维特根斯坦的故事，是传奇性的。加斯金（D. A. T. Gasking）和杰克逊（A. C. Jackson）报道了维特根斯坦对自己的教学所作的以下描述。

> 在教授你哲学时，我就像是一个向导，告诉你如何找到伦敦周围的道路。我必须带领你穿过这座城市，从北到南，从东到西，从尤斯顿到河堤，从皮卡迪利大街到大理石拱门。在我带领你多次旅游从所有方向穿过这座城市后，我们将多次走过任何一条街道——每一次游历这条街道都是作为一次不同的旅程的一部分。最后你就会认识伦敦，你就会像一个伦敦人那样找到你的路。当然，一个好的向导将更多地带领你走干道，而不常会带你去走小路；差的向导做的就是相反的事。在哲学方面我是一个相当差的向导。③

这段文字表明维特根斯坦喜欢将哲学与旅行作比较。

加斯金和杰克逊强调维特根斯坦所采用的"口头讨论的技术"，他们把这种技术描述为最初会让人手足无措。

> 一个又一个的例子。有时候的例子难以置信，就像要求一个人去思考一个假想的部落的稀奇古怪的语言或其他行为……有时候的例子让人想起某些家喻户晓的家常事情。这些案例都给出了具体的细节，用切切实实的日常的语言来描述。几乎所说的每一件事情都非常容易理解，通常不会引起任何人的反驳。④

困难在于把握这些"重复的、具体的"言谈所要引导的方向。有时候他"会突然停下来说：'等一等，让我想一想！'或者有时候他会惊叫：'这个太难了，就像地狱一样。'"⑤有时候许多例子的要点突然变得一清二楚，仿佛答案是一目了然的、是很简单的。加斯金和杰克逊说,维特根斯坦想向他的学生表明,他们的困惑在于他们从未想过可以通过说来劝告他们,"你必须说你真正想的,仿佛没有人,即使你本人能够听到它"。⑥

卡尔·布里顿(Karl Britton)说到,维特根斯坦认为,没有一种测试可用来发现一位哲学家教得是否合适:"他说,他的许多学生只不过是提出他自己的思想,其中许多人模仿他的声音和举止。但是他能轻而易举地区别出那些真正理解了的人。"⑦这样的影响程度确实令维特根斯坦怀疑自己究竟是否是个好教师。

> 一位教师在教学生时可能从他的学生那里得到好的甚至令人震惊的成果,即使他并不是一位好教师;因此就可能出现这样的情况:当他的学生直接处于他的影响之下时,他把他们提高到一个不适合于他们的高度,没有培养他们自己的在这一高度上工作的能力,所以当教师一离开教室他们立即就再次退步。这可能就是我的情况。⑧

冯·赖特(G. H. Von Wright)决不是一位冷漠的观察者,他认为维特根斯坦的担忧是有根据的。

> 他认为他作为教师的影响从总体上来说,对于发展其弟子的独立的心智是有害的……他的人格和风格的魅力是最吸引人的,也是最有说服力的。向维特根斯坦就教却不去接受他的表达方式和语言,甚至他的音调、风采和姿势,几乎是不可能的。⑨

维特根斯坦优先考虑的总是做哲学,无论是以口头的形式还是以书面的形式;重要的是要表现我们的语言(以及我们的文化和思想)中的深奥的难题,并且解决这些难题。做哲学就是让苍蝇飞出捕蝇瓶:这治愈了我们的喊喊喳喳传播的困惑,并使我们能过一种有用的和切切实实的生活。维特根斯坦说,"一个哲学问题具有'我迷路了'的形式"。⑩他设计的教哲学的风格,能使听众改变自己的思想,能使听众围绕着一个问题展开不同的思索,他认为这是"解决"问题的唯一的方式。在这一方面,人们只能作为一个"指导者"去进行教学。

第二,维特根斯坦的主要传记作者之一的雷·芒克(Ray Monk)用专章("农村生涯")描述维特根斯坦在20世纪20年代担任学校教师的那几年。⑪他写的关于维特根斯坦在奥地利农村学校当教师的故事,把维特根斯坦描绘成一位一丝不苟地执行标准和很不耐心的教师,对自己的学生大发雷霆。

这些都是很重要的传记细节。法尼亚·帕斯卡尔(Fania Pascal)指出,他的教师生涯中的一些事件,其中包括他打了他的一名女学生(后来他在校长面前不承认此事),"凸现了他的早期的大男子气的危机",造成他放弃了教师工作。⑫里斯(Rhees)对同一个事件发表评论,他引用了维特根斯坦给罗素的信中的文字:"在我成为一个人之前我怎么能成为一个逻辑学家!重要得多的事情是清算我自己!"⑬

蒙克描述了维特根斯坦对格洛斯凯尔的学校改革的疑惑以及维特根斯坦1925年出版的一部国民学校词典(*Wörterbuch für Volksschullen*),他不认为维特根斯坦的担任学校教师的经历对他后来的哲学研究有什么意义。威廉·巴特利(William Bartley)是研究维特根斯坦在20世纪20年代的发展的少有的几个学者中的一个。他的主要的、具有历史意义的论点是认为,"在格洛斯凯尔的学校改革计划的某些主题与比勒(Bühler)的理论之间,一方面存在着某种相似性,而比勒的思想被注入维特根斯坦的后期的著作中"。⑭奥托·格洛斯凯尔(Otto Glöckel)是一位社会主义学校改革的行政领导人,这一改革向建立在消极的机械学习和记忆基础上的哈普斯伯格斯(Hapsburgs)的旧式的"操练"学校发起进攻,力争创办建立在学生积极参与和做中学理论的基础上的劳动学校或"工作学校"。巴特利推测,学校改革运动的主题,尤其是维也纳大学和维也纳师范学院哲学教授卡尔·比勒(1922年格洛斯凯尔和他的同事邀请他到维也纳)的观点,大部分说明了20世纪20年代后期在维特根斯坦的哲学思维中所发生的深刻变化。他的这一论点的依据是他们的思想与某些历史的具体证据之间的"惊人的相似性"。巴特利还提供了一些文本证据,他引用了 *Zettel* 一书中的"维特根斯坦":"我在做儿童心理学吗?……我正在把教的概念与意义的概念联系起来。"⑮他详细讲述了维特根斯坦从1921年起在特拉坦巴赫村常对他的学生讲的一个故事,这是一项实验,用来判断把还没学会说话的儿童与一个不能说话的妇女锁在一起,这样的儿童是否能学习一种简单的语言或者是否能发明一种新的、他们自己的语言。巴特利要求我们用证实的方式去思考,《哲学研究》一书起始于对圣奥古斯丁的关于儿童如何学习语言的论述所进行的批评。

巴特利的著作也受到了批评。例如,尤金·哈格罗夫(Eugene Hargrove)和保罗·恩格尔曼(Paul Englemann)认为,影响维特根斯坦的语言观的正是维特根斯坦与儿童的直接接触,而不是学校改革运动或比勒的思想。

我相信,几乎在《哲学研究》的每一页中我们都能看到维特根斯坦的教师时代的影响,只有很少的几页中的字里行间没有提到儿童。维特根斯坦常常通过引用他个人对儿童的观察来支持他自己提出的论点,这种情况贯穿了他后期的整个哲学体系。我认为,对维特根斯坦的工作真正产生影响的正是他在担任学校教师期间所进行的观察(这些观察后来成为他的数据库),而不是师范学校中所教的或学校改革者在他面前所挥舞的原理。⑯

麦克米伦(C. J. B. Macmillan)是这样定义维特根斯坦的"教育学转向"的:"我们经常发现他从思考一个术语或概念的意义转变为提问,'这是如何习得的?'或'你是如何教这个的?'"⑰

第三,正如我们已指出的,维特根斯坦的"做哲学"的方式,不同于传统的做哲学的方式:这是质疑而不是苏格拉底法;这是对话法,但不是传统的哲学意义上的对话。维特根斯坦写道:"阅读苏格拉底的对话时人能感觉到,这是多么可怕的对时间的浪费!这些论据的要点是证明无并澄清无。"⑱维特根斯坦还表明了对辩论游戏的厌烦。

苏格拉底坚持迫使智者缄口——但他这样做时他是否有这样的权利呢?智者确实不知道他在想他知道些什么,但这不是苏格拉底的胜利。这不能成为"瞧!你不知道这个!"——更不能洋洋得意地宣布"我们中没有一个人知道一点什么!"⑲

因此,维特根斯坦声称他的方法是与苏格拉底法相对立的,对此我们毫不感到惊奇。⑳苏格拉底承认自己的无知是要谋求纠正其他人的错误信念,而维特根斯坦通过自己的教学和写作的对话形式,谋求使自己的怀疑和问题具体化,当他努力通过自己的智慧去研究某些问题时揭示这些问题的本质:"我的全部著作几乎都是与我自己的私人对话。我对我自己说的东西就是 tête-à-tête。"㉑(如我们所努力阐明的那样,关于他的教学有许多相同的话可说。)

《哲学研究》是维特根斯坦的对话工作的主要范例,而且它明显地不是苏格拉底所确定的意义上的对话。根据维特根斯坦对苏格拉底的评论来进行判断,为什么《哲学研究》不追随或者努力超越苏格拉底的形式和方法原因就显而易见了。《哲学研究》不是用对话形式写成的,它运用了对话战略和姿态的全部技能。特里·伊格尔顿(Terry Eagleton)承认这一点,称《哲学研究》为:

> 一部彻底的对话作品,在这部书中作者大声地质疑,想象一个对话者,向我们提问,这些问题可能在一个层次上或者可能不在一个层次上……迫使读者自己解除神秘化,用他的审慎的、无畏的风格友好地让我们参与。②

《哲学研究》自我反省地反映并设计语言游戏和姿态的多样性并力图予以阐明。它的作用相当于一本示范的教育学文本,对于维特根斯坦的学生们而言,其目的就是要他们通过他们自己去思考这些问题(他没有感觉到的但必须说的一个目的,就像我们所看到的那样总是有成效的)。维特根斯坦采用的询问的对话模式以及他对写作形式和文体的革新,是他的设计来改变我们的思维的审慎的实验的一部分。他当然不希望他的读者或听众模仿他的思想的形式和内容。他也不认为"做"哲学的方式只有一种。

他对自己的工作形式感到烦恼并发展了相当复杂的作文方法:"迫使我的思维进入一个有序的顺序,这是对我的折磨。……我苦不堪言地去努力整理我的可能根本就是毫无价值的思想。"㉓他撰写哲学评论或一些未完成稿,有时候把自己的文体看做集合品之一——哲学"存在于为某个特定目的而集合起来的提示之中"。㉔

因此,我们看到,《哲学研究》和他的后期的著作与频繁的评论交相辉映,这些评论往往以要求我们"想象"作为开场白,例如,"让我们设想一下语言……"㉕以及其他诸如此类的文字。有的时候他的句子结构形式如:"假设……"或者"想一想……"或者"询问一下你们自己……"。这些思想实验在《哲学研究》中在文体的风格方面起着非常重要的作用,在哲学写作方式方面是非常典型的特点,其目的更多的是要触发思想的转变而不是演示证明;更多的是展示而不是言语;更多的是指示而不是引导(请注意,在维特根斯坦的后期的著作中常常提到路标,在城市中漫步,迷路,需要向导,寻找出路,知道如何继续走)。这是对教的一种构想,而教要通过写,与经典的苏格拉底法是大不相同的,后者的依据是沿着特定的推理路径进行教学以得到一个确定的结论。

在《哲学研究》中的另一个要素就是维特根斯坦问自己的一个问题,这是一个由想象中的对话者提出的问题,在他的典型的不满意的回答之后通常都有多种可能的答案或一个假设的回答,用"但是……"来构句。范(Fann)注意到,维特根斯坦在《哲学研究》中循序问了 800 个问题,但只回答了其中的 100 个,而其中的绝大部分(70 多个)他都直截了当地做了否定的回答。㉖维特根斯坦希望制止我们去提出某种类型的问题,即不希望我们去提出"哲学"类的问题,这类问题要求我们从理论高度作出回答,从使用的内容和社会实践中进行抽象。然而维特根斯坦的问题和回答是作为一种提示,带领我们返回人类语言和经验的熟悉的方面;事实的意义是,例如,我们能鉴别出一个家庭中的相关的成员,即使他们没有共同的相同的特征。

所以,这种模式的对话不是一种证明,而是一种研究。无论在维特根斯坦的教学中还是在他的著作中,维特根斯坦利用想象中的对话者、思想实验、图解、图画、例子、格言或比喻,使读者参与到以下这样的过程中:使他自己的疑问、他自己的问题、他自己的思维过程具体化。他的哲学目的在他所致力于解决的问题中,以"怎么"的形式表明和显现出来;它的风格就是他的方法;他的著作谋求作出示范。他对形式的内容和文体的关心,不仅仅是关心论据的提出,还关心并列,并列能最好地吸引读者进入他自己所感到的最困惑的情境中。鉴赏维特根斯坦的哲学风格,能直接引导我们去理解他的努力所具有的基本的教育学性质。

注 释

① D. A. T. Gasking and A. C. Jackson, 'Wittgestein as a Teacherr', in K. T. Fann (ed.), *Ludwig Wittgestein: The Man and His Philosophy*, New Jersey: Humanities Press: Sussex: Harvester Press, p. 52, 1962.

② Michael Peters and Nicholas C. Burbules, "Wittgestein, Styles and Pedagogy", Pedagogy, South Hadley, MA: Bergin and Garvey, pp. 152 – 173, 1999. 本文中的部分材料取自该章及下一章,"Philosophy as Pedagogy: Wittgenstein's Styles of Thinking", pp. 174 – 191.

③ Gasking and Jackson, "Wittgenstein as a Teacher", p. 52.

④ Ibid., p. 50.
⑤ Ibid., p. 52.
⑥ Ibid., p. 53.
⑦ 引自 M. O'C. Drury, "A Symposium: Assessments of the Man and the Philosopher", in K. T. Fann (ed.), *Ludwig Wittgenstein: The Man and His Philosophy*, New Jersey: Humanities Press; Sussex: Harvester Press, p. 61, 1967.
⑧ Ludwig Wittgenstein, *Culture and Value*, G. H. Von Wright (ed.) (in collaboration with Heikki Nyman), trans. Peter Winch, Oxford: Basil Blackwell, p. 38, 1980.
⑨ G. H. Von Wright, *Wittgenstein*, Oxford: Blackwell, p. 31, 1982.
⑩ Ludwig Wittgenstein, *Philosophical Investigations* trans. G. E. M. Anscombe, Oxford: Basil Blackwell, p. 49, 1953. 3rd edn, 1972.
⑪ Ray Monk, *Ludwig Wittgenstein: The Duty of Genius*. London: Vintage, 1991.
⑫ Fania Pascal, "A Personal Memoir", in Rush Rhees (ed.), *Recollections of Wittgenstein*, Oxford and New York: Oxford University Press, pp. 37 – 38, 1984.
⑬ Rush Rhees, "Postscript", in R. Rush Rhees (ed.). *Recollections of Wittgenstein*, Oxford and New York: Oxford University Press, p. 191, 1984.
⑭ W. W. Bartley, III. *Wittgenstein*, Philadelphia, PA and New York: J. B. Lippincott, p. 20, 1973.
⑮ Ludwig Wittgenstein, *Zettel*, G. E. M. Anscombe and R. Rhees (eds), Oxford: Blackwell, p. 74, 2nd edn, 1981.
⑯ Eugene Hargrove, "Wittgenstein, Bartley, and the Glöckel School Reform", *History of Philosophy*, 17, p. 461, 1980.
⑰ C. J. B. Macmillan, "Love and Logic in 1984", in Emily Robertson (ed.), *Philosophy of Education 1984*, Normal, IL: Philosophy of Education Society, p. 7. 1984.
⑱ Wittgenstein, *Culture and Value*, p. 14.
⑲ Ibid., p. 56.
⑳ Wittgenstein, 引自 J. C. Nyiri, "Wittgenstein as a Philosopher of Secondary Orality", 手稿, 见于 *Grazer Philosophische Studien*: "总结我的观点, 它与柏拉图对话中的苏格拉底的观点恰恰相反。"
㉑ Wittgenstein, *Culture and Value*, p. 77.
㉒ Terry Eagleton, "Introduction to Wittgenstein". *Wittgenstein: The Terry Eagleton Script, The Derek Jarman Film*, London: British Film Institute, p. 9, 1993.
㉓ Wittgenstein, *Culture and Value*, p. 28.
㉔ Wittgenstein, *Philosophical Investigations*, p. 50.
㉕ Ibid., p. 3.
㉖ Fann, *Ludwig Wittgenstein: The Man and His Philosophy*, p. 109.

参　考

本书中的"罗素"、"苏格拉底"。

维特根斯坦的主要著作

① *Philosophical Investigations*, trans. G. E. M. Anscombe, Oxford: Blackwell, 1953. 3rd edn, 1972.　② *Tractatus Logico-Philosophicus*, trans. D. F. Pears and B. F. McGuinness, London: Routledge & Kegan Paul, 1961.　③ *The Blue and Brown Books*, Oxford: Blackwell, 1969.　④ *On Certainty*, G. E. M. Anscombe and G. H. von Wright (eds), trans. Denis Paul and G. E. M. Anscombe. Oxford: Blackwell, 1979.　⑤ *Culture and Value*, G. H. Von Wright (ed.) (in collaboration with Heikki Nyman), trans. Peter Winch, Oxford: Blackwell, 1980.　⑥ *Zettel*, G. E. M. Anscombe and R. Rhees (eds), Oxford: Blackwell, 2nd edn, 1981.

其他参考书

① Anscombe, G. E. M., *An Introduction to Wittgenstein's Tractatus*, Philadelphia, PA: University of Pennsylvania Press, 1971.　② Baker, G. P. and Hacker, P. M. S., *Wittgenstein: Understanding and Meaning*, Oxford: Blackwell, 1980.　③ ____. *Wittgenstein: Rules, Grammar and Necessity*, Oxford: Blackwell, 1985.　④ Bartley, III, W. W., *Wittgenstein*, Philadelphia. PA and New York: J. B. Lippincott, 1973.　⑤ Cavell, Stanley, *The Claim of Reason: Wittgenstein. Skepticism. Morality, and Tragedy*, Oxford and New York: Oxford University Press. 1979.　⑥ Engelmann, Paul, *Letters from Wittgenstein with a Memoir*, Oxford: Blackwell, 1967.　⑦ Hacker, P. M. S., *Wittgenstein: Meaning and Mind*, Oxford: Blackwell, 1990.　⑧ Janik, Allen and Toulmin, Stephen, *Wittgenstein's Vienna*, London: Weidenfield & Nicolson, 1973.　⑨ Kenney, Anthony, *Wittgenstein*, Harmondsworth: Penguin Books, 1975.　⑩ Kripke, Saul A., *Wittgenstein on Rules and Private Language*, Cambridge, MA: Harvard University Press, 1982.　⑪ Malcolm, Norman, *Ludwig Wittgenstein: A Memoir*, Oxford and New York: Oxford University Press, 1984.　⑫ McGuiness, Brian, *Wittgenstein: A Young Life, 1889–1921*, London: Duckworth, 1988.　⑬ Monk, Ray, *Ludwig Wittgenstein: The Duty of Genius*, London: Vintage, 1991.　⑭ Rhees, Rush (ed.), *Recollections of Wittgenstein*, Oxford and New York: Oxford University Press, 1984.　⑮ Sluga, H. and Stern. D. G. (eds), *The Cambridge Companion to Wittgenstein*, Cambridge: Cambridge University Press. 1996.　⑯ Von Wright, G. H., *Wittgenstein*, Oxford: Blackwell, 1982.

伯布利斯　彼得斯

海德格尔
(*Martin Heidegger*, 1889—1976)

学习意味着使我们所做的每一件事情回应在任何给定的时间内对我们来说是最重要的东西。……教比学要困难得多,因为教要求的是:容许人去学。①

很难夸大马丁·海德格尔对20世纪的思想所具有的意义。他毫无疑问是当时最有影响的、也是最有争议的哲学家之一,他也被看做是对哲学之外的其他许多学科产生影响的评论者,这些学科有:神学、精神病学、文学批评、历史编纂学、语言理论、科学哲学以及技术社会分析。②好几代杰出的思想家,例如,让-保罗·萨特(Jean-Paul Sartre)、莫里斯·梅洛-庞蒂(Maurice Merleau-Ponty)、汉斯-乔治·加达默尔(Hans-Georg Gadamer)、汉纳·阿伦特(Hannah Arendt)、米歇尔·福柯(Michel Foucault)、皮埃尔·布迪厄(Pierre Bourdieu)、雅克·德里达(Jacques Derrida)、查尔斯·泰勒(Charles Taylor)、理查德·罗蒂(Richard Rorty)都承认受惠于他。③他的作品不仅具有纲领性质,而且数量庞大。估计正在陆续出版过程中的他的文章的汇编约百来卷。虽然他很少明确地论述有关教育的主题,但他深刻地洞察人类的状态,深刻地洞察学习、思维和理解的本质,而教育正是受到他的思想的潜在的巨大影响的领域之一——这一点现在已开始被人们意识到。

1889年9月26日马丁·海德格尔诞生于德国的梅斯基希。1909年他进入弗赖堡大学研究神学和哲学,1922年被任命在马尔堡大学教授哲学。在那里他赢得了一位有号召力的教师的声誉,他勤于思考,与听众交流自己的思想并使听众为之震惊,通过这种方式彰显自己对思维的热爱。④他的第一部产生巨大影响的重要著作《存在与时间》(*Sein und Zeit*)出版于1927年,这部著作促成他于1928年被任命为弗赖堡大学哲学讲座教授并把他推入国际杰出人物的行列中。经历了第二次世界大战期间的被停职和战后的余殃之后他又继续开讲座直到 1967 年,他坚持写作直到 1976 年 5 月 26 日逝世。海德格尔被安葬在自己的出生地。

他的学术含量极高的一生不应让人误以为他的思想只关心学术问题。在教育领域,他提出的思维观和个人的实在性观点以及他对现代技术的本质所作的激进的批评,已被潜移默化,对教育实践的发展产生意义深远的结果。正如本文一开始所引用的那段文字,海德格尔把学习看做高度需要的和高度参与的事务,它要求学习者全身心地投入,但它决不是某种通过沉闷的教学过程从外面慢慢灌输的东西。在他看来,也不能根据达到预先规定的一组具体学习目标(如某些国家课程中提出的那些目标)来设想学习。教师必须容许学生去学习,而不是把学习强加于学生身上。这使学习听上去具有相当大的被动性,但是这样的解释几乎不可能与真理相去甚远。对海德格尔至关重要的是学习者对要求的顺从和严密的思维——倾听来自他们所处的独特的情境中的要求思考的东西。他反对思想的机械化,机械化的思维企图把学习限制在预先规定的框框内和高度工具主义的结构内,这样也就限制了学习的可能性。对于海德格尔而言,真正的思维不是吸收一系列预先规定的片言只语的信息和思想,而是一种令人鼓舞的、要求进入未知中的旅程。这是刚刚出现在我们的意识中的但还没被揭示的对人的吸引力。

当我们考虑海德格尔关于真实的生活和真实的理解的性质的观点时,他的学习观的力量就被放大了。海德格尔在《存在与时间》中所进行的(未完成的)探索是要去理解"存在"的本质——物的生存要通过存在。为了求得这个理解他开始深入分析人类展现他们自己的场所——人类的生活和理解(此在)。对于海德格尔而言,他对人类生存的分析仅仅是研究存在问题的开端,这本身对于教育事业是非常有联想意义的。在《存在与时间》中海德格尔对人类特性的描述的核心是,人类是一个统一体,对人类而言他自己的存在是一个问题。我们有悟性地生活着,在经过选择的情境中具有某些关于我们自己的概念。但更多的时候由于我们沉湎于"空谈"和"道听途说"(海德格尔指的是"他们—自己")而使这种悟性失去个人的说服力。⑤这是一种理智的框架,在这个框框内我们佩服当前的实际事务的繁忙和"他们"的"常识"——"每个人"所思和所说的东西。这基本上是对生活的一种不负责任的"平均"理解,基于这种理解,我们对事物的思考不是依据它们对我们自己的独特的生存所具有的意义——最终被我们自己的必然的死亡这一事实所束缚和催促的生存——但是我们仅仅依据现今的能轻而易举地得到传播的时尚和流言飞语去理解事物，而不是依据真正个人的认识去测试这种假设的确实性。因此，这样的生活是"不真实的"生活——以对我们自己是不真实的方式生活。

如果把这些思想与我们前面讨论的他的关于真实的思维的性质联系起来，我们就能看到对传统学校中发生的许多事情所发起的很多激进的挑战。例如，它提出了以下各类问题。学校中进行的主要具有"道听途说"特点的学习达到了何等程度（"道听途说"的学习就是学生几乎没有机会，也不被鼓励把所学的东西与他们自己的生存意义真正地联系起来）？有一种教育构想认为，学校的学习动机来自对生活和工作的工具主义观念，回避具有个人意义的基本问题和解决以前所处理的问题的未决性；这种教育构想达到了何等程度？海德格尔认为，合适的教育不是去获得满足全球资本主义的需求所需要的技能，也不是纯粹为了自己去获得知识。合适的教育尤其关心我们从学习中得到的价值和意义——我们如何感觉到学习应影响我们的观点和我们的行为，还影响关于我们自己的观念，这个我们既作为负责任的个人，也作为人类状态的参与者。

要达到这样的学习质量，就需要一种新的师生关系的观念，它从本质上不同于在现在的实践中非常流行的那种观念。不是把师生关系设想为输送（或"传递"）预先规定的知识和技能的运载工具（教师和学生随后都有责任去适应这种关系），师生关系成为一种开放的场所，它总是从学习者从事他或她所研究的领域的质量开始，并且就像提出一个自由思想那样对所从事的活动作出散漫的反应。准确的学习内容是从这种师生关系中引申出来的，而不是在这种关系之前，教师肯定起着激励和激发的作用，例如，通过帮助学习者鉴别需要提出的问题并努力处理这些问题。

在我本人对海德格尔的教育思想的研究中，我把这种作用解释为"起移情作用的挑战"之一（Bonnett 1994），因为这要求教师既是接受者，又是提要求者。要求教师富有同情心地进入学习者的活动中（但不是以放任的、愚弄的方式），而且要通过让学习者认识到教材提供了些什么，认识到教材中的什么"正处于发展中"，认识到在这项活动中什么对于学习者是至关重要的问题，从而激励学生并向他提出挑战。公开性和相互的信任，成为明确的特性,以及既能接受学生的思想、又能向学生的思想提出挑战的教师——倾听要求在活动中予以思考的问题并帮助学生听见对他或她本人提出的这种要求。这显然已远离了一种被提出一般化的预定的标准的要求所驱动的教育,这是一种责任形式,它要求复现对这些方面的实质性收益进行的公开的测试。这也明显地不同于儿童中心的教育观,这种教育观(常常是错误地)被描绘成满足于一时的奇思怪想和散漫的兴趣。海德格尔的教育观维护学习者、教师和内容的尊严和完整。因此,他把教师的作用阐释为"崇高的"⑥,这也是毋庸置疑的。

  这又向我们提出了海德格尔的思想的另一个富含教育意义的组成部分:他对技术和理性的批评。就像被以所有各类相当明白的方式(例如,用学校中的纪律和道德准则来表示,在它的仪式、实践和社会风气以及公开陈述的目标中表示,在各个课程领域的相对地位中表现)加载的价值那样,海德格尔的思想使我们对教育传递比较隐含的一类价值的方式很敏感,在调整我们与世界的关系以及从而形成我们对世界的观点和对我们自己的观点方面,这种价值的力量是极其巨大的。他对现代技术的分析提出,技术在本质上是揭示"存在"的方式,而存在表达的是对掌握的一种驱动力并把世界表述为一种资源。思维的这种"计算"方式把所有的一切都看做能潜在地服务于人类的目的,由于它的显而易见的、明白无误的成功,这种方式取得了优势地位并越来越渗透进作为一个整体的现代理性中——为了智力上的拥有和物质上的利用,激发对分类、评价、解释、预测的兴趣。在抵制企图使教育适合于经济目的的明显的工具主义教育观的人中间,有许多人把理性的发展看做是教育的另一个目的,在这样的情况下这尤其是一个令人烦恼的思想。这样的"自由教育家"的意图是要提供一个更宽泛的教育观念,这种观念通过颂扬教育中的理性把心智的发展和丰富看做存在的理由,为作为有思想的生命的个人的全面发展打下基础。但是海德格尔的分析表明,这种观点本身存在着某种危险,可能把显然是自己的对立面的另一种类型的积极行动的工具主义引进到教育中去。即使好的思想的裁决者——"公平的理性"——实际上却是非常不公平的,并以一种需要计算的态度对待世界,教育者必须对在各种类型的理性和知识中隐含的价值保持警惕,这样的价值用来发展学生的思维和他们所具有的对我们自己和对世界的认识,并使之合法化。

这不单纯是一个感觉问题,例如在英国,诸如计数、科学以及信息和通信技术这样的"计算"学科,在公立学校的课程中占据明显的优势地位。具有利害关系的是所有学科的性质的特点以及我们对教学质量的意义的理解的特点。可能越来越依据一种极能计算的模式来表述所有的教学,依据这种模式学习目标是预先规定好的并与学习者个人无关,在缺乏前面所说的学习者的全身心地投入的情况下有条不紊地去追求这个目标。与此相一致,可以像理性主义者那样来设想和建构文学和艺术,使之成为传统的各个类别、规范和真理的核心,这些东西是可以学会的并且在客观上是可以应用的(和评价的),而不是作为重新参与物的不能预先规定的存在的机会。这与包括数学和科学在内的课程形成强烈的对照,教授这些课程的方式是要颂扬其内容的更开放的、更"诗意的"品质和个人投身学习的严格性和丰富性。海德格尔的思想尤其让我们面对根本方向的选择,提示我们其对一种真正是为了"生活"的教育观念的意义。

注　释

① *What is Called Thinking*? trans. J. Gray, London：Harper & Row, pp. 14 - 15, 1968.
② M. Murray（ed.）, *Heidegger and Modern Philosophy*, London：Yale University Press, p. vii, 1978.
③ H. Dreyfus and H. Hall, *Heidegger. A Critical Reader*, Oxford：Blackwell, p. 1, 1992.
④ Hans-Georg Gadamer, 引自 *Martin Heidegger：Basic Writings*, D. Krell（ed.）, London：Routledge & Kegan Paul, pp. 15 - 16, 1978.
⑤ *Being and Time*, trans. J. Macquarrie and E. Robinson, Oxford：Blackwell, sections 26 - 27, 35 - 37, 1973.
⑥ *What is Called Thinking*? p. 15.

海德格尔的主要著作

① *What is Called Thinking*? trans. J. Gray, London：Harper & Row, 1968.
② *Poetry, Language, Thought*, trans. A. Hofstadter, London：Harper & Row, 1971.
③ *Being and Time*, trans. J. Macquarrie and E. Robinson, Oxford：Blackwell, 1973.
④ *The Question Concerning Technology and Other Essays*, trans. W. Lovitt, London：Harper & Row, 1977.　⑤ *Martin Heidegger：Basic Writings*, D. Krell（ed.）, London：Routledge & Kegan Paul, 1978.

其他参考书

① Bonnet, M., *Children's Thinking*, London: Cassell, 1994. ② Cooper, D., *Authenticity and Learning*, London: Routledge & Kegan Paul, 1983. ③ Dreyfus, H. and Hall, H., *Heidegger: A Critical Reader*, Oxford: Blackwell, 1992. ④ Mulhall, S., *Heidegger and Being and Time*, London: Routledge, 1996. ⑤ Peters, M.(ed.) *Heidegger, Modernity and Education*, Boulder CO: Rowman and Littlefield, 2001.

邦尼特

里 德
(Herbert Edward Read, 1893—1968)

艺术应该是教育的基础。①

赫伯特·里德是20世纪英国最有创造力的、世界主义的和雄心勃勃的知识分子和文人之一。在他的有生之年,他作为一位评论家、学者、诗人、倡导者和教育家,实际上是无所不在的。他留下的一份卓越的遗产就是他的学术著作和通俗出版物——60多部书和1000多篇文章和评论,其中包括他自己的重要的文学成就和关于对现代艺术和文学的解释和理解方面的坚定的政治主张和文化主张。他拥护像卡尔·荣格(Karl Jung)、亨利·穆尔(Henry Moore)这样的世界级的天才,然而却成为诸如艾略特(T. S. Eliot)和奥登(W. H. Auden)等其他一些人的知名的反对者。他对个人自由的热爱导致人们普遍地把里德描绘成"哲学上的无政府主义者"(里德本人没有否定这一描绘)②,然而他在演讲时,至少在对待公众的气质方面是个有节制的人。他确实是一个自相矛盾的人。

1893年12月4日赫伯特·里德诞生于约克郡,在一座农庄中长大,进入利兹大学学习。第一次世界大战期间他担任过步兵军官,像他这一代的其他人一样,这一段经历咄咄逼人地反映在里德的诗集《赤膊的战士》(1919)中。战后里德在英国财政部工作了几年(1919—1922),然后成为伦敦维多利亚和艾伯特博物馆的助理保管员(1922—1931)。他主要在爱丁堡大学教学(1931—1933)并编辑《伯灵顿杂志》(1933—1939),这是英国文化机构的一本固定刊物。整个20世纪30年代他都在支持一些现代主义者,其中有作家塞缪尔·贝克特(Samuel Beckett)和丹顿·韦尔奇(Denton Welch),画家巴巴拉·赫普沃思(Barbara Hepworth)和本·尼科尔森(Ben Nicholson)。杂志编辑的职位为他提供了联系学术界和知识分子的公开的渠道,但里德本人也转向现代主义,把大量的系列通俗书籍、杂志和报纸评论的对象定位为普通公众。

里德雄心勃勃地扩展19世纪的前辈约翰·拉斯金(John Ruskin)和威廉·莫里斯(William Morris)的工作,他们二人谋求通过探究诸如社会价值以及来自视觉艺术的工匠技艺传统之类的审美观来缩小艺术与生活之间的差距。他们认为这可能提供一些办法去修补日益困窘的(遭受工业革命之累的)社会组织。在对浪漫主义派的钟爱方面里德丝毫不让罗斯金,当艾略特领导的先驱的文学批评否定旧的文体时,他坚定地维护华兹华斯(Wordsworth)、柯尔律治(Coleridge)、雪莱(Shelley)等英国作家。

里德从自己繁忙的编辑和阐释工作中抽出时间和精力来创作自己的作品。1919—1966年他出版了若干卷诗集,它们很受欢迎。在1955年出版的《歌》中,里德把自己与生活融为一体,与艺术和传统融为一体。

> 我的心
> 这个小小的精美的血球,
> 如此长久地
> 与你的永恒的汹涌
> 一起搏动。③

事实上,在倡导、培养新的东西并使社会为之做好准备的时候,看来里德认为同时地但又是有选择地捍卫传统是他的职业使命——他自己实际上更爱好古典的东西。他作为现代主义的支持者所起的作用,在英国是无与伦比的,英国的先锋派常常不成功地参与把国家拖入当代世界的混战中。他从事工业设计和其他视觉艺术的新形式的事业,尤其推动了从立体派到超现实主义到抽象表现主义的运动。

里德作为倡导者的杰出作用赋予了他真实的文化力量。正如他的传记作者詹姆斯·金(James King)所写的那样,里德是"时髦风尚的带头人和文化指挥"④,把所有的艺术和文化都置于自己的掌管之中。里德的目光和洞察力扫视许多令人难忘的艺术形式,其中包括绘画、雕塑、建筑、设计、陶瓷工艺、有色玻璃、散文、诗歌。他的听众和读者往往都是一些没有专业知识的普通公众,他们发现里德是一位耐心的老师,这位老师意识到当许许多多的现代风格汹涌澎湃地登上舞台时,其多样性令人晕头转向、难以理解。在《当代艺术》(1933)、《偶像与观念》(1955)和《当代英国艺术》(1964)等书中,里德考察了艺术家们及其著作的动机因素(他是第一个把荣格的精神分析用到艺术上的人)和意义。

"指挥"里德增强了作家里德。他的专门知识的范围以及他所作出的职业贡献的程度都是非常巨大的。除了在文学和评论方面他是很多产的之外,里德还担任英国的德高望重的 Routledge & Kegan Paul 出版社的社长,长达四分之一个世纪;他评审和管理一些展览会,其中包括1936年在伦敦的一次超现实主义的重要展览和20世纪40年代初的几次儿童艺术展览,这些展览会预示了他自己的美育计划;他创办了拥护者组织,其中有1943年建立的设计研究小组、1948年建立的当代艺术研究所、1951年建立的由联合国教科文组织发起的艺术教育国际学会;他在欧洲和美国各地频频出现,当他作为19世纪末哈佛第一位美术教授在哈佛举办关于查尔斯·埃利奥特·诺顿(Charles Eliot Norton)的讲座时,他赢得了艺术普及者和文化企业家的美誉。

最主要的是赫伯特·里德关心的不仅仅是帮助人民去理解和欣赏艺术中的创新。他对人类的进步有一个基本的信念,就像罗斯金和莫里斯的社会美学一样认为,人类进步将引导艺术超越美学。正如希尔顿·克雷默(Hilton Kramer)在1968年《纽约时报》中刊登的赫伯特·里德的讣告中指出的那样,里德把艺术看做"可能是一个进步的社会组织的最基本的要素……是影响对社会价值作出大规模修正努力的基石"。在这一努力中,"教育发挥着主要的作用"。⑤

1943年第一次出版的里德的《通过艺术的教育》,被它的作者认为是他的最有影响的一部书。虽然这部书现在已绝版30年了,但是,从20世纪40年代至60年代的这一代艺术教育家和其他教育家(尤其在英国),都得到了这本书中的社会启示的滋养。这本书写于第二次世界大战白热化时期,里德希望利用艺术的创造力和想象力去反击暴力的无休止的循环。他把艺术家看做是一个"理想型"的人,是一个能提供"真正价值意识"的人。⑥一些艺术教育家和其他教师深切地感到必须摆脱民族主义、宗派和种族关系的障碍和阻碍,里德热情地到处代表他们讲话。

这本书是有教育意义的。它没有提出纲领,也没有提出课程,但在考察诸如"知觉和想象"、"整合的无意识模式"和"纪律和道德的美学基础"等主题的各章中,详尽地阐明了把艺术看做是对理智和个性的一般教育的框架的依据。里德认为自己是一位哲学家或批评家,而不是教育家。他的作用是为审美教育提供哲学基础,通过这种审美教育就能够面对人类社会的大部分迫切问题——不断地退化到野蛮状态(当里德写这本书的时候实际上浩劫正在进行之中),就能达到在人道原则基础上建立世界秩序的目的。

里德坚定地认为,通过艺术的教育是"为和平的教育"(这是1949年付印的他的下一卷文集的标题)。如果各个国家都在研究、理解和欣赏彼此的文化遗产,由于忙于去发现共同的价值就无暇去进行战争,这样的说法有可能是正确的。里德帮助去开发艺术和心理学之间的边界,但是他过于相信行为主义心理学家的改变人类行为的记事册,似乎像导致解放那样导致灌输。

赫伯特·里德的主张始于向自己的听众宣传新现代主义的艺术的和救世的能力。在《通过艺术的教育》一书中以及随后的作品中,他转向"人的个性的整体重新定向"。⑦里德坚定地认为,对艺术的学习和实践及其所依托的审美教育,必然产生道德美德。仅这一点还不是一种新的思想,但是里德掀起了一场辩论:一位学识渊博的学者包容各种不同教育理论的能力,这些理论的来源有柏拉图的《理想国》,也有格式塔心理学的原理,还有关于儿童绘画的最新研究。

《通过艺术的教育》是20世纪20年代和30年代进步主义教育之后的当代艺术教育思想的纲领,在二三十年代心理学和知觉官能的力量开始支配这一领域,在第二次世界大战后引进了长达20年的主要由维克多·洛温菲尔德(Viktor Lowenfeld)和鲁道夫·安海姆(Rudolf Arnheim)领导的霸权。里德从哲学上予以了平衡。

赫伯特·里德毫无疑问是一位多产的和真诚的学者。但是他的性格以及他的工作中的矛盾也是显而易见的。一方面,他是一位世界主义者,谋求尤其在艺术和工业设计方面为英国建功立业,谋求出现国际现代主义者的体系。但当英国的诗歌和他都采用浪漫主义的手法时,他同时更是一位传统主义者。里德能够既满足于他所起的"哲学无政府主义者"的"不作为"作用(正如克雷默所指出的,"一种浪漫的雄心就是坚持清除权力的梦想")⑧,然而同时他又是兢兢业业地、愉快地从事作为一位编辑、组织者和代言人的事业。根据他的讣告,里德是"一位平常的人",也是"大名鼎鼎的国际文化官僚主义的文化大亨之一",不倦地参与评审、董事会、讨论会。⑨但是赫伯特·里德爵士不是一位激进的无政府主义者,当1953年受封时他没有拒绝授予他的爵士爵位。

某些评论家和传记作者对里德所作的评论可能是苛刻的:他胡乱地赞成除所谓的"后现代"运动之外的当代的所有的一切,里德蔑视"后现代"运动的流行艺术之类的形式。他似乎对现代主义的过度和失败不加批判,获得了尤其对英国艺术眼界狭小的名声。此外,一个不会令人吃惊的结果就是,为普通公众包装和重新包装一些内容,却可悲地缺乏关于在里德的销售最好的"简明大事记"中所述情况的原始的文献资料。⑩

另一方面,赫伯特·里德爵士明显地趋向于去注解和解释一个经常处于困惑中的、不断变化的现代艺术世界。他使成千上百万的读者和观看者去领悟,什么东西可能是很难考察和理解的,他认为自己有责任去培植对社会有益的觉悟,引导艺术与生活的结合。可能在对里德的贡献所作的某些评论中有些疏忽,赋予他在视觉艺术中的"指挥"角色,最明显的是关于他的文学和自传记载:《矛盾的经验》(1963)。至少他写过一本小说:《天真的孩童》。里德也为文学批评作出了重要贡献,他阐释了有机形式与抽象形式之间的区别,而他本人更赞成有机形式,认为这种形式更能对在特定状态下的艺术家个人的需求迅速地作出反应。

事实上,里德把自己人生的所有各个不同部分结合成一个有机的整体。作为作家、编辑和出版社的社长,他能帮助导航和绘制海图,穿越英国文学和批评的强劲的水流。作为现代艺术的宣讲者和评论者,他极大地推动了画家去接近当代的绘画、雕塑和其他艺术形式。里德作好了遭受讥讽和在哲学上引起争议的准备,竭尽全力地向公众介绍新东西,这些东西并非总是能被理解和赞同的,尤其是被先锋派理解和赞成。

他为教育家们留下的遗产就是他的《通过艺术的教育》,这不仅仅是一本书,他还是一种理想主义;他的人道主义观点对于那些朝气蓬勃的教师和其他有良好愿望的人依然是有价值的。今天的学生研究里德更多是出于历史的兴趣,而不是为了现在的引用,但是,他的观点和对社会的鼓舞依据的是个人表现的原则,这种高尚的思想使里德的散文依然值得思考。他的思想的精华留存于来自他的文学艺术作品的社会和文化的倾向中,这些作品是进行道德鼓励和教诲的源泉,也继续是许许多多作家、艺术家、教师、家长和其他人一生中最喜欢的(例如,艺术教育在美国是全国文科教育协会内的"社会理论核心")。里德代表了可能由他所赞美的浪漫主义诗歌最好地表现出的"英格兰"理想,这种诗歌反映一种有目的感和有宏大的实施计划的生活。赫伯特·里德清楚自己的目的并风驰电掣般地、满腔热情地予以实现。

注　释

① Read, *Education, through Art*, pp. 305, 308.
② Read, *The Cult of Sincerity*, New York: Horizon Press, pp. 76—93, 1968.
③ Read, *Moon's Farm & Poems Mostly Elegiac*, London: Faber & Faber, 1955.
④ James King, *The Last Modern: A Life of Herbert Read*, London: Weidenfeld & Nicolson, London, preface, p. xv, 1990.
⑤ Hilton Kramer, *New York Times*, 30 June 1968, section Ⅱ, p. 23.
⑥ *Education through Art*, pp. 305, 308.
⑦ Malcolm Ross, "Herbert Read: Art, Education and the Means of Redemption", in David Goodway (ed.), *Herbert Read Reassessed*, Liverpool: Liverpool University Press, p. 199, 1998.
⑧ Hilton Kramer, op cit.
⑨ Ibid.
⑩ Read, *A Concise History of Modern Sculpture*, London: Thames & Hudson, London, 1964.

参　考

本书中的"柏拉图"、"拉斯金"。

里德的主要著作

① *Naked Warriors*, London: Arts & Letters, 1919.　② *Collected Poems* London: Faber & Faber, London, new edn, 1953, c. 1926.　③ *Reason and Romanticism*, New York: Russell & Russell, 1963, c. 1926.　④ *Art Now: An Introduction to the Theory of Modern Painting and Sculpture*, New York: Harcourt, Brace & Company, 1933.　⑤ *The Innocent Eye*, New York: Henry Holt & Company, 1947, c. 1933.　⑥ *The Green Child: A Romance*, London: Robin Clark, 1989, c. 1935.　⑦ *Surrealism*, London: Faber & Faber, 1936.　⑧ *Collected Essays in Literary Criticism*, London: Faber & Faber, 2nd edn 1951 c. 1938.　⑨ *To Hell with Culture*, London: Kegan Paul, Trench, Trubner, 1941.　⑩ *Education through Art*, London: Faber & Faber, new rev. edn 1958, c. 1943.　⑪ *The Grass Roots of Art*, New York: Meridian, 1967. c. 1946.　⑫ *Art and Industry: The Principles of Industrial Design*,

London: Faber & Faber, 1947.   ⑬ *Education for Peace*, New York: Charles Scribner's Sons, 1949.   ⑭ *Contemporary British Art*, Baltimore. MD: Penguin Books. rev. edn 1964, c. 1951.   ⑮ *Icon and Idea: The Function of Art in the Development of Human Consciousness*, Cambridge, MA: Harvard University Press, 1955.   ⑯ *The Contrary Experience: Autobiographies*, New York: Horizon Press, 1963.   ⑰ *A Concise History of Modern Sculpture*, London: Thames & Hudson, 1964.   ⑱ *The Origins of Form in Art*, London: Thames & Hudson, 1965.   ⑲ *The Redemption of the Robot: My Encounter with Education through Art*, New York: Trident Press, 1966.   ⑳ *Art and Alienation: The Role of the Artist in Society*, New York: Horizon Press, 1967.   ㉑ *Poetry & Experience*, New York: Horizon Press, 1967.   ㉒ *The Cult of Sincerity*, New York: Horizon Press, 1968.

其他参考书

① Goodway, David (ed.), *Herbert Read Reassessed*, Liverpool: Liverpool University Press, 1998.   ② King, James, *The Last Modern: A Life of Herbert Read*, London: Weidenfeld & Nicolson, 1990.   ③ Woodcock, George, *Herbert Read: The Stream and the Source*, London: Faber & Faber, 1972.

多布斯

维果茨基

(*Lev Semyonovich Vygotsky*, 1896—1934)

> 文化是社会生活和人类社会活动的产物。这就是为什么只有提出了行为的文化发展问题我们才能直接地引出发展的社会层次。①

列夫·维果茨基是20世纪上半叶俄罗斯最重要的心理学家之一。他对人类意识的发展和结构所作的研究,他的用来解释儿童在他们的文化发展过程中内化语言的符号理论,是最有名的。但是,维果茨基的影响远远超出了发展心理学。受到维果茨基及其追随者的深远影响的研究和实践领域很多,其中例如有:特殊教育、成人教育、言语交流、职业教育、信息系统研究。

维果茨基1896年诞生于白俄罗斯的一个叫做奥斯萨的小城中。他出身于一个犹太中产阶级家庭。他的父亲是一位银行经理,受过很好的教育,竭尽全力为自己的儿子提供尽可能最好的教育。列夫跟随一位家庭教师学习了许多年,当他达到八年级水平(14—15岁)时才注册进了一所文科中学。在他成长期间,维果茨基是一位如饥似渴的学习者,到18岁时他已是一位很有名气的知识分子,精通包括历史、哲学、艺术和文学在内的许多不同的学科。1913年,在他父母亲的坚持下他进入莫斯科大学,在那里他最初在医学院学习,然后转入法学院。但是他真正的智力兴趣在人文学和社会科学,于是维果茨基又注册了私立的沙尼雅夫斯基大学,主修历史和哲学。

当时的莫斯科是令这位年轻的知识分子精神振奋的地方:在科学和哲学界中出现了新的动向,斯坦尼斯拉夫斯基(Stanislavsky)在戏剧方面开创了形体行动方法的革新,形式主义学派[什克洛夫斯基(Shklovsky)、贾库宾斯基(Jakubinsky)、雅各布森(Jakobson)]正在语言和文学理论方面进行一场结构主义革命,在诗歌领域象征派诗人赢得了正在对语言结构习惯进行革新的俄罗斯知识分子的青睐。维果茨基对这些革新很感兴趣，对其中许多新动向了解得很透彻。后来这一点就显而易见了，在他的著作中出现了俄罗斯和西欧诗人、哲学家和科学家的文字，给他的写作增添一种非同凡响的文艺复兴风格的气息和结构。

1917年维果茨基从莫斯科大学毕业后不久迁至他的父母所在地戈梅尔。他在那里一直生活到1924年，最初在一所省城学校教文学，然后在当地的一所师范学院讲课。1924年在一次学术会议上他就心理学研究的方法论问题发表了很有见地的观点，引起了与会者的注意，在这之后莫斯科心理学研究所邀请他去担任研究员。1925年他答辩的哲学博士论文的题目是《艺术心理学》。在这篇论文的"前言"中维果茨基提出，心理学不可以把自己局限于直接证据，它应观察行为或内省。对维果茨基而言，心理询问是一种调查，而且像一种犯罪调查，必须考虑间接证据和环境迹象，这就意味着，艺术著作、哲学论证和人类学数据的重要性，丝毫不亚于直接证据。

1926—1930年期间，维果茨基在心理学研究所的研究重点，是对自然心理机能转化为逻辑记忆、选择性注意、决策、学习和语言理解等高级机能的机制进行实验研究。这一时期的标志是维果茨基对发展心理学原理的表述。虽然这一理论包含了所有的高级心理机能，但维果茨基对语言和言语的发展以及它们与思维的关系尤其感兴趣。他的关于这一主题的一本书的书名叫作《思维和言语》，该书第一次出版于1934年，是维果茨基的最受欢迎的一本书。

20世纪30年代初（维果茨基研究生涯的后期），不仅对维果茨基，而且对所有真正献身于自己的学术事业的苏联学者，都是最困难、最重要的年代。处于重病中的维果茨基在莫斯科继续工作，直至1934年死于肺结核。甚至在他去世之前他的大部分朋友和同事[其中有鲁利亚（Luria）、列昂捷夫（Leont'ev）]还在力劝他或者离开莫斯科心理学研究所，去省城找一个不太显眼的职位，或者改变自己的研究计划从事某些没有什么争议的课题。同时代的俄罗斯心理学家们在他们的私下谈话中都表达了这样一个意见：即使维果茨基不死于肺结核，他从1936—1937年斯大林的大清洗中逃生的希望也是相当渺茫的。

西方欣赏维果茨基有两个主要原因。第一，他是20世纪心理学界中真正的百科全书式的人物的少有的范例，他不仅在自己的直接研究领域中有深厚的造诣,而且对诸如艺术心理学、文学理论、神经病学、缺陷学和精神病学之类的各种不同的学科也具有渊博的知识。因此,维果茨基的理论建立在跨学科综合的基础上,吸引了来自各个不同领域的科学家们。

维果茨基受到当代社会科学家们欢迎的第二个原因,是他对心理过程的社会起源所作的分析。维果茨基认为,只有从个体的外部并考察其所由来的社会和文化过程,才有可能理解个体的心理机能。维果茨基不是从假设心理机能首先出现在个体内部开始,而是假设,一个人可以同样合适地说心理过程出现在人与人之间,出现在心理之间。当在心理之间发生的东西被个体参与者内化成主体之间的过程时,就出现了学习和发展。维果茨基把心理机能看做可以被一个个个体或被一对对个体和更大的一组个体实施的一类行为。根据这个观点,精神、认知和记忆被理解为"延伸到皮肤之外",被理解成既可以在心理之间也可以在心理内部执行的机能。维果茨基把自己的理论称作文化—历史理论,强调决定个体生命活动的因素是由文化的历史发展所产生的。

心理过程的社会起源思想在当代西方发展心理学、言语交流研究和教育中具有特别重要的意义,与这一思想相联系的两个概念就是"最近发展区"(ZPD)和"内部言语"。根据最近发展区概念,心理发展取决于外部的社会力量,同样也取决于内部资源。在这一概念背后隐含的假设就是,心理发展和教学是社会性地嵌入的;要理解它们人们就必须分析周围社会及其社会关系。维果茨基坚持认为,儿童能够模仿超出他或她自己的能力的行为,但只能在一定的限度之内。儿童在模仿时,在有成人指导的情况下他能完成得比单独一人工作时好得多。维果茨基把最近发展区定义为"由对问题的独立解决所决定的实际发展水平,与通过在成人指导下或与更有能力的同伴的合作对问题的解决所决定的潜在的发展水平"之间的区域。② 因此,最近发展区是计划教学所必需的分析工具,成功的教学必须创造能刺激一系列内部发展过程的最近发展区。

维果茨基研究工作中的另一个核心概念是"内部言语"。这一概念来自维果茨基的询问(在维果茨基工作的后期它成为一个核心主题),目的是要找到看不见的思维行为与语言之间的关系,这是一种文化现象,是可以进行客观分析的。内部言语是一种对自己的无声的谈话,是思维与言语的关系问题中的核心主题。行为主义心理学家坚持认为,思维全然是一种默读的言语。维果茨基不同意行为主义心理学的观点，认为心理的发展反映社会的现实。根据维果茨基的意见，努力与其他人交流的过程导致词义的发展，词义的发展又形成意识的结构。没有社会性的相互作用内部言语就不可能存在。在一个渐进的发展过程中，在交流中第一次使用的符号向内部转化，并为了社会合作而调整行为。

对维果茨基在其人生的不同时期所写的主要著作的一项分析发现一个惊人的证据，能证明他的创造过程依赖于社会历史背景的理论。如果他对莎士比亚的《哈姆雷特》的分析（这是维果茨基在学生时代开始写的一部著作，在1925年经过扩展并完成）是以象征主义和精神分析为基础的并专注于神秘主义和宗教问题，那么，维果茨基后期的著作则明显地带有马克思主义的"历史唯物主义"和黑格尔的人类智慧进化哲学的影响的印记。

关于维果茨基对当代不同形式的社会科学学科的影响所作的任何阐述，都是不全面的。其继承人的理论之间的联系的中介性，使这种阐释变得更为复杂。于是，在教育心理学中，维果茨基的思想为俄罗斯的发展心理学提供了基础③，而发展心理学又对西方教育心理学的各个分支产生了巨大影响，教育心理学又使达维多夫（Davydov）建立儿童发展理论有了可能。④

当代对维果茨基思想的应用最有趣的可能是科尔（Cole）和恩格斯特罗姆（Engestrom）的活动理论的变式。⑤维果茨基的主要合作者之一列昂捷夫从20世纪30年代末开始，首先从维果茨基的社会—历史心理学理论中发展出活动理论的宽厚传统。科尔和恩格斯特罗姆的活动理论变式，把活动系统假设为对个体行为和集体行为进行分析的基本单位。活动系统是进行中的、指向对象的、受历史制约的、辩证结构的、以工具为中介的人类的任何相互作用。它可以是一个家庭、一个宗教组织、一个学习小组、一所学校、一门学科，或者是一种职业。活动系统的结构是相互的并由参与者不断地予以再建构，参与者既使用一定的物质工具，也使用一定的认知工具。随着劳动的社会分工，进行中的活动系统的范围或活动系统的网络就出现了并得到扩大。工具的使用以特定的和客观的方式成为活动系统中的人的行为的中介，这是通过在从劳动的社会分工中产生的工具的专门用途方面进行合作和（或）竞争，历史地实现的。从20世纪80年代开始，活动理论在世界范围内赢得了无数的追随者，现在还在对教育、语言学、交际、计算机科学、计算机接口设计、工作鉴定研究等诸多领域的研究和实践产生着巨大的影响;但是,在大多数学者的思想中依然把活动理论与它的前人维果茨基紧密地联系在一起。

注　释

① Vygotsky,"The Genesis of Higher Mental Functions", in J. V. Wertsch (ed.), *The Concept of Activity in Soviet Psychology*, Arnomk, NY: Sharpe, p. 164, 1981.

② Vygotsky, *Mind in Society: The Development of Higher Psychological Processes*, Cambridge, MA: Harvard University Press, pp. 85 – 86, 1978.

③ A. N. Leont'ev, *Activity Consciousness, and Personality*, Englewood Cliffs, NJ: Prentice Hall, 1978.

④ V. V. Davydov, "The Influence of L. S. Vygotsky on Education Theory, Research, and Practice", trans. S. Kerr, *Educational Researcher*, 24 (3), pp. 12 – 21, 1995.

⑤ M. Cole and Y. Engestrom, "A Cultural-Historical Interpretation of Distributed Cognition", in G. Salomon (ed.), *Distributed Cognition*, Cambridge: Cambridge University Press, 1996.

参　考

本书中的"布鲁纳"、"皮亚杰"、"黑格尔"、"桑戴克"。

维果茨基的主要著作

① *Thought and Language*, Cambridge, MA: The MIT Press, 1999, 1934.　② *The Psychology of Art*, Cambridge: MIT Press, 1971.　③ *Mind in Society: The Development of Higher Psychological Processes*, Cambridge, MA: Harvard University Press, 1978.　④ *The Collected Works of L. S. Vygotsky*, New York: Plenum Press, 1987.　⑤ *The Vygotsky Reader*, Oxford: Blackwell, 1994.

其他参考书

① Daniels, H., *An Introduction to Vygotsky*, London: Routledge, 1996.　② Kozoulin, A., *Vygotsky's Psychology: A Biography of Ideas*, London: Harvester, 1990.　③ Wertsch, J. (ed.), *Culture, Communication, and Cognition Vygotskian Perspectives*, Cambridge: Cambridge University Press, 1985.　④ Yaroshevsky, M., *Lev Vygotsky*, Moscow: Progress, 1989.

阿季奇维利

皮亚杰
(*Jean Piaget*, 1896—1980)

布林圭:您表述了重新建构数学教学的原则。
皮亚杰:不,不……
布林圭:这没有导致一种教学方法吗?
皮亚杰:不。
布林圭:哦,我以为……
皮亚杰:对于大多数人而言,教育意味着努力使儿童与他的社会中的典型的成人相似,(然而)对于我来说,教育意味着培养创造者,即使创造者不会很多,即使一个人的创造与其他人的创造相比较是有局限性的。①

1896 年 8 月 9 日让·皮亚杰诞生于瑞士的纳沙特尔。1918 年他在纳沙特尔大学获得生物学博士学位,这一年他还发表了一篇洋溢着智慧的新作《研究》(*Recherche*)。这篇具有纲领性意义的文章陈述了皮亚杰的研究计划。科学是实在的,而宗教是负有价值的。它们对现实的解说常常是矛盾的。如何才能把它们结合起来?但是这个问题具有普遍意义。人的行动既有因果关系的特性,也有规范的特性。那么,真正的知识是如何而来的?这是与教育有关联的认识论中的一个基本问题。这也是皮亚杰发表的 50 部书和 500 篇论文所研究的中心问题,这些著作构成的蔚为大观的洪流,至今仍被认为是皮亚杰对人类知识所作出的重要贡献。1925 年皮亚杰担任纳沙特尔大学教授,从 1929 年起一直在日内瓦大学。1929 年他被任命为国际教育局局长,1955 年他创建了国际发生认识论中心,任中心主任。1936 年他从哈佛大学获得自己第一个荣誉学位,在这之后又获得了40多项荣誉,其中包括1972年的伊拉斯谟奖(Erasmus Prize)*。皮亚杰在1971年退休后继续工作,写了11部书论述结构主义认识论。1980年9月16日他在日内瓦逝世,在他去世后,他的著作和他的作品的译著还在继续出版。

皮亚杰用他的认识论来阐述教育。联系教育与认识论的纽带是作为规范性事实的知识和发展。

认 识 论

认识论在传统上是一门规范的学科。康德在质疑"怎样才可能有知识"时,他是想鉴别出人类的理性在区分科学和迷信方面的限度。他的问题是规范性的,因为知识是通过规范被定义的。规范是价值,陈述关于什么是知识以及什么不是知识的标准(条件)。知识的一条标准是所知的东西的客观真实性。这条标准排除了错误的知识,虽然错误的知识也是可以相信的。皮亚杰认为,认识论的问题具有经验主义的相对物,例如:"知识是如何发展的"这个问题是经验主义的。② 搞清这个问题的一个途径就是通过对童年期知识增长的研究。意见不一的不是在不同的文化背景中发展的认知者(儿童),而是在知识的增长中对规范的使用。知识不是在儿童的头脑中现成地出现的。规范不是与生俱来的。虽然某些规范是文化的规范,但理性的规范(例如,知识蕴涵所知的东西的客观真实性)不是文化的规范。文化信仰可能是虚妄的(太阳每天清晨升起,妇女缺乏理性,等等)。即使如此,规范是被应用的,更好的规范是在其应用中建构而成,真实的知识是发展的。这是人类创造力的"奇迹"。新奇是始终不能对之作出解释的生活中的一个事实。这就是皮亚杰的认识论所要致力于解决的一个基本问题。既然知识的发展是随着规范的应用,它们就是规范性的事实。③ 规范性的事实可以像判断行动那样用经验来调查。这样的行动应该是有心理和社会原因的。这样的判断应该是意味深长的推断,它们是规范性的,不是因果关系的。虽然2在因果关系上不能成为4,但它暗示2+2=4。

---

* 这是由荷兰皇家在1958年设立的奖项,它在人文领域内几乎与诺贝尔奖齐名。——译者注

这里有一个例子。在重复皮亚杰的一项关于数学归纳的推理研究中,要求 7 岁的孩子在一对不等的数字上"加上一个大数"。下面摘录了约翰的推理。

采访者:如果你把一个大数加到这个数字上面,把一个大数加到那一数字上,你以为如何?每一次加上的都是同一个数吗?或者这里加的数大,或者那里加的数大?

约翰:那个就像到了天上的盖子,而那个就像靠近了上帝,所以它们还是多一点。

采访者:天上的盖子是什么?

约翰:这是最高处,上帝住在那里。④

这个借用比喻的极妙的推理说明了理性的五个规范:自主性(autonomy)、(必需的知识的)蕴涵(entailment)、主体间性(intersubjectivity)、客观性(objectivity)、普遍性(universality)(为便于记忆,表示为:AEIOU)。他的推理是自主的;这是他自己所特有的。推理包含了蕴涵,这是关于"是什么"的必要的关系。它是主体间性的,是与欧几里得公理"不等的数加上相等的数,还是不相等的"相一致的,这是一种在不同的思考者之间的"共同的立场"的一种范例。它是客观的,在一个有确实根据的(保持真实性)的辩论中证明为是正确的响应。它达到了一定程度(水平)的普遍性,在有着因果关系的条件下必然公开地迁移。其中的每一个规范都被约翰用来发展他的知识。⑤应用诸如此类的理性规范是皮亚杰的认识论的核心。

认识论上的这一变化在三个方面是很重要的。第一,行动是知识的基础,在这里行动包含身体的和社会的动作以及智力运算。而且这里还有一种行动的逻辑,皮亚杰赋予它真实的图式(结构)的特点。"动作逻辑"不等同于"心智逻辑"。元认知在关于结构控制动作方面是有争议的,即使认知者是无意识地调整自己的动作。控制具有双重的机能——既是生成真实性的理性工具,又能建构更好的工具,因此这样的控制包含着规范的因素。⑥第二,一种恰当的认识论应该认同负责新知识即发展的机制。皮亚杰认为,这种机制就是平衡。它与教学的关系下面将会论及。第三,知识的发展需要时间,其结构是多层次的。牛顿和爱因斯坦分别生活在两个世纪。⑦然而现在在中小学中都在教授他们的理论——肯定是加速度的鲜明事例!这就是教育。⑧

教　育

皮亚杰把教育定义为连接双方的关系，"一方是成长中的个人，另一方是社会的、智慧的和道德的价值，教师要负责把由他启蒙的那个个体带进这些价值中"。⑨个体从出生起就在向前发展。对于心理—社会研究而言，这种发展部分地是有因果关系的。但是由于教师援引价值又有了规范的因素。价值是规范，在识别什么是必须做的、什么是允许做的、什么是禁止做的时，它起着方针、指令的作用。教育是个体与价值之间的一种规范性关系。依据这种观点，教育涵盖着所有各种类型的价值，所以，皮亚杰的定义没有指定某种类型的价值相对于其他类型的价值的优越地位，而是让面对着一个共同问题的教师去作出这样的决定。这就意味着，在学校学习期间的智慧价值与整个人生中的道德价值是同舟共济的。一代教师应用他们的(智慧的、道德的)价值去教育下一代的学生。因此，他们就直接遇到了一个基本问题。教和学这样的行动具有规范性的(不仅仅是因果关系的)特性。这就是说，教育是负有价值的成就的交换，而成就要取决于传递和转换。

为搞清什么是有利害关系的，把社会设想成一个一丝不苟的同时代的人的社会，而且其成员的年龄完全相同。例如，这个社会中的每一个人都是7岁的儿童。这个社会既没有传统文化，也没有来自过去的上一代的遗产，而且也没有年纪更大的或更小的人。在这样的社会中智慧的发展将会是怎样的？⑩皮亚杰在这样的思想实验中明确了一点，那就是在如此的社会中的成员将会有一个严重的不利条件。没有传承的知识，发展则会是极端困难的。但这也未必是不可能的。这些同时代的人有积极的心智。所以转换不是不可能的。从教育上说，这个区别就是文化。这个在因果关系上是非典型的社会产生一个在规范上是典型的问题。

有用的知识已经建构好，并且常常通过语言被整理成受规则指导的系统。规则、价值和符号确实是人类社会的基本方面。教师进入这些系统，把它们作为新知识介绍给学生。这就产生了"意向性的水平"问题。⑪教师(家长、同伴)和学生是如何接近这一相同的"水平"？它是如何扩展的？关键是学习是获得知识的行动。因此，学习也包括规范。这里有三种可能性:(1)要教授的知识的规范与在学习中要使用的知识的规范是相同的;或者(2)学习中要使用的知识的规范高于要教授的知识的规范;或者(3)要教授的知识的规范高于在学习中要使用的知识的规范。依靠传承的简单学习与(1)和(2)是不矛盾的。依靠转换的复杂学习是(3)所要求的。皮亚杰认为,学习始终需要在规范基础上的斡旋。知识是由教师传授的,在(1)和(2)的情况下教师就是低水平的障碍与不断增加的机会之间的斡旋者。但是,当如(3)中那样需要建构更好的规范时,斡旋作为复杂的学习以一种不同的而且是更有力的方式出现。它要求转换。

这里涉及的三个教学问题是:诊断、过程和结果。第一,在甄别教和学的知识水平时需要进行诊断评价,这是对是否匹配的一种检查。⑫皮亚杰建议,教师在作出这种评价时应该进行调查研究。⑬即使如此,他的工作也没有扩展到被认为是一项更艰巨的任务的课堂评定。第二,课堂学习以多种方式出现,包括小组学习和"自学"。皮亚杰明确地把小组学习推荐为课堂学习的标准方式。⑭但是这里还有一个附加条件:自学也是需要的。这里的矛盾由于它的规范性而不是因果性,比实际的要求更明显。实际的要求并不主张学习是孤独的,但主张学习应该是自主的。⑮自主性不是放任学生想干什么就干什么的无政府状态,而是学生应该想做他们该做的事。⑯这个微妙的差别影响学习的动机。它使无自主权的状态成为不可能。小组学习可能使小组成员"盲目"接受它(小组)的观点,全然不考虑个人的看法。这也表现为对知识权威的一种轻率的顺从或不加批判的接受。⑰自主性要求知识的个别化,这在小组学习中是可能出现的。第三,学习的结果是重要的。如果新水平过高,学习很可能像是背诵和顺从。

这不像知晓毕达哥拉斯的公理,个人推理的自由练习是有保证的。当然,它通过重新发现一般原理和如何证明该原理而得到保证。智育的目的不是通晓如何重复或如何保存现成的真理(鹦鹉学舌般地学到的真理只是一半的真理)。在学习中要通过自己去获得真理,而且要冒着花费很多的时间并穿越迂回曲折的道路的风险,这种风险是真正的活动所固有的。⑱

可以把这一原理概括地评价为与学校的标准相一致的成功的成就。它的出现可能与将来学习中的真实提升无关。总之,知识的发展和新的知识具有一种结构,现在的成绩对这种结构是有贡献的。缺乏建立在好的推理基础上的理性的正确的反应,对于智慧的形成是无效的。

　　教授毫无疑问是实际需要的。思想实验已证明了这一点。但教授对于好的学习还是不够的。爱因斯坦的老师们没有教给他 $e=mc^2$。新颖性能引导对已有的知识以真正革命的方式予以改造,使之超出教的范围。然而,好的教授也可能产生坏的学习。被成功地教会计数的儿童常常不能成功地进行数字推算。教儿童计算"多少",还不足以对"有多少"进行推算。这个规范性的区别要归功于弗雷格(Frege),他指出了如果从算术中去除相等("有多少"),那么几乎就什么也没留下了——他的意思就是没有什么可以计算的了("多少")。皮亚杰还是纳沙特尔大学的学生时就很熟悉弗雷格的著作。[19]他认识到,如果教是必要的然而又是不够的,那么就还需要其他什么东西。

　　这就是平衡,或复杂的学习。[20]皮亚杰的平衡是不完全的。即使如此,它保证了两条重要的教育原则。原则之一:创造性是重要的(无论是作为天才的新奇的结构还是作为我们中其余人的重新建构),每个人的心智在活动中都具有进步的潜力:"每个个人被引导去思考和重新思考共同意见的系统。"[21]集体智慧的文化遗产是有用的出发点。但这也是结算的终点。活动中的心智是生气勃勃的,有能力作出更好的判断。这就引出了第二条原则:教本身可以是有效的。所需要的是创造性地设计学习任务,这样的任务能加强规范的方面而不是削弱因果关系的方面。它出现在触发新的学习所要求的转换中。[22]这里出现一个关于标准的问题:"推理是一种顺应行为吗?或者顺应是一种推理行为吗?"[23]很好地向学习者传授真理,而学习者根据(顺应)所教的作出反应。成功的成就可留在记录上。对推理的顺应是另一回事。它要求行为者对他们自己的学习负责,通过为自己的反应而把若干理由改造成一个好的理由,即使归结为对所教的东西的理性的不顺应。

注　释

① Piaget, "Twelfth Conversation", pp. 128 - 132.
② Ibid. , p. 18.
③ 规范性的事实存在于规则的使用中,其行为在人类的相互关系中是有因果关系的。规范性事实本身是发展的。(Piaget, *Sociological Studies*, pp. 69, 166)
④ 参见 Smith 2002.
⑤ 参见 Smith, 1999, 2001.

⑥ Piaget, *De la pédagogie*, p. 108.
⑦ "最伟大的天才煞费苦心地'发现的'的思想,不仅是学童们唾手可得的,甚至还是非常简单的,一目了然的。"(Piaget, *Sociological Studies*, p. 37)
⑧ "以这种或那种方式进行的所有的教育,恰恰就是一种加速度。"(Piaget, *To Understand is to Invent*, p. 23)
⑨ Piaget, *Science of Education and the Psychology of the Child*, p. 137.
⑩ Piaget, *Sociological Studies*, p. 57; cf. *The Moral Judgment of the Child*, p. 335.
⑪ 这个观点来自 G. H. von Wright, Practical Reason, Ithaca, NY: Cornell University Press, 1983.
⑫ 皮亚杰提出,这个意义上的实际的不匹配是普遍的。这个观点是在他的交换模式中产生的(皮亚杰, *Sociological Studies*, pp. 146—148)。
⑬ Piaget, *The Moral Judgment of the Child*, p. 414; *De la pédagogie*, p. 191. 皮亚杰追随卢梭,赞同教师应该学习,而不仅仅是教;由于我们对人类学习的集体无知而连累儿童。
⑭ Piaget, *The Moral Judgment of the Child*, pp. 404 – 412; *De la pédagogie*, pp. 45 – 46.
⑮ 想一想,一个女孩在海滨扔着石头子计数,一遍一遍地反复计数。这对于规范的典型学习而言可能是一种因果关系上的非典型状况。如果她数了10,然后再数10,这是一个相同的数。这就成为保持真实性的逻辑推理,与客观现实的规范相一致。没有一个人能让另一个人去做这样的推理。
⑯ Piaget, *Science of Education and the Psychology of the Child*, p. 152.
⑰ 皮亚杰(*Sociological Studies*, p. 25)援引了数学学习与希特勒的青年教育的差别。
⑱ Piaget, *To Understana is to mvent*, p. 106; 皮亚杰也称此为"伪知识"(pseudo-knowledge)。
⑲ 参见 G. Frege, *Posthumous Papers*, Oxford: Blackwell, 1979; cf. Smith 1999.
⑳ Piaget, "Piaget's Theory", pp. 719 – 722.
㉑ Piaget, *Sociological Studies*, p. 76.
㉒ Piaget. *De la pedagogie*, p. 191; "Commentary on Vygotsky", p. 252.
㉓ Piaget, *Sociological Studies*, p. 60.

皮亚杰的主要著作(论教育)

① *The Moral Judgment of the Child*, London: Routledge & Kegan Paul, 1932.
② "The Significance of John Amos Comenius at the Present Time", in *John Amos Comenius on Education*. New York: Teachers College Press, 1967. ③ "Piaget's Theory" in P. Mussen (ed.), *Carmichael's Manual of Child Psychology*, vol. 1. 3rd edn. New York: Wiley, 1970. ④ *Science of Education and the Psychology of the Child*, London: Longman, 1971. ⑤ "Comments on Mathematical Education". in A.

Howson (ed.), *Developments in Mathematical Education*. Cambridge: Cambridge University Press, 1973. ⑥ *To Understand is to Invent*, London: Penguin, 1976. ⑦ "Twelfth Conversation", in J.-P. Bringuier (ed.), *Conversations with Jean Piaget*, Chicago, IL: University of Chicago Press. 1980. ⑧ *Sociological Studies*. London: Routledge. 1995. ⑨ *De la pédagogie*, Paris: Odile Jacob, 1998. ⑩ "Commentary on Vygotsky", *New Ideas in Psychology*, 18, pp. 241–259, 2000.

其他参考书

生物学

① Barrelet. J.-M. and Perret-Clermont, A.-N., *Jean Piaget et Neuchâtel*, Lausanne: Payot, 1996. ② Jean Piaget Archives, *Jean Piaget Bibliography*, Geneva: Jean Piaget Foundation Archives, 1989. ③ Smith, L., "Jean Piaget". in N. Sheehy, A. Chapman and W. Conroy (eds), *Biographical Dictionary of Psychology*, London: Routledge, 1997. ④ Vidal, F., *Piaget before Piaget*. Cambridge. MA: Harvard University Press, 1994.

儿童发展与教育

① Adey, P. and Shayer, M., *Really Raising Standards: Cognitive, Intervention and academic achievement*, London: Routledge, 1994. ② Bickhard, M. (1995) "World Mirroring versus World Making", in L. Steffe and J. Gale (eds). *Constructivism and Education*, Hillsdale. NJ: Erlbaum. ③ DeVries, R., "Piaget's Social Theory", *Educational Researcher*, 26 (2). pp. 4–17. 1997. ④ Ginsburg, H., *Entering the Child's Mind*. Cambridge: Cambridge University Press. 1997. ⑤ Lourenço. O. and Machado. A., "In Defense of Piaget's Theory: A Reply to 10 Common Criticisms". *Psychological Review*. 103. pp. 143–164. 1996. ⑥ Moshman. D., "Cognitive Development Beyond Childhood", in W. Damon (ed.), *Handbook of Child Psychology*, vol. 2, 5th edn, New York: Wiley, 1998. ⑦ Müller. U., Sokol. B. and Overton, W., "Developmental Sequences in Class Reasoning and Propositional Reasoning", *Journal of Experimental Child Psychology*. 74. pp. 69–106, 1999. ⑧ Smith, L., "Epistemologycal Principles for Developmental Psychology in Frege and Piaget", *New Ideas in Psychology*, 17, pp. 83–117, 1999. ⑨ Smith, L. "Piaget's Model", in U. Goswami (ed.), Handbook of Cognitive Development, Oxford: Blackwell, 2002.

网　　址

① Jean Piaget Archives, Geneva: www.unige.ch/piaget. ② Jean Piaget Society, USA: www.piaget.org.

L. 史密斯

奥克肖特
(*Michael Oakeshott*, 1901—1992)

> 现代政府对教育不感兴趣,它们只关心把这种或那种类型的"社会化",强加于幸存下来的曾经是重要的教育义务的残余。①

迈克尔·奥克肖特生于1901年,卒于1992年。他多年来一直是伦敦经济学院的政治学教授,作为一名具有保守气质的政治思想家闻名于世。但是,在他1933年发表的早期著作《经验及其模式》中,奥克肖特对人类的知识和经验提出了一个很全面的观点,根据这一观点他很自然地得出了关于政治和教育的结论。

奥克肖特的基本的哲学立场结合了怀疑主义、理想主义和人道主义的元素。对他而言,哲学不是第一位的,也没有绝对的保证,我们所说的任何话和做的任何事都是可以予以证明的。只有在诸如历史、道德、政治、科学、哲学和诗歌之类的许多截然不同的人类实践中,现实才能成为我们的中介。没有一种生活观或经验可以被设想为是最优越的。我们所具有的是许许多多不同的实践和时尚,它们的价值经受了时间的检验,适用于接受它们的特定的任务。每一种实践都各自是一种人类的成就。每一种实践揭示的仅是整体的一个部分,但它确实揭示了部分。为了了解这个部分究竟是什么,我们必须诉诸于实践,这就意味着把进入其中作为某种必须继续发展的东西。对奥克肖特的实践不能从它的外部进行分析,对它的目标也不能用非它自己的其他目标予以证明。

这一学说导致政治和教育两个方面的结果。在政治方面,奥克肖特的最大的烦心事是他称之为理性主义的东西。理性主义就是当根据共同生活的进化模式去改造政治时,依托大部分不言而喻的背景去分享关于事情应该是怎样的理解。理性主义把类似于朋友之间的没有预定目的的交谈之类的东西,改变成以社会工程和其他确定的终点为目标的事业或配套事业,这些事业的确定可能与现有的政治实践的传统无关。结论是奥克肖特称之为事业的东西说明,在这种事业中意识形态、管理技术、抽象、不停的立法和诉讼使政治发生变形。在当代的政治中我们确实能发现这样的情况,因为当代的政治强调技术,强调要把问题看成是总是需要干涉者予以解决并且是能够通过干涉者予以解决的。

我们不再理解传统和缄默的知识在政治中的地位,相信无论什么重要的东西都可能被编纂整理,搞得既明白又透彻,并能提出一套"程序"和"好的实践"的计划。我们不再把"好的实践"规则及诸如此类的东西,看做充其量也不过是实践的参与者已经心照不宣地理解了的东西的节略。这样的规则本身不足以造成对所有重要东西的理解,对于那些已经拥有它的人也是徒增烦恼。我们只不过是不理解甚至不承认这样一个基本观点,即实践取决于其参与者之间的默契,这种默契要求任何明确的指令和规则是要被理解和应用的。

所有这些既在对教育的理解和教育目的方面,也在探讨教育的方法方面,都与教育有很大的关联,奥克肖特写了几篇重要的论述教育的文章,这些文章一般来说也是关于他的思想的优秀指南。其中最重要的一篇是《教育,义务和它的失败》。这篇文章一开始奥克肖特就打算通过说明人类会变成什么样的来讨论教育的要旨。

> 要成为人就是要承认自己是与他人有联系的,不是作为一个有机体的各个部分,也不是作为一个单一的、无所不包的"社会"的成员去发生联系,而是因为参与对相互关系的多重理解,以及参与对理解的欣赏,因为情感、情趣、想象、愿望、承认、道德和宗教信仰的历史语言,因为智慧的和实践的练习,习惯、习俗、程序和实践,准则、原理和行为原则,说明职责的规则和规定义务的职务。②

列出如此斑驳的和不同质的项目,是奥克肖特思维的典型特点。与那些喜欢条理化和分类保存的人不同,奥克肖特总是强调人类世界的创造的无序性,维特根斯坦(Wittgestein)(奥克肖特与他有某些共同点)把此称为我们实践的"杂色"。奥克肖特继续强调成为人的方式。

> 世界的居民不是由"物"组成,而是由"意义"组成;这是以被承认的、被认同的、被理解的并根据某种理解作出响应的某种方式产生的意义。这是情趣和信仰的世界,它也包括人类的人工制品(诸如书籍、图画、音乐曲谱、工具和器具)……没有对这些东西的理解,就不是人类,而与人类的状况形同陌路。③

如果用历史地产生的实践或"对话"(使用奥克肖特所喜欢的一个隐喻)来定义人类的状况,就必须把儿童引进到这些实践和对话中。他或她不是生下来就知道这些东西的,没有教学、榜样和鼓励他或她也不能长大成人。即使走路这样的活动也是这样:"儿童学走路与羽毛未丰的小鸟学飞不一样;我不记得有人对我说过'好好走'之类的话了吗?不记得仿佛像只小猴子那样蹒跚吗?"④但这已远远地多于获得许多习惯或现成的思想。在这个"代际和解"中我们追求的是学习看、学习听、学习思考、学习感觉、学习想象、学习相信、学习理解、学习选择和学习希望。所以,奥克肖特非常明确地强调在教育中需要接受教导和启发,最终目的就是使一个能流利地进行人类的各种对话的人,能够在既理解会话也理解他或她本人的过程中进行那样的对话。

奥克肖特认识到并非所有的学习都是正规的或审慎的。但是,鉴于人类对话的性质,正规教学成为有生命力的。这是学校教学的要旨(并延伸到大学层次)。奥克肖特认为,学校首先是以严肃的、有序的方式教给学习者他们的智力的、想象的、道德的和情感的遗产的场所。其次,学校教学是一种需要付出努力的活动,尤其要在听懂、理解理性意识的审慎经验并对之进行再思考方面付出努力。再次,是对希腊的 *schole*(闲暇)的模仿,为了使学生能通过对意外的优秀和可能性的暗示而获得解放,学校应该超脱于世界。最后,学校教学包含着教师和学生的历史的连续性的含义,在其中,一个过程的终结对学生来说是约定人的形成的过程。所以,它的目标不是某种特定的技能,它允诺的不是物质方面的利益,它没有不可告人的政治的或社会的目的;用政治的或社会的目的去看待学校是对学校性质的误解,是腐蚀学校的性能。

教是什么?奥克肖特认为,教只不过是要让学生理解并记住某些教师打算让学的某些有价值的东西。教学的方式不计其数,其中包括以下一些方式:

> 暗示、提示、劝告、诱导、鼓励、指导、指示、谈话、教诲、告知、叙述、讲演、演示、练习、测验、考试、批评、校正、辅导、操练,等等。其中的每一种都是要为了给予理解。⑤

当然,障碍就在这里。许多以教育的名义进行的东西只不过是歪曲真相。根据奥克肖特的观点,当代的教育正像被理性主义扭曲了那样被当代的政治所扭曲。

第一，有一些人因为这个或那个原因而把教育观贬损为代际的和解。这可能是因为他们蔑视前辈的智慧和学习。或者这可能是因为他们希望保持孩子般的无知，处于这种童真中的孩子用别人的概念去面对无阻挡的世界。或者这可能是因为他们相信这样能使儿童更好地去解决问题或"发现"问题。或者这可能是因为他们相信，由于"知识"的变化是如此的迅速，因此没有什么必要去学习"旧的"知识。现代的所有这些堂而皇之的观点，实际上没有一个是新的。奥克肖特在17世纪初的培根的著作中就已鉴别出所有这些观点。然而每一个观点都具有现代性的特点，每一个观点都需要用简单的反省予以反击，这就是这里除了通过理解我们的祖先之外没有留给我们任何理解。决不是要成为一个被囚禁的人，进入这样的会话中的是我们和我们的学生，这是摆脱当前愿望和现在的时髦的专横的唯一道路。

有人从社会化方面认识教育而使教育遭受挫折，他们认为教育是培养劳动力，或者是具有正确的政治态度和社会态度的男人们的竞赛，或者是这二者的结合。既然其教育家们的特点是提出儿童中心的主题，第二种类型的教育变形则是政治家们的典型特点，尤其是那些掌管教育资金的政治家。奥克肖特认为，从社会化角度认识教育，是要用教育的非本质目的代替其本质目的。其结果的危害性与第一种扭曲相同。二者都是有意或无意地剥夺儿童作为人类的遗传性。二者都将培养出一批傻瓜族，按这个词的完整意义，傻瓜既不能进行理解，也不能行动。用奥克肖特的话来说，由于它们的如影随形的夸大其词和令人透不过气来的花言巧语，二者都是灭绝人类的手段。

最后，从上面这个关于教育扭曲的梗概中我们可能产生一种想法，认为教育是，或者应该主要是为了获得技能（判断的技能、学习的技能、思考的技能，或其他什么技能）。奥克肖特鲜明地反对任何过程中全无内容的教育概念，但是技能概念引起更大的争议。学习思考或学习判断与获得信息不是一回事。他说，"可能只连同信息的传递一起教给他'判断'"⑥，并把它作为学习地理、拉丁语、代数或其他什么科目的副产品。而且，一般的思维和判断技能是与前辈的思考者曾经使用过的特定的思维模式和风格分不开的。学习思考就是亲自掌握这些模式和风格，反过来又要求学习者察觉在工作时头脑中出现的那些模式和风格。"思考技能"以及诸如此类的技能给予学习者的只有间接"思考者"的原理的习字帖，而不是"使他能确定适切性的鉴赏能力"（为了获得鉴赏能力他还需要被技能热衷者所鄙视的知识的本体),鉴赏能力还"使他能够区分问题的不同类别和这些问题所要求的答案的不同类别,使他摆脱粗鲁的绝对化,使他能够容忍对他的赞成或反对"。⑦

据说,奥克肖特所教育出来的人,具有济慈(Keats)那样的否定能力。如果确实如此,这只不过是表明,一个看上去是消极的美德需要多少积极的内容,而且这个消极的美德事实上又如何体现整个人类的文化和学习。奥克肖特本人的教育思想来源于他对人类经验的一般思考,虽然并不完全地依赖于这些思考。事实上他的教育思想代表着20世纪关于自由学习的传统概念的大部分深奥微妙的解说。另一方面,那些发现在教育观点上意气相投的人,可以去考察奥克肖特的其他的哲学观和政治观,去领悟使自由学习的理论中包含哲学内容的方式。

注 释

奥克肖特的教育著作汇编于 *The Voice of Liberal Learning*, Timothy Fuller ed., New Haven, CT: Yale University Press, 1989。

① *The Voice of Liberal Learning*, p. 86.
② Ibid., p. 65.
③ Ibid.
④ Ibid., p. 66.
⑤ Ibid., p. 70.
⑥ Ibid., p. 60.
⑦ Ibid., p. 70.

奥克肖特的主要著作

① *Experience and Its Modes*, Cambridge: Cambridge University Press, 1933.
② *Rationalism in Politics*, rev. and expanded edn, Indianapolis, IN: Liberty Fund, 1991; London: Methuen, 1962.   ③ *On Human Conduct*, Oxford: Oxford University Press, 1975.   ④ *The Voice of Liberal Learning*, Timothy Fuller (ed.), New Haven, CT: Yale University Press, 1989.

其他参考书

① Franco, Paul, *The Political Philosophy of Michael Oakeshott*, New Haven, CT: Yale University Press, 1990.   ② Grant, Robert, *Oakeshott*, London: Claridge Press, 1990.

奥赫

罗杰斯
(Carl Rogers, 1902—1987)

当我开始信任学生时……我就从一个教师和评价者转变成一个学习的促进者。①

卡尔·罗杰斯是一位重要的美国心理学家,他的名字已成为非指导性疗法和非指导性教育的同义词。他提出了一种以自我实现的个体思想为核心的主观的、现象学的咨询观。这些思想提出的治疗模式极大地不同于当时的行为主义心理学家的和精神分析的治疗模式,并且与非指导性教育观是相一致的。

1902年1月8日罗杰斯诞生于美国伊利诺伊州的奥克帕克。他家有五个男孩和一个女孩,他排行第四。他的父母是原教旨主义者基督教徒,他们不与人往来,教育自己的子女恪守行为规则,教育他们懂得艰苦工作的重要性。②当罗杰斯成为威斯康星大学两年级学生时他曾想当一名牧师,后来他进了纽约联合神学院的研究生院,在那里他广泛地接触到了各行各业的人,这促使他不把自己限制在宗教职业中,并导致他转学到哥伦比亚大学师范学院,他在那里于1931年获得了自己的学位。在哥伦比亚大学他受到了约翰·杜威(John Dewey)、利塔·霍林斯沃思(Leta Hollingworth)和威廉·克伯屈(William Kilpatrick)的思想的影响。③

罗杰斯的第一个职务是担任纽约罗切斯特的一个社区指导诊所的心理专家。他在那里接触到叛教的精神分析学家奥托·兰克(Otto Rank)和兰克的追随者杰西卡·塔夫托(Jessica Taft)的思想。兰克与弗洛伊德的关于独立的心智受到无意识的攻击性驱力和性驱力的激发的思想彻底决裂。虽然由于他否定恋母情结问题是心理基础的思想而受到原始的弗洛伊德学派的排斥,但他是原创的客体关系理论家。他认为,主要关系是与母亲的关系,这是个体的情感生活的源泉。为学习和理解提供机会的是情感,而不是理智的顿悟。这就意味着,起治疗作用的不是治疗师的权威性的解释,而是治疗师的移情作用。治疗师的理解和接受对于建立自我价值是至关重要的。它是通过现在的治疗关系使遭受挫折的发展可能被重新激发。他同等地看待自我的成长与自我中发生的变化。

虽然罗杰斯的思想不像兰克的思想那样复杂和丰富,但他的工作清晰地反映兰克的这样一些思想:不间断地改变的自我,就是个性在移情作用接受的关系的范围内的发展和成长。兰克自己的生涯以及他被开除出弗洛伊德控制的精神分析学会,在罗杰斯这里的反映就是他拒绝弗洛伊德的心理学以及他对委托人自己的解释框架的更大的开放性。在这里不是把委托人—说话人看做治疗师时刻牵挂的要予以揭示的手段,罗杰斯把委托人理解为在为治疗过程提供钥匙。因此,治疗师的职能更多的是助产士而不是科学家。

罗杰斯的工作也具有较传统的科学方面。他是为研究和出版而记录和翻译真实的治疗案例的先驱。他的最重要的贡献之一就是为经验主义研究建立了基础,这种经验主义的研究使他能考察病人(委托人)的言语互动。后来他把自己的关于个体治疗的思想扩展到教育机构中,进而扩展到诸如公司之类的其他类型的组织中,他还把自己的思想应用到集团之间的冲突中。

在罗切斯特生活、工作了十年之后,1940年罗杰斯成为俄亥俄州的一位教授,并在被邀请去芝加哥大学之前在那里生活了四年。在俄亥俄州时他写了《咨询和心理治疗》,该书提出了他的关于治疗情境的观点。在书中他把对环境的感触置于治疗工作的中心。治疗师对情感的迅速反应和接受,成为他的理论的不变的要素。在芝加哥大学,罗杰斯是心理系的一员并开办了大学咨询中心。1957年前他一直在芝加哥大学,在此期间他出版了《以委托人为中心的治疗》,这本书的读者面极其广泛。在这本书中他描述了在咨询关系范围内成长的必要条件。他强调了要尊重委托人在咨询者提供的接受和移情的框架内解决他或她自己的问题的能力。后来罗杰斯转到威斯康星大学,在那里他希望把自己的发现应用到精神分裂症患者身上。虽然他的这一努力没有取得成功,但是他在威斯康星期间写了《论人的形成》,这本书为他带来了巨大的声望,产生了很大的影响。在这本书中他进一步发展了关于个人成长和创造性的中心地位的思想。他强调成为一个完全的人来自经验的品质,一个完全的人是生活在此时此刻的人。虽然罗杰斯的写作生涯是多产的,但是他的最独特的、最引人注意的观点是在他从事学术生活的年代提出的。1963年他离开了学术界,加盟位于加利福尼亚的拉乔拉的新成立的行为科学研究所。他于1987年逝世。

罗杰斯把他的方法最初称为以委托人为中心的治疗法,后来称为以个人为中心的治疗法。但当他成为知名人士后其他人就把这一方法简称为罗杰斯治疗法。这是为了与精神分析的治疗模式和行为主义的治疗方法区分开来。精神分析的和行为主义的治疗方法都假设病人要由治疗师予以治愈。所以,在传统的模式中,委托人所具有的是问题,而治疗师所具有的是治愈疾病的经验。如上面提到的那样,罗杰斯拒绝弗洛伊德的分析结构,因为这种分析结构基本上无视委托人自己的自我理解,认为只有在把它作为通向委托人的教化的小站的限度之内才具有可靠性,而这种教化反映的是治疗师始终拥有的理解。行为主义沿着这条道路走得更远,全然拒绝委托人的理解,不承认其在认识论上有重大意义。变化是由程序编制行为从外部带来的。与他们相反,罗杰斯坚持认为,治疗师应倾听病人,允许病人向治疗师反馈他们自己的理解。这样一来,治疗师的作用就像一面镜子,使病人能够看到他们自己的自我理解的方式,然后进入对该自我理解的反省性评价。

罗杰斯的临床的现象学方法提供了一种范式,它既不是精神分析的,也不是行为主义的。罗杰斯把自我而不是无意识的驱力置于人格的中心,并把优先权给予委托人的愿望和自我理解。他坚持认为,只有一种力能激发自我,这种力量就是自我实现的驱力,于是就含蓄地否定了弗洛伊德的无意识驱力理论。当为儿童或委托人提供无条件的积极关注、移情、和谐或真诚所必需的核心条件,就会出现健康的发展。

弗洛伊德把自我理解为具有攻击本性的,而行为主义者把自我简单地看做过去的条件作用的结果。与他们相反,罗杰斯对人性持一种积极的观点。他相信,自我可以成为自主的并依然保持与其他人的联系。当人发现并体验他们自己的思想、情感和冲动并学习接受它们时,它们就成为他们自己的独立的评价轨迹的来源。它们是灵活的、自由变化的。家长、咨询者或教师的作用是促进这一过程。罗杰斯使个人成为他自己经验的唯一的仲裁人,解除了权力关系中心,倡导一种否定专家的权威的非指导性方法。

罗杰斯把自己的治疗思想应用到教育上,批评正规教学的千篇一律,他深信正规教学要求指令性的课程,由教师对学生作出评价,教学模式是教师作为专家而学生作为被动的学习者。他认为,以人的自我实现形式进行的真正的学习,不可能不把认知和情感融合在一起。

罗杰斯的教育思想与进步主义教育的更个人主义的方面是不矛盾的,平等地看待诸如价值澄清运动、夏山学校形式的教育、开放教室、对完善自尊的强调之类的发展。所有这些运动都提出了在教育目标和教育实践之间的一个已被察觉到的实施上的矛盾。教育目标是要培养独立的自我实现的人,然而教育实践却维护学生对教师的依赖性,并把对学生自我实现的界定和评价置于教师的掌控之中。在这里,是教师决定着什么时候让学生自我实现。因此,罗杰斯的教育学及其相似形式的教育学所隐含的一个思想就是针对这种矛盾的,办法就是把学生置于他们自己的发展的控制之下。

近年来这种形式的教育遭到了越来越多的批评,批评既来自教育上的保守主义者,也来自教育上的激进主义者,前者认为它过于儿童中心,后者认为它过于个人主义,忽视了结构性的压制。较之与课堂教学的联系,罗杰斯与心理学和治疗的联系更为密切,所以他的思想只受到教育批评家的旁敲侧击。然而对价值澄清的攻击[④]和最近关于自尊的批评[⑤],是对罗杰斯的方法的含蓄的批评。具有讽刺意义的是,这些往往来自进步主义教育的保守派的批评,与来自如克里斯托弗·拉希(Christopher Lasch)[⑥]那样的马克思主义学派的对治疗过程的批评相类似。二者都反对把治疗师或教师仅仅看做儿童的价值和理解的被动的受体的思想。保守派断言,这一思想不管是对是错,是好是坏,都具有客观性,已超越了儿童的理解,治疗师和教师有责任去促进对的和好的方面。激进派担心,只关注个体会遏制从事具有集体性质的行动的机会。

作为对罗杰斯的较过激的观点的评注,这些批评具有明显的优点。委托人或儿童可能不具备恰当地解决某个个人问题或某个道德问题所需要的全部资源(信息、技能、有重要意义的理解、远见、历史的理解、另一种框架等等)。当需要表达集体的利益时,仅仅有单个的个体是不够的。对罗杰斯的治疗师和教师的真实的实践的批评也是不充分的。治疗师不只是像一只聪明绝顶的鹦鹉所能做的那样对委托者的言谈表现进行简单的反射。治疗师要对反射的对象作出选择,要用不同的语调说话(从感叹的语调到质问的语调),要提供补充内容,要提出试探性问题,等等。

参与价值澄清的教师的情况大致上也是这样。教师要比别人更多地揭示价值,他所进行的探索比别人更困难。而且,在出现价值澄清的环境中,价值无论是好是坏,都通过制度化的规范和教师、行政管理人员和学生的实践随时随地反映出来。与罗杰斯的观点比较投合的这个观点不会看不到,教师或治疗师方面的这种克制,要求他们具有非常优秀的道德素质去帮助主体发展反映和修正他们自己的价值的技能。修炼不足的专业人员或者在其他不同的环境中工作的专业人员,可能会把自己的价值强加于这一情境。比较意气相投的批评者也可能认为,这就是过分自信与自尊之间的差别。过分自信把主体引向夸大他们自己的解决问题的能力。自信使主体能够对于掌握解决问题所需的技能具有必要的信心。批评者经常把这二者混淆起来。⑦

以上所述对于理解罗杰斯方法的局限性是很重要的。罗杰斯站在完全依靠现象学的立场上,因此确实低估了委托人可能需要的用来解决问题的外部资源。一个研究得很好的结构假设,可能大大提高委托人识别和解决问题的能力。同样,抑制信息的教师或不能把儿童推向新的技能和理解水平的教师,可能像那些对儿童作威作福的人那样正在利用他们的专家地位,并事无巨细地掌管着学习过程的每一个方面。就像家长能够通过不适当地抑制亲情来居于支配地位一样,教师可以通过不适当地抑制信息、知识或适时的挑战而占据优势。

教育者也应对罗杰斯方法的过度的个人主义特点感到担忧。既然这个方法最初是在委托人—治疗师关系的范围内形成的,它的定位是完全可以理解的。然而,教育是一项公共事业,在这项事业中一个人的活动受到其他人的需要和利益的强化和制约。坚持对个人的绝对专注,会错失关于这个教育事业的某些既重要又独特的东西,在这个事业中儿童通过在一起学习也在学习如何一起学习。这一类活动比罗杰斯提供给我们的活动更需要社会化的和互动的学习模式。

注　释

① Rogers, *Freedom to Learn for the 80's*, Columbus, OH: Charles Merrill, p. 26, 1983.
② Rogers, *On Becoming, A Person*, Boston, MA: Houghton Mifflin, pp. 5 – 6, 1961.
③ Brian Thorne, *Carl Rogers*, London: Sage Publications, 1992.
④ Warren A. Nord, *Religion and American Education: Rethinking a National Dilemma*, Chapel Hill, NC: The University of North Carolina Press, pp. 336 – 341, 1995.
⑤ E. D. Hirsch, Jr, *The Schools We Need: Why We Don't Have Them*, New York: Doubleday, pp. 100 – 104, 1996.
⑥ Christopher Lasch, *Haven in a Heartless World: The Family Beseiged*, New York: Basic Books, 1977.
⑦ Hirsch, op cit.

参　考

本书中的"杜威"。

罗杰斯的主要著作

① *Counseling and Psychotherapy*, Boston, MA: Houghton Mifflin, 1942.　② *Client-Centered Therapy: Its Current Practice. Implications, and Theory*, Boston, MA: Houghton Mifflin, 1951.　③ *On Becoming A Person*, Boston, MA: Houghton Mifflin, 1961.　④ *Freedom To Learn: A View Of What Education Might Become*, Columbus, OH: Charles E. Merrill, 1969.　⑤ *Carl Rogers On Encounter Groups*, New York: Harper & Row, 1970.

其他参考书

① Hersher, Leonard, *Four Psychotherapies*, New York: Appleton-Century-Crofts, 1970.　② Zimring, F. and Raskin, N., in *History of Psychotherapy: A Century of Change*.　③ Donald Freedheim (ed.). Washington, DC: American Psychological Association. 1992.

E. 范伯格　W. 范伯格

泰 勒
(Ralph Winifred Tyler, 1902—1994)

  这些教育目标是选择材料、勾画内容、编制教学程序以及制定测验和考试的准则。教育计划的各个方面，实际上只是达到基本教育目标的手段。因此，我们如果要系统地、理智地研究某一教学计划，首先必须确定所要达到的各种教育目标。①

  在整个 20 世纪的进程中在实践领域内出现了一些人物，他们的工作起着成为别人的灯塔的作用。其工作所产生的启示效果有时得益于这项工作的理论功力，有时又与实际的功效有关，有时又是个人的超凡魅力的结果。拉尔夫·泰勒是一位学者，一位政策制定者，他对许多关心教育进步的人起着鼓舞作用。泰勒 1902 年 4 月 22 日出生于芝加哥，在内布拉斯加长大，1927 年在芝加哥大学获得哲学博士学位，1929 年至 1938 年间供职于俄亥俄州立大学的教育研究和服务局。1934 年至 1942 年他成为产生了深远影响的八年研究的指挥者，在此期间他应赫钦斯(Robert M. Hutchins)校长的邀请返回芝加哥大学。在芝加哥大学他先后被任命为大学主考和教育系主任(1938—1948)、社会科学院院长(1948—1953)。1953 年他转到加利福尼亚的斯坦福大学，任新成立的行为科学高级研究中心主任，他担任这个职务长达 14 年。

  他作为一位评价者，一位课程理论家，一位大学行政管理者，一位全国教育进步评估会(NEAP)的先驱，所取得的成就不胜枚举，是史无前例的，且不说他作为全世界许多国家的教育顾问所具备的看来是深不可测的能力。泰勒不是一个"纯粹的"国家级的伟人，他是一位享有全世界教育学者对他的尊敬的人。

  泰勒带来什么样的教育话语？他为教育理论作出了怎样的杰出贡献？
  泰勒是一位教育革新主义者，受到杜威思想的影响，身上带有他研究过的像贾德(Charles Hubbard Judd)和查特斯(W. W. Charters)那样的学者的气息。他主要关心的是教育的实际功效和学生在学校中所获得的经验的质量。虽然他承认，课程设计者和教师不可能向学生提供经验，经验毕竟是每个学生处理他或她所遇到的事情的结果，然而他在书中却坚持写学习经验，而不是学习活动，因为他想提醒读者，促进或抑制学习的是经验，还要提醒读者，教师或课程编制者并非单纯地设计活动。

泰勒对教育的最重要的贡献之一，是他为他在芝加哥大学教育系教授的课程教程编写的课程提纲。这个提纲第一次出版是在1950年，用荷兰文、挪威文、葡萄牙文、西班牙文出版。现在这本书还在再版。该书简明扼要地表达了关于课程设计思维方式的精华，不仅影响美国的，也影响其他国家的教育家的课程编制实践。

泰勒的课程编制模式把目标作为手段，显然处于中心地位的是被称作"泰勒原理"中的行为目标。对于泰勒而言，目标规范可能是意味深长地选择、组织学习经验的唯一途径，当实施课程时其结果是可以评价的。但与其他许多执拗地抓住行为目标不放的人不同，他没有将行为目标分裂成一个个教育细节，因为这样做会让教师穷于应付这些细节而糟蹋了自己的才能。泰勒是合理性的榜样，他强调坚持一般目标的重要性，但这样的一般性不是让人无从系统地以一种适当形式作出评价。他没有为了保证测验的可靠性而跌入细微特征的陷阱中。他的目标观在精神上更接近他的导师贾德的思想，后来又接近桑戴克的行为主义。毫无疑问的是，以这种或那种形式出现的"泰勒原理"，现在依然是课程编制和教学方面最专业的、最可靠的、最主要的方法模式。

当人们认识到泰勒最初是作为一位教育评价者获得专业的教育经验这一事实时，就尤其能够理解他对课程领域中的目标的兴趣。评价工作贯穿于他的整个职业生涯并影响了他的课程观。评价实践几乎自然而然地产生了对制定标准的需要，要求把标准作为判断或测量学生学到了什么的基础。他在评价领域的贡献与他在课程领域中的工作都是具有基础性的。

正如前面所指出的，泰勒是八年研究的指挥者。这项研究是要使三十所美国中学选择奉行它们自己的进步教育实践，根据对学生成绩的评价推荐他们上大学。对学生的评价留给这三十所学校自己去进行。研究的基本目的是为学校发挥教育实验室作用提供必要的空间。教育实验室的概念最早是由杜威于1896年,在他建立芝加哥大学实验学校时提出的。

1942年,他与史密斯(E. R. Smith)合著的《学生进展的评估与记录》②一书出版。该书清晰地表述了泰勒所采用的评价方法。有意思的是,《学生进展的评估与记录》中的许多评价实践让人联想起今天为建立"可信评价"所作出的努力。可信评价的概念暗示着他的对立面"不可信评价"。可信评价这一术语是对测验实践的并非多么心照不宣的批评,这种测验在历史上更多地是为了把学生分成等级而不是为了判断学生是否已达到了课程目标。20世纪60年代由斯克里芬(Scriven)提出的形成性评价的完整概念,并非与泰勒提出的评价目的无关,并与八年研究联系在一起。

美国的教育测验实践是建立在统计要求之上的,例如,是为使出试题的人放弃不能鉴别测验成绩高低的学生的试题所必需的。测验的可信性要取决于与常态曲线的某种近似,不能显示学生成绩变化的试题在这样的测验中是没有地位的。泰勒坚决主张,测验的要旨不是为了建立学生测验分数的常态分布,而是要提供一种方式去改进课程和判断学生是否已达到了课程的目标。简言之,用流行的术语来说,如果测验是为了提供关于学生学会了教师打算教授的什么的信息,那么,需要测验作为参照标准而不是作为参照常模。

泰勒的这个观点现在已是不言而喻的了,它提供了一种转化成我们关于以下问题的概念的范式:测验是为了什么,需要什么样的测验结构标准。所有的学生都能对所有的试题作出正确反应的测验,根据传统的测验假设是不具有统计上的可靠性的,但如果进行的是参照标准的测验,这样的测验在教育上是具有重大意义的。观点的转化是很重要的。

泰勒进入评价领域通过领导全国教育进步评估会为自己找到了另一个施展才华的地方。20世纪60年代,泰勒首先提出,国家需要自己的关于教育健康的指标,就像它需要自己的关于经济健康的指标一样。教育显然具有与经济同样的重要性,如果没有对教育进步的国家评定,作为一个国家我们就不可能知道我们该怎样做。

不言而喻,在这里表现了他对国家对测验态度的前景的深切忧虑。教师和学校董事会担心的是,国家测验的作用可能就像是一个楔形物的薄薄的边缘,使联邦政府能够有把握地实施对历史上属于联邦各州职权内的事务的控制。泰勒一再向批评者和对由国家来评定学生进步表示担心的人保证,全国教育进步评估会是不会在学区之间,甚至不会在各州之间进行比较的。学生确实是不能相互比较的,因为没有一个学生可能接受完整的一套测验。测验要通过多重模型的抽样程序,在此程序中学生个体只能选取几个项目。把在这些项目上的学生的成绩组合起来,人们得到的是关于这个国家的各个地区的分为四个年龄层次的和不同性别的学生成绩的一幅极其复杂的图景。而且,作为一种评价策略的对学生的进步所进行的国家评价,其突出的特点是它所提供的信息,是关于并非主要与学校科目所发展的学术技能有关的任务,而是关于主要与学龄期的公民在他们的日常生活中可能遇到的问题有关的任务。换言之,初始的评价实践并非与学校碰巧要教的东西紧密相连,因此不能用来为联邦政府提供杠杆。

泰勒是一位实用主义者。他用于国家评定以及课程设计的方法具有一个实用的圈子。他的最突出的智慧特点是他的冷静的理性感。他的演讲和他的著作都具有这样的品质特点。他绝对是不暧昧的,也不是神秘的。

他作为行为科学高级研究中心主任所发挥的作用,可能最好地证明了作为一位政治家的泰勒。行为科学高级研究中心位于斯坦福大学附近的一座小山的山顶上,但它不是斯坦福大学的一部分,每年都要邀请四十名学者来此逗留一年,这些学者大部分来自美国,但也有来自其他国家的。这些学者到这里来反思、阅读、交流、写作,中心不分派他们正式的任务。来过这个中心的有像托马斯·库恩(Thomas Kuhn)、约翰·罗尔斯(John Rawls)这样的学者,库恩在这里起草他的《科学革命的结构》③,罗尔斯在这里写作《正义论》。④泰勒在提供指导方面是主张工具主义的,他对创造一种不把自己的期望强加于人的或对工作不予监控的气氛尤其敏感。被邀请的学者既有年长的,也有年轻的,他们都自愿地结为朋友。这种气度对该中心的成功是至关重要的。

他的政治家风度的另一个例子,就是他为建立声名鹊起的美国全国教育科学院所发挥的领导作用。他是该科学院的第一任院长,并用自己所拥有的崇高声望为之添彩。科学院的100位院士是从美国全国选出的,只有数量极其有限的少数外籍院士来自世界各国。

回顾泰勒的一生和他的教育才能,最终是为了懂得他不是一位眼光狭窄的专家。他是一位视野开阔的人,是一位有人情味的天才;他精力充沛、思路清晰、技能熟练,做了许多有重大意义的工作。他建构了教育评价领域;他为课程领域提供了至今仍未能被超越的编制模式;他指导了行为科学高级研究中心;他游历世界各地让人们能分享他的教育智慧。在我的眼里,现在还没有一个人能取得像他那样的知名度,驾驭如此多的教育领域。

在他去世前两年,我邀请他去我在斯坦福大学开设的课程班为我的研究生讲课。他亲切地接受了我的邀请。他来了,与我们谈他对教育的认识,谈教育领域是如何发展的,谈他认为的当时需要关注些什么。在他发言后的讨论过程中,一名学生问他:"泰勒博士,您认为至今您的主要成就是什么?"泰勒停顿了一下,看着这名学生说:"活到 92 岁。"这是绝无仅有的一次我认为拉尔夫·泰勒错了。

注　释

① Tyler, *Basic Principles of Curriculum and Instruction*, Chicago, IL: University of Chicago Press, 1969, p. 2.
② E. R. Smith and Ralph W. Tyler, *Appraising and Recording Student Progress*, vol. Ⅲ, New York: Harper and Bros, 1942.
③ Thomas S. Kuhn, *The Structure of Scientific Revolutions*, Chicago, IL: University of Chicago Press, 1962.
④ John Rawls, *A Theory of Justice*, revised edn, Cambridge, MA: Belknap Press of Harvard University, 1969.

泰勒的主要著作

① *Basic Principles of Curriculum and Instruction*, Chicago, IL: University of Chicago Press, 1950.　② *The Challenge of National Assessment*, Columbus, OH: Charles E. Merrill Publishing Company, 1968.　③ Tyler, Ralph W. and Wolf, Richards M. (eds), *Crucial Issues in Testing*, Berkeley, CA: McCutlchan, 1974.　④ "National Assessment and Sociology", in James W. Guthrie and Edward Wynne (eds), *New Models for American Education*, Englewood Cliffs, NJ: Prentice Hall, 1971.

艾斯纳

斯金纳
(Burrhus Frederic Skinner, 1904—1990)

> 教授是对学习的加速。学生的学习无需教,但教师要安排能使他们更快、更有效地学习的条件。

伯尔赫斯·弗雷德里克·斯金纳生于1904年,在宾夕法尼亚州的一座叫做萨斯奎汉纳的小城长大,这里离纽约州的边界不远。他的父亲是一位律师,后来成为一家大煤矿公司的法律总顾问。他的祖父是从英格兰来到美国的移民。根据他的回忆录第一卷《我的生活特色》(1976),斯金纳的童年生活是相当和谐的。在高中期间他深受他的英语老师的鼓舞,以至文学成为他在大学的主修科目。他的《教学技术》(1968)一书就是献给他过去的这位高中老师的。他就学于靠近尤蒂卡的私立汉密尔顿学院。当时他就表现出对智力活动和艺术的广泛兴趣和对文学的强烈的学习愿望。他开始写诗并向萨斯奎汉纳的地方报纸投稿。汉密尔顿学院为对文化感兴趣的年轻人提供了他们所希望的一切可能条件。他选修了希腊语课,并能够阅读原文的伊利亚特。他学习经典著作和现代文学、文学创作和戏剧。他成为一份由学习文学的学生编的报纸的编辑,写了许多诗,练习音乐,成为一名相当熟练的萨克斯管吹奏者和画家。其中的若干兴趣在斯金纳的一生中始终占据优势地位。在他的马萨诸塞州的坎布里奇的家中,他有一架钢琴、一架管风琴,他还召集朋友出席他的家庭戏剧晚会,在晚会上朋友们各自朗读自己的台词。

从汉密尔顿学院毕业后斯金纳决心成为一名作家。在他的自传中他复印了一封信,在这封信中他的父亲努力说服他放弃这份不能给他任何"面包加黄油"的可能的职业。但年轻的斯金纳坚持己见,花了一年的时间在格林尼治村(纽约市的文学区)写小说。他曾给诗人罗伯特·弗罗斯特(Robert Frost)寄去几篇短篇小说,恳请他不仅要对这些作品作出评价,还要对他未来的职业生涯提出忠告。后来他收到弗罗斯特的回信,这封信对他的职业选择起了决定性的作用。弗罗斯特劝他在进入写作生涯之前先思考一段时间。在此期间斯金纳决定去哈佛大学研究生院学习心理学,在汉密尔顿学院时他几乎根本就没学过心理学。在他作出这个决定之前他阅读了俄罗斯心理学家伊凡·巴甫洛夫(Ivan Pavlov)的一本主要著作,巴甫洛夫用狗做的实验以及条件反射,在20世纪20年代末出版了英文版。1929年在哈佛大学召开的一次国际会议上巴甫洛夫做了讲演。斯金纳也读了华生(John B. Watson)的关于行为主义的著作。华生的关于行为主义的著作和他的优雅风格赢得了斯金纳的心。对于伯特兰·罗素(Bertrand Russell)也可以同样这样说,在此期间斯金纳如饥似渴地吸收罗素的哲学。

哈佛大学的某些教师,例如,亨利·默里(Henry Murray)、爱德华·博林(Edward G. Boring)和少数其他几个"内省心理学家",与在斯金纳的头脑中占优势的实证的和行为主义的模式不相调和。哲学家阿尔弗雷德·诺斯·怀特海(Alfred North Whitehead)也对斯金纳产生了强烈的影响,通过怀特海斯金纳与伯特兰·罗素更熟悉了。在完成了哈佛大学的哲学博士学位的学习后斯金纳成了一名副教授——最初在印第安纳大学,后来在明尼苏达大学。1948年在哈佛大学他被任命为正教授。在明尼苏达大学时他有两名研究生约翰·卡罗尔(John Carroll)和盖奇(N. L. Gage)。他们二人继续在教育研究领域中作出重大贡献。

20世纪30年代至40年代期间,斯金纳提出了自己的理论,证实了关于操作性条件反射的实验。他的研究成果陆续出版,1938年出版了《有机体的行为》,1953年出版了《科学与人类行为》,1957年出版了《言语行为》。这些著作为他在被称作"程序学习"的新的教育技术领域内的工作打下了理论基础,在他的专著《教学技术学》(1968)中详细阐述了这种程序教学。1954年斯金纳在最初发表在《哈佛教育评论》上的一篇文章(后来冠以《教学机器》的书名重印)中,讨论了在教育中对操作性条件反射的系统应用。他提出了程序化地呈现要学习的教材的模式和使用能够提供强化的所谓的"教学机器"。

斯金纳亲自解说了他是怎么会对把他的心理学原理应用到教育上产生兴趣的。有一天他以家长的身份拜访了他的女儿所在的一个四年级的班级。他听了一堂数学课。他突然发现教学情境十分荒唐。在教室里坐着"二十个十分宝贵的有机体",他们成为据他看来是违反了关于学习过程的任何已知原理的教学的受害者。他主要反对的是所采用的教导法,认为这种技术与具有重大效果的真正的强化技术不可同日而语。学校频繁地使用奖励和惩罚,这只能产生虚假的动机。学习不是出现在对所要学习的东西的真正的兴趣的基础上,而是出于其他的目的。斯金纳提出了一个有名的评论:"一个美国小学生,他的法语很好,会说'请传给我盐',这个小学生得到了一个 A,然而一个法国孩子很简单地就得到了盐!"

1954 年,斯金纳参加了一个关于心理学的现代趋势的专题讨论会。他在会上演示了他的机器,这种机器可用来根据控制它的原理来指导学习过程。同年的一期《哈佛教育评论》上发表了对它的机器的介绍,使斯金纳赢得了"教育技术奠基者"的声誉。

20 世纪 50 年代初斯金纳提出的程序教学的概念,是建立在斯金纳花了 20 多年的时间研究得到的操作性条件反射原理的基础之上的。以小步子向学习者呈现学习材料,同时还要既考虑难度,又考虑一个框面与另一个框面之间的距离。因为机器能自动地评价学习者的反应,因此学习者在处理学习材料时,由于必须回答问题和面对答案的质量,于是始终处于被激发之中。程序负责根据他或她的答案把学习者送往通过机器的不同的路径。于是,给出错误答案的人可以按新路线返回到较低一点的水平;反过来,一直趋向于给出正确答案的人,被引导跳过某些材料。程序使学习材料的每一个单元在转到下一单元之前都要经过反复练习。

程序教学的"兴旺"发生在 1960 年左右,当时美国关于学习和教授的辩论正处于白热化之中。新的教育技术的使用成为 1961 年召开的美国教育研究协会年会的主要议题,也成为同年在哥本哈根召开的国际应用心理学会议的主要议题。在这些会议和其他会议上提出的问题是,通过教学机器促进的程序学习能在多大程度上代替教师个人。从这些讨论中以及从学校实践中得出的结论是,新技术能够用来补充基本技能(例如,算术和交际技能)的操练。在哥本哈根会议上,有一位听众询问一位权威的教学法研究者罗伯特·格拉泽(Robert Glaser),这些新机器的主要目的是否是"代替"教学和教师。格拉泽回答:"一位可以被机器替代的教师,是应该被替代的!"这句话被广为传播几乎已成为传说。经历了半个世纪,人们可以说,有专门机器的或无专门机器的程序教学都没有发挥过其热衷者所预言的作用。最近几十年来教室中出现了个人计算机,这种机器比20世纪中期后不久使用的机器灵活得多。但是(也是更重要的),即使程序能以比从前好的方式来建构学习材料,越来越多的人却开始认识到教师与学生之间的人际相互作用的重要性。斯金纳本人在刊登在《师范学院记录》(1963)上的一篇文章中,回顾了教学机器所经历的十年,宣布:"教授是对学习的加速。学生的学习无需教,但教师要安排能使他们更快、更有效地学习的条件。"在这篇文章中他没有详细说明这样一个事实,即机器不能以与教师通过人际的互动的同样方式来激发学生的学习动机。机器也不能起榜样的作用。因此,教师与学生的互动是极端重要的。然而,某些技术装置确实是可以用作补充的。

斯金纳在处理家庭和班级教育中的所谓的"突发事件管理"的实践方面时发现,他的强化理论的本质被人误解了。在《教育》(1969)杂志中他强调,他把操作性条件反射原理应用到教育中,这并不意味着他在宣扬"自由"教育的福音。但是,他强调,惩罚很容易导致非预期的行为。在1973年发表在《纽约大学:教育季刊》杂志上的一篇标题为《自由和快乐的学生》的文章中斯金纳指出:"为教育中的个人自由而进行的斗争,其自然的逻辑结果是教师强制实施他对学生的控制而不是放弃这种控制。自由学校根本就不是学校。"

斯金纳的另一个发现可能不太知名,这一发现具有广义的教育意义。这就是他的"箱中的婴儿"。斯金纳说,在一个"勇敢的新世界"中,科学和技术影响着在家工作的妇女,需要做些什么去促进对儿童的保育。传统上是完全不根据温度和湿度来进行调整,一味地把婴儿裹在一层又一层的布中并把他放在床上。这一方法要求母亲做大量工作,至少要大量地洗涮。斯金纳建构的"笼子"能在一扇玻璃门的后面让孩子赤裸裸地坐在里面。儿童的反应调节着温度,使温度保持在舒适的水平上。斯金纳的女儿德博拉(Deborah)就是在这样的"箱子"中度过她的第一年的。

斯金纳在他的一篇于1948年发表的乌托邦小说《沃尔登第二》中,详细说明了在更宽广的社会环境内对他的心理学原理的另一项应用。这部小说的标题当然指的是梭罗(Thoreau)的一部有名的著作——1854年出版的《沃尔登或林中生活》,该书描绘了远离城市压力的宁静的生活。斯金纳在这本书中是作为一种类型的社会创造家绘制了一种社会,让人了解某些人类的反应如何被强化,而另一些如何被压制。新社会的创造人——作者的另一个自我在一个地方这样说道:

> 在我的整个一生中我只有一个想法——这是一个真正固定不变的思想。为了坦率地表达这一思想,就要以我的方式去做。"控制"就是对这一思想的表现。控制人的行为。在我的早年生活期间,作为一种经验它曾狂热地驱动掌控。我记得当预言失误时我的愤怒。我想对我的臣民吼叫:"去行动,你们这些讨厌鬼!去做你应该做的!"

当《沃尔登第二》出版时它几乎没有引起注意,至少在大西洋的欧洲部分没有引起注意。但在20世纪60年代,在从青年与社会的关系中清醒过来的氛围中发生了年轻人的抗议,这时许多人开始实践"沃尔登第二"在所谓的公社中的生活。该书的销售量扶摇直上,约达100万册。

20世纪70年代中期在把斯金纳介绍给瑞典的听众时,介绍人把斯金纳说成是"20世纪的卢梭"。像卢梭一样,斯金纳写了关于人性如何在社会背景下起作用的论文。在某种意义上可以把这看做是对他放弃其早期的成为小说作家计划的补偿。

《超越自由和尊严》,是斯金纳本人认为的他的最重要的一部著作;这是一部信仰宣告书。以更广的视角可把它看做是对教育哲学的贡献,因此可以把它称作"斯金纳的宣言"。该书试图详尽地阐释人基本上是什么这样一个概念,并阐明建立一个更好的社会的意图所具有的现实意义。

概言之,他的思想贯穿着以下的主线:"自由"和"自由的意志",如它们通常被想象的那样是一种幻想。我们必须摆脱狂妄自大,因为狂妄自大会令我们不承认人类是其环境——强化的境遇的产物。相反,我们却坚持我们的信仰,认为我们具有"灵魂",在我们内部的某处有个中心,关于我们应该做什么的决定是由这个中心作出的。但是,我们的行为不是从"内部"决定的,而是由"外部"决定的。行为是由其结果形成的。每个人都是对在遗传学上代代迁移的某些东西的一大堆独特的反应。我们所接受的对我们的社会环境的条件反射,作为"经验"决定着我们所能随意处理的全部行为技能。

个体是"负责任的"和"自主的"观点,是一种危险的神话,是一个人可以在其中和平地、快乐地生活的繁荣的社会的障碍。如果人性得以幸存，就必须利用建立在科学和理性基础上的社会技术；操作性条件反射就是在这样的情况下应用的。

斯金纳指出，在社会哲学史上，卢梭尤其承认积极强化的价值。教育家一般趋向于过高地评价消极强化的重要性。论述人类自由的那些人典型地趋向于过分强调能避免不愉快和惩罚的其他一些东西的重要性，趋向于放任隐藏于达到预期目标的图谋中的自由。认为控制多少是错误的哲学，在其应用中导致一种使惩罚行为经久不衰的制度。斯金纳坚定不移地强调，自由问题不是为了把人从所有的控制中解放出来，而仅仅是为了从某些控制中解放出来。

把人的行为背后的原因归于他们自身之外的某些东西，往往是由于体验到自身的价值、自己的尊严受到了威胁。然而，人的行为的消极后果凸现了个人自由问题，而积极后果凸现了个人价值问题。如果一些个人的行为不好，就认为这些人要对自己的坏行为负责，并因这个坏行为而受到惩罚。我们对外部情境的分类越成功，个人的"价值"就越降低。

令人瞠目结舌的是，最热衷于强调自由和个人价值的传统概念的那些人，却是在教育中依仗责骂和惩罚的人。惩罚是建立在一种假设的基础上，认为通过所采取的行动能够减少非预期的行为。但是人们能做到的往往仅仅是使一种行为与预期的行为处于冲突之中，也就是说，被惩罚的个人的举止是为了逃避惩罚。斯金纳把弗洛伊德的许多神经症压抑解释为逃避行为。

《超越自由和尊严》(1971)以一个信条来结束全书，这个信条就是：社会科学尤其是行为科学，应该能够通过发展适当的塑造人的战略去建设一个更宽容的社会。为了使付出的努力取得成功，行为科学家必须不再把人类看做一个自发的实体。人类是他们彼此之间以及他们与其环境之间互动的产物。简言之，这就意味着，行为科学应该采用与生物学和物理学相同的战略。

参　考

本书中的"卢梭"、"罗素"、"怀特海"。

斯金纳的主要著作

① *The Behaviour of Organisms*: *An Experimental Analysis*, Englewood Cliffs. NJ: Prentice Hall. 1938. ② *Walden Two*. New York: Macmillan. 1948. ③ *Science and Human Behaviour*, New York: Macmillan, 1953. ④ "Science and the Art of Teaching", *Harvard Educational Review*, 24, pp. 86 – 97, 1954. ⑤ *Verbal Behaviour*, New York: Appleton-Century-Crofts. 1957. ⑥ "Teaching Machines", *Science*. 128, pp. 969 – 977, 1958. ⑦ *Cumulative Record*, New York: Appleton-Century-Crofts, 1959. ⑧ "Teaching Machines", *Scientific American*, November, pp. 91 – 102, 1961. ⑨ "Teaching Science in High School—What is Wrong?" *Science*, 159, pp. 704 – 710. 1968. ⑩ *The Technology of Teaching*, New York: Appleton-Century-Crofts, 1968. ⑪ "Contingency Management in the Classroom", *Education*, Milwaukee, Wl, November-December, pp. 1 – 8, 1969. ⑫ *Contingencies of Reinforcement*: *A Theoretical Analysis*, New York: Appleton-Century-Crofts, 1969. ⑬ *Beyond Freedom and Dignity*, New York: Alfred Knopf, 1971. ⑭ "Skinner's Utopia: Panacea, or Path to Hell?" *Time Magazine*, 20 September, pp. 47 – 53, 1971. ⑮ "On 'Having' A Poem", *Saturday Review* . 15 July, pp. 32 – 35. 1972. ⑯ "The Free and Happy Student", *New York University*: *Educational Quarterly*, Winter, 5, pp. 2 – 6, 1973. ⑰ *Particulars of My Life*, New York: Alfred Knopf. 1976. ⑱ *Reflections on Behaviourism and Society*, Englewood Cliffs, NJ: Prentice Hall, 1978. ⑲ *The Shaping of A Behaviourist*, New York: Alfred Knopf, 1979. ⑳ "My Experience with the Baby-Tender", *Psychology Today*, March, pp. 29 – 40. 1979. ㉑ *A Matter of Consequences*, New York: Alfred Knopf, 1983. ㉒ "What is Wrong with Daily Life in Western World?" *American Psychologist*, May, 41, 5, pp. 568 – 574, 1986. ㉓ *Upon Further Reflection*, Englewood Cliffs, NJ: Prentice Hall, 1987.

其他参考书

Bjork, D. W. , *B. F. Skinner—A Life*, New York: Basic Books, 1993.

胡森

布劳迪
(Harry Broudy, 1905—1998)*

> 对珍爱的启迪需要哪种类型的学校教育？知识为启蒙作出贡献，但是，启迪珍爱的知识既包括科学知识，也包括价值知识……启迪珍爱的知识有时被称作智慧，它把关于人性的知识与关于什么能做、什么不能做的清醒的认识融合在一起。
>
> （布劳迪，1972，第53页）

哈里·布劳迪出生于波兰的一个殷实的犹太家庭，是这个家庭中四个孩子中的老大，在传统的希伯来学校中开始自己的教育。1912年他与其家人一起移民到马萨诸塞并进了一所美国学校，当时他一点英语知识都没有。1929年他获得波士顿大学德国文学和哲学专业的文学士学位，1935年获得哈佛大学哲学专业的哲学博士学位，他主要研究克尔凯郭尔（Kirkegaard）、柏格森（Bergson）、威廉·詹姆士（William James）。

布劳迪涉足教育主要是因为当时美国大学中的排犹主义，不鼓励犹太人成为常春藤联合会成员学校的教师。因此，尽管他拥有哈佛的具有很高声誉的学位，师从过怀特海（Whitehead）[①]和佩里（Perry），他也只能接受北方亚当斯州立技术学院的职位（1937），教授普通心理学和教育哲学。在那里他遇到了多萝西·霍格思（Dorothy Hogarth）并与之结婚（1947）。多萝西，这位农场主的女儿，一位灵巧的妇女，以多种方式支持哈里：安排他的时间，打印他的手稿，安装水龙头，驾驶汽车。他们的儿子理查德（Richard）生于马萨诸塞。

---

* 我谨向多萝西·霍格思、鲁珀特·埃文斯、戈登·霍克、查利·伦哈特、鲍勃·斯塔克致谢，他们都各自与我谈过几次，与我分享关于布劳迪的工作和生活的深邃的思想。感谢尤妮斯·博德曼、韦恩·鲍曼、迪克·科尔韦尔、拉尔夫·佩奇、卢·史密斯发给我的重要信件，感谢萨沙·阿迪奇维利、多萝西·布劳迪、鲁珀特·埃文斯、戈登·霍克、鲍勃·斯塔克认真阅读了本文的手稿，提出了很有帮助的意见。

1957年,布劳迪被聘到伊利诺伊大学教育学院,这标志着他的多产的和可喜的第二个职业生涯。在那里,布劳迪对哲学系的任命并不感兴趣,集中精力研究教育,尤其是第二级和第三级层次的课程和教育学领域,提出了自己的关于学校教育的用途的思想。②他于1974年退休(在随后的15年内他继续活跃在校园的委员会、教学、咨询和学术研究领域)并在关于"知识在个人生活和职业服务中的用途"的会期为三天的会议上受到礼遇。布劳迪住在厄巴纳直至去世,在他90多岁时还能看到他沿着连接他家与校园的雷斯大街的青葱的(不受汽车干扰的)小路轻快地散步。

我是在20世纪80年代末遇见布劳迪的。我受到作为研究生时所接触到的他的工作的鼓舞,在我们的谈话中我被他的谦逊的态度、深刻而敏锐的洞察力、机智、热情、体贴和简洁的幽默感所震惊。在与他的遗孀、朋友、同事和学生所进行的访谈中,他们特别强调这位男子的这些和另外一些方面。鲁珀特·埃文斯(Rupert Evans),20世纪50年代末至60年代是教育学院的院长,谈到了布劳迪对英语的令人称羡的驾驭能力(鲁珀特说,在每次交谈中他必然都要从哈里那里学到一个新词),谈到他是一位受人爱戴和效率极高的教师,谈到他所受到的同事们、教务长和大学校长的尊重。教育评价专家戈登·霍克(Gordon Hoke)说到布劳迪为联邦教育评价机构和博学的学会所作出的有见地的贡献,提供了关于哈里如何"不能高高兴兴地遭受愚弄"的生动的例子。韦恩·鲍曼(Wayne Bowman),一位权威的音乐哲学家,曾师从哈里攻读博士学位,谈到布劳迪的献身精神、智慧的激情、对措辞和意义的关注以及哈里对他产生的"深刻而持久的影响","正是从哈里那里我得到了我的最初的哲学入门,引导我的哲学意向、爱好和倾向"。

布劳迪关注教育民主的本质,尤其关注当中学面向全体居民时其课程需要什么样的知识。他区分了两个问题:什么是好的知识?好知识是为了什么?他把第一个问题交给各门学科的专家,自己致力于研究第二个问题(Vandenberg 1992)。不同于杜威,布劳迪不信奉进步教育,认为进步教育是勇敢的,但却是为恢复美国小城镇的生活质量而作出的无益的努力。自称为对存在主义提出的问题深感兴趣的古典的实在论者③,布劳迪提出,每个人都应该拥有一套关键的思想和学习技能。需要把这个知识翻译成程序,这一程序能够顺应背景、能力和兴趣的差异而维护优秀。

优秀是否与民主相适应?布劳迪认为优秀处于个人生活和社会生活的质量之中,处于社会本身的质量中,而不是在认知、科学或艺术成就方面水平较高的个人的造诣。他认为普通教育的目的是实现自我:知识可用作通过自我实现来促进幸福从而获得好生活的手段。艺术为促成自我实现发挥了重要作用。因此,他还提倡对所有的学生进行艺术教育:不仅仅对那些被鉴别为有艺术天赋的或对艺术高度感兴趣的人进行艺术教育。

布劳迪承诺,如果能够通过教育来改变人的趣味,使之接近行家的趣味,形成审美教育的基本原理,把艺术鉴赏作为审美修养的手段放在中心地位,生活就将得到提高。他强调,艺术教育的教养是由建立在专门技能和学识基础上的知识本体组成的,超越暴露和自我表现。想象力教育指的是使学生获得艺术的想象力,想象起着联想、解释资源的作用,运用背景知识的作用,能拓宽和加深理解。艺术起着与人文学科类似的作用——教授价值、增添美、减少丑陋和仇恨。这就是说,艺术采纳普通教育的目的,而不是艺术教育的特殊目的。

像杜威一样,布劳迪把"在审美上是令人满意的经验……"看做"时间的乏味的、无意义的、无定形的、空洞的片段的对立面"(1972,第35页)。但是,布劳迪还是与杜威不一样,布劳迪的古典的实在论强调课程要围绕着标本,目标是获得知识而不是单纯地解决问题。布劳迪与乔·伯内特(Joe Burnett)和奥塞内尔("邦尼")·史密斯[B. Othanel ("Bunny") Smith]一起,以及后来在他的其他著作中,提出了把标本学习作为获得这些教学价值的主要工具。他推荐的中学大纲的重点是鉴赏和感知在"最好的"艺术书刊中的模式,而不是传统的表演和演播室的课程。

同样的价值原理也作用于他对第三级教育的认识。第二次世界大战期间布劳迪认识到,科学家和工程师们没有必要去研究关系的道德框架。他认为有必要去研究的是每个人的道德感性,从而使他们能理智地控制科学和技术(1943)。[④]想象力和教育的发展以及对情感的感知,是德育的核心目的。严肃的艺术创造情感想象力,想象不只是恢复知觉:有时候通过把陌生人想象成熟人;有时候通过把熟人想象成陌生人。布劳迪继兰格(Langer)之后提出,"学生应该仔细考虑情感,而不是拥有情感"(Broudy

1972b,第 49 页)。审美经验的培养是为了拓宽和分化情感和价值。审美经验说明所有其他经验模式,从而渗透于教育过程之中。

布劳迪不是把这些思想停留在抽象的水平上,而是坚定地把这些思想应用到学校教育的实践中。在 1943 年的一篇论文《无歇斯底里的历史》中,布劳迪对公布的关于历史知识的测验结果作出了响应,宣称测验分数低仅仅是表明,这些史实是在几千名被试的一年级大学生的日常生活中不被使用的。布劳迪写道,教历史的目的不是记住史实,而是"利用历史来解释现在问题的能力"。他在包括他的最后一部著作(1988)在内的几部著作中都提出了这个问题,在最后的这部著作中他阐述了学校的复制(应用)目的的局限性,强调了解释和联系。学校教育的解释和联系用途被看做是对来龙去脉的建构。它们在日常的生活中发挥着作用但隐藏在意识表面的背后,表明有学识的人去接近专家的理解的能力,而不是接近专家的回忆和问题解决的功力。

布劳迪是 20 世纪下半叶的重要的教育哲学家。但是他的主要影响是在美育方面,他的作品主要是关于视觉艺术领域,但是,他的论著对于音乐教育的重要意义也不小,虽然较少得到公认(Bresler 2001;Colwell 1992)。从 1950 年开始美育成为他思考的中心,即使在讨论一般的教育问题时也是这样。(例如,讨论关于学校教育的用途问题,或者讨论如何使智能型学科变成民主社会中的普通教育计划。)伊利诺伊大学具有很强的音乐和视觉艺术教育计划,布劳迪转入这所大学更使他对美育的兴趣和影响坚如磐石。查尔斯·伦哈德(Charles Leonhard)是一位极具魅力的音乐教育家,在美学和审美实践方面造诣极深,当时正在编制一份杰出的音乐教育博士计划。他把布劳迪当成一位主要的学者,把自己的学生送到布劳迪的班上,这些学生中有未来的音乐教育大师,例如,贝内特·赖默(Bennett Reimer)、韦恩·鲍曼。布劳迪后来还提出了自己的音乐教育哲学思想。于是,通过在伊利诺伊大学师从过他的学生以及通过他在主要的音乐教育出版物上发表的关于音乐教育哲学的论述,布劳迪产生了深远而持久的影响。

关于音乐教育的基本原理,是在布劳迪于 1950 年出版的论述艺术的著作中形成的,在这部书中他解释了大众言语的一般心理和趣味的形成,解释了思想和艺术都是原因和表现。布劳迪对利用"最优秀的"音乐的哲学基础的规定,对于音乐教育专业是重要的。正如理查德·科尔韦尔(Richard Colwell)所指出的:"1958年的思想是音乐教育应使哲学成为不起的专业。"(1992,第44页)。科尔韦尔写道,布劳迪"写得很好,音乐教育家中很少有人能写得如此之好"。20世纪70年代和80年代,布劳迪写了大量的论文和专著,包括《有见识的爱护》(1972)和《意象的作用》(1987),倡导艺术教育的中心地位(参看《美育如何成为基础或艺术是第四个R?》《艺术教育是必需的还是仅仅是美好的》《美学和美术的共同课程》)。布劳迪把为使艺术教育从学校教育的外围转向核心而展开的斗争叫做"美好"与"必要"之间的张力。他宣称,通过艺术教育培养的想象力,能给有教养的心智的其他机能提供最基本的支持。

布劳迪增加了感知技能并使之成为批评主义原理的知识的一部分的技能,增加了关于艺术史及其哲学基础的知识。他认为审美知觉类似于"阅读文本,在阅读时文本就是一种想象或一组想象"(1987,第49页)。与艺术的交流需要一种语言,这种语言能使学生和教师与艺术作品交流并在彼此之间进行交流。布劳迪提倡在创作与鉴赏之间的对话关系,坚持认为,创作更多地取决于鉴赏艺术作品的能力而不是对自我表现的探究。他提出了一种称作扫描的教学策略,这种策略把注意力集中在对艺术作品的感觉特性、技术特性、形式特性和表现特性上。在建构各种艺术课程时利用了扫描策略[例如,在米歇尔·奥尔森(Michelle Olson)的建筑中,在卡罗尔·霍尔登(Carrol Holden)的音乐中和在南希·鲁彻(Nancy Roucher)的视觉艺术教育中]并形成了格蒂中心的基础。

他的音乐教育的宽广的哲学基础,明确地提出了最早的音乐教育哲学。但是,他提倡关于音乐的知识(而不是音乐知识),他把传统的乐队和合唱队归并到课外活动中,不能顺应音乐教师的习惯和希望。他认为,学生的艺术没有必要是好的艺术("童年的未被损坏的自发性和对新手的放纵不羁的轻慢,比受过训练的成熟更受到高度的关注",1972,第102页),因此,无论是在演播室/演出中还是在作曲方面,都不能预期它能符合审美教育的目标。这样的观点对于音乐教育和艺术教育而言都是激进的。然而,这些思想和关于艺术在学校课程中的中心地位的论争,与格蒂艺术中心⑤的使命产生共鸣,该中心的目的是以与演播室平等的地位建立艺术史、批评和美学。20世纪80年代,布劳迪的著作[以及埃利奥特·艾斯纳

（Elliot Eisner）的著作]标志着一门新的艺术教育哲学，这门哲学指出了作为艺术教育的存在理由的自我表现的局限性。布劳迪是审美教育运动的核心，这一运动联合了对所有各类艺术的关注并重视艺术经验的宽广的范围。他的思想推动了理想的、正式的并在某种程度上是操作性的视觉艺术课程的形成。

在更基础的层次上，布劳迪的工作预示了对由康德在伦理学和美学之间引起的、控制了审美思维200年的分歧的重新弥合。布劳迪的美学的伦理学基本原理解构了独立的、孤立的艺术王国，"为艺术的艺术"，接近柏拉图和亚里士多德关于艺术的作用的观点。这个观点与把各门艺术教育学科的目标转移到普通教育目标上来的、影响艺术课程和教育学的教育，存在着重大的分歧。美学和伦理学之间的相互依存性，在诸如韦恩·鲍曼的音乐著作、苏齐·加布利克（Suzi Gablik）的视觉艺术著作中再次出现。在出现摇摆不定的后现代主义时，这标志着从解构转向更新审美教育的目的和意义。

注　释

① 布劳迪是怀特海最后一批学生中的一个，据非常了解布劳迪的朋友们说，怀特海对布劳迪的影响反映在他的思想和生活方式中。
② 在他的著作中是"真实世界"（Real World），"真理与可信性"（Truth and Credibility），"公民困境"（The Citizens Dilemma），"悖论与承诺"（Paradox and Promise）和"学校教育的作用"（The Uses of Schooling）。
③ 在他于北方亚当斯州立技术学院期间所写的著作和在1961年的《建立一种教育哲学》一书中，留下新亚里士多德主义的印迹。
④ 在晚年，他花了很多时间去研究高等教育问题，担任了几年本科生学习和生活改革大学校长委员会的顾问主任。
⑤ 建立于1982年。

参　考

本书中的"艾斯纳"、"亚里士多德"、"杜威"、"柏拉图""怀特海"。

布劳迪的主要著作

① "History without Hysteria", *School and Society*, 58, 1943.　② *The Real World of the Public Schools*. New York: Harcourt, Brace. 1972a.　③ *Enlightened Cherishing: An Essay on Aesthetic Education*, Urbana, IL: University of Illinois Press, 1972b.
④ How Basic Is Aesthetic Education? Or Is "Rt the Fourth R?" *Educational Leadership*

35,2,p. 139,1977.　⑤ *The Role of Imagery in Learning*, Los Angeles. CA: The Getty Center for Education in the Arts, 1987.　⑥ *The Uses of Schooling*. London: Routledge and Kegan Paul, 1988.

其他参考书

① Bresler, L. , "Harry Broudy's Aesthetics and Music Education", *Research Studies in Music Education*, December, 2001.　② Colwell, R. , "Goodness and Greatness: Broudy on Music Education", *Journal of Aesthetic Education*, 26, 4, pp. 37 – 48, 1992.　③ DiBlasio, M. , "The Road from Nice to Necessary: Broudy's Rationale for Art Education", *Journal of Aesthetic Education*, 26, 4, pp. 21 – 35, 1992.　④ Margonis, F. , "Harry Broudy's Defense of General Education ", unpublished MA thesis,Champaign, University of Illinois, 1986.　⑤ Smith, R. , "On the Third Realm—Harry S. Broudy: A Life Devoted to Enlightened Cherishing", *Arts Education Policy Review*, 101, 2,pp. 34 – 38,1999.　⑥ Vandenberg, D. ,"Harry Broudy and Education for a Democratic Society", *Journal of Aesthetic Education*, 26, 4, pp. 5 – 19, 1992.

布雷斯勒

韦 伊
(Simone Weil, 1909—1943)

与普遍信仰的东西相反,一个人从一般转向特殊,从抽象转向具体。(这对教学具有重大意义)……是艺术最好地让我们认识到什么是特殊……艺术起源于宗教。由于有了宗教和艺术,一个人才能够对于什么是个人的形成表象;由于情感(友情、爱情、亲情)才使人类不同于其他什么生物。对自己所爱的某些人进行分类,这是不恭敬的。①

西蒙娜·韦伊出身于巴黎的一个富有的犹太家庭。她10岁时就宣布自己是一个共产主义者;她对穷人和被压迫者的同情是她的生活和作品的永恒的主题。她进了索邦大学,在那里她的禁欲主义和政治观点使她得到了"红色贞女"的绰号。大学一毕业她就到勒皮的一所中学教书。业余时间她与失业的人在一起,她拒绝为了应付考试而以传统的方式对她的学生进行填鸭式的教学,这一切导致她被学校解雇。她当了一年工厂的工人,在度过了这可怕的一年之后她去了西班牙,在西班牙内战中她站在无政府主义者一边;一次食物油事故把她卷入到战争中并直至战争结束。1942年,西蒙娜的家人为逃脱纳粹对犹太人的迫害而到了美国。西蒙娜·韦伊从美国去了英国,打算参加自由法兰西军队。在英国她患了肺结核病,可能由于她拒绝吃比她的同胞在被占领的法国所能得到的配额多一点的食物而使病情加重,她在肯特区的阿什福德的一个疗养院中去世。她的著作全是在她去世后出版的。

西蒙娜·韦伊被认为是新柏拉图主义者、基督教神秘主义者,尽管她有着犹太血统。她的人类观认为,我们怀着愉快的幻想自然地倾向于环绕我们自己。我们就像柏拉图的洞穴中的把阴影误当成实在的囚徒(《理想国》,第七卷),他被迫进行解除桎梏的斗争,离开投射阴影的火的温暖,出现在炫耀的阳光中。她把这种不当的条件称作"引力":这对于我们来说就像我们很熟悉的引起物体下落的引力一样是很自然的。我们用来进行推理的智力和能力,在这里变成了不可靠的向导,我们可能以失常的心态来利用它们,例如,就像纯粹的、诡诈的自我欺骗者那样。或者像伊底帕斯——人类的象征那样,我们可能只拥有能够猜出哑谜和解决难题的这一类机敏,但全然缺乏自知和顿悟。

我们需要的是一种重新定向而不是提高智能,而这种重新定向就存在于被西蒙娜·韦伊称作 décréation 的解除中心之中。"每个男人都把自己想象为处于世界的中心"②,这就会产生一种非凡的力量去放弃这种地位,因为我们不仅要在智力方面,而且还要在我们的灵魂的想象部分保持这种状况。我们不得把具有自己的独特的特性的物和人看成是一般的分类事例。"为了接受这个人看上去的样子灵魂清空自己的全部内容。"③反击我们的自私的、牢骚满腹的自我的要求,导致被强调了的实在观念,而这个被强调了的观念反过来又削弱我们的利己主义的将来。

当我们遇到与其他人的苦难发生冲突时就尤其需要这个 décréation。

> 那些不快乐的人在这个世界上对任何东西都没有欲求,但是人们有能力给予他们自己的关注。关注受苦人的能力是很珍贵的,也是很难的一件事;这几乎是个奇迹;这确实是个奇迹。几乎所有认为自己具有这种能力的人,实际上都不拥有这种能力。④

准确地、真实地体验其他人的爱慕是很难的:因而我们倾向于对他们多愁善感,或者可能倾向于被他们可怕地迷住。我们也几乎不可能适当地去注意自己的更严重的苦难。这里易犯的错误包括各种各样的自虐和幻想,以为苦难不知怎么就会自动地被救赎。只有圣徒才能抵制把他们的苦难传给别人。

要把灵魂从引力状态中解放出来,只有用爱尤其是通过对美的领悟才有可能,这种美可能是最接近我们的能产生爱的东西。⑤这里我们再次看到了与柏拉图的思想的相似性,从对美丽的男孩的爱的膜拜到对艺术品的爱的膜拜(艺术品能很好地为我们提供"什么是独特的思想"),再到对美的形式的爱的膜拜,直至对"好"自身的爱的膜拜。最大的差别在于,对于西蒙娜·韦伊而言,这个世界上的特殊的东西是可以救赎的,在对更高级的东西的朝圣过程中是不能简单地被超越的。"对特殊东西的期待是能提升一个男人的东西,把他与动物区分开来。"⑥朝圣者对这个世界的爱使他回到柏拉图的洞穴中,正像西蒙娜·韦伊离开了她自己的哲学研究,加入到法国最贫穷的工厂工人的队伍中一样。

这里的一个至关重要的思想是注意。要进行适当的注意就要以"好"的观点去看世界,力争摆脱通常会使我们的知觉和判断麻木的个人焦虑和幻想的有害影响。这就是要以稳定的、纯净的方式看世界,而不是"透过暗黑的玻璃"去看世界。

> 注意包括把我们的思想挂起来、使它成为超然的、空空的、作好客体渗入的准备;这就是说,保持在我们的头脑中,在这个思想可及的范围内,但在一个较低的层次上并不与这个思想发生关系,我们就获得了各种不同的知识……⑦

不要把注意想成意志行为。我们确实必须不懈地致力于道德辨别,当我们的注意品质足够恰当和正确时,道德辨别的获得几乎是从无到有的。西蒙娜·韦伊把这样的状态称作感化。在这种状态中我们必须"期待上帝"(引用她的一部著作的标题)。

我们可以认为,这些就是她的基本的宗教思想,使人联想起诺维奇的朱利安(Julian)的神秘主义或禅宗佛教的神秘主义,西蒙娜·韦伊认为,它们的指导思想是"单纯地感知,不参杂任何冥想"。⑧她还坚持,这些思想应该成为我们最日常的教育实践的基础。她写道,"注意官能的发展,形成"学校学习的"实在的目标和几乎是唯一的兴趣"。⑨写拉丁文散文的练习,或者一个几何问题,都可以训练正确的注意,正确的注意在某一天会在我们需要时对我们的人类伙伴具有不可估量的价值。西蒙娜·韦伊坚定地认为,于是学校的学习"完全撇开任何一个宗教信仰",产生巨大的精神力量。⑩这里也能发现与爱的联系。

> 只有欲望才能引导智力。而要产生欲望,工作必须是快乐的、愉快的。只有在欢乐中智力才能增长并结出果实……这是欢乐在我们的学习中所起的作用,欢乐使学习成为精神生活的一种准备。⑪

可能手艺技艺的练习也以同样的方式起着作用。当练习这类技能时我们面对的是与我们打算用的木材或与我们正在贴的壁纸的品质相协调的材料。我们运用我们的技艺知识,但仅仅是一些外围的知识。在园艺、烹饪甚至在汽车驾驶中有一种自己没有意识到的和谐。正如我们所说的,我们以正确的方式操作就可能会发现这样的活动令我们精神爽快。这不仅出现在学术性科目的学习中,这种状况也出现在培养注意力的职业训练中。

哲学家艾里什·默多克(Iris Murdoch)吸收并发展了西蒙娜·韦伊的思想的某些因素。《上帝的主权》是一个非常出名的范例,解说一个妇女可能如何仔细地考察自己的知觉并最终看到她的"冒失的、熟悉的、麻烦的、年轻的"儿媳妇能同样地、可能更可取地被看成是自发的、可爱的、富有朝气的。这里是力图恰当地去知觉而不是冲动地去知觉,期望的是不含嫉妒、偏见和神经质的注意。我们可能考虑到教育中的道德生活的这一维度的重要性,注意到对儿童来说,理解诸如欺负与戏弄之间的区别,其重要性可能不如理解事实或理解"如果有人这么对你,你是否喜欢"这样的思想重要:以不同的观点并以不同的注意品质去考察事实,这是更为重要的。因此,对于教师来说,认为一个学生很懒散,对什么都不感兴趣,与认为一个学生缺乏自信,总是让自己勉强从事,二者之间存在着太多的不同。

西蒙娜·韦伊的思想肯定相当直接地指向在我们对年轻人的抚养和教育中的一个特殊的重点。我们可以作为例子来想一想艾里什·默多克关于电视和其他新技术使我们察看周围环境的细节的能力变得愚钝的方式的思想;⑫考虑一下因特网以及我们多么迫不及待地与因特网链接、多么不耐烦地下载,会对我们的注意品质产生什么样的影响?可能我们应该"不仅教儿童如何画画,还要教他们如何欣赏绘画作品"。⑬好的教师教的是准确和真实,学校中应该教给学生深思,这是一种不为我们的习惯的隐蔽的自我喧闹所干扰的安静地沉思的能力。以下这段文字引自艾里什·默多克的著作,它生动地表达了西蒙娜·韦伊的教育哲学的精神,提示我们,我们的现代中小学和大学离这一精神有多远。

学习是一种道德进步,因为学习是一种苦行,它能削弱我们的利己主义并扩展我们关于真理的概念,它能提供更深刻的、更敏锐的和更智慧的世界观。学校中应该教的是:对事物的正确注意和获得。创造功力需要这样的能力。智慧和手艺的学习启蒙新的意识品质、直觉的细节、观察的能力,它们改变我们的愿望、我们的欲望和反感的本能运动。注意就是关心,就是学习如何获得学习的愿望。⑭

注 释

① *Lectures on Philosophy*, p. 59.
② "Reflections on the Right Use of School Studies with a View to the Love of God", in *Waiting on God*, trans. E. Crauford, New York: G. P. Putnam's Sons, p. 114, 1951.
③ Ibid. , p. 115.
④ Ibid.
⑤ *Notebooks*, trans. A. F. Wills, New York: G. P. Putnam's Sons, p. 384, 1956.
⑥ *Lectures on Philosophy*, p. 59.
⑦ Reflections on the Right Use of School Studies with a View to the Love of God, in *Waiting on God*, op cit. , p. 108.
⑧ Ibid. , p. 406.
⑨ Ibid. , p. 109.
⑩ Ibid. , p. 116.
⑪ Ibid. , p. 109.
⑫ Iris Murdoch, *Metaphysics as a Guide to Morals*, London: Chatto & Windus, p. 330, 1992.
⑬ Ibid. , p. 329.
⑭ Ibid. , p. 179.

参 考

本书中的"柏拉图"。

韦伊的主要著作

① *Waiting on God*, trans. E. Crauford, New York: G. P. Putnam's Sons, 1951.
② *Gravity and Grace*, trans. A. Wills, New York: G. P. Putnam's Sons, 1952.
③ *The Need for Roots*, trans. A. Wills, New York: G. P. Putnam's Sons, 1953.
④ *The Notebooks of Simone Weil*, trans. A. Wills, 2 vols, New York: G. P. Putnam's Sons, 1956.   ⑤ *Lectures on Philosophy*, trans. H. Price, Cambridge: Cambridge University Press, 1978.

其他参考书

① Le Roy Finch, H. , *Simone Weil and the Intellect of Grace*, New York: Continuum, 1999.   ② Little, J. P. , *Simone Weil: Waiting on Truth*, Oxford: Berg, 1988.
③ McLellan, D. , *Utopian Pessimist: The Life and Thought of Simone Weil*, New York: Poseidon Press, 1990.

R. 史密斯

施瓦布
(Joseph J. Schwab, 1910—1988)

课程影响的不是理想或抽象的表象,而是真实的事物、具体的个案(包括其他全部完整的具体个案及其所有的细节),影响大量的与未经过理论抽象的东西有关的事实。①

约瑟夫·施瓦布是20世纪下半叶一位很重要的课程理论家。在哲学方面它直接继承了约翰·杜威、罗伯特·梅纳德·赫钦斯(Robert Maynard Hutchins)和理查德·麦基翁(Richard McKeon),他的工作充满着富有民主精神的教育思想所固有的张力和似是而非性,这一点在他的著作中同样也是显而易见的。施瓦布与杜威一样,坚定地认为课程应该建立在对文化进行理性思考的基础上,或者建立在见多识广地和能反省地参与思想交流的基础上,这种交流是参与分享的政治和社会共同体的核心。但是,这种教育的形成会产生一种基本的张力:对那种文化的理性思考包含着发展对那种文化的人为现象和制品的深刻的了解。这是与美国的平等主义的理想直接相对立的。

施瓦布是通过强调背景知识和探究的重要性来解决诸如此类的似是而非。他在一篇题为《实用性:一种课程语言》的文章中指出:②

具体课程的材料不是单纯地由"科学"、"文学"、"过程"等各个部分组成的。相反,它们的各个组分将是对用词汇、句法和修辞所表达的所选材料的特殊维护。它们将是特殊的小说、短篇小说或抒情诗,各自保持自己的独特的风味并祸福与共。它们将按给定的顺序对特定的材料起着特定的作用。……尤其是假想的受益人不是一般的儿童,甚至不是来自与儿童有关的心理学和社会学文化的一个阶级或一个类别的儿童。受益人将由当地的各类儿童组成以及在当地的各个类别中的单个的儿童。

|教育究竟是什么？100位思想家论教育

这种类型的直觉贯穿于施瓦布作为教师和学者的一生，推动他从内心的深处去研究他的教室，去周密地分析这一学期他的学生的特点，并且始终关心在这门课程中，在他的教学计划中下一个班级的此时此地。施瓦布的著作对此作出了反映；这些作品通常是为了特定的事件而撰写的，或者为了解决特殊的一些当务之急的问题，很少是为了研究超出手边的论文的主题。

约瑟夫·施瓦布在芝加哥大学工作了将近50年，并一直生活在海德公园村，这是芝加哥大学的一个社区。他15岁时进入这所大学，1930年毕业，获得英国文学学士学位。1931年秋他开始攻读生物学研究生学位，1939年获得遗传学博士学位。1937年他离开海德公园村一年，接受了哥伦比亚大学师范学院的科学教育的研究奖学金，他在完成博士学位研究的同时在那里探索心理测验学领域的发展并协助课程开发。1938年，他以大学本科学院的生物学讲师和考试委员的身份回到芝加哥大学。1974年他从芝加哥大学退休，当时的身份是学院自然科学威廉·雷尼·哈珀教授。后来他成为位于加利福尼亚的圣巴巴拉的民主制度研究中心的成员，这是由罗伯特·梅纳德·赫钦斯创办的一个独立研究所，1929—1951年赫钦斯是芝加哥大学的校长。

施瓦布在芝加哥大学的早年时期是在罗伯特·梅纳德·赫钦斯校长的领导之下，他成为赫钦斯关于重新定义自由教育概念并使之恢复生气的努力的一个有机组成部分。施瓦布后来的著作只可被理解为是他的早年的形成性工作的反映。1930年开始的大学改革年代持续到1950年初，但对于施瓦布而言，共同掌权、思想的形式、这一时期的实践，已铭刻在他的心中，以至于他后来的所有的著作和在他后来的许多职业活动，都可被看做是他在更宽广和更多样化的背景下持之以恒地探索他在学院年代所作出的推断。

1940年，施瓦布31岁时已成为芝加哥大学执行赫钦斯改革方案的一批员工中的一位关键人物。作为一位对普通教育具有浓厚兴趣的科学家，他受到赫钦斯周围的一批人的青睐，其中有阿德勒(Adler)和克拉伦斯·福斯特(Clarence Faust)，后者从1941年起是学院院长。把科学整合进普通教育计划中始终是普通教育运动的基本目标，但却是无从捉摸的。施瓦布早期撰写的论述科学的性质和科学家的作用的著作，反映了他为

414

此所作出的努力。但是,施瓦布关于自由教育的概念,在1940年基本上已初步形成。他相信讨论教学,相信经典著作的潜在的重要性,也相信科学对普通教育的可驾驭性;他热情洋溢地关注科学、价值与教育之间的关系——这是他第一次发表的教育论文(1941)的主题。但是,他没有提出一个能融合他的理想和他所关心的事情的严密的框架。这种情况一直继续到1942年,这时他与杜威的一位学生理查德·麦基翁一起致力于编制四年制学院的课程计划,这项工作在他提出聚焦自己的理想所需要的智力结构的那一年就开始了。

麦基翁和他的同事们关于核心的教育任务从而也是课程任务的观点,是基于三种关键的意见提出的。第一种意见是文化及其要素的思想,第二种意见集中在对理解什么是文化中的问题的研究上,集中在以能看到并体验到文化要素的方式所发生的变化的性质上。这两个概念都聚焦到第三个思想上——体验并谋求解决的人,由文化提出的问题。这一类争议的根据是关于文化、人和共同体的概念,以及这三个概念综合而成的要在理论层次上(1942年的课程)证明的经验的概念。理查德·麦基翁尤其关心的最基本的问题是:了解体验过的关于问题的思想如何能够被理解的问题。传统学科本身只关系到从复杂的、经典的和哲学的文本中推断出意义,这样的学科是释经学或解释学,麦基翁主要关心的正是这样的学科而不是其他学科。释经传统为麦基翁提供可用来解释语句的语义结构的技术和方法,也潜在地提供了教育的手段。要阅读文本就必须既关心文本本身又关心解释者带进文本中的解释的类别。于是,把解释作为其核心方法的课程引起了一种必要性,即既聚焦于要阅读的作品所固有的语义问题,又要聚焦于作为读者的学生的意识。

当其他人关心麦基翁关于其学科的思想的结果时,施瓦布却抓住了麦基翁所描绘的教学以及他的课程理论和实践的本质。施瓦布开始研究这些术语,寻找完整地表达出现的概念的途径,使之符合自由教育的本意。通过麦基翁的影响施瓦布熟悉了约翰·杜威的思想。杜威的全部作品为他提供了一个框架,这个框架能够兼容施瓦布最关心的事情和他的最基本的信念。作为杜威思想的一个主要部分的各种思想的交流,成为认识和考虑施瓦布所重视的共同体和会谈的重要性的途径;杜威对探究过程的阐述抓住了在施瓦布的世界中正在发生的事情。杜威渐渐成为对施瓦布的思想产生根本影响的一位思想家。施瓦布认为杜威不是在任何公认的意义上提供关于知识或教育的"理论",而是要求进行探究,这是对完成劝导他的读者去从事实践的任务进行研究的路径。

1949年,施瓦布在芝加哥大学教育系任职,当时的教育系主任拉尔夫·泰勒(Ralph Winifred Tyler)劝他把注意力转向正式地表述自由教育的基本原理。施瓦布渐渐深入到教育系的教育哲学的教学中,这也以同样的方式推动了他,这就是将自己的经验和关心的事予以普遍化。1951年,施瓦布发表了他的第一篇酣畅淋漓地写就的考察课程思想的论文。这篇题为《关于自由教育的辩证方法与教条主义的极端》的论文,提供了一幅用一套主题或常事给定的学科内容范围的综合映象,要求发言者在提出自己的论据时有可能进行必要的思考。这种主题风格成为施瓦布的思想和作品的特点,当它被归入亚里士多德学派的类别中时,施瓦布正开始习惯性地把它用作一些常事的来源,这种主题风格也与杜威的经验建构结合起来,使施瓦布对他所关心的课程问题形成了一种的独特的研究方式。

《生命力和教育》一文,标志着施瓦布注意中心的转移,从以人文学科为主的智能课程和麦基翁转向人和自由人的资格和经验的思想。在施瓦布的教育观念中可以清楚地看到杜威对经验的连续性和经验的生长的强调对他的影响。人具有一种理性官能,这就是推理的能力,还具有情绪官能和感觉官能。人的行为都起因于这些本原,但经过了发展,道德性就是发展之一,陶冶情绪官能,使之引导人在从事使人变好的活动中获得快乐。人的行为是由欲望和通过推理形成的欲望所激发的推理的结果,个性的发展要通过训练,或通过习惯性的无理性的官能,使人的行为符合美德。

施瓦布和杜威一样,都一再强调个人行为和小组行为的自由决定的方面。他一再阐述问题是如何遇到的和如何解决的,而不描述什么样的解决,或者特定意义上的某种答案。施瓦布的全部著作都用这种方式探索特性,而不是对教学可能是什么样的、自由教育可能是什么样的、如何开发课程等问题作出指示。但是,对这类自由决定的智慧的任何强调都固有一个两难问题,施瓦布在《科学和市民话语》中承认了这个两难问题,把它表述为精英的需要和广大民众的需要。

1959年初,施瓦布花在芝加哥大学事务中的时间开始减少。他转向致力于犹太神学院梅隆研究中心之类的机构的工作,还忙于由联邦提供经费的诸如生物科学课程研究之类的科学课程的开发。所有这些工作都激励施瓦布去开始重新思考他十年前所从事的科学工作,同时又促使他关注新的方向,去思考社区教育、传统教育和非正规教育。

在20世纪60年代初的这些年里,对美国学校课程的关注占据学校科学内容的中心。与这一关注相联系的是"学科结构"这一口号。施瓦布对在科学中并通过科学而适合于自由教育的课程的性质保持着经久不衰的兴趣,他被看做是学校中以学科为本的科学教学的重要性的发言人。他的文章《一门学科的结构概念》成为结构主义者的基本文献。诸如此类的工作以及20世纪70年代继续撰写的一系列"实用性"的文章,应该以同样的观点看做是施瓦布在芝加哥大学的早期工作,致力于界定任何学科中的什么东西对于创造性探究是重要的。它们代表了关于这一过程的争议和关于这一过程所必需的材料的呈现方式的争议。

在20世纪60年代的这些论文中施瓦布一再地探究永恒的课程问题:这是组织学科的方式吗,是认知的方式吗,是最恰当的一种方式吗?为什么?表现学科内容的这种方式是恰当的一种方式吗?为什么?在《教育和学科结构》(改写自他早期的一篇关于结构的论文)中,我们可以从他在芝加哥大学教学期间所思考的广泛的问题中看到他主要在探索两个主题。他专注于这样一个问题:"可能如何反映学科内容?"在探索这个问题时他要求我们思考,哪一类主张可能是需要我们去考察的。可见要评价一种主张或观察在文本和科学报告中的意义,人们就必须拥有理解其特性、意图和来龙去脉的方式。施瓦布在强调这一点的同时不懈地探究读者可用来理解科学学科的来龙去脉和特性的曲折和转折的方式。

也是在20世纪60年代,在学生抗议运动期间,施瓦布再次提出了自由教育的价值问题。他的思考的成果就是《学院课程和学生抗议》,这是一本热情洋溢的小册子,把学生抗议运动当做一种时机,但把重申施瓦布关于自由教育性质的信念作为最基本的目的。其结果就是陈述了他运用"习惯"这一观点对智能课程和学科所进行的思考,所以这本书集中考察了处于自己的多个方面之中的课程与具有稳健的、才智特性的人的教育之间的关系。

20世纪70年代施瓦布的后期著作出现两个转折。第一个转折是论述"实用性"的三篇系列论文,把实用性看做是课程开发的语言。原因是他感觉到了寻找有效学校方式的教育研究的失败。他自己的教育生涯总是受到行动和(用他自己的话)"做好"的愿望的激励——虽然经验告诉他,被周密的思考和激烈的思考二者所调节的鼓舞并非是必需的。看来这些特点都未得到他所知道的教育研究的赞赏。他最终又回到他最关心的问题上,即民主社会中教育的形成和过程:

> 第一,共同体应该是学习型的。共同体不单纯是一个地方、一个农村或一座小城镇,但它是一个实体,有着行动和体验的倾向,这种倾向可以在许多不同的社会环境中表现出来。第二,人类的学习是公共事业。我们学习的知识是由共同体所积累的,我们只不过是这个共同体的最近的成员;我们学习的知识也是由共同体的工作语言所传达的和由那个共同体用动作所设计、所保存并传递给我们的……即使作为学习形式的经验,只有当通过与其他人的相互影响被分享和被赋予意义时才成为经验。③

约瑟夫·施瓦布矢志不渝地致力于让读者进入他所倡导的探究过程中。他从未告诉我们要思考些什么,但他邀请我们去努力思考。这就界定了施瓦布作为作家和教师的意图和反诘。他始终在寻找能使自己与读者休戚相关的途径,使每个读者能从他的各篇文章中所反映出来的思考中发现点什么。这样的休戚相关性使作为读者的我们能够解决在辩论细节中出现的任何迷惑和模棱两可,并且最终我们必须表明我们是接受还是拒绝,是赞成还是不同意,并说明理由。换言之,施瓦布的论文是邀请函,邀约我们去探究并对我们在思考普通教育的意义、科学的性质和教育思想的特点时必然会面对的多样性所做出的选择进行反省。

注　释

① Schwab, *The Practical: A Language for Curriculum.* p. 12.
② Ibid., p. 13.
③ Schwab, "Education and the State: Learning Communities", p. 235.

参　考

本书中的"布鲁纳"、"杜威"。

施瓦布的主要著作

① "The Role of Biology in General Education: The Problem of Value", *Bios*, 12, pp. 87-97, 1941.　② "Dialectical Means vs. Dogmatic Extremes in Relation to Liberal Education", *Harvard Educational Review*, 21, pp. 37-64, 1951.　③ "Eros and Education", *Journal of General Education*, 8, pp. 54-71, 1954.　④ "Science and Civil Discourse: The Uses of Diversity", *Journal of General Education*, 9, pp. 132-143, 1956.　⑤ "The Concept of the Structure of a Discipline", *Educational Record*, 43, pp. 197-205, 1962.　⑥ *College Curriculum and Student Protest*, Chicago, IL: University of Chicago Press, 1969.　⑦ "The Practical: A Language for Curriculum", *School Review*, 78, pp. 1-23, 1969.　⑧ "The Practical: Arts of the Eclectic", *School Review*, 79, pp. 493-542, 1971.　⑨ "The Practical 3: Translation into Curriculum", *School Review*, 81. pp. 501-522, 1973.　⑩ "Education and the State: Learning Communities", *The Great Ideas Today*, 1976, Chicago, IL: Encyclopedia Britannica, pp. 234-271, 1978.　⑪ "Education and the Structure of the Disciplines", *Science, Curriculum and Liberal Education*, Ian Westbury and Neil Wilkof (eds), Chicago, IL: University of Chicago Press, pp. 229-272, 1978.　⑫ *Science, Curriculum and Liberal Education*, Ian Westbury and Neil Wilkof (eds), Chicago, IL: University of Chicago Press, 1978.

其他参考书

① Westbury, I. and Wilkof, N. J., "Introduction", *Science. Curriculum and Liberal Education: Selected Essays*, J. J. Schwab, Chicago, IL: University of Chicago Press, 1978.

韦斯特伯里　奥斯本

克 尔
（*Clark Kerr*, 1911—　）

对大学而言的一个基本现实是，普遍地承认新知识是经济和社会成长最重要的因素。我们现在刚刚认识到，大学的无形产品——知识，可能是我们的文化中影响职业的兴衰，甚至影响社会阶级、地区乃至民族国家兴衰的最有力的一个要素。①

克拉克·克尔*被普遍地认为是20世纪的一位最主要的高等教育专家。克拉克·克尔生于1911年，在宾夕法尼亚州的斯托尼克里克的一座农庄中长大。克拉克的父亲和母亲对他的一生影响重大，他们鼓舞他去赞赏艰苦的工作，培养他有勇气成为有主见的思想家并终其一生地热爱学习。② 1928年秋，克尔进入附属于基督教贵格会的斯沃思莫尔学院，他热衷于参加辩论团和体育运动队的活动，忙于学生报纸和学生自治机构的工作，还从事许多服务工作。从低年级到高年级克尔一直参加了一项为优等生设计的高级课程项目，该项目的目的是鼓励在他自己所选择的社会科学分支的政治哲学的主修领域内成为在智力上最超群脱凡的。克尔也研究贵格会的教义，并在毕业之前最终选择加入贵格会教派。斯图加特（1980）在概括克尔作出加入贵格会教派的决定时作了下面这样的解释。

克尔感受到他在贵格会的斯沃思莫尔学院所发现的价值观对他有强烈的吸引力。这样的价值观包括：多元论、实用主义、坚持原则的行为、自主的个人与群体的意志之间的平衡。他钟爱在斯沃思莫尔度过的那几年，心悦诚服地承认那几年在他生活中的重要性……（但）斯沃思莫尔的价值观对他来说并不是新的……他对贵格会的信

---

* 著名教育家克拉克·克尔教授于美国时间2003年12月1日下午逝世，享年92岁。——译者注

仰与他对自己所发现的一种社会结构的信仰是不一样的,他认为这种社会结构几乎最能反映他自己的信念和价值观。对于这个来自农村的农民的儿子来说,极端重要的是要揭示这个更广阔的世界证实了他的父母所灌输给他的价值观。理解了这一点就能很好地解释持久地贯穿他的一生的自信和确定性。③

克尔从斯沃思莫尔学院毕业后立即进研究生院继续学习,1933年获得斯坦福大学经济学硕士学位,然后进入加利福尼亚大学伯克利分校(UC-B),从1933年至1939年攻读经济学和劳动关系博士学位。在博士学位研究期间克尔参加了加利福尼亚州的劳工运动,尤其是自助合作社运动。斯图加特指出:"参与到与劳工的关系中,满足了他对穷人福利的关心。他以实践的方式把从智慧方面所作的努力与公共服务结合起来。"④在此期间,1936—1937年,他在安蒂奥克学院担任了一年的经济学教学工作,他还到欧洲游学,1935—1936年在日内瓦国际关系研究生院,1935—1936年和1938—1939年在伦敦经济学院。在国外期间他教授关于美国、俄国和西欧的合作运动,第二次世界大战开始时他回到了美国。他的不弃不舍的旅伴是他的妻子凯瑟琳·斯波尔丁(Catherine Spaulding),这是一位聪慧的、在政治上很活跃的妇女。他们于1934年结婚,育有三个儿女:克拉克·埃德加(Clark Edgar)、亚历山大·威廉(Alexander William)和卡罗琳·玛丽(Caroline Mary)。

1939—1940年,克尔在斯坦福大学担任了一年的劳动经济学助理教授之后,1940—1945年在华盛顿大学先后担任经济学助理教授和副教授。除教学工作之外克尔还参与第二次世界大战期间与调解劳资纠纷相联系的劳动仲裁的工作,其中包括战时劳动力委员会(1942)、旧金山(1942—1943)和西雅图(1943—1945)的地方战争劳动局的工作。1945年克尔回到伯克利加利福尼亚大学,担任商业管理学院的经济学副教授并创办工业关系研究所,任所长。他尽心尽力地组织教学和研究工作,致力于使劳动与管理的关系从冲突转向合作。

作为一位敏锐的谈判者,克尔把自己的知识运用到解决高等学校的两难问题上,他从教学岗位迅速提升到管理岗位,这起始于1949—1950年的加利福尼亚大学忠诚宣誓辩论,这是董事会与教授会之间关于不聘任共产党员的宣誓的一场纠纷。克尔谨慎地参与了谈判,解决了这一忠诚宣誓问题,使全体教职工、管理人员和董事会对克尔都刮目相看。由于他与董事会的成功交往,教授会支持克尔担任1952年新设立的伯克利加利福尼亚大学校长的职务。在他五年的任期内克尔见证了大学的飞速成长以及教师与学生中间的凝聚力的增强。探究的自由、课程的一贯性和课外活动的多样化,对于克尔来说都是很重要的。他深信这样的结合能把学生培养成"端正的个人,既能从事专门工作,又具有民主的公民身份,能自如地对待多样化和坚定地维护(西方民主的)主要价值的恒定性"。⑤ 1957年董事会找到了加利福尼亚大学退休校长罗伯特·斯普劳尔(Robert Sproul)的继承人,请求克尔担任总校校长,承认他作为伯克利加利福尼亚大学校长在一个相对很短的时期内给学校带来的深刻的变化。尤其在1957年,伯克利加利福尼亚大学的24个系被全国的纳税人评价为杰出的,而加利福尼亚大学被列入第三名,仅次于哈佛和耶鲁。⑥

1958年克尔接受了董事会的提议,担任加利福尼亚大学校长,长达九年。作为总校校长,他发起了并全面监督了大学最伟大的扩张时代并为此而说服议员。他通过增加新的校园,尤其在欧文、圣迭戈和圣克鲁斯等地增加校园,领导加利福尼亚大学系统的成长和繁荣。克尔因他的低成本的巨大产出、高质量的教育而享有崇高的声誉,这些成就都是克尔的功劳,他为加利福尼亚州高等教育总体规划的制定发挥了核心作用,这项计划又称作"多诺霍法",然后于1960年由加利福尼亚州州长埃德蒙·(帕特)·小布朗(Edmund "Pat" Brown Jr.)签字成为法律。这部如今已闻名天下的规划,其初衷是为了缓和三所公立高等教育学校之间出现的竞争、压力和权力斗争,这三所学校就是:加利福尼亚大学、州立学院(现在称为加利福尼亚州立大学)和初级学院(现在称为加利福尼亚社区学院)。总体规划的四条基本原则是:(1)区分三所公立高校的职能,创造一种在层级上分段的系统,使初级学院的作用合法化;(2)在尊重入学标准的同时实行有区分的选择性;(3)提供给"每个人某些东西",即大学垄断博士学位的授予,州立学院系统享有强劲的学士后地位,把初级学院吸纳进高等教育系统;⑦(4)保证没有任何学生因无能力交纳学费而被任何一所学校拒收。⑧

在任加州大学总校长期间,克尔鼓励联邦发挥支持科学研究的作用,这就使加州大学系统成为科研方面的世界领袖而独占鳌头,并且在美国的所有顶级大学中其科研所具有的重要性也是很突出的。他创造了术语"巨型大学"(multiversity),这一术语是 1963 年他在哈佛大学举办戈德金系列讲座时提出的。在这些讲座中克尔提出了用来界定作为巨型大学的现代大学一种哲学,巨型大学的特点是:由包括本科生、研究生、社会科学家、科学家、非学术人员和行政管理人员的共同体在内的许许多多共同体构成的一个不和谐的机构。⑨尽管克尔在全国的声望日益提高,尽管加利福尼亚大学系统在全州内的扩张取得了巨大的成绩,20 世纪 60 年代中期克尔依然在大学这一层次上遇到了一系列问题。在自由言论运动期间与董事会、教授会和学生的一系列谈判中遭到失败之后,1967 年克尔提出辞职,董事会在新当选的加州州长罗纳德·里根(Ronald Reagan)的热情支持下立即接受了他的辞呈。虽然克尔处于极端困难的时期,但他很快振作起来,几乎立即又处于举国瞩目的地位。在克尔被解职五天之后他就被任命领导卡内基高等教育委员会,这是卡内基改进教学基金会的一项高屋建瓴的项目。

从 1967 年至 1973 年,克尔作为卡内基委员会的主席和执行理事,领导对美国高等教育进行规模空前庞大的评估,聘请了一批最有声望的思想家为美国的高等教育制定文件,讨论、评价美国的高等教育并提出改进的建议。这种努力的成果之一就是建立了卡内基高等教育分类标准(1970 年),其目的是"提供比现有的任何分类更有意义的、更同质的分类"⑩,并根据最简单的识别层次和控制的纲要区分机构。卡内基分类标准很快被普遍采用,它至今仍是国家层次上的高等教育的蓝本。只不过到了今天,在经过了 30 年之后,才出现了一些实质性的变化,从规划分类变为提供更灵活的和更全面的系统。⑪

从 1974 年至 1979 年,克尔一直担任卡内基高等教育政策理事会主席,把自己的影响扩大到国际层次上。在 1967—1980 年期间,卡内基委员会总共编制了 175 份文件,对高等教育的观念、操作和组织产生了深远的影响,既影响了公共机构的领导人,也影响了政策制定者、教室和董事会。1980 年,克尔从卡内基委员会主席的岗位上退休并回到伯克利加利福尼亚大学,在那里对劳动经济学和高等教育进行了各项研究,参与包括美国邮政业务在内的劳资谈判;对全世界发表公开演说。从 20 世纪 80 年代中期起,他至少出版了八部书,其中有论述高等教育和工业社会的未来的文章。克尔所作出的巨大贡献得到了世界的承认,他获得了美国和世界各国的大学的38个荣誉学位。至今在伯克利加利福尼亚大学还保留着他的办公室,他还是该校的一名教师,他在那里完成自己的回忆录《金色和蓝色》(The Gold and the Blue),该书将由加利福尼亚大学出版社出版。

在克尔的职业生涯的鼎盛时期,他对加利福尼亚大学系统和后来对卡内基委员会的领导,为他明确地阐述自己的以引导和改善美国高等教育为核心的理论提供了一个平台。斯图尔特恰如其分地把克尔称为"行动的智慧",认为他的特点是具有自信的理智,他能接近在很大程度上管理并影响着社会发展方向的那些强健的精英们。⑫克尔一生信奉自由主义的意识形态,歌颂美国的民主理念、自由和解放。他对进步的信念包含着自由的进取心、科学方法和自由主义的多元论,它们是作为处理一个成长中的工业社会中所存在的复杂性和不平等的手段。作为一位高明的谈判者,克尔把高等教育看做通过一个分层的高等教育系统达成机会平等(不是平等主义)的最主要的媒介,这样的高等教育既能为所有的人提供入学机会,又能培养那些在学术方面最有才能的人,产生较高的生产率,提高全民的生存标准。达到这一崇高目标的手段最早是在加利福尼亚州高等教育总体规划中提出的,克尔被认为是这一规划的主要设计师,他"在美国公立高等教育的每个方面,其中包括在学术和职业、训练方面,在推动科研方面,在支持对有才华的精英的培养方面,在高等教育的多样化的和很好界定了的领域内"都创造了"卓越"。⑬

克尔从早期在伯克利加利福尼亚大学担任行政管理工作以来,一直热衷于对高等教育的领导工作,直至20世纪80年代他对这项工作的研究达到了巅峰。他提倡高等教育的领导人应当是规划者、斡旋者、使意见达成一致的建设者、幻想家和实用主义者。他深信,领导人应该在推动自己的学校走向未来的同时维护内部的稳定。他坚决主张,学校的领导人应该走在批评与忠诚之间的羊肠小道上。要做到这一点,他认为就需要知道如何区分一个人自己的个人信念与学校的信念。伯克利加利福尼亚大学的公共政策教授马丁·特罗(Martin Trow)教授对克尔的哲学作了如下的概括。

(克尔)的观点是,大学校长有绝对的权力像一个平民那样去直言不讳地评述任何问题,但是在一些有争议的政治问题上他们不能在自己的职权范围内代表自己的学校讲话。然而,他们有权力也有义务在作出决定之前在会议桌上坚持自己的观点,但他们没有权力在某些观点发表之后去公然地攻击这些观点。克尔的全部著作都在强调大学校长作为一致意见的建设者的重要性。⑭

克尔是机会平等的倡导者和探究自由的捍卫者,在建立现代美国研究型大学方面他是全国功勋最卓著的一个人,对此是有过一点争议的。他的声誉与他所提出的能最好地描述巨型大学的词汇和哲学相联系。克尔坚定地认为,巨型大学能够顶住巨大的压力,这是因为巨型大学拥有许多形形色色的委员会,各个委员会都具有相互对立的目标和利益,可以对之进行分解和重组,然而对整体却几乎不产生什么影响。不用说,巨型大学的理念曾受到过批评,因为这一理念向原来的教学型学院和纯研究型大学的传统观念提出了挑战,但这并不能制止克尔发表自己的意见。他的观点已极为盛行,这个观点准确地描绘了许多高等教育机构的未来。

克尔把他对高等教育的热爱与他对经济学尤其是对劳动关系的深刻的洞察相结合,表达了他对提供能推进工业社会和获得个人进步和自由的潜在的高等教育的强烈信念。在学院和大学校园中使用"终身学习"这一词组来表示教育在人的一生中的重要性之前数十年克尔就创造了这一术语。他深信,教育有助于把人融合进社会中并削弱造成人与人之间、团体之间以及社会阶级之间的冲突的孤立主义。斯图尔特是这样描述的:

> (克尔)认为教育在工业社会中具有双重的和平衡的作用:它既能提供工业主义所依赖的新的基础知识和新的技能,又能通过学术自由和对个人进行民主社会的教育提供自卫的进步和自由……克尔认为工业主义是世界上的一种革命力量,因为科学主义能够提高生产率和创造一个更高的生存标准。⑮

在2000年的一次演说中,克尔反省了他1963年在哈佛大学举办的戈德金系列讲座,质疑未来的"明智者的城市"⑯是否应该由"刺猬"或"狐狸"来领导(狐狸知道许许多多的事情,而刺猬知道一两件大事,引自艾赛亚·伯林的一篇有名的论文）。[17]他看到，20世纪是学院和大学的大好时光，他把这一时期称为"在整个美国历史上的高等教育的黄金时代"。[18]他深刻思考了在过去的一百年内出现的三个最伟大的变革：普遍入学，不设招生门槛的学校从以阶级为导向的培养精英的学校转变为以市场为导向的面向所有人的学校；通过联邦对科研的投资而取得的科学进步，"第一流的研究型教授成为世界公民"；由于国家的富足和繁荣高等教育拥有较庞大的资源，毕业生能得到好的工作。[19]在承认挑战依然存在的同时他还提防对"学术性协会的分割化"，因为这种分割会把学科内容分解成越来越细小的细节；他还对一个"大吵大闹的"环境保持戒备，因为在这样的环境中外部的影响促成内部的决定。他提出了许多建议，鼓励下一世纪的领导人关注经济市场的全球化，关注恢复大学教育速度的波动，关注谋求工作进步的年龄较大的学生、新的电子技术、各种生物科学的兴起、非学术型权威在管理方面的能量和追逐利润的竞争者的兴起。克尔展现了他的性格特点中的高度的乐观主义，在结束演讲时提出了他的最终支持狐狸的思想。

未必可能的可能性就是这些狐狸必须研究一个世纪以来的错综复杂的事物，这个世纪有着如此多的间断，有着如此多的不同的方案；也存在着把挑战转变为胜利的可能性；进行探索和创造解决办法的可能性。

对于20世纪60年代的刺猬来说（而我就是其中之一）：安安静静地休息；而对于21世纪的狐狸来说：大胆地期待成功并提出你自己的解决方案！[20]

注　释

① Kerr, *The Uses of the University*, Cambridge, MA：Harvard University Press, pp. vii-viii, 1963.
② Mary Clark Stuart, "Clark Kerr：Biography of an Action Intellectual", 未发表的博士论文。University of Michigan, Ann Arbor, 1980, p. 13.
③ Ibid., pp. 44-45.
④ Ibid., p. 59.
⑤ Kerr, "Public Education in California —The Next Quarter Century", Address to Phi Delta Kappa, May 1953, *Phi Delta Kappa Journal*, p. 311, October 1953.
⑥ http：//sunsite. lib. berkeley. edu/CalHistory/chancellor. kerr. html.

⑦ C. Condren. *Preparing for the Twenty-First-Century: A Report on Higher Education in California*, California Post-secondary Education Commission Report 88-1, Sacramento, CA: California Post-secondary Education Commis-sion. p. 30, 1988.

⑧ T. Hayden. *A New Vision for Higher Education in California, Beyond the Master Plan*, Sacramento, CA: Joint Publications Office, Subcommittee on Higher Education. California State Legislature, 1986.

⑨ Kerr. *The Uses of the University*, Cambridge. MA: Harvard University Press. 1963.

⑩ Alexander C. McCormick. "Bringing the Carnegie Classification into the 21st Century", *AAHE Bulletin*. p. 1, January 2000.

⑪ Ibid., p. 3.

⑫ Stuart. op cit., pp. 1 – 3.

⑬ Ibid., p. 158.

⑭ Letters to the editor, "The Role of Trustees and Presidents", *The Chronicle of Higher Education*, 15 August, 1997.

⑮ Stuart, op cit., pp. 129, 143.

⑯ Kerr, *The Uses of the University*, Cambridge, MA: Harvard University Press, 4th edn, 1995, chap. 3, 1963.

⑰ Kerr, "The City of Intellect in a Century for the Foxes?" paper presentation given at The Future of the City of Intellect Conference, University of California, Riverside, p. 13, 17 February 2000.

⑱ Ibid., p. 10.

⑲ Ibid., pp. 5 – 10.

⑳ Ibid., p. 36.

克尔的主要著作

① Kerr, C., Harbison. F. H., Dunlop, J. T. and Myers, C. A., *Industrialism and Industrial Man: The Problems of Labor and Management in Economic Growth*, Cambridge, MA: Harvard University Press, rev. edn, 1975, 1960. Original volume translated into eight languages. ② *The Uses of the University*, Cambridge, MA: Harvard University Press, 3rd rev. edn. 1982, 1963. Original version translated into six languages. ③ *Marshall, Marx, and Modern Times: The Multi-dimensional Society*, London: Cambridge University Press, 1969. Original version translated into three languages. ④ *The Great Transformation in Higher Education*, 1960 – 1980. Albany. NY: State University of New York Press, 1991. ⑤ *Troubled Times for American Higher Education: The 1990s and Beyond*, Albany, NY: State University of New York Press, 1994.

其他参考书

① Clark Kerr was a primary author of numerous volumes published by the Carnegie

Commission on Higher Education. Selected Carnegie volumes that demonstrate the depth and breadth of Kerr's understanding and influence are: *A Chance to Learn* (1970), *New Students and New Places*, including the Carnegie Classification of Institutions in Higher Education (1970). *Less Time, More Options: Education beyond High School* (1971), *Governance of Higher Education* (1973) and *The Purposes and Performance of Higher Education in the United States: Approaching the Year 2000* (1973).　② Levine, A., *Higher Learning in America: 1980 - 2000*, Baltimore, MD: Johns Hopkins University Press, 1993.　③ ＿＿"Clark Kerr: The Masterbuilder at 75", *Change*, 19. 2, March/April 1987, pp. 12 - 30, 35.　④ Stuart, M. C., "Clark Kerr: Biography of an Action Intellectual", unpublished doctoral dissertation. University of Michigan, Ann Arbor, 1980.　⑤ Wills. G., "Antitype Clark Kerr", *Certain Trumpets: The Call of Leaders*. New York: Simon & Schuster. 1994.

布雷格　拉内

布卢姆
(Benjamin S. Bloom, 1913—1999)

本杰明·布卢姆,心理学家和教育测量权威,影响着整整一代研究人员。他对童年早期教育重要性的研究,向教育家们提出了挑战,要求他们重新思考现在的组织学校和分配资源的程序。他近来的论述掌握学习的著作为研究对所有儿童的教育开创了一组新的路径。①

本杰明·布卢姆1913年出身于宾夕法尼亚州的兰斯福德的一个犹太人家庭,这个家庭是几年前从俄罗斯的一个有歧视倾向的地方移民到美国的。他的父亲是一个贫穷的裁缝。本*与其他许多与他背景相似的人一样希望成为一名教师,这是攀登社会阶梯的一条途径。1935年从宾夕法尼亚州立学院毕业后他成为美国青年委员会的一名研究助手。经过了在普通教育方面短暂的合作研究之后,他被当时担任芝加哥大学教育系主任的拉尔夫·泰勒(Ralph Tyler)聘请到具有历史意义的八年研究项目中。他注册了芝加哥大学的博士学位课程并于1942年获得了哲学博士学位。布卢姆担任过芝加哥大学主考官委员会的研究员和芝加哥大学的学院主考官,在这之后于1940年他成为芝加哥大学的教育学教授。他在那里一直到1990年退休。在其职业生涯的早期,布卢姆曾参与在印度和以色列的一些国际项目,是1961年建立的国际教育成就评价协会(IEA)的创始人之一。他隶属的那个专门委员会在20世纪60年代建立了美国研究和发展中心,1965—1966年他本人担任美国教育研究学会(AERA)主席。他获得的多项褒奖中有:1970年美国教育研究学会和教育联谊会授予的杰出教育贡献奖。

布卢姆在拉尔夫·泰勒的领导下工作,对教育评价的理论和实践获得了深刻的洞察力,教育评价这一术语是评价者自己提出的任务所创造

---

* 本是本杰明的爱称。——译者注

的。布卢姆提出的任务是，把以具体的行为为中介的教学目标转化成测量工具，当人们必须处理情感领域的目标时，即对态度和兴趣作出评定时，这项任务就变得尤其困难。20世纪50年代，布卢姆担任由美国教育研究学会提出的教育目标分类委员会的主席。《教育目标分类学》的第一分册涵盖认知领域，由布卢姆和戴维·克拉斯沃尔（David Krathwohl）合写，出版于1956年。又经过了8年，直到1964年才出版了涵盖情感领域的第二分册。

20世纪60年代末，布卢姆开始提出"掌握学习"理论。根据这一理论，绝大多数学生（约90%—95%）是能够学习基本原理、概念和技能的，只要给予他们足够的时间。布卢姆研究掌握学习的出发点，是哈佛大学的约翰·卡罗尔（John Carroll）提出的学校学习模式，以及后来在普林斯顿所进行的教育测验服务。卡罗尔认为，学习成绩背后的最重要的区分因子是时间，而不是某种类型的学术才能的差异。为什么学习成绩会出现差异，对其原因的一种传统的解释认为由于某些类型的才能是对学生进行的测验通常是有时间限制的。这是一种主要的解释。布卢姆强调，为什么测验分数是按有名的高斯曲线分布，即"正态分布"。但是，拥有个别教学特权的学生通常处于社会的特权阶层之中，允许他们有足够的时间去学习他们所需要的东西。在正规学校教育的第一年就可能发现这种差异，随着学生在学校系统中年级的递升这种差异明显地扩大。只要对教学进行彻底的个别化，学习速度要考虑到每个学生的起点，就能使90%的学生达到教学目标。这当然是对教育心理学中处于核心地位的个别差异原理的挑战。

前面已经说到，1970年布卢姆获得了美国教育研究学会和教育联谊会授予的杰出教育研究贡献奖。第二年美国教育研究学会邀请他举办一个自选主题的讲座。布卢姆提出的主题是："个别差异：一个消灭点吗？"这是一个极具煽动性的主题，即使它打着问号。基于掌握学习概念的研究，集中在三个主要变量上，布卢姆认为，这三个变量可以解释传统的学校教学所带来的成绩差异的90%。第一个变量是初始认知行为，这是学生面对新的学习任务时他所具有的能力。通过对这些最初差异的诊断并使教和学与这种差异相适应，最终的差异可以减少约50%。第二个要考虑的是初始情感行为，以避免由于最初的失败引起的挫折，初始的失败会强烈地影响继续学习的动机。在最适宜的动机的刺激下最终的学习成绩差异可能减少约 25%。第三,教学要考虑到媒介和时间,尤其要进行鼓励和个别化。这样就清除了另外 25% 的最后的差异。

对掌握学习继续进行了几年更深入的研究之后,布卢姆于 1976 年,在他的启发式模式已用于美国国内外之后,他试图对之进行"清理"。这项总结工作就是他的著作《人类特性和学校学习》。在该书的前言中他把掌握学习的哲学阐释为简单的三点。在他开始自己在教育测量领域内的研究生涯时,他研究的主要主题是:

1. 有好学生,也有差学生。

然后就是卡罗尔的学校学习模式:

2. 有学得快的学生,也有学得慢的学生。

布卢姆和其他研究者开始探索,是否额外的时间和帮助能使更多的学生提高自己的能力水平,高于通过传统的模式所能达到的水平。这就导致得出下面的结论:

3. 如果提供恰当的学习条件,这些学生在学习能力、学习速度和学习的动机方面变得十分相似。

布卢姆以反英才教育为主题结束了他的 1976 年的这本书的第一章,他认为选拔有才能的学生的做法再也不能满足现代社会的需要了。现代社会必须找到发展有才能的学生的手段。

以掌握学习为主题的一本"适合于家长、教师和其他教育者的入门书",出版于 1980 年,书名为"我们所有孩子的学习"。

布卢姆下一步的研究是试图找到对课堂教学进行彻底改革的方式,他研发了一些方法能使某种类型的群体教学取得与一对一的教学同样好的效果。他通常把它称之为"2 西格玛问题"。1984 年他出版了采用各种不同的教学方法对群体教学所进行的尝试性实验的成果。其中的几种实验有可能解决 2 西格玛问题,就是说,有可能使小组中的学生提高到加 2 西格玛的水平,然而曾经认为只有采用一对一的教学方法才有可能达到这样的水平。

20 世纪 80 年代初,布卢姆投入了为期五年的才能发展研究,这项研究重点研究了 120 位天才的年轻人,他们在数学、神经病学、游泳、网球、音乐和艺术方面达到了世界级的水平。研究发现,这些顶尖人物几乎没有一个曾被看做是儿童奇才。布卢姆周密地把学习条件、努力工作以及家长和其他人给予的支持,鉴别为提升到顶级所必需的。1985年的《发展青少年的才能》一书,阐述了对"天才"所进行的这项研究和其他各项研究。

有关教育目标和理论以及评价方法的研究,正如以上所述,受到他所参与的八年研究以及芝加哥大学改革本科生教育的工作的鼓舞。这些工作的共同特性是对个别差异的研究——个别差异有多大,个别差异是由什么引起的。

1964年布卢姆出版了专著《人类特性的稳定性和变化》,在这本书中以及在他随后的著作中,他对教育测量能引起什么样的变化这一已确定的论点提出了挑战。

在林登·约翰逊(Lyndon Johnson)就任美国总统之后,成立了以心理学家约翰·加德纳(John Gardner)为首的一个第一流的专门工作组,加德纳对教育具有浓厚的兴趣,后来担任健康、教育和福利部长。对专门工作组的授权是要求提出一份提案,提出关于联邦政府可以做些什么来不违宪地改进美国学校教育的方案。布卢姆为专门工作组提供了专家知识,为这份提案的编制发挥了重要作用。加德纳的委员会尤其提出了一项进行补偿教育的计划,这项计划成为与贫穷作斗争的一部分,斗争的方式是向在贫困中长大的儿童和由于英语不是其母语而有语言障碍的儿童占很高比例的学区分配资源。1965年,布卢姆与艾莉森·戴维斯(Alison Davis)和罗伯特·赫斯(Robert Hess)一起出版了关于这些问题的专著《关于文化剥夺的当代教育》。

布卢姆在他作为芝加哥大学的大学主考官期间在教育评价领域中获得了一定的经验,因此他参与该领域的国际合作就不足为奇了。20世纪60年代初,他是国际教育成就评价协会的筹办人之一。在随后的十年间,联合国教科文组织邀请他筹办关于评价问题的国际讲习班。1971年在瑞典的格兰纳举办了一次讲习班,有约25个发展中国家的代表参加。布卢姆本人担任讲习班的主任,包括拉尔夫·泰勒和约翰·古德拉德(John Goodlad)在内的这一领域的第一流专家担当讲师。同年,《形成性和终结性评价手册》问世。十年之后又出版了《为了改进学习的评价》。回到我在本文开头的引语上,本杰明·布卢姆是真正的心理学家和权威,他影响了若干代人对提高教育质量的探索。

注　释

① 1970 年美国教育研究学会和教育联谊会颁奖致辞。引自教育联谊会 1971 年的专著，该专著发表了布卢姆 1971 年 2 月 6 日在纽约召开的美国教育研究学会的会议上的讲演，讲演的标题为《学校中的个别差异：一个消灭点吗？》。

布卢姆的主要著作

① *Taxonomy of Educational Objectives*：*Volume I Cognitive Domain*，New York：David McKay and Co.，1956. ② *Stability and Change in Human Characteristics*. New York：John Wiley and Sons. 1964. ③ Benjamin S. Bloom，with D. B. Masia and D. Krathwohl，*Taxonomy of Educational Objectives*：*Volume II*，*The Affective Domain*，New York：David McKay and Co.，1964. ④ with J. T. Hastings，G. Madaus et al.，*Handbook on Formative and Summative Evaluation of Student Learning*，New York：McGraw-Hill 1971. ⑤ *All Our Children Learning*：*A Primer for Parents Teachers and other Educators*，New York：McGraw-Hill，1980. ⑥ Benjamin S. Bloom，with A. Sosniak，et al.，*Developing Talent in Young People*，New York：Ballatine，1985.

20 世纪 90 年代初布卢姆是国际教育学会任命的专门工作组成员，布卢姆也是国际教育学会的创办人之一，该组织从教育研究的角度调查家庭与学校的关系问题。调查报告由 Thomas Kellaghan 等人编辑，以《家庭环境和学校学习》为标题发表，1993 年由 Jossey Bass 出版社在加利福尼亚的旧金山出版。

布卢姆在各种学术性刊物和教育杂志上阐述关于他的讲习班的一些观念和初步研究成果。以下所列的篇目并不是代表性的，但肯定是一些非常重要的文章。

① "Individual Differences in School Achievement：A Vanishing Point?"，award lecture at the Annual Meeting of AERA，1971，Bloomington，IN：*Phi Delta Kappa International* 1971. ② "Innocence in Education"，*School Review*，80，3. pp. 1 – 20，1972. ③ "The State of Research on Selected Alterable Variables in Education"，Mesa Seminar，1980，B. S. Bloom，Department of Education，University of Chicago 1980. ④ "The 2 Sigma Problem：The Search for Methods of Group Instruction as Effective as One-to-One Tutoring，*Educational Researcher*，13，6，pp. 4 – 15，1984. ⑤ "Helping All Children Learn Well in Elementary School—and Beyond"，*Principal*，pp. 12 – 17，March 1988.

其他参考书

"In Memoriam：Benjamin Bloom（1913 – 1999）"，*IEA Newsletter*，34，December 1999. "Never too Young to Learn"，*Newsweek*，22 May 1972.

胡森

布鲁纳
(Jerome S. Bruner, 1915—)

> 教育并非简单地是很好地管理信息加工的技术性事务,甚至也不是简单地把"学习理论"应用到教室中,或者也不是以学科为中心的"成就测验"成果的应用。这是使文化适合其成员需要的一项复杂的工作,是使文化适合其成员及其了解文化需要的方式的一项复杂的工作。
>
> (杰罗姆·布鲁纳:《教育文化》,第43页)

20世纪80年代末,我参加了在巴黎召开的一个国际教育会议。一天晚上我和六个人一起用餐,他们分别代表六个不同的国家,其中没有一个人是我过去所认识的。当我交谈时出现了一个惊人的事实。我们所有这些人被吸引到教育生活中来都是因为几年前我们阅读了心理学家杰罗姆·布鲁纳的不同凡响的著作《教育过程》。[①]

许多心理学家在其职业生涯的某个时刻会被卷入到教育问题中去。这样的情况在美国尤其多见,美国的教育理论和实践受到当代心理学工作的重大影响。像斯金纳(B. F. Skinner)或桑戴克(E. L. Thorndike)那样的心理学家对诸如测验那样的专门的教育政策问题产生了特别重大的影响;而在扩大眼界认识儿童是如何学习以及教育家可以期待什么方面,没有人能与布鲁纳比肩。

杰罗姆·布鲁纳1915年诞生于纽约市,是一位高产的和多才多艺的心理学家。他曾在杜克大学和哈佛大学求学,他的第一篇论文发表于1939年,阐述"胸腺提取物对雌鼠性行为的影响"。[②]第二次世界大战期间,布鲁纳作为社会心理学家参加对民意、宣传和社会态度的调查。此后,作为战后"认知革命"的领袖之一,他的研究重点主要是人的知觉和认知。

自"二战"以来的半个世纪内,布鲁纳依次调查了一系列关系松散的主题领域。在他的论述知觉中的"新面貌"的著作中,他强调预期和解释对我们的知觉经验的影响。③在继续重点关注主体的积极作用的同时,他继而转向研究策略在人的类型化过程中的作用。④布鲁纳越来越关注人的认知的发展,他与他在哈佛大学的同事们一起新组建了一个认知研究中心,对儿童所使用的表象模式开展了一系列研究。⑤

1970年,布鲁纳从哈佛大学转到牛津大学。在牛津大学他继续自己的关于婴儿行为的发展性研究⑥并开始了对儿童语言的一系列调查。⑦十年后他回到美国后表现出对社会和文化现象的高度关心。他否定了由他帮助形成的认知观点的过度计算主义化,关注人的叙述能力和解释能力⑧——在最近的一本关于定律的书中⑨,他还帮助发起心理学界的第三次革命——这次革命围绕着文化心理学的实践。⑩

概述作为心理学家的布鲁纳所作出的贡献是很重要的,因为这些贡献架构了他对教育问题的参与。布鲁纳在反映自己的具有普遍性的研究兴趣和自己的涉猎范围极广的学习的同时,他是作为一位思路宽阔的思想家而不是作为一位技术专家去探讨教育的。他全面地思索在教和学中所包含的人的方方面面的能力——知觉、思想、语言、其他符号系统、创造力、直觉、个性和动机。尤其在他最近的著作中他把教育解释成从婴儿期就开始的,强调文化机构的整个领域所承担的教育作用。他吸收了我们有关早期智人的知识并坚持用交叉文化观考察教育。(20世纪90年代他开始有规律地研究意大利人共同体中的里金奥埃米拉和其他地区的学前学校。)实际上在他最近的关于文化心理学的著作中,布鲁纳提出了一个观点,认为教育是构建有充分资格的文化心理学的合适的"试验框架"。

20世纪50年代末,杰罗姆·布鲁纳已开始明确地从事对美国大学前教育的研究。在俄国人发射了人造地球卫星之后,当时的许多美国人认识到了,国家资源的很大一部分必须用于教育,尤其要用于科学、数学和技术教育。出现这种认识的时候恰逢认知革命的发生,这场认知革命一定程度上是在布鲁纳的超凡魅力的领导下发起的。有影响的美国科学院和全国科学基金会于1959年9月在马萨诸塞州的伍兹霍尔召开会议,邀请科学家、心理学家和教育学家参加。布鲁纳是这次会议的令人瞩目的主席。

布鲁纳在自己的里程碑著作《教育过程》中⑪,雄辩地阐述了在这次会议上出现的主要的议题。流行的观点认为,年轻人应该学习事实和过程,会议反对这种观点,强调科学(和其他)学科结构的重要性。如果一个学生理解了学科领域中的最重要的发展,他或她就有可能继续去能动地思考新问题。("知道一些东西是如何结合在一起的,就相当于知道了上千个关于他们的事实。"⑫)会议反对把儿童看做信息的吸收者和小成人的观点,[在让·皮亚杰和英海尔德(Bärbel Inhelder)的研究的鼓舞下]提出了一个新颖的儿童观:儿童是积极的问题解决者,他有他自己的理解世界的方式。会议反对在中学之前要回避某些科目的观点,力主螺旋式课程,在采用螺旋方式编排的课程中一些主题在学校学习的初期就以恰当的方式出现,然后在学校教学的随后的某一时刻再次呈现,但递增了深度和难度。这个论点体现在该书中最常被引用的(并且是最有争议的)下面这段文字中:"我们一开始就提出这个假设:任何学科都能够以智育上是诚实的方式,有效地教给任何发展阶段的儿童。"⑬

对布鲁纳报告的响应极为迅速并令人激动。《教育过程》一书被一批学者和政策领袖赞扬为"纲领性的"、"革命性的"、"经典的"。它被翻译成十九种语言,多年来一直是哈佛大学出版社发行的销售最好的平装书。可能更为重要的是,《教育过程》把美国的和外国的一些重要教育项目和实验进行了分类。正如布鲁纳在几年后所设想的:"我想,这本书的'成功'来自由于知识爆炸和新的后工业技术而在世界范围内产生的对重新评价教育功能的需要"。⑭

当他有可能选择返回心理实验室时布鲁纳却坚持直接投身到教育研究中,首先在美国,然后在英国。他加入了许多委员会,在一段时间内成为肯尼迪(Kennedy)总统和约翰逊(Johnson)总统的总统科学顾问委员会的教育专门委员会的成员。他最深入地参与的教育事务是他为中年级设计了一门社会研究课程。

1964—1966年,在称作教育服务公司的政府研究和发展实验室的赞助下,布鲁纳致力于设计和实施"人:一个学习的过程"。这项雄心勃勃的研究吸收了新出现的行为科学中的最新的思想,目的是要产生一门有充分资格的课程。根据布鲁纳所形成的概念,这门课程针对以下三个基本问题:"人类独特的人性是什么?人类是如何形成这样的人性的?人类如何才能更有人性?"

布鲁纳深信,即使很小的孩子也能处理困难的问题,这门课程反映了这一思想,提出了在本纪元的行为科学中"很活跃的"主题。依据查尔斯·霍基特(Charles Hockett)和诺姆·乔姆斯基(Noam Chomdky)的语言分析,年幼的孩子探索交流体系的性质。考虑到舍伍德·沃什伯恩(Sherwood Washburn)对早期的人使用工具情况的发现,学生是在研究古代和现代的工具和手段。受到对灵长目动物[欧文·德沃尔(Irven DeVore)]与人类[克劳德·列维—斯特劳斯(Claude Lévi-Strauss)]的社会关系的发现的鼓舞,学生探索文化的亲缘关系和社会组织。有大量论述各种不同群体的艺术、神话的材料和儿童的实践。这样的思想和主题通过丰富的人种学的和电影的案例研究提出,尤其吸收了有关佩利·贝(Pelly Bay)的奈茨利克的爱斯基摩人和"卡拉哈里沙漠的阿公布希曼人"的材料。

几年后布鲁纳怀念地回忆道:"在1962年的那些令人兴奋的日子里,任何事情看来都是可能的。"[15]作为研究团队的一名年轻的成员,我可以证实该项课程研究中所洋溢的这种兴奋。[16]学者、心理研究者、课程设计者、资深教师和热情洋溢的五年级学生,每天都在并肩创造和检查将要教和学的课程。研究所产生的材料,在20世纪60年代和70年代初是普遍能得到的,在美国国内和国外许多地方流传。

但是,围绕着这些教育实验的幸福感延续的时间并不长。在美国内部,在国内问题方面首当其冲的是爆发了贫穷和种族歧视问题,在越南的遭到日益严重挫折和造成分裂的战争,消耗了改革的能量。布鲁纳的课程遭到保守的政治和社会团体的直接攻击,他们反对智力抱负(读作"杰出人物统治论")和交叉文化(读作"相对论")席卷教材内容。[17]最终全国科学基金会撤销了其对课程的支持。布鲁纳意识到,失败不完全在于外部的批评。在拥有处于有利地位的学生的学校中工作的受过很好训练的教师,就能很好地处理课程。布鲁纳喜欢这样评论:"我们从未彻底解决过把材料从怀德纳(哈佛大学的图书馆)搬到威奇托(堪萨斯最大的城市,美国的中心地带)的问题。"

布鲁纳投身于教育,写作了一批有真知灼见的论述学习和教学的文章,这些文章汇编成《教学理论的探讨》[18]和《教育的适合性》。[19]在这些著作中布鲁纳提出了自己的不断演进的关于教学方式的思想,采用这种方式的教学能真正影响学生所建构的、详细说明的并改变的世界的心理模式。吸收了自己的合作的发展性研究成果,他强调了儿童把经验改造成知识的三个有序的方式:通过动作、通过映象,最终通过一系列符号系统。在这些表象模式中间许多教育包含着协商,有时还包含着冲突。布鲁纳深受苏联心理学家维果茨基(Lev Vygotsky)著作的影响,他强调包含工具和媒介的内化的学习方式,这些工具和媒介是其他个人和团体多年建构而成的。他还对诸如动机、情感、创造性和直觉之类尚未探索过的问题表现出浓厚的兴趣。

布鲁纳在回顾20世纪60年代和70年代初自己在教育方面所做的工作时,承认存在着某些局限性。部分局限性代表的是这个时代的心理学:过分强调单个人的、存在于头脑中的认知过程。互补的局限性来自未能意识到包括贫穷、种族歧视和普遍的疏远在内的社会问题的深刻性和弥漫性。正如布鲁纳所说:"(当时)理所当然地认为,学生生活在某种类型的教育真空中,逍遥自在地不受文化灾难和问题的干扰。"[20]

到20世纪70年代和80年代,杰罗姆·布鲁纳是作为认知革命的主要批评者出现的。他认为认知革命把人的思维毫无根据地降低为一套计算程序。他与其他同事一起,号召建构一种文化心理学,文化心理学认为文化的历史背景和流行的力量是重要的。布鲁纳认为,这样一种恢复了活力的心理学能够解释什么东西对于个体和群体是有意义的,以及为什么是有意义的。

根据这个框架,布鲁纳在他的于1996年出版的《教育文化》一书中修正了一些教育问题。他指出,把教育简单地看做学校的职能并指向个别学生的心智的观点是不恰当的。他说:"现在所组成学校并没有像它们是问题的一部分那样多的对教育问题的解决办法。"[21]如果人们把教育看做大众文化的职能,如果人们在与试图构建知识的学生的建构的互动和连接中去期盼学习,他就更可能取得教育的进步。教育理论应不再思考个别的儿童(皮亚杰的认识主体),为液体的守恒或亲属关系的微妙而大伤脑筋。当然,教育学家应该常常借助于计算机网络和远程专家的帮助,直接关心试图在一起的儿童群体去理解生物学的进步、定律的性质乃至他们研究自己的方式。取得成功的学生应该告诉另一个学生他们所学到的关于这个世界的知识,告诉另一个学生他们自己个人的和集体的心智的操作。

有必要作一个大致的概括。杰罗姆·布鲁纳对我们时代的教育话语起着至关重要的作用:用最新的心理学思想影响当代的社会问题;对怨天尤人的问题及其慷慨允诺的解决方案时刻保持警惕;热情洋溢地启发新的思想潮流。与此同时,布鲁纳的学生要求注意渗透其一生长达七十年的心理学研究的一些很有影响的主题:对人类的积极行动的信念,对知识建构的确信,对目的、目标和手段的持之以恒的关心,实质上(事实上)准确无误地鉴别出哪些问题是重要的以及如何最好地处理这些问题,能经得起个人的和社会的挫折的果敢的乐观主义。

杰罗姆·布鲁纳不仅仅是这个时代的一流的教育思想家之一,他还是一位有灵感的学习者和教师。他的富有感染力的好奇心鼓舞着所有那些还没有完全精疲力竭的人。各种不同年龄和背景的人被吸引到他身边。逻辑性很强的分析、技术的卓越、对各种不同题材的渊博的知识、还有范围广泛的信息、直觉的迅速行动、从他的不知疲劳的口中和笔下倾泻出的意味深长的难解的话语。用他自己的话来说,"无论哪里,在知识的尖端也好,在三年级的教室里也好,智力的活动全都一样"。㉒对了解他的人来说,布鲁纳是一位活着的全能的教师:用他自己的话来说,他是一位"传播者、榜样和典型人物"。㉓

注　释

① Bruner, *The Process of Education*, Cambridge, MA: Harvard University Press, 1960.
② J. S. Bruner and B. Cunningham, "The Effect of Thymus Extract on the Sexual Behavior of the Female Rat", *Journal of Comparative Psychology*, 7, pp. 333 – 336, 1939.
③ J. S. Bruner and C. C. Goodman, "Value and Need as Organizing Factors in Perception", *Journal of Abnormal and Social Psychology* 42, 1, pp. 33 – 44, 1947; Bruner, "On Perceptual Readiness", *Psychological Review*, 64, pp. 123 – 152, 1957.
④ J. S. Bruner, J. Goodnow and G. Austin, *A Study of Thinking*, New York: Wiley, 1956.
⑤ J. S. Bruner, R. R. Olver and P. M. Greenfield, *Studies in Cognitive Growth*, New York: Wiley, 1966.
⑥ Bruner, *Processes of Cognitive Growth: Infancy*, Worcester, MA: Clark University Press, 1968.

⑦ Bruner, *Child's Talk*, New York: Norton, 1983; A. Ninio and J. Bruner, "The Achievement and Antecedents of Labelling", *Journal of Child Language*, 5, pp. 1–15, 1978.

⑧ Bruner, *Actual Minds, Possible Worlds*, Cambridge MA: Harvard University Press, 1986; Bruner, *Acts of Meaning*, Cambridge, MA: Harvard University Press, 1990.

⑨ A. G. Amsterdam and J. S. Bruner, *Minding the Law*, Cambridge, MA: Harvard University Press, 2000.

⑩ J. S. Bruner, *Acts of Meaning*, op cit.; J. S. Bruner, *The Culture of Education*, Cambridge, MA: Harvard University Press, 1996.

⑪ Bruner, *The Process of Education*, op cit.

⑫ Bruner, *In Search of Mind: Essays in Autobiography*, New York: Harper & Row, p. 183, 1983.

⑬ Bruner, *The Process of Education*, op cit., p. 33.

⑭ Bruner, *In Search of Mind*, op cit., p. 185.

⑮ Ibid., p. 190.

⑯ H. Gardner, *To Open Minds: Chinese Clues to the Dilemma of Contemporary. Education*, New York: Basic Books, chap. 2, 1989.

⑰ P. Dow, *Schoolhouse Politics: Lessons from the Sputnik Era*, Cambridge, MA: Harvard University Press, 1991.

⑱ Bruner, *Toward a Theory of Instruction* Cambridge, MA: Harvard University Press, 1966.

⑲ Bruner, *The Relevance of Education*, New York: Norton, 1971.

⑳ Bruner, *The Culture of Education*, op cit., p. xiii.

㉑ Ibid., p. 198.

㉒ Bruner, *The Process of Education*, op cit., p. 14.

㉓ Ibid., p. 91.

参　考

本书中的"皮亚杰"、"维果茨基"。

布鲁纳的主要著作

① *The Process of Education*, Cambridge, MA: Harvard University Press, 1960.

② Brunet, J. S., Oliver, R. R. and Greenfield, P. M., *Studies in Cognitive Growth*, New York: Wiley, 1966.　③ *Toward a Theory of Instruction*, Cambridge, MA: Harvard University Press, 1966.　④ *The Relevance of Education*, New York: Norton, 1971.　⑤ *Beyond the Informatian Given*, J. Anglin (ed.), New York: Norton. 1973.　⑥ *In Search of Mind: Essays in Autobiography*, New York: Harper & Row, 1983.　⑦ *Acts of Meaning*, Cambridge, MA: Harvard University Press,

1990.   ⑧ *The Culture of Education*, Cambridge, MA: Harvard University Press, 1996.

其他参考书

① Bakhurt, D. and Shanker, S. (eds), *Jerome Bruner: Language. Culture. Self* London: Sage, 2001.   ② Bruner, J. S., *On Knowing: Essays for the Left Hand*, Cambridge, MA: Harvard University Press, 1979.   ③ Dow, P., *Schoolhouse Politics: Lessons from the Sputnike Era*, Cambridge, MA: Harvard University Press, 1991.   ④ Olson, D. R. (ed.), *The Social Foundations of Language and Thought: Essays in Honor of Jerome S. Bruner*, New York: Norton, 1980.   ⑤ Olson, D. R. and Torrance, N., *The Handbook of Education and Human Development*, Cambridge, MA: Blackwell, 1996.

加德纳

胡 森
(Torsten Husén, 1916—)

> 证实现实生活是相对容易的,但预测它则是相当困难的。
>
> (托斯坦·胡森常说的一句话)

托斯坦·胡森于1916年3月1日诞生于瑞典的隆德。他的母亲在完成了自己的中等教育之后成为一位训练有素的电信技术员。他的父亲受过五年的半工半读的初等教育,这是当时瑞典农村地区很典型的一种教育形式。他是一家锯木厂的经理。胡森在瑞典的南部长大,6岁时开始上小学,比官方规定的入学年龄提早一年。他在家里学会了打字,于是他对他的小学老师说他会打字,所以他没有必要再学习如何手写。他在韦克舍的一所完全中学继续自己的中学学业,在学校中选择专修数学和自然科学。学校有要求所有学生学习三门外语的传统(这也是升入高级中学的入学要求)。胡森依次学习了德语、英语和法语。他的德语很好,能够充当翻译陪伴他的父亲去波兰和德国出差。到20世纪50年代,他开始用英文写了几本书和文章。最终他的英语可能是他说得最流利的外语,虽然他的德语说得也是一点错误也没有的。

1935年,19岁的胡森进入隆德大学。他起初学习数学,后来学习文学[他发表的第一篇文章论述法国诊断心理学和精神病学对斯特林堡(Strinberg)的工作的影响]和历史,最后学习心理学。他经常说,他把大学看做(并希望其他人也这样认为)一所庞大的瑞典式冷菜餐馆,在那里人们应该能够选择自己的爱好来满足智力上的好奇心。正是在大学时代他开始"每天写作",*nulla dies sine linea** 很快就成为他的生活方式。也是在这一

---

* *nulla dies sine linea*(无法律去世正弦线),是一句拉丁文座右铭,意为"没有一天不应阅读或写作至少一条线","没有一天不画线;不虚度年华"。也就是"笔耕不辍"。——译者注

时期他形成了以他自己的方式成就了他的另一个特色:即确信"没有任何东西是不可能的",意思是他从不让官僚挡他的道,拥有全力以赴地去完成手头任务的能力。(笔者看到他开了整整一天的会,备受折磨、精疲力竭;会后又在打字机旁坐了两个小时写一篇文章!)

胡森于 1944 年发表的博士论文,篇幅约 500 页,标题为《青春期》(但是出版商把标题改为 *Svensk Ungdom*①)。这篇论文是根据对 1000 名年龄在 17 岁至 20 岁的正在服兵役的年轻人进行测验和问卷所收集到的数据撰写的。他阐述了青春期的各个方面,其中包括引自德文、英文甚至法文著作中的例证。28 岁时胡森已精通三门外语,研究了文学批评和历史分析的方法,还研究了冯特(Wundt)、茅曼(Meumann)的心理研究方法和维也纳学派的哲学。实际上他还花时间研究克雷奇默(Kretschmeer)。在心理学方面他研究了各种不同的方法论观点并在知觉心理学和心理生理学方面很有造诣。到 1944 年末,他出版了三本书,发表了约 60 篇文章。

在大学的最后两年,托斯坦·胡森参加了斯德哥尔摩的一个团队,负责开发一系列有军事目的的心理测验,这项任务要求他学习心理测量学。1944 年,他迁到斯德哥尔摩。他的工作的一项额外的成果是对个别成人的智力测验。1948 年胡森出版了一部书②,论述社会背景与在军队中的测验和学校中的测验所测得的智力之间的相互关系。胡森不仅参与了设计瑞典第一次在军队中进行的测验,而且在作为国防部高级心理学家的十年期间内,他在组织和实施对工作成果的应用方面是一位工具主义者。

1938 年,对所有于 1928 年出生在马尔默市的孩子进行了测验。这项工作是一项持续到 20 世纪末的纵向研究的开始。1950 年,发表了阐述马尔默研究的一份主报告③,这项研究的目的是评价学校教育对 10 岁至 20 岁的人的智力发展的影响。这也触及了"能力储备"问题,在以后的年代里这个问题成了瑞典的热点问题。与此同时,胡森的一位学生,克杰尔·亨奎维斯特(Kjel Haernqvist)做了另一项工作,对"能力投资"进行了考察。④这些出版物的主要信条是,与"才能"的社会"储备"观相联系,选择性的中等学校教育不利于多方面才能在社会中的发展。无论哪项研究都没能鉴别关于选择性教育的思想所固有的学术才能和实践才能这样两种不同的才能。这些研究成果对瑞典和其他国家关于教育的政治辩论产生了深刻的影响。所有这一切使胡森本人对研究与政策制定之间的相互作用产生兴趣。他的思想和出版的著作影响着整个世界。

马尔默研究在继续进行,胡森的几位博士研究生承担了分析工作并报告各种时间系列数据。马尔默数据的第一份综合报告发表于1969年。⑤ 20世纪80年代末,他的另一位学生图伊金曼(Tuijnman),证明了成人继续教育对他随后的工作选择和报酬的影响。⑥

其间(1953),胡森担任斯德哥尔摩大学教育和教育心理学教授。在那些日子里,对于一位教育学教授来说,只是进行经验主义的教育研究或专事发展心理学和差别心理学是不够的,还期待他精通教育哲学和教育史。他永远忠诚于自己的准则——笔耕不辍,每天晚上都在撰写他的论述瑞典初等教育历史的三本书,强调弗里特贾弗(Fridtjuv)和安德斯·伯格(Anders Berg)的工作。⑦他们二位推动了对正字法教学的专门的教育研究,因此,胡森在同时出版了一本书,通报了对正字法进行的经验主义的心理学研究成果⑧,这是毫不奇怪的。

胡森同时还对关于教养与本性这样一个经久不衰的辩论主题感兴趣。他分析了从1948年至1952年从军队中所收集到的数据中的约六百对单卵和双卵孪生子的数据。他考察了⑨各对孪生子内部和相互之间在倾向、学习成绩、身高体重、惯用左手还是右手和写字方面的差异。他所采用的这种研究路径与过去许多研究是不同的。

从1953年起尤其在1956年他成为瑞典第一位教育研究教授之后,胡森和他的学生们热衷于各种不同的教育研究项目。这些项目涉及选择性教育与综合教育之争,⑩包括对作为课程改革依据的教育需求的分析⑪,以及对关于班级规模和班级同质性这样的永恒问题的研究。⑫这些研究的成果被政策制定者用到了教育改革中。胡森也很关心研究和研究人员与政策制定者之间的关系。这样的兴趣引导他对某些国家中这方面的关系进行考察,其研究结果就是相隔将近20年的两本书。第一本书出版于1967年,与冈纳·博尔特(Gunnar Boalt)合作撰写;⑬第二本书出版于1984年,与莫里斯·科根(Maurice Kogan)合作撰写。⑭这两部书用大量的范例证明了在不同的背景下研究与政策制定之间的不同的关系模式。

1956—1982年间,胡森指导了38名通过了博士论文答辩的学生。这让人想起了瑞士的博士学位相当于德国的教授资格和法国的国家博士学位。包含在早期的学位论文中的工作量是巨大的。胡森能独到地识别什么样的青年研究者能够从为撰写博士论文而受的训练中获益。作为国际教育成就评价协会的领导人,他启动了为来自23个国家的六门课程的专家团队举办的有名的格兰纳研讨班。这对全世界许多国家的课程开发产生了深远的影响。紧接着李·克隆巴赫(Lee Cronbach)在斯坦福大学组织的那些研讨班之后,他在欧洲根据工具主义组织了三个学习和教育进步研讨班(SOLEP)。

20世纪50年代初,胡森应邀去德国参加关于心理研究对解决教育问题的作用的学术专题讨论会。经验主义研究方法对受过释经学训练的研究人员造成的冲击,在理论上导致了一些精细的概念的形成。自从胡森出版了一些用英文撰写的书和文章后,瑞典之外的其他国家的研究人员就知道了胡森的名字。1958年,胡森的研究小组决定使自己成为酝酿中的国际教育成就评价协会(IEA)的分支机构。1962年,胡森成为国际教育成就评价协会的主席,编辑它的第一本重要出版物⑮并指导它的发展路线直到1978年。20世纪60年代至80年代,这一组织进行了最大规模的教育抽样调查研究。计算中学最后年级的毕业生数量,显然不能代表各个国家的学校系统的教育生产率,因此要求测量学校系统在知识、技能和价值方面取得了什么。虽然研究的成果一直在被约20个国家的教育部利用,但是直到20世纪90年代随着第三次国际数学和科学研究(TIMSS)成果的发表,国际教育成就评价协会才"击中了"媒体。国际教育成就评价协会在20世纪60年代的研究提出了研究标准,并在70年代提出了随后由教育测验服务中心(ETS)和经济与合作发展组织(OECD)进行的国际成就研究所需要的标准。

20世纪60年代,各国教育部、设在巴黎的国际教育规划研究所(IIEP)(从1971年起他担任该机构董事会主席长达10年)、联合国教科文组织设在汉堡的研究所、经济合作与发展组织、联合国教科文组织、国际教育发展理事会(他多年来是该理事会的成员),以及由约翰逊(Johnson)总统倡议的威廉斯堡会议和弗吉尼亚会议,竞相邀请胡森提出建议。他在阿斯彭、科罗拉多的人文研究学院授课。他既是斯坦福大学行为科学中心的研究员,又是该校的特别研究员,愉快地定期去斯坦福大学直至退休。

1982年,他成为名誉教授,但他的许多活动依然继续进行,甚至还承担了新的任务。他继续出版著作,甚至成为《国际教育百科全书》第一版(10卷本)[16]和第二版(12卷本)[17]的合作主编。他是欧洲科学院的第一部教育著作的主要作者。[18]他还是国际教育学会的创始人和主席(1986—1998)。

胡森是一位非常和蔼的人。当他参加工作的许多研究小组发生冲突时,他能够平息风波、调停争端。他在主持会议时还能预见到可能出现的麻烦,他拥有卓越的引导会议讨论方向的天赋,能够使纷扰或者不出现,或者很快就被驱散。他的表述非常清晰,这是国际会议所要求的基本素质。他在教育哲学和经验主义的教育研究方面的知识和能力,使他成为少有的能博得人们敬仰的人。

如果没有称职的研究人员团队和金钱,要管理这么多的研究项目对于胡森来说也是不可能的。他认为"没有任何东西是不可能的"的信条,是他的项目取得成功的重要因素。

胡森所从事的研究密切地结合20世纪50年代和60年代瑞典的学校改革。其他国家注意到了这一点,他成为柏林的马普教育研究所管理委员会的成员。英国的安东尼·克罗斯兰(Anthony Crosland)多次邀请他去商讨教育系统的结构。也可以说他是欧洲的比较教育之父中的一位,他通过担任国际教育成就评价协会主席职务对这一领域的研究作出了贡献。

胡森是一位跨学科的思想家。他在教育思想史方面的知识与他的广博的文学知识以及经验主义的教育研究相结合,使他的视野惊人地宽阔。当要从各种不同的角度集中考察产生问题的教育的特定某个方面时,他游刃有余地把心理学、社会学和经济学的研究用到教育中。他的著作论及作为机构的学校什么可以做,什么不可以做,青年人所处的各种不同的背景如何影响他们的学习,还论及学校系统的结构,他的关于终身教育的主张对许多国家产生了重大的影响。他的三部著作(已翻译成几种不同的文字)拥有关心这一问题的广大读者。[19]

胡森一共写了55本书和约1500篇文章。

注　释

[1] *Svensk Ungdom* [Adolescence]. *Psykologiska undersökningar av ynglingar I fäldern 17 – 20 ar*, Stockholm: Gebers, 1944.

② *Begavning och Miljö* [Aptitude and Milieu]. *Studier i begåvningsutvecklingen och begåvningsurvalets psykologisk—pedagogiska och sociala problem*, Stockholm: Gebers, 1948.

③ T. Husén, *Testresultatens prognosvärde. En undersökning av den teoretiska skolningens inverkan på testresultaten, intelligenstestens prognosvärde och de sociala faktorenas inverkan på urvalet till högre läroanstalter*, Stockholm: Gebers, 1950.

④ K. Haernqvist, *Reserverna för högre utbildning*, Stockholm: Ecklesiastikdepartementet, SOU 1958, 11. K. Haernqvist, *Individuella differenser och skoldifferenttiering*, Stockhom: Ecklesiastikdepartementet, SOU:1960, 13.

⑤ T. Husén, with the assistance of I. Emanuelsson, I. Fägerlind and R. Liljefors, *Talent, Opportunity, and Career*, Stockholm: Almqvist & Wiksell, 1969.

⑥ A. C. Tuijnman, *Recurrent Education, Earnings, and Well-being: A Fifty-year Longitudinal Study of a Cohort of Swedish Men*, Stockholm: Almqvist & Wiksell, 1989.

⑦ T. Husén, Fridtjuv Berg, "folskollärarkåren och stavningsreformerna", *Pedagogiska skrifter*, 192, 1946. T. Husén, Fridtjuv Berg, "och enhetsskolan", *Pedagogiska skrifter*, 199, 1948. T. Husén, Anders Berg "under folkskolans pionjärår", *Pedagogiska skrifter*, 205. 1949.

⑧ T. Husén, "Rättstavningsförmågans psykologi. Några experimentella bidrag", *Pedagogiska skrifter*, 207 – 209, 1950.

⑨ T. Husén, *Tvillingstudier*, Stockholm: Almqvist & Wiksell, 1953. T. Husén, *Psychological Twin Research: A Methodological Study*, Stockholm: Almqvist & Wiksell, 1959.

⑩ N. -E. Svensson, *Ability Grouping and Scholastic Achievement*, Stockholm: Almqvist & Wiksell, 1962.

⑪ U. Dahllöf, *Kursplaneundersökningar I matematik och modersmålet*, Stockholm: Ecklesiastildepartementet, 1960.

⑫ S. Marklund, *Skolklassens storlek och struktur*, Stockholm: Almqvist & Wiksell, 1962.

⑬ T. Husén, and G. Boalt, *Educational Research and Educational Change: The Case of Sweden*, Stockholm: Almqvist & Wiksell, and New York: John Wiley, 1967.

⑭ T. Husén, and M. Kogan, (eds), *Educational Research and Policy: How do they Relate?* Oxford: Pergamon Press, 1984.

⑮ T. Husén (ed.), *International Study of Achievement in Mathematics: A Comparison of 12 Countries*, vols 1 and 2. Stockholm: Almqvist & Wiksell, 1967.

⑯ T. Husén and T. N. Postlethwaite (eds), *International Encyclopedia of Education*, vols 1 – 10, Oxford: Pergamon.

⑰ T. Husén and T. N. Postlethwaite (eds), *International Encyclopedia of Education*, vols 1 – 12, Oxford: Pergamon, 1994.

⑱ T. Husén, A. Tuijnman and W. D. Halls (eds), *Schooling in Modern European Society: *A Report of the Academia Europaea*, Oxford: Pergamon, 1992. ⑲ T. Husén, *The School in Question: A Comparative Study of the School and its Future in Western Societies*, London and New York: Oxford University Press, 1979. T Husén, *An Incurable Academic: Memoirs of a Professor*, Oxford and New York: Pergamon Press, 1983. T. Husén, *Education and the Global Concern*, Oxford: Pergamon, 1990.

胡森的主要著作

① *Adolescensen* (Adolesence), Stockholm: Almqvist & Wiksell, 1944. ② *Predictive Value of Intelligence Test Scores*, Stoekholm: Almqvist & Wiksell, 1950. ③ *Psychological Twin Research*, Stockholm: Stockholm University Press, 1959. ④ *International Study of Achievement in Mathematics I – II*, ed. and author, New York: John Wiley, 1967. ⑤ *Talent, Opportunity and Career*, Stockholm: Almqvist & Wiksell, 1969. ⑥ *Talent, Equality and Meritocracy*, The Hague: Nijhoff, 1974. ⑦ *The School in Question*, London: Oxford University Press, trans. into eleven languages, 1979. ⑧ Husén, T., with Kogan, M., *Educational Research and Policy*, Oxford: Pergamon Press, 1984. ⑨ *The Learning Society Revisited*, Oxford: Pergamon Press, 1986. ⑩ *Education and the Global Concern*, Oxford: Pergamon Press, 1990. ⑪ Husén, T., with Tuijnman, A. and Halls, W. D., *Schooling in Modern European, Society: A Report of the Academia Europaea*, Oxford: Pergamon Press, 1992. ⑫ *The Role of the University: A Global Perspective*, ed. and author, Paris: UNESCO, 1994.

其他参考书

① Husén, Torsten, "A Marriage to Higher Education", *Journal of Higher Education*, 51, pp. 15 – 38, 1980. ② Husén, Torsten, *An Incurable Academic: Memoirs of a professor*, Oxford: Pergamon Press, 1983. ③ Postlethwaite, T. Neville (ed.), *International Educational Research: Papers in Honor of Torsten Husén*, Oxford: Pergamon Press, 1986. ④ Tjeldvoll, Arild, *Listening to Torsten Husen: A Comparative Education Researcher*, a book reporting fifteen hours of interviews. 1999. ⑤ Also see International *Who's Who*, London: Europa Publications, *Who's Who in Europa: Dictionnaire Biographique*, ed. Servi-Tech, Waterloo: Belgium, and *Who's Who in the World*, Chicago, IL: Who's Who Marquis.

波斯尔思韦特

克隆巴赫
(Lee J. Cronbach, 1916—)

李·克隆巴赫*说:"心理学很早就吸引了我。我生于 1916 年,就在刘易斯·推孟(Lewis Terman)的学科传播心理测验的真理之前。"他对《心理学史自传》①的投稿就是从这句话开始的。他补充道,推孟修订的比奈—西蒙智力量表(斯坦福—比奈),以《智力测量》作为标题于同一年问世。②但是他也提到,他在 5 岁时就被一位学校女心理学家测验过,测得的智商(IQ)是 200,作为"天才"儿童("推孟的孩子")之一被登记在册,这些推孟的孩子后来被推孟跟踪研究到 20 世纪 50 年代。不管怎样,他的天资表现为他能够在 14 岁时在加利福尼亚的弗雷斯诺(他诞生在那里)读完高中,18 岁时读完当地的州立学院。他的父亲是一位犹太丝绸商。他的家庭供不起他上大学,这就意味着,他与许多与他有着相同背景的人一样注册了弗雷斯诺州立学院,接受师范教育。他在主修数学时很快就对心理学产生了兴趣,关心起对"心理测量设备的工程分析"。他在弗雷斯诺中学教了两年数学。在伯克利加利福尼亚大学他获得了文科硕士学位。在伯克利一年之后,于 1938 年他转到芝加哥大学,芝加哥大学被贾德(C. H. Judd)和弗里曼(E. N. Freeman)发展成第一流的教育心理学研究机构,贾德和弗里曼二人都在莱比锡学习过,具有强烈的经验主义的和实验主义的传统。1942 年克隆巴赫在芝加哥完成了他的哲学博士学位的学习,他从拉尔夫·泰勒(Ralph Tyler)的研讨班中以及从在以泰勒为首的八年研究中担任两年的研究助手中获益匪浅。作为研究人员,克隆巴赫被看做是"通用的方法学家"。在穿插担当大学教师和军队心理学家之后,克隆巴赫回到了芝加哥大学担任助理教授,开设教育心理学入门课程,为他的《教育心理学》打下了基础,这本书的第一版是在 1949 年,但这决不是

---

* 美国心理学家克隆巴赫教授于 2001 年 4 月 22 日,因心脏病逝于加利福尼亚州帕洛阿图市。——译者注

它的最后一版。他在自传中指出,"逐渐形成了一种风格",这种风格"既是"他的学术产品的"主要优点,也是主要缺点",换句话说,就是"测量和个别差异"的专门化。

1948年,他被任命为位于厄巴纳的伊利诺伊大学的教育心理学教授,在那里他与心理系的雷蒙德·卡特尔(Raymond B. Cattell)以及教育系的盖奇(N. L. Gage)共事。上述新成员成为学校当时发起的"向卓越飞跃"的一部分。正如克隆巴赫指出的,伊利诺伊的心理和教育测量项目"几乎是没有竞争对手的"。

1964年,在斯坦福大学行为科学高级研究中心工作了一年之后,克隆巴赫被任命为斯坦福大学的教育学教授。他于1980年退休。在他的职业生涯期间,他写作了约7部书。

克隆巴赫在教育测量理论和方法论方面的贡献反映在这样一个事实中,即《国际教育百科全书》有力地推荐了他。③ 在该书的第47条介绍了他,主要论及他对研究的方法论和理论所作的贡献。例如,关于能力和性向、态度测量、教育测验中的决策理论以及能力倾向和教学方法的交互作用条目中,都提到了他。

作为行为科学的研究者,克隆巴赫从一开始就专门从事教育测量和心理测量问题。所以他理所当然地被认为主要是一位方法学家。作为一位研究者他所达到的能力水平,以及他所覆盖的主题范围,反映在这样一个事实中,即连续10年他被选为美国心理学协会(APA)主席和美国教育研究协会主席。在美国心理学协会中,他在20世纪50年代领导了一个研究测验标准的委员会,而在教育研究方面,他与萨佩斯(P. Suppes)一起进行了一项关于"明日学校之研究"的研究(1969)。克隆巴赫提倡概化理论,概化理论就是用一个"普遍分数"来代替"真实分数"的心理测量中的经典理论,"普遍分数"界定一个人在整个可接受的观察中的平均分数。概化来自对全域的抽样。

克隆巴赫在其职业生涯的早期就对心理测量问题感兴趣并开始把决策理论用于评价心理测量和教育测量。他进行了对测验信度的研究,这项研究有助于基本的澄清。其中的某些研究被一起放在与格莱塞(G. C. Gleser)合作撰写并于1957年出版的《心理测验和人事决策》一书中。作为美国心理学协会测验标准委员会的主席,他为澄清效度概念作出了贡献。他对各类效度所作的区分至今仍然有效。

克隆巴赫对教育研究作出的最为人称道的贡献,可能就是他提出的能力倾向与教学方法的交互作用(ATI)范式,这个范式第一次出现在他与格莱塞合写的那本书中,但在他与他的斯坦福同事理查德·斯诺(Richard Snow)合写的于1977年出版的《能力倾向与教学方法:交互作用研究手册》中得到了更全面的阐述。该书考察了一些相关的研究,提出了一个关于个别差异与学习变量之间的关系的新理论。这一理论的背景是克隆巴赫和格莱塞在关于运用决策理论的那本书中提出的个人的选择和安置模式。"treatment"*一词用来指在特定项目的框架内与学生一起做的工作和教学方法。在能力倾向与教学方法的交互作用的研究中强调的是什么样的学习方法最适合于确定的一种能力倾向。

作为拉尔夫·泰勒的一位杰出的学生,以及由于他在8年研究中所获得的实际训练,教育评价是克隆巴赫研究的另一个领域。在斯坦福大学,克隆巴赫举办了一个评价研讨班,参加研讨班的每个学生都要设计一个评价。他在这个领域的一部分工作是评价斯坦福大学的本科生的以"价值观、技术和社会"命名的学习计划。用布鲁姆的术语来命名的这项工作称作"形成性评价",对这个领域的实践应用产生了重大影响。

在他与萨佩斯合作为美国全国教育学会所进行的一项研究中(1969),他区分了以决策为目标的和以结局为目标的研究,否定了"纯"研究与"应用"研究之间的经典的分野。在心理测量的方法论方面他负责修正信度理论。李·克隆巴赫为教育测量和心理学的理论和方法学作出了杰出的贡献。他为教育学术所作出的贡献,在相当大的程度上表现为提出了这一领域的研究方法论,毫无疑问,他的贡献为我们理解教育拓宽了哲学视野。

注　释

① G. Lindzey (ed.), *History of Psychology in Autobiography*, 8, 64 – 93, pp. 64, 1989.
② L. Terman, *The Measurement of Intelligence*, London: Harrap and Co, 1989.
③ T. Husén (Editor in Chief) and T. N. Postlethwaite, *The International Encyclopedia*

---

* aptitude-treatment interaction,《英汉教育大词典》意译为"能力倾向与教学方法的交互作用"。中译文没有译出 treatment 一词,因此,译者在此处也不便将此词译出。——译者注

of Education, 1-12, Oxford: Pergamon, 1993.

参　考

本书中的"布鲁姆"、"泰勒"。

克隆巴赫的主要著作

① *Essentials of Psychological Testing*, New York: Harper & Row, 1949, rev. edns 1960, 1970, 1984, 1990.　② "Coefficient Alpha and the Internal Structure of Tests", *Psychometrika*, 16,. pp. 297-334, 1951.　③ *Educational Psychology*, New York: Hartcourt and World Brace, 1954, rev. edns, 1963, 1977.　④ Cronbach, L. J., with Meehl, P. E., "Construct Validity in Psychological Tests", *Psychological Bulleting*, 52, pp. 281-303, 1955.　⑤ "The Two Disciplines of Scientific Psychology", *American Psychologist*, 12, pp. 671-684, 1957.　⑥ Cronbach, L. J., with Gleser, G. C., *Psychological Testing and Personnel Decisions*, Urbana, IL: University of Illinois Press, 1957, new edn, 1965.　⑦ Cronbach, L. J., with Gleser, G. C. and Rajataratnam, N., "Generalizability of Scores Influenced by Multiple Sources of Variance", *Psychometrika*, 30, pp. 395-418, 1965.　⑧ "Heredity, Environment and Educational Policy", *Harvard Educational Review*, 39, pp. 338-347, 1969.　⑨ Cronbach, L. J., with Patrick Suppes, *Research for Tomorrow's Schools: Disciplined Inquiry in Education*, New York: Macmillan, 1969.　⑩ Cronbach, L. J., Gleser, G. C., Nanda, H. and Rajaratnam. N., *The Dependability of Behavioural Measurements: Theory of Generalizability for Scores and Profiles*, New York: Wiley, 1972.　⑪ "Beyond the Two Disciplines of Scientific Psychology", *American Psychologist*, 30, pp. 116-127, 1975.　⑫ "Five Decades of Public Controversy over Mental Testing", *Amercian Psychologist*, 30, pp. 1-14, 1975.　⑬ Cronbach, L. J., with Snow, R. E., *Aptitudes and Instructional Methods: A Handbook for Research on Interactions*, New York: Irvington, 1977.　⑭ *Toward Reform in Program Evaluation*, San Francisco, CA: Jossey-Bass 1980.　⑮ "Abilities and Ability Testing: Recent Lines of Thought", *Evaluación Psicológica*, 1, 1-2, pp. 79-97, 1985.　⑯ "Internal Consistencies of Tests: Analyses Old and New", *Psychometrika*, 53, pp. 63-70, 1988.

其他参考书

① Lindzey, G. (ed.), *History of Psychology in Autobiography*, 8, pp. 64-93, 1989.　② Husén, T. (Editor in Chief) and Postlethwaite, T. N., *The International Encyclopaedia of Education*, 1-12, Oxford: Pergamon, 1993.

胡森

坎贝尔
(*Donald Thomas Campbell*, 1916—1996)

在本章中我们将考察按正确的推论对通常的恐吓所设计的 16 项实验的效度。①

上述这段文字对一本畅销书来说是否是一段很枯燥的开场白？这篇实验方法论文已销售 30 多万册。论文的合作作者是朱利安·斯坦利(Julian C. Stanley)，它最初是作为盖奇(Gage)的《教学研究手册》的一章。仅根据这篇论文就建立起了坎贝尔作为方法学家尤其是教育领域的方法学家的威望。但他的著作还有很多。

坎贝尔的父亲是由宾夕法尼亚州的一个原教旨主义者的教会养育成人的，虽然他成年后并不是一个积极地去教堂做礼拜的信徒。坎贝尔在童年时代被母亲送到主日学校上课，但是他否定宗教，尽管也承认宗教的进化作用。他"相当尊重那些虔诚的教徒所过的生活的质量，这些教徒把对他们自己的敏锐的理解与很高的道德标准相结合"。②

他 18 岁时读完高中并意识到自己想成为一名科学家，但尚未选定领域，于是他就在加利福尼亚州的维多利亚维尔附近的一座土耳其牧场工作了一年，每月除食宿之外还挣 40 美元。他指出他的家庭的思想意识偏爱"扩大经验的范围"，这让我们隐约地看到了家庭的影响。

第二年他住在家里，成为圣贝纳迪诺山谷初级学院的一年级和二年级学生。教他的是一位生物学家，这位生物学家发表过一些与进化论有关的论述松鼠毛皮颜色的文章。坎贝尔披露，从他那里以及从初级学院的其他教师那里他增进了对于科学家工作的认识。

坎贝尔在伯克利加利福尼亚大学继续完成自己的第一级学位，并于 1939 年以班级第一名的成绩毕业(他的妹妹是第二名)。在第二次世界大战中他是海军后备兵，然后又回到伯克利大学攻读社会心理学哲学博士学位，1947 年他 31 岁时完成了博士学位的学习。

坎贝尔早年的工作是收集和发展有关态度形成的数据和理论并予以推广,他清醒地认识到进行这项工作的时期是战后年代。他在俄亥俄州立大学工作了3年,然后在1950—1953年在芝加哥大学工作了3年。

坎贝尔在芝加哥大学的最后一年,已摆脱了所有的教学工作,参加了詹姆斯·米勒(James Miller)的"行为科学委员会"。他全力以赴地研究控制论、信息理论和普通系统理论。虽然他高度评价芝加哥大学为他的研究所提供的广阔天地,但还是对自己在这里的经历持批评态度。对建立管理、控制和责任系统负责的任何一个人都应该注意到他的评论:

> 对我来说最显而易见的是,我发现学术生活远不如我在俄亥俄州立大学那样愉快和全面。在芝加哥大学终生聘任的压力极大……出版物比比皆是……更糟的是,我们被明确地告知,我们的出版物必须是天才的作品。这项要求降低了所有人的生产效率。

西北大学聘请坎贝尔为副教授,任期5年。他把这个聘约看做:

> 一个回到相互肯定的学术环境中的机会,在这样的环境中科学工作者受到礼遇,在那里我可以通过教学来谋生。(这时我明白了,在西北大学必须发表文章,我打破了依然无耻地利用不作为仲裁的杂志的纪录。)

他最终在西北大学工作了36年,然后接受了利哈伊大学的聘约。

坎贝尔接受了各个不同的职业团体所授予的许多荣誉学位和奖励,这些团体例如有:斯坦福大学、牛津大学、哈佛大学、耶鲁大学、美国心理学协会、全国艺术和科学研究院、社会问题心理研究学会、评价研究学会和美国教育研究协会。

他的讣告刊登在1996年5月12日的《纽约时报》上。[3]讣告是这样开头的:

> 唐纳德·坎贝尔,一位思维敏捷的社会科学家,他在六门学科上留下了自己的印记并帮助改革通用的科学探究的基本原则,星期一在宾夕法尼亚州伯利恒他家附近的一家医院中去世。享年79岁。
>
> 他的妻子巴巴拉·弗兰克尔说,他死于结肠癌外科手术并发症。

讣告的结束语是这样的:"除了他的妻子外,他还是利哈伊大学的一位退休人类学教授,过去的婚姻给他留下两个儿子……一个女儿……和两个孙儿女。"

在他去世后约四年,2000年2月在宾夕法尼亚州的一次会议上为纪念他发起了一项以他的名字命名的合作研究,参加这次会议的人是代表许多社会科学研究者的一个国际小组,会议由罗伯特·博勒齐(Robert Boruch)主持。④与医学界中的科克伦(Cochrance)合作研究一样(Maynard and Chalmers 1997),其目的是要成为尽可能高质量的证据的信息源。

唐纳德·坎贝尔为之作出贡献的每一门学科,可能都把他看做本学科的人,即把他看做科学哲学家、组织理论家、社会科学方法学家、认识论家、理论生物学家,等等。在教育方面,20世纪60至70年代的学生肯定因为唐纳德·坎贝尔的著作所具有的清晰性和激情而喜欢他。除了《研究的实验和准实验设计》之外,另一篇被广泛引用的文章是他与唐纳德·菲斯克(Donald Fisk)一起写作的,标题为《多特质的辐合和鉴别的有效性——多方法矩阵》(1959)。这篇早期的文章举例说明了对效度的承诺不是虚假的二等分,也不是确定某种东西有效与否,而是对有效程度进行测量。远不是机械论的和决定论的精确性,坎贝尔主张理智地、审慎地作出判断,明白我们确实知道些什么,而对于什么是我们所不知道的也要非常地清醒。

虽然他通常与统计学家合作并促使对所控制的特质进行随机选择,但僵化并不适用于坎贝尔,然而可悲的是常常错误地认为这样的工作是固守成规俗套的。他知道现场实验的杂乱,也不企图去掩盖这一点。而且,下面这段引自他与罗伯特·博勒齐合作撰写的文章中的引文说明了他们利用了所有的证据源:

> 社会实验的许多参与者和观察者的主观印象获得了一种关联,与计算机的输出的关联完全相同。如果……定性的印象明显地与计算机的输出不符,那么后者的效度就像前者的效度一样应是完全值得怀疑的,尤其应该力图去理解这种不符的原因。⑤

坎贝尔从事的是大范围的评价,极其尊重能从接近数据中知道很多东西的实践者,他还坚持能梳理出因果关系的尽可能最好的设计。

坎贝尔在文章中提到了一种危险,就是"正在变成为自己服务的优秀研究者,常常通过采用复杂的统计程序来排斥实践者,从而使我们的结论

不会受到批评,甚至不会受到通过行动来观察活动的处于有利地位的有能力的观察者的批评",他建议:

> 为了避免这种偏见,我们必须设计一些方式,使参与人员、接受者和其他处于有利地位的观察者能很容易地理解,为他们收集、系统地表达并概括他们对活动有效性的评价。……我们必须认识到,这样的概括具有可与更正式的测量的统计分析相比较的效度。通常这种观点是得到赞同的,但也有不赞同的时候,我们应该牢记,统计分析包含简化的假设,而简化的假设可能有严重的误差。⑥

坎贝尔表现出了科学所特有的对细节的宽容和彻底的调查研究,他的社会观也很杰出,这种社会观要求进行实验以发现其社会政策是否有效。《作为实验的改革》是他的另一篇重要的、有影响的文章的标题。⑦

坎贝尔认为,进行研究的科学家属于一个"爱争论的共同体",不信仰永恒的真理,而信仰暂时的结论。他表现出对现在我们称作学术型的、起导向作用的人的关心。

> 政府询问该做些什么,而学者自信地回答,根本不坚持他们自己领域的科学立场。在此过程中学者型顾问(与政治家们一起)也陷入过度参谋的陷阱中。一个人已经知道的思想,肯定妨碍他去发现如何使自己的理论站住脚。⑧

坎贝尔在俄亥俄州立大学期间被卷进了"间接态度测量"中,这种测量通常暗示问卷的目的是误导反应者,从而获得非预期的另一种态度。这种研究法显然令他不安,多年后在向他致意的一本书(他为该书写了一章)中,他提出了道德委员会有兴趣倾听的一些异议,其中包括:心理学家对被试者的欺骗的—反对的—利用的态度;没能进行间接测验的导言中所包含的研究;研究结果的沮丧性。⑨

在阅读坎贝尔对自己的研究的说明时,感到这似乎是收集调查数据和讨论科学性质的一段非常时期。调查数据被用于学术论文中,而不是作为对实验参加者的反馈。他的工作可能主要反映他早期在社会心理学方面所受到的训练,社会心理学虽然是一门严肃的实验科学,但看来这种实验是为了证实理论而不是发展被收集到的数据所驱动的理论,因为这是对社会有用的。

坎贝尔经历了第二次世界大战和美国的种族隔离和种族歧视造成的政治上的紧张时期,这就可以解释为什么他长期地致力于收集关于社会态度方面的偏见性质的数据。他指出:

> 在西北大学(它与同时代的其他社会科学共同体大不相同),我们的最能干的学生的左翼政治色彩,并不伴有反科学的、反定量的人文倾向。相反,他们继续为对现实世界的假设测验提出更好的定量方法作出贡献,也为实据改良方案的评价作出贡献。⑩

理论的整合使"特质属性的投射变量"项目获得了全国卫生协会的一笔数量可观的研究补助金。坎贝尔的说明提出了一个警戒性的故事。这个项目聘用了几个包含一些优秀的统计学家和计算机管理人员在内的学会,工作在继续进行。

> 我们是一个道德高尚的团队,致力于把理论与我们所收集到的数据最好地结合起来,样本的范围很广泛,足以作出最后的判断。

> 实验结果是决定性地否定的,这至少令我一时曾很忧郁。我们的研究报告开头部分的文字是这样的:"这是不厌其烦的、乏味的、昂贵的和令人失望的一项研究……"⑪

社会科学家可能必须特别周密地思考理论的价值。至少坎贝尔是根据数据来验证他的理论的。

这项有很好的经费、理论和计划保障的研究项目效率却不高,与那些来自"娱乐"活动,即来自每周的社交事件——社会学家和心理学家的午餐会中产生的项目大不相同。在西北大学的克雷斯吉讲堂顶层的社会心理学空间中坎贝尔举行他的午餐会,这种午餐会演化成一种娱乐,研究人员随身带来一些新奇的、古怪的方法。这就导致成功出版了另一本书,为方法论作出了原创性的贡献,这本书就是《不引人注目的测量》,于1966年出了第一版,经修改后于1981年再版。⑫

坎贝尔细述了他的消沉时期,这与不能跟上正在进行中的承担过度的义务相巧合。他感谢许多朋友在他一次又一次的消沉期间接手他的教学和研究管理等工作。在写到承担过度的义务时他把此看做是职业上的孤注一掷,他简单地指出:

> 许多人认为我是一个始终如一的温厚的、乐观的、自大的人,有

一点反常的(可能没被注意到)谬见,有一段时间我曾全身心地投入到我感兴趣的每一门学科中。这可能就是占我职业生涯90%期间的心情……但不管如何我感觉到了,如果我(对这种沮丧)不予理会,这可能是对别人最不诚实的、最没用的。⑬

坎贝尔对在社会科学中利用指示物提出了有价值的警告。

> 对揭示社会状态有效的测量,当开始用于政治决策时就变得无效了。而且这样的利用常常导致设计指示物来进行测量的社会过程的破坏性败坏。……因此,成绩测验对揭示教育状况有效,但当用作对学生和教师的奖励依据时就无效。⑭

哲学界相当关注坎贝尔关于进化认识论和BVSR(盲目变异与选择保存)的概念,通过这两个概念他概括了社会和知识进化的那些机制。组织研究者麦凯尔维(McKelvey)和鲍姆(Baum)在纪念坎贝尔的一本书⑮中指出,坎贝尔1965年的论文《社会文化进化中的变异和选择保存》,凸现了"对组织科学所产生的最渗透性的影响"。

网站上的《控制论基本原理》引用了他的著作:

> 修正或变异是盲目的,随机的,不适合个人的,不是矫正的常态。但是偶尔会出现能提供较好适应的变异,这样的变异就保留了下来并被复制。虽然达尔文的进化论经过了相当多的推敲和修改,虽然就所涉及的变异的机制和重要性而言也有不协调的,但他的自然选择的基本模式,即使在今天也是始终如一地被接受的,并且作为19世纪在概念方面最伟大的成就屹立于世。在它的抽象的和形式的方面,它也是可应用到其他顺应过程中去的模型,或应用到其他看来是结果引导修正的事件的明显的目的论系列中。

(坎贝尔,1956,第330页)⑯

在下面这段可能是监控系统的先兆的一段引文中坎贝尔写道:"不是前瞻的变异,而是后面的选择才是理性创新的秘诀。"⑰有一个概念认为我们所看到的世界只存在于我们的脑中,信仰实在论的坎贝尔否定了这个概念,把这个观点称为"本体论的怀疑论"。⑱伯特兰·罗素(Bertrand Russell)常称之为"极其不恭敬的言论"。

坎贝尔所写的东西有很多是非常理想主义的,但我们可以采用索罗斯（Soros）的反身性原则⑲和假设，他在自己的作品中把世界变得更理想化。如果人们相信，经费的奖励支配着行为，这种认识就变为一种普遍的社会信念，不可能与现实相协调。坎贝尔详细论述了波兰尼（Polanyi）使他相信了，最有魅力的事情是能够告诉人们真理，这是压倒一切的动机。

在这篇文稿中我尽量用坎贝尔自己的文字来描述他。这可能不是一种好的风格，但这能提供没有任何杂质的材料。最后，我认为，在爱争论的学术界的盲目变异和多样化中，许多人将有选择地保留坎贝尔的智慧和他对通过好的（社会的）科学去改善世界的承诺。

注　释

① 开篇辞于 D. T. Campbell and J. C. Stanley (1963) *Experim,ental and Quasi-Experimental Designs for Research*, p. 171.
② Campbell, in Brewer and Collins, *Scientific Inquiry and the Social Sciences*, p. 483.
③ *New York Times* Sunday, Late Edition—Final, 12 May 1996, Section 1, p. 37.
④ Campbell Collaboration: http://campbell.gse.upenn.edu.
⑤ Campbell and Boruch, "Making the Case for Randomized Assignment to Treatments by Considering the Alternatives", p. 199.
⑥ Campbell and Boruch, 1975, in Campbell and Erlebacher, 1970.
⑦ Campbell, "Reforms as Experiments".
⑧ Cited by Dunn, *The Experimenting Society*, p. 25.
⑨ Kidder and Campbell 1970, p. 333, p. 466.
⑩ Brewer and Collins, op cit., p. 482.
⑪ Ibid., p. 475.
⑫ Webb, Campbell, *et al.*
⑬ Brewer and Collins, op cit., p. 478.
⑭ Dunn 1998, pp. 55 – 56.
⑮ "Variations in Organization Science: In Honor of Donald T. Campbell", http://www.mgmt.utoronto.ca/.
⑯ Website of Principia Cybernetica: http://134.184.131.111/SEARCH.html.
⑰ Campbell 1977, p. 506, 见于 Website of Principia Cybernetica: http://134.184.131.111/SEARCH.html.
⑱ *The Experimenting Society*, p. 28. Russell wrote of "cosmic impiety" and Popper was a "realist".
⑲ Chaps 3 and 4 in G. Soros, *The Crisis of Global Capitalism: The Open Society Endangered*, London: Little Brown and Company, 1998.

本书中的"克隆巴赫"、"罗素"、"桑戴克"。

坎贝尔的主要著作

① Campbell, D. T. and Fiske, D. W., "Convergent and Discriminant Validation by the Multitrait-Multimethod Matrix", *Psychological Bulletin*, 56, 2, p. 81 – 105, 1959. ② Campbell, D. T. and Stanley, J. C., *Experimental and Quasi-experimental Designs for Research*, Chicago, IL: Rand McNally, 1966. ③ "Reforms as Experiments", *American Psychologist*, 24, pp. 409 – 429, 1969. ④ "Methods for the Experimenting Society", *Evaluation Practice*, 12, 3: pp. 223 – 260, 1971/1991. ⑤ Webb, E. J., Campbell, D. T., et al., *Unobstrusive Measures: Nonreactive Research in the Social Sciences*, Chicago, IL: Rand McNally, 1972. ⑥ "The Nature of Man and what Kind of Socializaiton Process is Needed", *American Psychologist*, 30, 1103 – 1126, pp. 341 – 384. 1975. ⑦ Campbell, D. T. and Boruch, R. F., "Making the Case for Randomized Assignment to Treatments by Considering the Alternatives: Six Ways in Which Quasi-Experimental Evaluation in Compensatory Education Tend to Underestimate Effects", in C. A. Bennett and A. A. Lumsdaine (eds), *Evaluation and Experiment*, New York: Academic Press, pp. 195 – 296, 1975. ⑧ Cook, T. D. and Campbell, D. T., *Quasi-Experimentation: Design and Analysis for Field Settings*, Chicago, IL: Rand McNally, 1979. ⑨ Campbell, F. A. and Ramey, C. T., "Effects of Early Intervention on Intellectual and Academic Achievement: A Follow-up Study of Children from Low-income Families", *Child Development*, 65, pp. 684 – 698, 1994. ⑩ "Unresolved Issues in Measurement Validity: An Autobiographical Overview", *Psychological Assessment*, 8, pp. 363 – 368, 1996.

其他参考书

① Brewer, M. B. and Collins, B. E. (eds), *Scientific Inquiry and the Social Sciences: A Volume in Honor of Donald T. Campbell*, San Francisco, CA: Jossey-Bass Publishers, 1981. ② Dunn, W. N. (ed.), *The Experimenting Society: Essays in Honor of Donald T. Campbell*, New Brunswick: Transaction Publishers, 1998. ③ McKelvey, B. and Baum, J. A. C., "Variations in Organisation Science: In Honor of Donald T. Campbell": http://www.mgmt.utoronto.ca/, 1999. ④ Website of *Principia Cybernetica*: http://134.184.131.111/SEARCH.html. ⑤ Website: http://www.psych.nwu.edu/academics/social/campbell.htm. ⑥ Website: http://www.edfac.unimelb.edu.ac/AJE/editorial.

菲茨-吉本

格 林
(Maxine Greene, 1917—)

　　感到自己在途中,感到自己在永远存在着澄清、新的发现的可能性的地方,这就是我们必须传授给年轻人的东西,如果我们希望他们明白他们的处境并使他们能够理解并正确地说出自己的世界。①

　　马克辛·格林是"今天美国的一位杰出的教育哲学家"②和教育领域中"任何一代进行写作、教学和演讲的最重要的人物之一"。③格林的影响贯穿她作为社会批评家、教育哲学家、教师和指导人的卓越的职业生涯,反映在惊人地多样的各个领域中:艺术和美学、文学、文化研究、学校改革、教师教育、社会公正、公民权、妇女研究。格林表现出一种坚定的批判意识,彻底地考察在特定的文化、社会和历史背景下的生活中的事件,探索意义和结果。

　　马克辛·格林1917年诞生于纽约的布鲁克林。她早年的经历与20世纪初的美国妇女所形成的对生活的文化期望相一致。她的"家庭不鼓励进行理智上的冒险和承担理智上的风险"④,作为这样一个家庭的女儿,格林利用一切时机,通过写作以及参加音乐会、演出和参观博物馆的机会,去打破日常生活的表面上的平静。1938年,她获得了巴纳德学院的美国历史和哲学专业的文学士学位。不久以后她与一位年轻的医生私奔并在他的办公室工作,直到他被征兵上战场,于是她为了养活自己和小女儿就找了一份"不固定的、没有一点趣味的、有点低下的、有点艰苦的"⑤工作。战后格林离婚并再婚,开始硕士课程学习,1949年她获得了纽约大学的文学硕士学位。格林选择教育哲学作为自己的研究生学习领域纯属偶然,主要是因为这个班级的上课时间恰好是她的女儿在学校上学的时候。6年之后,格林拥有了纽约大学新授予的哲学博士学位,进入了正在萌芽之中的(和女性占优势的)教育哲学领域。多年来她一直是被列为向教育哲学学会会议提交论文的唯一的一位妇女。1967年,格林成为该组织的第一位女主席,1984年,成为主持美国教育研究学会的第一位妇女。

格林在美国和外国的大学讲课,但她主要任职的地方是在纽约地区。1956—1957年在担任了一年蒙特克莱州立学院的英语教授后,从1957—1965年格林一直担任纽约大学的教育学教授。1965年,格林加盟了哥伦比亚大学,最初担任《师范学院学报》杂志的编辑,后来作为一位少有的多才多艺的教师负责社会哲学、教育哲学和教育史、文学、写作、美学和其他教育课题的课程。从1975—1994年,格林一直担任师范学院教育基金会的威廉·F.罗素教授职务。格林现在是名誉教授,但继续从事教学并积极地参与林肯中心艺术教育研究所的工作,在那里她担任驻所哲学家长达20多年,还积极地参与师范学院新成立的艺术、社会想象和教育中心的工作。

马克辛·格林作为一位多才多艺的教师充满活力的工作的证据,很多表现在为祝贺她而在最近出版的两卷书中。威廉·艾尔斯(William Ayers)回忆道:

> 马克辛·格林的讲课,就像与一位偶然遇到的老朋友亲密地交谈那样,课讲着讲着,然后被打断了,留到以后再继续,她的讲课充满着自发性,饱含亲情,言犹未尽,并要继续向前运动⋯⋯因为她是从自己的生活经验中收获她自己的教学,她的讲课像是即兴演说⋯⋯洋溢着清新、活力和创造性,但也深深地根植于核心的信念和远大的目标的紧密结合的土壤中。⑥

其他人谈到与马克辛·格林相遇时的勃勃生机、被激发起的感觉和对哲学研究的挑战,她把哲学看做某种要做的东西而不是仅仅是供阅读的。尽管她的著作分量很重,常常涉及对哲学家、文章和批评的令人畏惧的分类,但格林依然令人敬畏地吸引着她的读者,向她的读者提出同样令人敬畏的要求。

格林是许多奖励和荣誉学位的接受者。她两次被教育联谊会授予"年度教师"称号,被授予师范学院奖章。她的《作为陌生人的教师》一书,作为"年度教育书籍"1974年被授予教育联谊会伽马奖。

格林从自己的学生时代起在政治和社会方面就是很积极的,在学生时代她对劳工问题的关心,导致在布鲁克林出现了美国工党立法指导者这样一个词。她参与西班牙共和主义者的斗争,参加公民权和和平运动,她到哥伦比亚大学师范学院任职是冲着20世纪60年代的学生抗议运动而去的,这一切使格林更加关注在受保护的大学空间之外所发生的事情,使她警觉到理解产生于共同经历的事件中的多元主观解释的重要性。格林的著作所涉及的问题具有与众不同的广度,她考察并关注美国学校教育所处的复杂的和不断变化的背景。

格林是6部书*、100多篇文章的作者,也是关于各种主题的选集中的一些章节的作者,并应邀为许多书写了前言和导言,邀请她写前言和导言的作者有像西摩·萨拉森(Seymour Sarason)⑦那样的德高望重的人,也有像黛安·杜博斯·布伦纳(Dianne Dubose Brunner)⑧和德博拉·布里茨曼(Deborah P. Britzman)⑨那样的新人。她的第二本书《教师的存在主义遭遇》出版于1967年,是由从欧洲大陆哲学家的著作中摘选的章节汇编而成的,这些哲学家有:马丁·海德格尔(Martin Heidegger)、雷纳·玛丽娅·里尔克(Rainier Maria Rilke)、让—保罗·萨特(John-Paul Sartre)、艾伯特·加缪(Albert Camus)、马丁·布伯(Martin Buber)、克尔恺郭尔(Søren Kierkegaard),等等;汇编中涉及的主题有:个人,他人,认识,选择和情境。格林的评介散布在这些选文中间。就像在格林的所有著作中一样,隐含在这本书中的是对教师的智慧、能力和求知欲的崇敬,以及对各类工具主义的坚决抵制,这就把教育话语限制于当前的实践和可证实的效果。正如她最近指出的:"我相信,一位好教师是能被各种不同的思想所吸引的,虽然他没有什么机会去教哈贝马斯(Habermas)。"⑩

格林的第一本书《公立学校和个人观点》出版于1965年,最近她正在修订该书。格林评价该书的特点是对"以富有想象力的艺术家的观点以及以教育改革者的观点所看到的变化中的美国文化的"批评。⑪与她后面的许多作品一样,该书吸收了充满想象力的文学作品,"使读者能够看到将来,并且能立即想象出另一些可能性"⑫,大大超出了杜威和其他在她之前思考学校与社会的关系的人所阐述的问题。格林对研究教育理论探讨的独特的(有点离经叛道的)研究特点,以及在她的著作中不懈地、持续地出现的许多主题,在这本书中已明确形成了。

---

* 原文为"五部书",但根据本文后面的陈述,格林实际上写了六部书。——译者注

在她的 1973 年出版的《作为陌生人的教师》一书中,她从现象学社会学家艾尔弗雷德·舒茨(Alfred Schutz)那里借用了一个核心概念:

> 我想说明,陌生人的观点能带来一种敏锐,这不同于一个人的观点由于彼此熟悉而变得麻木。实际上,我要求教师采用持批评态度的旁观者的观点,这个旁观者是一个关注不公平、虚假的虔诚、没有根据的承诺的人。⑬

格林认为,关于存在问题的重要性对于能反省地进行教学的人来说,在这本书中是显而易见的,而且该书还强调必须"与社会现实中盛行的轻率的泛滥作斗争"⑭,并且继续探究为通常的教学提供雄厚基础的基本的假设。

格林在 1978 年出版的《学习的前景展望》一书中,强调培养宽阔的视野对教师的必要性,这是一种投身于世界并充分关注人和事件的态度。强烈地要求经验的存在,是对格林在上一本书——《作为陌生人的教师》中所描绘的依据存在经验的情境的逻辑延伸。她进一步发展了从美学角度研究教育的路径,这是一种与 20 世纪 70 年代末在艺术教育话语中陈述的审美教育形式截然不同的研究路径。格林对艺术的兴趣几乎完全集中在艺术所传达的意义和艺术的人性意义上,而不是艺术所指向的感觉、形式或技术问题。在这本书以及在后面的那些书中,"格林提倡,教育要利用艺术来与成为当代社会的特点的使客观现实变得麻木不仁的东西进行搏斗"。⑮

《自由的辩证法》是格林的下一本书,书中包括 1988 年她应邀在约翰·杜威讲座上所做的讲演,证实了她长年累月地献身于研究杜威的许多思想。这篇讲演稿出版于里根执政的末期,当时格林已意识到由于她关心并推动要求里根辞职的普遍要求而遭到敌视,她指责"自我中心的倾向、自以为是的个人主义,蔑视在共同体中个人对其他人承担的责任或对社会行动的许诺的价值"。⑯形势的严重性在格林提出的问题中表现得一清二楚:

> 那么,在这个实证主义者的、媒体主宰的和自我中心的时代中给我们留下的是什么?在我们周围有如此多的默许和如此多的轻率之举,我们怎样才能与人民分享可能性的权利?如果强调要为高技术

的社会培养年轻人,我们如何推动他们去领会、考察不同的东西?为什么?结果怎样?⑰

格林提出,在教师和学生的头脑中,美国的盛行的没有约束或义务的自由观,必须被更积极的自由理念所替代,这样的理念是一种可能性,是选择和创造自身的能力,是发现考察事物的新的途径的能力,是抵制过分容易地给予的和接受的知识的能力。她在这里以及在随后的著作中强调,要更敏感地对待对美国所热衷的个人主义和个人认同所提出的后现代的批评,当个人注意把他们自己的观点与其他人的观点以及现实的多元结构的确实性作对照时,共同体就得到了加强并成为可能。

> 当各个个人以一种特定的方式走到一起时,当他们彼此是真实地存在的(没有面具,没有伪装,没有办公室的证章),当他们有可以相互促进的计划时,自由才能表明自己或成为现实。⑱

格林最近的一本书是1995年出版的《释放想象:论教育、艺术和社会变革》。该书提出,想象——是一种能力,是把事物看成可能的样子、想象事物可能是另外的一种样子的能力,想象对于进行意义深远的教育和社会改革是最重要的。"格林把教室和社区想象成价值多元的观点,民主的多元论,生活纪事,进行中的社会变革。格林相信,通过能释放想象的文学的、艺术的和现象学的经验,就能最好地实现这种想象。"⑲格林对美育的兴趣经久不衰,她建议把富有想象力的文学和其他艺术作品用作媒介,来刺激学生进行想象,按另一种方式思考,面对具体地扮作小说和戏剧中的角色的"他人",存在于从来自他们自己对一部艺术作品的理解的现实的范围之内。受到约翰·杜威、迈克尔·杜弗雷纳(Mikel Dufrenne)、阿瑟·丹托(Arthur Danto)、沃尔夫冈·艾塞(Wolfgang Iser)和其他人提出的审美的相互作用的重要性的鼓舞,格林提出,一部艺术作品在观看者的意识中的结构是学习过程的一种象征。

在反省她的漫长的职业生涯过程中那些富有生命力的主题时格林写道:

> 我论述了我关心的各种各样的课题,有很通俗的,也有不那么通俗的:无意义性问题,学生动乱,公民权和"看不见的"问题,道德选择和"普遍觉醒",课程问题,公众的清晰表达(或不会表达),教育标准,

以及艺术,尤其是文学。⑳

她坚持警惕的批判观点,甚至对那些初看上去似乎性质相同的发展也进行透彻的思考。例如,她指出,她关心"初期的决定论"㉑,这是作为传统上处于边缘的一群人的修正主义者在20世纪60年代提出的理论,这种关心已开始发出声音。这种怀疑态度是与格林对官僚结构的坚定抵制相一致的,官僚结构腐蚀行为的个人意义,腐蚀社会环境,格林把它与加缪描绘的鼠疫相提并论,与汉娜·阿伦特(Hannah Arendt)的"无人定律"的概念相提并论。她质疑与科学方法相伴随的非个性化和未经过考察的技术提升,承认对共同体的潜在的腐蚀和隔离,正如她弘扬那些无形地形成经验的个人的和文化的背景的更深刻的意义。

注　释

① Maxine Greene, *Releasing the Imagination*, San Francisco, CA: Jossey Bass, pp. 149－150, 1995.
② William C. Ayers and Janet L. Miller (eds), *A Light in Dark Times: Maxine Greene and the Unfinished Conversation*, New York: Teachers College Press, p. 4, 1998.
③ William F. Pinar, "Notes on the Intellectual: In Praise of Maxine Greene", in Ayers and Miller, op cit., p. 108.
④ Maxine Greene, "An Autobiographical Remembrance", in William F. Pinar (ed.), *The Passionate Mind of Maxine Greene*, London and Bristol, PA: Falmer Press, p. 9, 1998.
⑤ Ibid., p. 9.
⑥ William C. Ayers, "Doing Philosophy: Maxine Greene and the Pedagogy of Possibility", in Ayers and Miller, op cit., pp. 3－4, 6.
⑦ Seymour Sarason, *Teaching as a Performing Art*, New York: Teachers College Press, 1999.
⑧ Dianne Dubose Brunner, *Inquiry and Reflection: Framing Narrative Practice in Education*, Albany, NY: State University of New York Press, 1994.
⑨ Deborah P. Britzman, *Practice Makes Practice: A Critical Study of Learning to Teach*, Albany, NY: State University of New York Press, 1991.
⑩ Mark Weiss, Candy Systra and Sheila Slater, "Dinner with Maxine", in Ayers and Miller, op cit. p. 30.
⑪ Maxine Greene, "The Educational Philosopher's Quest", in Derek L. Burleson (ed.), *Reflections: Personal Essays by 33 Distinguished Educators*, Bloomington, IN: Phi Delta Kappa, p. 202, 1991.
⑫ Ibid., p. 203.

⑬ Ibid., p. 204.
⑭ Maxine Greene, *Teacher as Stranger*, Belmont, CA: Wadsworth, p. 269, 1973.
⑮ Anne E. Pautz, "Views Across the Expanse: Maxine Greene's Landscapes of Learning", in Pinar, op cit., p. 33.
⑯ Jon Davies, "The Dialectic of Freedom", in Pinar, op cit., p. 41.
⑰ Maxine Greene, *The Dialectic of Freedom*, New York: Teachers College Press, p. 55, 1988.
⑱ Ibid., p. 17.
⑲ Patrick Slattery and David M. Dees, "Releasing the Imagination and the 1990s", in Pinar, op cit., p. 46.
⑳ Maxine Greene, in Burleson, op cit., p. 208.
㉑ Ibid., p. 203.

参　考

本书中的"杜威"。

格林的主要著作

① *Teacher as Stranger*, Belmont. CA: Wadsworth, 1973.　② *Landscapes of Learning*, New York: Teachers College Press, 1978.　③ *The Dialectic of Freedom*, New York: Teachers College Press, 1988.　④ *Releasing the Imagination: Essays on Education, the Arts, and Social Change*, San Francisco, CA: Jossey-Bass, 1995.

其他参考书

① Ayers, W. C. and Miller, J. L. (eds), A Light in Dark Times: Maxine Greene and the Unfinished Conversation, New York: Teachers College Press, 1998.　② Pinar, W. (ed.), The Passionate Mind of Maxine Greene, London and Bristol, PA: Falmer Press, 1998.

汤普森

彼得斯
(Richard Stanley Peters, 1919—)

> 那么,教育可能没有越出自身的终点。它的价值来自教育所隐含的原则和标准。要成为受过教育的人并非必须达到某个目的地;这是具有不同观点的旅行。①

理查德·斯坦利·彼得斯是活跃在 20 世纪下半叶的英国教育哲学之父。他生于 1919 年,曾在牛津大学克里夫顿学院学习古典著作。第二次世界大战期间他加入支持者野战医院分队从事社会救护工作。战争结束时他成为锡德科特学校的教师,同时在伦敦的伯克贝克学院学习哲学。他曾被任命为伯克贝克学院的哲学讲师,然后成为哲学和心理学讲师,专攻伦理学、心智哲学、政治哲学和历史、心理学哲学。

1962 年以后这些兴趣几乎全都集中在教育哲学领域内并结出了果实。因为在那一年他被任用的岗位最接近这一领域——他被伦敦大学教育学院聘为教育哲学教授。在随后的 12 年及以后的年代他殚精竭虑地致力于把教育哲学从只是少数学者略微关心的对象改造成哲学的一门新的、影响很大的分支学科。在这门学科的整个发展过程中他得到了他的新同事和后来的合作作者保罗·赫斯特(Paul Hirst)的帮助。来自英国和全世界英语国家的数百名高材生,在取得学院或大学的职务作为教师或培训教师教这门学科之前,到他这里来攻读这个新的文凭和文学硕士课程或开始博士学位的学习。彼得斯和赫斯特确保了教育哲学连同新设立的教育课程学士学位与其他教育学科一起成为英国师范教育中一个重要部分。

训练有素的教育哲学家人数的迅速增加,使彼得斯和赫斯特有可能于 1964 年发起成立英国教育哲学学会。从 1964—1975 年,彼得斯一直担任英国教育哲学学会主席。1966—1982 年他还主编了该学会的年度《学报》及其接替刊物《教育哲学杂志》。自 1986 年以来,理查德·彼得斯一直是英国教育哲学学会董事长。

在这个惊人地多产的年代里,彼得斯写了一系列很有影响的书籍和文章,为教育哲学的新面貌打下了基础。他编辑的一些文集和早期的《学报》包含当时英国的一些第一流哲学家的论文,其中有:哈姆林(David Hamlyn)、奥克肖特、昆顿(Anthony Quinton)和赖尔(Gilbert Ryle),彼得斯鼓励他们把自己的思想应用到教育问题上。1973年,他为有威望的牛津哲学读物书系编撰了《教育哲学》卷。此举表明他为使教育哲学能像法哲学或宗教哲学那样成为哲学的一门分支学科所作出的努力已达到了登峰造极的程度。

但是,自20世纪70年代中期以后他的健康状况每况愈下,这就导致他发表文章的数量明显减少。这也就中止了他在本学科的事业中以及在师范教育的教育研究事业中的不知疲倦的工作。1983年他从教育学院的岗位上退休。

彼得斯的教育哲学是多侧面的。他1961年作为访问教授在哈佛大学工作过一段时间,与他在哈佛大学的志同道合者伊斯雷尔·谢弗勒(Israel Scheffler)一样,他谋求把当时主流的哲学思想的澄清和分析的功效应用到教育问题上。自第二次世界大战以来至1962年他被任命为教育哲学教授之前的这段时间,普通哲学主要关心的是所谓的"概念"分析,它有时被称作"语义"分析。这就意味着关心的是领域中的一些关键概念(例如,知识、道德义务、上帝、因果关系、法律、国家、心理和其他心理概念),试图把这些概念分解成各自的组成要素并揭示其与相关概念的内在联系。更多地被某些哲学家所追求的进入这个领域的一条路线,就是考察用日常语言表达被分析的概念的方式。这就是在含义较宽的"概念"分析中的较狭义的"语义"分析。

彼得斯最初的全面方案的一部分是把"分析"技术应用到专门的教育概念上。当谢弗勒关注教与学的概念时,当其他英国哲学家在彼得斯的鼓舞下研究诸如游戏、灌输、训练、成长和社会化等诸如此类的概念时,彼得斯专事分析教育这个概念本身。这就使他能够断言,教育与训练和灌输截然不同,教育必须符合三个标准。这三个标准是:

(1)"教育"意味着对受教育者传递有价值的东西;(2)"教育"必须包含知识和理解以及某种不是无活力的认知能力;(3)"教育"至少要排除某些传授过程,因为它们缺乏学习者的意识和自愿。

因此，正如在他的早期著作中所阐述的那样，教育存在于未入门的人进入为了他自己的缘故而值得推动的活动中。其中的一些重要活动，例如，科学、历史、文学和哲学，关心的是对真理的追求。受过教育的人不是其中的某一个领域中的被蒙上了双眼的专家，他们能够理解更宽泛的观点，把这些学科投射到其他的领域，进而更广泛地投射到人类的生活中。

在来自其他哲学家的压力之下人们立即就明白了，彼得斯的解释不是对教育概念的中立的、客观的"分析"，而是对关于教育究竟应该是什么样的这样一个特殊的观点的描述，对当时的大学和精英型中学界的了解可谓入木三分。

这种认识在20世纪60年代末至70年代使彼得斯的理论和新的教育哲学本身都陷于困境。当彼得斯正试图提炼自己的分析以解决问题时，一项范围更广的计划则处于危险之中，这项计划就是要使教育哲学成为哲学的新的分支领域。对于正处于战后分析流派的全盛期的、被看做是母学科范围内的一个相对自主的领域的哲学的一个分支而言，它必须拥有自己的关键概念。于是，法学哲学围绕着法律概念和一些相关概念，宗教哲学围绕着上帝和不道德之类的有关联的思想。从一开始彼得斯就把教育概念看做这门新的分支学科的要旨，这个概念得到上面提到的诸如教授、训练和学习之类概念的支撑。但是，如果教育概念的"分析"结出的果实如此之少（以及来自教授、灌输、训练等姐妹概念中的收获也是很贫瘠的），教育哲学怎么可能要求承认自己的特殊地位呢？

但是，使彼得斯当之无愧地成为20世纪末英国教育哲学的设计师的主要不是在于他开拓了一门新的哲学分支学科，而在于其他方面。"应用哲学"和"应用伦理学"的出现，主要是在彼得斯的成果累累的年代结束之后，它们把哲学观点尤其是伦理学观点应用到诸如医学、法学、战争与和平以及环境问题上。实际上彼得斯还是英国最早的应用哲学家之一。他非常关心帮助教师和教师——教育家明白自己的工作的哲学维度。这有几种形式。它指的是使教师认清流行的教育理论在哲学上的不足，这种理论不少是反映为1967年的普洛登报告中的那种类型的"进步"理论。它也是要鼓励教师去质疑流行的实践的正当性——例如在纪律和惩罚方面的正当性。它也是要打开人们的视野去认识范围更广的问题——关于学校中的民主、教育目标、平等、道德教育、情感教育、公立中小学校长的作用、教育惩戒的性质。

彼得斯工作的应用方面有助于为在 20 世纪的其余年代内建立英国的(不仅仅是英国的)教育哲学的更宽泛的议事日程。他把一种以问题为中心的研究路径传给它。不同于教育哲学化的其他方式(例如,今天在德语国家和日本能够看到的历史学识传统),彼得斯帮助建立的学校根植于教育实践之中并致力于自己的完善。但是要把所有的砝码都放在当代的适切性上是错误的。这只不过是彼得斯留给我们的财产的一部分。更重要的是他尤其在心智哲学和伦理学中,在哲学思维的表面问题与更深的层次之间建立起的联系。在伦理学领域,彼得斯支持了自己关于课程学科、道德发展、教育机会平等和其他主题以及羽翼已经完全丰满了的明显地受惠于康德的道德哲学的论证。第一序列的道德判断——例如,肉体的惩罚是错误的——已依据其中较高序列的关于仁爱、自由的、无偏见和说真话的道德原则予以检验。为什么是这些?彼得斯谋求证明所有这些基本的道德原则都可以是"超验的"辩护,在这种辩护中任何询问为什么应该遵循这些原则的理性的探究者,因他或她执著于理性本身而必须使自己承担遵循这些原则的义务。

彼得斯在为课程活动作辩护时采用了类似的论证模式。正如上面所提到的,他把教育看做是像历史、科学、文学和哲学那样的在本质上是有价值的活动。那么,又是什么促使智慧去追求这样的有价值的活动,而不是去譬如说打高尔夫球或晒太阳? 在彼得斯的 1966 年的引发很多争论的那一章中,他竭力主张,关心对真理的追求在创造者那里是根深蒂固的,这意味着,质疑其凭证的严肃的探究者不能拒绝它们而又不损害该理性中的他或她所致力的一个核心要素。

这些和其他任何"超验的"论据是否站得住脚是值得怀疑的。对彼得斯的思想的许多批评意见集中在这一点上。作为他的教育哲学基础的康德的伦理学在 20 世纪的最后 25 年已经退却到亚里士多德学派的观点。彼得斯的教育哲学集中论述"理性的发展",借用了他的一本最有名的选集的标题的一部分。致力于关注真理的理性生活,既是他的哲学的也是他的生活的目标。他十分清醒地认识到自己的理想的脆弱性,他称之为"文明的薄薄的表皮"。在心理表层下面的情绪和愿望始终威胁着理性的法则并必须受它的支配。教育是启动理性要求的过程。

多年来彼得斯一直被看做(他也这么认为自己)是一个把战后牛津的"分析"哲学技术介绍过来影响具体教育问题的人。但是对他的工作最敏锐的评论是他过去的同事雷·埃利奥特(Ray Elliott)为他的"纪念册"所写的文章,文章认为彼得斯更是一位"旧风格的哲学家"。②彼得斯写道,他的眼睛"更像是盯在教师桌子底下的黄铜平头钉上面,而不是盯在好的形态上"。③他公开地否定对教育的一般的形而上学的研究路径,他的哲学立场、这种哲学所包含的普遍性、他对真理和理性的执著以及对自控的强调,在埃利奥特的眼中类似于斯多噶学派。彼得斯也像斯多噶学派那样敏锐地意识到人类的困境,在彼得斯那里,他敏锐地认识到必须了解在世界的偶然性背景下的我们生活的意义。

注 释

① Peters, *Education as Initiation*, p.47.
② 参见 Cooper, *Education, Values and Mind*, pp.41-68.
③ Peters, *Education as Initiation*, p.8.

彼得斯(论述教育)的主要著作

① *Education as Initiation*, inaugural lecture, London: University of London Institute of Education, 1967; 1st pub. London: Harrap, 1964. ② *Ethics and Education*, London: Allen and Unwin, 1966. ③ *The Concept of Education*, ed., London: Routledge & Kegan Paul, 1967. ④ *Perspectives on Plowden*, ed., London: Routledge & Kegan Paul, 1969. ⑤ Peters, R.S., with Hirst, P.H., *The Logic of Education*, London: Routledge & Kegan Paul, 1970. ⑥ Peters, R.S., co-editor with Dearden, R.F. and Hirst, P.H., *Education and the Development of Reason*, London: Routledge & Kegan Paul, 1972. ⑦ *The Philosophy of Education*, ed., Oxford: Oxford University Press, 1973. ⑧ *Psychology and Ethical Development*, London: Allen and Unwin, 1974. ⑨ *Moral Development, and Moral Education*, London: Allen and Unwin, 1981.

其他参考书

① Collits, M., "R.S. Peters: A Man and his Work", unpublished Ph.D. thesis, University of New England, Armidale, New South Wales, Australia, 1994.
② Cooper, D.E. (ed.), *Education, Values and Mind: Essays for R.S. Peters*, London, Routledge, 1986.

怀特

古德莱德
(John I. Goodlad, 1920—)

所以有两件事情——第一件事,提高所教授的一切的水平;第二件事,努力使每个人都能得到公共教育。我的使命就是推进这两个目标。①

约翰·古德莱德教过从一年级到研究生高级研讨班的每一个年级。他在加拿大的不列颠哥伦比亚省的一所只有一间教室的农村学校开始了自己的职业生涯。1939年他获得教师证书时是一位教师,后来于1941年当了校长。1946年他进了芝加哥大学,1949年在那里获得他的哲学博士学位。除了在埃莫里大学、芝加哥大学、加利福尼亚大学洛杉矶分校、华盛顿大学任教授之外,他还在一些大学和其他教育和研究组织中担任领导职务,例如,担任过芝加哥大学师范学院中心主任、加利福尼亚大学洛杉矶分校的大学附属小学校长、加利福尼亚大学洛杉矶分校教育研究生院主任、华盛顿大学教育更新中心主任、以西雅图为基地的独立的教育研究所所长。他还担任过美国教育研究协会和美国师范院校联合会的主席。

古德莱德是一位高产作家。他对教育的探究和反省的结果是写出了30多本书、200多篇刊登在报刊上的文章,在80本书中有他写的章节,还为百科全书写了一些条目。他既是一位教育家,又是一位研究者、积极的行动者和哲学家,在这个意义上他是独一无二的。他对学校和教育进行经验主义的研究,把自己的创新理念付诸实践,并从哲学的层面反思称作"教育"的社会现象。他集经验主义研究者、哲学思想家、教育革新的行动者于一身,这在教育界是不多见的。

古德莱德对经验主义的研究具有浓厚的兴趣。沈剑平考察了他的数量庞大的出版物并把其主题分为以下几大类:(1) 不分级;(2) 课程探究;(3) 学校教学;(4) 师范教育;(5) 教育革新策略。②但是,沈剑平认为分类为五大主题只不过是为讨论古德莱德的思想提供一个方便的组织结构,因为在他的一生中这些主题都是紧密地相互交织在一起的。

不分级是古德莱德第一个也是他坚持不懈的研究主题,这项研究是在他个人的教育经验的基础上进行的。其他主题都是从这一研究主题中引申出来的。在1939年9月的一个早晨,古德莱德在不列颠哥伦比亚省萨里自治区的伍德沃茨山学校中面对他要教的第一个班级。这是一所只有一间教室的、八个年级的学校,学校有学生34人,最小的不到6岁,最大的已17岁。在这所单班学校中,古德莱德痛切地意识到,分级学校的准则毫不留情地闯入了他的教室:要求对每个年级教每门学科(一天累计达56节课,八个年级的每个年级平均有七门学科),而升留级制度已导致宣判一个名叫厄内的13岁男孩,在一年级度过7年。几年之后,古德莱德担任不列颠哥伦比亚男子工业学校的教育主任,他发现他负责的那些被禁闭的少年犯,在他们上学时几乎都留级过几次。古德莱德的博士学位论文是研究升级和留级对学生的影响,学校教学的这种制度不仅搅乱了他作为单班学校教师的生活,也搅乱了受到留级折磨的他的学生的生活。他在他的配对研究中发现,升入两年级的学生与留在一年级的学生,在社会适应和个人适应方面存在很大的差异。他得出结论:支持升级优于留级的证据,是更有说服力的教育实践。不分级的思想就产生了。到1972年,古德莱德提出了更复杂的理论框架,把道德关怀、经济效能、心理原因以及教育学的和实验的根据作为支持不分级的要素包括进这个框架中。③

就古德莱德所关心的课程探究的实质而言,他的工作在三个层面上展开。第一,调查课程实践。他在第一层面上的研究包括探究20世纪50至60年代的课程改革运动、核心课程以及对小学和中学课程的综合描述和分析。他极力主张,核心课程位于我们的社会责任的心脏部位,保证所有的小学生和中学生能共同地面对人类经验的最有意义的领域。第二,在继续探究课程实践的同时古德莱德开始关心建立一种框架,利用这个框架可以系统地鉴别课程的中心问题并使它们彼此建立起联系。他认为,必须严密地陈述鉴别课程开发中要回答的主要问题的概念系统,1960年他第一次采用了一个细分为社会、学校、教学三个层面的框架。后来在1979年,他在《课程探究:对课程实践的研究》(1979)中对他的课程概念系统作了修改。古德莱德的课程概念系统包含三个要素:实体的、政治社会的和技术职业的要素,进一步发展了泰勒原理。第三,古德莱德对作为一个研究领域的课程进行了反思,审视它的地位并提出改进建议。根据对作为一个研究领域的课程所进行的综合考察,古德莱德坚决主张我们应该把"应该"和"是"的问题区分开来。他在1979年说:"多年来我一直在争论,课程探究必须返回到基础,对于研究而言没有任何东西能比人们实践或做些什么、好或坏、对或错更为基础的了。"④古德莱德的课程探究覆盖了所有这三个层面,从调查课程实践和趋势到勾画作为实践领域的课程的轮廓,再到对作为研究领域的课程进行的元分析。对于一个研究者而言覆盖所有三个层面是非同寻常的。

除了研究不分级和课程之外,古德莱德还研究了有关学校教育的其他许多主题,例如,学校的目的、学校的目标、学校的功能、学校和教室的气氛、早期学校教育和初等学校史。当涉及学校是为了什么的问题时,他把此细分为三个方面——目标(要求学校做什么)、功能(学校做什么或用来做什么)和目的(学校应该做什么)。古德莱德认为,学校的目的是培养理性的人,这样的人能够超越他们的自我。古德莱德的学校教学的目的既强调个人也强调人类。理性的个人不是自我中心的。这个人能够理想地发展他或她的全部潜能并为人类作出贡献。学校总是存在于特定的社会背景之中,学校被期待着向着特定的目标前进。用古德莱德的话来说,所表达的这种期望就是学校的目标。在《学校研究》一文中,古德莱德和他的同事把学校的目标归纳为四类:(1) 学术目标,包含所有的智慧技能和知识领域;(2) 职业目标,培养从事有生产力的工作和承担经济责任的素养;(3) 社会和公民目标,它关系到为进入一个复杂的社会中所需的社会化作准备;(4) 个人目标,强调个人责任心、才能和自由表达的发展。学校实际做什么,是古德莱德为之作出了重大贡献的另一个领域。关于美国学校的状况,《美国早期学校教育》(1973)、《班级教学》(1974)、《一个称为学校的地方》(1984)提供了大量的信息。

师范教育是古德莱德职业生活中的另一个重要主题。他在这个领域的工作具有三个特点。第一,早在20世纪60年代古德莱德就提出了一个很有洞察力的建议,认为"教学是综合的",在教学的综合中要特别注意价值判断。⑤古德莱德反对师范教育中越来越盛行的技术化潮流,重视教学中的道德维度和学校的道德使命。第二,他进行了一项以理解师范教育的历史(如在《培养教师的地方》中所报告的)和现状(如在《我们国家的中小学教师》中所报告的)为目的的综合研究。第三,在理解师范教育的历史和现状的基础上古德莱德提出了二十条基本要求,规定了完好的师范教育必须具备的条件。

关于教育革新策略的主题,在古德莱德的职业生涯中占有独特的地位。这不仅是他的研究工作中的一个独立的、重要的部分,而且还是连接研究与实践的桥梁。古德莱德花了许多时间去探究中小学教育和师范教育的各个方面,他的教育革新策略把这两个方面结合了起来。古德莱德提出了以下相互联系的概念作为教育革新的策略——学校是革新的中心;校长是学校革新的关键;中小学和大学的伙伴关系;建立伙伴关系网。古德莱德对自己的教育革新过程的理论进行了验证。教育舞台是由RDDE(研究、发展、推广、评价)模式控制的。在农业和工业中有效的RDDE,是体现在西方的工业和高技术文化中的变革的一种线性的、理性的模式。古德莱德认为,要使革新出现,内部的反应与外部的激励就必须很好地相结合;要使革新持续下去,这两股基本力量之间的张力就必须很好地处于持续的、高效的状态。他提出了教育革新的对话、决策、行动、评价(DDAE)模式。DDAE 模式不是外部目标的工具,而是一种生存状态。这种模式谋求的是学校的改革并使学校处于越来越健康并令人满意的状态。

上面所讨论的古德莱德的经验主义的研究,是在他的关于教育、学校和教学应该是什么样的道德观的指导下进行的。正如西罗特尼克(Sirotnik)所指出的:"他始终不渝地关注对所有儿童的态度和保证他们获得优秀的公立教育方面的公平付费、公正、社会正义问题。"⑥古德莱德在讨论教学的道德维度时强调适宜性,强调要提供获得知识的路径,形成有效的师生联系并实践有道德规则的好的管理。古德莱德坚持,教育是每个人的不可剥夺的权利,教育应该推动个人的自我超越的历程。他的关于教育、学校和教学应该是什么样的道德原则与他对教育、学校和教学功能的经验主义的发现之间存在着不相称,他的教育革新的议事日程就是建立在这种不相称的基础之上的。

古德莱德不仅是一位经验主义的研究者和能反省的思想家,他还积极地把自己的思想付诸实践。例如,在他职业生涯的早期,他曾积极地革新埃莫里大学和芝加哥大学的师范教育计划,帮助发展不分级的学校。1966年,他创建了合作学校联盟,该联盟在南加州的19个学区、加利福尼亚大学洛杉矶分校、教育活动发展研究所的研究分部之间达成了一个教育革新三方协议。联盟的议事日程既把新的思想付诸实践,又研究教育变革的动态过程。古德莱德领导的最大的一项革新计划是建立全国教育革新网,它的成员有全美国的33所学院和大学、100多个学区和500多个伙伴学校。在他的关于完好的师范教育的20条基本要求、教学的道德维度、教育革新原则的指引下,这个网络的使命就是使K-12(幼儿园到十二年级)学校和师范教育同步地进行民主革新。

　　古德莱德在职业上所取得的成就,使他获得了学院和大学的20个荣誉学位和专业团体的许多奖励。他的《一个称为学校的地方》,1985年获得美国教育学者协会颁发的年度优秀图书一等奖和美国教育研究协会的杰出著作奖。最近,为表彰他为教育作出的杰出贡献,授予他哈罗德教育奖(Harold W. Mcgraw Jr Prize)和詹姆斯·B.科南特奖。

　　古德莱德影响了美国教育。下面的引文很好地概述了古德莱德的影响。"这位高尚的学者长期以来与关于最好的学校的呼吁联系在一起,在教师的每次会议上他都受到欢迎,在每个教师的房间和在每个教师培训机构中都有他的书籍、专论和短文。"[7]面对许多左右摇摆的倾向和教育上的一时的风尚,古德莱德对教育和公共学校的未来的信念坚定不移,始终抱乐观的态度。他的坚定不移的信念受到他关于教育、学校和人的生活应该是怎样的思想的驱动,建立在他对教育和学校的现状的认识的基础之上。这就是一本祝贺他的书的编者把书名定为《一位与众不同的鼓手的鼓声》的原因。古德莱德也是一位产生国际影响的人士。他的著作被译成中文、法文、希伯来文、意大利文、日文和西班牙文。正像约翰·杜威1919年至1921年访问中国一样,古德莱德在中国刚打开自己的大门的1981年也访问了中国,把自己的影响留在了中国的教育系统上。[8]

　　在《面向未来:教育和学校教育中的一些问题》的前言中,拉尔夫·泰勒(Ralph Tyler)概括了古德莱德的职业生涯的特点:

> 我不仅对古德莱德丰富的知识和经验留有深刻的印象,而且对他熟练地扮演三个相关的但又是不同的角色更是印象深刻。他表现

出了作为研究者的卓越的才能,收集、检验和解释关于教育现实的信息。

古德莱德也为我们描绘了教育和学校教育应该是怎样的蓝图,这幅蓝图很吸引人,确实令人振奋。他的理想既符合逻辑又很全面,并有可能最终被实现。在这个意义上他实际上是一位预言家。

古德莱德不断改进教育的设计和行动策略,把他关于教育和学校教育实际的知识与理想联系了起来。……他已经明确表明了他作为一个教育实践领导者的才能。一个人承担三种角色——研究者、预言家和改革家,这确实是很少见的。⑨

泰勒的评述对于古德莱德在20世纪最后25年的职业生涯是有益的。

注　释

① Carol Tell, "A Conversation with John Goodlad", *Educational Leadership*, 56, 8, May 1999, p. 19.
② J. Shen, "Connecting Educational Theory, Research, and Practice: A Comprehensive Review of John I. Goodlad's Publication", *Journal of Thought*, 34, 4, Winter 1999, pp. 25 - 96.
③ J. I. Goodlad, *Speaking of Nongrading*, two-cassette album, Code No. 07-079425-X, New York: McGraw-Hill, 1973.
④ J. I. Goodlad, *Curriculum Inquiry: The Study of Curriculum Practice*, New York: McGraw-Hill, p. 46, 1979.
⑤ 古德莱德说:"教要求教师做出各类价值判断,从而引导为激励和指导教而采用最有希望的技术。"请参阅 John I. Goodlad, "The Professional Curriculum of teachers", *Journal of teacher Education*, 11, December 1960, p. 454.
⑥ K. A. Sirotnik, "On Inqutry and Education, in K. A. Sirotnik and R. Soder (eds), *The Beat of a Different Drummer: Essays on Educational Renewal in Honor of John I. Goodlad*, New York: Peter Lang Publishing, p. 5, 1999.
⑦ Cited in C. Frazier, "Goodlad and Educational Policy", in ibid., p. 245.
⑧ Z. Su, "John I. Goodlad and John Dewey: Implications of Their Ideas for Education and Democracy In China", in ibid., pp. 151 - 163.
⑨ R. W. Tyler, "Introduction", in J. I. Goodlad, *Facing the Future* (New York: McGraw-Hill, p. xi, 1976.

参　考

本书中的"泰勒"。

古德莱德的主要著作

① Goodlad, J. I. and Anderson, R. H. , *The Nongraded Elementary School*, New York: Harcourt, Brace & Co. , 1959.　② Goodlad, J. I. and Associates, *Looking behind the Classroom Door*, Worthington, OH: Charles A. Jones Publishing Company, 1974.　③ *The Dynamics of Educational Change: Toward Responsive Schools*, New York: McGraw-Hill Book Co. , 1975.　④ Goodlad, J. I. and Associates, *Curriculum Inquiry: The Study of Curriculum Practice*, New York: McGraw-Hill Book Co. , 1979.　⑤ *What Schools Are For*, Bloomington, IN: Phi Delta Kappa Educational Foundation, 1979.　⑥ *Aplace Called School: Prospects for the Future*, New York: McGraw-Hill Book Co. , 1984.　⑦ *Teachers for Our Nation's Schools*, San Francisco, CA: Jossey-Bass, 1990.　⑧ *Educational Renewal: Better Teachers, Better Schools*, San Francisco, CA: Jossey-Bass, 1994.　⑨ *In Praise of Education*, New York: Teachers College Press, 1997.

其他参考书

① Shen, J. , "Connecting Educational Theory, Research, and Practice: A Comprehensive Review of John I. Goodlad's Publication", *Journal of Thought*, 34, 4, Winter, pp. 25 - 96, 1999.　② Sirotnik, K. A. and Soder, R. (eds), *The Beat of a Different Drummer: Essays on Educational Renewal in Honor of John I. Goodlad*, New York: Peter Lang Publishing, 1999.

沈剑平

弗莱雷
(Paulo Freire, 1921—1997)

被压迫者教育学(是)与被压迫者(他们作为个人或作为全体人民)一起锻造出来的教育学,而不是为被压迫者而建立的,是在为重获自己的人性的不间断的斗争中产生的。这种教育学使压迫及其原因成为被压迫者反思的对象,而来自这个反思的则是解放。①

保罗·弗莱雷是20世纪批判教育理论和实践方面最重要和最有影响的作家之一,其影响留存至今。弗莱雷于1921年9月19日出生在巴西东北部地区的累西腓市。由于他开发的扫盲工作使他最初作为成人教育家闻名于世,他关于批判教育的核心思想就是来自扫盲工作。最后,他的批判的研究路径大大地越出了成人教育领域。他专注于教育在被压迫人民的斗争中所起的作用。他的政治信仰和激进的观点与他谦逊的人品相结合,这就是一种充满活力的道德观和一种令人感动的智慧的凝聚力。

弗莱雷被卷入社会运动和成人教育中,尤其被卷入与民众文化运动以及天主教会内部的"基地社区"运动相联系的运动中。弗莱雷主要在巴西东北部的贫困地区与当地的农民和工人一起工作,正是在那里他初次提出了产生深远影响的处理文盲问题的方法。在这段经历之后以及在组织了几个有名的成人扫盲计划之后,巴西教育部邀请弗莱雷负责一项全国扫盲计划。尽管取得了很大的成绩,但他的工作还是被1964年的军事独裁打断了。弗莱雷被捕并流亡到智利。弗莱雷在流亡期间与许多地区组织一起工作。他投身于智利、安哥拉、莫桑比克、佛得角、几内亚比绍、尼加拉瓜和其他地方的扫盲工作和其他教育项目。他还担任联合国教科文组织的顾问,与总部设在日内瓦的世界教会委员会教育部一起工作。随着他的影响在全世界的增长,他被聘请到哈佛大学任职。弗莱雷也是许多大学的名誉教授,并获得了世界各国大学的许多奖励。

1979年巴西宣布大赦后那些流亡国外的人得以回到巴西。弗莱雷也回国并接受了在圣保罗天主教大学和卡皮那斯大学的教授职务。流亡生涯没有磨灭他的政治激情和教育热情。弗莱雷回国后立即成为工党的一员并很快成为该党在扫盲和文化政策方面的中心人物。1989年工党在圣保罗市的竞选中获胜之后，弗莱雷被任命为圣保罗市教育局局长。在他的领导之下，实施了许多进步的成人教育计划、课程改革、社区参与和一系列雄心勃勃的学校民主化政策。

在辞去了教育局长职务之后弗莱雷把自己生命中的最后6年奉献给了写作和在国内外演说。这是他智慧活动最活跃的时期。他写了许多富有挑战性的甚至是人身攻击的书，这些书的读者广泛地分布在全世界。在这些书中以及在他的许多访谈录和文章中他谋求提出关于他和其他人的要求引起注意的工作的问题。似乎他知道自己已经没有多少时间了。他于1997年去世，但是他的遗产和他的思想永远活在全世界。他的工作威力犹存，这是因为他的思想具有很强的说服力。教育永远是一种政治行动，他的这一思想可能是他最有力量的一个思想。这一思想对他而言不单纯是一个口号。事实上，这是理解弗莱雷的教育理论的一个核心。对他而言，教育始终包含着社会关系，因此也就必须包含政治选择。弗莱雷坚持认为，"什么？""为什么？""怎样？""结果如何？""为了谁？"等诸如此类的问题，是任何教育活动的中心。这些问题不是抽象的。每个教育者都必须提出这些问题，而对这些问题的答案对任何急需的教育计划都起着决定性的指导作用。因此，不仅不可能在教育上保持中立，而且人们必须坚定不移地认识到，所有的教育政策和教育实践都是有社会含义的。它们或者使排斥和不公正继续存在，或者帮助我们建构社会改革的条件。

弗莱雷认为，在我们这样的资本主义社会中的大部分社会关系，以及教育中所包含的社会关系，是建立在压迫关系基础之上的。在巴西的个案中(弗莱雷在巴西提出并发展了自己的理论和实践)，现实就是存在着大量的政治、社会和经济的不平等，成千上百万的人民被排除在经济、社会和教育资本之外。这种压迫以及压迫者与被压迫者之间的关系，对弗莱雷而言是不得已的。这一切促使弗莱雷在巴西，后来又在其他许多国家与贫困人民一起做了大量工作。

即使在他的早期著作中他也已经意识到，教育中占优势的思想不可能逆转如此深刻地成为这些社会的特点的排斥形式的再现。因此,弗莱雷坚持认为需要一个新的教育概念,这个概念来自截然不同的立场和世界观,并要求进行截然不同的认识论探讨。弗莱雷提出的教育概念和方法论的基本依据,是他选择来说明首先是弱势的、被排斥的和被压迫的人的文化、知识和条件的事实。

弗莱雷提出的教育概念没有停留在教室内部。他认识到课堂教学活动对于再生产和变革的重要性,因此他进一步坚持认为,单一的新的教育技术不能从根本上创造新的学校或社会。我们只有更深入地把教育与人民生活在其中的更广阔的现实相联系,与改变那些现实的斗争相联系,这时教育才可能帮助我们理解我们生活在其中的世界,才可能使我们为变革世界而更好地做好准备。为响应这个观点,他提出了一种新的认识论研究路径。

弗莱雷的解放教育从来不是简单地传授知识。认知不是累积事实或信息,弗莱雷把累积事实或信息称作"银行储蓄"。而且认知就是在建构作为世界主体的自我,这个人能改写他所阅读的东西,也能够在这个世界上做出从根本上改变这个世界的行动。因此,弗莱雷的扫盲思想已大大地越出了让人获得识字能力的范围。当然,阅读行动必须是关于"阅读"世界的能力。

弗莱雷的解放教育论得到了重要的人类学主张的支持。他认为,男人和女人是文化的生产者,因此也是历史的生产者。人类是不完美的生物,具有一种"本体论的使命"去成为更完整的人。教师和学生也是未完成的人,他们在教育过程中双方都必须多多地彼此学习。这并不意味着教师应该否定他或她指导学习过程的作用。但是这个过程必须建立在批判性对话和相互的知识创造的基础上。

弗莱雷强调教师作为批判的文化工作者的作用。教师应该与存在于社会和教师自身之中的占优势的文化价值观作斗争,以理解他们自己的文化的和政治的功能。这样的双重的斗争可引导教师以灵活的和起改造作用的方式进行工作。因此,这样的改造工作必然再次越出教室的范围。他说:

> 我明白了我的选择和我的梦想在本质上是政治的并属于教育学的,我也意识到作为教师的我也是一个政治行动者,我能更好地理解

为什么我害怕并认识到为了改善我们的民主我们仍然还有多么远的路要走。我也懂得,当我实践一种能从根本上激发学习者的觉悟的教育时,我们必须打破扭曲我们的神话。当我们面对这样的神话时,我们也要面对统治力量,因为那样的神话不是别的,而正是一种权力的表现,是它的意识形态的表现。②

这段文字隐含的道德和政治意义是很清楚的。如果对话教育真的含有对于作为一个教师的我已经理解了的东西的政治理解,那么,对话教育真的也要求谦恭地尊重学生和他们的知识。"有一种强大的趋势,推动我们达到一种不同的状态,即下位状态……这是一种褊狭。这是不可抗拒的对抗差异的趋势。"③

学校是体现这种下位意识形态的主要机构之一。学校持有主流知识并使之不具有历史意义并移植它。它把这种主流知识变为仅仅是明白的和社会可以接受的知识。对弗莱雷而言,这是完全错误的。他坚持认为,知识是历史的。根据他的意见,没有一种知识不是在历史上、在社会中产生的,不是在政治的、文化的和经济的关系内产生的。对这种关系的理解对他下面的论证是非常重要的:他认为,称作"民众的""不同的"知识,对于占统治地位的各种保守的教育模式而言是没有价值的,是不合法的。解放教育不得再演在传统学校中如此普遍的实践。与此相反,弗莱雷的解放教育模式把学生的知识看做是完全合法的,是有价值的,并赋予其历史意义。但弗莱雷没有停留于此。弗莱雷的研究路径利用学生已有的知识,使他们有能力为了自己的解放而重新利用这些主流知识。例如,根据这一观点,学生可以学习被社会定义为语言惯例中的"规范"的东西。但是真正批判的教育必须超越它。弗莱雷说:

> 在学习被叫做"规范"的东西时,(学生)必须懂得,他们学习它并非因为他们自己的语言难听和低下,而是因为掌握了"规范"他们才能够获得工具,(用来)为对世界进行必要的重塑而奋斗。④

弗莱雷对实践和理论之间的对话关系的论述,总是把他的实践建立在令人心悦诚服的理论思想的基础之上,这种思想反过来又是与他的实践行动意义深远地结合在一起。他花费了一生的时间去追求教育上的应用,这种应用不先验地对内容、教科书或教育技术作出界定。他的意图是要建立一种他称之为"觉悟"的教育过程,这种觉悟是建立在教师和学生的社会和文化关系的基础之上的。主题、内容、教育决策,换句话说,课程和教学都来自这些现实的关系。弗莱雷把理论与实践这样地捆绑在一起,从而使他的思想发挥了重大作用,产生了重要影响。

具体地说,他在成人扫盲计划中所采用的"觉悟"方法,基本上是由对语言和社会意义进行编码和解码的过程构成的,这一过程由若干步骤组成。首先是确定原生主题。原生主题来自与环境的非正式的和个人的接触,然后采用对话程序在文化圈中讨论这些原生主题。从这些讨论中就产生了主题域,而从这个主题域中教师提炼出词汇域,这个词汇域是由与这个环境在社会和文化上有关联的几个词组成的。从这个词汇域中得到至少17个或18个原生词,这些原生词具有丰富的音素并且发音难度递增。最后采取一些特殊的措施完成阅读过程,这是由对取自己编码的现实情境中的书面文字进行解码的过程构成的。与真实存在的情境的联系是至关重要的一步,也是使来自被压迫者群体中的学生把自己新获得的知识应用来改建自己的生活的关键步骤之一。

为被压迫人民的这种研究路径在全世界范围内得到传播,这一事实令弗莱雷总是担心自己的思想可能会被简单化成一种被不加批判地采用的"方法",一种处方。弗莱雷清楚地意识到与他的理论的主流化相伴随的危险。他知道,永远不可以忘记批判教育理论和实践的起因——决定介入世界、介入很不公平的巴西的现实。这必须与他的理论的主攻方向保持一致,与他坚持不懈的提醒保持一致,他提醒我们,看起来只不过是学习入门知识或学习数学,事实上却是复杂的政治关系。对他而言,事实就是通常不被看做是政治的教育,是问题的一部分,改变这种情况本身是特定的政治计划的一部分。把他的理论归类为可以复制的简单的方法论,就是否定弗莱雷对教育所作出的巨大贡献的实质。

注　释

① Paulo Freire, *Pedagogy of the Oppressed*, Harmondsworth: Penguin, p. 25, 1982.
② Paulo Freire, *Teachers as Cultural Workers: Letters to Those who Dare Teach*, Boulder, CO: Westview Press, p. 41, 1998.
③ Ibid., p. 71.
④ Paulo Freire, *A educação na cidade*, São Paulo: Editora Cortez, p. 46, 1991.

弗莱雷的主要著作

① *Pedagogy of the Oppressed*, trans. M. B. Ramos, Harmondsworth: Penguin, 1982; New York: Seabury Press, 1970.　② *Cultural Action for Freedom*, Cambridge, MA: The Harvard Educational Review Monograph Series, No.1, 1970.　③ *Education for Critical Consciousness*, New York: Seabury Press, 1973.　④ *Pedagogy in Process: The Letters to Guinea-Bissau*, trans. C. St. John Hunter, New York: Seabury Press, 1978.　⑤ *Pedagogy of Hope: Reliving Pedagogy of the Oppressed*, trans. R. R. Barr, New York: Continuum, 1994.　⑥ *Teachers as Cultural Workers: Letters to Those Who Dare Teach*, Boulder, CO: Westview Press, 1998.

其他参考书

① Collins, D. E., *Paulo Freire: His Life, Works and Thoughts*, New York, Paulist Press, 1977.　② Freire, P., Fraser, J. W., Macedo, D., McKinnon, T. and Stokes, W. (eds), *Mentoring the Mentor: A Critical Dialogue with Paulo Freire*, New York: Peter Lang, 1997.　③ Horton, M. and Freire, P., *We Make the Road by Walking: Conversations on Education and Social Change*, Philadelphia, PA: Temple University Press, 1990.　④ McLaren, P. and Leonard, P. (eds), *Paulo Freire: A Critical Encounter*, New York: Routledge, 1996.　⑤ Shor, I. and Freire, P., *A Pedagogy for Liberation: Dialogues on Transforming Education*, Westport, CT: Bergin & Garvey, 1987.　⑥ Taylor, P. V., *The Texts of Paulo Freire*, Buckingham: Open University Press, 1993.

阿普尔　甘丁　海波利托

萨拉森
(*Seymour B. Sarason*, 1919—)

> 引进、加强和评估一项教育变革是一个政治过程，因为它们不可避免地要改变或威胁改变现有的权力关系……很少有神话能像抵制关于学校文化是非政治的文化的假设那样抵制变革，也很少有神话能对改革努力的失败负责。①

西摩·萨拉森在80高龄时依然还是一位高产作家，在学校文化方面尤其是在学校文化与教育变革之间的关系方面，他是世界主要思想家和作家之一。萨拉森拥有临床心理学方面的背景知识并受过这方面的训练，他一生都在致力于发展一种展开的、批判的折中观点，从心理学视角考察教育，并更多地结合了历史的、文化和政治的理解形式。西摩·萨拉森写了大量的书籍，包含了诸如学校文化、教育变革和改革、师范教育、艺术在教授和学习中的作用、心理障碍和心理缺陷、咨询、职业指导、成熟等极其多样的论题及其它们之间的相互联系，还有他自己的专业自传。

西摩·萨拉森1919年诞生于纽约的布鲁克林，他的父母是犹太移民。他的父亲，一位"儿童服装裁缝"②，在家中似乎没有得到特别的尊重。"在宗教意识方面"他比他的母亲"更是一个犹太人"。③他的更"美国化的"母亲"抵制许多犹太母亲的陈规旧套：钟爱、过度保护、有罪忏悔和奢望"④，她把往事看做"某种被征服的东西而不是过去了的东西"。⑤在他的自传中萨拉森反省了自己作为一个局外人和一个在历史上没有根的人终生的感受，这种感受可以追溯到这些起因。⑥所以，他为理解文化、变革和历史对教育的作用及相互关系方面所作出的杰出的智慧上的贡献——可能也就是他的父母处于进步与传统之间的婚姻所结出的果实。

萨拉森的犹太移民的根以及他是被任命为美国主要大学教授的最早的一批犹太学者中的佼佼者这样一个事实，不仅影响了他对文化差异意味着什么的认识，也影响了他对美国身份的专注和对独特的但很少被承认的美国社区心理学的性质的关注,这个社区已变成"现代纪元的罗马人,他们正在建筑几乎是横穿地球的心理学的道路"。⑦如果移民的犹太人作风在萨拉森的生活和工作中酿成对自己身份的内部的和外部的矛盾心理,他对脊髓灰质炎的抗争也是这样,在他上高中的前两年期间他的上身被固定在一个支架或一个铸件上。这种使人残疾的疾病造成了萨拉森的终生残疾,直接影响他在早期对残疾人的职业兴趣,他研究的那些残疾人还包括智力落后的人。更微妙的是,残疾使萨拉森在第二次世界大战中失去服兵役的资格,然而却促使他关心临床心理学和政府政策是如何对待在战争中受伤的退伍军人的。更微妙的还是,脊髓灰质炎阻止了萨拉森参加竞争性比赛和青春期的男子气概的竞赛仪式,然而这也导致他在成年期间接地把自己排除出表现阳刚气的职业生活,追求在智力上竞争的、制度遵守者的文化和在大学中的职业发展。⑧

这只适合于这种情况,即这个抱负不凡的既根植于传统之中又被变革所吸引的局外人,应该转弯抹角地出现在大学的教授职位上。1935年,16岁的萨拉森作为一名"经济贫困的"学生在纽瓦克的DANA学院获得自己的中学后教育。DANA使萨拉森初次产生了成为观念世界的一部分的愿望,正是在这里他暂且成为一个马克思主义者并成为社会主义工人党的一员。由于该党的传教士般的执著,由于它不能理解美国的复杂性,由于它勉强地接受能博得广大民众的尊敬的对待不公正的风格和立场,还由于它的彻底的无趣味,萨拉森拒绝了该党的左派运动的姿态。⑨在这里,萨拉森割断了与左派顺应秘密组织连同它们的在思想体系上的预言的联系,开始走出他自己的政治批判的道路。

1939年,萨拉森获得位于马萨诸塞州伍斯特的克拉克大学研究生院的奖学金,在他的教师中尤其有一位英国心理学家和因素分析的倡导者雷蒙德·卡特尔(Raymond Cattell)。⑩第二年末他就隶属于并随后独一无二地依附于(或"校外学生")附近的伍斯特州立心理疾病医院,在那里他初次对社区心理学产生了兴趣。从克拉克大学毕业后他通过了心理学家的公务员考试,23岁时在一所新成立的并具有创新精神的索斯伯利培训学校中谋得了一个职位。在这里萨拉森发展了人道主义的智力落后观,形成了对为了政治、社会和组织的目的而滥用智力测验的怀疑态度,并热衷于下面这个问题:像索斯伯利学校这样的新"环境"的创新冲动是如何这么快地烟消云散的；也是在这里他第一次知道了艺术是如何通过像亨利·谢弗—西蒙(Henry Schaefer-Simmon)教授那样的教师的无私的工作，释放出隐藏在被认为是智力无能的人身上的天赋。

难得的是西摩·萨拉森在整个一生中只在一所大学中工作——1945年他转到耶鲁大学的心理学系，在那里他工作了45年以上。1949年他出版了他的第一部书《智力缺陷的心理问题》⑪，随后于1956年发表《临床相互作用》。⑫在耶鲁大学的人际关系研究所工作为他提供了跨学科学习的机会。他与一些著名的学者紧密联系，其中包括生命史专家约翰·多拉德(John Dollard)、富有革新精神的、大名鼎鼎的文化人类学家托马斯·格拉德温(Thomas Gladwin)，萨拉森与他一起合作撰写了论述智力低下的专著，萨拉森甚至作为关于男性性行为的金西报告的一个主题受到金西(Kinsey)的年长同事波默罗伊(Pomeroy)的采访。

萨拉森在耶鲁的漫长生涯中有两个事件是特别有意义的。其中一个是他与伯顿·布拉特(Burton Blatt)的长期的关系。20世纪50年代中期伯顿·布拉特是附近的纽黑文州立学院新来的特殊教育教授。在他们的整个关系中萨拉森形成了对在积极精神的真实世界中的教育和布拉特很重视的师范教育的兴趣，这就导致他们合作出版了《教师的培养：教育中的一个未被研究的问题》⑬，在这本书中他们批评了与历史无关的、非社会学的和不愿直面"影响并决定着作为文化实体的学校是什么的社会传统力量"⑭的师范教育。

第二个事件是萨拉森称之为他的"灿烂岁月"⑮的十年，当时他创办并管理着耶鲁心理教育诊所——进行行动、干预、观察和反省的一个新环境，他创办这个机构是想缓和自己的烦躁感并终止"对一个研究工厂的管理"。⑯诊所的与众不同之处在于，它让自己的工作人员走出去创造或改变学校之类的真实的社区环境，去理解这些环境，帮助这些环境中的人，并在这样做的时候对他们的独特的文化和历史特点要相当敏感。萨拉森创建和管理诊所的经验，为他的创造性的著作《环境的创造和未来的社会》⑰形成了许多实验根据。

西摩·萨拉森在自己的全部工作中百折不挠、咄咄逼人地有时执拗地一成不变地返回到为数很少的以下一些核心概念上。第一，美国临床心理学的无批判力本质和它被选用作行政管理控制的工具(这个观点期待其他人随后对心理测验进行批评)。第二,反复出现的对"大政府"的一种偏爱。这种偏爱即使是被最好的意图所驱动,企图改变像学校和学校系统这样的大组织,然而却对其复杂性和其文化改革的反弹性一无所知。第三,美国心理学的误导的、与历史无关的、脱离文化的性质,它界定心理问题的方式是使这些问题服从个人的干预和辅导,而不是作为具有深厚的历史渊源、社会学的复杂性的问题,不可避免地还涉及美国人的质量观的问题。第四,萨拉森反复地处理在建立(和维持)新的组织环境时所涉及的问题,这样的环境例如有学校、心理保健小组和他自己的耶鲁大学心理教育诊所。第五,他反复地谈到在他成人初期和职业发展中大萧条、第二次世界大战及其余波在个人和智力方面对接踵而来的时代中的社会和制度变革的影响,突出地表现为最乐观的进步和补救的观点,同时也表现为在追求这些目标时政治和组织上的超越所造成的惊人的灾难。[18]第六,萨拉森总是在为师范教育的质量和地位、为师范教育不能创造在教育上更有生产力的学校文化而担忧并感到失望。最后,萨拉森执著地关心对教育中的"失败者"的理解并为他们辩护——当较严肃地理解他们的经验时,这些"失败者"就是向经院哲学挑战的教授,违反文化特性地进行教学的教师,表现出迄今未预见到的天赋、才能、颖悟的有智力障碍的学生。

萨拉森始终一贯地以批判的、大无畏的挑衅性的风格,甚至以攻击传统观念的风格来提出这些主题。他挑战无尽的传统的智慧(虽然很少通过批评它们的各个首倡者)。他的著作确实很少被任何可以感觉到的引用大量的参考资料的必要性所干扰!萨拉森的灵感更多地来自对丰富的实践经验和对他周围世界的反省,而不是来自对文献和浩瀚的经验主义的证据进行事无巨细的综合所进行的反省。[19]用他的话来说:"我对思想的兴趣远大于对研究的兴趣。我更多的是一名批评者而不是研究者。我更多的是一名哲学家而不是心理学家。"

西摩·萨拉森确实既是一位积极行动者,也是一位分析者;他既是心理保健领域的一位老手和领导人,又是自己的独特的耶鲁大学心理教育诊所的创办人。虽然作为积极行动者和分析者,萨拉森在自己的自传中承认他深深地感到自己是一个"局外人"[20],一个为创造更为历史的、政治的教育心理学而奋斗的"局外人"。这种状况导致他在80岁高龄时还在一些重要方面(人际交往)有专业上的孤独感,然而成为一名知名的知识分子确实既是非常有益的,也是他的义务,正如巴勒斯坦文化理论家爱德华·赛义德(Edward Said)[21]所言,他是一位从未完全"在家的人"。萨拉森赞扬心理学领域中在他心目中的三位智慧"英雄"(约翰·杜威、威廉·詹姆士和西格蒙德·弗洛伊德)的方式,可能最好地表现了能在萨拉森本人的工作和生活中看到的他的心智的非凡的品质和特征。

> 他们的共同点就是:教育、知识的储备、心智的不知疲倦的倾向、心智的一般化倾向、一种勇气,使他们中的每个人在自己的有生之年能够经历在思维和世界观方面的激烈的转变。他们的关于人类历史知识的分量是使人敬畏的,对于像我这样的人来说让我无地自容,让我羡慕不已。从他们的真正的奥林匹克的高度上他们能够看到过去并想象完全不同的未来。他们著书立说,不遗余力地使自己的思想成为公众的思想并产生深远的影响。他们总是在质疑。世界很难将他们每个人分类搁置。[22]

在西摩·萨拉森为教育和心理学领域作出的巨大贡献中,尤其有四本书有望作为永久的智力遗产留传于世。第一本是《学校文化和改革问题》[23],直到萨拉森50岁时才出版。这本书成为教育改革和学校组织文化的伟大的经典著作之一。它对诸如20世纪60年代的新数学那样的一些大规模的革新提出了有力的批评,把其失败的原因直接指向学校教育的根深蒂固的和历史的随心所欲的"调整",例如,上课时间表、班级组织和教师隔离传统。这本书指出,学校的文化对系统的改革是高度地无动于衷的。学校的改革努力很少指向学校政策、学校领导、社区和学校教育的政策背景或教师鲜明的个人主义的文化,这种文化把学校变成教师学习的很差的场所,而教师的学习对于改革的成功是至关重要的。

今天毫无疑问的是,萨拉森的这本最有影响的书能与那些为数不多的论述学校文化和教育变革的重要书籍相比肩。这些重要的书籍有:威拉德·沃勒(Willard Waller)的《教学社会学》[24],奇怪的是萨拉森在他的这本书的第一版中没有引用该书;在该书的1982年版中萨拉森引用了另外两本书:丹·洛蒂尔(Dan Lortie)的《学校教师》[25]和迈克尔·富兰(Michael Fullan)的《教育改革的意义》[26],在萨拉森的《学校文化和改革问题》的第二版出版时这两本书已问世。

在这两个版本中以及在1966年的修订版《学校文化和改革问题》[27]

中,公平地说,萨拉森的文本从未产生过像沃勒、洛蒂尔或弗兰那样的世界性影响。其原因并不在于它的分析质量如何,而在于萨拉森决心把锋芒专门指向他所直面的美国的改革问题的质量,并把这些问题置于美国的政策辩论之中。这种可敬佩的努力可能损害了该书在全球的影响和发行。这是很遗憾的,因为萨拉森提出的那么多的问题明确地预示了在保证由他人去分析教育改革方面的重大辩论。因此,关于改革过程的重要性萨拉森坚决认为:

> 我们不能作出贴切的阐述和研究,除非我们认识到对变革过程的阐述包含……最基础的……决定着社会关系的三个一般类型的假设:在学校环境内的专业人员之间的关系,专业人员与学生之间的关系,专业人员与更大的社会中的各个不同部分的关系。[28]

关于变革的文化政策,萨拉森希望"很少有神话能像抵制关于学校文化是非政治的文化的假设那样抵制变革"。[29]萨拉森反复针对时间问题提出抗辩,从而使教师适应变革的事实,并指控变革的时间观点"不是由学校中的人决定的,而是由联邦政府的决策者决定的"(第79页)。对于像笔者这样的学校外面的人(笔者与人合作撰写了《为脱离这里而战斗为什么是值得的?》[30])来说,萨拉森对学校与其环境的生态关系的重要性提出了大量的早期的、清醒的分析。笔者在写作时像某个力图对教学和有罪建构独创的分析的人那样[31],发现这对于回到萨拉森的最重要的工作上是有益的,也有益于领悟他关于"始终处于警觉状态的"教师的谈话,这种警觉状态引导教师产生"有罪感,因为教师不能给予他或她感到儿童所需要的全部东西"。[32]萨拉森指出,专业学习的重要含义是"要维持在高水平上的给予就要求教师体验得到"。[33]简言之,在以后的关于教育改革的文献中,几乎没有什么东西是萨拉森在这一领域中的自己的里程碑著作中没有以某种方式提到过的。

仅在《学校文化和改革问题》出版一年之后,萨拉森写了关于破坏创造力的另一本书。他见证了索斯伯利培训学校的创新精神是如何被扼杀的,也经历了对耶鲁心理教育诊所的创办和领导,他也观察了学校和心理保健系统的创新努力是如何步履维艰的,正是根据这些经历和观察萨拉森撰写了一本进行宏大分析的书:《环境的创造和未来的社会》。[34]

这本书如果用"环境的崩溃"作为书名也许更合适。该书阐述行政管理人员和决策者以自然的方式对待创造这类环境的态度。它强调建筑师的自大,他们傲慢地相信建筑物和设计的价值将形成在他们之中的社区。它指出,新的环境如何威胁现有的环境并如何常常受到现有环境的破坏,指出管理与其他地方的环境的"外交关系"的重要性和困难,指出新环境的成员和领导人所持的实际的和派生的优越感,以及新环境的成员把行政质疑和政治怀疑态度看做道德侮辱的倾向的危害性。

他强调,新的环境把希望刺激、挑战、自由创新的人吸引到一起,但他们很快就发现自己陷入预算、空间问题和官僚拖拉作风的困境中。新的环境常常始于分享对自己直接所处的社区的一点点的理解,但随着它们的扩张、分化和分类成敌对的派别,很快就可能成为它们自己的成功的牺牲品。这就是关于价值分配方面的无限资源和困难的神话,这些问题围绕着新环境的领导权凝固起来,就像当冲突突发时,当领导人感到越来越孤独时,对领导人的组织"婴儿"的监护变成其他人的较量。

《环境的创造》含义深刻地阐明了为什么创新很少能持久;示范学校、灯塔学校、未来学校和试点方案,为什么大体上都成为经不起时间考验的创新,是对行政管理的无知或奇想。该书出版后的30年,对那些研究教育革新史和示范学校实验今天的命运的人来说,《环境的创造》仍是一本非常有影响的书。[35]

近年来,西摩·萨拉森把自己的教育洞察力应用到对教育政策的彻底批评上。[36]《教育改革的可预见的失败》[37]是这些书籍中最尖锐的、最简明的一本。在这本书中萨拉森提出了四个相互关联的要点。第一,教育改革的努力常常承诺质量和改善,但它们很少试图去改变顽固地阻挠改革努力的学校教育的基本规则或深层次的结构。

第二,这些规则就像学校教育的所有各个方面一样,在系统上的联系是盘根错节的。"试图改变系统的任何部分,都必须知道和理解这些部分是如何相互联系的。"[38]当"提出并分别着手解决"领导权、课程、教学策略或学校组织等诸如此类的问题时,那么,"失败的几率是很高的"。[39]

第三,萨拉森坚定地认为,学校教育的这些系统的规则得到了根深蒂固的强大的关系的支撑。他的最著名的论点之一就是"学校将继续与所希望的改革相互作用,只要我们能回避面对……它们现有的"包括教室中的那些关系在内的"权力关系"。[40]最后,与他的早期工作相一致,萨拉森提醒他的读者,在职业发展、授权感和共同掌权的机会方面"教师如不具备条件,创造和永远维持学生有效学习的条件,事实上是不可能的"。㊶如果人们想去理解教育改革主动精神所具有的永恒的相互作用的能力,那么,几乎没有什么书能像这本书那样有效地吸收把学校看做历史的和政治的组织形式的价值。

西摩·萨拉森在他最近的一本书中,返回到他一生孜孜不倦地探索的两个主题——师范教育㊷和教学的艺术。在《作为表演艺术的教学》㊸一书中萨拉森提出,教学不仅仅是演练技术或处理标准。教学是一种表演艺术,一种饱含感情的活动,它能感动所涉及的那些人,在表演中失去了教室中的听众。萨拉森强调,教学不仅仅是从容的促进或像计算机的拥护者们所坚持的那样是间接的教练,与笔者自己的研究相一致,教学还包含与学生的直接的、激动人心的、起激发作用的契约,即使对于最进步的教师而言也是这种情况。㊹

萨拉森论证了师范教育的能动性应该是通过包括某种类型的听觉在内的更周密的选择程序来选择自己的专业天才,他论证了组织应该避免窒息和浪费自己的教师们的才华,学校应该为教师提供持续的机会去扮演不同的角色并获得发展,使他们不会变得暮气沉沉和"按类型分配的角色",从而详细地说明了他的分析的本质。

萨拉森的关于教师和教学的观念驱使他去理解师范教育和教育改革并对之提出建议。认为教师是表演艺术家的观念,与在政治上非常流行的一种观念是截然不同的,这种政治观念认为教师"是实施教育标准所需的一类文职操练军士"。㊺根据这种观念:

> 教师希望学生听众把教师看做是有益的、能起激励作用的、可信赖的人,是一个能帮助他们以新的、眼界更开阔的方式理解他们自己和他们的世界的人,是一个能满足自己对新经验的需要的人,这种新经验能使自己超脱普通的自我。㊻

萨拉森遗憾地说,"这样的教师的教学,只不过是为他们理解对教师角色的要求支付必需的口惠"。

西摩·萨拉森是一位历史心理学家和政治心理学家,一位独出心裁的思想家,一位攻击传统观念的人和自命的局外人。随着政治上的批判观点和学识在标准化了的、规范化的整个教育领域中的日益边缘化,这种局外人的地位即使在今天也显得尤为突出,而在整个教育领域中保守和缩减反反复复地乔装打扮成有价值的改革。萨拉森传给我们的东西的价值,是它证明了大多数改革努力是多么的狂妄自大和愚蠢,它为必须容忍或推翻它们的人提供了援助,它复活了对更人道主义的、更民主的教育形式的记忆,这样的教育能呈现我们作为教育家所能取得的最好的东西。

注　释

① Seymour B. Sarason, *The Culture of the School and the Problem of Change*, 2nd edn, Boston, MA: Allyn & Bacon, p.71, 1982.
② Seymour B. Sarason, *The Making of an American Psychologist: An Autobiography*, San Francisco, CA: Jossey-Bass, p.17, 1988.
③ Ibid., p.29.
④ Ibid., p.28.
⑤ Ibid.
⑥ Ibid.
⑦ Ibid., p.9.
⑧ Ibid.
⑨ Ibid., pp.90-98.
⑩ Ibid., p.116.
⑪ Seymour B. Sarason, *Psychological Problems in Mental Deficiency*, New York: Harper & Row, 1949.
⑫ Seymour B. Sarason, *The Clinical Interaction*, New York: Harper & Row, 1956.
⑬ Seymour B. Sarason, K. Davidson, and B. Blatt, *The Preparation of Teachers: An Unstudied Problem in Education*, Cambridge, MA: Brookline Books, 1987, 初版于1962.
⑭ Sarason, *The Making of an American Psychologist: An Autobiography*, op cit., p.340.
⑮ Ibid., p.353.
⑯ Ibid., p.356.
⑰ Seymour B. Sarason, *The Creation of Settings and the Future Societies*, San Francisco, CA: Jossey-Bass, 1972.
⑱ Sarason, *The Making of an American Psychologist*, op cit.
⑲ Ibid., p.233.
⑳ Ibid., p.29.
㉑ E. W. Said, *Representations of the Intellectual*, New York: Random House, p.57, 1994.
㉒ Sarason, *The Making of an American Psychologist*, op cit., pp.329-330.

㉓ Sarason, *The Culture of the School and the Problem of Change*, op cit.
㉔ Willard Waller, *The Sociology of Teaching*, New York: Wiley, 1932.
㉕ Dan Lortie, *Schoolteacher*, Chicago, IL: University of Chicago Press, 1975.
㉖ Michael Fullan, *The Meaning of Educational Change*, New York: Teachers College Press, 1980.
㉗ Seymour B. Sarason, *Revisiting "The Culture of the School and the Problem of Change"*, New York: Teachers College Press, 1996.
㉘ Sarason, *The Culture of the School and the Problem of Change*, op cit., p. 59.
㉙ Ibid., p. 71.
㉚ Andy Hargreaves and Michael Fullan, *What's Worth Fighting For Out There?* New York: Teachers College Press, 1998.
㉛ Andy Hargreaves, *Changing Teachers, Changing Times*, London: Cassell; New York: Teachers College Press, 1994.
㉜ Sarason, *The Culture of the School and the Problem of Change*, op cit., p. 200.
㉝ Ibid.
㉞ Sarason, *The Creation of Settings and the Future Societies*, op cit.
㉟ Dean Fink, *Good School Real School*, New York: Teachers College Press, 2000.
㊱ Seymour B. Sarason, *Schooling in America: Scapegoat and Salvation*, New York: Free Press, 1983; Seymour B. Sarason, *Letters to a Serious Education President*, Newbury Park, CA: Corwin Press, 1993; Seymour B. Sarason, *Barometers of Social Change*, San Francisco, CA: Jossey-Bass, 1996.
㊲ Seymour B. Sarason, *The Predictable Failure of Educational Reform*, San Francisco, CA: Jossey-Bass, 1990.
㊳ Ibid., p. 15.
㊴ Ibid., p. 27.
㊵ Ibid., p. 5.
㊶ Ibid., p. 145.
㊷ Sarason, et al., *The Preparation of Teachers*, op cit.; Seymour B. Sarason, *The Case for Change: Rethinking the Preparation of Educators*, San Francisco, CA: Jossey-Bass, 1993.
㊸ Seymour B. Sarason, *Teaching as a Performance Art*, New York: Teachers College Press, 1999.
㊹ Andy Hargreaves, Lorna Earl, Shawn Moore and Susan Manning, *Learning to Change: Teaching Beyond Subjects and Standards*, San Francisco, CA: Jossey-Bass, 2001.
㊺ Sarason, *Teaching as a Performance Art*, op cit., p. 6.
㊻ Ibid., p. 36.

参　考

本书中的"杜威"。

萨拉森的主要著作

① *Psychological Problems in Mental Deficiency*, New York: Harper & Row, 1949. ② *The Clinical Interaction*, New York: Harper & Row, 1956. ③ Sarason, S. B., with Davidson, R. and Blatt, B., *The Preparation of Teachers: An Unstudied Problem in Teacher Education*, Cambridge, MA: Brookline Books, 1987; originally pub. 1962. ④ Sarason, S. B., with Levine, M., Goldenberg, I., Cherlin, D. and Bennett, E., *Psychology in Community Settings*, New York: Wiley, 1966. ⑤ *The Creation of Settings and the Future Societies*, San Francisco, CA: Jossey-Bass, 1972. ⑥ *The Culture of the School and the Problem of Change*, 2nd edn, 1982; Boston, MA: Allyn & Bacon, 1971. ⑦ *Schooling in America: Scapegoat and Salvation*, New York: Free Press, 1983. ⑧ *The Making of an American Psychologist: An Autobiography*, San Francisco, CA: Jossey-Bass, 1988. ⑨ *The Predictable Failure of Educational Reform*, San Francisco, CA: Jossey-Bass, 1990. ⑩ *The Case for Change: Rethinking the Preparation of Educators*, San Francisco, CA: Jossey-Bass, 1993. ⑪ *Barometers of Social Change*, San Francisco, CA: Jossey-Bass, 1996. ⑫ *Teaching as a Performance Art*, New York: Teachers College Press, 1999.

其他参考书

① Fullan, M., *The Meaning of Educational Change*, New York: Teachers College Press, 1980. ② Hargreaves, A., *Two Cultures of Schooling: The Case of Middle School*, Lewes: Falmer Press, 1986. ③ Hargreaves, A., *Changing Teachers, Changing Times: Teachers' Work and Culture in the Postmodern Age*, London: Cassell and New York: Teachers' College Press, 1994. ④ Hargreaves, A., Lieberman, A., Fullan, M. and Hopkins, D. (eds), *The International Handbook of Educational Change*, The Netherlands: Kluwer Press, 1998. ⑤ Hargreaves, D., *The Challenge for the Comprehensive School*, London: Routledge & Kegan Paul, 1982. ⑥ Huberman, M., *The Lives of Teachers*, London: Cassell and New York: Teachers College Press, 1993. ⑦ Lieberman, A. (ed.), *Building a Collaborative School Culture*, New York: Teachers College Press, 1988. ⑧ Lortie, D., *Schoolteacher*, Chicago, IL: University of Chicago Press, 1975. ⑨ Nias, J., Southworth, G. and Yeomans, A., *Staff Relationships in the Primary School*, London: Cassell, 1989. ⑩ Waller, W., *The Sociology of Teaching*, New York: Wiley, 1932. ⑪ Woods, P. *Sociology and the School*, London: Routledge & Kegan Paul, 1985.

哈格里夫斯

谢弗勒
(*Israel Scheffler*, 1923—)

批判思想在教育活动的概念和组织中是第一重要的。①

伊斯雷尔·谢弗勒是哈佛大学教育和哲学教授(维克托·S. 托马斯教授),荣誉退休者。1952 年他成为哈佛大学教师,1992 年从那里退休。他在布鲁克林学院获得自己的学士和硕士学位,在杰出的哲学家纳尔逊·古德曼(Nelson Goodman)的指导下在宾夕法尼亚大学获得自己的哲学博士学位。谢弗勒成为古德曼的终生朋友、合作者和哲学界的领袖人物。

谢弗勒是美国教育哲学界的关键人物,是与英国的彼得斯(R. S. Peters)齐名的 20 世纪下半叶英语世界的杰出的教育哲学家。他对教育哲学领域所作出的贡献主要表现在两个方面。第一,谢弗勒对教育哲学的方法论产生了重大的影响,把普通哲学所共有的方法、技术和眼界引进到教育哲学中。第二,他对包括教学概念、教育本身的概念在内的一些关键的教育概念和问题,对包括教育的终极目的和理想之类的基础性问题在内的核心命题,进行研究并提出了实质性的、产生高度影响的观点。这些实质性的观点反映谢弗勒是从基本的道德方面去陈述教育,在这样的教育中像尊重人那样地尊重学生的义务是至高无上的。

谢弗勒所发展的分析的研究路径对后代教育哲学家产生了重大的影响。他的早期的教育哲学论文《关于分析教育哲学》提出了教育哲学的概念,认为教育哲学就是"对与教育实践有关的关键概念进行严密的逻辑分析"。在这里,"逻辑分析"被理解为周密地关注"语言以及语言和探究的渗透"及其复杂化,它试图"以经验主义的精神、严格的态度、对细节的关注、对非传统的尊重并以方法的客观性来遵循现代的科学范例";它强调论证的严密性;在相关的和合适的场合充分"利用在最近的五十年内发展到了极点的符号逻辑的技术"。②"由方法而不是原则统一起来的研究的共性感"和"共同探索对一些基本问题的澄清",是哲学的分析方法的特点,谢弗勒认为,这种研究路径应该是教育哲学的核心。谢弗勒用普通哲学中的两个例子来说明他的这一类逻辑分析。这两个例子是:罗素关于明确叙述的理论,它来自语言哲学,为了澄清意义和关系理论中的问题;亨佩尔(Hempel)的乌鸦悖论,取自科学哲学,为了帮助澄清证实的特性。谢弗勒的思想是既通过把分析的结果应用到将来的自主研究上,又通过把分析的方法应用到教育概念和问题上,从而把分析的研究方法用到教育上。这二者都要求教育哲学密切联系普通哲学的方法和本体。

谢弗勒的第一本用分析的研究方法引导的论述教育哲学的书,是他编撰的选集《哲学和教育:现代读本》,这本书引起了人们很大的兴趣,使人们注意到这一领域的一个新的方向。在他的《教育的语言》一书中,他初次努力以这种方式澄清教育术语和概念。谢弗勒在这本书中分析了三类不同的教育成语:教育口号,例如:"教儿童,不是教学科";教育隐喻,例如:"教育即生长";教育定义,"课程"之类的关键的教育术语的定义。谢弗勒所展开的全部讨论的目标是要形成一种分析,足以对这些类型的教育成语进行严肃的逻辑评价。例如,他对教育口号的分析澄清了"教儿童,不是教学科"这样一个口号,从字义上说是错误的(因为,要被教,就必须教给儿童点什么),然而在实践上它却是相当重要的;他证明,定义同样既可以是描述性的也可以是纲要性的,需要根据这两个方面进行评价。区分口号的字面意义与它的实际的重要性,使我们能更恰当地评价这个口号。相似的论点也适用于使用和研究隐喻、定义和其他的教育成语。总之,谢弗勒把他的见识从语言哲学中移用到对教育概念的分析中。

请注意,"评价"在这里是一个关键词。我们想判断这些言语,想评估它们。如果认为分析只注意词的意义,与价值问题和规范无关,这是错误的。相反,对谢弗勒而言,周密分析的要点恰恰就是它丰富了我们对教育的理解,并帮助我们获得更有辩护能力的教育概念、理论和实践。谢弗勒对"教学"这个彻底规范的并有价值负荷的术语的分析清晰地显示了这一点。谢弗勒认为,"教学"是一个较窄的概念,而"信念的培养"则是一个比它宽的概念,因为可以不采用教学的方式去培养信念,例如,可以采用灌输或洗脑子的方式去培养。谢弗勒认为,教学带来的是对方式的限定,要求承认学生的理性感。因此,教学这个概念具有一个基本的道德因素,谢弗勒认为,正是由于把教学设想成为得到特定的结果而设计的一系列机械的行为或运动,教学的这个道德因素被错误地丢弃了。教学应聚焦于理性和推理能力:教师必须以尊重学生的独立判断的方式去努力使学生相信好的理由。学生自己的理性感必须诉诸真诚的教学,而教师的主要任务是要加强并丰富学生对构成好理由的东西的感知。因此,推理能力是教育的主要目标,就像在本文开头部分的引文以及下面这段常被引用的文字所言:"推理能力……是一个理性问题,为了使它成为一个基本的教育理想,就要尽可能地把对理性的自由的、批判的探究渗透进所有的研究领域中。"[3]

就教师和学生两个方面而言,这个教育概念要求对每种教育进行理性的批判:不仅仅是对课程的内容,还要对学校的性质和组织、教育活动予以其中的更广泛的文化的性质和组织进行理性的批判。在这一方面,谢弗勒的教育理想是具有挑战性的,是理想主义的:没有一种文化会在对真正的改进的探索中系统地征求并欢迎它自己的批判。这就是说,谢弗勒所信仰的教育的合理性思想确实是一种理想——可能是一种从来没有完全实现过的理想,然而它为教育工作提出了导向中心。

以上扼要讨论了谢弗勒关于教学和教育的观点以及培养学生推理能力的观点——谢弗勒的基本的教育目标和理想,这些观点是谢弗勒教育哲学的核心。1973年初次出版的他的论文集《理性与教学》,抓住了各种各样的教育命题。谢弗勒特别关注师范教育和教师的作用这样一些主题,在他的经典性的论文《教学的哲学模式》和《大学的学识和教师的教育》中展开了这些主题;他的关于推理能力是一种核心的教育理想的观点,在他的《道德教育和民主理想》中得到了重要的阐发。这几篇论文都汇集在那本论文中重印了。

讨论理性的精髓是他讨论辨明的另一种方式:问"我是否有相信这一点的完美理由"比问"我在证明我相信这一点吗"有效。辨明是认识论的一个关键概念,是有关理解知识的性质、范围和局限的哲学的一个支脉。在他的《知识的条件:认识论和教育的入门》一书中,谢弗勒系统地研究了认识论及其核心问题和与教育有关的概念——知识、真理、信念、证据、理由、证明,等等。这本书至今仍是认识论这门学科的优秀的入门书,在使认识论的和教育的概念及主题之间建立系统的联系方面是独一无二的。

谢弗勒对证明和方法二者的客观性的关心,表现在他的两本论述科学哲学的重要书籍中。《探究的剖析》致力于研究处于科学哲学心脏部位的问题：解释的性质，认知意义的性质，证实的性质。在这本书中谢弗勒证明了周密分析的能力能够解释被科学哲学所追逼的未解决的问题。《科学和主观性》一书不懈地讨论了科学的客观性及其方法；哲学界怀疑科学自诩的客观性，该书对哲学界的这种努力作出了详尽的批判性的反应；该书还对这个关键性的观点创造性地予以重新概念化。在这两本书中，谢弗勒直接处理科学哲学问题。虽然在这两本书中都没有提到教育哲学，但是从字里行间都能看到谢弗勒主要关心的是信仰和证明的合理性以及方法的客观性。谢弗勒的范围很广的(涉及科学、知识、语言和教育)哲学兴趣，以这种泛化的方式被相互交错的问题和重点融合到了一起。这也就明白了为什么谢弗勒认为，教育哲学必须追求与其母学科的密切联系。

谢弗勒的《教育的语言》一书，不遗余力地用语言哲学观去影响教育语言。在《超越字母：对语言中的模棱两可、暧昧和隐喻的哲学探究》一书中，谢弗勒为语言的适宜性哲学作出了重大的贡献，就像他早期的著作为科学和认识论的适宜性哲学所作出的贡献一样。他的《四位实用主义者》一书，虽然偶尔涉及教育，但同样也为我们理解实用主义哲学运动作出了重要贡献，对皮尔斯(Peirce)、詹姆士(James)、杜威(Dewey)和米德(Mead)的工作中的一些方面予以共鸣的批评。在《人的潜力》一书中，谢弗勒返回到了教育哲学上，对人的潜力及其在我们的教育观念中的适当做用进行了系统的分析。

在上面提到的这些著作中以及在另外三本论文集中，谢弗勒对哲学特别是对教育哲学作出了巨大的贡献。这三本论文集是：《探究：语言、科学和学习的哲学研究》、《对认知情感的赞颂》(在这本书中他否定了对认知和情感的截然区分)、《符号世界》(涉及艺术、科学、语言、仪式和游戏)。谢弗勒最近的一本书《我青年时代的老师：一个美国犹太人的经历》，是一本自传性的著作，记叙了他的早年的生活和教育经历，以高度个人的方式补充了他对教育所进行的更一般性的哲学讨论。另一本书《工作、教育和领导》是与霍华德(V. A. Howard)合作撰写的，该书再次提出了教育哲学中的一些核心问题。④除了他的高屋建瓴的才干和对教育哲学的基础性的贡献之外，谢弗勒还为认识论、科学哲学、语言哲学和对实用主义的研究作出了重大贡献。如果我简单地加上几句个人的离题的话，那就是我很荣幸并很幸运地成为谢弗勒的一名学生。他作为一位教师和作为一个人所表现出的卓越品质使他的哲学经验黯然失色,他习惯地表现出对自己学生的爱护、关心和尊重,他驱策我们在他的哲学著作中独立地显示自己。

所有重要的教育哲学家都能越过教育哲学与普通哲学之间的隘口,并能阐释清楚大量的哲学问题和方法与教育哲学的适切性。在制度上的一个不幸的事实是,在美国、英国和其他一些地方,自杜威时代以来的教育哲学家,在机构的从属上他们大部分是在教育系和教育学院,而不是在哲学系。这从总体上对教育哲学产生了有害的影响,因为教育哲学需要与其母学科保持密切的联系。谢弗勒在认识论、语言哲学和科学哲学方面的工作,大大地加强了他在教育哲学方面的工作。他的工作表现了在教育哲学家的工作中所找不到的哲学的复杂程度,教育哲学家较少与主流的哲学问题相联系,或较少受主流的哲学问题的驱动。而且,由于谢弗勒在语言哲学、科学哲学和认识论方面的工作,受到更广泛的哲学界的高度尊重,他在教育哲学方面的工作享有很高的声誉并给教育哲学带来了前所未有的声誉。作为一个对基础的哲学问题感兴趣的人,他为普通哲学作出了贡献,他把教育哲学问题置于更广阔的哲学命题的背景之中,他对待教育哲学中的问题的态度受惠于对母学科的深奥微妙的鉴赏和他的哲学才华,谢弗勒为教育哲学家们树立了榜样。教育哲学发展了与普通哲学的牢固联系,同时又把自己的立足点放在教育实践和在教育实践中出现的哲学问题上,从而发挥了很好的作用。在这一方面,建议教育哲学家们仿效谢弗勒,把教育哲学、普通哲学和教育实践融合在一起。教育哲学作为一门学科的生命力,主要通过它的实践者处理谢弗勒的这种融合的能力测得的。

在总结时笔者想再次谈一谈谢弗勒为教育哲学作出的四项重大贡献。第一,他引进了逻辑分析方法——对语言的关注、澄清、方法的客观性和周密的、严格的论证。第二,他利用这些方法去研究价值问题,努力去发展我们的关于教育、教学等的最有辩护力的概念,从而能最好地理解教育、教育目的和理想,而对教育、教育目的和理想的理解又能最好地为教育实践服务。第三,他对一些关键的教育概念进行了专门的解释,这些概念有:(1) 教育,即以培养推理能力为目的的教育概念;(2) 教学,即一种受到方式限制的活动,教师的教必须服从这种方式,其本质是教授给学生自主的判断,尊重学生的理性感和推理能力,尊重学生;教学,还是一个具有深刻的道德因素的概念,对它的理解和分析不能受到行为的限制。第四,他证明了把教育哲学与普通哲学密切地联系在一起所带来的优越性,也证明了让教育哲学脱离自己的母学科是错误的。

对谢弗勒的工作提出挑战当然是可能的。站在任何宽厚的哲学立场上,都是有作出批评反应的空间的,哲学家们对谢弗勒的观点的各个不同的方面提出了批评。尤其是某些哲学家质疑是否确实应该把逻辑分析强调为教育哲学中的一个基本方法;教育哲学是否需要像谢弗勒认为的那样如此密切地与普通哲学相联系;从道德方面而不是从行为或其他方面对教学进行分析是否恰当;推理能力的培养是否真的如谢弗勒所主张的那样是教育的基础。谢弗勒工作中的这些和其他一些方面,对他的工作的这些和其他一些批评,刊登在《综合》杂志的一期专辑和《理性和教育:伊斯雷尔·谢弗勒纪念文集》中。上述文集中的那些论题宽广的论文批判性地考察了谢弗勒论述教育、教学和推理能力的工作,并把他的工作交叉应用到教育和哲学的广阔的背景之中:科学哲学和科学教育、道德哲学和道德教育、宗教哲学和宗教教育、语言哲学和教育语言、情感、人的潜力、教育政策等等。谢弗勒应为所有的这一切感到高兴,因为他所坚持的严密的分析和批评无疑应用到了他自己的工作上以及其他任何事情上。他的大量的工作十之八九是经得起时间和批评的检验的。即使有的经不起检验,但也不能否定他的工作对教育哲学所具有的基础性的重要作用。谢弗勒为教育哲学的严密的工作提出了一套标准,这是他的所有的贡献中最大的贡献。⑤

注 释

① Israel Scheffler, Reason and Teaching, p. 1.
② 这里强调的是谢弗勒的分析哲学与"日常语言分析"传统中的彼得斯的分析哲学在符号逻辑方面的差异。谢弗勒的分析充分注意语言的日常的意义和表述习惯,他毫不犹疑地利用逻辑技术去替代日常语言,如果哲学理解和理论能从中获益的话。
③ Israel Scheffler, "Concepts of Education: Reflections on the Current Scene", 重印于 Scheffler, *Reason and Teaching*, p. 62, 着重号原有。
④ Scheffler 到 1992 年的出版作品书目见于 *Synthese*, 94, 1, pp. 139 – 144, 1993.

⑤ 本文取自我的讲演"Israel Scheffler"的录音：William Hare（ed.），*Twentieth Century Philosophy of Education：Four Lectures on John Dewey，Bertrand Russell．Israel Scheffler*；*and R. S. Peters*，Dalhousie University Learning Resource Services，1990．

参　　考

本书中的"赫斯特"、"彼得斯"、"杜威"、"罗素"。

谢弗勒的主要著作

① "Toward an Analytic Philosophy of Education"，*Harvard Educational Review* 24，pp. 223 - 230，1954． ② *Philosophy and Education：Modern Readings*，editor，Boston，MA：Allyn and Bacon，2nd edn，1966，1958． ③ *The Language of Education*，Springfield：Charles C. Thomas，1960． ④ *The Anatomy of Inquiry*，New York：Alfred A. Knopf，1963． ⑤ *Conditions of Knowledge：An Introduction to Epistemology and Education*，Chicago，IL：Scott．Foresman，1965． ⑥ *Science and Subjectivity*，2nd ed．，Indianapolis，IN：Hackett Publishing Company，2nd edn，1982；1st pub．，Indianapolis，IN：Bobbs-Merrill，1967． ⑦ *Reason and Teaching*，Indianapolis：Hackett Publishing Company，1989；1st pub．，London：Routledge & Kegan Paul，1973． ⑧ *Four Pragmatists*，London：Routledge & Kegan Paul，1974． ⑨ *Beyond the Letter：A Philosophical Inquiry into Ambiguity，Vagueness，and Metaphor in Language*，London：Routledge & Kegan Paul，1979． ⑩ *Of Human Potential*，London：Routledge & Kegan Paul，1985． ⑪ *Inquiries：Philosophical Studies of Language，Science，and Learning*，Indianapolis，IN：Hackett Publishing Company，1986． ⑫ *In Praise of the Cognitive Emotions*．New York：Routledge，1991． ⑬ *Teachers of My Youth：An American Jewish Experience*，Dordecht：Kluwer，1995． ⑭ *Symbolic Worlds*，Cambridge：Cambridge University Press，1997． ⑮ Scheffler，I．，and Howard，V. A．，*Work，Education and Leadership*，New York：Peter Lang，1995．

其他参考书

① Siegel. H．，*Educating Reason：Rationality，Critical Thinking．and Education*，London：Routledge，1988． ② ____ *Rationality Redeemed：Further Dialogues on an Educational Ideal*，New York：Routledge，1997． ③ ____（ed.），*Reason and Education：Essays in Honor of Israel Scheffler*，Dordrecht：Kluwer． ④ *Synthese*，94，1，1993. A special issue of the journal devoted to discussion of Scheffler's philosophical work，guest-edited by Catherine Elgin．

西格尔

利奥塔
(Jean-François Lyotard, 1924—1998)

  后现代的知识不单纯是权威们的工具；它提炼我们对差异的敏感性并加强我们对不可通约的忍受力。它的原则不再是专家的同源，而是发明家的谬误。①

  让-弗朗索瓦·利奥塔是20世纪法国最重要的哲学家和最重要的知识分子之一。许多学者认为他是哲学界"后现代辩论"中的主要人物。利奥塔的《后现代状态：关于知识的报告》(1984)第一版刚于1979年在法国出版，便立即成为一本经典著作。正如利奥塔在该书的前言中所言，该书是"关于在最高度发达的社会中的知识的一篇报告"。②《后现代状态》为知识、科学和教育在先进的社会中的变化发展及状态作出了独创性的贡献。利奥塔第一个把来自对后现代文化的形形色色的和相互隔离的研究中的哲学思想综合起来并把"后现代状态"定义为"对元叙事的怀疑"。③这就是说，利奥塔否定西方文化的"宏大叙事"，例如，精神的辩证法、意义的阐释学、理性的或工作的主体的解放或财富的创造等宏大叙事，宣称它们能够提供依然是自然的、没被霸权利益所污染的解决。利奥塔考察了诸如此类的"宏大叙事"的瓦解并提出"宏大叙事"必须给不太雄心勃勃的小叙事让路，小叙事抵制封闭性和总体性。如他在《不同的地方》(1988)中阐述的，"判断的普遍法则在异源的类型之间缺乏普遍性"④和"没有一种类型能正当地称霸其他类型"。⑤只有通过小叙事的反复证明我们才可能赞美我们生活中的变化、多样性和差异。这标志着一种对又会产生新的探究的新东西、新问题的探索，这种探索是一种对赞美不确定的、不可知的、不能化简的、不像样的东西的一剂受体激动剂，它抵制总体分类。这一观点决定了利奥塔的基本的科学观、知识观和教育观就是认为研究不是为了达到意见的一致，而恰恰是为了"不稳定性"，认为在对谬误的实践中，其终点不是达到意见的一致，而是要庆贺我们的差异并证明差异（一种道德义务)。

让-弗朗索瓦·利奥塔1924年诞生于法国的凡尔赛。他师从梅洛-庞蒂(Merleau-Ponty)学习现象学,他出版的第一本哲学著作《现象学》(1954)于1991年译成英文,主要阐述他的导师的工作。他在中学教了十年(1949—1959)哲学,其中包括在阿尔及利亚战争爆发前于1950—1952年在君士坦丁(阿尔及利亚东北部的一座城市)的一所高级中学执教。1954—1964年利奥塔卷入了积极的政治活动中。1954年他加入了一个激进的马克思主义团体"蛮民社会主义"(Socialisme ou barbarie),1963年他退出了这一组织并加入了"装备工人"(Pouvoir ouvier),这是一个革命工人的组织;在随后的两年内他一直是该组织的成员。在这之后的二十年,利奥塔在几所高等学院中从事教学工作[索邦、Nanterre(南戴尔)、CNRS、Vincennes]。在此期间,当利奥塔在南戴尔大学教学时他发起了3月22日运动,这是一场反对1967年富歇(Fouche)改革的运动,这场运动要求学生和教师能自由发表意见和民主参与大学事务。在1968年5月的事件中利奥塔在政治上是相当积极的,捍卫学生要求真正的民主参与的愿望。1971年,利奥塔获得了文学博士学位,他的博士论文的题目是《话语,形象》,这篇论文标志着他自觉地离开了马克思主义。后来利奥塔在巴黎第八大学(圣德尼大学)谋得了一个哲学教授的职位,他保持这个职位一直到他1989年退休。利奥塔担任巴黎国际哲学学院理事会成员。他还是威斯康星大学、明尼苏达大学、耶鲁大学、约翰·霍普金斯大学、蒙特利尔大学、圣保罗大学、都灵大学的访问教授。利奥塔是巴黎大学的荣誉退休教授,还在厄湾加利福尼亚大学当了几年法语教授。他从那里转到亚特兰大的埃默里大学,担任法语和哲学教授。1998年4月21—22日的夜间他在巴黎去世。

利奥塔的工作孕育了现在称作现代性/后现代性的辩论,这场辩论把当代许多最杰出的哲学家和社会理论家都席卷了进去。⑥这场辩论对知识、当代科学、技术和教育的起源和在后工业社会中的变化提出了一种重要的哲学解释。迈克尔·彼得斯(Michael Peters)解释道,利奥塔标志着"不仅与所谓的'现代纪元',而且还与对世界进行考察的形形色色的传统的'现代'方式"的决裂。⑦利奥塔指出,他使用"后现代"这个词不仅仅暗示一种线性的时间顺序,即"后现代性"紧随着"现代性"。相反,现代已包含了后现代的意思,因为,"一项工作只有当它首先是后现代的才能成为现代的。这样理解的后现代主义不是处于终点的现代主义,而是处于萌芽状态的现代主义,而且这种状态是稳定的"。⑧现代主义和后现代主义是平行的,并且分享其他一些当代思想中的某些假设,这样的当代思想例如有:先由福柯(Foucault)提出的,后来由巴特(Barthes)、克里斯蒂娃(Kristeva)、德里达(Derrda)和德勒兹(Deleuze)发展的后结构主义和解构。利奥塔用到自己的项目上来的这种创造性的跨学科的研究路径,不仅影响了哲学领域,而且影响了包括教育在内的人的科学的整个领域。⑨

利奥塔的工作直接指向教育,尤其关心教育哲学和理论以及教育政策。他的思想对教育和知识在未来的地位和作用予以分析,并以多种方式被证明为是对知识的地位如何随着社会进入后工业时代而改变所作出的预言。利奥塔坚定地认为,西方文化和知识的地位经久不衰地改变了"随后的变革,这些变革自19世纪末以来改变了科学、文学和艺术的游戏规则"。⑩利奥塔把这些变革放在对"宏大叙事"的批判的背景之下,尤其是放在与意义、真理和解放有关的启蒙元叙事的背景下,采用这样的元叙事既使科学中的知识规则合法化,又使教育的现代制度的基础合法化。这些变革不仅改变了游戏规则,也改变了传递和生产知识的实践。最根本的是,它们为知识的合法化话语改变了游戏规则。利奥塔认为,后现代状态再次提出了对生产知识的现代方式予以批评的合法性。知识已经成为主要的生产力,改变着发达国家中劳动力的成分。他认为,知识的商品化及其新的流通方式,提出了在民族国家和信息丰富的多民族国家之间的新的道德、政治和法律问题,从而正在加宽所谓的发达国家和第三世界国家之间的鸿沟。⑪

在利奥塔那里,这个问题就是一个关于如何理解"把语言转变为有生产力的商品"并予以批评的问题,这种商品用一种可交换的价值信息来减少已编码的信息短语,这样的信息短语是可以储存、恢复、打包、使用和传递的。他采用效能原则一词对此进行阐述,这一原则就是根据输入、输出之比测得的功效感。它暗示一种使所有的话语只服从于一个标准,即服从于功效性标准的趋势。利奥塔强调,效能原则把所有的语言游戏看做是可以消费的。他认为,这样的研究路径掩盖语言游戏的多元性以及文化和社会的差异。效能背后的概念就是系统的性能功效性的最优化。利奥塔认为,"把这个标准应用到我们的全部游戏中,必然会引起一定程度的恐怖,无论是硬件还是软件;是操作性的(即可消费的)还是消失的"。[12]

利奥塔反对教育通过效能的合法化,因为他相信效能的支持者强调教育只应该传授保存和加强社会的可操作的功效所必需的知识和技能。效能原则的逻辑,系统整体性能及其标准最优化的逻辑,是技术性的,它不能为我们提供判断真或美的法则。因此,要教些什么,是由系统的技术要求决定的,而对教育者的评价则是根据他们传递他们所教的东西的效率作出的。利奥塔指出,当教育通过效能而合法化时,知识就不能被想象成是具有某种内在价值的。相反,只有当知识是作为可以出售的商品时才是有价值的,知识不再具有"使用价值"而只具有"交换价值"。[13]

利奥塔认为,通过效能的合法化是有问题的,并具有可疑的社会结果。根据利奥塔的观点,无论是功效标准还是对普遍一致的探究,都不能使后现代的教育和科学合法化。在利奥塔的观点中,合法化来自多元性、分歧、创新、想象力和创造性;或来自他所谓的"对谬误的探究"。[14]利奥塔坚持认为,"一致性仅仅是讨论的一种特殊状态,而不是讨论的终结。恰恰相反,讨论的终结是谬误"。[15]在探索合法化的不同方式时利奥塔指出,"只有使这类探究(即谬误活动)成为可接受的合法化,才能产生思想,换言之,产生新的陈述"。[16]后现代教育和科学的目的就是发现这些新的思想和概念。

利奥塔为丰富对后现代教育和知识的变化状况的理解所作出的贡献,不会使他的其他工作的重要性黯然失色。利奥塔写了 20 本书和许多学术论文,其视野横扫哲学的各个领域、论题、风格和主题。利奥塔的思想是他多年来在吸收各位不同的思想家的思想的基础上发展起来的,这些思想家有:梅洛-庞蒂、弗洛伊德(Freud)、尼采(Nietzsche)、康德(Kant)、维特根斯坦(Wittgestein)和德勒兹。他在 20 世纪 50 年代的早期著作受到现象学思想家[梅洛-庞蒂、海德格尔(Heidegger)和莱维纳斯(Levinas)]的影响。对利奥塔而言,在我们的经验与我们用来叙述这个经验的语言之间是存在着"鸿沟"的。在《话语,形象》中利奥塔批评了一些理论构想,这些理论构想排除了支持超时间的历史,排除了与我们的生活世界的经验的特殊性无关的对思想的绝对分类。20 世纪 60 年代利奥塔与激进的马克思主义团体的联系,增强了他对任何忽视对历史唯物主义和政治实践的自由进行批评的理论的怀疑。[17]

1966年以后,利奥塔中止了与任何激进的马克思主义团体的积极的政治联系,他的自传式的陈述《对马克思主义的纪念:纪念皮埃尔·苏伊利》[18],一方面理智地表达了他与马克思主义的分歧,另一方面也反映了他的哲学转向。[19]迈克尔·彼得斯(1995)认为,应把利奥塔离开马克思主义并转向哲学,放在20世纪50—60年代法国知识分子的生活的历史背景中予以考察,尤其要放在以标榜为中立的"进步"面貌出现的反人道主义和"人类全体"的发展(共产主义或资本主义)的斗争的背景中予以考察。在《里比多法理》(1993, orig. 1974)中,利奥塔批评了辩证法的主要观点并提出,通过马克思主义所设想的道德和社会真理是达不到真理的,因为这些真理并不比它们想推翻的虚妄好多少。利奥塔利用弗洛伊德的性的能量的法理的观点,把它借用到马克思主义的政治经济学的背景中,以表明选择的一种政治立场是不可能高于另一个政治立场的,因为我们从来都不能确定哪一个是正确的。利奥塔认为,一种(政治的或哲学的)立场的经验不必有彻底研究的含义,或者也不必发展成另一种既保存又压制二者的立场。在《不同的地方》(1988)中利奥塔扩展了自己在《后现代状态》中介绍的思想,提出不能通过诉诸某种普遍的一致却又不伤害工人政党的利益的方式,公平地解决一种"不同"(根本的不同)。利奥塔明确地否定了哈贝马斯关于社会进化飞跃进新型的理性社会的理论,哈贝马斯把这个新型的社会定义为在最好的论据的基础上达成一致的交往的共同体。利奥塔认为这是不可接受的"汇总"哲学传统的残余,依循这种传统的人得到照顾,而反对这种传统的人是一致思想的"恐怖主义者"。根据利奥塔的认识,哈贝马斯的立场放弃了对辩论背景的批判性的质疑,而这种辩论总是具有权力效能、地位、网络系统和影响的特点。

利奥塔工作中的主要主题是知识在后现代年代中的合法化,这个主题直接与教育的核心概念相关。利奥塔的观点根据全球资本主义的系统的、自我调节的性质,对新自由主义的教育商业化提出了合理的批评,世界银行和国际货币基金组织之类的世界性机构所承诺的货币主义和供应方经济,强烈地表明资本积累的新自由主义策略。[20]强调私人的和个人的投入而不是强调公共投入,就把教育商品化了并把教育看做是提高劳动的灵活性和效率的手段,从而改善经济的竞争能力。这种模式中的教育,被看成是经济的主导部分,并按效能原则予以定义。利奥塔反对根据作为一个整体的系统的性能对教育的合法化。效能的作用就是一种对元叙事的驾驭,教育政策的形成必须根据这样的元叙事。利奥塔在把差异理解为谬误的基础上建立了知识和教育的合法化理论,在这里"小叙事依然是想象创造力的最完美的形式"。[21]

随着后现代社会的出现,关于知识和教育的合法化的核心概念,今天可能比以往任何时候都咄咄逼人:教育中的效能原则现在可能比以往更盛行,因此,利奥塔的思想可能是批评现代教育机构的优先地位和基础性的强有力的工具。

注　释

① J.-F. Lyotard, *The Postmodern Condition*: *A Report on Knowledge*, trans. G. Bennington and B. Massumi, Minneapolis, MN: University of Minnesota Press, p. xxv, 1984, 1st pub. in France 1979. Henceforth referred to as *PMC*.
② *PMC*, p. xxv.
③ *PMC*, p. xxiv.
④ J.-F. Lyotard, *The Differend*: *Phrases in Dispute*, trans. G. Van den Abbeele, Minneapolis, MN: University of Minnesota Press, p. xi, 1988, 1st pub. in France 1982.
⑤ Ibid., p. 158.
⑥ M. Peters, *Poststructuralism. Politics and Education*, New York: Bergin & Garvey, 1996.
⑦ M. Peters, "Education and the Postmodern Condition: Revisiting Jean-François Lyotard", *Journal of Philosophy of Education*, 29, p. 387, 1995.
⑧ *PMC*, p. 79.
⑨ R. Kearney and M. Rainwater, *The Continental Philosophy Reader*, London, Routledge, 1996.
⑩ *PMC*, p. 3.
⑪ 参见 Peters, *Education and the Postmodern Condition*, op cit.
⑫ *PMC*, p. xxiv.
⑬ *PMC*, pp. 4 - 5.
⑭ *PMC*, p. 66.
⑮ *PMC*, pp. 65 - 66.
⑯ *PMC*, p. 65.
⑰ R. Kearney and M. Rainwater, *The Continental Philosophy Reader*, London: Rout-

ledge, 1996.
⑱ J.-F. Lyotard, "A Memorial for Marxism: For Pierre Souyri", in *Peregrinations*: *Law*, *Form*, *Event*, New York: Columbia University Press, 1988.
⑲ M. Peters, "Emancipation and Philosophies of History: Jean-François Lyotard and Cultural Difference", unpublished manuscript, University of Auckland, 1998.
⑳ M. Peters, "Education and the Postmodern Condition: Revisiting Jean-François Lyotard", *Journal of Philosophy of Education*, 29, pp. 393–394, 1995.
㉑ *PMC*, p. 60.

参　考

本书中的"哈贝马斯"、"维特根斯坦"、"康德"、"尼采"。

利奥塔的主要著作

① *Libidinal Economy*, Bloomington, IN: Indiana University, 1993, Fr. 1974. ② Lyotard, J.-F., with Thebaud, J.-L., *Just Gaming*, Minneapolis, MN: University of Minnesota Press, 1985, Fr. 1979. ③ *The Postmodern Condition*, Minneapolis, MN: University of Minnesota Press, 1984, Fr. 1979. ④ *The Differend*, Minneapolis, MN: University of Minnesota Press, 1988, Fr. 1982. ⑤ *The Postmodern Explained*, Minneapolis, MN: University of Minnesota Press, 1992, Fr. 1986. ⑥ *Heidegger and the Jews*, Minneapolis, MN: University of Minnesota Press, 1990, Fr. 1988. ⑦ *The Inhuman: Reflections on Time*, Stanford, CA: Stanford University Press, 1991, Fr. 1988. ⑧ *Peregrinations*: *Law*, *Form*, *Event*, New York: Columbia, 1988. ⑨ *The Lyotard Reader*, Cambridge, MA: Blackwell, 1989. ⑩ *Lessons on the Analytic of the Sublime*, Stanford, CA: Stanford University Press, 1994, Fr. 1991. ⑪ *Toward the Postmodern*, Atlantic Heights, NJ: Humanities Press, 1993. ⑫ *Political Writings*, Minneapolis, MN: University of Minnesota Press, 1993.

其他参考书

① Benjamin, A. (ed.), *Judging Lyotard*, London and New York: Routledge, 1992. ② Bennington, G., *Lyotard*: *Writing the Event*, New York: Columbia, 1988. ③ Peters, M. (ed.), *Education and the Postmodern Condition*, New York: Bergin & Garvey, 1995. ④ Readings, B., *Introducing Lyotard*: *Art and Politics*, London and New York: Routledge, 1991.

曾评拉斯

克雷明
(*Lawrence A. Cremin*, 1925—1990)

　　看来对我而言,我们研究教育史不是仅仅为了它在避免错误方面可能具有的价值,不是仅仅为了在认识它的监控系统(例如,基督教教育的教区制度或者学术自由的脆弱)的无能方面可能具有的价值,虽然历史是可能具有这样的价值的。我们研究历史就是要通过对教育中的猜测和承诺的根源的考察去清醒地认识那些猜测和承诺。我真诚地相信,如果我们国家的领导人在过去的25年内能得心应手地利用更丰富、更准确的美国教育史,那么,在为了变得更好应在哪里进行干预和如何干预的问题上他们选择的范围就会更宽广……我们研究历史不是因为如果没有历史,就将没有任何历史,而是因为如果没有历史,我们就会错误地转述历史;我们将因没有批判的学识而去炫耀一些神话、曲解和思想意识。我认为,这就是苏格拉底在告诫经不起检验的生活是不适合于人过的生活时脑子中所想的。正是这些推动我们中的一些人去研究过去,即使我们从不可能充分地了解它。[①]

　　克雷明是一位历史学家、教师和领导人,他的工作对整个教育研究尤其对教育史产生了深远的影响。1925年克雷明诞生于美国的纽约市。他就学于汤森·哈里斯中学,这是一所为天才青年举办的高级中学。1942年中学毕业后他被纽约市立学院(CCNY)录取。在他读大学四年级前他加入了美国陆军飞行大队,第二次世界大战结束后他返校完成本科学业。他被选为美国大学优秀生联谊会会员,并从纽约市立学院毕业,获社会科学理学学士学位。他的父母亲是纽约音乐学校的创办人,希望他成为音乐会的钢琴演奏家,但是克雷明最终受到人文学科和社会科学尤其是历史的吸引。退伍军人权利法的颁布使他能于1946年9月进入哥伦比亚大学师范学院研究生院。他在师范学院所学的研究生课程范围很广,包括美国教育的社会和哲学基础课程,研究约翰·蔡尔兹(John L. Childs)、乔治·康茨(George Counts)、弗里曼·巴茨(R. Freeman Butts)、布鲁斯·劳普(R. Bruce Raup)等杰出的学者。他于1947年获得文学硕士学位,1949年获得哲学博士学位。②

  克雷明长年累月地致力于提高教育史的学术和教学质量,为教育史学家拓宽探究的范围。他为建立一门以学科为本的、与历史学识的主流有着千丝万缕联系的教育史奉献了自己的一生。当他在20世纪50年代初进入教育史领域时,教育史方面的著作尚没有严格的方法论和理论基础,存在着学究式的、狭隘的和无批判力的倾向。它记录处于真空中的公立教育的起源与发展,根本不考虑形成正规学校教育的结构和内容的更广的社会和经济背景。克雷明还发现,教育史学家倾向于把公立教育浪漫化,把它描绘成民主社会的"伟大的平衡杆"。当把公立学校教育的发展作为正在打开的现代民主壮美画卷的一部分载入编年史时,教育史学家轻易地就忽略了土著美国人、奴隶、移民、普通工人、妇女和少数民族群体的不民主的经历。以如此方式撰写美国教育的起源和发展,被称作是库柏莱传统,这是以它的最伟大的典范,长期担任斯坦福大学教育学院院长的埃尔伍德·库柏莱(Ellwood P. Cubberly)的名字命名的。教育史的"库柏莱学校"培养了一种历史学识模式,这种模式把公立学校的创始、崛起和胜利描绘成现代民主的发动机。这些书主要由教育学教授们撰写,他们在历史研究的方法和技术方面没有受过严格的训练,这些著作可以恰如其分地被分类进"机构内部的"的历史,其特点是对公立学校教育的复杂的、困惑的过去持一种浪漫的、缺乏远见的观点。这些著作的目的是要推动特定形式的公立教育,其中许多在本质上被某种特定的意识形态义务所驱动,即使它的支持者把他们的倡议看做对合理的职业标准所作出的贡献。库柏莱传统的继承人对于克雷明形成关于历史在教育政策和实践方面的作用的观点起了重要作用。但是,克雷明反对他们关于历史学识的基本观点,他宣告一种以学科为本的教育史的新的和不同的标准。

  克雷明对于改变历史在教育领域中的作用的重要性,主要可以通过鉴别他在两个重要方面所发挥的主导作用予以理解。第一,他为完善教育史领域学术和教学质量发挥了批判的作用。第二,在历史学家伯纳德·贝林(Bernard Bailyn)的概念框架的影响下他为教育历史学家拓宽了社会和学术史的范围。20世纪50年代末福特基金会下设的促进教育基金会开展了一项以提高教育史领域的学术和教学质量为宗旨的项目。1961年,随着《学校的变革:美国教育中的进步主义,1876—1957》的出版,克雷明成为福特基金会为争取更多有学科根基的学者参与教育史研究运动的典范。该书把进步教育的历史与进步时代的主流的学术和社会史联系起来,把它放在美国历史这个更广阔的背景内考察它的重要地位。《学校的变革》一书于1964年获得班克罗夫特美国历史奖,它被看做是教育历史编纂学的样本。该书出版后克雷明获得了哥伦比亚大学历史系的联合任命并被邀请成为福特基金会关于教育在美国历史中的作用委员会的委员。在他身上具体体现了委员会对教育史领域的一流学术的强调,他也是教育中以学科为本的历史研究的新重点的典范。他的工作最终为成为处于变化中的地缘政治学背景中的历史学家们的国际呼吁,抓住了进步政治与教育改革之间的关系。③

1960年,伯纳德·贝林在《美国社会形成中的教育》一书中,大大地拓宽了教育史的定义,不再是仅仅聚焦于正规的学校教育,而是趋向于研究所有各种正规的和非正规的机构,形成了超越时代的文化信仰和社会行为。克雷明接受了贝林的教育史观念,在他的1965年版的《埃尔伍德·帕特森·库柏莱的奇妙世界》中对此作了很好的阐述。贝林在对教育的历史研究提出批评的同时还提倡一种超越学校的教育史,这种教育史要涉及包括家庭、教会、图书馆、博物馆、出版社、慈善团体、青年团体、农村集市、广播网络、军队组织和研究机构在内的从事教育工作的许多机构。这种观点不仅标志着与在库柏莱传统范围内所实践的教育史研究的决裂,它也明显地不同于克雷明早期著作中的观点。在《美国的公立学校:一种历史的概念》(1951)、《我们民主社会中的公立学校》[1956年与默尔·博罗曼(Merle Borrowman)合著]和《学校的变革》(1961)中,克雷明的学术研究几乎完全集中在公立学校的历史上。在《埃尔伍德·帕特森·库柏莱的奇妙世界》出版后不久,他应纽约卡内基公司之邀,撰写了一部三卷本的美国教育通史,庆祝美国教育署一百周年纪念。对教育史的这项新的研究,主要围绕着把教育的定义拓宽为正规的和非正规的文化濡化(enculturalization)来形成概念。

1964年,他开始了三卷本巨著的研究,其中的每一卷都围绕着他从伯纳德·贝林那里借鉴来的关于教育的新的定义。在三卷本的《美国教育》中,他把教育史研究定义为为传递、引起或获得知识、价值观、态度、技能和敏感性所作出的深思熟虑的、系统的和持久的努力,以及这种努力所产生的任何学习,包括直接的或间接的学习、有意的或无意的学习。很显然,克雷明的教育概念与关于文化本身的传统的人类学定义之间几乎是没有什么差异的。对于克雷明而言,教育史与文化史之间的界线实际上确实是消失了。他的美国教育通史产生了三本伟大的著作:《美国教育:殖民地时期的经验》(1970)、《美国教育:建国时期的经验》(1980)和《美国教育:都市时期的经验》(1988)。第二卷《美国教育:建国时期的经验》于1981年荣获普利策历史奖。由于他赢得了班克罗夫特奖和普利策奖,使他成为美国最杰出的教育史学家,并且是在国际教育史学界中最得到公认的学者之一。毫无疑问,克雷明的三卷本体现了福特基金会早期的观念,即认为教育史可以整合进学术和社会史的主要学科中。

20世纪60年代下半叶教育史领域在美国如火如荼地发展。克雷明像任何学者一样帮助了把新的活力注入至20世纪中期已变得死气沉沉的教育史学界。虽然他被尊为美国新教育史的"老前辈",但20世纪60年代末的许多年轻的学者都受到民权运动、"新的"激进的社会历史、女权运动和大学校园中的自由言论和反战运动的批判性观点的影响。他们所生活并被培养成历史学家的年代的社会背景,与紧随于第二次世界大战后的克雷明这一代所生活的年代的社会背景是根本不同的。因此,当克雷明为他的这一代工作时,该领域的年轻的学者们开始撰写一种新的、不同的历史,这种历史与他们这一代的经历中所固有的问题更相一致。社会史、工人阶级史、少数民族史和妇女史领域的出现,以不同于贝林和克雷明的方式把教育史的这个特定的领域连接到社会和学术史的一般领域中。新的学者们不是离开对学校的研究去研究其他正规和非正规的机构,而是更聚焦于更具批判性的透镜,用它去考察公立学校的库柏莱的"奇妙世界"。他们把伟大的、民主的公立学校系统的起源、崛起和胜利的旧的机构内部的历史,改造成对阶级、种族、性别和官僚主义在形成公共教育的基本结构和内容方面所起的非民主作用的分析。新的教育史学家们不是把学校系统的历史与图书馆、教会、博物馆和慈善团体的历史并列起来,而是谋求把学校系统的起源和发展整合进社会和经济发展的综合矛盾之中。阶级优势和社会不平等的主题与民主和个人机会等传统主题相伴而生。库柏莱的信念是美国文明的精神在于公共教育的发展,这种新的历史不仅挑战了库柏莱的这一信念,而且重新定义了公共教育的历史意义,重新提出克雷明曾定义过的历史探究的范围。简言之,它关于公共学校教育所形成的概念是,公立学校是一种从属的机构,它普遍地强化社会不平等的优势模式,并把教育史的主要作用规定为研究正规学校教育在一个更大的社会体系中所起的作用。虽然某些研究的重点放在学校之外的社会环境中的教育上面,或者把重点放在平衡问题上,但它们都偏离了克雷明的三卷本名著中所描述的路线。今天这两种概念之间取得了更多的平衡,但教育史主要强调的还是正规学校教育而不是家庭、教会、图书馆、博物馆、出版社、慈善团体、青年团体、农村集市、广播网络、军队组织和研究机构。

尽管20世纪60年代末70年代初,关于什么是"修正派的"教育史的辩论处于白热化之中,但20世纪60年代末至80年代教育史领域的学术质量和教学质量的提高是极为显著的。而且,在国际上都开始相当严肃地探索教育史在更广泛的学术和社会史领域中的更合适的地位。教育史从20世纪中期的贫瘠的和狭隘的机构内部的历史,在20世纪的后三十年确实转变成丰富的、生气勃勃的领域。毋庸置疑,克雷明在引导这场大规模的辩论中起着决定性的作用,他竭尽全力地通过自己的著作和教学把教育史改造成一种更以学科为本的探究。他帮助建立了教育史学会和国家教育科学院,这两个组织推进了教育史和整个教育研究的学术水平的提高。在担任斯宾塞基金会主席之后,克雷明通过为教育领域的基础学科研究增拨补助金来帮助提高整个教育研究的质量。而且,他更专注于可能启发教育平等问题的研究,把更多的经费拨给能帮助更新教育研究共同体的研究奖学金项目,从而把他为提高教育的学术质量而长期付出的孜孜不倦的努力转变为强大的制度化了的项目。教育学院内部的和外部的、国内的和国外的许多教育研究者从他在斯宾塞基金会范围内设立的研究奖学金和研究项目中获益。在他担任哥伦比亚大学师范学院弗雷德里克·巴纳德教育学教授职务期间,他培养出了一些杰出的教育史学者。通过他的过去的一些学生,例如,帕特里夏·阿尔布杰格(Patricia Albjerg,

历史学家,斯宾塞基金会前主席)、艾伦·康德利夫·拉格曼(Ellen Condliffe Lagemann,历史学家,斯宾塞基金会现主席,曾任哈佛大学教育学院院长)、玛丽·安·德朱巴克(Mary Ann Dzuback,历史学家,教育史学会当选主席),克雷明留下了富饶的遗产,继续意义深远地形成教育领域中的学术路线。最后,作为一位高产的作家,他制造了大量的第一流的学术产品,这些著作是所有学习和研究教育史的人必读的。

注　释

① Cremin, "American Education: Some Notes Toward a New History", Monograph for American Educational Research Association-Phi Delta Kappa Award Lecture-Bloomington, IN: Phi Delta Kappa International, pp. 17 – 18, 1969.

② Ellen Condliffe Lagemann and Patricia Albjerg Graham, "Lawrence Cremin: A Biographical Memoir", *Teachers College Record*, 96, 1, Fall, pp. 102 – 111, 1994; Diane Ravitch, "Lawrence A. Cremin", *The American Scholar*, 61, 1, Winter, pp. 83 – 89, 1992.

③ Peter Cunningham, *Curriculum Change in the Primary School Since 1945: Dissemination of the Progressive Ideal*, London and New York: Falmer Press, 1988; Ron Brooks, *King Alfred School and the Progressive Movement*, 1898 – 1998, Cardiff: University of Wales Press, 1998; Shirley Dennis, *The Politics of Progressive Education: the Odenwaldschule in Nazi Germany*, Cambridge, MA: Harvard University Press, 1992; John Shotton, *No Master High or Low: Libertarian Education and Schooling in Britain 1890 – 1990*, Bristol: Libertarian Education, 1993; Joachim Liebshner, *Foundations of Progressive Education: The History of the National Froebel Society*, Cambridge: Lutterworth Press, 1991.

克雷明的主要著作

① "Toward a More Common School", *Teachers College Record*, LI, pp. 308 – 319, 1949 – 1950.　② *The American Common School: An Historic Conception*, New York: Bureau of Publications, Teachers College, Columbia University, 1951.　③ "The Curriculum Maker and His Critics: A Persistent American Problem", *Teachers College Record*, LIV, pp. 234 – 245, 1952 – 1953.　④ Cremin, L. A., with Freeman Butts, R., *A History of Education in American Culture*. New York: Henry Holt and Company, 1953.　⑤ Cremin, L. A., Richardson, C. C., Brule, H. and Synder, H. E., *The Education of Teachers in England, France, and the USA*, Paris: UNESCO, pp. 225 – 248, 1953.　⑥ "The Revolution in American Secondary Education, 1893 – 1918", *Teachers College Record*, LVI, pp. 295 – 308, 1954 – 1955.　⑦ Cremin, L. A., with Merle L. Borrowman, *Public Schools in Our Democracy*, New York: Macmillan, 1956. ⑧ "The Problem of Curriculum Making: An Historical Perspective", in *What Shall High Schools Teach?* Washington, DC: Association for Supervision and Curriculum Development, pp. 6 – 26, 1956. ⑨ *The Republic and the School: Horace Mann on the Education of Free Men*, New York: Bureau of Publications, Teachers College, Columbia University, 1957. ⑩ "The American Common School in Theory and Practice", *The Year Book of Education* 1957, New York: World Book, pp. 243 – 259, 1957. ⑪ "The Progressive Movement in American Education: A Perspective", *Harvard Educational Review*, XXVII, pp. 251 – 270, 1957. ⑫ "L'Avvenire della Scuola Pubblica Americana", *Problemi della Pedagogia*, Luglio-Ottobre, I, pp. 37 – 54, 1957. ⑬ "The Writings of William F. Russell", *Teachers College Record*, LIX, pp. 172 – 178, 1957 – 1958. ⑭ "The Recent Development of the History of Education as a Field of Study in the United States", *History of Education Journal*, 11, VII, pp. 1 – 35, 1955 – 1956. ⑮ *The American School*, Madison, WI: Americana Press, 1958. ⑯ "John Dewey and the Progressive-Education Movement, 1915 – 1952", *The School Review*, LXVII, pp. 160 – 173, 1959. ⑰ "What Happened to Progressive Education?" *Teachers College Record*, LXI, pp. 23 – 29, 1959 – 1960. ⑱ *The Transformation of the School: Progressivism in American Education, 1876 – 1957*, New York: Alfred A. Knopf, 1961. ⑲ "L'Ecole Pour Tous", *Education Americaine*, Paris: Nouveaux Horizons, pp. 1 – 40, 1963. ⑳ *The Genius of American Education*, Pittsburgh, PA: University of Pittsburgh Press, 1965. ㉑ *The Wonderful World of Ellwood Patterson Cubberley*, New York: Bureau of Publications, Teachers College, Columbia University, 1965. ㉒ Cremin, L. A., with the Committee on the Role of Education in American History, *Education and American History*, New York: The Fund for the Advancement of Education, 1965. ㉓ "John Dewey's My Pedagogic Creed", in Daniel J. Boorstin (ed.), *An American Primer*, 2 vols, Chicago, IL: University of Chicago Press, IL, pp. 608 – 620, 1966. ㉔ "American Education: Some Notes Toward a New History", Monograph for American Educational Research Association — Phi Delta Kappa Award Lecture, Bloomington, IN: Phi Delta Kappa International, 1969. ㉕ *American Education: The Colonial Experience, 1607 – 1783*, New York: Harper & Row, 1970. ㉖ "Curriculum-Making in the United States", *Teachers College Record*, LXXIII, pp. 207 – 220, 1971 – 1972. ㉗ "The Family as Educator: Some Comments on the Recent Historiography", *Teachers College Record*, LXXVL, pp. 250 – 265, 1974 – 1975. ㉘ "Public Education and the Education of the Public", *Teachers College Record*, LXXVII, pp. 1 – 12, 1975 – 1976. ㉙ *Public Education*, New York: Basic Books, 1976. ㉚ *Traditions of American Education*, New York: Basic Books, 1977. ㉛ *American Education: The National Experience, 1783 – 1876*, New York: Harper & Row, 1980. ㉜ "The Problematics of Education in the 1980s: Some Reflections on the Oxford Workshop", *Oxford Review of Education*, 9, 1, pp. 9 – 20, 1983. ㉝ "Grading the Nation's Schools", *The World Book Year Book*, Chicago, IL: World Book-Child Craft International, pp. 66 – 83, 1983.   ㉞ "The Popularization of American Education Since World War Ⅱ", *Proceedings American Philosophical Society*, 129, 2, pp. 113 – 120, 1985.   ㉟ *American Education: The Metropolitan Experience, 1876 – 1980*, New York: Harper & Row, 1988.   ㊱ *Popular Education and Its Discontents*, New York: Harper & Row, 1990.

其他参考书

① Bailyn, Bernard, *Education in the Forming of American Society*, New York: Random House, 1960.   ② Bowles, Samuel and Gintis, Herbert, *Schooling in Capitalist America: Educational Reform and the Contradictions of Economic Life*, New York: Basic Books, 1976.   ③ Bullock, Henry Allen, *A History of Negro Education in the South: From 1619 to the Present* New York: Praeger, 1970.   ④ Burgess, Charles O. and Borrowman, Merle L., *What Doctrines to Embrace: Studies in the History of American Education*, Glenview, IL: Scott, Foresman, 1969.   ⑤ Church, Robert L., *Education in the United States: An Interpretive History*, New York: The Free Press, 1976.   ⑥ Clifford, Geraldine Joncich, *Edward L. Thorndike: The Sane Positivist*, Middletown, CT: Wesleyan University Press, 1984.   ⑦ Cohen, Sol, *Progressives and Urban School Reform: The Public Education Association, of New York City, 1895 – 1954*, New York: Bureau of Publications, Teachers College, Columbia University, 1964.   ⑧ Cubberly, Ellwood P., *Public Education in the United States*, 2nd edn rev., Boston, MA: Houghton Mifflin, 1934.   ⑨ Dzuback, Mary Ann, *Robert M. Hutchins: Portrait of an Educator*, Chicago, IL: University of Chicago Press, 1991.   ⑩ Fisher, Berenice M., *Industrial Education: American Ideals and Institutions*, Madison, WI: The University of Wisconsin Press, 1967.   ⑪ Graham, Patricia Albjerg, *Progressive Education from Arcady to Academe: A History of the Progressive Education Association, 1919 – 1955*, New York: Teachers College Press, 1967.   ⑫ Kaestle, Carl F., *The Evolution of an Urban School System: New York City, 1750 – 1850*, Cambridge, MA: Harvard University Press, 1973.   ⑬ Karier, Clarence J., Violas, Paul and Spring, Joel, *Roots of Crisis: American Education in the Twentieth Century*, Chicago, IL: Rand McNally, 1973.   ⑭ Katz, Michael B., *Irony of Early School Reform: Educational Innovation in Mid-Nineteenth Century Massachusetts*, Boston, MA: Beacon Press, 1968.   ⑮ Krug, Edward A., *The Shaping of the American High School, 1920 – 1941*, 2 vols, Madison, WI: University of Wisconsin Press, 1972.   ⑯ Lagemann, Ellen Condliffe, *The Politics of Knowledge: The Carnegie Corporation, Philanthropy, and Public Policy*, Middletown, CT: Wesleyan University Press, 1989.   ⑰ Lazerson, Marvin, *Origins of the Urban School: Public Education in Massachusetts, 1870 – 1915*, Cambridge, MA: Harvard University Press, 1971.   ⑱ Mattingly, Paul H., *The Classless Profession: American Schoolmen in the Nineteenth Century*, New York:

New York University Press, 1975.　⑲ Perkinson, Henry, *The Inperfect Panacea: American Faith in Education, 1856 – 1965*, New York: Random House, 1968. ⑳ Ravitch, Diane, *The Great School Wars: New York City, 1805 – 1973*, New York: Basic Books, 1974.　㉑ Schultz, Stanley K., *The Culture Factory: Boston Public Schools, 1789 – 1860*, New York: Oxford University Press, 1973.　㉒ Spring, Joel, *Education and the Rise of the Corporate State*, Boston, MA: Beacon Press, 1972. ㉓ Tyack, David B., *The One Best System: A History of American Urban Education*, Cambridge, MA: Harvard University Press, 1974.

安德森

伯恩斯坦
（Basil Bernstein, 1925—2000）

在一种类型的中等学校中,教师的角色是彼此隔离的,教师有指定的权限和自主范围;在另一种类型的中等学校中,教师的角色是不太自主的,而是一种分享的或合作的角色;我们现在正在从前一种类型的中等学校过渡到后一种类型的中等学校。这里存在着一种转变,即从可以说是"规定的"(在履行指定的义务的意义上)教的角色转变为只有在与其他教师的关系中才能实现的角色。这种角色不再是被训练成的,而是必须被训练成的。教师不再彼此孤立,整合的原则就是他接受公众检查的关系。在日常教学的层次上教师现在处于与其他教师的一种互补的关系中。①

以上引文摘自《开放的学校,开放的社会》一文,此文最初于1967年刊登在通俗刊物《新社会》中。②此文的标题以及此刊物的名称,都反映了较少以阶级为基础的开放社会的愿望,在这样的社会中在对教育的未来的协商中能力比阶级背景更重要。该文开宗明义地大力宣扬理想的未来,我们必须在此文所处的历史背景中去理解它。伯恩斯坦的许多作品都必须以这种方式去予以理解,这不是因为在他的著作中缺乏永久的确实性,而是因为对他的理论的广泛的误解和误用。

巴塞尔·伯恩斯坦开始写作时的英国背景,源自第二次世界大战之后的战后的"苦涩年代"。1945年工党政府在竞选时提出了温和的社会主义改革纲领,要在历经六年的世界大战所遗留的废墟之上重建英国社会。所有的社会团体都并肩作战,战时的"我们在一起"的精神,暂时延续到社会关系范围内的表现为一种政治抱负的平等主义冲动。

工党政府在文化领域内的雄心勃勃的使命,就是要在英国建设一个"新耶路撒冷",这一使命被地区的和阶级的差异生动地分化了。就像我这样,作为20世纪50年代工人阶级学校的一名学生,在成长过程中的每一阶段上,都会被提醒自己的出身和可能的目标。让北美的读者来形成这样的概念可能是非常困难的,所以,下面的引文谋求抓住"情感结构",这是当时的学校教育中的工人阶级经验的一部分。

> 从一开始我就体验到一些奇怪的矛盾,假定我在学习,然而我结结巴巴地、踌躇不决地试图回答的大部分问题,都不在学校的议事日程上。真的,这些问题主要都是一些非常幼稚的问题,但是它们针对了我当时对世界的理解。它们是我们在家中谈论的事情,例如,为什么我的父亲工作得如此辛苦?为什么我在清晨或在深夜都看不到他?为什么我的母亲要外出工作来"供养我"?为什么我游玩的场地都是委员会的地产?为什么我们到学校去必须步行(后来是骑车)三英里以上?为什么这所学校在一座"时髦的"村庄中而不在我自己的村庄中。为什么我们村里的孩子的待遇与学校所在村子的孩子的待遇是不一样的?
>
> 这些问题后来成了我对世界的见地;但是为什么我们从不谈论这些,更不用说在学校中学习这些?
>
> 当我进入中学后我与学校教育的利害关系增强了。我通过了11+并被送到了文法学校(又是离我们的村庄好几英里路远)。我的所有的朋友现在都上我们村的学校:一所现代中学。去文法学校要骑很大一段路的车,要穿过委员会的地产,穿着蓝色的直贡呢运动上衣,带着有黄色流苏的帽子,这一切强化了学校教育的不可遏止的魅力。(魅力延续的时间比运动上衣和帽子长,我把它们装在我的自行车座的包里,放在学校的自行车棚里)
>
> 文法学校的课程使我理解了小学时的支离破碎和二等分看来是幼稚的。在这里,不仅内容是异己的、枯燥的,而且传授的形式本身和结构(依然是不着边际的形态)让人彻底地狼狈不堪。我经历的学校教育仿佛就像在学习第二门语言。在这个文化置换中一个主要因素就是学校的课程。③

通过学术考察和挖掘来证明英国学校教育的阶级和地区的经验,成为这一代社会学者的主要的科研项目。伯恩斯坦是这一代人中最有说服力的、作品最多的、阐述得最清楚的一个。他论证时用的一句名言是"教育不能补偿社会"。④他认为,问题并不在于教育的和文化的编码系统本身,而是这些系统的入口问题。最重要的是,伯恩斯坦"揭示了这个入口的机制,通过这一机制进入这个精制的编码系统的入口成为社会阶级的一种职能"。⑤

关于伯恩斯坦进入这类智力探究的路线,有清楚的文献记载。伯恩斯坦生于1925年,作为一名定居在伦敦东部的伯恩哈特·巴伦贫民区的工人,他获得了自己的关于工人阶级文化的某些早期经验。贫民区社会改良团体运动起源于传教士对为生活条件差的地区带来文化和精神启蒙的关心。在这样的情况下,传教士们热衷于诱导犹太教改革派成为主要信奉正教的犹太人社团。伯恩斯坦参与了家庭社会福利工作,后来他写道:"这段经历以多种方式深刻地影响了我的生活。这项工作所强调的并直言不讳地所表达的兴趣,就存在于文化传递的结构和过程中。"⑥

伯恩斯坦在伦敦经济学院学习社会学。当时的伦敦经济学院培养了一批社会学家,其中相当一部分人探究了在教育、健康和福利等实用领域中的社会不平等所造成的影响。伯恩斯坦选择了教育,后来被培养为教师。他在教学工作方面的第一个任命是从1954年至1960年担任城市日间学院的教师。他记录了他是多么迷恋于教那些学生时的挑战,这些学生放弃了白天在工厂的工作去从事教育和训练。理论话语与实际聘用之间的差距,对于他的阶级中的汽车技工尤其具有吸引力:伯恩斯坦终身不驾车,所以在这里理论必须引导实践〔坚持不驾车立场在社会理论家中间是很普遍的,甚至定居在美国的社会理论家,例如,斯塔兹·特凯尔(Studs Terkel)、德里克·塞耶(Derek Sayer)、戈登·韦尔斯(Gordon Wells)、菲利普·科里根(Philip Corrigan)、迪克·赫布蒂格(Dick Hebdige)也是这样〕。

伯恩斯坦在城市日间学院所教的那些工人,都是没被正规学校系统录取的人。20世纪60年代初,他在伦敦大学学院的语音学系对语言使用的兴趣及其与社会阶级的关系,进行了长达两年的研究。伯恩斯坦在该校的同事弗里达·戈德曼—艾斯勒(Frieda Goldman-Eisler)的工作是很重要的,但是最有意义的可能是社会语言学家韩礼德(M. A. K. Halliday)的影响。

这些影响以及机构设在语音学系,都强化了他对语言和社会阶级的关注。

伯恩斯坦的研究纲领,现在已经明确地限定在已发表的论文的范围之内,并以制度的形式表现在 1963 年伦敦大学教育学院社会学研究分部的成立中。伯恩斯坦被任命为教育社会学高级讲师,在他以后的职业生涯中他一直在这里进行研究和指导博士和博士后研究。

他的工作的最权威的注释者之一保罗·阿特金森(Paul Atkinson),抓住了概括伯恩斯坦的贡献的困难在于:"伯恩斯坦遭受了与许多具有独创性的思想家相同的命运——他因为他从未说过或写过的东西而闻名于世。"⑦可以对照阿特金森的结论读到这个命运。

> 他是英国最有名的、最有影响的社会学家之一。全世界的社会学家、语言学家和教育学家都知道他的著作。他的著作被广泛地报道、再版、编成文集并引起辩论。他的思想多年来一直是人们关心和辩论的主题,一代又一代的学生都至少熟悉其中的几本书。伯恩斯坦的名字一再地出现在关于教育和语言的教科书中。⑧

他的论述语言和社会阶级的早期著作是很有名的,但常常是以速记记录文字的形式被错误地传达。他论述编码系统的著作确实是他"一生中最重要的著作",但是在早期,他揭示了"精制的编码"(往往是中产阶级所采用的)与"粗制的编码"之间的区别。他同样还揭示了"规范语言"与"公众语言"之间的区别。一个中产阶级的儿童通常能说这两种语言,而工人阶级的孩子局限于公众语言的编码。

这种编码理论对若干类型的庸俗化是很豁达的。值得注意的是,工人阶级的儿童在使用语言时是有"语言缺陷"的,并且(命名和责备过程的下一步)这些缺陷说明了他们在学校中遭受的失败。因此,谴责的场所适当地从学校转移到文化场所,但是错误的解释和错误的转达是五花八门的。M. A. K. 韩礼德力图破解所发生的事情:

> 关于编码的一般理论,"缺陷或差异"的口号,完全是不得要领的……如果社会平等的达到取决于受到教育,而为了受到教育你必须操作精制的编码,然后,由于任何原因而不能接近精制的编码的人就得不到社会公正:或者必须为他们打开通向这种编码的入口,或者必须改变教育的过程。⑨

但是这并不是如何阅读和接受编码理论。

他当时受到社会语言学家和教育家(主要是美国人,还有一些其他国家的访问学者)恶意的攻击,攻击他(如他们所声称的)提出了一种语言变量的"缺陷"理论(例如,见 Labov,1970)。他的粗制的编码概念,被指责为把劣质的智慧输入到工人阶级中,全部的神话是围绕着缺陷与差异的问题建立起来的,这种神话把伯恩斯坦的作用指派为缺陷原因的替罪羊。所以,把编码置于行为领域,是说对于系统的下层潜力他们无能为力的一种方式。⑩

对伯恩斯坦的工作进行这样的置换是不能允许的:这种出于社会政治目的的置换是要把我们的注意力从社会分析和诊断转向浅薄的论争。事实上,伯恩斯坦关心的是阶级的社会学家所关心的事。最重要的是,他"关心文化的传递"和社会的再生产(正如与他非常相似的法国学者布迪厄)。伯恩斯坦的编码理论是他一生工作的核心:

> 这至少是为领悟社会阶级、文化与社会化之间的系统关系所作出的不懈的努力。编码被用来表现把一连串分析层次连接起来的建构和再生产的一般原则,这些分析层次包括:分工、角色分配和认同、信息和意义的建构、社会控制的实行。⑪

伯恩斯坦本人⑫在由艾伦·萨多夫尼克(Alan Sadovnik)⑬组织的一本非常优秀的纪念文集中,论述了他的毕生事业的观点:

> 我自己工作中的主要倾向是要清楚地阐明沟通的社会学规则……使编码概念化的愿望显而易见地激发了我的动力,因此它的定义应该整合分析的各个层次和它们的文化规则。内嵌在早期著作中的是意义取向与其现实化形式之间的区别。意义取向是关于关键维度的、与背景有关或无关的基本特征。现实化的形式指的是互动实践关于在说话和行动中实现意义取向的规则。因此,家庭的地位形式和个人形式或控制的学校形式,可能成为相同的意义取向的不同的现实化:精制的编码。

> 控制的地位形式和个人形式允许编码形态的差异。编码更多地调节外显性和特异性。使用者在以权力明晰的方式改变的背景中处于适当的位置和对立的位置,并建构和揭示主观性。但是,地位形式和个人形式不允许在权力与控制之间存在重大的差距。更高等级的概念分类和构架是在 1971 年提出的;权力关系建构了分类原则,控制

关系建构了构架原则。以这种方式,意义取向受到分类和构架价值的调节。编码形态把权力的分配和控制原则转换成受背景调节的沟通。

  在符号控制形式的更宽广的背景下,研究向着特定的符号学编码尤其是教学编码的方向发展(如果后者是宽泛地限定的)。[14]

  以上引文按年代顺序理性地概括了伯恩斯坦的概念。他在早期主要关心语言。1971 年[15],出版了论述分类和构架的著作,后来(1977)又发表了论述显性和隐性教学实践模式的论文。[16]后面这篇论文预示了他论述教学话语的著作(1986[17],1990[18])。

  他研究分类和构架以及教学话语的著作,源自于他对把编码理论延伸到对课程和教学的"信息系统"的理解中的兴趣。课程规定了什么是健全的知识,教学规定了什么是知识的真正的传播。除此之外伯恩斯坦又增加了"评价",评价规定了什么是被传授知识的人使知识真正的现实化。

  用涂尔干主义(Durkheimian)的话来说,伯恩斯坦领悟了从机械的一致性到有机的一致性的运动和评价。分类指的是各类课程之间的界限。强分类表示课程是有区别的并分隔成传统的学科知识;弱分类表示界限模糊的综合课程。这两种类型分别是集合编码和整合编码的特点。

  构架指的是通过教学实践传递健全的学校知识。关于教师和学生对选择和全面组织学校知识的控制程度,要进行分析。强构架限制这种选择,弱构架隐含着较广的选择范围。

  伯恩斯坦后来的著作分析"教学设计"如何对权力进行编码,在那里健全的学校知识有区别地在各个不同的社会群体中分配。在这里他关心的是"社会阶级的假设和教学实现形式的结果"。[19]考察文化传递和社会再生产继续是伯恩斯坦著作的核心,这是一目了然的,尽管他关心的范围扩大了。多年来,他的不朽的著作是如何被接受和认识的?变化不居的历史背景对此起着重要作用。阿特金森等人指出:

  值得注意的是,确实不应该把预言和反省现代社会思想中的基本主题和问题的社会学家,较普遍地看做是学术方面的核心人物。原因不难发现,尽管他所选择的主题的重要性是显而易见的,尽管与其他享有更高的国际声望的学者有着亲密的关系,伯恩斯坦始终不渝地在智慧的田野上辛勤耕耘。他设法避免了与仅仅是为了图腾式地产生强势权威的时髦的位置结盟。他的研究和著作明白无误地就是他自己。[20]

他的朋友布赖恩·戴维斯(Brian Davies)[21]这样评价他：

> 他是一位第一流的,然而现在是孤独的人物,这是无可争议的。他的复杂的、依然还在发展之中的论述学校的著作,尚未得到普遍的承认和理解,这也是肯定的。这些是他自己的风格、强项和弱点、时代的难解的混合物,只有结伴才是值得提出的建议。[22]

以上两个评论尤其集中在个性特点上,但戴维斯顺便提到了"时代"。

社会学家的评论可能具有与历史无关的倾向,但在这里历史背景是作出判断的至关重要的部分。伯恩斯坦终生致力于我们社会的一个重大禁忌——使社会秩序得以稳固的不利处境的经久不变的模式。对这些禁忌的考察在20世纪60和70年代,或者自从提出分类和构架以来,曾一度比从前稍轻松一些,可谓稍稍削弱了一些。其后一直处于持久的、可以觉察到的紧绷状态中。英国学校教育制度的变革的征兆是非常清楚的。根据伯恩斯坦的最重要的著作,比起个人风格的问题来这些变革可能是更重要的解释性框架。关于近来的学校教学话语戴维斯指出：

> 在这场现在主要是由北美学校效率行动驱动的引起成见的不平等的辩论中,喜欢技术性解决方案的人成为学校的改良者,这是不足为奇的。这大致上造成了这样一种情况,即放弃了"什么能使学生成为能干的人"的问题(或者从来没有严肃地提出过这个问题),我们发现自己还在不断地询问："什么使他们成为能干的人？"[23]

或者,用另一种方式提出问题,由于把学校看成是特权和不利条件的有效的管理者,我们只问我们如何能使学校更有效。

但在试图把个人风格置于历史背景中时,我们至少要尊重这种个人风格,并在现在的背景中对2000年去世的伯恩斯坦最后说几句：

> 突出的一个情况是,州对于其符号控制行为的日益增强的权力以及这种权力所采用的形式——对市场的引进和赞美,对地方分权起决定性作用的是用州的控制来取代。是否有必要依然看到阶级意

识形态的接替。今天,左派看来更能迅速地对社会运动、女权运动、性别取向和地方主义作出反应,因为它试图创造一种未受到集体主义和救世的个人主义的污染的语言。谈论阶级和文化肯定是很困难的,更不用说阶级的文化了。㉔

重温本文开头的一段引文,让我们把它看做是关于"设计和愿望"的陈述,而不认为是一种时代的错误,但证明了什么曾经是被思考过的,但现在是荒诞不经的,因为:

> 另一方面,现在更加强对学校的教学话语的分类,强调学科界限、专业能力、基本技能以及教师的而不是学生的教学关系,专门的职业教育在国家课程中几乎没有或者根本没有地位。与现在相似的是传统的文法学校模式。另一方面,学校置身于一种竞争的市场环境中,通过公布测验和考试成绩使学术成就公之于世,在行政管理方面予以地方分权,市场取向正在改变管理文化。新的分权学校与管理文化一起,是新右翼的新自由主义的产物,但教学话语和选择性是更传统的保守主义的产物。因此,在州这一层次上的现代保守主义内部的张力,在学校文化的张力中再演。州的国家测试计划反映现代保守主义内部和现代保守主义与教育机构之间的张力。最终的结果是教师拒绝对 14 岁学生进行国家考试,并最终导致修订对学校的整个考试大纲。㉕

注　释

① Bernstein, *Class, Codes and Control*: *Towards a Theory of Educational Transmissions*, vol. 3, London: Routledge & Kegan Paul, p. 71, 2nd edn, 1975.
② Bernstein, "Open Schools, Open Society", *New Society*, pp. 351 – 353, 14 September, 1967.
③ Goodson, I. F., "A Genesis and Genealogy of British Curriculum Studies", in A. R. Sadovnik (ed.), *Knowledge and Pedagogy*: *The Sociology of Basil Bernstein*, Norwood, NJ: Ablex Publishing Corp, pp. 360 – 361, 1995.
④ Bernstein, *Class, Codes and Control*: *Applied Studies Towards a Sociology of Language*, vol. 2, chap. 10, London: Routledge & Kegan Paul, 1973.
⑤ Halliday, M. A. K., "Language and the Theory of Codes", in A. R. Sadovnik (ed.), *Knowledge and Pedagogy*: *The Sociology of Basil Bernstein*, Norwood, NJ: Ablex Publishing Corp, p. 134, 1995.

⑥ Bernstein, "Introduction", in B. Bernstein (ed.), *Class, Codes and Control*: *Theoretical Studies Towards a Sociology of Language*, vol. 1, London: Routledge & Kegan Paul, p. 2, 2nd edn, 1974.
⑦ Atkinson, P., Davies, B. and Delamont, S., *Discourse and Reproduction*: *Essays in Honor of Basil Bernstein*, Cresskill, NJ: Hampton Press Inc, p. xi, 1995.
⑧ Atkinson, P., *Language, Structure and Reproduction*: *An Introduction to the Sociology of Basil Bernstein*, London: Methuen, p. 1, 1985.
⑨ Halliday, "Language and the Theory of Codes", op cit., p. 134.
⑩ Ibid., p. 133.
⑪ Atkinson et al., *Discourse and Reproduction*, op cit., pp. x – xi.
⑫ Bernstein, "A Response", in A. R. Sadovnik (ed.), *Knowledge and Pedagogy*: *The Sociology of Basil Bernstein*, Norwood, NJ: Ablex Publishing Crop, pp. 385 – 424, 1995.
⑬ Sadovnik, A. R., *Knowledge and Pedagogy*: *The Sociology of Basil Bernstein*, Norwood, NJ: Ablex Publishing Corp, 1995.
⑭ Bernstein, "A Response", op cit., p. 399.
⑮ Bernstein, *Class, Codes and Control*: *Theoretical Studies Towards a Sociology of Language*, vol. 1, London: Routledge & Kegan Paul, 1971.
⑯ Bernstein, "Class and Pedagogies: Visible and Invisible", in B. Bernstein (ed.), *Class Codes and Control*: *Towards a Theory of Educational Transmissions*, vol. 3, London: Routledge & Kegan Paul, pp. 116 – 156, 2nd rev. edn, 1977.
⑰ Bernstein, "On Pedagogic Discourse", in J. Richardson (ed.), *Handbook of Theory and Research in the Sociology of Education*, New York: Greenwood Press, pp. 205 – 240, 1986.
⑱ Bernstein, *Class, Codes and Control*: *The Structuring of Pedagogic Discourse*, vol. 4, London: Routledge & Kegan Paul, 1990.
⑲ Ibid., p. 63.
⑳ Atkinson et al., *Discourse and Reproduction*, op cit., p. ix.
㉑ Davies, B., "Bernstein, Durkheim and the British Sociology of Education", in A. R. Sadovnik (ed.), *Knowledge and Pedagogy*: *The Sociology of Basil Bernstein*, Norwood, NJ: Ablex Publishing Corp., pp. 39 – 57, 1995.
㉒ Ibid., p. 40.
㉓ Ibid., p. 46.
㉔ Bernstein, "A Response", op cit., p. 389.
㉕ Ibid., p. 390.

伯恩斯坦的主要著作

① "Open Schools, Open Society", *New Society*, 14 September, pp. 351 – 353, 1967.
② *Class, Codes and Control*: *Theoretical Studies Towards a Sociology of Language*,

vol. 1, London: Routledge & Kegan Paul, 2nd edn, 1974, 1971.　③ *Class, Codes and Control*: *Applied Studies Towards a Sociology of Language*, vol. 2, London: Routledge & Kegan Paul, 1973.　④ *Class, Codes and Control*: *Towards a Theory of Educational Transmission*, vol. 3, London: Routledge & Kegan Paul, 1975. ⑤ *Class, Codes and Control*: *The Structuring of Pedagogic Discourse*, vol. 4, London: Routledge & Kegan Paul, 1990.　⑥ *Pedagogy, Symbolic Control, and Identity*: *Theory, Research, and Critique*, London and Washington: Taylor & Francis, 1996.

其他参考书

① Atkinson, P., *Language, Structure and Reproduction*: *An Introduction to the Sociology of Basil Berstein*, London: Methuen, 1985.　② Atkinson, P., Davies, B. and Delamont, S., *Discourse and Reproduction*: *Essays in Honor of Basil Bernstein*, Cresskill, NJ: Hampton Press Inc, 1995.　③ Sadovnik, A. R. (ed.), *Knowledge and Pedagogy*: *The Sociology of Basil Bernstein*, Norwood, NJ: Ablex Publishing Corp, 1995.

古德森

福 柯
(*Michel Foucault*, 1926—1984)

> 自18世纪以来,哲学的核心问题和批判性思想一直是,现在仍是,我希望将来还是这样一个问题:我们使用的这个理性是什么?它的历史功效是什么?它的局限是什么以及它的危险又是什么?我们如何作为理性的生命生存,并能幸运地献身于一种不幸地交织着内在的危险的一种理性……①

米歇尔·福柯1926年诞生于法国的普瓦捷,1984年57岁时因艾滋病去世。福柯在他短暂的一生中成为一代知识分子的象征——在他的著作中体现了当时最迫切的知识方面的一些问题。于尔根·哈贝马斯(Jürgen Habermas)曾这样评价:"在对我们的时代进行诊断的我们这一代哲学家的圈子内,福柯对时代精神的影响最持久。"②要阐明他的著作和他的思想的特点是非常困难的,这不仅是因为在他的一生中他改变了其思想的方向和重点,还因为他不适合于归入任何一个规范的学术类别。宗教史学家乔治·杜梅泽尔(Georges Dumèzil)是福柯的一位导师,在学术上对福柯影响很大,他说,有上千个福柯,"他戴着面具,他一直在改变着他自己"。③福柯本人也指出,确实很难用传统的措辞来定位他的政见:

> 我认为我事实上是处于政治棋盘上的许多方格中,一个紧接着一个,有时还是同时的:我同时是一个无政府主义者、左派分子、自负的或伪装的马克思主义者、虚无主义者、不隐讳的或秘密的反马克思主义者、戴高乐的事务中的专家治国论者、新自由主义者,等等。像我这样的一个隐蔽的马克思主义者被邀请访问美国,一位美国教授曾对此发出抱怨;而东欧的报刊则谴责我是持不同政见者的帮凶。所有这些描述本身没有一个是重要的,但从另一方面看,把它们放到一起就意味着某些东西。我必须承认,我很喜欢它们所意味的东西。④

福柯听过科耶夫(Kojève)和伊波利特(Hyppolite)的黑格尔讲座。在他的法兰西学院的就职讲演中他称杜梅泽尔、冈奎莱姆［继索邦的加斯顿·巴什拉尔(Gaston Bachelard)之后的生物哲学家］和伊波利特为自己最亲密的支持者和榜样。他是路易·阿尔都塞(Louis Althusser)和莫里斯·梅洛-庞蒂(Maurice Merleau-Ponty)两人的学生。他是在把持法国大学的哲学史的传统中成长起来的,这种哲学史把黑格尔置于第一位,然后又帮助使当代对现象学和存在主义的强调合法化,尤其是当它发展成让-保罗·萨特(Jean-Paul Sartre)的思想时。一些通俗的刊物把福柯与克劳德·莱维—斯特劳斯(Claude Lévi-Strauss)、雅克·拉康(Jacques Lacan)和罗兰·巴特(Roland Barthes)一起归类为结构主义者的四人帮。福柯在他早期的一篇标题为《尼采、弗洛伊德、马克思》⑤的论文中阐述了他在知识方面的论争,指出他与马克思和马克思主义的关系远比他与尼采(Nietzsche)的关系要复杂得多,成问题得多,尼采的《道德系谱学》(1887)提供了历史研究的样板。福柯的话"我只不过是尼采哲学的"⑥曾被引用。把他与尼采拉到一起是通过乔治·巴塔耶(Georges Bataille)和莫里斯·布朗肖(Maurice Blanchot)的著作,他们二人对他的工作的影响是十分巨大的。正是尼采和马丁·海德格尔(Martin Heidegger)的思想共同帮助福柯架构了他一生的工作,他一生的工就像是一部使人类成为主体的历史;他们的思想还帮助他改变早期工作的重点,从强调对"俯首帖耳的人"的政治征服转变到强调作为道德主体在持续地建构自己的过程中成为自决的个体。

福柯年少时在当地的公立学校上学,并在一所天主教学校获得学士学位。后来他在高等师范学校取得哲学证书,25岁时通过了教师资格考试。1950年他获得了心理学证书并在一家精神病医院工作。两年后他获得了精神病理学文凭,1954年出版了一部论述精神疾病和人格的专著,1966年该书再版,书名为《精神疾病与心理学》(1976)。

在他的这部早期著作中以及在为海德格尔派的精神病学家路德维希·宾斯万格尔(Ludwig Binswanger)的《梦、想象与存在》的译著所写的序言中,福柯探讨了现象学和存在主义的精神病学。他一直在瑞典、波兰和德国大学的法国文化中心工作,并于1959年在乔治·冈奎莱姆(Georges Conguilhem)的指导下在汉堡大学完成自己的关于疯癫研究的博士论文,该论文成为 1961 年出版的《疯癫与文明:理性时代的精神错乱史》的基础（其英译本出版于 1992 年）。在古典时代疯癫是一个法律问题,但还不是一个医学问题。18 世纪把刚出现的禁闭所看做是安置疯癫者的特殊场所,用来合法地取代医疗。对疯癫者的"医疗"是基于把人分为正常的和病态的实践,它预示着福柯后来矢志不渝地探索,在 1963 年出版的《临床医学的诞生:医学观念的考古学》和《雷蒙·罗塞尔》(1963)中重新阐述的一些主题。前一本书的英译本于 1973 年出版。

在随后的十年间他成为在攻击传统观念方面享有盛誉的哲学家和历史学家,从最初在克莱蒙—费朗大学,继而在万森大学任哲学教授,到最终在声誉极高的法兰西学院任思维体系史教授,这个名称是他自己确定的,反映了他自己的创新的然而是"结构主义者的"倾向,表明了与思想史的截然不同。"考古学的"探究使福柯的方法具有与众不同的特点,这种方法聚焦于把主体作为知识的可能的客体予以建构的条件。1966 年福柯的《词与物:人文科学考古学》出版了,英译本于 1970 年出版。他在该书中表明"结构主义不是一种新的方法,它是现代思想的觉醒了的、困惑的意识"。⑦在英文版的序言中福柯发表了以下评论:

> 主体问题。在把知识(或科学意识)区分为认识论层次与考古学层次时我很清楚,我在方向上是超前的,在这个方向上隐藏着重重的困难……我并不想否认知识型传记的确实性,也不想否定理论、概念或主题的历史。我只不过是想知道:这些描述本身是否已经足够,它们是否公平地评判话语的无限密度,它们是否不存在于它们的在科学史上起着决定性作用的通常的边界、规则系统之外。⑧

《词与物》根据对 19 世纪出现的思维系统形成的规律、规则和法则的揭示提出了一种人文科学考古学。福柯区分了思维的三种认识或系统,每一种都有其独特的结构:文艺复兴时期、古典时代和现代。受到尼采的《道德系谱学》(1887)和他自己的"人道主义批判"的强烈影响,福柯领悟了"上帝之死"的变异,他提出:"如今,尼采再次指出了远处的转折点(关键时刻),这与其说是宣布上帝不在或上帝死了不如说是男人的末日。"⑨福柯还接着写道:"正如我们的思维考古学轻易地揭示的那样,男人是现今时代的一种发明。一个人可能正在接近其末日。"⑩

德赖弗斯和拉比诺(Dreyfus & Rabinow,1982)在他们对福柯著作的研究中提出四个阶段:海德格尔阶段(其象征是他对疯癫和理性的研究)、考古学阶段或准结构主义者阶段(《知识考古学》和《词与物》表征其特点)、系谱学阶段和伦理学阶段。在福柯的著作中,《规训与惩罚》一书很好地体现了从考古学阶段向系谱学阶段的过渡,该书与教育理论有直接的关系。像《性史》一样,《规训与惩罚》一书表现了转向尼采的系谱学,尼采的系谱学强调对求知愿望的研究,把这种愿望理解为既反映漫无边际的实践,也反映并非漫无边际的(即制度化的)实践,尤其反映权力、知识和个体之间的复杂关系。《规训与惩罚》关心的是作为权力的某种规训技术的对象的个体,福柯考察了惩罚形式的系谱和现代刑法制度的发展,依次讨论了拷打(一开始就描述了令人毛骨悚然的刺客达米安被公开处决的场面)、惩罚(明确地回应尼采的《道德系谱学》中的有名的意义列表[11])、规训和监禁。

关于"规训"的论述分三个部分,分别是"俯首帖耳的个体"、"正确训练的手段"和"全景敞式的圆形监狱建筑",包括对17—18世纪规训如何成为统治的普遍方式的阐述。福柯宣称,这种新的政治解剖学表现在不同地点的小过程的多样化中,最终汇总成一种普遍的方法:"它们(即规训技术)很早以前对中等教育起作用,后来在初等学校中发挥作用;它们慢慢地被用到医院中;在几十年内,它们调整了军队的组织。"[12]福柯用"分配艺术"一词来谈论规训技术,用围墙围起来的修道院样式成为最完美的教育制度和"分隔"(每个人都有他或她自己的一小块地方)。"功能区规则"指的是建筑师对空间的设计要适应监督和"防患于未然"的需要。福柯强烈地认为,"连续空间的组织是初等教育的最主要的技术变异之一"[13],这就有可能废除传统的学徒制,在采用学徒制时一个小学生能单独与教师在一起的时间只有若干分钟,然而此时其余的学生则无所事事。

福柯还详细阐述了"活动的监督",包括福柯称之为"对行为暂时的精细控制"(例如,走路)的日程表,还包括对躯体和姿势的矫正(例如,"写得一笔好字……是体育的前提"),以及其他一些方面。他写道:

> 总而言之,可以说规训能使由它所控制的个人形成四种类型的个性,或者形成一种具有四种特点的个性:网络的(空间分配时)、有机的(进行活动编码时)、遗传的(时间累积时)、结合的(力量合成

时)。在这样做的时候要采用四种主要技术:制定时间表,对运动做出规定;进行操练;最后,为了形成合力,要安排"策略"。⑭

福柯用"层级观察"一词来讨论正确训练的手段,他指出"学校建筑是一种进行训练用的机械装置",一种"教育机器"⑮,使评价和考试标准化。考试"把可见的经济改变成权力的实施","把个性"引入"文件分类领域中"并"被它的全部记录技术所包围,……(使)每个个人成为一个'个案'"。⑯福柯关于"全景敞式的圆形监狱建筑"的讨论是最有名的。"全景敞式的圆形监狱建筑"是根据杰里米·边沁(Jeremy Bentham)的建筑图纸建立的一种监视系统,狱吏在其外围的中心瞭望塔上,能够冷酷地、持续地观察囚室中的犯人,而囚室中的犯人是看不到他们的。

《规训与惩罚》关心的是权力技术的操作及其与以新的话语形式出现的知识的关系,新的话语形式围绕着使人成为主体的客观化的方式。福柯论述性的历史的著作,进一步深入阐发的就是这个主题。福柯问:

> 为什么性的问题被如此广泛地讨论,关于这个问题又说了些什么? 由所谈到的东西产生的权力有什么效果? 这些话语、权力的这些效果与被它们所注入的愉悦之间有什么联系? 作为这种联系的结果形成了什么知识?⑰

正是在对性的探究中及相关话语的扩散的过程中,福柯新创了术语"生物权力",把它看做是一种人体解剖政治和笼统的人口控制。

在他的被指称为最后的"伦理学阶段"上,福柯"返回到了主体",返回到被看做是禁欲主义者的实践的自我形成的伦理。福柯主张,对自我做的"工作",不能用传统的左翼的解放模型去理解,而应该理解成(康德的)自由实践,因为没有本质的、隐蔽的或真正的自我,对于福柯而言,就是没有"被镇压机制所隐藏的、疏远的或束缚的"⑱自我,它们需要得到解放,但仅仅是一种自我的释经学,是一套自我解释的实践。福柯强调,自由是本体论的伦理学条件,在他的论述性史的著作中,他返回到斯多噶学派来接受"关怀自己"的思想,"关怀自己"的思想优先于"关怀他人"的思想,并且其发展早于后者。

福柯关于教育的思想的意义在于,他为研究教育领域和一部分人文科学提供了理论的和方法论的手段,他的思想把重点放在权力与知识的关系上,放在把主体作为知识的客体予以建构的条件上。教育学家刚刚开始探索福柯的思想与教育领域的关系和福柯对该领域的预言。

注　释

① Michel Foucault, "Space, Knowledge and Power: Interview", *Skyline*, March, p. 19, 1982.
② Jürgen Habermas, "Taking Aim at the Heart of the Present", in David Cousens Hoy (ed.), *Foucault: A Critical Reader*, Oxford: Blackwell, p. 107, 1986.
③ 引自 Didier Eribon, *Michel Foucault*, trans. Betsy Wing, Cambridge, MA: Harvard University Press, p. xi, 1991.
④ Michel Foucault, "Polemics, Politics and Problematisation", in *The Foucault Reader*, New York: Pantheon Books, pp. 383 – 384, 1984.
⑤ Michel Foucault, "Nietzsche, Freud, Marx", in *Nietzsche*, "Proceedings of the Seventh International Philosophical Colloquium of the Cahiers de Royaumont", 4 – 8 July, 1964, Edition de Minuit, Paris, pp. 183 – 200, 1967.
⑥ 引自 Françoise Dosse, *History of Structuralism, Vol. 1, The Rising Sign, 1945 – 1966*, Minneapolis, MN and London: University of Minnesota Press, p. 374, 1997.
⑦ Michael Foucault, *The Order of Things*, New York: Vintage, p. 208, 1970.
⑧ Ibid., pp. xiii – xiv.
⑨ Ibid., p. 385.
⑩ Ibid., p. 387.
⑪ Friedrich Nietzsche, *The Birth of Tragedy* and *The Genealogy of Morals*, trans. Francis Golffing, New York: Anchor Books, p. 213, 1956.
⑫ Michel Foucault, *Discipline and Punish*, trans. Alan Sheridan, Harmondsworth: Penguin, p. 138, 1991.
⑬ Ibid., p. 147.
⑭ Ibid., p. 167.
⑮ Ibid., p. 172.
⑯ Ibid., p. 187ff.
⑰ Michel Foucault, *The History of Sexuality*, vol. 1, London: Allen Lane, Penguin, p. 11, 1978.
⑱ Michel Foucault, "The Ethics of the Concern for the Self as a Practice of Freedom", in Paul Rabinow, *Michel Foucault: Ethics, Subjectivity and Truth*, London: Penguin, p. 283, 1997.

参　考

本书中的"海德格尔"、"尼采"。

福柯的主要著作

① *The Archaeology of Knowledge*, trans. A. M. Sheridan, London: Tavistock, 1977. ② *The Birth of The Clinic: An Archaeology of Medical Perception*, trans. A. M. Sheridan, London: Tavistock, 1973. ③ *Discipline and Punish: The Birth of the Prison*, New York: Vintage, 1977. ④ "On Governmentality", *Ideology and Consciousness*, 6, pp. 5 – 21, 1979. ⑤ *The History of Sexuality*, vol. I, New York: Vintage, 1980. ⑥ *The Use of Pleasure: The History of Sexuality*, vol. II, New York: Vintage, 1985. ⑦ *The Care of the Self: The History of Sexuality*, vol. III, New York: Vintage, 1990. ⑧ "Governmentality", in G. Burchell, C. Gordon and P. Miller (eds), *The Foucault Effect: Studies in Governmentality—With Two Lectures by and an Interview with Michel Foucault*, Brighton: Harvester Wheatsheaf, pp. 87 – 104, 1991. ⑨ *Madness and Civilization: A History of Insanity in the Age of Reason*, trans. Richard Howard, London: Routledge, 1992, 1961. ⑩ "Michel Foucault: Ethics, Subjectivity and Truth", *The Essential Works of Michel Foucault 1954 – 1984*, vol. 1, Paul Rabinow (ed.), London: Allen Lane, Penguin, 1997. ⑪ *PowerKnowledge: Selected Interviews and Other Writings 1972 – 1977*, Colin Gordon (ed.), London: Harvester, 1980. ⑫ *Politics, Philosophy, and Culture: Interviews and Other Writings, 1977 – 1984*, M. Morris and P. Patton (eds), Routledge: New York, 1988.

其他参考书

① Dreyfus, H. and Rabinow, P., *Michel Foucault: Beyond Structuralism and Hermeneutics*, Brighton: Harvester Press, pp. 208 – 226, 1982. ② Macey, D., *The Lives of Michel Foucault: A Biography*, New York: Pantheon Books, 1993. ③ Marshall, J., *Michel Foucault: Personal Autonomy and Education*, Dordrecht: Kluwer, 1996. ④ Smart, B. (ed.), *Michel Foucault: Critical Assessments*, vols 1 – 3, London: Routledge, 1994.

彼得斯

唐纳森
(*Margaret Donaldson*, 1926—)

得到我们的教育系统高度评价的某些技能,是彻底地与人类心智机能的自然模式格格不入的。①

玛格丽特·唐纳森是一位发展心理学家,她的关于人类心智的本质和发展的理论对于教育具有深远的意义。1926 年 6 月 16 日她诞生于英国格拉斯哥附近的佩斯利的苏格兰镇。她是家中三个孩子中的老大。她 6 岁时她的家从佩斯利迁到珀斯郡的一个农村,她进了当地的小学,然后进了卡伦德的一所中学。17 岁时她在爱丁堡大学攻读法语和德语学位,由此开始了她与爱丁堡大学和爱丁堡市的延续一生的、非同凡响的联系。1947 年获得了第一级学位之后她开始攻读心理学和教育方向的教育硕士学位,1953 年以优异成绩毕业。这时她决定不当法语和德语教师,而是去追随自己对儿童思维和学习的日益增长的兴趣;她接受了教育系助理讲师的职位并于 1956 年完成了论述儿童思维的哲学博士学位论文。1958 年她获得了爱丁堡大学心理学系讲师职位,她随后的学术生涯一直在这里度过,1969 年她被任命为高级讲师,1980 年被任命为教授。她现在是爱丁堡大学发展心理学教授。

在唐纳森研读发展心理学的时候,行为主义心理学家的理论正控制着英国的心理学界。然而唐纳森却对在世界的其他地方出现的不同的理论探索更感兴趣。例如,1957 年,她在日内瓦度过了一个学期,与瑞士心理学家让·皮亚杰(Jean Piaget)和他的团队一起工作;当她回国时皮亚杰的方法和他的理论化的程度给她留下了深刻的印象,但她并不确信皮亚杰一定是正确的。新出现的心理学家的工作,诸如苏联心理学家列夫·维果茨基、亚历山大·鲁利亚(Alexander Luria)和美国心理学家杰罗姆·布鲁纳的工作,对她的影响也很大。20 世纪 60 年代期间有几个夏季,她与布鲁纳和他在哈佛大学的同事们在一起工作。

唐纳森早期关心的问题之一是智力测验中使用的项目的类别。她开始对儿童为什么对分项的问题感到很困难产生兴趣,并花了很多时间去试图探查到隐藏在儿童对这类问题的反应背后的原因。② 她发现儿童往往不能正确回答是因为他们不能紧紧地抓住问题中提供的信息。他们偷换了他们自己的想法——这种想法是得到人的感官支持的,但与正要处理的任务无关。正如我们将看到的,正是这个主题反复地、有力地出现在唐纳森后来的工作中。

20世纪60年代期间,唐纳森尤其关心学前儿童的思维和语言。她在爱丁堡大学的心理系内建立了一个托儿所,接纳年龄在3岁至5岁的当地儿童。唐纳森、她的同事和他的学生对这些孩子进行了深入细致的研究。由这些研究所产生的见识构成了《儿童心智》的基础,这是唐纳森最有名的和最受欢迎的一本书,出版于1978年。

《儿童心智》的中心思想是,"嵌入"于背景之内的有人的感觉的思维与不以这种方式嵌入的思维之间的区别。唐纳森认为,发生在熟悉的背景内的或很容易理解的人的目的范围内的思维,对我们来说是比较容易的。在这样的背景下人们通常能够对问题进行符合逻辑的推理和思考,尤其是当得到的结论与他们现有的知识和信念不相抵触时更是如此。在三四岁孩子中间确实能看到此类推理的例子。但是,当要求我们"越出人的感官的界限"时,于是我们的思维不再得到意味深长的事件的起支持性作用的背景的支撑,那么,即使是成人也会遇到很多困难。唐纳森把这类思维称为"非嵌入式的",她希望用这个术语来表达这样一个思想:"这个思想是被古老的最初的策源地推动的,我们所有的思维原本都包含在这个策源地内。"③

通过比较在研究幼儿的自我中心时使用的两种任务,就能很好地阐明"嵌入式的"与"非嵌入式的"思维的这种区别。"自我中心"这一术语来自皮亚杰的著作④,它关心的是考虑另一个人的观点的能力。皮亚杰深信,六七岁以下的儿童在这个意义上是典型的自我中心的,他设计了许多似乎能证明这个观点的任务。

在一个知名度很高的任务中,儿童坐在一张桌旁,桌子上有三座山的模型,每座山的颜色是不一样的。把一个玩具娃娃放在桌上的不同位置上,要求儿童选出一张画,这张画能表现玩具娃娃眼中的山。皮亚杰发现，七八岁以下的儿童很难完成这个任务，他们常常选择反映他们所看到的山而不是玩具娃娃所看到的山的画片。皮亚杰得出的结论就是，幼儿的自我中心使他们不能领悟到他们自己的观点仅仅是若干个观点中的一个。

在《儿童心智》中，唐纳森用另一项设计来测试儿童的自我中心的任务并与皮亚杰的实验进行对比。在这项任务中有三个玩具娃娃，其中的两个是警察，一个是小男孩。要求被试儿童把玩具男孩藏在模型墙的构造内，让两个警察都看不到他。为了成功地做到这一点，被试儿童必须忽视他们自己所看到的场景并考虑其他参加者的不同观点。但是，尽管假设他们是自我中心的，三四岁的孩子能够几乎没有困难地成功完成这个任务。⑤

唐纳森认为，这两项任务很好地解说了嵌入式和非嵌入式思维的区别。在设计有警察的任务中，参加者的目的和动机是很明确的，对于幼儿来说也是很容易理解的：即这个任务是嵌入于背景之中并且是有人的感觉的。与此成对比，与皮亚杰的许多任务一样，设计有山的任务没有嵌入于这样的背景中：在这里能使任务立即一目了然的意图或目的是不明确的。因此，幼儿觉得这个任务很难完成也是不足为奇的。

嵌入式和非嵌入式思维的区别，可能是《儿童心智》的一个最重要的思想。这种区别对于理解为什么那么多的儿童在学校中学习困难也是极端重要的。正如唐纳森所言，因为"越抓住得不到人的感觉支持的问题不放，你就越有可能在我们的教育制度中取得成功"。⑥其结果就是我们以小量的教育"成功"和大量的教育"失败"而告终。

我们如何才能避免这种状况呢？唐纳森在《儿童心智》中阐述了一些方式，学校可借助这些方式来帮助儿童克服在习得非嵌入式思维模式时所遇到的困难。她尤其强调阅读过程，认为阅读过程在学校学习的早期阶段是极端重要的。然而她还强调，阅读过程不是简单地保证儿童具有阅读课文的实际技能，虽然这种技能显然是很重要的。当然，"我们希望，要以能大大加强儿童的反射意识的方式去教阅读，不仅把语言反映为一种符号系统，而且要反映为他自己的心理过程"。⑦所以唐纳森强调让儿童明白口语与书面语之间的关系的重要性，强调给儿童时间去反映而不是很快地作出反应的重要性，强调允许他们犯错误并从错误中学习的重要性。她还提倡在较早的阶段就告诉儿童有关他们所遇到的系统的性质，例如，告诉儿童，在书面文字与口语之间不存在简单的——对应。

《儿童心智》受到广大读者的热烈欢迎。与唐纳森的所有著作一样，该书的论点极其明确，打动了许多读者的心弦。于是，许多小学教师重新评价了他们对幼儿的能力所作出的假设，还重新评价了皮亚杰的关于"阅读准备"等观点的适宜性。发展心理学家们开始重新考察他们用来评价儿童能力的技术并探讨唐纳森的思想对数学学习等其他领域的意义。⑧

在发表《儿童心智》之后，唐纳森的工作主要在两个方向上发展。她继续对读写教学予以实质性的关注，并于1989年发起了一场强劲的辩论，批评当时风行一时的一些方法，这样的方法例如有：对"真实的书"的热衷，关于学习读写与学习使用口语的过程基本上是相似的观点。⑨她自己也为儿童写了许多故事书，这些书吸收了通过她的研究而获得的对儿童的理解。⑩

但是，唐纳森主要关心的是弥补她所感觉到的《儿童心智》的一些缺点。她尤其感到，尚未对从嵌入式思维过渡到非嵌入式思维的过程予以恰如其分的阐述，还感到自己对情绪的作用的关注还不够。所以她开始了长期的智力调查，其结果就是1992年出版的《人类心智》。⑪

唐纳森在《人类心智》中依据并围绕着四种主要的心理机能模式提出了一种心理发展模式。每一个模式都用在特定的时间心智关心的轨迹予以界定，或者用心理活动的内容予以界定。在唐纳森称为点模式的第一种模式中，关心的轨迹是立即呈现（或"此时此地"）：这种机能模式在婴儿两三个月左右就开始出现。在第二种模式即线模式中，关心的轨迹超出了此时此地，包含了来自对过去的回忆中的特定事件或将来所要参加的特定事件：这一模式在儿童八九个月左右开始出现。第三种模式即建构模式，在儿童三四岁时就能形成，在这种模式中关心的轨迹从特定的事件移向一般的事件：现在关心的是"世界上的事情是怎样的"或"事情的普遍性质"。最后一个模式是超群模式，在这种模式中关心的轨迹超越空间和时间——例如，当在数学或逻辑的抽象王国中操作时。唐纳森认为，并非每个人都必须达到这个最后的模式。

唐纳森的心理机能的四种模式，初看起来与皮亚杰的主要发展阶段相似，但事实上它们是截然不同的。一个很重要的区别是，皮亚杰的每一个阶段源自并接替前一阶段。与此相对照，唐纳森界定的每种机能模式在习得了一种新的机能模式后还继续存在；模式在发展上是彼此相继的，然而它们并不彼此替代。因此，在我们的整个一生中我们继续使用早期的模式，并作为所有模式的一部分长期保留着，而不是以只有一种儿童根本就不可能获得的"成人"的机能作用方式而告终。在这一方面，成人比许多人可能认为的那样更接近儿童。

唐纳森的发展模式的一个更重要的特点是，它赋予情绪（唐纳森将它定义为"价值情感"）与思维相同的突出地位。在这样做时唐纳森很清楚，她正在背离现代西方文化习惯，在西方文化习惯中常常把情绪置于逻辑和理性之下。正如唐纳森所言，情绪和思维事实上是紧密相关的。因此，在机能的点模式和线模式中情绪与思维通常有着密切的关系，其关系确实比建构模式中密切得多。但是在建构模式中，有时思维强烈地占据优势，唐纳森把此描述成智力建构模式；例如，当对假设情境进行数学运算时。此外，在这一模式中也有情绪驾驭思维的时候，唐纳森把此称为价值感觉建构模式；对艺术和音乐的某些情绪反应可以归入这一类。唐纳森以相似的方式对智力超群模式与价值感觉超群模式作出了重要区分。智力超群模式可能包括数学或逻辑中的抽象推理，而价值感觉超群模式则相反，主要表现在精神或宗教经验中。

正如上面的最后一句所表明的，唐纳森在《人类心智》中的论点把她带到发展心理学领域之外，引导她去探索科学史、佛教的性质和宗教经验的或精神经验的多样性。正是在这个意外的但仍然是有关的领域中的历程，使《人类心智》成为一本如此有特色的、如此诱人的书。然而在最后一章，唐纳森回过头来又去思考她的发展模式对教育的意义。出现了两个重要思想。

第一，唐纳森认为，点模式和线模式的习得以及在核心建构模式内的学习，是同时且自然地发生的：儿童的很多学习是通过他们与周围世界的非正式的、意外的接触，尤其是与更有知识的成人的接触。但是，更高级模式（智力模式和价值感觉模式）中的学习，不是以这种方式发生的。如果我们希望所有的孩子都获得使用这些模式的潜力（唐纳森强烈地主张我们应该抱有这样的希望），那么，我们就必须正式地、明白地教他们。我们还应该认识到在这样做时会遇到的困难。

第二,唐纳森认为,称作"儿童中心"的教育方法(它们基于并围绕着儿童的兴趣和愿望),是不能胜任这项任务的。在她热烈地倡导从儿童的观点去看事物的重要性的同时,她还强调儿童的观点是有局限性的:儿童不知道在他们前面的可能性。同时她还否定了另一个她称之为"文化中心"方法的极端观点。这种文化中心方法试图以牺牲创造性为代价来强加划一性和标准,是一种有局限性的方法,因为它忽视了儿童的观点。因此唐纳森力主一种"去中心"的教育方法,她直言不讳地采用皮亚杰的术语去倡导的这种方法,既能考虑到儿童的观点,也能考虑到儿童所归属的文化。

如果把唐纳森的著作作为一个整体来考察,毫无疑问她为教育思想作出了巨大的、意义深远的贡献。她提醒我们看到儿童观点的重要性(和局限性);既在发展理论方面又在教学实践方面,她向正统派的观念发起挑战;关于人的心智是如何发展的问题,她提出了自己的高度原创性理论;她赞成高度重视智力和情绪发展的教育方法。最重要的是,她以可能的最清晰的方式证明了,只有当我们的教育抱负建立在对儿童的心智和人类的心智的本质的准确理解的基础上并深深地根植于这种理解之中,这样的抱负才有可能充分实现。

注　释

① Donaldson, *Children's Minds*, London: Fontana, p. 15, 1978.
② Donaldson, *A Study of Children's Thinking*, London: Tavistock, 1963.
③ Donaldson, *Children's Minds*, op cit., p. 76.
④ 参见例如, J. Piaget and B. Inhelder, *The Child's Conception of Space*, London: Routledge, 1956.
⑤ M. Hughes and M. Donaldson, "The Use of Hiding Games for Studying the Coordination of Viewpoints", *Educational Review*, 31, pp. 133 - 140, 1979.
⑥ Donaldson, *Children's Minds*, op cit., pp. 77 - 78.
⑦ Ibid., p. 99.
⑧ 参见例如, M. Hughes, *Children and Number*, Oxford: Blackwell, 1986.
⑨ Donaldson, *Sense and Sensibility: Some Thoughts on the Teaching of Literacy*, Occasional paper 3, Reading and Language Information Centre, University of Reading, 1989.
⑩ 参见例如, Donaldson, *Journey into War*, London: Andre Deutsch, 1979.

⑪ Donaldson, *Human Minds：An Exploration*, London：Allen Lane, Penguin, 1992.

<h2 style="text-align:center">参　考</h2>

本书中的"布鲁纳"、"皮亚杰"、"维果茨基"。

唐纳森的主要著作

① *A Study of Children's Thinking*, London：Tavistock, 1963.　② *Children's Minds*, London：Fontana, 1978.　③ Donaldson, M., with Grieve, R. and Pratt, C., *Early Childhood Development and Education：Readings in Psychology*, Oxford：Blackwell, 1983.　④ *Human Minds：An Exploration*, London：Allen Lane, Penguin, 1992.　⑤ *Humanly Possible：Education and the Scope of the Mind*, in D. Olson and N. Torrance (eds), *The Handbook of Education and Human Development*, Oxford：Blackwell, pp. 324 – 344, 1996.

其他参考书

① Bryant, P., "Constraints of Context：A Review of Human Minds", *Times Higher Education Supplement*, 25 September, 1992.　② Grieve, R. and Hughes, M., *Understanding Children：Essays in Honour of Margaret Donaldson*, Oxford：Blackwell, 1990.

休斯

伊里奇
(Ivan Illich, 1926—)

是的,我的工作就是试图去懊恼地接受西方文化的事实。道森在一篇文章中说,教会就是欧洲,欧洲就是教会,我说,就是这样的!通过投保、担保、调整圣经,最好的变成了最坏的。在任何时刻,即使当我们成为巴勒斯坦人时,我们仍然都能够意识到,有一个犹太人躺在壕沟中,我们可以把他抱起来并拥抱他。

我的生活中充满着意义深远的模糊解释。我不能没有传统地行事,但我必须承认它的制度化是邪恶之根,比我的肉眼和心智所能看到和知道的任何邪恶都要根深蒂固。这就是我所说的西方。在把西方作为对圣经的曲解来研究和接受时,我变得越来越踌躇不决,但也变得更好奇并全身心地忙于寻找它的根源,这是说话人的喉舌。如果你愿意的话,这只不过是像……孩子气,我希望是像孩子那样。

(摘自《伊凡·伊里奇访谈录》,第242-243页)[①]

伊凡·伊里奇,一位攻击传统观念的历史学家和社会批评家,他当过教区神甫、大学管理者和教授、中心主任、演讲者和作家。由于他在20世纪60年代末和70年代所做的工作,尤其是因为他的第二本著作《非学校化社会》[②],使他在教育界闻名遐迩。当伊里奇说到把"西方作为对圣经的曲解"时,人们可能轻易地就会得出一个结论,认为他的神学信仰驱动了他的社会批评。但是,如果教育思想的研究者们不仅仅局限于阅读伊里奇的《非学校化社会》,他们就不太可能会得出与此相同的结论。驱动他的信念是,任何形式的世俗力量或社会积极精神都超越教会的特定使命,伊里奇在他早期的一篇论文中宣布,需要"激进的人道主义者思想"和"自觉的世俗的意识形态"去帮助规划并实现"对社会问题的创造性解决"。[③]与此相应,直到最近,伊里奇在作为一个激进的人道主义者写作时,在他用来讨论社会问题的语言中,依然表现出自觉的世俗性。尽管如此,还是要建议伊里奇的研究者们借助于世俗的和神学的两面透镜去阅读伊里奇。

1926年9月伊里奇诞生于奥地利的维也纳,他是家中三个男孩中的老大。在他骚动的青年时代,伊里奇就在培养对教会的强烈的热诚。在他生命的最初四年中每年都有一部分时间分别生活在达尔马提亚、维也纳和法国或他的父母所在的任何地方,这预示着他将作为游历者和审慎的学者的存在。他的祖父在维也纳的房子,到20世纪30年代才成为他主要的定居场所。在整个早年时期,伊里奇的智力发展不仅得益于与许多各不相同的家庭女教师度过的时光,这些家庭教师教他许多语言,他能流利地说这些语言并阅读祖母丰富的藏书;还得益于他与许多高贵的知识分子的相互作用,这些知识分子中有他父亲圈子中的朋友,例如,鲁道夫·施坦纳(Rudolf Steiner)、里尔克(Rainer Maria Rilke)、雅克·马里坦(Jacques Maritain),更不用说还有他们的家庭医生西格蒙德·弗洛伊德(Sigmund Freud)。然而年幼的伊里奇被认为太"迟钝",跟不上学校的学习,于是被留在了家里。

1938年,希特勒的军队占领了奥地利。作为一位富有的达尔马提亚工程师和西班牙籍犹太母亲的儿子,纳粹政权一会儿说伊里奇是雅利安人,一会儿说他是犹太人。1941年,他与他的母亲和双胞胎弟弟一起逃出奥地利,主要居住在意大利。正是在他人生的这一时期伊里奇进入了宗教界,虽然他自己也很难解释清楚作出这个决定的原因。

24岁时他完成了罗马的格里大学的神学和哲学硕士学位的学习并被任命。此后不久他又获得了萨尔茨堡大学的历史哲学博士学位。正是在萨尔茨堡,在艾伯特·奥尔(Albert Auer)和迈克尔·米切林(Michael Muechlin)教授的指导下,伊里奇更迷恋于对历史方法的研究和对旧文本的解释。奥尔论述12世纪的苦难的神学的著作对伊里奇有着特殊意义,他亲密地与伊里奇一起工作,帮助他完成论述阿诺德·汤因比(Arnold Toynbee)的哲学方法和历史方法的博士论文。伊里奇还在佛罗伦萨大学深入研究化学(结晶学)。

虽然他公认的才华、贵族气质的诡辩和虔诚,使他具有成为梵蒂冈高级外交核心的理想候选人,但是伊里奇后来在他的著作中所表现出来的对教会在制度方面所持的批判观点,促使他拒绝了罗马教会的邀请。相反,1951年,他选择了离开罗马并去普林斯顿大学对艾伯特(Albert)这位大师的炼金术工作进行博士后研究。

但在他到达纽约后的一个晚上,在朋友家的一次宴会上展开的谈话导致伊里奇放弃了上述计划。那次谈话的主题是纽约的"波多黎各移民问题"。在这次谈话后不久他就去了卡迪纳尔·斯佩尔曼(Cardinal Spellman)的办公室申请去波多黎各教区的职务。卡迪纳尔满足了年轻教士的愿望,派他去华盛顿高地的因卡内什教区任职,这里历史上是爱尔兰社区,大批的波多黎各移民曾经涌入此地。

对于纽约大主教管区而言,"波多黎各移民问题"是一个把这些移民"融合"进美国式的天主教信条的问题,伊里奇把这种思想看做是沙文主义的,是彻头彻尾地与基督教的爱相矛盾的。对于伊里奇而言,"他强调,'任何文化优越感都是原罪的有力表现和关于通天塔的一片混乱的喧哗。获得恩典的过程可能包含文化价值的彻底剥夺',是文化贫穷的一种至福"。④

伊里奇一到因卡内什教区报到就开始制定并实施一种完全不同的方法。第一,在他到达后的三个月内,他的西班牙语说得更流利了。在经过了最初三周的伯利茨(Berlitz)项目训练后伊里奇就能够用流利的西班牙语与波多黎各移民面对面地交流。第二,与他的美国伙伴不一样,伊里奇深入到波多黎各人的文化模式中,从而更明白地搞清楚他如何才能与他们建立起友谊。他不仅花费大量的时间去参加纽约的波多黎各人的文化活动,他还到波多黎各去度假,在那里他步行、骑马和搭便车,南北东西地穿过整个岛屿,学习并照顾当地人民的宗教需要。这种文化的渗透使他的西班牙语说得更流利了。正如他在《沉默的雄辩》⑤中精彩地解释的那样,文化的渗透使他不仅学习了发声的语言,而且也学习了无声的语言。对待语言训练的这种态度后来成为他在波多黎各和墨西哥建立的西班牙语言学院的特点。第三,伊里奇还研究并学习波多黎各移民独特的品格——他们如何不同于以前来美国的移民的榜样,波多黎各的历史条件如何影响作为天主教徒的波多黎各人的独特的品格。他在《不是外国人,还是外国的》一文中,提出了关于这些问题的许多新发现。⑥

他为照顾纽约的波多黎各移民的需要所采用的方法取得了成功,作为成功的标志我们应该注意到,是伊里奇帮助拓荒者们知道什么是圣胡安日。在第一次庆祝这个民族节日前不久,一位警官向伊里奇预告,他估计会有5000人参加节日活动。事实上,有35000多人参加了在福德姆大学足球场上举行的第一次圣胡安日庆祝活动;而且伊里奇成为他的难民教徒们的偶像。

伊里奇在做波多黎各人的工作中所取得的成功,使他成为美国教会史上最年轻的(29岁)阁下*和西班牙—美国事务办公室的协调人。1955年,他被任命为设在蓬塞的波多黎各天主教大学副校长。他的任务是创办一个中心(跨文化交流研究所,IIC),该研究所是美国神职人员埋头研究波多黎各和拉丁美洲文化的场所。除了让受训的传教士接受高强度的西班牙语训练外,伊里奇还试图保证使研究所内的日常生活方式尽可能充分反映波多黎各文化模式。伊里奇以这种方式希望神职人员最终能认识到并抵制文化强制的傲慢和不敬,这样的文化强制在历史上是教会和它的"基督教征服者"所施的恶行。⑦在波多黎各岛上五年之后,由于他违反了蓬塞主教关于与赞成避孕的地方长官候选人芒诺兹·马林(Muñoz Marin)结盟的禁令,伊里奇被勒令离开波多黎各。

在回到纽约后不久伊里奇就飞往了南美,在那里他从智利的圣地亚哥步行和搭便车到达委内瑞拉的加拉加斯,行程三千英里,目的是要寻找适合于建立一个新的中心的地方。他希望把他的新中心建在"一个气候宜人的山谷中,小镇离一座大图书馆和一所好大学的路程不超过一个小时,房租和食品要相当便宜,能够供应很多学生"。⑧他后来在墨西哥的库埃纳瓦卡找到了这样的理想条件,更有吸引力的是它位于拉丁美洲最进步的、以争议人物门德斯·阿塞奥(Mendez Arceo)主教为首的教区。

在主教阿塞奥、卡迪纳尔·斯佩尔曼和福德姆大学的保证下,1961年伊里奇建立了他的"去美国式"的新中心。最初该中心名为跨文化形态中心(CIF),后来称为跨文化文献中心(CIDOC)。伊里奇创办这个中心是为了破坏肯尼迪总统的进步联盟(他把此联盟看做是宣传美国式中产阶级对文化消费的爱好和南方的生活)和罗马教皇的教令,该教令命令美国教会派遣占其神职人员10%的人(约35000人)去拉丁美洲。伊里奇创办跨

---

* 阁下,是对王族、大主教的敬称。——译者注

文化文献中心的意图,在本质上与在波多黎各创办跨文化交流研究所的目的是相同的。但是,由于罗马教皇的命令明显地受到进步联盟的束缚,伊里奇对这个项目所感受到的迫切程度强于波多黎各的项目。他解释道:我反对

> 执行这样的命令:我深信这会严重损害那些被派遣的人,损害他们的客户,损害他们回家的发起者。我在波多黎各时就知道,很少有人由于终生在外国"为穷人"工作而健康不受到损害的,或身体不被彻底摧垮的。转让美国生活标准和期望只能阻止必须的革命性变革。资本主义的服务中所利用的信条或任何其他意识形态,都是错误的。⑨

伊里奇在任何时候都相信,教会在抬高自己的预言使命的同时必然会无所顾忌地进行谴责。只有以这种方式教会才能回避世界政治事务的合法化。当教会收回自己的直接的社会和政治保证时,教会必然会宣扬萌生激进的个人变革和社会变革的教义的神秘。这种神学立场——承诺了一种偏见,认为作为她的教会(上帝存在的秘密,我们中间的王国)要优越于作为它的教会(机构的化身)——为伊里奇招来了来自教会内外的左翼和右翼的敌人。虽然作为个人,他采取了好争论的政治态度,但作为神甫,伊里奇依然深深地陷于他的神学的保守主义和圣灵的不可思议的活动。

在他的关于少一点官僚主义、俗人主导、多一点谦逊的教会的预言式的呼吁中,伊里奇为他的敌人补充了弹药。极端保守的领导人多次向纽约大主教管区请愿,强烈要求把伊里奇从墨西哥召回。向梵蒂冈提出的同样怒气冲天的请求,导致1968年6月伊里奇被召唤出席宗教教义大会(进行全世界审判的宗教会议的一个分支)。

伊里奇谦逊地服从了,立即飞往罗马。实施了绝对规范的训斥,伊里奇出现在教堂上,阅读满纸尽是暧昧指责的一篇长长的调查表,不许他申辩,然后他回到库埃纳瓦卡。伊里奇保持沉默,选择了不让教会遭受其不当行为所造成的尴尬。三个月后,他要求像俗人那样生活的离职申请被批准。

1969年1月,罗马教皇颁布一项禁令,禁止所有的天主教神甫、修士和修女参加跨文化文献中心的训练班和研讨班。伊里奇立即把他的调查

详情发给《纽约时报》宗教版的编辑。是年3月,伊里奇,教会最有才华的、最忠顺的一位仆人,永远地辞职了。

尽管有反对跨文化文献中心的禁令,以及该禁令后来在1969年6月被废除,中心的工作一直在继续从未中断过。在波多黎各从事公立学校教育时伊里奇遇到了埃弗雷特·赖默(Everett Reimer),赖默激发了他对公立学校的兴趣而得到了他的信任。这时伊里奇的注意力转向新的"教会"——学校。从1969—1970年,跨文化文献中心主办了主题为"教育的选择"的系列研讨班。在这些研讨班的许多著名的参加者中有赖默、保罗·古德曼(Paul Goodman)、乔尔·斯普林(Joel Spring)、约翰·霍特(John Holt)、乔纳森·库佐尔(Jonathan Kozol)和保罗·弗莱雷(Paulo Freire)。他们的聚会导致了几部著作的出版,其中最有名的是《非学校化社会》。

伊里奇的读者应该知道,他并没有给自己的书取名为《非学校化社会》。哈珀出版社董事长卡斯·坎菲尔德(Cass Canfield)出于市场目的一开始就给这本书取了这个名。伊里奇并不主张取消学校,而是主张学校与政府的分离。他的意思是公共经费不应该用来支持学校。相反,他认为可以向学校征税,这样学校教育就会被承认为是奢侈的事情,于是就为制止对缺乏学校教育的人的歧视提供了法律依据。实际上这就制造了学校与国家的分离,这与得到美国宪法承认的教会与国家的分离是相似的。伊里奇还认为,这将会导致教育质量的提高。因为教育不再是强制的,对学习的追求就可能出于更确实的目的,寻求知识的人没有不可告人的动机,拥有他人所要寻觅的知识的人可以把它作为闲暇活动以及爱和仁慈的礼物来提供。

伊里奇的读者还应该懂得,他关于学校和教育的思想及研究方法,在《非学校化社会》实际问世前就开始转变。他在《非学校化社会》中所采用的分析的现象学模式,在方法论上来自他对教会学的一个非常专门的分支的经久不衰的兴趣。对伊里奇而言,教会学是"社会学的先导",它使"对特定共同体的科学研究"成为可能,"而这个共同体自第四世纪以来一直被教会看做是它的理想"。[⑩]礼拜仪式在教会学之内,教会学的这个分支的重点是仪式和他们用来"创造那个共同体"的方式,"这个共同体后来称自己为教会,并被教会学所研究"。[⑪]因此,《非学校化社会》中最重要的一章的标题是"进步的仪式化"。在文章中伊里奇阐述了如何仪式化：

> 今天的学校系统要对在整个历史上都是强大的教会履行三重功能。它同时是社会神话的仓库、神话矛盾的机构化和举行仪式的场所，这种仪式再生产并掩盖神话与现实之间的悬殊。⑫

教会实施宗教强制来超度贫穷的灵魂，学校以与此相似的方式变成"新的世界宗教"或参与社会所必需的仪式，学校是一种手段，用来促成教育方面的穷人得到世俗的救助。

然而甚至在《非学校化社会》问世之前，伊里奇就对他提出的要求学校与政府分离的号召表示忧虑。他回忆起沃尔夫冈·萨克斯(Wolfgang Sachs)和他在德国遇到的其他一小批研究人员，对汇编在《非学校化社会》中的一些文章提出了批评，他说：

> 由于列举了义务教育如此多的讨厌的副作用，在下面这样的事实面前我成了瞎子，这个事实就是：教育的功能已从学校移出，现代社会中设置了越来越多的其他的强制学习的形式。⑬

这些其他学习形式(例如，电视、强制的在职培训、专题讨论会，等等)，在法律意义上并非是强制性的，但它们采用其他手段使人们相信他们是在学习某些东西。

因此，伊里奇把他的工作重点从学校教育的现象学过程转移到产生学校教育的文化方向上。人们是如何变得如此热衷于教育思想的？对于伊里奇而言，回答这个问题取决于如何理解关于稀缺的假设，这是经济世界观的核心先决条件，对这个问题的答案引导人们把稀缺看做是教育"需求"。根据稀缺法则，我们所有的需求都是巨大的，而我们满足需求的手段却是稀缺的。包括满足我们的学习"需求"的手段也是稀缺的。在向稀缺历史学家方向转化时伊里奇认识到：

> 17世纪初一种新的一致开始出现：一致认为，人对社会的胜任不是与生俱来的，除非让人受到"教育"，否则人将始终对社会无能为力。教育就是不可或缺的能力的反面。这表明一种过程，而不是关于构成人的具体生活的事实的普通知识和使用工具的能力。教育是一种必需为了所有人的利益而制造并给予他们的无形的商品，而给予的方式就是看得见的教会从前授予看不见的神的恩惠时所采用的那

种方式。用社会的观点进行辩护,与原罪相似,对于天生愚钝的人是第一必需的。⑭

作为一位热衷于考察从 12 世纪以来的当代世界的历史学家,伊里奇注意到,今天的确定性并不存在于昨天。在称最近 500 年的历史为"生存战"时,伊里奇向细心的读者展示,如何在设计我们的存在时,人们必须重新设计他们自己以适应他们的新的制度和新的创造。以前在上帝手中的宇宙,现在在人的手中。

作为一位哲学家,伊里奇通常被归类为宗教的反技术化的理论家,他不同于世俗的反技术化的哲学家[例如,荣格(Junger)、马尔库塞(Marcuse)、哈贝马斯等]。但是,任何一种分类都不适合他。伊里奇既不是反学校、反机构的,也不是反技术的,他只不过是敏锐地意识到那些创造物限制了跨越门槛将友谊之手伸向其他的可能性。在伊里奇的所有著作中,他最关心的是扩展和培养产生于友谊的爱。

注 释

① David Cayley, *Ivan Illich in conversation*, Concord, Ontario: House of Anansi Publications, pp. 242 – 243, 1992.
② Ivan Illich, *Deschooling Society*, New York: Harper & Row, 1970.
③ Ivan Illich, *Celebration of Awareness: A Call for Institutional Revolution*, New York: Doubleday, pp. 102 and 103, 1970.
④ Francine du Plessix Gray, *Divine Disobedience: Profiles in Catholic Radicalism*, New York: Vintage Books, p. 245, 1971.
⑤ Illich, *Celebration of Awareness*, op cit., pp. 41 – 51.
⑥ Ibid., pp. 29 – 40.
⑦ Gray, *Divine Disobedience*, op cit., p. 244.
⑧ Ibid., p. 251.
⑨ Illich, *Celebration of Awareness*, op cit., pp. 53 – 54.
⑩ Cayley, *Ivan Illich in Conversation*, op cit., p. 65.
⑪ Ibid., p. 66.
⑫ Illich, *Deschooling Society*, op cit., p. 54.
⑬ Cayley, *Ivan Illich in Conversation*, op cit., p. 70.
⑭ Ivan Illich, *Toward a History of Needs*, Berkeley, CA: Heyday Books, pp. 75 – 76, 1977.

参 考

本书中的"弗莱雷"、"哈贝马斯"、"施坦纳"。

伊里奇的主要著作

① *A Celebration of Awareness: A Call for Institutional Revolution*, New York: Doubleday, 1970. ② *Deschooling Society*, New York: Harper & Row, 1970. ③ *Tools for Conviviality*, New York: Harper & Row, 1973. ④ *Medical Nemesis: The Expropriation of Health*, New York: Pantheon. 1973. ⑤ *Energy and Equity*, New York: Harper & Row, 1974. ⑥ *Toward a History of Needs*, Berkeley, CA: Heyday Books, 1977. ⑦ *Shadow Work*, London: Marion Boyers, 1981. ⑧ *Gender*, New York: Pantheon Books, 1982. ⑨ Illich, I., with Barry Sanders, *ABC: The Alphabetization of the Popular Mind*, Berkeley, CA: North Point Press, 1988. ⑩ *In the Mirror of the Past: Lectures and addresses, 1978－1990*, London: Marion Boyers, 1992. ⑪ *In the Vineyard of the Text*, Chicago, IL: University of Chicago Press, 1993.

其他参考书

① Aries, Phillipe, *Centuries of Childhood: A Social History of Family Life*, New York: Knopt, 1962. ② Cayley, David, *Ivan Illich: In Conversation*, Concord, Ontario: House of Anansi Publications, 1992. ③ Elias, John, *Conscientization and Deschooling: Freire's and Illich's Proposals for Reshaping Society*, Philadelphia, PA: Westminster Press, 1976. ④ Ellol, J., *The Technological Society*, New York: Knopf, 1964. ⑤ Gray, Francine du Plessix, *Divine Disobedience: Profiles in Catholic Radicalism*, New York: Vintage Books, 1971. ⑥ Kohr, Leopold, *The Breakdown of Nations*, London and New York: Routledge & Kegan Paul, 1986. ⑦ Ladner, Gerhard, *The Idea of Reform*, Santa Fe, NM: Gannon, 1970. ⑧ Pieper, Joseph, *The Silence of St. Thomas*, New York: Pantheon, 1957. ⑨ Polanyi, Karl, *The Great Transformation*, New York: Octagon Books, 1975. ⑩ Prakash, H. S. and Esteva, G., *Escaping Education: Living as Learning within Grassroots Cultures*, New York: Lang, 1998. ⑪ Sachs, Wolfgang (ed.), *The Development Dictionary*, London: Zed Books, 1992.

加伯德　斯塔查尔

科尔伯格
(*Lawrence Kohlberg*, 1927—1987)

在我们的研究中,我们发现了道德思维发展中的确定的和普遍的层次。①

劳伦斯·科尔伯格是一位教育家、心理学家和哲学家,被许多人尊为步苏格拉底、让·皮亚杰和约翰·杜威后尘的知识巨擘。科尔伯格的工作以儿童和成人的道德判断的发展为中心,采用包括皮亚杰的阶段理论在内的认知发展研究路径。他的研究和出版物的第二个倾向集中在道德行为上,在这里正义的共同体和民主行动的观点主宰着他的工作。在道德发展的教育课程中以及在学校行政和管理模式中,可以看到他对教育实践的影响。在学校教育范围之外,科尔伯格的工作对成人发展的其他领域也产生了意义深远的影响,这些领域例如有:以社区为基地的教育、宗教教育、监狱教育和职业教育。科尔伯格跨越传统的学科界限,从对现实的经验主义描述转向正义和公平的规范哲学原则,他既是一位客观的研究者,也是民主和自由价值及制度的一位热情的倡导者。"我的理论或研究计划的主要特点是它的跨学科性质,采用经验主义的心理学的和人类学的数据去作出哲学声明,并采用哲学假设去界定并解释心理学的、人类学的和教育学的数据。"②

科尔伯格本人把他对道德品行的兴趣的起源阐释为根植于在寄宿学校和学院期间对纳粹暴政的经验中。他对道德品行和道德教育的兴趣"部分地是出自对大屠杀的反应,(以及)世界社会缓慢而持续的影响所造成的某些道德意义"。③他于1948年发表的第一篇文章,是关于船员们把欧洲犹太人偷渡到巴勒斯坦的英雄壮举的故事。在芝加哥大学读本科时,他读过康德的伦理学和洛克(Locke)、杰斐逊(Jefferson)、密尔(John Steward Mill)的有关普遍人权的政治哲学。在研究生阶段研究哲学期间,他开始在皮亚杰和杜威的基础上形成他自己的道德发展理论。1958年他在芝加哥大学完成了自己的博士学位研究,他的博士学位论文阐述道德思维模式的发展和少年中间的选择。在芝加哥大学心理系工作了6年之后于1968年他转到了哈佛大学的教育研究生院,他在哈佛大学一直工作到1987年去世,他的大部分研究和写作是在那里完成的。在哈佛期间,科尔伯格培养了一批将继续、扩展并批评他的工作的学者和研究者,他还指导了一些在学校、监狱和其他机构中进行的道德教育的实验项目。他的工作重点有两个,一是进行道德发展的理论研究和实验研究,二是建立正义共同体——建立在正义和公平的民主原则基础上的学校和监狱的榜样,它们代表道德思维的最高发展阶段。

科尔伯格对道德发展的关心集中在教育上,并回溯到柏拉图的苏格拉底,苏格拉底与美诺(Meno)的对话集中围绕着以下这个问题展开:美德是否是某种可以教授的东西,美德是否来自实践,或者美德是否源于自然的态度或本能。这个问题是文明社会和个人生活的核心,因为没有美德或德性,社会很快就会堕落成霍布斯(Hobbes)的"每个人反对每个人的战争",整部历史中的集权统治时期就是这种堕落的见证。价值激发行为和德行,因此,价值是日常决策的基础;道德判断和思维是第二性的,不管这种判断是自觉地还是不自觉地作出的。自柏拉图之后许多世纪以来哲学家们对美诺的问题作出了不同的回答,教育家们也是如此。在1972年的《哈佛教育评论》的一篇纲领性文章中,科尔伯格概括了西方教育思想发展中的三个主要的思潮:浪漫主义教育思潮、文化传递教育思潮和进步主义教育思潮。④浪漫主义教育观追随让·卢梭、乔治·米德(George H. Mead)和斯坦利·霍尔(G. Stanley Hall)的思想,尼尔(A. S. Neill)的萨默希尔运动是其范例。根据这个观点,来自儿童内心的东西是发展的最重要的方面,教育应该使儿童内心的善表现出来,并在一个宽容的教育环境中使内心的恶得到控制。文化传递思想与浪漫主义思想相反,坚持教育的主要任务是这一代向下一代传递信息、规则和价值,以保持稳定性和保存前辈的成就。教育技术尤其是行为主义理论构成了这一教育思潮。最后,进步主义构成了第三种教育思潮,它是唯一被科尔伯格热情接受的思潮。鉴于浪漫主义不加批判地假设,认为儿童拥有的任何天赋的趋势都应该得到支持,又鉴于文化传递主义思想重复社会现状,因此,进步主义认为儿童与环境之间是辩证地相互影响的。建立在威廉·詹姆士和约翰·杜威思想基础之上的进步主义认为,教育应该培育在儿童与社会或环境之间的自然的互动。

根据进步主义的观点,这个目标要求一种教育环境,这种环境能通过提出可以解决的,然而是真正的问题或冲突来积极地激励发展。教育经验让儿童去思考——以组织认知和情绪的方式去思考……知识的习得导致由经验式的问题解决情境引起的思维方式的积极改变……进步主义认为,德性的获得是对疑难的社会情境的反应方式的积极改变。⑤

根据科尔伯格的观点,在认知与道德发展之间,在情感领域与智慧领域之间有一个统一体。"以认知教育为核心的逻辑思维和批判思维的发展,在普遍的道德价值倾向中找到自己的更巨大的意义。"⑥

科尔伯格的理论建立在皮亚杰的方法的基础上,该方法有以下主要原则。(1) 一般的认知和特殊的道德推理,以图式的形式在儿童的心智中构成,心理结构用来领悟每天的经验和理解其意义。每个图式都基于对世界和现实的性质的假设,图式决定着个体如何领悟现实。图式从最早的婴儿期起就存在,图式一直在不停地变化并变得更精细。发展意味着心理结构的改变。新的经验或者被同化,融合进已有的图式中;或者被顺应,这些经验推动创造新的理解图式。通过同化和顺应,通过把经验融合进已有的心理结构中和创造新的、更精巧的心理结构,就出现了认知的发展。(2) 当儿童和成人从一个阶段转入另一个阶段时就出现认知和道德的发展,每一个后续的阶段都比前一阶段更复杂,每一个阶段都代表一种有完整经验意义的结构。个体以不变的顺序经历一个个阶段,他们不能跳过任何一个阶段,很少有后退到前一阶段的,并把前一阶段的思维模式融合到新获得的阶段。发展和成熟的出现是认知不平衡的结果,认知不平衡就是情境的经验在现在的阶段上不能被充分地理解。(3) 更高的阶段都是更好的,能使个体以更全面的方式理解经验。并非所有的个体都到达发展的更高阶段,虽然阶段发展是与年龄相关的,至少在认知发展的早期阶段期间是这样。阶段发展可以滞后但不能加速。

关于道德发展,科尔伯格划分了六个阶段和三种水平。前习俗水平Ⅰ由阶段1(惩罚与服从倾向)和阶段2(工具主义的相对论者倾向)组成。习俗水平Ⅱ由阶段3(人际协调倾向)和阶段4(社会维系倾向)组成。后习俗或原则水平Ⅲ由阶段5(社会契约倾向)和阶段6(普遍性伦理原则)组成。在界定后习俗阶段5与6时,科尔伯格主要吸收了社会契约理论,尤其吸收了哲学家约翰·罗尔斯(John Rawls)著作中的社会契约理论。⑦在每一个发展阶段上,个体会以极其不同的方式对什么是对的以及为什么是对的进行推理。例如,当问为什么偷窃朋友是错误的时,处于阶段1的个体的推理可能是回答说,这是错的,因为如果被抓到,就会受到惩罚;而处于阶段3的个体可能会指出偷窃会损害与朋友的信任关系这样一个事实。在阶段5上,个体可能会指出社会成员中间隐含的维护财产权和以互惠方式行事的契约。

科尔伯格的经验主义研究把重点放在方法的发展上,以测量和评价道德发展理论的效度。他提出了道德判断访谈(MJI),这是一种调查书和记分册,包括半结构化的对假设的道德两难的访谈,要求参加者决定某些行为的进程并进行道德辩护。采用范围广泛的计分指标,就有可能判断被采访者的道德推理阶段。科尔伯格进行了二十年的纵向研究,在研究过程中每三年对研究对象进行一次访谈。他利用这项研究的成果证明了阶段的进展是逐步的,这是他的理论所预言的。其他的纵向研究也证实了这些发现。像在他之前的皮亚杰那样,科尔伯格还对评价此理论的跨文化效度进行了研究。研究在四十多个西方国家和非西方国家中进行,其结果总的说来证明了道德判断随着年龄和教育而提高,进一步证实了道德推理的绝大部分阶段,揭示了该理论的普遍性。就道德教育而言,大量的研究发现,这些研究项目大大推进了道德推理。⑧

科尔伯格在20世纪70至80年代的许多工作,集中在道德发展理论的实践方面。它们包括中小学和大学的课程开发和改革,在公正社区观指导下的监狱、学校和以社区为基地的教育民主实验。⑨

科尔伯格的著作引起了像于尔根·哈贝马斯、伊斯雷尔·谢弗勒那样的哲学家以及社会科学工作者、他的合作者和从前的学生的强烈反应,他们评论他的工作,扩展他的研究和理论,提出其他的和与之竞争的解释及理论框架。在成人教育方面尤其关心的是把认知发展思维应用到职业发展上,应用到不是进行公正推理的、贯穿终生的、在工作场所等领域中的发展上。⑩施拉德(Schrader)简洁地指出:"肯定有批评科尔伯格的人……但即使对这些批评者而言,科尔伯格的思想证明是具有充分根据的并为新的思想提供了一个起点。科尔伯格欢迎对话和辩论。他深信,没有认知冲突和对话,我们就会停止发展。"⑪

注　释

① Kohlberg, "The Child as a Moral Philosopher", *Psychology Today*, 2, 4, September, p. 8, 1968.
② Kohlberg, "A Current Statement on Some Theoretial Issues", in S. Modgil and C. Modgil（eds）, *Lauwrence Kohlberg: Consensus and Controversy*, Philadelphia, PA: Falmer, pp. 485–546, 1985.
③ Kohlberg, *The Philosophy of Moral Development*, San Francisco, CA: Harper & Row, p. 407, 1981.
④ Kohlberg and R. Mayer, "Development as the Aim of Education". *Harvard Education Review*, 42, p. 449, 1972.
⑤ Ibid., pp. 454–455.
⑥ Ibid.
⑦ J. Rawls, *A Theory of Justice*, Cambridge, MA: Belknapp Press of Harvard University, 1971.
⑧ J. Rest, *Moral Development: Advances in Research and Theory*, New York: Praeger, 1986.
⑨ Kohlberg, *The Just Community*, Approach to Moral Education in Theory and Practice, in M. Berkowitz and F. Oser（eds）, *Moral Education: Theory and Application*, Hillsdale, NJ: Lawrence Erlbaum, 1985.
⑩ 例如, M. Commons, D. Sinnott, F. Richards and C. Armon, *Adult Development*, vol. 1 and 2, New York: Praeger, 1989; and J. Demick and P. Miller, *Development in the Workplace*, Hillsdale, NJ: Lawrence Erlbaum, 1993.
⑪ D. Schrader, "Editor's Notes", in D. Schrader（ed.）, *The Legacy of Lawrence Kohlberg*, New Directions of Child Development, 47, San Francisco, CA: Jossey Bass, 1990.

参　考

本书中的"哈贝马斯"、"尼尔"、"皮亚杰"、"杜威"、"康德"、"穆勒"、"卢梭"、"苏格拉底"。

科尔伯格的其他著作

Kohlberg 是个多产作家,在心理学、哲学、教育等方面著述繁多。他主要的著作包括三卷本: *The Philosophy of Moral Development* (San Francisco, CA: Harper & Row, 1981), *The Psychology of Moral Development* (San Francisco, CA: Harper & Row,

1984), and *Lawrence Kohlberg's Approach to Moral Education* (New York: Columbia University Press, 1989, with C. Power and A. Higgins)。同 A. Colby 合作，Kohlberg 写了两卷本的记分指南，*The Measurement of Moral Judgement* (Cambridge, MA: Center for Moral Education, Harvard University, 1987)。他的经验主义工作的总结见于研究专论，*A Longitudinal Study of Moral Judgement* (Chicago, IL: University of Chicago Press for the Society for Research in Child Development, 1983, with A. Colby, J. Gibbs, and M. Liebermaun)。对于道德发展理论及其纲要的内容广泛的评论以及对于批评者的回应，见于 L. Kohlberg, C. Levine and A. Hewer, *Moral Stages: A Current Formulation and Response to Critics* (New York: Karger, 1983)。

其他参考书

① Berkowitz, M. and Oser, F. (eds), *Moral Education: Theory and Application*, Hillsdale, NJ: Erlbaum, 1985.　② Kanjirathinkal, M. J., *A Sociological Critique of Theories of Cognitive Development: The Limitations of Piaget and Kohlberg*, Dyfed, Wales: Edwin Mellen, Lampeter, 1990.　③ Modgil, S. and Modgil, C. (eds), *Lawrence Kohlberg: Consensus and Controversy*, Philadelphia, PA: Falmer, 1986.　④ Reed, D. R. C., *Following Kohlberg: Liberalism and the Practice of Democratic Community*, Notre Dame IN: University Notre Dame, 1997.　⑤ Reimer, J., Prichard Paolitto, D. and Hersh, R. H., *Protnoting Moral Growth*, New York: Longman. 1983.　⑥ Rest, J. R. and Narvaez, D. F. (eds), *Moral Development in the Professions: Psychology and Applied Ethics*, Hillsdale, NJ: Erlbaum, 1994.　⑦ Rest, J. R., Narvaez, D., Bebeau, M. J. and Thomas J., *Postconventional Moral Thinking: A Neo-Kohlbergian Approach*, Hillsdale, NJ: Erlbaum, 1999.　⑧ Schrader, D. (ed.), *The Legacy of Lawrence Kohlberg*, New Directions for Child Development, 47, San Francisco, CA: Jossey Bass, 1990.

库钦克

赫斯特
(Paul Heywood Hirst, 1927—   )

分析教育哲学……的特点是对学科内的最基本问题大量地进行重新评价和重新工作……现在可以把早期的工作看做是在没有适当地进行批判性考察的情况下对许多哲学信念的推测,以及是与启蒙运动尤其是与康德有联系的辩论形式。我个人认为,教育哲学现在正在坚定地阐明教育的一种新的、更恰当的特性……不主要是理论学术科目中的教育而是进入社会实践中的教育,在其中我们可以……找到一种臻于完善的生活。①

保罗·海伍德·赫斯特在为英语世界建立教育哲学方面发挥了重要作用,教育哲学是哲学的一个独特的领域,是教育研究范围内的一门有贡献的学科。赫斯特在教育的制度发展和相关政策制定的许多方面产生了很大的影响,他作为一位光辉的、善于鼓舞人心的教师,作为一位生动的、坚定不移的辩论者,作为一位高效的和远见卓识的教育领导人,博得了广泛的尊重。

赫斯特在一个严肃的、不求名利的、道德热诚的、由原教旨主义者的福音派教义的基督教所控制的家庭中长大(他的父亲是普利茅斯兄弟会的一个严密的分支的成员)。除了家庭对他的许多学术研究工作的影响外(例如,从他对一些概念和信念的探究中就能看到这种影响,这些概念和信念在某种意义上对于讨论的问题和所要强调的真理是基本的或终极的),这一背景也为赫斯特的独特的教学风格打下了基础,也为作为一系列演员技能的鼓吹者所要承担的责任打下了基础。赫斯特接受了狭隘的然而是深入的学术性的文法学校教育,在文法学校的后期阶段几乎只集中学习数学和物理学,17岁时,赫斯特进入了剑桥大学的三一学院读数学荣誉学位考试。在剑桥大学期间,赫斯特开始弥补早期培养和教育中的狭隘性,在哲学中发现了自己真正的学术兴趣,也从中发现了用批判的观点考察自己的宗教思想的资源。艾耶尔(A. J. Ayer)的著作(尤其是艾耶尔对意义与真理之间的联系的强调)给他留下了深刻的印象,但他不同意艾耶尔对形而上学的和宗教的主张所作出的消极的判断,意识到意义与真理标准必然是不同的类别:在此早期阶段,赫斯特的"知识形式"命题的核心命题之一,应运而生。

从剑桥毕业后赫斯特开始了数学教师的生涯。作为教师他是成功的(他的几位学生成为杰出的数学家),这一成功导致赫斯特于1955年被委派到牛津大学的教育研究学部工作,负责培训数学教师。在他担任教师和在牛津工作期间,赫斯特对哲学的兴趣始终没有减退。20世纪50年代的牛津,被哲学中的"分析革命"牢牢地控制着,当时的激动人心的哲学气氛抓住了赫斯特的心,他广泛地阅读并参加了为最近设立的哲学学士学位举办的研讨班,在研讨班上当时的一些主要哲学家介绍了他们的正在进行中的工作。赫斯特开始考察这些哲学发展与教育问题的相关性,他举办教师培训班,把当代的哲学应用到教育中。但是,牛津大学几乎没为赫斯特发展现已成为他的主要兴趣的工作提供空间,所以,1959年赫斯特接受了路易斯·阿诺·里德(Louis Arnaud Reid)的邀请,担任伦敦大学教育学院的教育哲学讲师。赫斯特发现,里德的工作是很有激励作用的(尤其在艺术领域),但是也感到,里德的工作需要根据分析哲学中的发展重新予以系统地陈述。但是里德不太赞成赫斯特的分析方法,在理查德·彼得斯(Richard Peters)1962年被任命为伦敦大学教育学院的教育哲学教授后,赫斯特的工作才开始欣欣向荣。

赫斯特在彼得斯身上看到了一种志同道合的精神,他们在以后的十多年间(在此期间,1965年,赫斯特被选为伦敦国王学院的教育学教授)的亲密合作,成为教育哲学在英国和整个英语世界繁荣昌盛的惊人时期的中心。教育哲学的发展与它的两个领袖密切地相关,"赫斯特和彼得斯"成为当时受训的几代教师和全世界教育家家喻户晓的名字。赫斯特深深地卷入教育哲学发展的教学和制度方面,在建立他继续发挥着领导作用的英国教育哲学学会方面,他是主张工具主义的。在学术方面,彼得斯为赫斯特提供了哲学的广度并支持赫斯特发展自己的思想(赫斯特始终承认彼得斯在学术上给予了他极大的恩惠[②]),他们的兴趣和不断发展的哲学观点是互补的和兼容的。赫斯特当时的兴趣主要在认识论上,这一兴趣与彼得斯的理性道德判断和民主社会原则的性质和证明相结合,创造了教育哲学中的一种独特的、有力的、全面的综合观点③(在某些季刊中称之为"伦敦系"),为这门学科的发展打下了基础,提出了自己的框架和多年的行动方案。

1971年,赫斯特转到剑桥大学担任教育学教授和教育系主任,其任务是要在适当的学术和职业基础上安排在大学内部的教育研究。在转到剑桥并承担沉重的学术领导和行政管理的责任时,赫斯特答应为了更紧迫的需要把他对教育哲学的关心放到第二位。1988年赫斯特从剑桥退休后,作为访问教授与伦敦大学教育学院又重新建立了密切的关系,并着手对自己的思想进行较大规模的重新思考和重新陈述。

赫斯特的思想具有高度抽象(聚焦于基本的概念或原则问题上)、精致、密实和细微的特点。他的思想很清晰,有说服力和指导性,咄咄逼人地要求持续地、批判地关注讨论中的丰富的、需要谨慎地予以解释的教育含义。赫斯特的工作是教育分析哲学的发展传统的许多特点的范例,对概念分类的孜孜不倦的关心不是为了概念分类本身,而是为了为对基本的教育问题的论证提供辩护性的支持。他的早期工作包括教育理论性质的一种链接,它抵制自己与一种科学模式的生硬同化④,包括一种对教学概念的概念映射⑤和自宗教具有不确定的认识论地位以来的关于功效的论争,这不能作为普通的道德教育的基础⑥(赫斯特本人的宗教观点转向不可知论)。但是,在赫斯特的早期工作中占优势的是他的"知识形式"的命题,这个命题最早是在他的1965年的一篇非常有影响的论文《自由教育与知识的性质》⑦中提出的,它是分析教育哲学领域内最有争议的一篇论文,这不仅是因为它富有暗示性,还因为它是未完成的、纲领性的,具有倡导辩论的特点。在这篇论文中赫斯特提出,所有的知识和理解都可能处于若干"形式"之内,这些形式用不同的概念和真实性测试(真实性标准)是可证为同一的,这些形式(暗示的形式可能包括道德、艺术和宗教)有一个影响对学校课程的适当形式和结构的适当理解的大前提(虽然是复杂的)。这个命题常常被错误地解释,在它的教育含义(既不打算直接教给学生形式,也不教给与学校科目在形式上同一的东西)和命题的澄清、重新陈述和批评中,这种误解多年来尤其突出。

赫斯特的"知识形式"命题,只有在它所处的广阔的哲学立场的背景中才能被恰当地理解。这个观点的中心（现在赫斯特轻蔑地称之为"理性主义者"）是把人的认识能力（能从有可能获得无可非议的或理性的信念的概念系统的构成中看到），看做是智力操作的建构和限制，而把所有其他的能力看做是情感的和欲求的，从而使理性的情绪和理性的行为成为可能；所有的人都应渴望"理性生活"。以这种观点表现的"理性生活"是一种有吸引力的和灵活的理想。它包括选择自由和理性自律的观点（因为把理性看做是由个人去对许多事情作出合理的决定），但在进行推理的背景中还包括某些基本的社会原则，例如，包括自由民主的原则。这个观点为教育目标的形成产生了一个明确的、前后一贯的和强有力的框架。知识和理解的发展及其对它们的追求（它们的各种不同的形式在"知识形式"命题中映射出来），被看做是教育的核心，这不仅是因为它们在本质上是值得的，还因为它们被看做是对人类的所有其他能力的合理发展在其个人方面和社会方面都是至关重要的。规约性地把"自由教育"说成是为了发展理性心智的认知维度而非工具主义地进入到各种知识形式中，这种说明被看做是提供更广阔的（虽然是次要的）的教育的核心，这种教育关心的是知识，技能和品格，更直接地把重点放在其实践方面的理性生活上。"教育"本身与"问答式"（宗教信仰的形成）之类的活动是截然不同的，这是因为适当的教育影响应该受到在认识论上可以证明为是很有根据的东西的控制和限制。⑧

20 世纪 70 至 80 年代，对于处于新亚里士多德主义和阿拉斯代尔·麦金太尔（Alasdair MacIntyre）、理查德·罗蒂（Richard Rorty）、查尔斯·泰勒（Charles Taylor）和伯纳德·威廉斯（Bernard Williams）等哲学家影响之下的这种一般立场，赫斯特越来越不满意。他的后期的工作主要是重新评价自己的观点，强调处于中心地位的不是像在知识形式中那样进行推理的教育，而是进入社会实践的教育（从事满足由一系列要素构成的人类需要和兴趣的活动，这些要素包括知识、态度、情感、品德、技能、素质和关系在内）。重要的是要注意到，像在知识形式中那样推理在赫斯特的早期观点中的核心作用，受到激烈的辩论（赫斯特在剑桥的一次讲演的标题就是"生活中的一切就是理性"），但是，社会和社会实践的意义没有被忽略。在赫斯特最近的著作中，以同样的力度强调反对以（理论）推理为中心的论点，所以最好不把它看做是对他的早期论点的全部推翻，而应看做是注意到了不同的基本关系和重点(虽然保持推理形式和个人自律的重要作用,然而是对这种作用的一种重新表述,也不否认知识形式的存在)。

赫斯特在他后期的著作中⑨与约翰·怀特(John White)等人一样,放弃了对认识论的强调,不再把认识论作为我们恰如其分地理解教育的基础。在他后期的观点中,赫斯特提出了好的生活不是根植于基于知识形式中的认知判断和理论知识中,而是根植于欲望的满足,根植于在健全的社会实践中的实际的推理和参与,就此而论我们的生活变得更结构化,也获得了满足。在这个后期的观点中,理性被看做是相关的经验并作为其他愿望和满足的一部分,是被我们的兴趣所引导的,是基本的实践(知道怎么做而不是知道某个东西,心照不宣而不是说得明明白白)。根据他的观点,理性不应被看做是可与人的其他能力分隔的,或不应把它放在凌驾于人的其他能力之上的起决定性作用的地位上。教育关心的是发展好的生活,教育主要的要求不是获得知识而是普遍地、能反省地进入社会实践中(与其他实践相比,某些更必要的、不可回避的实践),以及发展与此相关的实际推理。由于学术性的理论学科并非主要地并直接地与这样的发展相关,因此对它们的学习(它们与进入对实践的批判性反省的实践是不同的),只有当有人认为这样的学习对个人是个满足时才被认为是恰当的。⑩对自由教育的不同观点的鉴别,不再是重要的。道德教育被看做是基本上不关心道德推理的发展(得到由理性决定的普遍的和局部的道德原则的支持),而关心从事以个人的和社会性的人的满足为目标的特定的现实和理性地展开的社会实践。⑪赫斯特后期的全部观点的准确性和辩护性(尤其是它与自由教育中的主要要素的关系和一致性)形成了自己的焦点,他的观点的探究(例如,在阐述什么构成合理的实践时有关社会实践的一些特殊的例子),将指导当代的教育哲学家继续予以关注。

赫斯特对实际推理和理论理解的局限性的强调,有一段时间在他的关于教育理论和实践与教师职业培训要求之间的关系的性质的发展变化的观点中,是很醒目的。这些观点的核心是坚持抽象概念化作为理性实践的充分依据的不适当性,需要在实践自身内部产生适当的概念化(和"实践原则"),理论知识(诸如在教育"学科"中发现的理论知识)在对实践的反省性评价和重新组合中具有间接作用。⑫这个观点的一个主要含义就是教师的初始训练的中心地位,这些教师是在实践背景中逐步进入职业实践的,要求他们在不同层次上作出反省。[13]

除了学术方面的工作外,赫斯特还在教育制度和政策方面作出了重大贡献。在剑桥大学期间,通过发展进程(包括复兴死气沉沉的研究生教育证书实践并予以重新定向,把教育学吸纳进剑桥的荣誉学位考试系统中,扩展硕士和博士层次的研究),通过大学教育系的综合改革和为取得大学内的哈默顿学院的地位而进行的复杂的协商,通过他作为教授会和其他重要的委员会的董事长在广泛的大学事务方面所发挥的大量的影响深远的作用,赫斯特使作为一门学科的教育学赢得了空前的尊重。赫斯特作为教师教育大学理事会主席为师范教育的发展在全国范围内发挥了重要的作用,并且合作指导了一些重要的科研项目,探究学校对新教师的训练的作用,在那里详细地探讨了他的思想对职业实践的性质和发展的实际意义。[14]赫斯特也为一些关心高等教育的团体服务,他还是由斯旺(Swann)勋爵担任主席的少数民族群体儿童教育情况调查委员会的一个有影响的成员。

注　释

① P. H. Hirst, "Philosophy of Education: The Evolution of a Discipline", in G. Haydon, (ed.), *50 Years of Philosophy of Education*: *Progress and Prospects*, London: Bedford Way Papers, Institute of Education, University of London, pp. 16 – 19, 1998.
② P. H. Hirst, "Richard Peters's Contribution to the Philosophy of Education", in D. E. Cooper (ed.), *Education*, *Values and Mind*: *Essays for R. S. Peters*, London: Routledge & Kegan Paul, 1983.
③ P. H. Hirst and R. S. Peters, *The Logic of Education*, London: Routledge & Kegan Paul, 1970.
④ P. H. Hirst, "Educational Theory", in J. W. Tibble (ed.), *The Study of Education*, London: Routledge & Kegan Paul, 1965.
⑤ P. H. Hirst, *Knowledge and the Curriculum*: *A Collection of Philosophical Papers*, London: Routledge & Kegan Paul, chap. 7. 1974.
⑥ Hirst, *Knowledge and the Curriculum*, op cit., chap. 12; P. H. Hirst, *Moral Education in a Secular Society*, London: Hodder and Stoughton, 1974.
⑦ P. H. Hirst, *Knowledge and the Curriculum*, op cit., chap. 3. see also chaps 4, 6.
⑧ P. H. Hirst, "Education, Catechesis and the Church School", *British Journal of Religious Education*, Spring, 1981; P. H. Hirst, "Education and Diversity of Belief",

in M. C. Felderhof (ed.), *Religious Education in a Pluralistic Society*, London: Hodder and Stoughton, 1985.

⑨ 尤其参见 P. H. Hirst, "Education, Knowledge and Practices", in R. Barrow and P. White (eds), *Beyond Liberal Education: Essays in Honour of Paul H Hirst*, London: Routledge, 1993; and P. H. Hirst, "The Nature of Educational Aims", in R. Marples (ed.), *The Aims of Education*, London: Routledge. 1999.

⑩ 参见，例如, P. H. Hirst, "The Foundations of the National Curriculum. Why Subjects?", in P. O'Hear and J. White (eds), *Assessing the National Curriculum*, London: Paul Chapman. 1993.

⑪ P. H. Hirst, "The Demands of Moral Education: Reasons, Virtues, Practices", in J. M. Halstead and T. H. McLaughlin (eds), *Education in Morality*, London: Routledge, 1999.

⑫ P. H. Hirst, "Educational Theory", in P. H. Hirst (ed.), *Educational Theory and its Foundation Disciplines*, London: Routledge & Kegan Paul, 1983.

⑬ P. H. Hirst, "The Theory and Practice Relationship in Teacher Training", in M. Wilkin, V. J. Furlong and M. Booth (eds), *Partnership in Initial Teacher Training: The Way Forward*, London: Cassell, 1990; P. H. Hirst, "The Demands of a Professional Practice and Preparation for Teaching", in J. Furlong and R. Smith (eds), *The Role of Higher Education in Initial Teacher Training*, London: Kognn Page, 1996.

⑭ V. J. Furlong, P. H. Hirst, K. Pocklington and S. Miles, *Initial Teacher Training and the Role of the School*, Buckingham: Open University Press. 1988.

参　考

本书中的"彼得斯"、"怀特"。

赫斯特的主要著作

① Hirst, P. H., with Peters, R. S., *The Logic of Education*, London: Routledge, 1970.　② *Knowledge and the Curriculum: A Collection of Philosophical Papers*, London: Routledge, 1974.　③ *Moral Education in a Secular Society*, London: Hodder and Stoughton and National Children's Home, 1974.　④ "Educational Theory", in P. H. Hirst (ed.), *Educational Theory and its Foundation Disciplines*, London: Routledge & Kegan Paul, 1983.　⑤ "Education, Knowledge and Practices", in Robin Barrow and Patricia White (eds), *Beyond Liberal Education: Essays in Honour of Paul H. Hirst*, London: Routledge, 1993.

其他参考书

① Barrow, Robin and White, Patricia (eds), *Beyond Liberal Education: Essays in*

Honour of Paul H Hirst, London: Routledge, 1993.　②Hirst, Paul H. and White, Patricia, "The Analytic Tradition and Philosophy of Education: An Historical Perspective", in P. H. Hirst and P. White (eds), *Philosophy of Education: Major Themes in the Analytic Tradition*, *Volume I*, London: Routledge, 1998.　③Hirst, Paul H. and White, Patricia (eds), *Philosophy of Education: Major Themes in the Analytic Tradition*, 4 vols, London: Routledge, 1998.

麦克劳克林

杰克逊
(*Philip Wesley Jackson*, 1928—)

我说过,我还是确信,教师生涯对我的一生影响深远。这段经历使我成为今天这样的我,至少为使我成为现在这样的人助了一臂之力。这就解释了为什么我总是说教学对于那些施教的人没有作用的观点,对我来说毫无意义。至少在某种程度上我完全同意沃勒关于施教对于教师本人最有影响的论点。①

菲利普·韦斯利·杰克逊是芝加哥大学教育和心理系的戴维·李·希林劳杰出荣誉退休教授。1955年杰克逊获得哥伦比亚大学师范学院发展心理学哲学博士学位。同年他被任命为芝加哥大学教育学助理教授,并在这里一直工作到1998年退休。

杰克逊在芝加哥大学任职期间担任过许多不同的职务。他不仅当过教授,还出任过教育系主任、教育研究生院院长和芝加哥大学课程和教学本顿中心主任。除了这些行政管理职务外,从1966年至1970年他还是芝加哥大学的保育学校的校长。

杰克逊在教育领域中的生涯,多年来他关注的焦点逐渐地从局限于教育心理学的范围内转向关注课程,关注教育中的哲学问题。他在哥伦比亚大学师范学院的博士研究工作,是在测量和统计专家欧文·洛奇(Irving Lorge)教授指导下进行的。杰克逊到芝加哥大学任职时已拥有洛奇门下的一个新博士应具有的进行定量分析的能力和经验主义的倾向。但是,欧文·洛奇不是他唯一的导师,虽然他是最重要的导师中的一位。在芝加哥大学教育系,杰克逊遇到了另一位教授,他也是一位心理学家,但方向完全不同,他就是雅各布·盖兹尔斯(Jacob Getzels),他是哈佛大学社会关系系的毕业生,对学习持有广阔的社会视野和宽厚的认知概念。盖兹尔斯在引导年轻的助理教授方面起着关键作用。

盖兹尔斯和杰克逊最初成名是在1962年,那一年他们的书《创造性与智能》出版了。有一种智能概念认为,智能决定于对任务的操作,不要求受测验者表现出独创性或新颖的思维形式,《创造性与智能》表达了他们为使创造性思维从这样的智能概念中脱颖而出所付出的努力。他们的研究在形成概念方面的目标基本上是为了证明,你不能根据某人的智商分数来确定那个人在创造性测度方面可能是高还是低的。在一系列设计新颖的任务中,盖兹尔斯和杰克逊评价了一些智力测度高然而创造性测度低的青少年,也评价了一些创造性测度高然而智力测度低的青少年。他们试图推定与这两组儿童相联系的背景条件、家庭生活方式和气质类型。在美国曾经有一段时间对创造性思维能力的发展非常感兴趣,他们的书被广泛讨论并大大地推动了这一领域的工作。

对通过测试实践(即使是设计新颖的测试实践)测得的创造性的兴趣,在杰克逊的学术研究中并不占据核心地位。20 世纪 60 年代中期,杰克逊对某些今天看来显而易见是十分重要的然而在当时却被人嗤之以鼻的东西深感兴趣。他想去搞清楚教室中正在进行的事情。这种求知欲产生了在芝加哥大学实验学校中的研究,研究的最终成果就是书名为《教室中的生活》这样一本极其重要的书。关于这项研究杰克逊写道:

> 它的目的既不是要指责学校,也不是要表扬学校,当然更不是要改革学校。它的目的只不过是要引起读者对看来没有受到应有关注的学校生活的各个方面的关心并尽可能地去认识它们。②

事实确实如此!

20 世纪 60 年代在开始这一项目的研究时,研究者们的主要兴趣还是放在分离和测量思维和教学的维度上。试图表现一系列教师美德的教师评估测量,作为等级量表被用到教师操作上。教育研究团体依然归属于抱负的科学阵容,某种程度上与今天相似。通过研究教室生活来搞清楚任何有科学价值的东西的观点,不热衷于经验主义者的拘泥于定量研究的议事日程。杰克逊是第一个研究教室实践的人,他为在教室环境中出现的事件提供了一类解释性的和描述性的画卷。

现在对教室的观察就像对任何社会事务的观察一样,由于其性质基本上取决于观察者对事件的认识水平。杰克逊的许多美德在这一领域熠熠生辉。在研究教育实践的美国学者中他是感觉最敏锐的一个,他的理解力与他的文学性的和诗意的写作风格相结合,使他既能看到实践也能用犀利的文笔描述实践,这样的实践只有在被杰克逊所采用的激发情感的散文所唤醒的回忆中才会变得一目了然。我们来读一下在《不教的课》③中他描写一位高中教师的一个片断。

  我能栩栩如生地记得每天清晨我在亨齐夫人的教室中的事,那就是她处理我们的家庭作业的方式。那时候,三四名学生被叫到教室前方的黑板旁去解答上一天布置给我们的作业。这些作业通常是教科书上的练习题,包括求简方程式和解答方程式中的 x。亨齐夫人站在教室中正对着窗户的一侧,她的眼镜片折射着光线,她会为站在黑板旁的学生大声地读出问题,让他们抄下来并去解答,而班上其余的学生则看着他们。当每一个学生完成了自己的计算时他就会转过身来面对着教室的前方,稍稍往旁边靠一下以便大家看到他写在黑板上的作业。亨齐夫人会仔细地检查每个答案(坐在座位上的每个学生也这样做),她不仅注意答案,还注意演算的每一个步骤(黑板上的所有的计算题都要详细地写出每个步骤)。如果每个步骤都是正确的,她会夸奖一声并轻轻地点一下头,让这个学生回到自己的座位上。如果学生出了差错,她就会让他仔细地检查一下自己的工作,看他是否能自己找到错误。她会说:"这里有点差错,罗伯特。再看一眼。"如果复查了几秒钟后罗伯特还是没能找到自己的错误,亨齐夫人就会请志愿者(通常这样的志愿者很多)指出他们的倒霉同学在哪一步上出了差错。④

  把上面这段引文与定量数据(杰克逊在《教室中的生活》所利用的实践)相结合,其影响就会大大增强。《教室中的生活》既是定性研究的成果,也是智能方式的样板,采用这种智能方式就能把数量信息用来支持和发展散文中所提出的观点。

  杰克逊的《教室中的生活》的重要性在于,它与路易斯·史密斯(Louis Smith)和威廉·杰弗里(William Geoffrey)的《城市教室的复杂性》⑤一起,开创了一场尚未终结的运动。我所说的这场运动就是在美国的教育研究者中间出现的对于理解学校、教室、教学实践和学习的异乎寻常的兴趣。在美国的教育研究团体中有一种定性方法的变革,其目的是要以用数字所不能揭示的方式深刻地、有见解地陈述学校生活中的实际事务。杰克逊和另一些人一起开创了一种经久不衰的教育研究的路径。

多年来杰克逊在教育领域中的工作,从他在师范学院所学习的定量的经验主义逐渐转向另一种经验主义,与那些关心可以简化为数字和进行统计分析的数据的工作相比较,这种经验主义更接近于小说家,尤其接近随笔作家。杰克逊对作为表达形式的随笔的兴趣,非常适合他对使用文学语言的兴趣。他的这种形式的工作出现在他的一些著作中,例如,1986 年出版的《教学实践》⑥,1992 年出版的《不教的课》⑦和 1998 年出版的《约翰·杜威与艺术课》⑧。杰克逊在方法论上越来越向左转,在左转的同时为美国的教育研究团体提供了关于教学和学校教育的最敏锐的、最有洞察力的解说。

杰克逊不仅是教育界的学者,他还是一位教育领导人和管理者。他是国家教育科学院的当选成员和前副院长,1990—1991 年他担任美国教育研究学会主席,1996—1998 年担任约翰·杜威学会主席。1966—1968 年他为百科全书大不列颠教育公司的顾问委员会工作,1962—1963 年被任命为加利福尼亚斯坦福大学行为科学高级研究中心研究员。

杰克逊的教育职业生涯的特点表现为对美国教育的敏锐的、犀利的观察;他不能容忍高高兴兴心地当个白痴,某一时期误导的流行思想不会令他兴高采烈,即使当所有的人看来都在欢欣雀跃时。但是当一个人不负责一间教室或一所学校的日常运作时对学校进行纸上谈兵式的批评是很容易的。杰克逊曾经是芝加哥大学实验学校的校长。他肩负着管理一所学校的责任——如果学校确实是一个人所能够管理的机构的话。我感到杰克逊可能会说它们不能被管理,或者可能更重要的是说不应该去管理。他为美国教育所作出的贡献,是他的观点从高度的敏感性和深刻的见解,发展到重构对教育目标和手段的深刻分析。杰克逊是一位批评者、研究者、随笔作家、诗人,他帮助我们更严密地、更深刻地思考教育。这样的天才是非常难得的。

注 释

① Philip Jackson, *Untaught Lessons*, New York: Teachers College Press, p. 73, 1992.
② Philip Jackson, *Life in Classrooms*, New York: Holt, Rinehart and Winston, p. vii, 1968.
③ Philip Jackson, *Untaught Lessons*, op cit., pp. 1 - 2.
④ Ibid.
⑤ Louis Smith and William Geoffrey. *The Complexities of an Urban Classroom*, New

York: Holt Rinehart and Winston, 1968.
⑥ Philip Jackson, *The Practice of Teaching*, New York: Teachers College Press, 1986.
⑦ Philip Jackson, *Untaught Lessons*, op cit.
⑧ Philip Jackson, *John Dewey and the Lessons of Art*, New Haven, CT: Yale University Press, 1998.

杰克逊的主要著作

① Jackson, P., with J. W. Getzels, *Creativity and Intelligence*. London: Wiley, 1962.   ② *Life in Classrooms*, New York: Holt, Rinehart and Winston, 1968.   ③ *The Teacher and the Machine*, Pittsburgh, PA: University of Pittsburgh, 1968.   ④ *The Practice of Teaching*, New York: Teachers College Press, 1986.   ⑤ *Untaught Lessons*, New York: Teachers College Press, 1992.   ⑥ *John Dewey and the Lessons of Art*, New Haven, CT: Yale University Press, 1998.

艾斯纳

马 丁
(Jane Roland Martin, 1929—)

如果有一件事是我从自己的研究中学到的,那就是:为了使教育能够丰富每一个女孩和男孩并使他们得到报偿,还要尽可能地使整个社会获益,绝对必要的是要以清澈的、从容的眼光去看教育风景中的女孩和妇女,去看传统上是由她们保持的文化资产。①

简·罗兰·马丁是一位享有国际声望的哲学家,她对教育的探究动摇了教育的概念基础,赋予教育概念深刻的和有重要意义的性别色彩。她将她的性别的隐性课程理论化,将它根植于她的关于有教养的人的思想中,根植于往往假设为性别隐蔽的关于教学、学校教育和教育本身的基本概念中。作为补救,她提出了一种新的、性别敏感的教育思想,重新建构了学校教育概念,呼吁积极地行动起来去进行学术改造并提出了得到公众承认的多元教育媒介,维护被广泛地表述的文化财富。

马丁是一位新闻记者和一位家政学教师的女儿,她在纽约市长大成人。她就学于利特尔·雷德学校和伊丽莎白·欧文高级中学,这两所学校曾为美国伟大的进步教育实验作出过贡献②,后来马丁自己的著作也帮助了进步教育实验③,其中部分原因就是受到了这两所学校对她的影响。④ 1951年,她从拉德克利夫学院毕业。在校期间她主修政治理论,这给了她难忘的性别偏见的经验,关于这一点她是在多年以后才开始理解的。⑤后来她在教育领域的研究生课程启发了她,使她明白哲学研究有可能帮助她去解决她作为一名小学教师所面临的实践的挑战所提出的问题。⑥ 1961年她在拉德克利夫学院毕业获得哲学和教育专业的哲学博士学位,但在这之后她发现,把她的哲学知识应用到"教育的现实生活问题"中,是一个很大的挑战。⑦

高度技术性的语言学辩论控制了分析教育哲学的实践。即使马丁本人在解释结构的辩论中作出了杰出贡献⑧,但在当时妇女发表关于教育理论的著作尚属凤毛麟角。⑨也没有赞成的举动,妇女能任职的行业是很少的,尤其(如在马丁的案例中)在女学者有一位学者丈夫的情况下更是如此。在教育和哲学领域担任了十多年各种不同的副手职位之后,她最终来到位于波士顿的马萨诸塞大学的哲学系,她现在是那里的荣誉退休教授。

20世纪70年代,民权、和平和妇女运动引起了美国大学校园的关注,自由学校运动方兴未艾,这时马丁的研究开始关注课程的逻辑。学科与课程之间的关系应该是怎样的?如何证明"恰当的学科"或"永远不变的基础"?适当的学校学科的构造是什么样的?学生的选择在课程中起着什么作用以及能让它听其自然吗?什么是"隐性课程"?对诸如以上问题的分析导致马丁对支持自由教育理想的某些教条式的假设提出了批评,也引起了它的最保守的鼓吹者对诸如社会研究、黑人研究和妇女研究之类的科际整合的反对。于是她开始致力于从哲学上解决"教育的现实生活问题"。她通过自己的研究表明了,对课程的哲学探究不必像常常假设的那样是认识论的,因为往往也会出现意义深远的道德课程、社会课程和政治课程的问题。⑩

马丁对课程的分析是以标准的哲学方法展开的并毫不提及妇女或性别。但是,这些分析为她于1980年开始的关于妇女和教育问题的基础研究建立了重要的概念方面的基本原理,而她的妇女和教育研究现在是最为人们所称道的。一些哲学家和教育家承担了妇女教育实验的责任并为此作出了重大贡献,他们也对自己长期以来所持的关于性别的假设提出了质疑。马丁在向这些哲学家和教育家们提出挑战的同时也重新思考了教育本身的意义以及对教育进行分析的研究路径。因此,她尤其在分析教育哲学家中间发动了一场激烈的论战。《教育哲学:百科全书》在六条不同的词条中引用了马丁的文字⑪,宣布她发起的女权主义者的挑战"改变了教育哲学的面貌"。⑫

她以勇敢的、积极行动的姿态领导教育哲学学会,这确实标志着1981年是该领域历史上的一个重大的转折点。马丁第一次提出了她的关于妇女问题的最新研究和她的被一再引用和再版的致辞:"有教养的人的典范",这是她用来批评分析哲学家彼得斯所宣称的这个典范的性别中立的观点,她还在《哈佛教育评论》上发表了两篇很有影响的文章。⑬在后来被阪本(T. Sakamoto)和阪上(M. Sakagami)翻译成日文的《对话的重申》(1985)中,她回应了对这些文章的某些挑战。她的关于妇女问题的第一项研究,鉴别了在当代的分析教育哲学中存在的认识论上的不平等,因为它排斥、歪曲并贬低作为教育思想的主体和客体的妇女。她用文件证明了当代的分析哲学家甚至无视思想史中关于论述妇女的教育活动的名著(由男性和女性作家撰写的)。马丁甚至还证明了,这样的忽视是必然的后果,导致当代的教育哲学家们不仅排斥妇女,而且把持着关于此领域之外的儿童教养问题。《对话的重申》就是针对这些问题的,该书根据被柏拉图、卢梭、玛丽·沃尔斯顿克拉芙特(Mary Wollstonecraft)、凯瑟琳·比彻尔(Catharine Beecher)和夏洛特·珀金斯·吉尔曼(Charlotte Perkins Gilman)忽略了的文本,以及通过承认母性是可以培养的,从而批判地重构了关于妇女教育的思想。马丁在批评这些思想家的性别隐蔽和性别局限的教育思想的同时,提出了一种性别敏感的教育思想。这一思想要求教育家对在两性生活中的性别作用始终保持清醒的认识——在两性世界中性别可能造成教育上的差异,也可能不会造成任何差异。这一思想不是要求对性别的约定俗成保持敏感,而是假设两种性别都没有基本的性别特征,但是构成一种目标,两性都应该按这种目标受到教育,要使两性都成为社会的"生产的"(政治的、文化的、经济的)和"再生产的"(养育)过程。⑭

马丁还在这里提出,教育思想史学家应该质疑他们关于可接受的资料来源、研究方法和作者身份的假设,于是她就请求学者们从非标准的信息息源(例如,杂志、个人日记、书信、小册子、时事通讯、小说的片断和口头传说)中去搜集妇女教育思想的证据。她建议教育思想史学家除了是一位合格的哲学家外还可以去"发挥人类学者的作用"。⑮而且教育思想的创造者可能不仅仅是单个的人,他们还可能是创办学校或发起社会运动的一批人。

马丁的文章(1969—1993),其中许多收集在《变化中的教育景致》(1994)中以及被广泛地选编进不同的集子里,这就证明了更有必要重新思考她在《学校之家》(1992)中承诺的男女共学的课程。在从通俗的和高级文化中引证无数的资源时她重新解释了蒙台梭利的儿童之家,批评了威廉·詹姆士的"战争的道德等价",这本书激进地重新建构了学校的概念,把它看做是"家的道德的等价物",它既是为了"学习生存",也是为了学习驾驭文化。对认识论上的谬误的责备把课程贬低为只不过是"华美的"知识,这也是展开亚里士多德的中庸去重新建立性敏感理论。而且这还要求提高对于错误教育现象的觉悟,马丁把这种错误的教育现象称之为持家恐惧(domephobia),这是一种病态的恐惧和对家务事的压抑的憎恶,它对美国的文化和教育都产生了影响,损害了妇女和儿童的幸福。

但是,马丁最近又提出,如她在《学校之家》中所建议的那样改造学校,虽然是必要的,但不足以解决这个文化的最基本的教育需求。她的还在进行之中的最新研究,依然向本质先于存在论者的两个流行的等式提出挑战,这两个等式即教育等同于学校教育,文化等同于高级文化。马丁既批评家庭与学校之间的"教育功能的性别分配",也批评由教育家们认为理所当然的这些基本前提所造成的"文化损失"。抽出教育可能传递的构成一般的"文化资本"的"文化财富"与"文化责任"之间的截然的不同,马丁现在大力主张宽泛地定义"多元教育媒介"。教育媒介不仅属于学校和家庭,也属于教会、街坊四邻、工作场所、博物馆、图书馆、音乐厅、电子和印刷媒体。她认为,如果公众承认广泛的教育媒介,这样的多元媒介只要一旦对青年进行错误的教育,它们就可以而且应该"为保存和传递我们的文化责任而不是文化财富而造成的危害"承担责任。[16]

与自己的关于多元教育媒介的新观点相一致,马丁的理论构建并非只局限于儿童教育。她最近出版的一本书《学术成熟》(2000)分析了教育本身作为一种职业和研究领域的二流地位,如何反映了高等教育中的一种"教育性别制度"。把知识妇女与过去两个世纪以来融入美国的移民作比较,她批评了各种不同的学术实践,这种实践使学术机构永久地与妇女的生活经验,尤其是与包括教师职业在内的已强迫成为"妇女的"职业相隔离。受到这个制度伤害的不仅仅是妇女。马丁把此称为"人才流失",这就使"社会'最优秀的、最聪明的'人的注意力偏离现实世界的问题"。[17] 马丁号召知识妇女拒绝同化,提倡通过"大大小小的行动"[18],"既是战略上重要的又是无法无天"的行动去摧毁教育性别制度。她还恳请文科教师[19]"能跨越学科和学院界线去思考问题,从而能与教育学者、保育和社会工作者合作"。

马丁作为教育理论方面的女权主义者的先锋,处于指导的地位,她以寡敌众取得了辉煌的成功,才华横溢地把她的研究成就与她的日常生活密切地联系起来[20],她不仅身为两个儿子的母亲,还是一位大学哲学教授。[21]她构建的学术性别偏见理论,也反映了她无私地指导女研究生的经历,这些女研究生在自己的大学中找不到一位女权主义者的哲学导师[22],于是就自作主张地来求得她的指导。[23]但是,具有讽刺意义的是,与教育哲学界中的她这一代的不太知名的白人男子不一样,马丁从没有得到过任何一所她可以在那里教学和指导研究生的综合性研究型大学的聘任。

然而,马丁发起的向"把妇女带进教育思想"的挑战,今天在师范教育界尤其在课程方面引起了注意。[24]一些年轻的学者自愿接受这一相同的挑战,因为他们已经进入了杜威、黑格尔和西奥多·希佩尔(Theodor von Hippel)论述妇女教育思想的领域中,以及许多具有不同文化的妇女所论述的教育思想,这样的知识女性有:凯瑟琳·麦考利(Catharine Macaulay)、安娜·罗克·杜普雷伊(Ana Roque de Duprey)、安娜·朱莉娅·库珀(Anna Julia Cooper)、梅布尔·麦凯(Mabel McKay)、贝尔·胡克斯(Bell Hooks)、路易莎·梅·奥尔科特(Louisa May Alcott)、恩托扎克·尚(Ntozake Shange)、托妮·莫里森(Toni Morrison)、玛格丽特·富勒(Margaret Fuller)、夏洛特·勃朗特(Charlotte Brontë)、法国小说家协会、加拿大小说家蒙哥马利(L. M. Montgomery)和美国大学妇女联合会的集体的声音。[25]现在女性教育哲学家比从前多了。马丁对教育思想的性别隐蔽分析范式的挑战,有可能引起一场新的哲学讨论和辩论,这场讨论关心的是有才智的教育实践者,讨论的问题例如有:关于公立教育中的教学和男女同校、体育和性教育、政策调整和文化多元论、角色榜样、雌雄同体、性别歧视和性别自由。[26]这样的辩论比以前更宽容地吸收了范围极其广泛的文化资源——小说、电影、图片甚至音乐和万维网。在1981年马丁就明确地承诺,通过把妇女引进教育思想中来振兴并丰富这一领域。[27]

难怪美国教育研究学会多次表彰马丁,其他许多组织也礼遇马丁。[28]难怪马丁接受了美国和瑞典的荣誉博士学位,她的工作在加拿大和澳大利亚赢得了崇高的声望。她还去英国、以色列、芬兰、荷兰、挪威、瑞典和日本讲学。格洛里亚·施泰内姆(Gloria Steinem)对马丁教育理论的巨大魅力——它的发生力和前景作出了最好的总结。他说:"简·罗兰·马丁把

我们召集到一起去思考消耗在旧游戏上的能量,去思考如果把这些能量释放出来可能会出现什么情况。"㉙

注 释

① Jane Roland Martin, "Women, Schools, and Cultural Wealth", in Connie Titone and Karen E. Maloney (eds). *Women's Philosophies of Education*: Thinking Through Our Mothers, Upper Saddle River. NJ: Merrill. p. 175. 1999.
② 为了记录学校的这段非同寻常的历史,简·罗兰·马丁进行了一项题为"纪念进步教育:43 班访谈录"的研究。由于这项研究,她与海伦娜·拉戈内一起被授予斯宾塞基金会的补助金。
③ Nel Noddings, *Philosophy of Education*, Boulder, CO: Westview, chap. 10, 1995.
④ Jane Roland Martin, *The Schoolhome*: Rethinking Schools for Changing Families, Cambridge, MA: Harvard. p. 211, 1992.
⑤ Martin, *The Schoolhome*, op cit., p. 53.
⑥ Jane Roland Martin, "One Woman's Odyssey", in *Changing the Educational Landscape*: Philosophy. Women, and Curriculum, New York: Routledge. p. 2. 1994.
⑦ Ibid.
⑧ Jane Roland Martin, *Explaining, Understanding, and Teaching*, New York: McGraw-Hill. 1970. Also see her "On the Reduction of 'Knowing That' to 'Knowing How'", in B. O. Smith and R. H. Ennis (eds), *Language and Concepts in Education*, Chicago, IL: Rand McNally, 1961, reprinted in *The Philosophical Foundations of Education*, ed. Steven M. Cahn, New York: Harper & Row, pp. 399 – 410, 1970; and her "On 'Knowing How' and 'Knowing That'", *The Philosophical Review*, pp. 379 – 387, 1958.
⑨ Susan Laird, "Teaching and Educational Theory: Can (And Should) This Marriage Be Saved?" *Educational Studies*, 29, 2, Summer, p. 137, 1998.
⑩ Jane R. Martin (ed.), *Readings in the Philosophy of Education*: A Study of Curriculum, Boston, MA: Allyn & Bacon, p. 9, 1970.
⑪ *Philosophy of Education*: An Encyclopedia, J. J. Chambliss (ed.), New York: Garland, p. 706, 1996; analytic philosophy, civic education, domestic education, feminism, girls and women, philosophy and literature.
⑫ Barbara Houston, "Feminism". in *Philosophy of Education*: An Encyclopedia, p. 219.
⑬ 所有文章重印于 Martin, *Changing the Educational Landscape*, chaps 1,2,3.
⑭ Susan Laird, "Martin, Jane Roland", in Lorraine Code (ed.), *Encyclopedia of Feminist Theories*, New York: Garland. 2000.
⑮ Jane Roland Marlin, *Reclaiming a Conversation*: The Ideal of the Educated Woman, New Haven, CT: Yale, p. 181, 1985.

⑯ Martin,"Women, Schools, and Cultural Wealth", op cit., pp. 159 – 175.
⑰ Jane Roland Martin, *Coming of Age in Academe*: *Rekindling Women's Hopes and Reforming the Academy*, New York: Routledge, p. 133, 2000.
⑱ Ibid., chap. III.
⑲ Ibid., p. 173.
⑳ Martin, *Changing the Educational Landscape*, op cit., p. 1.
㉑ Martin, *Reclaiming a Conversation*, op cit., p. xi; Martin, *Coming of Age in Academe*. op cit., p. 95.
㉒ 在美国,例如,Karen E. Maloney, "The Theory of Education of Charlotte Perkins Gilman: A Critical Analysis", Ed. D. diss., Harvard University Graduate School of Education, 1985, and Susan Schober Laird, "Maternal Teaching and Maternal Teachings: Philosophic and Literary Case Studies of Educating", Ph. D. diss., Cornell University, 1988。但她指导过的学生来自美国、加拿大、澳大利亚和瑞典。
㉓ Martin, "A Professorship and Office of One's Own", in *Changing the Educational Landscape*, op cit., chap. 6. See also Susan Laird, "'Working It Out', with Jane Roland Martin", *Peabody Journal of Education*, 71, 1, pp. 103 – 113, 1996.
㉔ Steven E. Tozer, Paul C. Violas and Guy Senese, *School and Society*: *Historical and Contemporary Perspectives*, Boston, MA: McGraw-Hill, p. 351, 1995. This is one of the most widely used basic texts in historical, philosophical, and social foundations of education. Martin's *The Schoolhome* is also a frequent text in such courses.
㉕ 特别是,Titone and Maloney, *Women's Philosophies of Education*, op cit.; Susan Laird, "Women and Gender in John Dewey's Philosophy of Education", *Educational Theory*, 38, 1, winter, pp. 111 – 129, 1988; Susan Laird, "Curriculum and the Maternal", *Journal for a Just and Caring Education*. 1. 1 January, pp. 45 – 75. 1995; Susan Laird, "The Ideal of the Educated Teacher: *Reclaiming a Conversation* with Louisa May Alcott", *Curriculum Inquiry*, 21, pp. 271 – 297. 1991; Susan Laird. "The Concept of Teaching: *Betsey Brown*. vs. Philosophy of Education?" in James Giarelli (ed.), *Philosophy of Education 1988*, Normal, IL: Philosophy of Education Society, pp. 32 – 45, 1989. Also Zandra Lesley Shore, "Girls Reading Culture: Autobiography as Inquiry into Teaching the Body, the Romance, and the Economy of Love", Ed. D. diss, Ontario Institute for Studies in Education at the University of Toronto, 1999; Virginia Ann Worley, "The Educational Place of *Metissage* in Colette's *La Maison de Claudine*: A Two-Fold Pedagogy of Place Itself and of the Place-Teaching Partnership", Ph. D. diss., University of Oklahoma, 1999; Jeffrey Ayala Milligan, "Negotiating the Relationship between Religion and Public Education: Conceptualizing a Prophetic Pragmatic Teacher from Toni Morrison's *Beloved*", Ph. D. diss, University of Oklahoma, 1998. In "One Woman's Odyssey", op cit.,

㉕ p. 15, p. 31, n. 39, n. 40, n. 41, n. 42, n. 43, n. 44, Martin 引述了那些应对她的挑战的学者: Inga Elgqvist-Saltzman 及其在 University of Umea 的学生; Mineke van Essen, Mieke Lunenberg, 及其在 Netherlands 的同事; David MacGregor in Canada; Robert Roemer 和在 Guilford College 座谈会上的一些学者; Mary Ann Connors at the University of Massachusetts.
㉖ 参见, 例如, Ann Diller, Barbara Houston, Kathryn Pauly Morgan and Maryann Ayim, *The Gender Question in Education: Theory Pedagogy, and Politics*, Boulder, CO: Westview, 1996。
㉗ Susan Laird, "Teaching and Educational Theory: Can (And Should) This Marriage Be Saved?", *Educational Studies*, 29, 2, summer, pp. 131 – 151, 1998.
㉘ 例如, the John Dewey Society, Society of Professors of Education, American Educational Studies Association, Society of Women in Philosophy, and several universities, including Harvard。
㉙ Gloria Steinem, Foreword to *Coming of Age in Academe*, op cit., p. xvii.

参 考

本书中的"彼得斯"、"奥尔科特"、"蒙台梭利"、"柏拉图"、"卢梭"、"沃尔斯顿克拉芙特"。

马丁的主要著作

① *Explaining, Understanding, and Teaching*, New York: McGraw-Hill, 1970.
② *Reclaiming a Conversation: The Ideal of the Educated Woman*, Japanese language edition, 1987; New Haven, CT: Yale University Press, 1985.   ③ *The Schoolhome: Rethinking School for Changing Families*, Cambridge, MA: Harvard University Press, 1992.   ④ *Changing the Educational Landscape: Philosophy, Women and Curriculum*, New York: Routledge, 1994.   ⑤ *Coming of Age in Academe: Rekindling Women's Hopes and Reforming the Academy*, New York: Routledge, 2000.

其他参考书

① Diller, A., Houston, B., Morgan, K. P. and Ayim, M., *The Gender Question in Education: Theory, Pedagogy, and Politics*, Foreword by Jane Roland Martin, Boulder, CO: Westview, 1996.   ② Titone, C. and Maloney, K. E. (eds), *Women's Philosophies of Education: Thinking Through Our Mothers*, Upper Saddle River, NJ: Merrill, 1999.

莱尔德

诺丁斯
(*Nel Noddings*, 1929—)

要关心对我们的儿童的生活的维护并促进他们的个人成长,就必须关心他们的道德生活和道德教育。①

内尔·诺丁斯像其他著名哲学家一样,为教育理论作出了巨大的贡献。她的著作的主题主要围绕着以下几个方面展开:分析"关心"及其在伦理学中地位的②,发展能鼓励关心关系的学校结构③,努力从妇女的立场重新建构关于邪恶的概念④,利用母性的兴趣去进行道德教育。⑤诺丁斯著作的广泛影响是由她为道德推理、价值和信念所提出的宽泛的概念决定。正值当代关于教育的辩论处于关键时刻之际更凸显了她的贡献。近来的趋势增强了对道德生活和道德发展的强烈的兴趣。然而,肯定教与学的道德基础的机会还是受到政治动机的威胁,因为出于某种政治目的要求学校重申某个特定团体的狭隘的、往往是怀旧的观点。诺丁斯反对这种具有威胁性的党派偏见,她提出的对道德信念的理解要比我们今天的理解更严肃,更包容。

诺丁斯的职业生涯是从蒙特克莱新泽西州立学院毕业后担任数学教师开始的。她的第一个教学岗位是教一个六年级班,但她接着继续教了12年的高中数学。学校在诺丁斯的学生时代的生活中起着极其重要的作用,她早年与关怀备至的教师相处的经历促成她一生都关心师生关系。她在学术研究方面的热情,最初热衷于数学,后来热衷于哲学,都是起始于她对教数学和哲学的教师的赞美,只是到后来才起因于对教材本身的需求。⑥

诺丁斯在拉特格斯大学完成其数学专业硕士学位研究。在斯坦福大学继续自己的研究生学习之前她做过学校和学区的管理工作。在获得了教育哲学和理论专业的博士学位之后,1975 年诺丁斯被聘任管理芝加哥大学实验学校。作为教育哲学家中的一位新人,诺丁斯感到这个职位是非常有魅力的,因为这所学校的过去是与美国杰出的实用主义哲学家约翰·杜威联系在一起的,杜威的进步观点曾经并继续影响着诺丁斯本人的工作。1977年,诺丁斯加盟斯坦福大学,在那里她从事过不同级别的工作,既担任过斯坦福师范教育项目主任,也当过代理院长。在斯坦福大学她荣获过几次优秀教学奖,1992年被任命为教席教授。从斯坦福大学退休后,诺丁斯在哥伦比亚大学师范学院教教育哲学,直到2000年。

诺丁斯的许多早期研究是关于数学教育的,这是她终生为之作出贡献的领域。但是,哲学和伦理学研究渐渐地成为她的学术研究工作的中心。她的第一部书《关怀:伦理和道德教育的女性观点》[7]就是集中研究这个问题的。在这本书中诺丁斯开宗明义地提出了一个永恒的问题:道德行为的基础是什么?其他许多伦理学家也提出过同样的问题,但诺丁斯的研究路径与过去的哲学传统不一样。她尤其认为,两种主要的伦理学体系——无论是功利主义的伦理学还是道义学的伦理学,都不能为理解妇女的道德两难和伦理学问题提供适当的根据。诺丁斯并不反对在预期结果(功利主义的研究路径)或原则推理(道义学的研究路径)的基础上去解决问题。然而她提出了另一种以自然关怀为依据的观点,即立足于母亲对儿童的关心。诺丁斯认为,自然关怀是一种道德态度,是一种从被关心的经验和记忆升华而来的对善的渴望。从这一基础出发,诺丁斯提出了一种关于道德关怀的观点,这是一种具有感受性、相关性和专注性特点的关系状态。

诺丁斯的研究路径的一个优越性在于这种研究强调互惠性,她认为不能简单地以出于义务的个人行为的观点或根据某些抽象的原则去分析道德问题。她认为,关系始终包含着"关怀",连同他或她的利益、动机和和情感响应。因此,这种研究路径坚定地关注的是身边的关系。当公正和公平之类的原则被用作决策时,这种原则的采用是从对人、对与那些人的对话以及对作为结果形成的关系的平等的最初的关心中推论出来的。

诺丁斯赢得了一批女权主义理论家对她的分析的支持,因此她也要面对与其他女权主义学者所遇到的挑战相似的挑战。就伦理学而言,诺丁斯形象地把道德行为表述为"父亲的语言","是用诸如无过失、公平、公正之类的词语"[8]所表达的。但是,强调母亲利益的学者在讨论中发出了卡罗尔·吉利根(Carol Gilligan)所谓的"不同的声音"。⑨把新的声音引入旧的领域的挑战,首先就是要进行"严密的"分析而又不丧失分析者的精神。于是问题就变为在正式使用这些词语时如何使这些不是严格的经验主义的或逻辑的概念,成为"现实的"。

诺丁斯以几种方式应对这种挑战。第一,她的著作始终承认反对者的观点。她也坦然地面对从她自己对"关心"的分析中所产生的困难,这样的困难不仅是上面所指出的政治方面的,还有理论本身所造成的分析方面的困难。例如,互惠性是她的关心理论的基础,她讨论教师最关心的使互惠性在不平等的关系类型(例如,师生关系)中变得极端复杂的方式。时间、强度和环境变量问题,也是必须解决的;关心植物、动物、思想和组织之类的非人类的存在物意味着什么的问题,也是需要解决的。正如她的著作所阐明的,诺丁斯坚信要通过这种复杂性去尽可能聪明地进行思考而不是因为复杂而放弃理论。

第二,诺丁斯把她的研究路径界定为经典意义上的女性的研究路径,强调相互关系和感受性。这样做的目的部分是为了把这一研究路径与经验主义的性别本身的问题区分开来。她认为,妇女完全拥有传统的伦理学所强调的那些能力和技能——能够进行正规的推理,能够排列原则分层次地得到符合逻辑的结论。同时,男人毫无理由拒绝把关心作为他们的道德行为的基础。像妇女一样,男人在维护自己的生活、增进关系的质量和培育个人的成长方面也有既得利益。男人和女人在分享这些既得利益时都会因其道德观的不必要的狭隘而受到损害。

第三,虽然诺丁斯认为,她的研究路径在其方法上是现象学的,因此关心的是认识论,但伦理现象学的目的不是要"证明"一个道德真理。相反,诺丁斯提出,关心理论力求使知识概念化并启发理解,反对公式化的确定性。她写道:"就像我们学骑我们的第一辆自行车时那样,我们的手稳稳地把着我们,它并没有提出定理知识,但它以同样的方式引导和支持我们所有的人,并且我们以'知道了如何做'而告终。"⑩

诺丁斯接着于1989年在《妇女与邪恶》一书中对关怀进行哲学分析。⑪《妇女与邪恶》一书提高了她作为主要的女权主义学者的威望。该书剖析了经久不衰的然而却是矛盾的犹太教和基督教神学的迷惑力,这是主要用违抗和粗鲁之类的词语来定义邪恶的一种传统。诺丁斯认为,这种观点制造了把人类的苦难与仁爱的、全能的上帝相调和的问题。更有甚者，为解决这一问题所作出的努力常常把邪恶神秘化，甚至会有利于滋生邪恶的支配形式。诺丁斯否定了这一观点，但是并不否定有助于个人理解并控制自己的邪恶趋向的道德的必要性。诺丁斯吸收了妇女的经验，提出了一种观点，即把邪恶定位于疼痛、孤立、无助的现象学的状态之中。当用这种观点认识邪恶时，就没有必要将邪恶解释清楚，但只要有我们的状况所允许的足够的勇气去面对它。关心是这类勇气的重要的来源，是对话和合作的基础。诺丁斯特别指出，关心人的教师能坦然地面对所有学生的精神渴望和永恒的问题，尤其是社会化了的或有控制欲的学生的问题。

诺丁斯对关怀和邪恶的哲学分析，为伦理学、现象学和女权主义者的学术成就作出了重要贡献。但是她的另一方面的工作也是同样重要的。这就是她最近特别强调要用哲学来通报教育实践。她在这一方面的学术成就可以给她贴上转换语法学家的标签，因为诺丁斯明确地提出了以鼓励关怀关系的方式和以鼓励个人成长的方式转换教学和学校教育的结构的目的。诺丁斯的著作《挑战学校中的关心》一书，主要关注机构的安排、课程和教学合作的职业。⑫有一种观点认为，可以把这本书看做是对自由教育的批评，尤其是对一些传统的批评，这些传统把自由教育界定为是对所有学生的"最好的"教育。引申到她早年对莫蒂默·艾德勒(Mortime Adler)的paideia*建议的批评⑬，诺丁斯坚决主张，自由教育的标准学科接受关于人类理性的过分狭隘的概念，这种概念几乎完全建立在训练有素的智力的基础之上。她的论证不是简单地反对要求所有的学生都学习相同的数学、科学、语言等课程，而是反对任何无视学生发展兴趣和才能的广阔范围的课程。已知学生之间确实存在着差异，然而却为每个人规定相同的课程，这种做法只要求教师一味依赖于胁迫，于是就损害了对于学习和个人成长至关重要的关系。

教育哲学家们承认杜威对这些论争的影响以及对诺丁斯用来发展另一种研究路径的方法的影响。她的方法让读者思考复杂的经验。诺丁斯

---

* paideia 一词在古希腊语中的主要意思就是"教并使之习于所教"，或者说，就是我们今天所讲的教化的基本意思。从字面上说就是一个想接受通才教育的人所应该学习的艺术和科学知识。——译者注

要求家长思考:如果我们的孩子组成一个很大的群体,这个群体中的人具有不同的能力和才能,我们将如何才能希望我们的孩子受到教育？杜威的"最贤明的父母"[14]的意见被同样的这些自由教育的支持者所采用(或被误用),然而诺丁斯对这些人是吹毛求疵的,她的解释回避了关于教育精英的观点。而且,这一思想经验对于诺丁斯这样一位五个女儿和五个儿子的母亲而言并非完全是假设。诺丁斯坚定地相信,必须宽泛地理解教育,必须迅速地对学生作出反应,这样做是有益的。正如她反复说到的那样,她的这一坚定信念的密码本,就是她养育着这样一个个性各异的一大家子人。

诺丁斯建议要以关怀为核心组织学校课程,背离了杜威所不愿意编制的标准学科。然而,诺丁斯和杜威都赞同另一个观点。两位哲学家都主张教育应该根据学生的兴趣量身订制,他们都同样地反对根据所领悟到的社会或职业需要去分化课程。这种形式的分轨忽略了教育不是简单地为生活作准备,教育还是生活的直接经验。当代的辩论力图证明分轨也能导致严重的不平等,从而提出了一个不同的问题。关于这一点,诺丁斯警告我们不要混淆公平与相同。她写道:"人类的才能其范围惊人地宽广,如果我们真的关心公平,就应该同样地尊重所有那些才能。"[15]

诺丁斯要求一种能对学生迅速作出反应的教育,她把更新了的重点放在学习与经验之间的连续上。这也是她的学术研究中反复出现的一个主题。这同样也是《培养智慧的信仰和反叛》[16]一书的重点,诺丁斯在这本书中考察了学科领域与精神问题之间的联系,青少年常常会提出关于他们自己、生命、死亡、自然和宗教的问题。例如,诺丁斯在数学学科中注意到了许多伟大的数学家都曾奋力解决类似的关于存在的问题,这样的问题包括上帝是否存在,宇宙是怎样开始的,生命起源于哪里,死亡后会发生什么。因为这些问题似乎超越了时间、地点和人类的形形色色的经验,诺丁斯感到很奇怪,为什么在课程中几乎完全没有关于这方面的问题,或者即使有,也只不过仅仅限于宗教和历史课程。

为了抵制这一趋势,诺丁斯举出了大量的例子来说明,对智慧的信仰和反叛的培养怎样才能被用作学校课程的中坚,不只是关于精神问题,而是作为一种手段,使开放的探究指向学生的极其广泛的兴趣范围。在这个意义上,她的建议代表着教育哲学通过课程对教育的贡献。但是,对于诺丁斯而言,诸如此类的探究的目标既不是批判思维本身,也不是苏格拉底式的谋求击败对手的辩论。诺丁斯所主张的探究形式能为所有的参与者提供参加永恒的对话的机会。诺丁斯写道:"在这样的对话中,相信的人和不相信的人彼此更相互吸引。"⑰

总之,诺丁斯的最被人们称道的工作是她的关于道德关怀的著作,她对教育的贡献涉及当代的一系列理论和主题。其中最主要的贡献是让教师们通过教学意识到自己的学生和同事都在向着道德理想努力。关怀的含义就是要培养一种意识,这不单纯是一种稍纵即逝的满足感或慈善行动的"感觉良好的"喜悦。相反,诺丁斯教导说,关怀是一种道德态度,它是通过在人与人之间进行推理的复杂技能表现出来的,它既没有自己的古板的形式,也没有逊于形式逻辑筹划技能那样专业的技能。最重要的是,诺丁斯的著作证明了,关怀的需要不是如维特根斯坦所劝告我们的那样"必须默默地放过"。相反,要放过的是人的推理力的最普遍的和最有魅力的一种形式。

注　释

① Nel Noddings, "Shaping an Acceptable Child", in A. Garrod (ed.). *Learning for Life: Moral Education Theory and Practice*, Westport, CT: Praeger, p. 67, 1992.
② Nel Noddings, *Caring: A Feminine Approach to Ethics and Moral Education*, Berkeley, CA: University of California Press, 1984.
③ Nel Noddings, *The Challenge to Care in Schools*, New York: Teachers College Press, 1992.
④ Nel Noddings, *Women and Evil*, Berkeley, CA: University of California Press, 1989.
⑤ Noddings, "Shaping an Acceptable Child", op cit.
⑥ Nel Noddings, "Accident, Awareness, and Actualization", in A. Neumann and P. Peterson (eds), *Learning from Our Lives: Women. Research, and Autobiography in Education*, New York: Teachers College Press, pp. 166 – 182. 1997.
⑦ Noddings, *Caring*, op cit.
⑧ Ibid., p. 1.
⑨ Carol Gilligan, *In a Different Voice*, Cambridge, MA: Harvard University Press, 1982.
⑩ Noddings, *Caring*, op cit., p. 3.
⑪ Noddings, *Women and Evil*, op cit.
⑫ Noddings, *The Challenge to Care*, op cit.

⑬ Nel Noddings, "The False Promise of the *Paideia*", *Journal of Thought*, 19, pp. 81–91.
⑭ John Dewey, *The School and Society*, Chicago, IL: University of Chicago Press, p. 3, 1902.
⑮ Noddings, "Accident, Awareness, and Actualization", op cit., p. 177.
⑯ Nel Noddings, *Educating for Intelligent Belief or Unbelief*, New York: Teachers College Press, 1993.
⑰ Ibid., p. 144.

参　考

本书中的"杜威"

诺丁斯的主要著作

① *Caring: A Feminine Approach to Ethics and Moral Education*, Berkeley, CA: University of California Press, 1984.　② Noddings, N., with Paul J. Shore, *Awaking the Inner Eye: Intuition in Education*, New York: Teachers College Press, 1984.　③ *Women and Evil*, Berkeley, CA: University of California Press, 1989.　④ *The Challenge to Care in Schools*, New York: Teachers College Press, 1992.　⑤ *Educating for Intelligent Belief or Unbelief*, New York: Teachers College Press, 1993.　⑥ *Philosophy of Education*, Boulder, CO: Westview Press, 1995.　⑦ *Educating Moral People*, New York: Teachers College Press, 2001.　⑧ *Starting at Home: Caring and Social Policy*, Berkeley, CA: University of California Press, 2002.

其他参考书

① Noddings, Nel and Witherell, Carol (eds), *Stories Lives Tell*, New York: Teachers College Press, 1991.　② Stone, Lynda (ed.), *The Education Feminism Reader*, New York and London: Routledge, 1994.　③ Noddings, Nel, Gordon, Suzanne and Benner, Patricia (eds), *Caregiving*, Philadelphia, PA: University of Pennsylvania Press, 1996.　④ Noddings, Nei, Katz, Michael and Strike, Kenneth (eds), *Justice and Care in Education*, New York: Teachers College Press. 1999.

弗林德斯

哈贝马斯
(*Jürgen Habermas*, 1929—)

> 承诺把所有的个体看做话语的潜在参与者,这就预先假定对个体的潜在的平等、自主和理性的普遍承诺。①

于尔根·哈贝马斯是法兰克福学派第二代主要人物。法兰克福学派是一批哲学家、社会理论家和文化批评家于1929年在法兰克福社会学研究所建立的团体。在1972年去马普研究所任职之前哈贝马斯在海德堡大学和法兰克福大学教哲学,从20世纪80年代中期起他又回到法兰克福大学担任哲学和社会学教授。

哈贝马斯虽然并不是教育学家,而是一位社会理论家和哲学家,但是他对教育的影响却是深远的。他的早期著作对工具理性进行了批判,也批判了作为"科学的"实证主义[认为只有科学知识才是全部的有价值的知识(哈贝马斯,1972,第4页)]和作为"技术主义者"的实证主义(例如,把人和环境当做达到目的的手段来对待),明确提出了在一个平等主义的社会中解放被剥夺了权力的个体和群体的政治意图,从而推动了批判理论的法兰克福学派的研究[例如,霍克海默(Horkheimer)、阿多诺、马尔库塞]。哈贝马斯的早期著作试图把社会理论建立在认识论的基础之上,并且显而易见是指示性的和规范性的。其意图不是简单地提供对社会和行为的一种考量,而是要实现一种建立在其所有成员平等、民主基础上的社会。他的理论的目的并非仅仅是要理解环境、权力和现象,而是要改变它们,是要根除不平等。

与他以前的导师和老师阿多诺一样,哈贝马斯也发现,权力的差异和不合理以及不平等,是资本主义制度所固有的。资本主义通过转移动机危机、合法性危机、认同危机以及政治和经济危机来维护自己的霸权。(在资本主义制度下意识形态和不平等的权力关系,与所有参与者的默认一起发生作用,甚至被剥夺了权力的人,也会接受自己的被剥夺权力的状态。)②哈贝马斯的早期著作接受了法兰克福学派的意识形态批判的传统,并且其前提是:社会公正的基本原则,促进社会公平,创造和培育"普遍化旨向",承诺达成民主社会。哈贝马斯把自己的意识形态观点定义为参与者的日常生活中的"普遍化旨向的压制"③,在那里拥有权力的系统或群体以很难予以理性辩解的方式发挥作用,因为他们是依靠剥夺其他群体的权力而获得自己的权力,就是说,他们的行为原则是不能普遍化的。意识形态批判在某种程度上是对资本主义社会中的权力和霸权的不合理运作的批判。

哈贝马斯的批判理论为教育提出了一个行动方案并且具有它自己的方法论,尤其是有自己的意识形态批判和行动研究。意识形态(来自特定的宰制群体的价值、信念和实践)是有权势的群体用来加强它们的特定的(部门的)利益的手段并牺牲被剥夺权利的群体。意识形态批判是要揭露意识形态在社会和教育的许多领域内的运作,在可能会有意识地或潜意识地出现的普遍的善的外衣的掩盖下去致力于既得利益,为参与者剖析为了维持一种制度他们可能怎样地行动,这种制度或者会授权给他们,或者会剥夺他们的权力,就是说,这种制度压制一种普遍化旨向。环境不是自然物,而是在其中保护和压制旨向和权力的结果或过程,意识形态批判的一个任务就是要揭露它。

哈贝马斯④提出,意识形态批判可以分为以下四个阶段。

第一阶段:描述和解释存在的状况———一种解释学的训练,它识别并试图了解现状的意义[是对韦伯(Weber)的理解解释范式的研究方法的反响]。

第二阶段:洞察使存在的状态成为现在这种样子的原因——状态的原因和目的以及对其合法性的评价,包括对某种状态起作用的旨向和意识形态的分析、它们的权力和合法性(二者都用微观的和宏观的社会学词语表述)。在哈贝马斯的早期著作中,他把这一阶段比作精神分析,这种精神分析是使那些被压制的、身心失调的"病人"恢复意识的手段;他还把此比作阻止他们全面地、完整地和准确地理解自己的条件、状况和行为的压制的状态、经验和因素,经过了这样的暴露和考察,这些状态、经验和因素将成为自由的和解放的。在这里批判的作用是为个体和群体剖析他们的观点和实践在意识形态上可能如何地被扭曲,以至于实际上是要永远保持反对民主自由、旨向和授权的社会秩序和状态。⑤

第三阶段：提出另一种状态的行动方案——为了走向一个平等的社会。

第四阶段：评价在实践中达成的新的、平等的状态。

意识形态不单纯是理论，它还直接影响实践。批判理论推荐的教育方法论是行动研究。⑥行动研究把权力赋予在教育环境中工作的人，因为他们既是研究的发动机，又是实践的发动机。在这个意义上，这种主张要求行动研究是强烈地授权的和解放的。它发出了实践者的"声音"⑦，参与决策，控制自己的环境和职业生活。主张通过行动研究授权的强烈程度，与其提出者坚持这种主张的坚定程度是否相同，这是另一回事；对于对变化和控制所进行的行动研究而言，面对教育中托管的变化，力量可能会相对很小。

哈贝马斯的知识建构旨向理论谋求揭示在特定状态中工作时的旨向，质问鉴别公平和民主程度的那些旨向的合法性。⑧这个理论的意图是要进行改革：把社会和个体转变成社会民主的。在这一方面批判教育研究的目的是非常务实的——建设一个更公正的、更平等的社会，在这个社会中实践的是个体的和集体的自由；根除非法权力的行使和影响。对于批判理论家和批判教育家而言，教师和研究者可以不再标榜中立，也可以不再声称自己在意识形态上或在政治上是无知的。

哈贝马斯提出，知识为不同的旨向服务，社会分析可以从在社会中起作用的知识建构旨向方面进行。他坚定地认为，旨向是社会建构的，也是"知识建构的"，因为旨向塑造并决定着认知的对象和类型的价值。旨向具有意识形态的功能⑨，例如，"技术旨向"可具有在其去权状态中的授权效果以及在其无权状态中去权效果，即强化并维持社会现状。"解放旨向"是对现状的威胁。这种知识观不是中立的。什么才是有价值的教育知识，要由这种知识的倡导者的社会和地位权力决定，即由学者的共同体决定。知识和知识的定义反映以特定的范式工作的学者共同体的旨向（例如，Kuhn, 1962）。

哈贝马斯⑩围绕着三个认知旨向建构有价值的知识的定义以及理解模式。这三个认知旨向是：(1) 预言和控制；(2) 理解和解释；(3) 解放和自由。他把这三种旨向分别命名为技术旨向、实践旨向和解放旨向。技术旨向的特点是科学的、实证的方法,强调行为的法则、规则、预言和控制,具有被动的研究客体和工具性的知识。实践旨向的范例是为理解和研究教育而进行的定性研究中所采用的阐释学的、解释的方法论(例如,符号互动论)。这里的研究方法是要谋求澄清、理解并解释"语言和行为主体"的交往。⑪阐释学聚焦于互动和语言,目的是要通过参与者的眼睛去理解状态,回应韦伯的理解原则。现实是社会建构的观点,就是这一旨向的前提。哈贝马斯⑫确实认为,社会学必须从社会事实的文化定位中去理解社会事实并把它看做是社会决定的。阐释学包含了对互动主体意义的揭示,包含对在特定场景中的行动者的意图的恢复和重建;因此也包含对社会背景的意义的分析。这里重要的是意义而不是现象。

解放旨向包摄以上两种旨向;它需要这两种旨向而不是超越这两种旨向。⑬它关心的是常规;通过对解放目的的反思而被赋予活力的行为。这一旨向的双重意图是揭示权力的运作和带来社会公正,认为宰制型的和压制型的意识形态阻止个体自由和社会自由的全面实现。⑭这个知识建构旨向的任务以及批判理论本身的任务,就是要恢复不自由行为的被压制的、被抑制的和被淹没的决定因素的知觉,并以消除它们为目的。⑮

哈贝马斯的著作对教育的影响巨大,其影响涉及课程设计、目标、内容、教育学、评价和研究等方面。在课程设计这一层次上,哈贝马斯的三个知识建构旨向可以分别对应于三种课程设计类型。⑯

1. 理性主义者/行为主义心理学家的课程观,"把课程当做产品",它揭示的是"技术的"知识建构旨向;⑰这是典型的科层制的和工具性的课程。

2. 人文的、解释的、重实效的课程观,"把课程当做实践",它认同斯滕豪斯(Stenhouse)对课程的"过程"研究方法⑱[描述和理解教育冲突而不是对其结果作出指示,例如,在艾斯纳(Eisner)的"表现性目标"中⑲],它还认同人文主义的课程方案,体现阐释学的知识建构旨向。

3. 存在主义的、授权的和批判意识形态的课程观,"把课程当做常规"⑳,它体现的是解放旨向。通过提出课程的问题计划(例如,通过行动研究,通过提出"三种类型的目标")——涉及问题和问题解决方法的目标,通过在课程中设置解放的和批判的问题(例如,弗莱雷㉑编制的文化读写计划)和社会研究计划,就能实现哈贝马斯的解放旨向。最重要的是,

"谁的课程?""它维护谁的利益?""如何使这些利益合法化?"之类的课程问题,占据支配地位。知识不是中立的,课程在意识形态上是具有竞争性的领域。这里对教育知识的社会学研究,说明了有权的人可能如何通过课程来维持自己的权力,以及知识和权力如何在课程中合法化(例如,有权势的群体通过对"法定"知识的高级地位的界定,通过对高级知识的不同的准入和领会)。教育知识的社会学主张,课程既要受到意识形态的批判,又要推动学生进行意识形态批判。

解放课程在内容和过程方面都授权学生,发展参与者的民主、义务和学生的声音,实现个体的和集体的生存自由。批判与实践相结合,是为了形成一种课程,这种课程能够质问文化、权力的生存经验、宰制和压抑,就是要使课程的目标、内容和过程受到意识形态的批判并提出改进授权的行动方案。

在课程内容方面,哈贝马斯的著作提出了意识形态批判的几个基本的重点,例如:媒介研究,社会研究和人文学科,文化研究,政治教育,公民教育,平等的机会,权力和权威,教育与共同体,教育与经济,个人与社会教育,交际和审美教育。

哈贝马斯的著作在批判教育学领域尤其起着鼓舞的作用,影响着一批作家,他们中有吉鲁(Giroux)[22]、阿普尔(Apple)。[23]批判教育学就是要提出问题,发展意识形态的批判,选择并决定教育目标、课程设计、教授风格和学习风格、评价和发展,旨在从"对普遍旨向的压制"和不平等转向自由、平等、社会公正和博爱,简言之,转向个体的和集体的解放。

在课堂教学方法方面,根据哈贝马斯的观点可以提出八条教育学原则,它们来源于他的知识建构旨向[24]:(1)需要合作和共同工作;(2)需要建立在工作基础之上的讨论;[25](3)需要自主的、经验的和灵活的学习;(4)需要协商的学习;(5)需要与共同体相关的学习,从而使学生能够理解和质问一系列环境;(6)需要解决问题的活动;(7)需要增强学生运用谈话的权力;(8)需要教师作为"有改革能力的知识分子"行动起来[26],去促进意识形态的批判。

批判教育学主张,教育者必须致力于学生带到教育冲突中来的生活经验,而不是致力于强加的再现社会不平等的课程。在这个意义上教师是要改变学生中的宰制型的经验并授权给他们,使他们在充分的民主中得到"解放"。不让学生发表意见,教育和决策排斥学生自己的文化和"声音",学生所具有的诸如此类的日常的压抑经验,从这些行为所包含的意识形态方面受到质问。提高对这种不平等的认识,是克服这种不平等的重要的步骤。教师与学生一起朝着在一个民主和公正社会内的个体自主的方向前进。改变只要求学生简单地接受的以指示为核心的和有文化偏见的课程,批判教育学把课程看做是一种文化政治形式,在这种形式中课程的参与者(而不是课程的接受者)质疑和批判课程中所包含的文化的和宰制的信息,并用一种"可能性语言"代替它们,并常常授权于与社区有关的课程(例如,把学校与社区的支持分享民主制的项目联系起来)。这样一来课程就成为"社会批判的",而不是进行文化和意识形态复制的学校。

哈贝马斯的信条提出了五条原则来支持教育研究、行动研究和评价,认为教育研究、行动研究和评价应该是:(1)一致同意地、合作地、共同地去研究理解;(2)采用问题解决的研究路径;(3)非官僚化的,把概念和执行放在一起,即控制权在所有的利益共享者的手中;(4)解放的,授权所有的利益共享者参与一个平等的社会,实现他们自己的依据存在经验的未来;(5)避免排他地依赖实证主义者的方法论。这五条原则都可用于行动研究和女权运动研究。[27]

哈贝马斯在更早的时候试图从认识论中导出一种社会理论,然而他放弃了这种努力,认为这是不合适的[28],哈贝马斯的社会理论采用"交往转向",其起源可以追溯到他的早期著作。[29]他热衷于提出一种能阐明如何粉碎韦伯的官僚主义"铁笼"的"工具理性"的观点(正如哈贝马斯所言,用权力的"操纵中介"、法律和官僚化使"生活世界殖民地化")[30],他从"交往理性"中看到了前进的道路,交往理性服从"理想的语言状态"的原则。该原则包含以下要素:(1)自由进入话语,检查可疑的主张,评价解释,修改已有的概念结构,评定正当的理由,改变规范,质问政治目的,采取语言行动;(2)以话语的参与者之间的相互理解为目标,尊重他们作为平等的、自主的伙伴的权利;(3)关心在讨论中达成一致的意见,这种一致性只建立在辩论的力量的基础上,与参与者的地位权力无关,尤其与处于主宰地位的参与者的权力无关;(4)坚持真理的语言行动合法性要求,坚持合法性、真实、能理解。对于哈贝马斯而言,民主和平等较少地根植于权力的运作和宰制中,而更多地根植于对理性行为的探索中和建立在对真理的理性探索基础上的一致性中,而且这种一致性是经过推论达到的。

在教育方面,哈贝马斯的交往理性主张削弱技术主义,控制官僚化和增强交往和推论,对教育、课程和教育学的实践进行理性的意识形态批判,例如:(1)发展对学生的授权和自由;(2)避免狭窄的工具性课程;(3)保证教育能促进平等和民主;(4)发展学生自主、增强学生的声音和文化权力;(5)合作学习;(6)发展审美教育和理性的非工具性形式;(7)发展学生的灵活性和问题解决能力;(8)批判地质问个人和社区的文化传记所置身的文化和社会背景;(9)发展协商学习;(10)致力于平等机会问题;(11)发展公民参与民主的权利和义务;(12)承办政治教育并研究政治上敏感的问题;(13)宽泛地认识课程中的"基础",即教育就是它自身的目的,而不是工具主义地为其他目的服务;(14)在教育中并通过教育进行互动的交往。许多受到哈贝马斯影响的作家[31]都认识到了教育这一巨大事业在政治上的敏感性,因为教育要质疑课程和教育学决策的合法性,并构成对重要的、高级知识的现有定义的挑战(Morrison,1995)。

在面对后现代批评家[32]时哈贝马斯是现代思潮[33]的坚定的捍卫者,他认为现代性方案不仅仅是尚未彻底研究的,它还为社会解放提出比后现代主义更光辉的前景。且不说这些,对他的著作还有一些批评是不易草草了结的,例如,他对理性主义的过分强调;作为他的著作的基础的对真理的一致性理论的接受;[34]他对支配群体继续行使权力的权利的轻描淡写;意识形态批判与解放之间的假定的联系;他的早期著作的病态的偏见;他把个体的解放等同于社会的解放;他对自己的政治方案的推崇,而这些方案与他所批评的那些方案一样是意识形态的;[35]他的著作的相对性;他的知识建构旨向以及他的知识建构旨向的理论地位的模糊性;他对管理社会变革的疏忽;他把主观性予以问题化的不适当性;[36]他将意识形态的批判与社会理论相混淆;他的著作的乌托邦的和普遍化的趋向;他的理论的冥想性;认为他的理论是没有科学的科学哲学的观点;[37]他对女权主义者问题的忽视;他对作为取得社会进步的手段的交往的过分强调。

一个结论性的意见认为,课程和教育学是问题性的和政治的,哈贝马斯的著作为承认这一结论提供了强有力的理论支持,尽管以上的这些批评是非常尖锐的。被哈贝马斯的观点赋予活力的教育理论和教育研究,有自己具体的行动方案,例如,考察和质问:学校与社会的关系——学校如何使不平等继续存在或削弱不平等;知识和课程的社会结构,由谁来界定有价值的知识,它服务于什么样的意识形态利益,它又如何重新制造了社会中的不平等;权力是怎样通过教育制造并再制造的;教育为谁的利益服务,这些利益是怎样合法化的(例如,富人、白人、中产阶级男性,而不是穷人、有色人种、妇女)。可能最重要的是,哈贝马斯对民主和平等的始终如一的关心,他对马克思主义的再加工,他为克服蔓延的作为"殖民化"社会中的"操纵机制"的技术主义而提出的建议,标志着他作为20世纪的主要哲学家脱颖而出,他的著作鼓舞着许多教育学家。

注　释

① Habermas 1982, p. 252.
② Habermas 1976.
③ Habermas 1976, p. 113; 1984, p. 10.
④ Habermas 1972, p. 230.
⑤ See also Carr and Kemmis 1986, pp. 138 – 139.
⑥ Callawaert 1999.
⑦ Carr and Kemmis 1986; Grundy 1987.
⑧ Habermas 1974, p. 12.
⑨ Morrison 1995.
⑩ Habermas 1972.
⑪ Habermas 1974, p. 8.
⑫ Habermas 1988, p. 12.
⑬ Habermas 1972, p. 211.
⑭ Habermas 1979. p. 14.
⑮ Habermas 1984, pp. 194 – 195.
⑯ 例如, Carr and Kemmis 1986; Grundy 1987; Young 1989.
⑰ 例如, Tyler 1949; Taba 1962.
⑱ Stenhouse 1975.
⑲ Eisner 1985.
⑳ 参见 Freire 1972; Stenhouse 1975; and Apple 1979, 1993.
㉑ Freire 1972.
㉒ Giroux 1983.
㉓ Apple 1979.

㉔ Morrison 1996.

㉕ Young 1989.

㉖ Aronowitz and Giroux 1986. 有改革能力的知识分子是教育家,他们让自己的学生思考课程和学校教育方面的问题,质问在教育中起作用的意识形态、价值观和利益,并且认识到要提高学生的政治觉悟,提高学生对自己的生存状态的洞察力。

㉗ 例如,Kemmis 1982; Carr and Kemmis 1986; Grundy 1987; Kemmis 1999; Cohen et al. 2000。

㉘ Habermas 1985.

㉙ Habermas 1970, 1979. 对这一理论的辩护见于 Habermas(1984, 1987a),并且预设了前提,大部分是关于"重建科学"理论,对此的一个有力的批评见于 Alford(1985)。

㉚ Habermas 1984, 1987a.

㉛ 例如,Apple 1979; Anyon 1981; Giroux 1983, 1992; Gore 1993。

㉜ Habermas 1987b.

㉝ 例如,Giroux 1992.

㉞ Lakomski 1999.

㉟ 例如,Roderick 1986, p. 71。

㊱ Fendler 1999.

㊲ Miedama and Wardekker 1999, p. 75.

参 考

本书中的"阿普尔"、"伯恩斯坦"、"艾斯纳"、"福柯"、"弗莱雷"、"吉鲁"、"格林"。

哈贝马斯的主要著作

① "Toward a Theory of Communicative Competence", *Inquiry*, 13, pp. 360 – 375, 1970. ② *Towards a Rational Society*, trans. J. Shapiro, London: Heinemann, 1971. ③ *Knowledge and Human Interests*, trans. J. Shapiro, London: Heinemann, 1972. ④ *Theory and Practice*, trans. J. Viertel, London: Heinemann, 1974. ⑤ *Legitimation Crisis*, trans. T. McCarthy, London: Heinemann, 1976. ⑥ *Communication and the Evolution of Society*, London: Heinemann, 1979. ⑦ "A Reply to My Critics", in J. Thompson and D. Held (eds), *Habermas: Critical Debates*, London: Macmillan, pp. 219 – 283, 1982. ⑧ *The Theory of Communicative Action. Volume One: Reason and the Rationalization of Society*, trans. T. McCarthy, Boston, MA: Beacon Press, 1984. ⑨ "Questions and Counterquestions", in R. J. Bernstein, *Habermas and Modernity*, Oxford: Polity Press with Basil Blackwell, 1985. ⑩ *The Theory of Communicative Action. Volume Two: Lifeworld and System*, trans. T. McCarthy, Boston, MA: Beacon Press, 1987a. ⑪ *The Philosophical*

Discourse of Modernity, Cambridge, MA: Massachusetts Institute of Technology, 1987b. ⑫ *On the Logic of the Social Sciences*, trans. S. Nicholsen and J. Stark. Oxford: Polity Press in association with Basil Blackwell, 1988. ⑬ *Moral Consciousness and Communicative Action*, trans. C. Lenhardt and S. Nicholsen, Cambridge: Polity Press in association with Basil Blackwell, 1990.

其他参考书

① Alford, C., "Is Jürgen Habermas's Reconstructive Science Really Science?", *Theory and Society*, 14, 3, pp. 321－340, 1985. ② Anyon, J., "Schools as Agencies of Social Legitimation", *International Journal of Political Education*, 4. pp. 195－218, 1981. ③ Apple, M., *Ideology and Curriculu*, London: Routledge & Kegan Paul, 1979. ④ ____. "The Politics of Official Knowledge: Does a National Curriculum Make Sense?", *Teachers College Record*, 95, 2. pp. 222－241, 1993. ⑤ Aronowitz, S. and Giroux, H., *Education Under Siege*, London: Routledge & Kegan Paul, 1986. ⑥ Bernstein R., *Habermas and Modernity*, Oxford: Polity Press with Basil Blackwell, 1985. ⑦ Callawaert, S., "Philosophy of Education, Frankfurt Critical Theory and the Sociology of Pierre Bourdieu", in T. Popkewitz and L. Fendler (eds), *Critical Theories in Education: Changing Terrains of Knowledge and Politics*, London: Routledge, pp. 117－144, 1999. ⑧ Carr, W. and Kemmis, S., *Becoming Critical* Lewes, Falmer, 1986. ⑨ Cohen, L., Manion, L. and Morrison, K. R. B., *Research Methods in Education*, 5th edn, London: Routledge, 2000. ⑩ Eisner, E., *The Art of Educational Evaluation*, Lewes: Falmer, 1985. ⑪ Fay, B., *Critical Social Science*, New York: Cornell University Press, 1987. ⑫ Fendler, L., "Making Trouble: Prediction, Agency, Critical Intellectuals", in T. Popkewitz and L. Fendler (eds), *Critical Theories in Education: Changing Terrains of Knowledge and Politics*, London: Routledge, pp. 169－188, 1999. ⑬ Freire, P., *Pedagogy of the Oppressed*, Harmondsworth, Penguin, 1972. ⑭ Geuss, R., *The Idea of a Critical Theory*, London: Cambridge University Press, 1981. ⑮ Giroux, H., *Theory and Resistance in Education*, London: Heinemann, 1983. ⑯ ____. *Border Crossings: Cultural Workers and the Politics of Education*, London: Routledge, 1992. ⑰ Giroux, H. and McLaren, P., "Teacher Education and the Politics of Engagement: The Case for Democratic Schooling", *Harvard Educational Review*, 56, pp. 213－238. 1986. ⑱ Gore, J., *The Struggle for Pedagogies*, London: Routledge. 1993. ⑲ Grundy, S., *Curriculun: Product or Praxis?* Lewes: Falmer, 1987. ⑳ Kemmis, S., "Seven Principles for Programme Evaluation in Curriculum Development and Innovation", *Jaurnal of Curriculum Studies*, 14, 3, pp. 221－240, 1982. ㉑ Kemmis, S., "Action Research", in. J. P. Keeves and G. Lakomski (eds), *Issues in Educational Research*, Oxford: Elsevier Science Ltd., pp. 150－160, 1999. ㉒ Kemmis, S. and McTaggart, R., *The Action Research Planner*, Victoria,

Australia: Deakin University Press, 1981. ㉓ Kolakowski L. , *Main Currents of Marxism Volume Three: The Breakdown*, trans. P. S. Falla, Oxford: Clarendon Press, 1978. ㉔ Kuhn, T. , *The Structure of Scientific Revolutions*, Chicago, IL: University of Chicago Press, 1962. ㉕ Lakomski, G. , "Critical Theory", in. J. P. Keeves and G. Lakomski (eds), *Issues in Educational Research*, Oxford: Elsevier Science Ltd. , pp. 174 – 183, 1999. ㉖ McCarthy, T. , *The Critical Theory of Jürgen, Habermas*, London: Hutchinson, 1978. ㉗ Miedama, S. and Wardekker, W. L. , "Emergent Identity versus Consistent Identity: Possibilities for a Postmodern Repoliticization of Critical Pedagogy", in T. Popkewitz and L. Fendler (eds), *Critical Theories in Education: Changing Terrains of Knowledge and Politics*. London: Routledge. pp. 67 – 83, 1999. ㉘ Morrison, K. R. B. , "Habermas and the School Curriculum", unpublished Ph. D. thesis, School of Education, University of Durham, 1995. ㉙ Morrison, K. R. B. , "Habermas and Critical Pedagogy", *Critical Pedagogy, Networker*, 9, 2, pp. 1 – 7, 1996. ㉚ Pusey, M. , *Jürgen Habermas*, London: Tavistock, 1987. ㉛ Rasmussen, D. M. , *Reading Habermas*, Oxford: Basil Blackwell, 1990. ㉜ Roderick R. , *Habermas and the Foundations of Critical Theory*, Basingstoke: Macmillan, 1986. ㉝ Stenhouse, L. , *An Introduction to Curriculum Research and Development*, London: Heinemann, 1975. ㉞ Taba, H. , *Curriculum Development: Theory and Practice*, New York: Harcourt Brace, 1962. ㉟ Tyler, R. , *Basic Principles of Curriculum and Instruction*, Chicago, IL: University of Chicago Press, 1949. ㊱ Young, R. , *A Critical Theory of Education: Habermas and Our Children's Future*, London: Harvester Wheatsheaf, 1989.

莫里森

贝莱特
(Carl Bereiter, 1930—)

　　上个世纪见证了波浪起伏的教育改革的浪潮，它一时积聚起强大的能量，然而后来却失去了它。如果我们把反对改革的力量置之一旁，审视一下给人们留下深刻印象的都是那些新的、激动人心的事件，我们就会发现，几乎所有的新生事物，总是在以更文明的、更人道的方式开展教育的过程中发生的。新生事物并不是超越了可能的限度。我们在现代生活中的许多其他方面所发现的并确实必须要求的是继续扩大可能性……但是不仅仅这种情况在教育中没有出现，而且甚至在对此进行求索的人中间也没有出现，人们想象不出延伸可能的限度在教育中意味着什么。我相信，把学生看做知识的正当的创造者的工作，在很长的一段时间内是对扩张这种限度的第一次认真的尝试。如果这种尝试成功了，而且一些指标届时是积极的，这最终可能预示改革能够继续下去。[①]

　　卡尔·贝莱特是一位教育心理学家，他的经验主义的研究和他所建立的理论涵盖教育心理学领域的许多方面并且超越了教育心理学范畴而延伸到政策、哲学和技术方面。把这些领域连接起来的线索是他的愿望，用他的话来说就是"延伸"教育中的"可能的限度"的愿望。然而，在他于1959年获得威斯康星大学的博士学位之后的几年，这个目标才成形。贝莱特在当时的两位主要心理测量专家切斯特·哈里斯(Chester Harris)和朱利安·斯坦利(Julian Stanley)的指导下接受定量方法的训练，开始了与他们相似的职业生涯。他的早年成果之一是一篇标题为《变革测量中的某些持续的两难》(1963)的论文[②]，它仍常被引用来设计一些概念问题，这些问题至今仍未得到令每个人都满意的解决。但是，在论文发表时贝莱特已放弃了该论文所表现的研究传统并断定，教育中的任何新生事物都不可能从局限于对现有变量进行分析的研究中产生，无论这种变量是关于人的还是关于环境状况或方法的。只有更大胆的实验研究才能做到这一点。在这一推断的鼓舞下，他转到了伊利诺伊大学训练研究实验室，该实验室当时正在利用机器对新出现的教学领域进行实验。

在伊利诺伊大学的工作不仅引起了教育家们对贝莱特的关注，还吸引了了大众媒介的注意，但是这项工作与技术毫无关系。这项研究是关于处境不利儿童的学前教育问题的，这是一个迅速发展的领域，在这个领域中"可能的限度"在实践中尚未固化。这项工作给了教育一个术语——"指导教学"。虽然指导教学（尤其在鉴别什么必须学以及以最有效的方式教授必学内容时采用）曾经是并且现在仍然是各类教育和训练所选用的方法，但把它应用于年幼的儿童却是一种创新并被许多人认为是荒谬绝伦的。贝莱特和恩格斯曼（Engelmann）的《幼儿园中的处境不利儿童的教学》（1966）③成为常被引证的经典著作，虽然其中相当一部分是被不恰当地引用的。贝莱特认为，这本书处于一种偶像的地位，这就意味着允许谴责这本书却尚未阅读过它。但是，贝莱特与恩格斯曼的幼儿园所证明的是，通过深入细致的指导教学，学术期望很低的儿童也能够阅读和做算术，在离开幼儿园时达到二年级中等水平，在智力测验中的得分在常态区域内处于高端。贝莱特对学前儿童所做工作的影响是很难评估的。指导教学现在是幼儿园普遍使用的方法。虽然幼儿园（儿童的花园）的基本特点没有改变，但是，关于幼儿的智慧可能达到何种水平的观念，显而易见已大大地改变了。

贝莱特的学前教育工作明确地是非理论化的。正如他在1968年的一篇论文④中所言，无论是理论方向还是幼儿教育家（斯金纳的行为主义和皮亚杰的发展主义）都没有触及关于教什么和怎样教这样一些基本问题。他对在教育界的视界内刚出现的、现在称为认知主义的理论探讨寄予很高的期望。正巧有一笔古根海姆（Guggenheim）研究奖学金，使他能有一年的时间来研究这一门新科学的工作和杜威的著作。"可能的限度"的进一步发展需要有科学的基础———种智能过程观，它足以支持发现更有力的方式去影响这一过程。

贝莱特和马林·斯卡达马利亚（Marlene Scardamalia）一起，开始制定多伦多大学安大略教育研究院的一项研究计划，这一项目涵盖从对书写所进行的心理学研究到对有意学习的调查研究，目的是要设计能证明学生学习成绩的真正的质的飞跃而不是分数的提高的计算机环境和社会网络。从1976年开始,贝莱特和斯卡达马利亚用了8年多的时间进行实验,几乎全方位地调查研究了围绕着构成过程的认知问题。他们尤其感兴趣的问题是其他任何人都没有研究过的一个问题。这个问题就是:考虑到儿童为书写所投入的努力,儿童怎样才能如其所能地那样书写?他们从各种不同的迹象中归总而得到的答案,采取一种他们称之为"讲知识模式"的形式。这种模式适用于主题相符、体裁有限的一代高效能的教科书,但是作者的知识实际上是未受影响的。这种模式在儿童的写作中几乎普遍存在,它与在专业作家的作品中所看到的相当普遍的情况形成鲜明的对照,贝莱特和斯卡达马利亚把专业作家的文本称作"传授知识模式"。虽然他们创造了这些模式是为了回答科学问题,但是他们也提出了教育问题。讲知识模式理想地适合于学校中的书写作业,这种作业的基本要求是按时完成任务。适用于撰写研究论文的学校修辞手册中的标准要求,按这一模式作了精确的安排:选择一个论题,把它压缩到一个能够驾驭的篇幅之内,收集素材,组织材料,打草稿,编辑草稿,最终定稿。讲知识模式的麻烦在于并非像预料的那样对除学校作业之外的任何类型的书写作业都有效。

他们在书写作业中所观察到的情况,也能在分析学生的阅读过程中发现,看来它代表了整个学校课程共同的范式。在达到稳定状态之前学校的任务和学生应付这些任务的策略是同步发展的,在稳定状态中学校的任务和学生把时间和认知努力减到最少的策略,是很协调的。评价实践的发展也是相似的,导致任务、测试和策略的结合在实际上是不可改变的。他们在书写和阅读中发现这一现象的同时,其他研究者也发现了学生的"科学误解"的程度和持久性并对此感到惊异。贝莱特和斯卡达马利亚提出的问题是:这样的误解怎么会如此长久地未被注意到?与学校中的阅读和书写一样,学校中的科学课程看来也在进步,确定了什么对学生来说是容易的。

许多教育批评者对课程的"难度降低"表示惋惜,建议提升标准的内容和难度来明明白白地解决问题。贝莱特和斯卡达马利亚的研究成果之一就是发现了一个更深层次的问题。他们把课堂教学看做是社会认知过程与教师和学生分别所完成的部分的紧密结合,他们认为关于"好的"教学的传统观念与儿童中心观点,就是教师履行大部分高级认知功能,学生履行低级认知功能。两种方法的主要区别在于允许学生控制教育过程的低级部分的程度。根本的改变要求找到使学生更多地转向高级部分的方式,高级部分与以下各项有关:目标、要理解的问题、新旧知识的联系、对个体和集体进步的评价、在此基础上重新确定努力的方向。他们为此提出了一个概括性的术语——"高级行为"(1991)。[⑤]

不可以简单地宣布学生的高级行为,也不可指望它保持在学校生活已有的结构中,集中在任务和活动周围(不管是自己选择的还是教师分派的)。必须围绕着学生为认识世界和安排自己在这个世界中的位置而作出的努力来调整学校的教学——这是一个常被宣告的理想,然而在实践中却是偶尔涉及。他们认为,如果在理解知识结构方面受到初步训练并且扩大对知识结构的理解,如果利用最新出现的、以调整教室中的信息流为目的的计算机网络的潜能,这样的调整至少也是可能的。其成果就是计算机支持的有意学习环境(CSILE)。这个项目开始于1986年,很快就赢得认知理论界和学习理论界的重视,因为它证实了学童孜孜以求的解释所达到的深度,居然是课程准则所未料到的。该项目继续推进"可能的限度",吸引世界各国的观望者来设计课堂教学并在六个国家中培育实验场所。

他在伊利诺伊的工作为世界创造了一个术语——"指导教学",而他在多伦多的工作引进了另一个术语——"知识建构"。随着这些术语被普遍地应用,它们的意义可想而知会降格,知识建构这一术语有时仅仅用作夸张的语言,泛指任何类型的有意义学习。但是,贝莱特所使用的知识建构概念,嵌入一个更大的概念框架中,为了领会作为一种独特的活动的知识建构,就必须理解这个概念框架。在一系列论文中(从1985年的《关于学习悖论的解决》[⑥]开始,到正在出版中的专著《知识时代中的教育和心智》告终),贝莱特执著于解决两个相互联系问题:怎样可以算作在心理上习得越来越复杂的知识(皮亚杰的问题)和怎样把具有科学特点的这类审慎的知识产品引进到学校教学中[与波普尔(Popper)关于客观知识的观点紧密联系的一个问题,或者与"概念的人工制品"(这是贝莱特喜用的一个术语)紧密相关的一个问题]。贝莱特认为,要以在教育上有益的方式解决心理问题,就需要放弃在民众心理中共有的把头脑比作容器之类的暗喻，还要求把心理想象为"能支撑有见地的行为而实际上无须包含传统上认为构成知识所必需的规则、定理、概念、记录的事件等等"(贝莱特，2000，第232页)。这就是以某种联结主义形式提出的心理概念，贝莱特认为这对于处理范围极其广泛的学习结果是非常重要的，用规则、定理等诸如此类的东西是不能很好地表现这些结果的。其中最重要的是理解的深度。

但是，知识建构与成为有知识的，并非是一回事。知识建构是创造概念的人工制品，它们成为公众能够接受的、用来继续创造概念的人工制品的工具，换言之，这就是进步学科的程序。在创造、试验和改进此类人工制品的过程中，学生增长了获得知识的能力，但同时他们也在生产可以使用的东西——认识世界的概念工具。贝莱特声称，为了使学生能够从事真正的探究，虽然在过去的半个世纪中已作出了许多努力，但他们还是错过了知识建构的基本动态。用波普尔的话来说，他们专注于世界1(物质世界)和世界2(学生的精神世界)，但忽略了世界3(理论和其他结构的世界)，而世界3是在成人世界的实验室中和研讨班的课堂中知识建构的对象。在CSILE项目中证实了的"可能限度"的扩张，基本上证明了儿童是在世界3中工作的。

注　释

① C. Bereiter, "Artifacts, Canons, and the Progress of Pedagogy: A Response to Contributors", in B. Smith (ed.), *Liberal Education in a Knowledge Society*, Chicago, IL: Open Court, in press.
② C. Bereiter, "Some Persisting Dilemmas in the Measurement of Change", in C. W. Harris (ed.), *Problems in Measuring Change*, Madison, WI: University of Wisconsin Press, pp. 3－20, 1963.
③ C. Bereiter and S. Engelmann, *Teaching Disadvantaged Children in the Preschool*, Englewood Cliffs, NJ: Prentice Hall, 1966.
④ C. Bereiter, "Psychology and Early Education", in D. W. Brison and J. Hill (eds), *Psychology and Early Childhood Education*, Monograph Series No. 4, Toronto: Ontario Institute for Studies in Education, pp. 61－78, 1968.
⑤ M. Scardamalia and C. Bereiter, "Higher Levels of Agency for Children in Knowledge Building: A Challenge for the Design of New Knowledge Media", *The Journal of the Learning Sciences*, 1, 1, pp. 37－68, 1991.
⑥ C. Bereiter, "Toward a Solution of the Learning Paradox", *Review of Educational Research*, 55, pp. 201－226, 1985.

参 考

本书中的"皮亚杰"、"杜威"。

贝莱特的主要著作

① Bereiter, C. and Scardamalia, M., *The Psychology of Written Composition*, Hillsdale, NJ: Lawrence Erlbaum Associates, 1987. ② Bereiter, C. and Scardamalia, M., *Surpassing Ourselves: An Inquiry into the Nature and Implications of Expertise*, Chicago. IL: Open Court, 1993. ③ "Implications of Postmodernism for Science, or, Science as Progressive Discourse", *Educational Psychologist*, 29, 1, pp. 3 – 12, 1994. ④ Bereiter, C. and Scardamalla, M., "Rethinking Learning", in D. R. Olson and N. Torrance (eds), *Handbook of Education and Human Development: New Models of Learning, Teaching and Schooling*, Cambridge, MA: Basil Blackwell, pp. 485 – 513, 1996. ⑤ Bereiter, C. and Scardamalia, M., "Beyond Bloom's *Taxonomy*: Rethinking Knowledge for the Knowledge Age", in A. Hargreaves, A. Lieberman, M. Fullan and D. Hopkins (eds.), *International Handbook of Educational Change*, Dordrecht: Kluwer, pp. 675 – 692, 1998. ⑥ "Keeping the Brain in Mind", *Australian Journal of Education*, 44, 3, pp. 226 – 238. 2000. ⑦ *Education and Mind in the Knowledge Age*, Mahwah, NJ: Lawrence Erlbaum Associates, in press. ⑧ "Education in a Knowledge Society", in B. Smith (ed.), *Liberal Education in a Knowledge Society*, Chicago, IL: Open Court, in press.

其他参考书

① Brown, A. L., "Design Experiments: Theoretical and Methodological Challenges in Creating Complex Interventions in Classroom Settings", *The Journal of the Learning Sciences*, 2, 2, pp. 141 – 178, 1992. ② Case, R. and Okamoto, Y., "The Role of Central Conceptual Structures in the Development of Children's Thought", *Monographs of the Society for Research in Child Development*, 61, 2, serial no. 246, 1996. ③ Koschmann, T. (ed.), *CSCL: Theory and Practice of an Emerging Paradigm*, Mahwah, NJ: LEA, pp. 249 – 268, 1996. ④ McGilley, K. (ed.), *Classroom Lessons: Integrating Cognilive Theory and Classroom Practice*, Cambridge, MA: MIT Press: 1994. ⑤ Popper, K. R., *Objective Knowledge: An Evolutionary Approach*, Oxford: Clarendon Press, 1972.

奥尔森

布迪厄
(*Pierre Bourdieu*, 1930—)

社会学必须包含一门感知社会世界的社会学,这就是一门建构世界观的社会学,这种世界观本身就能促成这个世界的建构。①

皮埃尔·布迪厄*在自己的学术生涯中创作了关于哲学、人类学、社会学、教育、文化和政治学的理论著作和经验主义著作。20世纪60年代布迪厄开始疏远法国结构主义者学派,虽然他本人曾受到这一学派的熏陶。从那以后他开始致力于发展社会科学研究的概念工具和方法论工具。虽然他认为自己的工作是社会学的,但他的概念和方法越来越多地被全世界不同的社会科学界和教育科学界的学者们所采用。布迪厄的工作被看做是把自然科学的关系概念,富有革新精神地迁移到在哲学方面处于实在论传统中的社会科学中。②

布迪厄的最受到教育家们称道的贡献是,他清晰地论述了受过教育的社会群体(职业群体或阶级)如何把文化资本用作一种社会策略来保持或增强自己的社会地位和尊严。他的最有名的著作是:《继承人》[与帕斯隆(Passeron)合著]、《区别》、《学术人》和《国家精英》;在《实践理论概要》、《实践的逻辑》和《反思社会学导引》[与华康德(Wacquant)合著]以及在其他一些短论中(例如,见《换言之》),他设计了他的用来研究社会的关系研究路径。从他的这些著作中,人们可以探究布迪厄是如何创造性地把法国的和欧洲大陆的社会学、语言学和哲学的多种多样的概念[例如,从巴什拉(Bachelard)、涂尔干、马克思、莫斯(Mauss)和韦伯(Weber)那里]编织成一个创新的、多产的社会学的理性项目。

布迪厄的"理论"是实践的理论,建立在他与他的同事们在过去四十多年以来在法国所进行的大量研究的基础之上。布迪厄把自己的研究方

---

* 布迪厄生于1930年8月1日,卒于2002年1月23日。——译者注

法称为反思社会学。他用这个名词不仅抓住了反省社会的方法的要素，还抓住了说明个体在一个社会的和推论的框架内的客观状态和主观状态的方法的要素。这个"理论"是由一个综合的概念框架构成的。其中，资本（文化的、社会的、经济的和符号的）、合法化原则、社会场域（field）、惯习（habitus）和社会策略，是用得最多的概念。认识的反思性和认识的个体，在布迪厄的反思社会学中也是很重要的概念。

为了恰当地讨论布迪厄的理论立场，关于他的理论方案我们必须考虑两点。第一，他的理论是认识论的。这就是说，它引导人的思维方式和安排对世界进行周密考察的方式，但它不是一种操作概念的实证主义的理论。第二，布迪厄的研究提供了重要的、基本的方法，用来思考教育与社会再生产问题和机制的关系，通过这种机制在一个关系场域内制造社会包容和社会排斥，而这二者都作为社会学的和历史学的"事实"。

布迪厄的反思社会学提供了一种认识智力实践的路径，而不管这种实践是发生在社会学、自然科学中，还是发生在教育中。这个理论的核心是对称作"认识的反思性"和"认识的个体"的概念的探讨。认识的反思性的目标，对于研究者而言是发现"在认识论上的对他的律令的无意识"。[③] 反思性的这种品质至少在三个重要方面不同于其他批评：第一，它的主要目标不是分析者个人，而是嵌入分析工具和操作中的社会的和知识分子的无意识；第二，它必须是集体的事业，而不是孤独的学术人的负担；第三，它并不谋求攻击，而是要从认识论上支持对律令的保护。[④]

认识的个体不同于生物学的个体，他们是由自己所承载的认识特点构成的。这就是说要通过在社会场域中起作用的历史地和社会地建构的合法化原则，研究对律令的认识论上的无意识，而这种社会场域是用来解释权力斗争的一种隐喻。例如，在布迪厄的《学术人》一书所研究的法国大学的场域中，个体可接受的地位是根据两个相互竞争的原则建构的。布迪厄和他的同事们收集了与入学机会、教育的决定因素等相关的指标，这样的指标例如有：招生、学术权力资本、科学权力资本、翻译和引证之类的科学威望、学术声誉、政治和经济权力资本、大学教授的政治倾向。布迪厄发现，法国大学的场域是按层级的两个互不相容的原则组织起来的：

> 社会层级与继承的资本以及实际持有的经济和政治资本相对

应,它是与特定的、相当的文化层级相对立的,因为文化层级是与科学权威或学术声誉的资本相对应的。这种对立是大学场域的结构本身所固有的,大学场域是两个相互竞争的合法化原则对峙的场所。⑤

认识的反思性的态度和方法提供了反省研究者的认识论立场和社会立场的策略,而不是参与一种主观主义的实践,主观主义的实践完全是传记性的,反映与我们的信仰的一种关系以及我们所采取的立场(这个立场是与生俱来的还是后来获得的)。

认识的反思性观点中的关键概念是惯习和社会策略。布迪厄把"惯习"解释为结构化的和正在建构的心理结构,通过这种结构个体获得他们的作为第二天性的观点和行为。惯习不是静态的,而是处于建构中的,持续地体现在一个转变的过程中,通向改变个体状况的社会轨道的效能,改变着与给定的社会场域中的资本的关系。⑥结构内化为认识世界的"真理"和要捍卫的信仰。布迪厄进而把惯习阐释为集体事业,通过这种事业生产社会世界并作为动态的事业予以再生产,在这个动态的事业中作为个体的人分担与拥有的资本相关的东西。

布迪厄运用社会策略思想来解释个体投身于争夺符号资本的方式。社会策略既是我们作出的有意识的、"随机的"选择,来使我们的信仰成真,同时也是无意识地利用这些信仰。例如,法国大学场域中(和在任何场域中)的游戏者发现,他们可以把某些推论的主题和文化实践用来作为他们自己的主题和实践。他们采纳它们是因为他们相信自己是正确的,而不是因为他们认为他们自己是在为保持或获得以资本形式出现的权力而奋争。采用这种方式的社会策略是有意识的,同时也是无意识的,用布迪厄自己的语言可能能对这种方式作出最好的解释。布迪厄说:"这是因为行为者从不完全知道他们在做什么,从不完全知道他们所做的事的意义比他们所知道的更大。"⑦

社会策略的观点也很好地说明了这样一个事实,即总是会有科学家拒绝接受自己的科学领域中已确定了的东西。但是,这样的具有创新精神的科学家,只要他们参与反对被当做该领域中的资本的东西的斗争,他们就会成为这个领域中的赌徒。这就意味着,研究"对象"(任何社会场域)的开始和结束,是在合法化原则的作用终止时,是在一个思想或一个实践或一个学术资格不再被看做符号资本时。

布迪厄的概念回避结构和行动者在理解二者之间关系方面哪个更重要的问题(即哪一个决定着另一个的问题)。这是因为研究对象是个体与社会结构之间的相互关系,还因为社会场域是不构成预先规定的群体或人口的关系空间。作为一种隐喻的社会场域,是由合法化原则与在该场域中为把某些东西计入该场域中的符号资本而角逐的个体之间的关系的客观化构成的。

如果我们历史地考察布迪厄的观念,我们就能发现,在发展阐述的过程中随着理论"事业"坚持不懈地掠过经验主义研究并与之相互作用,他的现有著作的理论华盖多年来是慢慢地张开的。因此,社会场域的概念的展开迟于资本概念。最新的概念之一是"权力场域",这是对考察整个社会的隐喻。布迪厄在运用这个概念时提出了一种思考社会层级生产的方式。权力场域是一个竞技场,在那里各种类型的资本(文化资本、经济资本、社会资本)的持有者,为角逐拥有符号权力和合法权力的最大机会而竞争。在大多数社会中最常见的竞争是在拥有经济资本和文化资本的那些人之间展开的,他们角逐这两类资本之间的"汇率"。⑧

布迪厄在教育方面所做的工作可与其他一些当代的研究者的有关工作相比较,其中之一就是巴塞尔·伯恩斯坦的工作,因为伯恩斯坦也探讨社会群体、知识与社会差异的关系问题。两人的工作的重要区别在于,伯恩斯坦的工作在探索关系的思想方面深受英国知识界的分析哲学传统的影响,而布迪厄更多地依靠欧洲大陆的哲学传统。还可以与福柯的工作做比较。布迪厄和福柯都热衷于证明知识是一种应经受社会和历史探究的"社会事实"。布迪厄的《马丁·海德格尔的政治本体论》和最近论述理性殖民化的著作,在采用系谱探究方面使他们二人更接近了。他们的不同在于这样一个事实:布迪厄的反思总是处于社会学领域之内,其焦点是知识与行为者的社会地位的关系。⑨

布迪厄的构想提供了一种考察世界的综合方式。对于反思社会学的初学者而言,"掌握"他的思想的方法都是不容易的、不轻松的;经常出现的概念是很复杂的、很稠密的,甚至是"暧昧的"、模糊的。其原因非常简单:世界永远比试图去理解它的概念方式要复杂得多。⑩即使如此他的工作也不是轻易地就能"消受的",文章中的戏言(和幽默)使他的著作的初学者处于这样一种状态中,似乎他们开始通过运用这些思想来与这些思想做游戏。开始研究布迪厄的著作的一种好方法,就是阅读汇编在《换言之》中的他的一些文章和他论述艺术的著作,例如《区别》。这些著作将会帮助初学者更有可能去真正地考察个体是如何利用作为社会策略的文化实践来赢得符号资本,以及如果没有获得任何这样的权力的话,至少要根据他们的利益把自己与其他人区分开来。开始根据这些观点进行某些经验主义观察的初学者,毫无疑问会看到,力图利用概念去理解人的(即使他们自己的)文化行为的概念游戏,并非与知识分子的严谨相抵触;这确实是使概念发展成综合的、概念化的研究路径的一种方式,这种研究路径被称为反思社会学。

注　释

① Bourdieu, *In Other Words*, p. 130.
② Frédéric Vandenberghe, "'The Real is Relational': An Epistemological Analysis of Pierre Bourdieu's Generative Structuralism", *Sociological Theory*, 17, 1, pp. 32 – 36, 1999.
③ Loïc J. D. Wacquant, "Toward a Social Praxeology: The Structure and Logic of Bourdieu's Sociology", in P. Bourdieu, with L. J. D. Wacquant, *An Invitation to Reflexive Sociology*, p. 41.
④ Ibid, p. 36. Original emphases.
⑤ Bourdieu, *Homo Academicus*, p. 48. Original emphasis.
⑥ Bourdieu, *In Other Words*, p. 116.
⑦ Bourdieu, *The Logic of Practice*, p. 69.
⑧ Loïc J. D. Wacquant, "Foreword", in Bourdieu, *The State Nobility*, p. xi.
⑨ 参见, e. g. , Pierre Bourdieu and Loïc. J. D. Wacquant, "On The Cunning of Imperialist Reason", *Theory, Culture, and Society*, 16, 1, pp. 4 – 58, 1999; Pierre Bourdieu, "The Social Conditions of the International Circulation of Ideas", in Richard Shusterman (ed.), *Bourdieu: A Critical Reader*, Oxford: Blackwell, pp. 220 – 228, 1999.
⑩ Loïc J. D. Wacquant, "Toward a Social Praxeology: The Structure and Logic of Bourdieu's Sociology", in P. Bourdieu, with L. J. D. Wacquant, *An Invitation to Reflexive Sociology* p. 23 (n. 41).

参　考

本书中的"海德格尔"、"福柯"、"涂尔干"。

布迪厄的主要著作

要列出布迪厄的主要著作可能需要几页的篇幅,列举他的全部著作则需要一本小书。下面列举的是本文中提到的著作,以及能够获得英译本的著作。法文原作的出版时间放在英文版时间的后面。

① Bourdieu, P., with Passeron, Jean-Claude, *The Inheritors: French Students and Their Relations to Culture*, Chicago, IL: University of Chicago Press, 1979, 1964. ② Bourdieu, P., with Passeron, Jean-Claude, *Reproduction in Education, Society and Culture*, London: Sage, 1977, 1970. ③ *Outline of a Theory of Practice*, Cambridge: Cambridge University Press, 1977, 1972. ④ *Distinction: A Social Critique of the Judgement of Taste*, London: Routledge & Kegan Paul; Cambridge, MA: Harvard University Press, 1984, 1979. ⑤ *The Logic of Practice*, Cambridge: Polity Press; Stanford, CA: Stanford University Press, 1990, 1980. ⑥ *Homo Academicus*, Cambridge: Polity Press; Stanford, CA: Stanford University Press, 1988, 1984. ⑦ *In Other Words: Essays Towards a Reflexive Sociology*, Cambridge: Polity Press; Stanford, CA: Stanford University Press, 1990, 1982–1987. ⑧ *The Political Ontology of Martin Heidegger*, Cambridge: Polity Press; Stanford, CA: Stanford University Press, 1991, 1988. ⑨ *The State Nobility: Elite Schools in the Field of Power*, Cambridge: Polity Press, 1996, 1989. ⑩ *Language and Symbolic Power*, John B. Thompson (ed.), Cambridge: Polity Press; Cambridge, MA: Harvard University Press, 1991. ⑪ Bourdieu, P., with Loïc J. D. Wacquant, *An Invitatation to Reflexive Sociology*, Chicago, IL: University of Chicago Press, 1992. ⑫ *Acts of Resistance: Against the Tyranny of the Market*, New York: The New Press, 1998.

其他参考书

Broady, Donald, *Sociologi och Epistemology. Om Pierre Bourdieus författarskap och den historiska epistemologin* (in Swedish), Stockholm: HLS Förlag, 1991.

阿斯盖尔 波普凯威茨

波兹曼
(Neil Postman, 1931—　)

　　言语是主要的和不可或缺的媒介。它使我们成为人,使我们继续成为人,实际上它界定了人的含义……当语言成为指导一个人进行思考的工具时意义是不能回避的……意义要求被理解。①

　　第一时间。我们在飞机上。"思想斗争"。有趣的新的电视节目。"我们今天的客人名单上有谁?毫不奇怪,我们有一份非常有魅力的朋友名单,这些朋友将让我们享受到一个极其美妙的夜晚。我们的第一位客人正好是尼尔·波兹曼教授,他是最杰出的教育哲学家和交际哲学家之一,他不仅倡导更好地进行教学,而且因在教学方面取得的优秀业绩而获得了基督教优秀教学奖。他是20多本书和200多篇文章的作者,他和我们一起生活在纽约。他是纽约大学的一些最高荣誉的接受者,其中包括1993年被任命为媒介生态学波利特·戈达德教授,但在我们转入第一个问题之前,插播一段广告。"

　　"现在说我们的第一个问题:您愿意用普通人的语言对我们解释一下,为什么您反对电视吗?"波兹曼深深地吸了一口气,回答道:"我感兴趣的不是反对电视的战争。我主要关心的是人类交际形式与文化质量之间的联系。我力图去搞清楚从书写魔术到电子魔术之间的转换。""太好了!"采访者惊叹。"电视的的确确是电子魔术。"波兹曼耐心地继续说:"就像其他各种媒介一样,电视也改变着我们的思维方式、学习方式,还改变着我们的表达方式。""我喜欢它。"采访者敏捷地反应。"您写过我们可能娱乐至死。我们会这样吗?"(指的是波兹曼1985年的一本书《娱乐至死》)"我们还不会死,但我们可能胸无点墨地了却一生。"这就是波兹曼简要的回答,反映了电视播放的一小段录像的快速。"所以,每天的新闻就只有好消息或坏消息……"

我们在此中断这段假想的采访,这样的采访可能有过,或者可能发生在某个地方,它反映了波兹曼*的观点,他认为"电视完全是一种花言巧语的哲学"②,"电视上最好的东西是它的废话连篇"③,"每天的新闻是我们的技术想象的虚构物"。④

波兹曼断言,模糊了时间和距离的现代电子通信系统,造就了娱乐性行业的时代,拙劣地替代了表达的印刷时代———一种思维模式、一种学习方法和表达手段。这个新的娱乐性行业的时代几乎丧失了与话语性质相关联的所有特点。它使我们失去了复杂的思考能力,使我们不能运用概念,不能进行演绎和序列分析;使我们失去对推理和秩序的高度评价;使我们厌恶矛盾,失去超然和客观的能力和对延迟响应的宽容。我们应该读一读《娱乐至死》,该书警告我们,教育正从作为对话过程的教学转变成作为娱乐活动的教学。

这是对马歇尔·麦克卢汉(Marshall McLuhan)的论点("媒介即信息")的深邃的洞察,有些人认为波兹曼把这一论点发展到了极端。⑤

波兹曼作为最杰出的哲学家之一和"电子教育"的主要的教育挑战者,经历了漫长的历程才到达今天这样的最有影响的阶段。波兹曼的学术生涯始于1959年,当时他在名称为美国英语语法的一个英语教育班中工作。在1961年成为纽约大学文化传播系的系主任之前,他还是纽约大学英语教育专业的副教授之时,他就认识到了电视对学习的空前影响,察觉到电视是源源不断的、魅力无穷的信息源,是读写经验的主要来源。但是,《娱乐至死》一书中的思想已在此时萌芽。虽然在他的《电视和英语教学》⑥一书中,波兹曼为希望利用电视的英语教师提供了动机,给予了帮助和鼓励,但他还是对如何利用电视作出了明确的限制,要求只在通报、鉴别和创造时才利用电视。

波兹曼作为一名小学教师开始自己的职业生涯之初,就把自己看做是浪漫的教育信仰者,保持着朝气蓬勃的乐观精神,尽管流行文化正在削弱对教学的影响。波兹曼因他最近的一本书《教育的终结》的意大利文版,被邀请去意大利接受萨尔瓦托·瓦利图蒂国际奖。⑦在这本书中确实表达了他的一个愿望,即通过重新引入学校教育所固有的目的和"结果"

---

* 尼尔·波兹曼于2003年10月24日去世。——译者注

来改变学校教育,但书中也提出了警告,即若没有关于目的的严肃的对话,学校教育就将接近自己的"末日",因为"没有意义,学习就没有目的。没有目的,学校就成为监禁所"⑧,"我们越快了结它越好"。⑨

固然,波兹曼并不像抨击社会和流行文化以及他非常关注的过多的技术那样去抨击学校,因为学校只不过是社会信念的镜子,反馈国民置于它面前的东西。因此,学校要正视两个相互矛盾的信念:一个信念认为教育的目标是批判性思维,是要发展独立的精神和足够的技能去战胜和改变错误的东西。这就是波兹曼在《作为一种颠覆性活动的教学》⑩中所提出的信念。另一个信念是把学校看做是教学生按原样接受世界的手段,甚至看做是教学生顺从文化规则、限制乃至偏见的手段。这就是在《作为一种保存性活动的教学》⑪中所阐述的信念。这实际上反映了波兹曼和与他合作写了五本书的亲密的笔友查尔斯·温加特纳(Charles Weingartner)的辩证的研究方法,针对每一个"正确的"的思想他们都会提出另一个与"正确的"思想相对立的思想。教育不等于学校教育,对尼尔·波兹曼而言,学校教育可以是一种颠覆性的活动,也可以是一种保存性活动,但它必定是一种有限制的活动。波兹曼不无讽刺地描述了学校的日程表:"它是开始得晚,结束得早,而且在开始和结束之间还有暂停,用来放暑假和节假日,当我们生病时还慷慨地准我们的假。"⑫ 1971 年初《纽约时报杂志》评价尼尔·波兹曼是"主要的激进教育家"⑬,他不同意这种观点。但是在一年以前,波兹曼和查尔斯·温加特纳为 15 岁至 25 岁的学生出版了一本关于学校转向的手册:《温柔的革命》。⑭

20 世纪 80 年代初,波兹曼迫使教育界意识到《童年的消逝》⑮和《童年:能被保存吗》⑯的问题。波兹曼的反应是很明确的。如果我们继续陷于我们自己的技术、我们的电视中而不能自拔,作为一种社会结构的童年就注定要消逝。波兹曼追溯童年的历史,在阐述了概念的历史发展和自文艺复兴以来的、被印刷术的发明所推动的现代童年的社会表现之后,他指出了电视清除童年与成年之间的分界线的方式。他强烈地认为,社会压力尤其是电子媒介正在导致作为一种社会结构的童年的中止。更何况美国的文化看来是童年的敌人,当儿童像成人那样看、穿衣、谈话和行动时,它导致"儿童的消失"(1983)。波兹曼依然带着一丝讽刺地补充道,同时成人也就变得更像儿童了。

是否有足够强大的社会机构去抵制童年的衰落呢?波兹曼的乐观的回答是"有",这样的机构就是家庭和学校。正如我们今天所认为的那样,学校是印刷术发展的产物,它不会轻易参加对自己的源头的攻击。不管以什么方式削弱学校的力量,学校将坚持自己作为抵御童年消逝的最后的防卫力量。但是,15年之后,当我们注意到上述时,波兹曼的乐观的观点转变为一种挑战,《教育的终结》⑰一语双关地发出了警告,要求重新界定学校的价值,认为学校几乎是保护自己作为一个教育整体的最后的防御力量。但是,波兹曼还是用以下的文字来结束自己的文章:

> 我相信学校将会坚持下去,因为没有人能发明一种更好的方式去把年轻人引进学习世界中;我还相信公立学校也将会坚持下去,因为没有人能发明一种更好的方式去创造政府的机构;我也相信童年会幸存,因为没有童年我们必然会失去成人感。⑱

这位有信念的教师依然故我。

感受到技术对文化的抑制促使波兹曼提出这样一个问题:童年的衰落是否象征着美国文化的普遍衰落?因此,一种文化能否维护人的价值并通过允许现代技术(可能的最全面的权威)去掌控文化的命运从而来创造新的价值,不是一个简单的答案能回答这个问题的,它可能仍然是一个开放的问题。但是挑战是"美国尚未开始思考"⑲,它仍处于20世纪技术的冲击作用之下。

十年之后的《技术垄断》和《文化听任技术的摆布》⑳,可以被看做是对上述问题的一个迟到的回答。波兹曼固然清楚地认识到技术是一位朋友,但这个朋友有着阴暗的一面。在《技术垄断》一书中,波兹曼分析了技术何时、怎样和为什么会变成特别危险的敌人。波兹曼认为,技术垄断不仅仅是一种文化状态,它还是一种精神状态。"它存在于技术的定义之中,意味着文化谋求在技术中的权威化并受技术的指挥。"㉑反映术语和问题在技术和官僚上的融合的技术化,被看做是信息和语言控制的一种危险的形式。波兹曼指出:

> 如果我们把意识形态界定为一组假设,我们几乎没有意识到它,但它却仍然引导我们去努力塑造世界并与这个世界保持一致,于是,

我们的最强大的意识形态工具就是语言本身的技术。[22]

因此，这是最大的符号耗费(symbol drain)。技术垄断抛弃所有的传统叙述手法和暗示稳定性和秩序井然的符号，讲述技能生活、专门的技术知识。波兹曼说，不仅技术发展不具有最大的优越性，而且"所有的技术变革都是浮士德式的交易"。[23]他向教育家们挑战不是为了用新技术治疗教育疾患，因为这些问题是社会的、道德的和精神的问题，而不是技术性质的问题。更何况大力集中资源和能量来利用教育技术进行教学，这是在回避必须教什么的问题。[24]

为了真正理解波兹曼对技术对文化尤其是对教育的影响所发起的挑战性进攻，我们必须领会波兹曼的批判性分析的语言概念基础。波兹曼是 Et Cetera 杂志的编辑，这是一本关于一般语义学的刊物；由于他对语言的澄清，1986年全国英语教师委员会授予他乔治·奥威尔奖。在《语言和系统》[25]和《语言学》[26]中，他和他的同事们把语言学看做是"当一个人试图发现信息并获得关于语言的知识时的一种行为方式"。[27]而且，如果我们把科学探究方法看做必要的人类心智工作模式的一种表现，而这种模式是一个使语言概念化的持续的探究过程，那么就不可能看不到语言符号的重要性。如果语言学确实面向符号和符号的使用，塑造我们的心智并组织我们的思维方式，那么，读书与看电视之间的不同就十分清楚了，对波兹曼的核心观点的理解也就容易得多了。很有意思的是，在希伯来语中学校就是"beit seffer"，"beit"的意思是房子，"seffer"的意思是书，因此，学校就是"书房"或"书的房子"。

电视需要的是感受，而不是概念[28]，然而"阅读包含思考、推理、想象和判断"。[29]阅读材料就像是建筑物的蓝图，每个读者都根据蓝图构造结构，而在细节上每个人都是独一无二的。

> 学习阅读就是学习遵守复杂的逻辑规则和服从修辞习惯，要求人谨慎地判断句子，当然也要求人随着新的要素的依次展开而不断地修正意义。有学问的人必须学习成为能反省、善分析的人，学习成为有耐心的、善肯定的人，他总是沉着的，在经过适当的思考之后不照本宣科。[30]

回到1973年，在《学校的教科书》[31]中波兹曼写道，作为交际媒介的学校,作为信息源的学校,已名誉扫地。而且传统的学校在与电子媒介的竞争中在经济上已难以为继;因此,他关于千年末(现在这个千年已在我们身后了)的预言是学校将像"学习的自动洗衣店"一样。学校将由一系列的教—学站构成,允许任何人学习任何他想学习的东西,它可以包含共同的学校课程中现有(在1971年时)的学科,也可以包含现在所没有的许多科目。学校可以分布在当地的各个居民区,可以一天24小时开放。任何人都可以重做功课,需要重做多少次就做多少次,不会有任何的测验不及格的情况出现,或者也不会因为愚钝而受到教师或其他学生的嘲笑。[32]与波兹曼一起走在充满风险的预言的道路上,我认为,计算机成为每个人的商品,它很便宜,也很友好,而且很容易操作,计算机将真的会取代学校。但这仅仅是对大众而言,或者仅仅是对穷人而言。精选出来的人、富人、精英,能够承担在小规模的学校中的教育和学习费用,因为真正的学习,过去、现在和将来都是人们之间直接的和生动的对话的结果。

  波兹曼的著作在广大的读者中间,而不仅仅是在教授俱乐部的读者中间引起了广泛的辩论,促使他们认真思考每个人所关心的问题。

  人们可能会怀疑波兹曼是否提供了解决教育问题的方案,虽然波兹曼认为没有简单明了的解决方案,但毫无疑问,波兹曼激发了一场旷日持久的辩论,他挑战我们的思想,迫使教育界去思考,从各个不同的方面去思考。人们还能要求其他什么吗?

注　释

[1] Neil Postman, *Amusing Ourselves to Death, Public Discourse in the Age of Show Business*, New York: Penguin, p.9 and 50. 1985.
[2] Ibid., p.17.
[3] Ibid., p.16.
[4] Ibid., p.8.
[5] Robin Barrow, *Radical Education. A Critique of Freeschooling and Deschooling*, London: Martin Robertson, 1978.
[6] Neil Postman and the Committee on the Study of Television of the National Council of Teachers in English, *Television and the Teaching of English*, New York: Appleton-Century-Crofts, 1961.
[7] Neil Postman, *The End of Education: Redefining the Value of School*, New York: Alfred A. Knopf, 1997.
[8] Ibid., p.7.

⑨ Ibid. , p. xi.
⑩ Neil Postman and Charles Weingartner, *Teaching As a Subversive Activity*, New York: Delacorte Press, 1969.
⑪ Neil Postman, *Teaching as a Conserving Activity*, New York: Delta, 1979.
⑫ Postman, *The End of Education*, op. cit. , p. ix.
⑬ Postman and Weingartner, *Teaching as a Conserving Activity*, p. 4.
⑭ Neil Postman and Charles Weingartner, *The Soft Revolution. A Student Handbook for Turning Schools Around*, New York: Delacorte Press, 1970.
⑮ Neil Postman, *The Disappearance of Childhood*, New York: Delacorte Press, 1982.
⑯ Neil Postman, "Childhood: Can It Be Preserved?" *Childhood Education*. 61, 4, pp. 286 - 293, 1985.
⑰ Postman, *The End of Education*. op. cit.
⑱ Ibid. , p. 197.
⑲ Ibid. , p. 146.
⑳ Neil Postman, *Technopoly The Surrender of Culture to Technology*, New York: Alfred A. Knopf, 1992.
㉑ Ibid. , p. 71.
㉒ Ibid. , p. 123.
㉓ Ibid. , p. 192.
㉔ Neil Postman, "Making a Living, Making a Life: Technology Reconsidered", *College Board Review*, 76 - 77, pp. 8 - 13, 1995.
㉕ Neil Postman and Howard C. Damon, *Language and Systems*, New York: Holt, Rinehart and Winston, 1965.
㉖ Neil Postman and Charles Weingartner, *Linguistics, a Revolution in Teaching*, New York: Delacorte Press, 1966.
㉗ Ibid. , p. 14.
㉘ Postman, *The Disappearance of Childhood*, op. cit. , p. 78.
㉙ Postman and Weingartner, *Linguistics, a Revolution in Teaching*. op. cit. , p. 182.
㉚ Postman, *The Disappearance of Childhood*, op. cit. , pp. 76 - 77.
㉛ Neil Postman and Charles Weingartner, *The School Book, For People Who Want to Know What All the Hollering is All About*, New York: Delacorte Press, 1973.
㉜ Ibid. , p. 116.

波兹曼的主要著作

① "The Politics of Reading", *Harvard Educational Review*, 40, 2, pp. 244 - 252, 1970.　② "Curriculum Change and Technology", Report to the President and the Congress of the United States by the Commission on Instructional Technology, Academy for Educational Development, Inc. , Washington, DC, 1970.　③ "Media Ecology: A Growing Perspective", *Media Ecology Review*, 3, 3. pp. 10 - 11, 1973.

④ "The Ecology of Learning", *English Journal*, 63, 4, pp. 58 – 64, 1974. ⑤ Postman, Neil and Weingartner, Charles, "Two Tests To Take—To Find Out If Yours is a 'Great' School", *American School Board Journal*, 161. 1, pp. 23 – 26. 1974. ⑥ "Whatever I Call It, It Is", *A Review of Gereral Semantics*, 31, 1. pp. 37 – 44, 1974. ⑦ "What An Educator Means When He Says...", *Journal of the International Association of Pupil Personnel Workers*, 20. 3. pp. 153 – 156. 1976. ⑧ "Landmarks in the Literature: Where Have All the Critics Gone?" *New York University Education Quarterly*, 9, 1, pp. 28 – 31, 1977. ⑨ "The First Curriculum: Comparing School and Television", *Phi Delta Kappan*, 61, 3, pp. 163 – 168, 1979. ⑩ "The Information Environment", *A Review of General Semantics*, 36, 3, pp. 234 – 245, 1979. ⑪ "Teaching as a Conserving Activity". *Instructor*, 89. 4. pp. 38 – 42, 1979. ⑫ "Order in the Classroom!" *Atlantic*, 244, 3, pp. 35 – 38, 1979. ⑬ "Landmarks in the Literature: The Limits of Language", *New York University Education Quarterly*, 11, 1, pp. 29 – 32. 1979. ⑭ "Language Education in a Knowledge Context", *A Review of General Semantics*, 37, 1, pp. 25 – 37, 1980. ⑮ "'The Ascent of Humanity': A Coherent Curriculum", *Educational Leadership*, 37, 4, pp. 300 – 303, 1980. ⑯ Postman, Neil and Fiske, Edward B., "Fine Tuning the Balance between Education and a Media Culture", *Teacher*, 98, 1, pp. 28 – 30, 1980. ⑰ "Disappearing Childhood", *Childhood Education*, 58, 2, pp. 66 – 68, 1981. ⑱ "The Day Our Children Disappear: Predictions of a Media Ecologist", *Phi Delta Kappan*, 62, 5, pp. 382 – 386, 1981. ⑲ "Childhood's End", *American Educator. The Professional Journal of the American Federation of Teachers*, 5, 3, pp. 20 – 25. 1981. ⑳ "Disappearing Childhood", *Childhood Education*. 58, 2, pp. 66 – 68, 1982. ㉑ "The Disappearance of Childhood", *Children's Theatre Review*, 32, 1. pp. 19 – 23, 1983. ㉒ "The Disappearing Child", *Educational Leadership*. 40, 6, pp. 10 – 17, 1983. ㉓ "Engaging Students in the Great Conversation", *Phi Delta Kappan*, 64, 5, pp. 310 – 316, 1983. ㉔ "The Disappearance of Childhood", *Childhood Education*, 61, 4, pp. 286 – 293, 1985. ㉕ "The Educationist as Painkiller", *English Education*, 20, 1, pp. 7 – 17, 1988. ㉖ "The Re-Enchantment of Learning", *Youth Theatre Journal*, 5, 2, pp. 3 – 6, 1990.

其他参考书

① Barrow, Robin, *Radical Education: A Critique of Freeschooling and Deschooling*, London: M. Robertson, 1978. ② Kincheloe, L. Joe, "Wait a Minute Mr. Postman: TV Content Does Matter", *International Journal of Instructional Media*, 10, 4, pp. 279 – 284, 1982/1983. ③ Levinson, A. Bradley, "The End of Education, Book Review", *Harvard Educational Review* 66, 4, pp. 873 – 878, 1966. ④ Olson, Renee, "Postman Always Thinks Twice, Augmented Title: When it Comes to

Technology, Interview with Neil Postman". *School Library Journal*, 42, pp. 18 – 22, 1996.　　⑤ Robinson, Sandra Longfellow, "Childhood: Can it be Preserved? An Interview with Neil Postman", *Childhood Education*. 61, 5. pp. 337 – 342, 1985. ⑥ Trotter, Andrew, "Are Today's Kids Having Too Much Fun in Your Classrooms?", *Executive Educator*, 3, 6, pp. 20 – 24, 1991.

英巴

赛 泽
(*Theodore R. Sizer*, 1932—)

> 学校应该专注于帮助年轻人发展很好地利用其心智的习惯……学校的学术目标应该是很简单的,那就是:要让每个学生掌握数量有限的基本技能和知识领域。应该遵循"少就是多"这句格言。①

课程的座右铭"少就是多",是西奥多·赛泽的一句很有号召力的名言,表达了他对这项教育改革努力的核心的理解,表明了他对学习质量的强调,认为学习质量的重要性超过教授质量。鼓励学生认真地、批判性地按很高的标准去完成数量有限的极其重要的任务(既少又多),这集中体现了赛泽对学校的挑战,要求重新思考教育目标和实践的重点;倾全力于理智的和富有想象力的、能使学生获得更多而不是更少知识的竞争;成为积极的而不是消极的学习者;表现出有动力和有求知欲而不是漠不关心;要欣赏深度而鄙视浅薄,成长为能恭敬地怀疑和勤于思考的人而不是无所用心的人。

西奥多·赛泽(或人们亲切地称之为特德),是一位教育改革家,他在提出一种新的学校和学校教育观以及大力地将之付诸行动方面发挥了关键性的作用。赛泽生于1932年6月23日,在纽黑文北部的一座农庄中长大。他现在是布朗大学的荣誉退休教授。1984至1989年他是布朗大学教育系主任。他是声名鹊起的重点学校联盟(CES)的创办人,是安南伯格教育改革研究院(1993)的第一任院长,担任该院院长直至1996年。包括布朗大学、威廉姆斯学院、达特茅斯学院和康涅狄格学院在内的多所大学授予他名誉学位;尤其是他还获得过古根海姆研究奖学金、詹姆斯·布赖恩特·科南特奖、州立学校官员理事会的优秀服务奖。

赛泽于1953年从耶鲁大学英国文学专业毕业后就参了军。作为一名炮兵军官,军队对其所有新兵的训练程度甚至辍学情况所作的鉴定,以及军队认为这是一个可以达到的目标的信念,给他留下了深刻的印象。复员之后赛泽在罗克斯波里拉丁学校教英语和数学(1955—1956),然后进入哈佛大学,在那里获得社会研究专业的神学文科硕士学位(1957)。在这之后他去澳大利亚从教,在墨尔本男子文法学校教历史和地理(1958)。他在这所严格的传统学校中的教师经历,对赛泽关于文化、学校共同体和家庭期望对一所学校的形成所起作用和影响的观念的形成,有着深远的影响。

赛泽回到美国之后在哈佛大学完成了教育和美国历史专业的哲学博士学位的学习(1961)。在一度担任哈佛大学的助理教授和它的神学文科硕士学位项目主任(1961—1964)之后,他被任命为哈佛大学教育研究生院院长(1964—1972)。在此期间他对教育平等问题的关心彰明较著,他提出的只给低收入家庭发放教育补助金券的建议也是家喻户晓的。1968年,赋予每所公立学校特权并允许学生把自己的所有公立教育经费携带到任何公立学校中去的思想,对处于萌芽状态中的择校政策打下了不可磨灭的烙印。作为当时的一种激进的思想,这一政策最终作为保守行为的一部分被接受。赛泽深信,特许学校既提供了竞争入学,也提供了平等入学——暗含着择校。但他坚持,选择"不是要掩盖隔离,而是对家长、学生和教师的一种强大的激励"。②

1971年末,赛泽离开了哈佛大学去位于马萨诸塞州的安多弗的菲利普学校教历史并担任该校校长(1972—1981)。作出离开哈佛的决定,对于一位年轻的、成功的教授来说是很特别的,这证明了赛泽深切地关心并献身于世纪之交时期的青少年的需要和他们的学校教育。正如他自己所言:"我的世界是中学(高级中学和初级中学)的世界。"③在菲利普学校度过的九年时光对赛泽的一生影响深远,使他更确信,任何学生,不管他或她的文化或社会背景如何,只要在合适的环境中并得到正确的支持,都能学得很好。

他挑战现有学校制度的决心主要来源于这段经历,他与几位同事一起随后开展了一项名为"中学研究"的研究。④这项研究的结果是出版了一部享有盛誉的著作《霍勒斯的妥协:美国中学的进退维谷》(1984),这本书对中学提出了重要的批评,是霍勒斯三部曲中的第一部。⑤

为确定有意义学校的性质并把自己的思想应用到许多学校的日常的实践中而造成的压力,导致赛泽于1984年创办了重点学校联盟(CES)。

"联盟"和"重点"这两个词抓住了这一组织的性质以及赛泽的最宝贵的价值和目标:建立各所学校的伙伴关系,并分担重点学校的义务,即学校教育的智力核心。该联盟在赛泽的领导下迅速发展,其成员学校从 12 所中学发展到 1200 多所学校,其中既有公立学校,也有私立学校,分布在美国的 38 个州以及其他两个国家。至少有三分之一的学生来自少数民族群体。⑥ 为了进一步发展改革力量,赛泽和该联盟联合州际教育委员会(ECS)的力量,共同从事名为"重新学习"的项目⑦,并与 ATLAS 委员会的项目合作。⑧

赛泽把他的关于学校教育的最基本的价值、观念和信念以及学校教育的方法具体化为九条原则。这些思想发表于 1983 年,1985 年已成为该联盟的共同原则⑨,多年来几乎没有什么修改,只不过最近增加了第十条原则。简言之,赛泽的观点是号召学校加强对每个学生在学校中都必须掌握的学术重点的关注;号召学校把自己的学习、教授和评价集中在有意义的、普遍的并对个人具有挑战性的问题上,从而承认并满足所有学生的不同需要;号召设计的课程要能培养心智进行思考的习惯,而不是无效地追求覆盖信息;号召把教和学都看做要依具体情况和学生来进行;号召通过组织"展示"学生的工作来评判学生对知识和技能的掌握;号召把教师看做知识渊博的人(而不是学科专家),减轻教师和学生的负担,设计有助于教师和学生改善他们的关系的日程表和常规活动;号召支出维持在原来成本的 10% 以内;号召在对学校、教师、学生和家长的高度期望、信任和尊重的氛围中工作;号召塑造民主的行为和道义的多样化。

赛泽与大多数教育改革家不一样,他不规定要"改进"的具体"模式",也不提出任何标准化的解决方案或具体的指导。他所做的是提供一组发人深省的思想,挑战流行的学校常规。他的学校改革观建立在一个坚定的信念的基础上,这个信念就是他坚信每所学校都具有独一无二的品质,每所学校为锻造自己的个性都具有自己的特殊需要、自己的愿望和责任。赛泽把学校"革新"看做是一种局部现象,它必须一所学校一所学校地进行,每所学校都有义务重新思考自己的重点,把他的原则所表达的观点注入生活中,把这些原则以反映学校最重要的价值的一种形式付诸实践。赛泽坚定地认为,人们不能设计学校,"一所学校的成长通常是缓慢的,几乎总是在痛苦中成长,因为在成长中要遇到许多棘

教育究竟是什么？100位思想家论教育

手的问题"。⑩

　　尊重个人和多样化的价值,是赛泽哲学中的一般的主题。当与个体(学生、教师、家长或教育家)或群体(班级、学校、家庭或社区)相联系时,在教育系统的所有各个层次上都反映出这些主题。他指出,"人是形形色色的。谢天谢地他们确实是这样的。人类取得许多进步是因为不同的个人不断地跨越预定的模型"⑪,他认为,"存在一些青少年发展模式,但在这些模式之内个人的变量,是与模式本身一样重要的"。"我是与众不同的。我是特殊的。我是某个人"⑫,赛泽在作这样的引证时强调的是每个学生的独特的价值。因为"没有两个学生,没有两个教师,没有两所学校,没有两个社区,是完完全全一模一样的,即使今年与明年也不一样"。⑬赛泽明确地指出,不可以完全一样地对待他们,他们不能根据同一种最好的课程、同一种最好的教育学、按同一种最好的学习速度或同一种最好的测试来工作。赛泽认为,标准化"是无效的,因为它往往是严酷的",必须要区别对待。

　　赛泽深信,不能脱离个人所处的环境来考察个体和个人的问题,必须把这些问题看做是紧密结合成一个整体的一部分。正如学生的价值和目标是重要的,所以就必须把学校看做是一个整体,就必须考虑家长和社区的价值和所关心的事情。"学校必须有一种集体的文化,一种'道德体系',它与个人的自主相平衡"⑭,它是由在一个特定社区中的教师、学生和学生家长之间的合作所创造的一种文化。这样的局部的然而又是集体的文化,虽然很小,但具有足够的凝聚力,能有意识地形成朋友的共同体;或者用赛泽的话来说,"小的民主团体"不可能由外部的力量来造就,它只有通过探究和对话才能形成。局外人,或者用赛泽的话来说"爱批评的朋友",可能会影响这个过程,但他们不能控制这个过程。这个精辟的论点证明了他对盛行的体系及其集权的结构、由上至下的策略、官僚主义的机制、疏远的且一心一意的权威,是全盘否定的。

　　赛泽提出了一个系统的教育观,它囊括了教育系统的每个要素和各个层次,包括课程、教授、学习、评价、组织结构、教育政策、专业发展和校外现实环境,所有这些方面协同作用结合在一起,形成一个首尾一贯的整体。体现在其中的是人们、群体和机构之间的新型的关系,所有这些关系的基础都是对变化中的事件、需要和希望所进行的处于开放状态的持续的对话。结合和相互联系就是赛泽观念中的占优势的结构模块,它们把习惯上是成对的和传统上是相互对照的观点,例如,情绪和心智、智慧和道德、挑战和舒适、教育实践和评价工具,看做是彼此相关的并将一个嵌入另一个之中——而不是相互排斥的。同样地,他从整体论的观点出发,从知识的短暂性、关系性和可靠性出发去认识知识,而拒绝和排斥对静态的学科组织的依赖。

在控制严格限制边界的教育时,赛泽探索的是局部的和普遍的、个人的和集体的。这是在容忍不确定性和必要的妥协中追求其内在的平衡,这种平衡在赛泽对非常有争议的国家标准问题的态度中表现出来。他坚持,标准应以价值为基础,而价值是形形色色的、模棱两可的、具有挑战性的并依赖于具体环境的,然而在同时,价值又是广泛地分布的,被深入地保持和分享的,赛泽确信标准不可能是毫不含糊的、明明白白的或显然有别的,无论是当地的学校还是国家当局,都不可能独自决定标准。他坚信,通过各所学校与自己的学生、教师、家长以及广大的职业团体之间的全国规模的对话,学生的"表现"[15]就可以作为制定国家标准的根据。

赛泽为教育改革所进行的有意义的研究活动和所付出的努力,产生了丰富的、有启示意义的和鼓舞人心的成果。[16]研究一般地证明了,如果一所学校既在课堂内部又在整个学校中采用赛泽的思想,其结果就是:学生越来越多地从事学习活动,学生的学习成绩有了提高,家长、教师和学生的满意度也提高了,增强了对学生行为的积极作用,不同群体学生中间的成绩也更公平了。

1999年,赛泽以访问教授的身份回到哈佛大学,当时他仍担任 CES 的主席。自1998年从布朗大学退休以来,赛泽与自1955年以来成为他的妻子和同事并是他的近作(1999)的合作者的南希·福斯特·赛泽(Nancy Faust Sizer)一起,共同担任帕克特许学校校长(1998—1999),继续他们的坚定不移的、把时间花在学校中的学术活动,这就是典型的特德·赛泽的生涯。

他是一位鼓舞人心的、不知疲倦的、矢志不渝的学者型活动家,他终生都在阐释一种持久的关系,这就是理论和学术世界与格外有挑战性的和有影响力的,在学校、学校教学和教育的现实世界中的生涯的关系;赛泽提出了附有一套基本原则的教育理论,把他对教育质量的坚定信念与当代理论家的深邃见识相结合。他希望我们发展一种学校文化,这种文化有希望给予我们的社会一种面向我们所有儿童的有意义的教育以及社会公平的氛围。感谢他对青少年的需要具有格外的敏感,感谢他把期望与对世界的动态性和复杂性的人道主义的理解相结合。赛泽号召我们所有人把我们的每一个孩子引向"深思熟虑的自由"。他的博学的工作表明他在谆谆地教诲我们要尊重差异,要重视多样性。他的工作受到一种深切的、真诚的关心的鼓舞,他的作品洋溢着人情味,格调清新高雅。

教育家赛泽,他的行动实践着自己所宣扬、所承诺、所坚信并为之坚持不懈地斗争的东西;他向研究人员、实际工作者和政策制定者发起挑战,要求有影响的思想能结出丰硕的果实。他证明了,关注对所有学生的很高的学术期望并受到一个具有挑战性的、灵活的、真实的和有人情味的学习环境驱动的一种系统的学校教育思想,怎样才能成为我们的思想。他对我们的教育思想和实践的贡献在于,他指出了教育的核心以及值得我们的心智的和情感的努力和注意所争取达到的目标,就是人,尤其是学生。因此,我们必须了解我们的学生,相信他们,信任他们,尊重他们,帮助他们,使他们成长为思想丰富的、有责任感的、富有创造力的、关心他人的、值得信任的人,这样的人能敏感地对待自己和他人,能如饥似渴地学习并追求聪明才智。赛泽提醒我们,实现这些目标的关键就在我们带到与他人(不管他们是年轻人还是老年人)的相互关系中的思维习惯、价值观和行为中;他还进一步提醒我们,我们工作的性质,是具有真正的、深刻的道德意义的工作。

注　释

① 引自两条基本原则的第一条。欲进一步了解这一著名的、经常饱受批评的观念,参见 *Horace's School*, p.109; *Horace's Hope*, p.87; and K. Cushman, "Less is More: The Secret of Being Essential", *Horace*, 11, 2, 1994.

② Sizer, *Horace's School*.

③ *Reinventing Our School: A Conversation with Ted Sizer*, 与 Ted Sizer 的录像谈话,出自"与著名改革家的系列录像谈话", 1994。Available: www. ed..psu.edu/insys/esd/sizer/PromPrac.html.

④ R. Hample, *The Last Little Citadel*, Boston, MA: Houghton Mifflin, 1986. A. G. Powell, E. Farrar and D. K. Cohen. *The Shopping Mall High Schools: Winners and Losers in the Educational Marketplace*, Boston, MA: Houghton Mifflin, 1985.

⑤ 霍勒斯三部曲描述了赛泽的研究、概念的形成、积极参与的轨迹,反映他为中学的改革多年来所作出的努力。霍勒斯·史密斯(Horace Smith)是作者虚构的一位教师,他提供了一面透镜,赛泽通过这面透镜反映当代学校的实践、它们的根源、假设和组织(霍勒斯的妥协),描绘了理想中的学校的样子(霍勒斯的学校),反映了他的努力所产生的影响(霍勒斯的希望)。
⑥ 按最初的规划,大部分学校是中学,1996年以来,许多小学也加入了CES。
⑦ "From Schoolhouse to Statehouse", National CES/ECS teleconference, 1991.
⑧ ATLAS支持可靠的教师学习和评价,这个项目把哈佛的加德纳的工作、耶鲁的库默的工作、马萨诸塞州的坎布里奇教育发展中心的惠特拉的工作结合在一起;更详细的说明见 Cynthia J. Orrell, "ATLAS Communities: Authentic Teaching Learning for All Students", in S. Stringfield, S. Ross and L. Smith. *Bold Plans for School Restructuring: The New American School Designs*, Mahwah, NJ: Erlbaum. pp. 53—74. 1996。
⑨ 原先的九条原则,见《霍勒斯的希望》,第154—155页。十条原则见CES网站: http://www.essentialschools.org/aboutus/phil/10cps.html。由研究者编辑的九条原则的版本,见 "Empowering Students: Essential Schools' Missing Links", *Horace*, 11, 1, 1994.
⑩ Sizer, *Horace's Compromise: The Dilemma of the American High School*, 1984.
⑪ 引自 "No Two Are Quite Alike", *Educational Leadership*, 57, 1, 1999.
⑫ 引自 *Horace's School*, p. 31.
⑬ Ibid.
⑭ 引自 Sizer, *The Students are Watching*, p. 17.
⑮ 详见 Joseph P. McDonald, "Dilemmas of Planning Backwards: Rescuing a Good Idea", Coalition of Essential Schools Studies on Exhibitions no. 3, *Teachers College Record*, 94, 1, 1992.
⑯ 详见 Kathleen Cushman (ed.), "What Research Suggests About Essential School Ideas", *Horace*, 11, 3, 1995; and, for successful achievement on standardized tests see, "Ten by Ten: Essential Schools that Exemplify the Ten Common Principles", *Horace*, 16, 1, 1999.

赛泽的主要著作

① *Secondary Schools at the Turn of the Century*, Westport, CT: Greenwood Publishing Group, 1976. ② *Horace's Compromise: The Dilemma of the American High School*, Boston, MA: Houghton Mifflin, 1984. ③ *Horace's School: Redesigning the American High School*, Boston, MA: Houghton Mifflin, 1992. ④ *Horace's Hope: What Works for the American High School*, Boston, MA: Houghton Mifflin, 1996. ⑤ Sizer, T. R. and Sizer, Nancy Faust, *The Students are Watching: Schools and the Moral Contract*, Boston, MA: Beacon Press, 1999.

其他参考书

① McDonald, J. P., Rogers, B. and Sizer, T., "Standards and School Reform: Asking the Essential Questions", Coalition of Essential Schools. or its version in *Stanford Law & Policy Review*, 4. 1993.　② McQuillan, P. J. and Muncey, D. E., "Change Takes Time—A Look at the Growth of the Coalition of Essential Schools". *The School Ethnography Project*, 10, 1992.　③ Sizer, T., *Places for Learning, Places for Joy: Speculations on American School Reform*, Boston, MA: Harvard University Press. 1973.

莱文

艾斯纳
(Elliot Eisner, 1933—)

在一种文化中,更多的人愿意在一个夜晚观看"家庭世仇",而不是全年去听古典音乐会,艺术的这个边缘化的地方是可以理解的。人们还希望教育家们做得更好一些。我们中间在教育界工作的那些人,能否在智能方面起领导作用从而使我们的孩子们有机会知道并有可能去热爱只有很少人知道或热爱的东西?我的一个热望就是努力去使这样的事情发生。①

概括埃利奥特·艾斯纳的一生是一项令人生畏的任务。作为他过去的一名学生,我被要求在他的几次演讲时介绍他。每次我的介绍都是"简要的"。我很快就发现,要压缩这样一位贡献和成就如此浩瀚和杰出的人的成绩,是多么的困难。埃利奥特·艾斯纳的简历长达92页,披露了一些具有里程碑意义的显赫成就:斯坦福大学教育和艺术专业李·杰克斯教授;自1962年在芝加哥大学获得哲学博士学位以来的五个名誉学位;被选入欧洲两个皇家学会和美国国家教育科学院;许多学术组织的主席,其中包括全国文科教育学会和美国教育研究学会;还有对他工作的一些奖励,其中包括古根海姆研究奖学金。

艾斯纳写了285篇论文和15本书,自1970年以来平均每年发表约七篇论文。关于他的著作,主要的有:《教育评价的艺术》(记录其早期思想的文章汇编)、《教育想象》(所有课程工作者的必读书)、《认知和课程再探》(他最明确地论述精神和表象的著作)、《开明的眼睛》(论述定性分析的最主要的文本)、《培养艺术家的洞察力》(对象为所有的艺术教育工作者)、《我们需要的学校类型》(论述学校改革的文章汇编)。

在艾斯纳的早年,很难预料他会成为如此多产的论述教育主题的作家。当埃利奥特的三年级老师对他的母亲表扬他的艺术天赋时,他的母亲就给他注册了芝加哥艺术学院的一个星期六上午的美术班。他的母亲希望他能成为一个从事商业活动的画家,因为这是一个能挣钱的职位。他继续主修美术(和教育)。然而他在学院时承担了在一个美国男孩团体中教非洲裔美国男孩的工作,这个团体的所在地在芝加哥西部,与他成长的地区相邻。这一经历把他的兴趣中心从美术转移到了美术教育。从这一转移中开始形成他的最终影响世界教育工作者的思想。艾斯纳认识到,忽略艺术的学校提供的教育类型是不平衡的、不公平的。他还开始认识到,缺乏思维的艺术模式的认知概念是不适当的。

    在学校教育的背景下……我们关于心智发展的观念,妨碍艺术和艺术对教育发展的潜在贡献。②

  在他的职业生涯期间,艾斯纳重新界定了我们认识教育的方式。直至20世纪70年代,教育评价和程序评价主要是定量的。在艾斯纳之前,课程工作意味着以行为性目标为核心。它要求探索人类行为的社会科学规律。它强调的是考验教师的课程,依靠的是关于教育的科学的和工业的隐喻。在艾斯纳之前,艺术仅仅是在情感和创造性方面作出的努力——肯定不需在认知方面付出努力。就此而言艾斯纳传给我们的主要财富就是使教育摆脱思维的占优势的科学和技术模式,增加各种不同的新的方式去考察研究和评价、学校改革和艺术在教育中的作用。其他教育家也在从事相似领域的工作,但几乎没有人能像他那样对实践工作者和学者提出如此有说服力的、雄辩的解释。

  美术教育所依据的前提,其中有许多被艾斯纳作为不恰当的前提予以曝光。他帮助推翻这样一些思想:自行其是的儿童将本能地发展艺术感受能力;教师只应该为学生提供一连串美术活动然后不予干预;艺术仅仅是发泄情感和创造力的出口。艾斯纳强调,环境陶冶艺术品味,美术教育为儿童的成长作出独特的贡献。主要由于艾斯纳的大力倡导,美术教育成为一门以内容为本的学科。

  1967年,艾斯纳发起了凯特灵项目,为未受过训练的小学教师提供视觉艺术的教学材料。③该项目的两个关键性假设是:视觉艺术对儿童教育所能作出的最重要的贡献,是美术所固有的;课程不仅应注意生产方面,还应注意审美、批评和历史方面。这些思想成为20世纪90年代占优势的美术教育——以学科为基础的美术教育(DBAE)的预兆。推动DBAE的最强大的组织是格蒂艺术教育中心。自该组织于1982年开办以来艾斯纳一直在其咨询委员会工作,他还是该组织第一份关于宗旨的声明的作者。今天,全国文科教育协会接受了 DBAE 的观点,把它作为思考和组织课程的理想的路径。几乎美国所有的州都采用了 DBAE 的模式,澳大利亚和英国也采用这种模式。

艾斯纳还从美术批评中得到启示并设计了教育鉴赏和教育批评,这是一种评价和研究的模式,关注在学校和教室中实际发生的事情。鉴赏能力基本上是运用艺术批评的鉴赏艺术。批评表现他或她通过采用描述、解释、评价和主题的鉴赏所学到的东西。描述使他人能够获得关于所要讨论的东西的生动的画面并使他人能产生共鸣并参与其中。解释是说明要描述的东西的过程。它包含一个事件的意义。评价是对要考察的东西在教育上的意蕴(import)作出价值判断。主题提供"故事的寓意"——它列举习得的教训。教育批评一般通过聚焦于学校的主要维度(宗旨、课程、教育学、学校结构和评价)去考察学校的课程观念(关于学校应该教什么和目的的信念)。今天,全世界的教育家都采用教育鉴赏和教育批评来进行研究和评价。马达乌斯(Madaus)和凯拉厄恩(Kellaghan)引证了这一路径,把它作为定性研究和评价的五种主要类型中的一种。④

艾斯纳的工作的一个衍生物是以艺术为基础的探究运动的发展。这一运动的支持者接受艾斯纳的思想,认为每种表象形式都能潜在地影响我们的经验,随后影响我们理解世界的方式。运用这一思想进行研究,他们就能断言,书写文字不能恰如其分地表达我们用来理解和解释教育的所有方式。因此,艾斯纳关于认知和表象形式的思想使绘画和装置艺术展览合法化,也使能促进对教育背景的意义和理解的其他以艺术为基础的模式合法化。⑤

> 儿童……进入这个世界中时是……无意识的。我知道,这必然会让你感到有点奇怪。他们不会没头没脑地进入世界。头脑是生物的;心智是文化的。心智是一种文化成就形式。儿童终于拥有的心智类型,在很大程度上受到他们生活中的机会的类型的影响。而机会的类型……主要受到儿童在其童年时代所拥有的计划和选择的类型的影响。⑥

艾斯纳主要以三种方式为学校改革作出了贡献。第一,他倡导超越思维的技术模式和行为模式。例如,艾斯纳建议教育家在规划课程时除了教育目标之外还要考虑"表现性结果"——课程活动的结果。艾斯纳指出,推动制订仅仅是清楚地规定特定的、狭窄的结果的课堂计划,既不能使教师也不能使学生从意外的发现中成长(例如,观看一场演出,引起一系列未预见到的反应)。

第二,艾斯纳提防对口号或教育时髦的依赖。他复兴了对基础的关心:教育的基础是什么?什么是能读会写?心智是什么?艾斯纳批评了在美国占优势的一些范式,这些是工厂中和流水作业线上的范式,它们错误地认识和低估了教和学的复杂性。艾斯纳改为推动一种从理解人性开始的生物学上的暗喻[由约翰·杜威(John Dewey)、苏珊·兰格(Suzanne Langer)、赫伯特·里德(Herbert Read)和纳尔逊·古德曼(Nelson Goodman)的审美理论所提出的]。

总之,艾斯纳强调,人主要是通过自己的能敏感地接受信息的感官来与环境互动。从这种互动中形成概念。先于语言的概念的形成,依靠来自感觉材料的映象。当人要表现自己时,他们就把自己的概念转换成表象形式,这种表象形式可以是语言的,但也可以譬如是音乐的和视觉的。能让我们表现某种东西的每一种表象形式,都在揭示和隐匿。

依此为依据,艾斯纳确信,教育中的许多核心概念需要重构。例如,识字这个概念不应仅仅指阅读文字,而是表示对以各种不同的表象形式体现出来的内容进行编码和译码的能力。理性这个概念,过去通常理解为逻辑性,现在可以解释为"在创造或感知与包含自己的整体相关联的要素时的智力练习"。[⑦]在这里,逻辑是理性的子集。曾经被降低到识字的认知概念,现在可以理解为有机体通过他或她的感觉获得意识的过程。艾斯纳强调,感觉错综复杂地与认知捆绑在一起。他还提出,学校不应把认知局限于命题语言和数学(根据学习能力倾向测验测得的)。应该允许学生通过各种不同形式的表象去学习并以各种不同的形式去表现自己。

艾斯纳的第三个主要贡献是他作为认知多元论者所起的作用(认知多元论者相信,心智是社会地产生的,知识可以用多种方式描述)。艾斯纳证明,枯竭的心智几乎没有可随意支配的符号系统或表象形式。艾斯纳认为,学校应该帮助儿童从经验中创造意义,而要做到这一点,就要求教育致力于感觉,致力于通过许多表象形式的概念形成,致力于使活动具有意义,致力于想象。最根本的是,艾斯纳热衷于帮助儿童发挥他们独特的潜力——热衷于培育"生产性特质"。

  这里的每个人肯定都可能在片刻之际回想起一匹走向街头的马。现在抓住这匹马,把它变成一匹长着翅膀的蓝色的马。看到一匹长着翅膀的蓝色的马是不可能的,但是我们可以形成概念来为自己形成在我们的日常生活中从不可能遇到的可能性。这就是这种特殊的练习想象的能力——改造回忆中的事物,这种能力是我称之为教育"基础"的一部分。为了使一种文化保持生命力,为了使它真正地成长,儿童和成人必须有能力把回忆的事物转变为可能的事物,否则你得到的则是一种静止的文化。⑧

艾斯纳的永不磨灭的贡献是改变我们对艺术和对教育的看法。根据他的观点,艺术和教育对于充实的、完整的和令人满意的生活都是不可或缺的。艾斯纳不仅努力用艺术去激励教育,而且力求使艺术以学校的使命为中心:

  艺术既提供信息又能起激励作用,它们是挑战又能让人得到满足。它们的位置不局限于画廊、音乐厅和剧院。每当人们选择与生活本身建立周到的、生动的相互关系时,都能找到艺术的家。艺术的家可能是最大的一堂可以教教育艺术的课,这堂课可以像引导艺术工作一样引导生活本身。这样做的时候也在改造制造者本人。这种改造,这种再创造,就是教育过程的核心。⑨

艾斯纳是一位真正的教育艺术家。他最大的成功和成就就是在20世纪的最后的30多年内为改革教育所作出的努力。

注　释

① Elliot Eisner, "My Educational Passions", in D. L. Burleson (ed.), *Reflections*:*Personal Essays by* 33 *Distinguished Educators*, Bloomington, IN: Phi Delta Kappa Educational Foundations, p. 137, 1991.
② 引自讲演("Minding the Arts"),发表于 University of Denver. Denver, Colorado in January 1998.
③ Elliot Eisner, Teaching Art to the Young: A Curriculum Development Project in Art Education, November 1969, Stanford University.
④ G. Madaus and T. Kellaghan, "Curriculum Evaluation and Assessment", in P.

Jackson (ed.), *Handbook of Research on Curriculum*, New York: Macmillan, pp. 119-154, 1992.

⑤ 参见 Elliot Eisner, "The Promise and Perils of Alternative Forms of Data Representation", *Educational Researcher*, 26, 6, August—September, 1997. Also, "The Eisner-Gardner Debate: Should a Novel Count as a Dissertation in Education", *Research in the Teaching of English*, 30, 4, 1996.

⑥ 引自讲演("Minding the Arts"),发表于 University of Denver, Denver, Colorado in January 1998.

⑦ Elliot Eisner, *The Enlightened Eye: Qualitative Inquiry and the Enhancement of Educational Practice*, New York: Macmillan, 51, 1991.

⑧ 引自讲演("Minding the Arts"),发表于 University of Denver, Denver, Colorado in January 1998.

⑨ Elliot Eisner. *The Kind of Schools We Need*, Portsmouth, NH: Heinemann. p. 56, 1998.

参　考

本书中的"里德"、"杜威"。

艾斯纳的主要著作

① *Educating Artistic Vision*, New York: Macmillan, 1972.　② "Examining Some Myths in Art Education", *Studies in Art Education*, 15, 2, pp. 7-16, 1973-1974. ③ *Conflicting Conceptions of Curriculum*, E. W. Eisner and E. Vallance (eds), Berkeley, CA: McCutchan Publishing Corporation, 1974.　④ *The Educational Imagination: On the Design and Evaluation of School Programs*, New York: Macmillan, 3rd edn, 1994 (prior editions 1985, 1979).　⑤ *Cognition and Curriculum Reconsidered*, New York: Teachers College Press, 1994 (original edition *Cognition and Curriculum: A Basis for Deciding What to Teach*, London: Longman, 1982).　⑥ "The Art and Craft of Teaching", *Edulutional Leadership*, 40, 4. January, pp. 4-13, 1983. ⑦ *The Art of Educational Evaluation: A Personal View*, London: The Falmer Press. 1985.　⑧ *Learning and Teaching the Ways of Knowing*. Elliot W. Eisner (ed.), Eighty-fourth Yearbook of the National Society for the Study of Education. Chicago, IL: University of Chicago Press. 1985.　⑨ *The Role of Discipline-based Art Education in America's Schools*, Los Angeles. CA: The Getty Center for Education in the Arts. 1987. ⑩ "The Primacy of Experience and the Politics of Method", *Educational Researcher*, 17, 5, June-July, pp. 15-20, 1988.　⑪ *Qualitative Inquiry in Education: The Continuing Debate*, Elliot W. Eisner and Alan Peshkin (eds), New York: Teachers College Press, 1990.　⑫ "Taking a Second Look: Educational Connoisseurship Revisited", *Evaluation and Education at Quarter Century* National Society for the Study of

Education Yearbook, Denis Phillips and Milbrey McLaughlin (eds), Chicago, IL: Illinois: University of Chicago Press, 1991.   ⑬ *The Enlightened Eye: Qualitative Inquiry and the Enhancement of Educational Practice*, New York: Macmillan, 1991.
⑭ *The Kind of Schools We Need*, Portsmouth: Heinemann. 1998.

其他参考书

① "An interview with Elliot Eisner", *Educational Leadership*, 45, 4, December 1987—January 1988.   ② Barone, T. E., "From the Classrooms of Stanford to the Alleys of Amsterdam: Elliot Eisner as Pedagogue", in C. Kridel, R. Bullough Jr and P. Shaker (eds), *Teachers and Mentors: Profiles of Distinguished 20th Century Professors of Education*, New York: Garland Publishing, 1996.   ③ Jackson, P. (ed.), *Handbook of Research on Curriculum*, New York: Macmillan, 1992. Jaeger, R. (ed.), *Complimentary Methods of Educational Research*, New York: Macmillan. 1997.
④ William Pinar, W., Reynolds, W., Slattery, P. and Taubman, P., *Understanding Curriculum*, New York: Peter Ling. 1995.

尤尔多彻

怀 特
(John White, 1934—)

> 不仅教师和家长有责任对教育目标应该是什么作出反应：每一个公民都对此感兴趣。公民不能回避"我们的社会应该像什么？"这样一个问题。它与教育问题有很大部分的重叠，这是两个不能截然分开的问题……①

约翰·怀特在教育研究方面脱颖而出，是非凡的教育哲学家团体中的一员，20世纪60年代末伦敦大学教育学院教授理查德·彼得斯（Richard Peters）把他吸收进这个团体中。在彼得斯的领导下，这个团体把分析哲学的方法应用于教育问题，从而复兴了英国的教育哲学。怀特的整个职业生涯是在伦敦大学教育学院度过的，直到2000年才从私座教授（personal chair）的位置上退休。他的妻子帕特里夏·怀特（Patricia White）也是这个由彼得斯聚集起来的团体中的一位杰出的成员。他们二人具有相似的哲学兴趣，他们出版的著作证明了他们之间的强烈的相互影响。

怀特对英国教育哲学界的理智的领导是有口皆碑的。他是英国教育哲学学会的创办人，现在担任名誉副主席，长期供职于该学会的《教育哲学杂志》编委会，自该杂志创办以来他就是它的定期的投稿人。他是一位多产作家，其涉足范围极广，从精神哲学和美学边沿的教育问题到英国报纸上的教育政策辩论。他还与彼得·戈登（Peter Gordon）合作撰写了《作为教育改革家的哲学家》，这是一部很受欢迎的书，论述英国唯心主义及其对第一次世界大战前的教育政策的形成性影响。他最近的著作涉及各种不同的主题，其中有：教育与国家鉴定、评价、将来的工作、霍华德·加德纳（Howard Gardner）的多元智能理论。

尽管怀特的兴趣范围极其广泛，但是贯穿其主要著作的一条主线依然是清晰可辨的。他锲而不舍地专注于甄别适合于社会的教育目的，宣布道德知识和权威不再站得住脚，自由的政治规范已建立，公民必须在一个在文化方面是川流不息的、在技术方面是复杂的世界中寻找有意义的生活。

怀特早期的论文具有周密的分析风格的特点,这是彼得斯对一代英国学者所造成的影响。他的早期论文也是那种风格的作品的示范样本。他论述创造性、智能和灌输的著作主要是进行概念分析,与在彼得斯的著作中一样,虽然他对概念边界的绘制是与分析如何才能解决教育实践中的困惑的敏锐的感觉相结合的。怀特的第一部著作《论必修课程》(1973),表明在方法论上他离开了英国分析教育哲学的早期阶段,提出了以后成为他的职业生涯的核心的一些主题。

《论必修课程》一书几乎没有什么概念分析。该书捍卫一种独特的必修课程——这种课程把一系列必修科目与学生在个人自主理想基础上的一定的选择自由相结合。而个人自主理想的基础是道德主观主义(即如把行为者的愿望或选择予以抽象,任何东西就都没有内在的价值)。作为选择客体的活动之间(即在没有直接经验情况下可以故意选择的活动和不可以故意选择的活动之间)在认识论上的一个区别,使怀特能为他所钟情的课程辩护,把这种课程看做是对自主发展所作贡献的一种信号。必修课程应聚焦于在没有直接经验情况下不可以故意选择的活动,因为这是当学生最终选择如何作为自主的成人生活时扩大学生的合理选择范围的最有效的方式。

为这种课程的结构和内容找到哲学的基本原理的总的方案,在这一时期是以分析教育哲学为中心的。但是,《论必修课程》以一种惊人的方式与由彼得斯、赫斯特(P. H. Hirst)和其他人提出的竞争理论发生分歧。虽然在怀特的课程辩论中考虑了作为一个基本前提的一个认识论原则,但辩论的终极基础则在道德之中:关于人的价值和好的生活的性质的问题,是理解教育和学校作用的关键。彼得斯和赫斯特专注于作为决定教育内容的最主要的哲学问题的知识和推理的性质。怀特则开始绘制不同的路线。

自主、人的善以及学校的课程,再次出现在怀特的下一部重要著作《再论教育目的》中。现在他的自主概念建立在约翰·罗尔斯(John Rawls)的《正义论》所提出的论点的基础上,在这本书中把善界定为一个人在对有效的选择作出有根据的反应之后可能作出的选择。怀特认为,自主是个人幸福所必需的,因为如果没有自主,儿童可能在愿望冲突时一筹莫展,也可能依赖独断专行的权威来为他们解决冲突。在这样的情况下权威必然是独断专行的,因为没有道德知识就没有鉴别任何人的差异的道德鉴定。但是,对于用夸大反省价值的词汇来界定对所有人的善的问题,怀特保持着清醒的认识。他认识到,主要问题是这个定义看来是要掩盖被许多人以不反省生活的方式找到的满足。这个观点记录在怀特关于课程的辩论中,这场辩论冲击了"发展热情"与鼓励反省的深度之间的平衡。

这本书比怀特以往的著作更直言不讳地、更深刻地阐述好的生活与好的社会之间的关系。培养个人自主的教育要在更宽广的环境中受到检验,这个环境包括学校教育的经济的和公民的目的,把自主生活中的个人利益与维护共同的善、终身学习以及作为实现教育目的的背景的共同体所必需的利他主义相结合。《再论教育目的》一书表现出作者致力于困难的规范问题的雄心和急切的愿望,该书摆脱了在彼得斯控制之下的英国分析传统的许多束缚。一方面,这本书心照不宣地采纳了教育哲学家的重要构想,认为教育的作用是理性的规范判断的源泉;这一构想在分析的鼎盛期之前被教育哲学奉为规范。另一方面,怀特为使用抽象的伦理—政治原则去理解教育实践所作出的努力,反映了现在的道德和政治哲学中的革命性发展;在道德和政治哲学中罗尔斯和其他人证明了,分析的严格性并不要求否定哲学以往对正确和善的实体(而不只是定义)的专注。

《教育与善好生活》回到了怀特早期著作的主导思想,反映了20世纪80年代在道德和政治哲学中的某些最有名的著作,尤其是约瑟夫·雷兹(Joseph Raz)的《自由的道德》和伯纳德·威廉斯(Bernard Williams)的《伦理学和哲学的范域》所产生的影响。但是该书是更雄辩的政治论战,因为它为教育哲学作出了建树。该书的副标题是"超越国家课程",这表明怀特感兴趣的是主导性的公共教育话语,超出了围绕着最近引入英格兰和威尔士学校中的强制性课程展开的浅薄的论战。这一强制性课程是1988年由保守党政府设置的。怀特认为它是霸道地、胁迫地强加的负担,把大量的专门的处方与可能从自由民主政府的原则中导出的并非是基本原理的处方相结合。因此,该书的目的是要批评现有的国家课程并建构另一种根植于自由社会的核心价值中的课程。

怀特早期著作中关于自主的论争以普遍适用的理由为准绳。对霸道地要求服从道德权威的怀疑，我们对有可能麻痹我们的思考的冲突的愿望的敏感性，自由依赖于对取舍的理解——所有这些考虑的要旨是要为任何人在任何地方、任何时间建立理想的自主。但是，受到雷兹和威廉斯的影响，怀特改变了关于自主主张的形式，使其在教育和政治上的重要性方面更多地反映出对历史和背景的敏感性。怀特认为，技术上先进的自由民主的某些结构特征能创造一种"支持环境的自主"，在这样的环境中个人的幸福和自主趋向于辐辏。在传统的社会中自主的生活和好的生活，对于每个人来说可能是极为不同的，但传统社会的严密属于不能恢复的过去，当代社会的强大的趋势把我们每个人远远地带离过去。

怀特并不仅仅是对威廉斯和雷兹关于自主的生活是社会所必需的观点作出响应。他注意到，现在的社会环境对轻率的生活相当宽容，轻率地依附于现有的因袭的结构仍然是可能的和极为普遍的。他主张，自主的理想是在现有的社会和政治结构中所固有的，这是在当不培养自主就不能在那样的结构之下生活时我们所面对的责任的意义上。认为自主是必要的，在这里不仅仅是出于利己的原因（即一个人未必能在没有自主的环境下生活），而且也出于利他的原因（即没有自主一个人就不能恰如其分地为他人作出贡献）。怀特确实不相信在自主教育中利己与利他原因之间存在尖锐的分歧，他把这个过程看做是在更高的层次上整合自身利益和利他主义，而这时就能使个人养成在相互竞争的原因之间作出裁定所必需的反省能力。

但是，如果说自主的幸福是自由社会的主要价值，那么国家课程就被指控为基本上是褊狭的、不民主的倡议，因为它的基础是狭隘的功利主义的价值观，这种价值观把使儿童适合于在一个高度分层的经济中工作看做是至高无上的目标。怀特简要地描绘了另一种课程的梗概，在这种课程中对知识的选择要依据知识对构成自主品格的个人气质的贡献。在这种课程中艺术享有一种特权的地位，因为艺术具有丰富我们对价值冲突的理解的力量，当不存在宗教权威和乌托邦政治的情况下只有艺术才能提供这样的力量。这个特定的主题，在后来怀特作为教育学院教育哲学教授的就职讲演中得到发挥，这个讲演的标题是《一个世俗世界中的教育和个人幸福》。

《超越国家课程》抨击了把学校单纯地看做是劳动市场的接待室的观点。但是该书没有提出这样一个问题:培养自主幸福的教育应该如何与学生成人后将承担的工作联系起来。这个问题是《教育和工作结果》一文提出的,这篇文章既对未来的后工业社会中的工作,又对为那个未来培养儿童的教育提出了挑战。怀特有益地区分了自主的工作和工作中的自主。自主的工作是能产生得到行为者强烈的、内在的评价的某种终端产品的活动;工作中的自主指的是行为者自我指导工作任务的范围,与行动者加到终端产品上的价值无关。自主工作是怀特的一个至关重要的概念,而他的"工作结果"问题是论证作为一种与自主发展冲突的实践的受外界支配的工作结果。因此,我们所需要的为了工作的教育不应该是狭隘地职业化的。这种教育也不应该是练习长期的生涯规划,因为后工业经济的流动性使这样的规划变得大量地是冗余的。为工作的教育的合适的概念,要求把儿童和少年引进自主工作可能性的范围之内,引进到自主工作的道德的、经济的和技术的背景之中。

怀特的不朽贡献可能是把道德和政治哲学中的规范革命,扩展到20世纪60年代出现的彼得斯在早期的分析革命中所改造的学科中。教育哲学在英国和爱尔兰继续保持着自己的蓬勃的生命力,主要是因为它的这个第二次革命,还因为怀特继续在其主要的倡导者之列。

注　释

① John White, *The Aims of Education Restated*, London: Routledge & Kegan Paul, p. 1, 1982.

参　考

本书中的"赫斯特"、"彼得斯"。

怀特的主要著作

① *Towards a Compulsory Curriculum*, London: Routledge & Kegan Paul, 1973.
② *The Aims of Education Restated*. London: Routledge & Kegan Paul, 1982.
③ *Education and the Good Life: Beyond the National Curriculum*, London: Kogan Page, 1990.　④ *Education and Personal Well-Being in a Secular Universe*, London: University of London Institute of Education, 1994.　⑤ *Education and the End of*

Work, London: Cassell, 1997.

其他参考书

① Callan, Eamonn, *Autonomy and Schooling*, Montreal and Kingston, 1988.
② Clayton, Matthew, "White on Autonomy, Neutrality and Well-Being", *Journal of Philosophy of Education*, 27, pp. 101 - 112, 1993.　③ Thompson, Keith and White, John, *Curriculum Development: a Dialague between Keith Thompson and John White*, London: Pitman. 1975.

卡伦

舒尔曼
(Lee S. Shulman, 1938—)

我们赞成亚里士多德并宣布,对理解的最终测验依据的是一个人将一种知识转换成教的能力。能够这样做的人就是理解了。能够理解的人就能够教。①

研究始于惊奇和好奇,但止于教。②

李·舒尔曼在其整个职业生涯中,始终提倡从幼儿园到研究生院的各级教学的重要性。他研究教师认知的理论和经验主义的论著,他关于建立在教学基础上的知识(包括"学科教学知识的"的结构)的论著,以及关于推动高等教育中的教学的学术水平的论著,是最为人们所称道的。他在保留密歇根州立大学和斯坦福大学教授职位之后,最近担任卡耐基改进教学基金会主席。

李·舒尔曼生于芝加哥并在那里长大成人,他的父母是犹太移民,拥有一家小熟食店,他是他们的独生子。舒尔曼在犹太学校(宗教研究与世俗学科相结合的学校)上高中,并赢得了去芝加哥大学学习的奖学金。

在舒尔曼的整个一生中他从未在关于教学的讨论中忘记教材的重要性。舒尔曼对教材的教授和不同学科的蕴涵的兴趣,源自他在芝加哥大学学院中的本科生教育,当时他集中学习了哲学;也源自后来他在芝加哥大学教育系的博士研究,当时他师从本杰明·布卢姆(Benjamin Bloom)和约瑟夫·施瓦布(Joseph Schwab)。舒尔曼尤其受到施瓦布观点的影响,施瓦布认为,不同学科的结构——概念、传统和工具,被各门学科用来提出要求、证明知识、判断贡献的质量。③字面解释不等同于科学验证;生物学中的因果概念与历史学中的因果观并非一回事。关于学科差异的这一早期的入门知识,是持之以恒地贯穿舒尔曼一生的思路。

舒尔曼的第一项学术工作是加盟密歇根州立大学的教育系。他的早期经历之一是担任助理教授,其中包括担任发现学习会议的记录员,许多杰出人物参加了此次会议,其中有:戴维·霍金斯(David Hawkins)、李·克隆巴赫(Lee J. Cronbach)、杰罗姆·卡根(Jerome Kagan)、杰罗姆·布鲁纳,等等。舒尔曼编辑了由这次会议所产生的一本书,他把这次经历看做是他的实践智慧的初次觉醒。④

他在早年作出的最有名的一项贡献来自他与医科学校的一位同事阿瑟·埃尔斯坦(Arthur Elstein)的合作,他是舒尔曼在芝加哥大学学院的室友。在他的这项被广为引用的研究中,舒尔曼和他的同事们研究了医疗诊断专家在从事临床诊断时的思维。⑤这项工作中的两个主题与舒尔曼以后的全部工作产生共鸣。这两个主题是:(1)聚焦于职业实践中的不确定条件下的认知;(2)专门知识的特异性范围。诊断专家的行为既不像发表预言的心理学家,也不像教学生行动的医学教育家。医生不是在提出假设之前收集大量的数据,而是形成多个竞争的假设并谋求认可其中的一个。舒尔曼和他的同事们意识到医生是对任务的复杂性作出响应并利用自己的知识和经验来指导自己。这项研究证实了实践工作者的智慧,即使当他们的行为与心理学家的理解背道而驰。舒尔曼说:

> 挑战是要让实践工作者在头脑内看到他们所看到的世界,然后去理解专家建构其问题空间、状态界定的方式,于是他们就能像他们所理解的那样去行动。⑥

舒尔曼对实践智慧的关注和重视是他的工作的一个特点。这项研究的第二个重要发现是,医生的专业化影响他们的专门的诊断知识。没有"一般的"诊断专家这样的类别。然而医生证明了他们的专门知识在其专业范围之内。医学和教学中的专门学科的专门知识的主题,始终回响在舒尔曼的全部工作中。

舒尔曼相信,教学的复杂程度不亚于医学,教师像医生一样也在积极地收集数据并作出能通报其实践的决定。舒尔曼对教学的认知复杂性的重视,决定了非常有影响的国家教育研究所未来教育研究方向小组委员会的报告(标题为《作为临床信息处理的教学》)的轮廓。⑦流行的教学观把教学看做是通过各种不同技能和行为的考核单就能理解的某种东西。国家教育研究所的报告违背了这种流行的教学观,提出了教学是一种复杂的、多方面的慎重的活动的观点,对这一观点的系统陈述有助于激励教学研究中的认知转向。⑧当时舒尔曼和朱迪思·拉尼尔(Judith Lanier)正在与斯坦福大学争夺由美国教育部提供经费的教育研究中心;舒尔曼和他的同事们赢得了这场竞争,把教学研究所转到了密歇根州立大学。

当舒尔曼赞扬崭露头角的教师认知研究时,他也发现了对该领域的内容问题注意不够。舒尔曼最初的一项努力是试图规划更聚焦于专门学科的研究项目,这就是在1974年的文章《学校学科心理学:过早的讣告》中设计的研究。在这篇有先见之明的文章中舒尔曼宣布,对于教育研究者而言,到了把桑戴克(Thorndike)的学习的势不可挡的规律的梦想撇之一旁的时候了,只有抛弃学校课程中的学科内容时这样的定律才具有普遍性。取而代之的是舒尔曼采纳了默顿(R. K. Merton)的"中层理论",这是一种为特殊的教育问题量身订制的更温和、更灵活的理论,这样的教育问题诸如有:小孩子怎样才能掌握分数? 少年怎样才能具有历史的洞察力? 或者教师怎样激发年轻人对文学的兴趣。舒尔曼的观点有悖于他那个时代流行的思潮,当时占优势的思潮或者是全然蔑视思维的行为主义观点,或者是解决教材差别的一般的问题解决路径,例如,罗伯特·加涅(Robert Gagne)的教学心理学。舒尔曼提倡一种教育研究的方法论的折中主义,鼓励他的同事们采纳观察的和人种学的研究路径,从而去领悟教与学的复杂性。

这篇文章也诠释了舒尔曼对教学研究的适当方法的锲而不舍的兴趣。这一兴趣与对教学的复杂性的认识相结合,就为如何研究现象出了难题。研究人员如何研究处于嘈杂混乱状况中的班级教学? 他们利用什么样的透镜来聚焦他们的调查? 传统学科对教学研究起着什么样的作用? 在他早年的一篇题为《教育研究的重构》的文章中,舒尔曼为进一步思考教学研究的适当方法提出了基本原理。在早年的这篇对教学研究的评论中,舒尔曼要求研究者注意环境因素的重要性。"只有通过这样的以环境为中心的研究,行为科学家才能提出合适的术语来描述环境(在此环境范围内出现人类的学习)在教育上相关的属性。"⑨这篇文章预示了他从教育心理学转向更合适的研究视角,并说明了他早年关于实践研究智慧的观点。舒尔曼在其整个一生中都在不懈地追问自己关于研究目的、问题、环境、研究者和教育研究方法之间的关系的问题。⑩

在"教学研究的范式和探究方案"一章中,舒尔曼提纲挈领地提出了教学研究的领域。舒尔曼在提出批评时返回到了教材差异的主题上，声称在这一领域有"缺失的范式"。在充实了《教学研究手册》第三版的关于教学研究的数百项研究中，几乎没有几项研究严肃地对待教授特定的一段内容的要求和挑战——小学教师如何处理负数的逆直观的概念，或者历史教师如何与儿童寻找历史解释中的"正确答案"的倾向作斗争。舒尔曼挑战这一领域，希冀重建教学研究的这个缺失的范式。[11]

1982年舒尔曼转入斯坦福大学，在那里他成为查尔斯·杜科蒙（Charles E. Ducommun）教育学教授。在斯坦福的最初几年，舒尔曼从事关于在教学中知识增长的纵向研究——追踪研究教师在完成自己的教师教育计划并开始自己的专职教学工作时其教师的学科知识的变化。正是在这项实地进行的纵向研究工作期间舒尔曼和他的同事们提出了学科教学知识的概念。[12]这个结构弥合了学科知识与一般教学知识之间的分裂。在他的1985年的对美国教育研究学会的主席致辞中，舒尔曼第一次界定了学科教学知识的本质：

> 我把在某个学科领域内最常教的主题、这些思想的最有用的表达形式、最有力的类比、阐述、例子、解释和证明，——简言之，使别人能够理解的表达和系统表述学科的方式……包括在学科教学知识的类别中。学科教学知识还包括领会什么使学习特定的主题变得容易或困难；包括不同年龄和背景的学生所具有的影响其对那些最常教的主题和课的学习的概念和前概念。如果那些前概念是错误的（它们往往是错误的），教师就需要对重新组织学习者的理解效果似乎最佳的策略知识，因为那些学习者未必会像一块白板那样出现在他们面前。[13]

这个结构的核心是关于只有教师拥有的专门的知识本体的观点，这一类知识可能区分该领域的研究者与负责教授这些知识的人。历史学家和历史教师可能都理解第一手原始文件对建构历史诠释的作用，然而只有历史教师才可能知道学生对第一手原始文本的信念的类别。科学家和科学教师都对光合作用具有相似的知识，然而只有小学科学教师才能揭示幼小的孩子所持的关于光合作用的各种错误的概念。学科教学知识的结构挑战两种观点，一种观点认为一个好教师能够教任何东西，另一种观点认为仅仅只有学科知识对于教学就足矣。

舒尔曼对教师知识的兴趣与他想使教学成为一种专业的愿望有关。传统职业的一个特点就是存在专业化的知识基础,关于教学知识基础的讨论具有明显的实践倾向。另一个职业特点是其成员调整和评估自己的能力。在此之前,主要是由管理人员采用反映一种教学的行为观的考核表来对教学进行评估。1986 年,舒尔曼与他的朋友兼同事加里·赛克斯(Gary Sykes)合写了一份对卡内基公司的建议,绘制了国家教学委员会的初步蓝图。来自卡内基的随后的补助金发起了教师评估方案,这是在斯坦福所进行的一项研究和发展项目,它设计了一种对教学的以成绩为依据的评估。舒尔曼和他的同事不把多项选择测验用来检验教师的知识,而是发展了一种评价训练——尽可能接近于教学的复杂性的复杂的、多方面的任务。[14]为了完成这样的训练,舒尔曼的研究团队设计了教师可在自己的课堂上完成的现场文件夹样板。这项工作把传统的评价目标(例如,鉴别不同的成绩水平的能力)与对教师工作时所处的背景中的许多变量的敏感性相结合。舒尔曼的教师评估方案为美国国家教师专业化委员会的标准打下了基础,该委员会是北美最大的也是最成功的教师的自发的认证系统。

1997 年舒尔曼离开斯坦福大学,担任卡内基改进教学基金会主席,在那里他把他的研究教学的工作扩展到高等教育范畴。他要求学院和大学创造一种使教学处于中心而不是处于边缘的文化,鞭策教授们的学术性工作。他要求教授通过教学文件夹、产品、精致的案例使教学成为公共的。舒尔曼还详尽地阐述并描绘了教学的学术水平的概念,这是卡内基基金会的他的前任欧内斯特·博耶(Ernest Boyer)常用的一个词。舒尔曼力图在学术性的教学与学术性地探究某个人的教学之间作出区分。他作为卡内基基金会主席的第一项创造就是设立卡内基学院教与学奖学金(CASTL)。这一项目要求学者们调查他们自己的教学并把调查结果公布于众。该项目的目的不仅仅是为了改进学生的教学实践,还为了"使教学能得到其他形式的学术工作的认可"。[15]舒尔曼还发起了对专业化教育的综合研究,关于学生如何为职业实践作准备的问题,既要考察其共同性也要考察差异性。在他的文章《专业人员的理论、实践和教育》中,舒尔曼阐述了表征专业特点的六种态度或常识。[16]它们是:(1) 为他人服务的义务;(2) 学术的或理论的领悟;(3) 熟练的实践领域;(4) 在不确定性条件下的判断练习;(5)从操练中学习的需要;(6)支持标准和积累知识的专业共同体。舒尔曼为摆脱上述常识对专业人员的培养所造成的困境而继续殚精竭虑地工作。

  舒尔曼在教育领域中的影响是巨大的,这主要是因为他的著作所体现出的重要思想和深远的洞察力。他作为一位理论家而驰名于世,他通过对照实践者和政策制定者的工作来考查自己的理论从而锤炼这些理论。但是舒尔曼远不是一位空想家,他是一位行动者和创造者。舒尔曼持之以恒地关心大学外面的世界,关心政策和实践领域,所以他就能够把自己的思想转化成具体的实体,从国家教师专业化委员会的标准到卡内基基金会的CASTL项目,到工作访问期间的教育学学术讨论会。他的目光穿透关于教学的日常话语,渗透在教学文件夹、关于学科教学知识和教学的学术水平的谈话中。舒尔曼的才华表现在他把思想和行动结合起来的能力上,他把自己的创造能量不仅转化为研究工作,而且转化为创办和形成能使自己的思想付诸实践的机构和结构。

注　释

① L. S. Shulman, "Those Who Understand: Knowledge Growth in Teaching", *Educational Research*, 15, 2, p.14, 1986.
② L. S. Shulman, "Disciplines of Inquiry in Education: A New Overview", in R. M. Jaeger (ed.), *Camplementary Methods for Research in Education*, Washington DC: American Educational Research Association, p.6, 1997.
③ Schwab 的著作,或更确切地说,Shulman 对其的阐释,使 Shulman 以及受他影响的学生和同事开辟了众多独特的研究项目。
④ L. S. Shulman, and E. R. Keislar (eds), *Learning by Discovery: A Critical Appraisal*, Chicago, IL: Rand McNally, 1966.
⑤ 参见 A. S. Elstein, L. S. Shulman and S. A. Sprafka, *Medical Problem Solving: Analysis of Clinical Reasoning*, Chicago, IL: University of Chicago Press. 1978.
⑥ L. S. Shulman, "The Wisdom of Practice: Managing Complexity in Medicine and Teaching", in D. C. Berliner and B. V. Rosenshine (eds), *Talks to Teachers: A Festschrift for N. L. Gage*, New York: Random House.
⑦ National Institute of Education, *Teaching as Clinical Information Processing*, Report of Panel 6, National Conference on Studies in Teaching, Washington, DC: National Institute of Education, 1975a.
⑧ 参见 C. Clark and P. L. Peterson, "Teachers' Thought Processes", *Handbook of Research on Teaching*, New York: Macmillan, pp.255-298, 3rd edn, 1986, for a

discussion of early research that focused on teacher cognition.

⑨ L. S. Shulman, "Reconstruction of Educational Research", *Review of Educational Research*, 40, p. 376, 1970.

⑩ L. S. Shulman, "Disciplines of Inquiry in Education: A New Overview", in R. M. Jaeger (ed.), *Complementary Methods for Research in Education*, Washington, DC: American Educational Research Association, pp. 3 – 31, 1997, for a discussion of the relationships among these dimensions of research endeavours.

⑪ 参见 L. S. Shulman and K. Quinlan, "The Comparative Psychology of School Subjects", in D. C. Berliner and R. C. Calfee (eds), *Handbook of Educational Psychology*, New York: Macmillan, pp. 399 – 422, 1996, for a mapping of recent research in this area. Far from an obituary, this chapter heralds the rebirth of a psychology of school subjects.

⑫ 参见, 例如, W. C. Carlsen, "Subject Matter Knowledge and Science Teaching: A Pragmatic Perspective", in J. E. Brophy (ed.), *Advances in Research on Teaching*: *Vol. 2. Teachers' Subject Matter Knowledge and Classroom Instruction*, Greenwich, CT: JAI Press, pp. 115 – 143, 1991; P. L. Grossman, *The Making of a Teacher: Teacher Knowledge and Teacher Education*, New York: Teachers College Press, 1990; S. Gudmundsdottir, "Values in Pedagogical Content Knowledge", *Journal of Teacher Education*, 41, 3, pp. 44 – 52, 1990; S. M. Wilson and S. S. Wineburg, "Peering at History Through Different Lenses: The Role of Disciplinary Perspectives in Teaching History", *Teachers College Record*, 89, pp. 525 – 539, 1988, for descriptions of this programme of research.

⑬ In Shulman, Paradigms and Research Programs in the Study of Teaching', pp. 9 – 10.

⑭ 参见 S. M. Wilson and S. S. Wineburg, "Wrinkles in Time: Using Performance Assessments to Understand the Knowledge of History Teachers", *American Educational Research Journal*, 30. pp. 729 – 769, 1993.

⑮ P. Hutchings and L. S. Shulman, "The Scholarship of Teaching", *Change*, 31, 5, p. 10, 1999.

⑯ L. S. Shulman, "Theory, Practice, and the Education of Professionals", *Elementary School Journal*, 98, pp. 511 – 526. 1998.

参　考

本书中的"布卢姆"、"布鲁纳"、"克隆巴赫"、"施瓦布"。

舒尔曼的主要著作

① "Reconstruction of Educational Research", *Review of Educational Research*, 40, pp. 371 – 396, 1970.　② "The Psychology of School Subjects: A Premature Obituary?" *Journal of Research in Science Teaching*, 11. pp. 319 − 339, 1974. ③ Shulman, L. S. and Elstein, A. S., "Studies of Problem Solving. Judgment, and Decision Making: Implications for Educational Research". in F. N. Kerlinger (ed.), *Review of Research in Education*. vol. 3, Itasca. IL: Peacock, 1976. ④ "Knowledge and Teaching: Foundations of the New Reform", *Harvard Educational Review*, 57, 1, pp. 1 − 22, 1987. ⑤ "Paradigms and Research Programs in the Study of Teaching: A Contemporary Perspective", in M. C. Wittrock (ed.), *Handbook of Research on Teaching*, New York: Macmillan, 3rd edn, 1986. ⑥ Shulman, L. S. and Quinlan, K., "The Comparative Psychology of School Subjects". in D. C. Berliner and R. C. Calfee (eds), *Handbook of Educational Psychology*, New York: Macmillan, pp. 399 − 422, 1996. ⑦ "Theory, Practice, and the Education of Professionals", *Elementary, School Journal*, 98, pp. 511 − 526, 1998.

其他参考书

① Elstein, A. S., Shulman, L. S. and Sprafka, S. A., *Medical Problem Solving: An Analysis of Clinical Reasoning*, Chicago, IL: University of Chicago Press, 1978. ② Hutchings, P. and Shulman, L. S., "The Scholarship of Teaching", *Change*, 31, 5, pp. 10 − 16. ③ Schwab, J. S. "Education and the Structure of the Disciplines", in I. Westburg and N. J. Wilkof (eds), *Science. Curriculum, and Liberal Education*, Chicago, IL: University of Chicago Press, pp. 229 − 272, 1978. ④ Shulman, L. S. and Keislar, E. R. (eds), *Learning by Discovery: A Critical Appraisal*, Chicago, IL: Rand McNally, 1966.

格罗斯曼　瓦恩伯格

阿普尔
(Michael W. Apple, 1942—)*

> 在我的文章中我指出了对基本人权的否定、对环境的破坏、人们（勉强）生存的致命条件、无数儿童的意义匮乏的未来……（这）就是数以百万计的人民在他们的日常生活中所经历的现实。教育工作不密切联系对这种现实的深刻理解……就有丧失其灵魂的危险。对我们儿童的生活的危害丝毫也不少。
>
> （迈克尔·阿普尔：《记忆的资本》）

迈克尔·阿普尔是一位有影响的教育理论家，是现时的进步（批判）教育的杰出代言人。①他与保罗·弗莱雷、亨利·吉鲁（Henry A. Giroux）、彼得·麦克拉伦（Peter McLaren）等批判教育家一起，使批判教育研究成为风靡全国的关于所有重要的教育问题（从教师教育到课程、考试、教育财政和教育管理）的辩论的焦点。②

1942年8月20日阿普尔诞生于一个工人家庭，其父母热情地参与到左翼政治中。由于其家庭的经济状况他不得不很早就自己养活自己，接受高等教育的可能性也很渺茫。他一边当印染工和货车司机，一边在两所小型的州立师范学院学习。几年之后并在得到了一年的学院学分之后他应征入伍。在军队中阿普尔教读罗盘和急救，他把这段经历归功于所受到的师范教育。由于在新泽西州的帕特森地区的公立学校中教师奇缺，还由于他有在军队中从教的经历，阿普尔在19岁时被雇为专职代课教师，尽管他没有学位。

阿普尔深入到帕特森地区的非洲裔美国人和西班牙人的社区中，因此他通常被指派去下层居民的学校中，在那里每班学生人数常常多达46

---

* 谨向 Xaé Reyes 博士（位于斯托斯的康涅狄格大学）和 Neill Edwards 先生致以衷心的感谢，他们为本文的写作奉献了大量的时间和力量。

人。阿普尔在激进的和阶级的政治运动中所持的积极行动主义立场,使他成为种族平等大会(CORE)帕特森分会的创始人。于是他埋头于教师的政治运动中并担任了一段时间的教师工会主席。在整个这一过程中,阿普尔受到他的家庭的广泛的政治传统的熏陶,通过反省自己作为一名行动主义者的实践,从而在政治上对自己作出了甄别。阿普尔在帕特森从教期间完成了自己的学士学位的学习,然后在哥伦比亚大学从事研究生学习,当时美国正处于围绕着越南战争和民权运动的政治骚动之中,激进的知识分子也广泛地投入其中。

在获得了哥伦比亚大学的课程研究和哲学专业的文学硕士学位(1968)和课程研究哲学博士学位(1970)之后,他接受了威斯康星大学麦迪逊分校的职位。在协商期间,对于校园中的不屈不挠的反战抗议军队用坦克来作出反应,校舍中被注入了催泪毒气。用阿普尔自己的话来说,当与他商谈时他就知道了这个地方正是他想去的地方。现在,阿普尔是威斯康星大学麦迪逊分校的课程和教学以及教育政策研究方面的约翰·巴斯科姆(John Bascom)教授。他的教学集中在课程理论和研究以及课程社会学领域。此外,阿普尔还把大量的时间用在写作和研究上。他在美国国内和国外发表演说,忙于民间的政治工作。他在许多国家居住并担任那里的访问教授,其中有:澳大利亚、西班牙、新西兰奥克兰大学、巴西的圣保罗庞蒂菲克尔大学、挪威特隆赫姆大学、墨西哥国立自治大学(UNAM)。

阿普尔以干扰、激励和鼓舞兼有的方式审查、评估并解构美国(和其他国家)的教育制度。他的著作探索文化与教育权力之间的关系,强调大多数学区中课程的商业(企业)驱动性的危险性和不利条件。他深信,民主的实践必须以象征更大社会的民主理想的方式渗透进公立学校中。他还从文化和社会经济视角考察技术扫盲(而不单纯看做是一个技术问题)。

在意识形态方面阿普尔是非常折中的,以至于不能将他的思想简单地归结为有限的一套原则,或者不能严格地归入某一思想流派。然而,他是所谓的批判理论的法兰克福学派的杰出的代表者之一。这一学派在两次世界大战之间的时期内诞生于德国的法兰克福社会学研究所,它强调资本主义社会的处于变化中的特性如何影响它们与公民和学校的关系;

强调个人的自我决定的水平和通过自决过程出现的新的支配形式。③虽然它从未是一种被精细定义的哲学,但是早期的法兰克福学派在智慧方面极大地受惠于康德、黑格尔、马克思、现代主义和当代科学分析的核心要素。接受这一观点进行考察的理论家至少在两个方面是"批判的":(1)他们把批评作为自己的研究过程;(2)他们谴责资本主义对个人的固有的、不相称的和压制性的影响(尤其是对处于社会下层和边缘的人的影响)。

美国的批判学者拓宽了早期法兰克福学派的范围。这些学者多半都推断,社会理论的具体化,必须超越分析和文件并直接参与社会变革。像阿普尔这样的批判教育家是把教育作为一种过程来推动的,这是一个改革并研究社会中的学校的广阔的背景(社会经济的、政治的、文化的和历史的背景)的过程。这些教育家所追求的变革,是把他们自己与社会中的下层群体的自我意识相结合的结果。保罗·弗莱雷可能是最有名的、最受尊敬的批判学者,他机敏地概括了在整个这一过程中孕育"希望"的重要性:"进步教育家的任务之一,就是通过严肃的、正确的政治分析去揭示希望的可能性,而不管可能存在着什么样的障碍……当我们作为毫无希望的人或绝望的人去斗争时,我们的斗争将是一种自杀。"④

被批判教育家抓住的主题和领域有:社会再生产理论(为什么学校趋向于复制现状而不是鼓励上升社会地位和经济地位的流动性);作为消费者的学生的学校的社会化;学校教育中的隐蔽课程(隐含地教的东西);学生方面的对抗行为或抵制行为的社会根源;学校的亚文化(同伴群体、小团伙、派系);"上学"(社会化)与教育(价值、观点、知识、熟练的获得)之间的区别。

要认识阿普尔所作出的贡献的意义,我们就必须考察一下其背景。在美国,课程问题永远是当务之急,它与种族、经济、语言和文化问题一起构成国家话语的主要部分。这个国家的异质性限制了对大多数重要问题意见的一致性。社会、政治、经济、宗教和道德背景影响对一些问题的看法,这样的问题例如有:什么对教是重要的?为什么,或要达到什么目的?谁的观点会成为"官方的"观点并要坚持这个观点?

在进行这样的辩论时阿普尔阐明了提供"适合于每个人的教育"的观点的意义。他的最伟大的贡献之一可能就是他的权威性的、公正的论证,揭露了美国和其他资本主义国家的公共教育的社会、政治和经济的不均衡。与其他许多教育理论家和作家不一样(他们往往脱离实践孤立地考虑理论,或者与社会的其他方面隔离开来解释局部的和全国性的教育问题),阿普尔把理论、实践、学校、政治和经济与社会联系起来。他把"全球的"与"局部的"整合在一起⑤,从而阐释对教育过程至关重要的问题所产生的聚合影响。阿普尔把这些问题看做是保守的意识形态的负担,看做是课程和教科书选用政策的策略;他探究"为什么"要采用某种教育技术,而不是仅仅研究"如何使用";研究营利性的私立教育部分把自己的一己私利渗透到学校中的企图;分析选择性知识在占优势地位的和下层地位的群体之间的不均衡分配;研究所有这些问题对教育政策及其贯彻所产生的影响。

阿普尔最关心的问题之一是知识(在资本主义条件下)以什么方式产生、"消毒"、有差异地分配给特定的群体并(最终)被那些人累积成权力。以下摘录摘编自他的几部著作(独立著作或合著),说明了这一观点:

> 课程决不简单地是知识的不偏不倚的组合,想方设法地出现在一个国家的教科书和教室中。它始终是选择性传统的一部分,是某个人的选择,是某个群体的关于合法知识的观点。界定某个群体的知识是最合法的知识,是官方的知识,而其他群体的知识则是难见天日的,这就是说某些东西对于在社会上有权势的人是极端重要的。⑥

最近,"公立教育遭到右翼势力的沉瀣一气的攻击,右翼力量希望用个人利益的道德、红利、亏损报表来代替公共的利益"。⑦尤其是"右翼"⑧偏爱市场型的"消费者导向的"制度,这种制度可能含蓄地使"工商企业的需要变成教育目的"。⑨在这样的压力下,学校丧失了其作为民主和平等的代理人的许多作用。⑩事实上,"民主思想"被从一个政治概念"偷换"成一个经济概念,这个概念几乎排他地聚焦于消费的灌输习惯。⑪结果就是学校的"市场化"或"商业化",以及课程中的公益被边缘化⑫,有利于营利性企业(第一频道、可口可乐、教科书公司)的一己私利。知识变成了一种资本,教育机构以与经济机构处理财政资本相似的方式管理这种资本并把它分配给学生。⑬正如在历史上所观察到的那样,这种和那种价值或"社会意义,尤其变成了学校的意义,于是现在几十年所接受的影响力置于它们的后面"。⑭美国的教育和文化制度在本质上是为了"文化再生产"而建构的。⑮为了保持现有的社会范式以及权势与从属的关系,特定的社会群体不均衡地扩张自己的文化资本份额并通常会获益,其收益就是"自然而然地来自其阶级或种族或性别地位的文化礼品"。⑯

在这里学校的作用可能并不明显。因此,阿普尔提出,只需要仔细考察学校是如何鼓励个人取得成功并观察哪些群体或个人由于学校的努力而真正地取得了成功,就可以揭示学校是如何为文化再生产作出贡献的。与其他社会再生产和批判理论家一样,阿普尔挑战下面这个假设:美国的公立学校致力于社会阶级的平等,每个儿童都有机会上升并超越其诞生时所处的社会经济地位。

关于私人公司和企业参与课程的设计,阿普尔认为,这种参与是出于自身利益,而不是出于对学生幸福的关心。公司不是支持培养有鉴别能力的、自我定向的学生的大纲,而是强调训练作为工人和消费者的学生。阿普尔指出,第一频道在班级教室中的经验⑰,是公司希望青年人成为消极的消费者的愿望的例子。⑱"民主社会中的自由不再被界定为参与建设公益,而是界定为生活在一个无拘无束的商业市场中,在这个市场中教育体系现在必须整合进市场机制中。"⑲

沿着相似的线索阿普尔考察了社会民主的瓦解和第二次世界大战以后的政策的形成。这些政策遭到新保守主义的知识分子的攻击,他们更关心的是要创造条件去提高国际竞争能力、提高利润、增强纪律和返回到"理想"家园、家庭和学校的浪漫化的过去,而不关心为妇女和其他下层群体或穷人和工人阶级改善条件。⑳因此,阿普尔认为,我们"过分重视作为争论问题的学校,而不是把它看做是要在结构上予以开发的更大的社会关系框架中的一部分"。㉑阿普尔与其合作者克里斯托弗·曾科(Christopher Zenk)一起发起论战,认为公立教育因许多社会顽疾而受到指责,这是不公平的,这是因为大部分社会的、政治的或经济的问题,并不是由学校的正面的或负面的实践引起的。㉒

阿普尔深信,右翼联盟的目的之一是要把国家身份从出身和种族关系中分离出来。与此相伴的是要把历史与政治割裂开来,使社会意识的松散与社会经验相脱离,强加一种超阶级的、具有共同的出类拔萃的文化的同质社会的观点,根据这种观点每一个人都是一个个人。㉓因此,在个人身上发生的所有的一切都是他或她自己选择的结果,而不是社会分层、种族主义、性别歧视或其他诸如此类问题的结果。[24]

这个保守的同盟同样阴险地(在"选择"的伪装下)通过税收抵免(对将自己的孩子送到私立学校去的家长减免税)和学校的教育补助金券(家长可用来代替现金为其孩子交付私立学校学费)之类的机制,掩盖其使教育利己主义化的企图。[25]许多"精明的"中产阶级家长就会将自己的孩子送到私立学校,从而进一步损耗本已捉襟见肘的公共教育资源。大部分贫穷家庭和工人阶级家庭没有能力去补足补助金券或税收抵免所提供的金额与私立学校实际学费之间的差额。公立教育将主要是为了那些别无选择的学生。尽管公立教育的资源大大减少,但对它的课程和教学的中央集权的调控将增强,并要对经济和社会问题负责。这一趋势在全国性的标准化教科书中已清晰可辨,在刚开始的国家课程和全国性的标准化高风险测验中,以及在正在进行中的对教师和学生的熟练程度和学习成果的监控中,也能略见一斑。[26]

在学校中技术的使用以及"技术扫盲",是阿普尔研究的另一个重点。他警告道,计算机和其他教育技术的使用不单纯是一个技术问题,这种技术是不甘于中庸的。相反,教师要面对教育学、道德、经济、意识形态和政治方面的无数的问题。如果当我们在确定教育技术的目的时仅仅纠缠于技术问题,我们就会以仅仅解决"如何"的问题而告终,而不是去解决"为什么"和"以什么为代价"的问题。[27]

> 新技术不只是机器及其附带的软件的组合。它体现了引导人以某种方式去认识世界的一种思维方式。计算机包含的思维方式在现在的教育条件下主要是技术的。新技术越多地把教室改造成它自己的表象,技术逻辑就将越多地替代批判性的政治和道德理解。教室话语将以技术为中心,而较少地以本体为中心。[28]

阿普尔关于如何认识教育危机的视角,是从多方面进行鉴别的,是很均衡,而不是曲解某一个"政党路线"。他搞清楚谁是保守政策和提案的受益者和受害者,当学生追求获取知识时,这些政策和提案又将如何对学生进一步按阶级、种族和性别予以分层。但他没有为现状辩护。相反,他强调,许多学区的漠不关心、僵化和冷漠的官僚主义,实际上把许多委托人驱向政治上的右翼。[29]

在最后的分析中,阿普尔认为,教育辩论涉及教育在发展民主和培养公民去重视和处理固有的冲突和不确定性方面所起的(或应起的)作用。今天美国的教育问题围绕着"相互竞争的社会观点",按这种观点展开的新自由主义和新保守主义的课程改革不考虑一个"民主教育和一个更民主的社会"的广阔的背景。㉚他强调需要进行政治教育和由学校中的学生来探究社会公正,把它作为对决定论或对由缺乏这些话语的学校创造的社会再生产的矫正。㉛在为美国的公立教育辩护时,阿普尔提议一种在教育过程中使用的政治和教育策略配方,即叫做"非改革派的改革"的配方。㉜这就是说在考虑诸如社会平等和公正之类的问题时,要与班级实践和经验的原则进行有序的、批判的互动,同时把它们与"更宽广的社会观点和更大的社会运动"联系起来。㉝"那些研究教育中的批判学识的人,应该与教师、学生和家长的现实世界保持经常的、密切的联系。"㉞他们应该与那些正在为保持"从民主化的教育中获得的收益"而奋斗的人联合起来,"并要保证我们的学校和课程以及学校内的教学实践对种族的、性别的和阶级的语汇反应敏捷"。㉟

虽然阿普尔的术语("右翼"、新自由主义者、新保守主义者、新葛兰西主义者)可能听起来使他像一个反叛理论家,但他清楚地证明了,保守的论证依据的是一种相似的根深蒂固的信念,认为必须保护美国的"根据成就"划分阶级的等级制度。这种明确的理解加强了阿普尔对他所认为的核心问题的批判性考察,这些问题就是:在"选择"幌子下的教育市场化;国家标准化考试;国家课程计划。㊱

阿普尔的著作,尤其在现在美国和其他资本主义社会的教育环境中,既是有实质性内容的,又是意义深远的。阿普尔把重点放在一些引起人们警觉的问题上,这些问题未能得到过广泛的讨论,教育家和普通民众常常不了解它们或没有考察过它们。阿普尔的著作的力量在于其所承担的任务,许多后现代主义者和后结构主义者都对其不能处理学校生活中的常识性的事情予以分析。阿普尔通常不为处理他所甄别出的问题提供明确的、功利主义的补救方案。但是他的努力的主要价值在于它提供了一种有效的、可靠的、有条理的方式,他运用这种方式迫使我们去弄清楚这些问题的强度和适合性,搞清楚它们对进步教育政策和实践的蕴涵以及保守的议事日程的根源和诱惑力。

迈克尔·阿普尔对教育的影响已显而易见地形成。许多著名的哲学家、理论家和实践者都引用或评论他的著作,其中例如有:保罗·弗莱雷、琳达·达林－哈蒙德(Linda Darling-Hammond)、马克辛·格林(Maxine Greene)、卡梅伦·麦卡锡(Cameron McCarthy)、黛安·雷维特奇(Diane Ravitch)、珍妮·奥克斯(Jeannie Oakes)、彼得·麦克拉伦、亨利·吉鲁、保罗·威利斯(Paul Willis)等等。在许多学术性刊物和其他重要的专业出版物中讨论过他的著作。1999 年 12 月的《教育周刊》(美国最著名的教育新闻源)选载了他 1979 年发表的《意识形态和课程》,把它作为世纪图书中的一本。㊲1991 年 12 月,《教育思想杂志》宣称他的著作是"所有在法律上对建立公立学校课程负有责任的人的必读书,尤其是州立法者和学校董事会成员的必读书"。

1995 年阿普尔被选为做约翰·杜威讲座。㊳这一举荐的结果是出版了《文化的政治和教育》。关于阿普尔的纲领性著作《教育与权力》(1982 年第一版,1985 年出修订版),《哈佛教育评论》说:"这是一部重要著作。这是一本提问、观察和解释的书。"《图书馆杂志》颂扬这本书"思考周密、推理严密、咄咄逼人"。关于《教师与教科书:阶级的政治经济和教育中的性别关系》,吉鲁再次赞扬阿普尔"用他的非凡的洞察力影响学校教育的政治经济⋯⋯这是一本才华横溢的书",彼得·麦克拉伦称它为一篇"具有煽动性的论文"。

保罗·威利斯、马克辛·格林和保罗·弗莱雷可能是应该引起注意的典范,在他们对《官方知识》的评注中称阿普尔的大多数同伴都持有他的著作。威利斯说,这本书是"公开的、私人的、有启示的,也是政治的和全景的⋯⋯是一份我们的实证主义的教育时代的人道主义文件"。格林由衷地披露她"愉悦地并相当激动地阅读了这本书"。弗莱雷率直地肯定:"《官方知识》证明了迈克尔·阿普尔是世界上投身于为建立一种批判的和民主的教育而奋斗的最杰出的学者之一。"

注 释

① 传记部分借鉴了卡洛斯·托里斯(Carlos Torres)和雷蒙德·莫罗(Raymond Morrow)对迈克尔·阿普尔所进行的访谈(最初发表于 1990 年)。这篇访谈刊登在《官方知识》的附录中(M. W. Apple, *Official Knowledge：Democratic Educationm in a Conservative Age*, New York：Routledge, 2nd edn, 2000)。

② C. A. Torres, *Education, Power, and Personal Biography: Dialogues with Critical Educators*, New York: Routledge, 1998.

③ H. A. Giroux, *Theory and Resistance in Education: A Pedagogy for the Opposition*, New York: Bergin & Garvey, p. 7, 1983.

④ P. Freire, *Pedagogy of Hope*, New York: Continuum, p. 9, 1998.

⑤ Michael W. Apple, *Cultural Politics and Education*, New York: Teachers College Press, Columbia University, p. 115, 1996.

⑥ Michael W. Apple, "The Politics of Official Knowledge: Does a National Curriculum Make Sense?", *Teachers College Record*. 95, 2, 1993, pp. 222 – 241. Also see: Michael W. Apple, *Ideology and Curriculum*, New York: Routledge, 2nd edn, 1990; and *Official Knowledge: Democratic Education in a Conservative Age*, New York: Routledge, 1993.

⑦ Landon E. Beyer and Michael W. Apple (eds), *The Curriculum: problems, Politics, and Possibilities*, Albany NY: State University of New York Press, p. 4, 2nd edn, 1998. 这段文字最初是为本书的 1988 年版的序言而写的。有趣的是, 这段文字未作任何修改, 在两个版本相隔十年的期间内这里所描述的情况仅仅是变得更深重。

⑧ 保守主义者、新保守主义者、新自由主义者运动和群体(在政治光谱的不同点上)的联盟, 统称为"右翼", 但有时这样的统称是不太合适的。

⑨ Michael W. Apple, *Cultural Politics and Education*, chap. 4, with Christopher Zenk, New York: Teachers College Press, Columbia University, p. 99, 1996.

⑩ Michael W. Apple, *Education and Power*, New York: Routledge, 1995.

⑪ Ibid.

⑫ Ibid. 亦见 Michael W. Apple, "Cultural Capital and Official Knowledge", in M. Bérubé and C. Nelson (eds), *Higher Education Under Fire: Politics, Economics, and the Crisis of the Humanities*, New York: Routledge, pp. 91 – 106, 1995.

⑬ Michael W. Apple, "Cultural Capital and Official Knowledge", in M. Bérubé and C. Nelson (eds), *Higher Education Under Fire: Politics, Economics, and the Crisis of the Humanities*, New York: Routledge. pp. 91 – 106, 1995.

⑭ M. W. Apple and N. R. King, "What do Schools Teach?", in A. Molnar and J A. Zahorik (eds). *Curriculum Theory*, Washington, DC: The Association for Supervision and Curriculum Development, pp. 108 – 126, 1977.

⑮ Michael W. Apple, *Education and Power*, New York: Routledge, p. 21, 1982.

⑯ Michael W. Apple, "Cultural Capital and Official Knowledge", in M. Bérubé and C. Nelson (eds), *Higher Education Under Fire: Politics, Economics, and the Crisis of the Humanities*, New York: Routledge, pp. 91 – 106, 1995.

⑰ 第一频道是营利的商业频道, 每天向美国近三分之一的学校播送简明新闻节目, 观看节目的初中和高中学生占所有学生的 40% 以上。制作节目的公司向学校提供电子设备, 作为交换学校要保证广告时段的观众数量。

⑱ Michael W. Apple, "Selling our Children: Channel One and the Politics of Education", in Robert W. McChesney, Ellen Meiksins Wood and John Bellamy Foster, *Capitalism and the Information Age: The Political Economy of the Global Communication Revolution*, New York: Monthly Review Press, pp. 135 – 149, 1998.
⑲ Ibid., p. 146. (For more on this point, also see, Apple, *Cultural Politics* and *Education* and *Education and Power*.)
⑳ Michael W. Apple, *Official Knowledge: Democratic Education in a Conservative Age*, New York: Routledge, 1993.
㉑ Michael W. Apple, *Education and Power*, New York: Routledge, p. 9, rev. edn 1995; 1st edn 1982.
㉒ 阿普尔因此声称仅仅关注"问题青年"及学校"后进生"的问题,"右派"急切地希望关注症状而忽略这些核心的问题。
㉓ Michael W. Apple, *Education and Power*, New York: Routledge, 1995.
㉔ 在这里,阿普尔提出了后现代主义和后结构主义对话语流通的强调之间的相似,他称之为新葛兰西主义。
㉕ Michael W. Apple, *Cultural Politics and Education*, chap. 4, with Christopher Zenk, New York: Teachers College Press, Columbia University, p. 98, 1996. Also see: Michael W. Apple, "Cultural Capital and Official Knowledge". in M. Bérubé and C. Nelson (eds), *Higher Education under Fire: Politics. Economics, and the Crisis of the Humanities*, New York: Routledge, pp. 91 – 106, 1995.
㉖ Michael W. Apple, *Cultural Politics and Education*, chap. 4, with Christopher Zenk, New York: Teachers College Press, Columbia University, p. 99, 1996.
㉗ Michael W. Apple, *Teachers and Texts: A Political Economy of Class and Gender Relations in Education*, New York: Routledge & Kegan Paul, 1988.
㉘ Michael W. Apple, "The New Technology: Is It Part of the Solution or Part of the Problem in Education?", *Computers in the Schools*, 8, 1/2/3, p. 75, 1991.
㉙ Michael W. Apple, *Cultural Politics and Education*, New York: Teachers College Press, Columbia University, 1996.
㉚ Ibid., p. 97.
㉛ Michael W. Apple, *Education and Power*, New York: Routledge, p. 9, 1995.
㉜ Michael W. Apple, *Cultural Politics and Education*, New York: Teachers College Press, Columbia University, p. 107, 1996.
㉝ Michael W. Apple, *Cultural Politics and Education*, New York: Teachers College Press, Columbia University, p. 109, 1996.
㉞ Michael W. Apple, *Education and Power*, New York: Routledge, p. 204, 1995.
㉟ Ibid.
㊱ Michael W. Apple, *Cultural Politics and Education*, New York: Teachers College Press, Columbia University, 1996.
㊲ *Education Week*, 19, 16, 15 December, p. 41, 1999.

㊳ 每年在约翰·杜威学会的年会(与美国教育研究学会联合召开)上,然后在师范学院举办一次约翰·杜威讲座。

参　考

本书中的"达林-哈蒙德"、"弗莱雷"、"吉鲁"、"格林"、"康德"、"黑格尔"。

阿普尔的主要著作

① *Ideology and Curriculum*, Boston, MA: Routledge & Kegan, 1979.　② *Education and Power*, New York: Routledge, rev. edn 1995; 1st edn, Boston 1982.　③ *Teachers and Texts: A Political Economy of Class and Gender Relations in Education*, New York: Routledge, 1988.　④ *Official Knowledge: Democratic Education in a Conservative Age*, 2nd edn, New York: Routledge, 2000; 1st edn, 1993.　⑤ *Cultural Politics and Education*, The John Dewey Lecture, New York: Teachers College Press, 1996.

其他参考书

① Apple, M. W., *Power, Meaning, and Identity: Essays in Critical Educational Studies*, Counterpoints, vol. 109, New York: Peter Lang, 1999.　② Bromley, H. and Apple, M. W., *Education/Technology/Power. Educational Computing as a Social Practice*, Albany, NY: SUNY Press, 1999.　③ Freire, P., *Pedagogy of the Oppressed*, new rev. 20th-anniversay edn, New York: Continuum Publishing Co., 1998.　④ Torres, C. A., *Education, Power, and Personal Biography: Dialogues with Critical Educators*, New York: Routledge, 1998.

托尔

加德纳
(*Howard Gardner*, 1943—)

就增强人的理解力而言教育本身必须最终是公平的。①

霍华德·加德纳是世纪之交美国最著名的教育思想家,但他似乎并不注定要承担这一角色。事实上,在他获得教育家或艺术教育领域之外的研究者的如此多的褒奖之前,他已出版了 6 本书和 100 多篇学术性文章论述认知发展和神经心理学。即使他的第七部书《智能的架构:多元智能理论》②也不是一部以教育为中心的著作。实际上这本书中只有两页的篇幅是把他的多元智能(MI)理论直接应用到教育实践中。然而正是这一本现在已翻译成 12 种以上文字的书,把加德纳置身于美国教育理论和实践的中心,并让他在全世界发挥杰出的作用。

研究加德纳在《智能的架构》之前的生活和工作以及在此之后的学术追求,有助于说明他的巨大影响。

加德纳于 1943 年诞生于宾夕法尼亚州的斯克兰顿。他的父母是身无分文地从纳粹德国逃到美国来的。就在加德纳出生之前,在一次儿童雪橇事故中他的父母失去了他们的年仅 8 岁的聪明的头生子。在加德纳的童年时代虽然没人谈起过这一事件以及大屠杀的恐怖,但是这些事件"持久地影响着我的发展和我的思想"。③年轻的加德纳被限制从事可能酿成对身体伤害的活动——骑自行车和激烈的运动,与此同时他幼年时对音乐、阅读和写作的爱好,则得到了热情的培养。随着加德纳渐渐意识到这些潜移默化的影响时,他认识到,作为这个大家庭幸存的最大的儿子,家人希望他能在这个新的国家中出名。即使在成年前加德纳就已意识到了自己面前的障碍。他知道,德国和奥地利血统的其他犹太思想家——爱因斯坦、弗洛伊德、马克思、马勒(Mahler),"都生活在欧洲的智力中心,他们研究并与同时代的主要人物论争,(然而)我被扔在一个毫无趣味的、在智慧方面愚钝的、经济萧条的宾夕法尼亚的山谷中"。④

加德纳滞留在斯克兰顿的时日幸好不太长。他被派遣到附近的预备学校的管理处，那里的训练有素的教师很关心他。从那里毕业后1961年他进入哈佛大学，从此以后他一直在哈佛，其间只离开过两年。

加德纳进哈佛时打算学习历史，为从事法律工作作准备。他在本科学习期间发现与当时的几位主要的思想家存在冲突，但正是他的导师埃里克·埃里克森（Erik Erikson），一位具有超凡魅力的精神分析学家和发展学者，"可能确定了我成为学者的志向"。⑤

毕业后加德纳立即开始为认知和教育心理学家杰罗姆·布鲁纳（Jerome S. Bruner）工作。布鲁纳对他的影响是很显著的。他是"完美的职业楷模"。⑥加德纳在自己的著作中追述了布鲁纳1960年的著作《教育过程》⑦以及布鲁纳的课程开发方案"人：研究的教程"对他的巨大的吸引力。课程针对三个"开启智慧的问题"："什么使人类成为人？人类是怎样成为人的？要成为人人类还能怎样做？"⑧这些问题在加德纳的著作中得到了回应。加德纳对人类认知的探究对应布鲁纳的第一个问题。加德纳对符号系统发展的研究可以看做是对第二个问题的响应。他最近的研究谋求解释人怎样才能既才华横溢地又充满人情味地工作，可以看做是受到最后一个问题的鼓舞。

加德纳对人的认知所做的实验工作，受到在从事布鲁纳的项目期间他对让·皮亚杰工作的研究的鼓舞。皮亚杰的精细的实验非常投合加德纳的敏锐的、逻辑的心智。同时加德纳也认识到，皮亚杰的人的发展的阶段理论是不恰当的。皮亚杰工作的核心是他的儿童概念，这个概念把儿童看做一个崭露头角的科学家。但是，加德纳早期的音乐教育以及他对所有其他艺术形式的迷恋都表明了，科学家没有必要示范人类认知的最高形式。这就是说要"得到发展"就必须被告知：

> 注意画家、作家、音乐家、舞蹈家和其他艺术家的技能和能力。受到拓宽认知定义的希望的刺激（而不是受到这种希望的威吓），我发现很愉快的一件事是相信这些艺术家在艺术方面的才能，正像我的发展论者伙伴所认为的那样在认知方面是充分发展的，丝毫不亚于数学家和科学家的技能。⑨

加德纳进研究生院时对艺术创造性和认知非常感兴趣，对于这个研究领域在心理系的教师中没有真正的辅导教师。他从事这项工作的机会出现在1967年,当时哲学家纳尔逊·古德曼(Nelson Goodman)提出了哈佛零点方案,这是一个以加强艺术教育为目的的研究小组。在他随后的研究生教育期间并直至今日,零点方案始终是加德纳智力生活的中心。它是"一个场所,在那里我自己的思想得到了发展;它也是一个智慧共同体,在那里我尤其觉得如鱼得水"。[10]自1971年古德曼退休以来,零点方案一直由加德纳和他的长年同事戴维·珀金斯(David Perkins)管理。这个组织发展成为美国的一个主要的教育研究中心。这些年来加德纳指导了许多年轻研究者,这个组织从考察艺术认知发展成在所有学科、所有各个不同的年龄组和所有的教育环境的范围内探究学习、思维和创造力。

在零点方案中,加德纳发起研究儿童在观赏艺术、音乐和比喻性语言中的发展。虽然他也探究成人艺术家的创造过程,但他尤其关心当儿童把符号系统用于艺术中时该系统的发展。他对这些主题进行了经验主义的研究,把皮亚杰的方法用来探究儿童用艺术家的符号系统进行推理的发展。在20世纪70年代和80年代初,这项研究产生了40多篇文章和某些专著中的若干章节。这些研究成果针对的问题有:儿童对绘画风格的敏感性[11],儿童对比喻性语言的使用[12],艺术性的发展。[13]

为了弄清楚大脑如何加工不同的符号系统,1969年零点方案邀请杰出的神经病学家诺曼·格施温德(Norman Geschwind)来谈谈他的工作。格施温德对大脑受损的画家对符号的使用和崩溃的研究是"使人心醉的"。[14]此后不久加德纳开始在波士顿退伍军人后勤医院进行神经心理学方面的经验主义研究工作。在随后的20多年期间内,他发表了60多篇文章和一些专著的章节,大部分集中在一些个人,往往是一些大脑受伤的美术家的符号处理问题上。[15]

经验研究的这两个方面汇聚成一个使人信服的观点。正如加德纳所写:

> 日常有机会与孩子们以及与大脑受损的成人一起工作,让我铭记了关于人性的一个蛮横的事实:人具有很宽广的能力范围。某个人在某一个行为领域方面的强项并非简单地预示着在其他各个方面也能较强。[16]

到20世纪70年代中期,加德纳开始建构关于人的认知的理论,这一理论既以其杰出的科学家而与皮亚杰的理论相抵触,又以其一般智能或

"g"的根本原理而与心理测量理论相龃龉。在加德纳的模式中,人的思维和才能具有充分的扩展可能性。20世纪80年代初有了发展这一理论的可能性,当时加德纳是人类潜能研究项目的领导成员。这个项目由伯纳德·范李厄(Bernard van Leer)基金会设计并提供经费,目的是要"评价与人的技能及其开发有关的科学知识的状态"。[17]加德纳从事这一项目所取得的成果就是他的具有突破意义的奠基性著作《智能的架构》[18],在这本书中他详细说明了他的多元智能理论。

加德纳的理论不同于那些采用传统的心理测量方法所产生的理论,对于好的 IQ 测验分数所潜在的认知能力是什么这样的隐含的问题,这一理论不作出反应。相反,加德纳的多元智能响应的是毫不隐讳的问题,这个问题就是:最终使人能够扮演在全部文化中所能找到的一系列角色(或"结局")的认知能力是什么?

为了回答这个问题,加德纳从大量的自然科学和社会科学文献中搜索候选智能。他提出了候选智能的八条判据并强调,候选智能如果不能符合全部判据但也必须符合其中的大部分:智能应能在大脑受损的个体中间单独找到。这种智能也能在相对孤立的奇才、自我中心的学者或其他异常的人口中找到。每一种智能应该有一个独特的发展轨迹(例如,从婴儿到成人专家,其在音乐、语言或人际关系能力方面的发展速度是不一样的)。加德纳也主张,智能从进化生物学的观点看来也应该是有道理的。这就是说,它是人类祖先生存所必需的,在其他哺乳类动物中也是能见到的。此外,智能也是能在符号系统中译码的。另外两条判据是:智能不仅得到心理测量测验的支持,来自实验心理学的证据也能支持智能。最后,智能应该证明处理操作的核心倾向,例如,能被与智能相关的信息刺激的东西,例如,音乐中对音高的判断,或者语言中的句法。

加德纳采用这几条判据最终鉴别出了八种相对自主的智能:语言智能、数学逻辑智能、空间智能、音乐智能、身体运动智能、人际交往智能、内省智能和自然观察者智能。[19]最后一个智能使人类能够辨认、分类并利用环境的特点。加德纳还特别提到,还可以增加一些智能,只要它们符合以上八条判据中的大部分。智能的数量并不重要,重要的是智能的多元性以及每个人都具有强项智能与弱项智能的独特的混合(或"剖面")。

当非实用的心理学依然冷淡地对待适用于教师的理论之时[20],多元智能理论展现出巨大的魅力。整个北美、南美和澳大利亚以及欧洲和亚洲的部分国家的教师,广泛地接受了这一理论。从学前教育到成人教育的各个层次的教育都采用这一理论。整个学术性学科以及职业教育也都采用了这个理论,它在主要为普通学生以及主要为有学习障碍或天才学生服务的课堂上找到了用武之地。

多元智能理论能在教育中站稳脚跟的原因有若干个。其中之一是这个理论证实了教师的日常经验;学生以许多不同的方式思考和学习。它也为教师组织和反省课程、评价和教育实践提供了概念框架。反过来,这种反省引导许多教师去发展新的方法,从而更好地满足本班许多学习者的需要。[21]

加德纳的理论在教育上得到了广泛的应用,然而其应用质量则高低悬殊。由于《智能的架构》并未详细说明如何应用这个理论,教师、管理人员和许多受人咨询的独立顾问,都把自己的思想带到对这一问题的解决中来。其中的某些人能使孩子们得到发展并理解学科,然而其他许多人却只会一味地要求用七八种往往是肤浅的方式去处理每一个主题。对该理论的应用质量的参差不齐导致对该理论誉[22]毁[23]参半。

加德纳意识到了对多元智能理论应用上的参差不齐,他开始感到纠正这种状况已超出了他作为一名理论家和心理学家的工作范围。于是他全神贯注去研究教育评价[24]、学科理解的发展[25]和创造性[26]领域内的一种令人心悦诚服的新的思想。然而,在他的《未受训练的心智》[27]中他开始承担起引导对多元智能的教育应用的任务,在《智能再构造》[28]和《训练有素的心智》[29]中则更明确地予以解说。

这几本书都强调了加德纳的一个信念,即他深信教育的主要使命应该是发展理解。"(我的)教育观应是很明确的。深刻的理解应该是我们的主要目标;我们应该力求反复灌输对以下问题的理解:在某个文化背景之中什么被看做是正确的或错误的、美丽的或讨厌的、善良的或邪恶的。"[30]这些主题"促使个人去学习并理解他们的世界"。[31]

加德纳断言,理解的标志是行为,这种行为就是学生在某个特定的环境中搜集知识并把它应用到一个不熟悉的问题或环境中。因此教师必须赞成深度高于宽度。学生必须扩大研究主题的机会。[32]加德纳坚持认为,让学生有机会以多种不同的方式并在某种程度上运用一系列智能去重新

提出和探究某个给定的主题,就能培养理解。零点方案最近所进行的一些研究为上述观点提供了一定的证据。㉝

加德纳关于理解的观点与当代美国的趋势有矛盾,美国现在出现的一个趋势是要治理课堂教学,使之成为范围广泛的、有更多细节的、由州管理的课程框架。尽管如此,这个观点能很好地在苏格拉底、约翰·杜威和红衣主教约翰·亨利·纽曼的传统中找到依据。这一观点与以经验为根据的对认知的理解相一致,与现代教育系统存在于道德越来越多元的并越来越受技术驱动的社会中这样一个现实相一致。

在最近的十年内,加德纳一直在强调教师必须反复灌输对学科的理解,他把学科看做是人类的重要发明之一。加德纳越来越明确地认为,与对学科理解一样地至关重要的是教育的目标并不只限于对学科的理解。"新千年的任务"是"确定如何使智能和道德通力合作去创造各种各样的极其不同的人希望在其中生活的一个世界。毕竟一个由'聪明'人领导的社会能使自己或世界的其他方面繁荣"。㉞与这一任务相一致,1994年加德纳和他的同事米哈利·斯西克斯曾特米哈利(Mihaly Csikszentmihalyi)和威廉·达蒙(William Damon)一起,制定了"好工作项目"。这个项目的最终目标是鉴别个人在其职业前沿如何才能把工作既做得按其职业标准是样板,又能为更广大的社会中的善作出贡献。通过把该项目的发现注入到教育环境中,就有可能加强世世代代的学科行为和人道主义的品性。这个研究项目是有希望的,加德纳打算花多年时间去进行。

注　释

① Howard Gardner, *Intelligence Reframed*, New York: Basic Books, p.178, 1999.
② Howard Gardner, *Frames of Mind: The Theory of Multiple Intelligences*, New York: Basic Books, 1983.
③ Howard Gardner, *To Open Minds: Chinese Clues to the Dilemma of Contemporary Education*, New York: Basic Books, p.22, 1989.
④ Ibid., p.23.
⑤ Ibid., p.47.
⑥ Ibid., p.56.
⑦ Jerome Bruner, *The Process of Education*, Cambridge, MA: Harvard University Press, 1960.
⑧ Gardner, *To Open Minds*, p.50.
⑨ Gardner, *Intelligence Reframed*, p.28.

⑩ Gardner, *To Open Minds*, p. 65.
⑪ 例如, Howard Gardner, "Children's Sensitivity to Painting Styles", *Child Development*, 41, pp. 813 – 821, 1970. Howard Gardner, "The Development of Sensitivity to Artistic Styles", *Journal of Aesthetics and Art Criticism*, 29, pp. 515 – 527, 1971. Howard Gardner, "Style Sensitivity in Children", *Human Development*, 15, pp. 325 – 338, 1972. Howard Gardner and Judith Gardner, "Development Trends in Sensitivity to Painting Style and Subject Matter", *Studies in Art Education*, 12, pp. 11 – 16. 1970. Howard Gardner and Judith Gardner, "Development Trends in Sensitivity to Form and Subject Matter in Paintings", *Studies in Art Education*, 14. pp. 52 – 56, 1973.
⑫ 例如, Howard Gardner, "Metaphors and Modalities: How Children Project Polar Adjectives onto Diverse Domains". *Child Development*, 45. pp. 84 – 91, 1974. Howard Gardner, M. Kircher, M. Ellen Winner, David Perkins, "Children's Metaphoric Productions and Preferences", *Journal of Child Language*, 2. pp. 125 – 141, 1975; Howard Gardner, Ellen Winner, R. Bechhofer and Dennie Wolf, "The Development of Figurative Language", in K. Nelson (ed.), *Children's Language*, New York: Gardner Press, pp. 1 – 38, 1978.
⑬ 例如, Howard Gardner, "Unfolding or Teaching: on the Optimal Training of Artistic Skills". in E. Eisner (ed.), *The Arts, Human Development, and Education*, Berkeley, CA: McCutchan Publishing Company, pp. 100 – 110, 1976; Howard Gardner, "Entering the World of the Arts: The Child as Artist", *Journal of Communication*, Autumn, pp. 146 – 156, 1979; Howard Gardner, Dennie Wolf and A. Smith, "Artistic Symbols in Early Childhood", *New York Education Quarterly*, 6. pp. 13 – 21, 1975; Dennie Wolf and Howard Gardner, "Beyond Playing or Polishing: The Development of Artistry", in J. Hausman (ed.), *The Arts and the Schools*, New York: McGraw-Hill, 1980.
⑭ Gardner, *To Opes Minds*, p. 83.
⑮ 例如, Howard Gardner, "Artistry Following Damage to the Human Brain", in A. Ellis (ed.), *Normality and Pathology in Cognitive Functions*, London: Academic Press, pp. 299 – 323, 1982; Howard Gardner, J. Silverman, G. Denes, C. Semenze and A. Rosenstiel, "Sensitivity to Musical Denotation and Connotation in Organic Patients", *Cortex*, 13, pp. 22 – 256, 1977; Howard Gardner and Ellen Winner, "Artistry and Aphasia", in M. T. Sarno (ed.), *Acquired Aphasia*, New York: Academic Press.
⑯ Gardner, *Intelligence Reframed*, p. 30.
⑰ Gardner, *Frames of Mind*, paperback edition, New York: Basic Books, p. xix, 1985.
⑱ Gardner, *Frames of Mind*, New York: Basic Books, 1983.
⑲ Gardner, *Frames of Mind*, 1983; Howard Gardner, "Are There Additional Intelli-

gences? The Case for Naturalist, Spiritual, and Existential Intelligences", in J. Kane (ed.), *Education, Information, and Transformation*, Upper Saddle River, NJ: Prentice Hall, pp. 111 – 131, 1999.

⑳ 例如, Richard Herrnstein and Charles Murray, *The Bell Curve*, New York: Free Press, 1994; Sandra Scarr, "An Author's Frame of Mind: Review of *Frames of Mind* by Howard Gardner", *New Ideas in Psychology* 3, I. pp. 95 – 100, 1985.

㉑ Mindy Kornhaber, "Multiple Intelligences Theory in Practice". in J. Block *et al.* (eds), *Comprehensive School Improvement Programs*. Dubuque, IA: Kendall/Hunt, 1999.

㉒ 例如, Richard Knox, "Brainchild", *Boston Globe Magazine*, 5 November, 1995, pp. 22 – 23, 38 – 39, 41 – 42, 45 – 48. Elaine Woo, "Teaching that Goes Beyond IQ", *Los Angeles Times*, 20 January 1995, pp. A1, A22.

㉓ James Collins, "Seven Kinds of Smart", *Time Magazine*, 19 October 1998, pp. 94 – 96; James Traub, "Multiple Intelligence Disorder", *The New Republic*, October, pp. 27, 77 – 83, 1998.

㉔ 例如, Howard Gardner, "Assessment in Context: The Alternative to Standardized Testing", in B. R. Gifford and M. C. O'Connor (eds), *Changing Assessments: Alternative Views of Aptitude, Achievement, and Instruction*, Boston, MA: Kluwer, pp. 77 – 120, 1991. Mara Krechevsky and Howard Gardner, "Approaching School Intelligently: An Infusion Approach", in Deanna Kuhn (ed.), *Developmental Perspectives on Teaching and Learning Thinking Skills*, Basel: S. Karger, pp. 79 – 94, 1990; C. Wexler-Sherman, Howard Gardner and David Feldman, "A Pluralistic View of Early Assessment: The Project Spectrum Approach", *Theory into Practice*, 27. pp. 77 – 83, 1988.

㉕ 例如, Howard Gardner and Veronica Boix-Mansilla, "Teaching for Understanding Within and Across the Disciplines", *Educational Leadership*, 51, 5, pp. 14 – 18. 1994; Howard Gardner and Veronica Boix-Mansilla, "Teaching for Understanding in the Disciplines—and Beyond", *Teachers College Record*, 96, 2, pp. 198 – 218, 1994; Howard Gardner, "Educating for Understanding", *The American School Board Journal*, 1807, pp. 20 – 24, 1993.

㉖ Howard Gardner, *Creating Minds: An Anatomy of Creativity Seen Through the Lives of Freud, Einstein, Picasso, Stravinsky. Eliot, Graham, and Gandhi*, New York: Basic Books, 1993; Howard Gardner, "How Extraordinary was Mozart?" in J. M. Morris, *On Mozart*, Washington, DC: Woodrow Wilson Center Press, 1994; Jin Li and Howard Gardner. "How Domains Constrain Creativity: The Case of Traditional Chinese and Western Painting", *American Behavioral Scientist*, 37, 11, pp. 94 – 101, 1993.

㉗ Howard Gardner, *The Unschooled Mind: How Children Think and How Schools Should Teach*, New York: Basic Books, 1991.

㉘ Gardner, *Intelligence Reframed*, 1999.
㉙ Gardner, *The Disciplined Mind*, 1999.
㉚ Ibid., p. 186.
㉛ Ibid., p. 24.
㉜ Gardner, *The Unschooled Mind*, 1991; Gardner, *The Disciplined Mind*, 1999.
㉝ Kornhaber, "Multiple Intelligences Theory in Practice", 1999; Mindy Kornhaber, Edward Fierros and Shirley Veenema, *Multiple Intelligences: Best Ideas from Practice and Project Zero*, Needham, MA: Allyn & Bacon, forthcoming.
㉞ Gardner, *Intelligence Reframed*, p. 4.

参　考

本书中的"布鲁纳"、"皮亚杰"、"纽曼"。

加德纳的主要著作

① *The Quest for Mind: Jean Piaget. Claude Lévi-Strauss, and the Structuralist Movement*, New York: Knopf, 1973.　② *The Shattered Mind*, New York: Knopf, 1975.
③ *Artful Scribbles: The Significance of Children's Drawings*, New York: Basic Books, 1980.　④ *Art, Mind, and Brain: A Cognitive Approach to Creativity*, New York: Basic Books, 1982.　⑤ *Frames of Mind: The Theory of Multiple Intelligences*, New York: Basic Books, 1983.　⑥ *The Mind's New Science: A History of the Cognitive Revolution*, New York: Basic Books, 1985.　⑦ *To Open Minds: Chinese Clues to the Dilemma of Contemporary Education*, New York: Basic Books, 1989.　⑧ *The Unschooled Mind: How Children Think and How Schools Should Teach*, New York: Basic Books, 1991.　⑨ *Creating Minds: An Anatomy of Creativity Seen Through the Lives of Freud, Einstein, Picasso, Stravinsky, Eliot, Graham, and Gandhi*, New York: Basic Books, 1993.　⑩ *Leading Minds: An Anatomy of Leadership*, New York: Basic Books, 1995.　⑪ *Extraordinary Minds: Portraits of Exceptional Individuals and an Examination of our Extraordinariness*, New York: Basic Books, 1997.　⑫ *Intelligence Reframed: Multiple Intelligences for the 21st Century*, New York: Basic Books, 1999.　⑬ *The Disciplined Mind: What All Students Should Understand*, New York: Simon and Schuster, 1999.

其他参考书

"Harvard Project Zero", *Harvard Graduate School of Education Alumni Bulletin*, 39, 1, December, Cambridge, MA: Harvard University, 1994.

科恩哈伯

吉 鲁
(Henry Giroux, 1943—)

　　激进教育学需要一种观点——它赞美的不是是什么,而是可能是什么,它所思考的超出了眼前的将来,并把斗争与人类的新的可能性相联结。①

　　在近期的教育史上,在把振聋发聩的、鼓舞人心的论战与一丝不苟的学术研究相结合方面没有任何学者能像吉鲁那样成功。他的令人信服的论证和使人心醉神迷的语言,他的尼采式的格言的力量,支持激进的批判教育学追求更深刻的平等、民主和人性的可能性,这种可能性在他看来现在正在世界范围内受到威胁。

　　亨利·吉鲁于1977年在卡内基·梅隆大学获得博士学位,他的论文是关于课程理论、社会学和教育社会学的。1977—1983年他在波士顿大学执教,然后于1983—1992年在迈阿密大学执教,担任教育学教授,是一位有名望的驻校学者。从1992年起他是宾夕法尼亚州立大学中等教育沃特伯里讲座教授。

　　它的主要著作有若干个重点,例如:平等、民主、文化政策、批判教育学、作为有改革能力的知识分子的教师、人的尊严的提升以及各种形式的压迫的减少。值得注意的是,吉鲁不仅在他的全部工作中反反复复地返回到这些重点上,而且他还与时俱进地扩展这些重点所包含的领域,进而认识教育与文化生产和斗争的多元的其他方面之间的联系。吉鲁认为,教育必须突破学校教育的界限,于是就把教育直接插进公共领域并赋予它强烈的和不可回避的政治意义。

　　吉鲁的早期著作深受法兰克福学派的影响,尤其吸收了霍克海默(Horkheimer)、阿多诺、马尔库塞和哈贝马斯的思想。他批判占优势的工具理性的控制的、失去人性的思想,因为这种思想企图永远保持社会的不平等。他强烈地认为,教育不单纯是文化再生产的场所②,教育为使社会中已有权的人更有权而效力,致力于保持被剥夺权力的人的边缘化。他还提出,学校应该是抵制、论证、行动、文化斗争、挑战文化霸权的场所,这种文化霸权丑化、边缘化、压迫并排斥相当多的一部分人。他反对鲍尔斯(Bowles)、金蒂斯(Gintis)和布迪厄的再生产理论,他批评他们的关于社会通过教育再生产的机械论观点,还批评他们无视干预再生产或打破再生产的循环的可能性。他在这些思想家的身上看到了以牺牲人的行动的适当价值为代价的结构的多元决定论。

吉鲁认为,学校应该是文化生产和改造的场所,而不是文化再生产的场所;学校应该是给在一个公正的社会内的个人和群体授权和解放他们的场所,这个社会在分享民主中推动个人和集体的自治,包容文化和社会集团的差异和多元。这是赞赏不同和差异的民主观,它不为精英、有权势的少数人或占优势的意识形态的行动效力。③吉鲁还认为,民主包含着意识形态批判的运作,在这一方面他建议,民主可以与批判的民主相提并论。批判的分享民主制的目的是要带来真正的平等以矫正随处可见的"糟粕"——在那里充斥着贫穷、绝望、希望渺茫、失业、被丑化、一代又一代的青年的被糟蹋、平庸的大众文化、贪婪、商品化、沙文主义、性别歧视、种族歧视、物欲横流、个性沦丧、民族主义的尚武意识形态、城市殖民主义。④

伊格尔顿(Eagleton)⑤批评了法兰克福学派的几个成员,然而吉鲁不是简单地为对前途抱悲观主义的人唱挽歌,他竭力主张必须把"批判的语言"与"可能性的语言"结合起来,即指出作为社会再生产场所的学校的"甲胄中的裂缝"可能如何被扯大。吉鲁与哈贝马斯相呼应,对不合法地行使权力进行意识形态批判,并且这种批判是与改革行动相结合的。吉鲁所提倡的批判教育学或激进教育学,是文化战略的一种形式,为他在世界范围内树立了名望。对于吉鲁而言,批判教育学不简单地是教室的方法论问题⑥,而就像弗莱雷的著作所表明的那样要比学校宽泛得多,它是被解放公民的发展的一部分。⑦它用被授权的学生和共同体来代替系统的不平等。

吉鲁⑧认为,获得解放的公民在教育中并通过教育的发展要包含:(1)此时此地为争得认可、权利和"发言权"而否定关于真理和权威的与历史无关的超群观点,受到关于压迫的生动经验的约束;(2)为了增强在"激进的多元论"中的一致性而使人际关系政治化;(3)既用批判的也用可能性的语言铸造公民身份;(4)重新界定作为公共领域的学校,在这样的公共领域中可以在为争取"激进的民主社会"的斗争中培养约束与民主。批判民主的取得要通过争取意义、发言权、权利、自由和解放的斗争,它与哈贝马斯的"理想的言语情境"相呼应,受到三个因素的制约:⑧(1)承认所有的群体有分享教育话语的权利;(2)学校中的教育实践必须与更广阔的社会相联系(例如,鼓励学校中的民主行为,把它作为一种对社会中的民主行为的准备);(3)教师必须与学校之外的其他进步的社会群体相联系,从而形成一种联盟和共同的责任。

吉鲁提出了使教育学更政治化和使政治更教育学化的任务。激进教育学对吉鲁而言不是一套技术,而是对所接受的关于学校教育的性质、内容和目的的假设进行质疑。在这个意义上激进教育学是"文化战略"的一种形式,因为它质疑教育中呈现的是谁的文化,质疑可能如何使它合法化。这是跨学科地质疑学科的基本类别和地位,它的审慎的目的是要使社会更民主,从对社会和学校教育的历史的和意识形态的批判,即质疑它们的现状(例如,学校为经济功效服务),转向考察学校和社会,即质疑应该是怎样的(例如,学校将生活问题化的方式以及在平等主义的社会中个人自主的发展)。吉鲁承认激进教育学与马克思主义具有一定的渊源关系。⑨学校、课程和教育关系具有竞争性,渗透着意识形态内容,常常为社会中现存的(不对称)权力和关系结构服务;吉鲁认为,必须对此予以揭露。

吉鲁提出,教师和学生必须询问学校中呈现的和呈现不足的是谁的课程,这些课程的运作代表谁的利益,在社会中利益的这种运作产生什么效果,学校中的这些课程和教育形式如何合法化。吉鲁竭尽全力为被剥夺权力和被压迫的群体伸张在教育中并通过教育得到承认的权利,他的倡议包括扩大与女权运动、反性别歧视、反种族主义和反剥削在智慧方面的契约。在这一方面他不回避削弱对在新保守主义高涨的潮流中可见的当代美国社会和教育政策的批判,他把此看做是在本国基础上对殖民主义表现的一种干扰。

吉鲁⑩清楚地阐述了批判教育学的以下几条原则。

● 必须像关心传统学术知识那样关心教育学,把学校当做民主的、公共的领域予以建构(重构)。

● 在批判教育学中,在质疑使不平等、剥削和人类的苦难继续存在的教育实践时,关心的核心问题是道德。
- 对民主社会中差异的赞美必须有政治蕴涵。
- 必须发展能包含休戚相关与政治的若干变量的语言。
- 不会只有一种文本或总括性的叙述,然而必须批判地予以质疑的是若干种文本、若干种课程、若干种不同的教育,正像社会中的剥削和压迫有若干变式和方面一样,每种变式和方面都需要有各自的斡旋。
- 必须把课程中的文化表现看做权力话语和不对称的权力关系。
- 课程是一种"文化文本",它的信息应对批判是敏感的。
- 发言权的战略要求肯定被压迫群体要求在教育中获得承认的权利及其多样性。

在发展一种把教育实践与更广阔的社会相联系的批判教育学时,教师和教育家必须像一个"有改革能力的知识分子"那样行动。[11]这些知识分子反映教和学的政治行为。对于吉鲁而言,学校是争夺意义和权利的场所。有改革能力的知识分子提高学生对这些竞争问题的觉悟,他们把学生当做批判的行动者,这是在质疑怎样,他们还质疑谁——学校中生产的和分配的是谁的知识,这些知识的运作是为了谁的利益。其意图是要使学生在意识形态方面更具有批判能力并运用其解放观。对于学生带到教育冲突中来的经验,教师要做工作并要利用这些经验,并使学生能就这些经验的意识形态信息提出质问和批判。这里的意图是要揭示在社会中的不同群体的不对称的权力关系之内的压迫、不平等和社会身份的结构,希望学生改变考虑自己的生活、生活境遇和生活机遇的方式,从而使他们作为多样化的文化和共同体的成员体验授权和解放。他们在分享民主制的范围内更多地发出他们自己的声音。

特伦德(Trend)[12]指出,吉鲁的教育著作中的特殊潜能是他对民主实践的道德义务,这种民主实践是无男女性别歧视的,是要让所有的公民都投入到对他们自己的管理中,尽管参与者的文化经验和背景可能是不一样的。吉鲁是对所有不同群体的人说话;得到权力的和失去权力的人都在改变利害关系。

在群体的文化和社会地位中以及在分享民主制范围之内存在着"差异",这一观点在意识形态上既不是中立的,也不是单纯的;它是能量不同的子弹,使某种话语享有特权,而让其他的话语缄口。如果达成了社会中的平等,那么,就需要揭露和改革权力的运作(在教育、课程、社会的范围之内)。在吉鲁的观点中把此表述为"边缘教育学",在这种教育学中教师和学生质问并跨越课程中的传统的权力、认识论、决策、文化和社会表象的边境(边界),现有的处于"霸权"的课程边界,既受到挑战又要重新予以界定。在边缘教育学中,在不同的机构结构中的不平等、权力、沉默、压迫和苦难问题,必须受到挑战。例如,吉鲁提出,虽然白人在抹杀差异方面可能做出了巨大的政治和文化投资,但是这掩盖了潜在的不对称的权力关系,在这种不对称的权力关系中,除非白人或男人或中产阶级,才能接近权力或有发言权。吉鲁本人确实写过[13],平等的对立面是不平等,而不简单地是差异。

吉鲁承认,文化生产有若干个领域,教育必须在这些领域中运作。社会有几个小部分,是"差异"和"边缘教育学"所偏爱的;没有一种总括性的叙述能说明身份和权力的社会结构。在这一方面他后来的著作标志着一个指向后现代主义的独特的运动,也标志着他脱离了他早期的法兰克福学派的现代主义批判理论之根。他确实在后现代主义中找到了"把权力和身份归还给下层群体"的途径,它打破了欧洲中心理性的权势,他反过来认为现代主义者的文化否认适当考虑多样性和发言权的可能性,否认"边界交叉"的可能性(例如,冲破了课程和课程决策的现有的增强社会中的权力结构的边界)。现代主义对理性的信赖使不平等得以永存;吉鲁认为,理性本身并不能脱离意识形态,价值中立是痴人说梦。吉鲁的非凡的成就之一是维护了一种与意识形态批判相结合的道德话语,并把这些话语置于一个后现代主义的语境之中,这种语境能避免后现代主义中常常凸现的相对性问题。

吉鲁与后现代主义的结盟,是与拓展他的领悟或焦点范围联系在一起的。他指出,在他早期的著作中他局限于学校教育,当学校成为发展批判的公民身份的至关重要的场所时,教育的任务就必须超越单一的学校教育范围。把教育降低到学校教育的做法是过于偏颇和狭隘的,也限制了作为在学校之外的文化生产和再生产的若干领域之内的文化战略的批判教育学发展的可能性。在他的1992年的具有分水岭意义的著作中表达了他对后现代主义的好感,他承认必须采纳范式的多样性并同时在各个不同的领域中运作(后现代主义把时间挤压成一个频繁的现在[14]),如果形成了在教育之内和之外的结构联盟去抓住与此相伴随的社会生活和社会理论的复杂性。

根据他对后现代主义的某些趋势的支持,人们可能就不会吃惊地看到在他最近的著作中对批判文化教育学的扩展,他已不再简单地对发生在学校中的事情感兴趣,而是更多地关注文化和媒介问题,其中包括通俗文化和新技术对社会和教育的影响。⑮他的1989年和1992年的著作表现出这一特点,在这些著作中引申到对一些电影和文章的讨论。

一个开放的问题是:他从现代主义向后现代主义的转向,是否标志着经验主义地背离他的智慧方面的根和底层群体解放的全部可能性,或者这是否标志着对多元的、复杂的文化场所的一种更现实主义的认识,在这个文化场所中必须出现通过教育争取解放的斗争?更进一步说,吉鲁的工作是否原来只不过是热衷于"感到好的"因素,他的高调的散文和思想在人们的心中点了一把火,但是他对日常实践的贡献却是有限的,或者他的工作仅仅是进行归纳,能看到的只是一个幻想家[有人注意到米达马(Miedama)和沃德科(Wardekker)的意见⑯,他们认为批判教育学是一个胎死腹中的婴儿]。然而他的著作让我们所有的人能期盼一种更好的生活。他的著作具有深邃的人道主义意义;他的工作洋溢着乐观主义,同样又搅得人心绪不宁。教育需要幻想家。

注　释

① Giroux, *Theory and Resistance in Education*, p. 242.
② Giroux, *Ideology Culture and the Process of Schooling* and *Theory and Resistance in Education*.
③ Giroux, *Border Crossings*, p. 11.
④ Giroux, *Schooling for Democracy*, p. 26; *Border Crossings*, p. 4.
⑤ Eagleton, *Ideology*.
⑥ Giroux, *Border Crossings*.
⑦ Giroux, *Schooling for Democracy*.
⑧ Ibid., pp. 28 – 33.
⑨ Ibid., p. 13.
⑩ Giroux, *Border Crossings*, pp. 73 – 82.
⑪ Giroux and Aronowitz, *Education Under Siege*; Giroux, *Schooling for Democracy*.
⑫ Trend's interview with Giroux is reported in Giroux, *Border Crossings*. p. 149.
⑬ Giroux, *Border Crossings*, p. 69.

⑭ Jameson, *Postmodernism, or the Cultural Logic of Late Capitalism*.
⑮ 例如, Giroux, *Disturbing Pleasures*, *Fugitive Cultures*, *Channel Surfing* and *The Mouse that Roared*.
⑯ Miedama and Wardekker, "Emergent Identity versus Consistent Identity", p. 68.

参 考

本书中的"阿普尔"、"弗莱雷"、"哈贝马斯"、"格林"。

吉鲁的主要著作

① *Ideology, Culture and the Process of Schooling*, London: Falmer Press, 1981. ② *Theory and Resistance in Education*, London: Heinemann, 1983. ③ Giroux, H. and Aronowitz, S., *Education Under Siege: The Conservative, Liberal and Radical Debate over Schooling*, London, Routledge & Kegan Paul, 1986. ④ *Teachers as Intellectuals: Toward a Critical Pedagogy of Learning*, Granby, MA: Bergin and Garvey, 1988. ⑤ *Schooling for Democracy: Critical Pedagogy in the Modern Age*, London: Routledge, 1989. ⑥ *Schooling and the Struggle for Public Life*, Granby, MA: Bergin and Garvey, 1989. ⑦ Giroux, H. and McLaren, P., *Critical Pedagogy, the State, and the Struggle for Culture*, New York: State University of New York Press, 1989. ⑧ Giroux, H., *Postmodernism, Feminism, and Cultural Politics*, New York: State University of New York Press, 1991. ⑨ *Border Crossings: Cultural Workers and the Politics of Education*, London: Routledge, 1992. ⑩ *Disturbing Pleasures: Learning Popular Culture*, London: Routledge, 1994. ⑪ *Fugitive Cultures: Violence, Race and Youth*, London: Routledge, 1996. ⑫ *Channel Surfing: Race Talk and the Destruction of American Youth*, Basingstoke: Macmillan, 1997. ⑬ *The Mouse that Roared: Disney and the End of Innocence*, Lanham MD: Rowman and Littlefield, 1999.

其他参考书

① Eagleton, T., *Ideology*, London: Verso, 1991. ② Freire, P., *Pedagogy of the Oppressed*, Harmondsworth: Penguin, 1972. ③ Jameson, F., *Postmodernism, or the Cultural Logic of Late Capitalism*, London: Verso, 1991. ④ Leistyna, P., Woodrum, A. and Sherblom, S. A. (eds), *Breaking Free*, Cambridge, MA: Harvard Educational Review. ⑤ Miedama, S. and Wardekker, W. L., "Emergent Identity versus Consistent Identity: Possibilities for a Postmodern Repoliticization of Critical Pedagogy", in T. Popkewitz and L. Fendler (eds), *Critical Theories in Education: Changing Terrains of Knowledge and Politics*, London: Routledge, pp. 67−83, 1999.

莫里森

达林-哈蒙德
(*Linda Darling-Hammond*, 1951—)

　　教育的这个改变了的使命要求一种新的学校改革模式,在这种模式中政策制定者把自己的努力从设计控制……转向发展学校和教师的能力,使他们能对学生的学习负责并能对学生和社区的需要、利益和兴趣迅速地作出反应。①

　　在获得知识和资源方面的结构不平等的后果就是,"少数"民族和种族群体出身的学生……将面对根深蒂固的教育机会障碍。对这些处于发展之中的系统的不平等从政策层面上予以严肃的关注,对于改善教育质量和教育成果是至关重要的。②

　　琳达·达林-哈蒙德是斯坦福大学教育学院的查尔斯·杜科蒙(Charles E. Ducommun)教育教授,国家教学和美国未来委员会执行主任,她毫无疑问是当今美国最有影响的一位教育政策制定者和教育改革者。她的著作影响了联邦的立法、州的政策、地方学区和教师的实践,把他们的注意力转向教授的质量并严肃地关注平等问题。她不仅是美国最夺目的、最重要的教育政策制定者,而且还是最重要的政策研究者和政策贯彻者。要说明这两个似乎相对立的立场(政策制定者和研究贯彻者)是如何统一在一位妇女身上的,这事实上就是一部关于她的声望和影响的历史。但是,这一切是怎么发生的呢? 一位如此年轻的妇女是如何习得并形成这些思想的,更何况这些思想对美国的公立学校教育的政策和实践产生了如此强大的影响。在如此短的时间内她形成了什么观点,写了什么?

　　为了更好地理解她对公共教育政策和实践的影响,阐明她的社会的、政治的和智慧的发展是很重要的。还在孩提时代她的父母就经常搬家,因此达林家的孩子就能进较好的学校。20世纪50年代末至60年代,达林在俄亥俄州的克利夫兰长大,她所上的学校都能为学生提供更多的选择和更多的课外自修项目,较少地让学生死记硬背,而是鼓励学生更积极地参与。20世纪60年代的课程改革运动,要求教师更深切地关注课程并找到办法去让学生体验当历史学家、科学家等等意味着什么。这是"新数学"的时代,许多课程改革都试图为学生提供更广泛的能与课程内容衔接的经验。作为一名杰出的学生,达林受到了一种好的教育,得到了许多思维缜密、能力很强的教师的教诲。她来自工人阶级的家庭和社区,在那里她的朋友中间几乎没人进入大学,然而一位指导顾问鼓励她申报耶鲁大学,因为这所大学有史以来第一次招收女学生和相当数量的"少数民族"的和公立学校的学生。她被录取了,作为有女学生的一年级的一员从1969年进入耶鲁直到1973年。

这是美国历史上的骚乱年代。发生了反对越南战争的示威行动。许多大学校园中的学生示威游行,要求更多地关心学生和少一点教育的官僚化。这一时期仅仅是为接踵而来民权运动作准备。耶鲁、时代背景、学生会的特点,对年轻的琳达来说是一种猛烈的教育。许多来自私立学校的学生与来自公立学校的学生之间形成鲜明的对照。富有的、享有特权的、来自上层阶级的私立学校的男生,与来自不太富裕地区的公立学校的女生、少数民族学生截然不同。种族、阶级的差异和在获得知识方面的差异,在耶鲁是显而易见的。

她从自己的经验中认识到,获得高质量的教育和学校教育可能会如何决定生活的变化,于是她积极地参加到后来在校园中是无所不在的斗争中。所有学生平等地接受高质量教育的主题,成为她的工作和以后的写作的方面之一。作为一名学生,她努力学习,最后以优异成绩从耶鲁毕业。

但事情并未到此终止。由于对公立学校的教学产生了兴趣,在毕业后的暑假期间她得到了一张替补教师证书,于是成为新泽西州的卡姆登市的实习教师。卡姆登市是一座大城市,但经济萧条。她的学校像城市地区的许多其他学校一样,几乎不能为自己的学生或教师提供什么教具或图书。她的监督人让她去教图书的图书馆分类系统。但是她发现她的许多学生既不能读也不能写,于是她带来了一些可能对她的高中学生有吸引力的作者的书,使书中的主题与学生的经验发生关联,并与正在奋力理解世界和自己在这个世界中的地位的少年学生联系起来。作为一名教师她清楚,如果你不遵守制度你就是一个反抗者,但作为一名敏锐的成人,她正在形成一个观点,即她认为,作为一个专业人员就要对自己的委托人负责任并能迅速地对他们作出反应。

稍后在费城地区,她教职业教育分支的学生,并亲眼看到了在学校的官僚主义背景内是如何进行隔离和分轨的,低轨学生的学习难得是深入的,这不仅仅是因为课程设置,还因为往往把最需要帮助的学生分配给新的、没有经验的教师。她本人缺乏如何教学生阅读的经验,这帮助她清楚地意识到,系统本身是随意的,专业被设计成要赢得教师的一丝不苟的服从,这是因为没有什么知识可获得。规范是服从而不是能力。政策显然是教师所不能控制的。她对这种错误的现状感到气愤并希望知道更多的东西,于是就去读博士学位。

作为坦普尔大学的一名主修城市教育的研究生,达林找到伯纳德·沃森(Bernard Watson)教授当她的导师。在一次会谈中他接受了她并给予她奖学金,还雇她为研究助理。她的获奖学位论文是对低收入学生和在花费方面的不平等程度进行经济分析。该论文的一部分成为宾夕法尼亚州的法规的一篇范文。她向她的导师学习并很快就内化了他的思想,认为一个人可以同时是经验主义的、严格的、易动情的。正如她的导师热情地指出的那样,"她对教学的激情和投入,她把主动参与与社区相结合的能力,她从事令人吃惊的工作的能力,在这个领域中是无人可与之相比肩的"。③

在为全国城市联盟从事一项学校财政改革项目之后,达林-哈蒙德(此时她已结婚)成为兰德公司的一位社会科学家和政策研究员。兰德公司是有名的、声誉极高的智囊库。正是在这里,通过由她的同事阿瑟·怀兹(Arthur Wise)创办并领导的教学和政策研究中心,她开始研究、制定政策并开发其他途径去进行关于教学的思考。在她与阿瑟·怀兹一起工作的十年期间内,她研究并写作了有关师资供应和需求、教师队伍的补充、教师执照发放、有效的教师评估实践、其他文章和专题著作的得分等问题。最重要的是,她逐渐建设起了一支队伍,这支队伍帮助她形成了一种完全不同的教师政策观——这种观点建立在专业化的基础上,而不是建立在教学的官僚化的基础上。

1989年,达林-哈蒙德进入哥伦比亚大学师范学院,她早就了解该校对学生的民主教育观。正是在这里她专注于思考教学和学校教育的问题——从有经验的教师(他们曾经是她的学生、师范学院的同事和与她有关系的人)到改革方向和纽约市的教师积极分子团体。这些年给了达林-哈蒙德思考的机会,她向创办了纽约市小型学校的富有革新精神的教师学习并与他们一起研究[例如,参见达林-哈蒙德和杰奎琳·安塞斯(Jacqueline Ancess),1994]。④如何在这个世界上的最多样化的、最复杂的环境中向所有学生提供好的教育,这些学校就是生动的榜样。⑤

她与安·利伯曼(Ann Lieberman)一起在哥伦比亚大学师范学院创建了全国重建教育、学校和教学中心(NCREST)。创办这一组织是为了通过把学校改革和改革组织联系起来,通过用文件来承诺新的实践和传播这一知识,从而建立和理解政策发展和专业发展的新的结构。在这一过程中创造了新的提供文件的形式。她与她同事们写的著作的出版有助于澄清关于学校改革的一个新的观点和支持这一改革所需的政策。⑥同时,她通过自己作为纽约州课程和评价委员会主席的工作,把局部的专业实践的范例与支持局部改革实践的州的政策联系起来,在纽约州课程和评价委员会中她帮助推动了一种有关专业义务而不是官僚政治义务的思维方式。达林-哈蒙德把参加州政策制定班子的经历与全身心地投入纽约市的小型进步学校的经历联系起来,她投身于师范学院的共同体和具有创新精神的NCREST,这一切使她有了思考对强大的专业基础设施的需要的经验和机会,这样的基础设施可以把学院环境中的教师训练和正在进行之中的专业发展,与一种专业义务系统连接起来。通过征得洛克菲勒基金会的资助建立了一个两党的委员会,这个委员会把政府、企业、立法者、社区、教育领导人和教师联合起来,聚焦于美国未来的教学,因此,建立这样的专业系统的潜在影响是有可能的。

达林-哈蒙德现在已发表了许多文章和专著,她用这些著作不仅教导自己的在师范学院的学生,也告诉公众和政策制定者关于制定能支持新的、更专业化的实践的政策的必要性。达林-哈蒙德管理国家教学和美国未来委员会,该委员会由北卡罗来纳州州长詹姆斯·亨特(James Hunt)担任主席,其成员有来自全国的政界、商界、社区和教育界的领导人。在两年的时间内她撰写了一份报告(由不同的具有代表性的选区签署),这份报告就如何改革教师和校长的培养、增补、筛选和入门问题为国家提供了一份蓝图,也为改革学校如何支持、评价和奖励教师和校长的工作提供了蓝图。这份报告立即取得了成功,赢得了许多政策制定者和实践者的青睐,他们从中不仅归纳出什么是学校中存在的问题,还归纳出报告中的什么数据和例子可以用来解决这些问题。它的五条看上去很简单的建议在六年之后仍然受到教育界的重视。这五条建议是:

- 既为了学生也为了教师要严肃对待标准。
- 重塑教师培养和专业发展。
- 关心教师队伍的增补并在每间教室中安排有资质的教师。
- 鼓励和奖励教师的知识和技能。
- 创办为学生和教师取得成功而组织的学校。

这份报告推动了联邦和州制定了多份法律文件,各地主动发起了一连串改进教学的行动,至少有两项由联邦提供经费的研发项目,在国内外还发表了1500多篇文章。至少18个州和9个城市学区作为委员会的伙伴,支持委员会的工作和广大选民的参与(包括州长、州教育部、立法领导人和教育家),致力于贯彻包含在委员会的报告之中的思想。

委员会的报告于1996年付印出版。1997年出版了她的著作《学习的权利》。委员会的报告阐述的是必须置于适当位置的政策性倡议,为每个儿童提供有品位的教师;而这本书是为建立民主学校提供研究、实践、政策和理由。这本书花了十年的时间写就,提供了创建"学习者的和以学习为中心的学校"所必需的知识。这两件出版物都证明了达林-哈蒙德的智慧所产生的强大的效应,继续影响着广大的读者,其中包括公众、政策制定者、研究人员以及美国国内和外国的学校中的教育工作者。在领导教育工作者、研究人员和政策制定者方面,达林-哈蒙德是一位真正的先驱,一位有着学校和教师的洞察力的先驱,她参与建设居住在更公正、更合理的社会中的民主的共同体。

她有能力通过研究和写作把学术知识应用到学校改革的基本纲领中去,她领导并孜孜不倦地帮助制定能支持使所有的学生都取得成功的实践的政策,正如克莱尔蒙特学院院长在授予她五个荣誉学位中的一个学位时所言,这一切使她成为21世纪美国学者的榜样。

注　释

① Linda Darling-Hammond, "Reframing the School Reform Agenda: Developing the Capacity for School Transformation", *Phi Delta Kappan*, June, p. 754, 1993.
② Linda Darling-Hammond, "New Standards, Old Inequalities: The Current Challenge for African-American Education", in L. A. Daniels (ed.), *The State of Black America*, New York: National Urban League, pp. 109-171, 1998.
③ 与 Bernard Watson 的访谈, March, 1996.
④ 参见例如, *Graduation by Portfolio at Central Park East Secondary School*, with Jackqueline A. Ancess, New York: National Center for Restructuring Education, Schools and Teaching, Teachers College, Columbia University, 1994; and *Authentic Teaching, Learning, and Assessment with New English Learners at International High School*, with Jacqueline A. Ancess, New York: National Center for Restructuring Education, Schools and Teaching, Teachers College, Columbia University, 1994.
⑤ 参见例如, Ann Lieberman, *Visit to a Small School (Trying to do Big Things)*, New York: National Center for Restructuring Education, Schools and Teaching, Teachers College, Columbia University, 1996.
⑥ 参见例如, "Reframing the School Reform Agenda: Developing Capacity for School Transformation", *Phi Delta Kappan*, 74, 10. June, pp. 753-761, 1993; "Policy for Restructuring", in A. Lieberman (ed.), *The Work of Restructuring Schools: Building from the Ground Up*, New York: Teachers College Press, pp. 157-175, 1995; "Policies that Support Professional Development in an Era of Reform", with Milbrey W. McLaughlin, in Milbrey W. McLaughlin and Ida Oberman (eds), *Teacher Learning: New Policies, New Practices*, New York: Teachers College Press, pp. 202-235, 1996.

达林-哈蒙德的主要著作

Darling-Hammond 是一个多产作者, 著有 200 多篇文章、专论及著书中的专章。她在政策及研究刊物上以及专业杂志上发表了许多文章。此外, 她还编、著有 8 本书。

① *Beyond the Commission Reports: The Coming Crisis in Teaching*, Santa Monica: CA: RAND Corporation, 1984.　② *What Matters Most: Teaching for America's Future*, New York: National Commission on Teaching and America's Future, Teachers College, Columbia University, September, 1996.　③ *The Right to Learn*, San Francisco, CA: Jossey-Bass, Inc, 1997.　④ "New Standards, Old Inequalities: The Current Challenge for African-American Education", in L. A. Daniels (ed.), *The State of Black America*, New York: National Urban League, pp. 109-171, 1998.

其他参考书

① Lieberman, A. (ed.), *The Work of Restructuring Schools: Building from the Ground Up*, New York: Teachers College Press, 1995.　② McLaughlin, M. W., "Learning from Experience: Lessons from Policy Implementation", *Educational Evaluation and Policy Analysis*, 9, 2, pp. 171 – 178, 1987.　③ Meier, D., *The Power of their Ideas: Lessons from America from a Small School in Harlem*, Boston, MA: Beacon Press, 1987.

利伯曼

译后记

《教育究竟是什么？——100位思想家论教育》原来是两本书，一本是《50位重要思想家论教育——从孔子到杜威》，另一本是《50位当代思想家论教育——从皮亚杰到当代》。北京大学出版社以《教育究竟是什么？——100位思想家论教育》为题将两书合编出版。全书译毕，译者觉得有几句话想说。

译者觉得，本书是一本值得一读的好书。它的可读之处，总的来说就在一个"新"字。它的"新"体现在5个方面。

新领域 列入本书的思想家，最早的出生于公元前551年，最晚的出生于1951年。以目录中可看出，他们之中有一大批是我们知之甚少或全然不知的新人物。另一些人，虽然大家都很熟悉，但一直在教育史和教育理论研究者的视野之外，如达尔文、甘地等。这些新人物的出现为教育史特别是教育思想史的研究开拓了新领域，使教育史的研究范围更宽阔，内容更丰富多彩。

新问题 本书涉及的思想家多是开创性的人物，他们的头脑中没有或很少传统的束缚，没有固定不变的思维框架，没有不敢涉足的禁区。他们敢于提出问题，敢于破除陈规旧说，敢于挑战权威，另立新论。在本书中，你可以领略到这些领域的知识风采：穷人教育学、被压迫者教育学、批判教育学、解放教育、巨型大学、反英才教育、计算机取代学校、非学校化社会、童年的消失、美国文化是童年的敌人、少就是多的课程论、多元智能理论、教育学更政治化—政治更教育学化、不分级学校、学校与政府分离……真是琳琅满目，异彩缤纷。阅读本书，你好像进入了一座教育理论的博物馆，又好像参加教育理论百家争鸣的大会，令人神往，令人流连忘返。

新眼光 本书各篇论文的作者提供了许多新史实、新观点，为我国教育史和教育理论工作者长期以来对某些历史人物评价的思维定式提供了新的清醒剂，如林克编的《康德论教育》一书之不足信、卢梭《爱弥儿》的草稿和续编,赫尔巴特在伦理学、心理学基础上建立教育学的尝试的失败,杜威是工人和工会的坚定支持者,曾参与策划组建以工人、农民、中产阶级为基础的第三党,杜威明确反对儿童中心主义、强调教师作用,对纽曼的《大学的理念》一书要考虑到当时的具体环境,以"慷慨大度"的态度去阅读……都使人耳目一新,引发新的思考。

新线索 本书各篇之末都附有各思想家的著作目录以及进一步研究的其他参考书目。这些书目既有 19 世纪出版的,又有新近出版的,最新的直到 20 世纪末和 21 世纪初。这就为进一步研究各思想家的教育观提供了最新的资料来源的线索,为研究者提供了方便。

新视野 本书各篇作者来自许多国家。所以,在一定程度上本书部分地反映了世纪之交前后各国同行对历代思想家教育思想研究的新动态、新成就、新水平,便于与国内在这方面的研究成果进行比较。

本书另一个特异之处是将耶稣列入思想家名单,这是一个新动向,需要略作说明。

在基督教教会史上,耶稣的神性和人性是长久以来一直争论不息的问题。大体说来,神学家无例外地肯定耶稣的神性。一些正统的神学家甚至根本否定耶稣的人性。另一些被斥为异端的神学家则认为耶稣兼具神性和人性。否定耶稣的"人性"的证据之一是公元 1 世纪的史学家塔西佗的《历史》一书中有专章记述基督教的活动,却无只言片语提到鼎鼎大名的基督教的创始人耶稣。于是人们怀疑是否历史上真有耶稣其人。但是一些哲学家、史学家、宗教批评家还是倾向于相信耶稣是一位被神化了的历史人物。事实上,在费尔巴哈之前,黑格尔就已经开始了将神"人化"的工作。在黑格尔早年写的《耶稣传》中已见不到任何"奇迹"。在黑格尔的笔下,耶稣就是一位以道德谆谆教人的大众教师和一位理性主义者。读黑格尔的《耶稣传》,令人感到简直就是黑格尔的自画像,或者说黑格尔就是耶稣再世。19 世纪上半期,德国青年黑格尔派与老年黑格尔派分道扬镳的标志性著作,1835 年出版的施特劳斯的两卷本《耶稣传》则是竭尽全力从各方面论证耶稣是一位真实存在过的历史人物,而不是神。施特劳斯的观点当时被正统神学家视为异端。100 多年后,到 20 世纪下半期,耶稣是历史人物的观点就被愈来愈多的史学家所接受了。这就是本书将耶稣从神坛上请下来列入思想家的大背景。虽然因限于篇幅,"耶稣"一篇对耶稣思想的革新性还发掘得不全不深,但却为我们提供了一个新的观点、一个新的研究课题,值得引起重视。

本书编者在前言中说,确定列入本书的思想家的名字是件困难的事。困难之一也许就是对各国文化史、教育史的充分了解。在列入本书的100位思想家中,属于中国的仅仅只有孔子,显然不足以反映世界教育的原貌。在世界几个文明古国中,唯有中国的文化、教育起源最早,而且一直绵延不绝,日益繁荣昌盛,这在世界教育史上是绝无仅有。而且,中国的文化教育不仅是中国的,它早就对邻近地区发生深刻影响。中国古代、近代都有著名的富有创造性的大教育家。他们之所以没有列入本书,也许原因还在我们自己。我们对这些名教育家研究、宣传的力度不够。有些有重量的教育家,还没有全面研究其实践和理论的专著,甚至还没有出版他们的教育文集。他们不被外国人充分了解,也是很自然的事。我相信这些缺憾总有一天会得到弥补。

本书的另一不足之处是有些文章中"论教育"的分量似嫌不足,把有限的篇幅过多地用于生平事迹的描述,影响了对思想家的核心思想作更深入的发掘。

本书自前言至杜威为任钟印译,亚当斯以后为诸惠芳译。不当之处,欢迎批评。

译　者

2008.9

好书分享

大学之道丛书

大学之用
教师的道与德
高等教育何以为高
哈佛大学通识教育红皮书
哈佛，谁说了算
营利性大学的崛起
学术部落与学术领地
高等教育的未来
知识社会中的大学
教育的终结
美国高等教育通史
后现代大学来临？
学术资本主义
德国古典大学观及其对中国的影响
美国大学之魂（第二版）
大学理念重审
大学的理念
现代大学及其图新
美国文理学院的兴衰
大学的逻辑（第三版）
废墟中的大学
美国如何培养硕士研究生
美国高等教育史（第二版）
麻省理工学院如何追求卓越
美国高等教育质量认证与评估
高等教育理念
印度理工学院的精英们
21 世纪的大学
美国公立大学的未来
美国现代大学的崛起
公司文化中的大学
大学与市场的悖论
高等教育市场化的底线
美国大学时代的学术自由
理性捍卫大学
美国的大学治理
世界一流大学的管理之道（增订本）

21 世纪高校教师职业发展读本

如何成为卓越的大学教师（第二版）
如何提高学生学习质量
学术界的生存智慧（第二版）
给研究生导师的建议（第二版）
给大学新教员的建议（第二版）
教授是怎样炼成的

学术规范与研究方法丛书

如何进行跨学科研究
如何查找文献（第二版）
如何撰写与发表社会科学论文：国际刊物指南
如何利用互联网做研究
社会科学研究方法 100 问
社会科学研究的基本规则（第四版）
参加国际学术会议必须要做的那些事
——给华人作者的特别忠告
如何成为学术论文写作高手
——针对华人作者的 18 周技能强化训练
给研究生的学术建议（第一版）
生命科学论文写作指南
如何撰写和发表科技论文（第六版）
法律实证研究方法（第二版）
传播学定性研究方法（第二版）
学位论文写作与学术规范
如何写好科研项目申请书
如何为学术刊物撰稿（影印第二版）
如何成为优秀的研究生（影印版）
教育研究方法：实用指南（第六版）
高等教育研究：进展与方法
做好社会研究的 10 个关键

科学元典丛书

天体运行论 〔波兰〕哥白尼
关于托勒密和哥白尼两大世界体系的对话
　〔意〕伽利略
心血运动论 〔英〕威廉·哈维
薛定谔讲演录 〔奥地利〕薛定谔
自然哲学之数学原理 〔英〕牛顿
牛顿光学 〔英〕牛顿
惠更斯光论（附《惠更斯评传》）〔荷兰〕惠更斯
怀疑的化学家 〔英〕波义耳
化学哲学新体系 〔英〕道尔顿
控制论 〔美〕维纳
海陆的起源 〔德〕魏格纳
物种起源（增订版） 〔英〕达尔文
热的解析理论 〔法〕傅立叶
化学基础论 〔法〕拉瓦锡
笛卡儿几何 〔法〕笛卡儿
狭义与广义相对论浅说 〔美〕爱因斯坦
人类在自然界的位置（全译本）〔英〕赫胥黎
基因论 〔美〕摩尔根
进化论与伦理学（全译本）（附《天演论》）
　〔英〕赫胥黎
从存在到演化 〔比利时〕普里戈金
地质学原理 〔英〕莱伊尔
人类的由来及性选择 〔英〕达尔文
希尔伯特几何基础 〔俄〕希尔伯特
人类和动物的表情 〔英〕达尔文
条件反射：动物高级神经活动 〔俄〕巴甫洛夫
电磁通论 〔英〕麦克斯韦
居里夫人文选 〔法〕玛丽·居里
计算机与人脑 〔美〕冯·诺伊曼
人有人的用处：控制论与社会 〔美〕维纳
李比希文选 〔德〕李比希
世界的和谐 〔德〕开普勒
遗传学经典文选 〔奥地利〕孟德尔 等

德布罗意文选 〔法〕德布罗意
行为主义 〔美〕华生
人类与动物心理学讲义 〔德〕冯特
心理学原理 〔美〕詹姆斯
大脑两半球机能讲义 〔俄〕巴甫洛夫
相对论的意义 〔美〕爱因斯坦
关于两门新科学的对谈 〔意大利〕伽利略
玻尔讲演录 〔丹麦〕玻尔
动物和植物在家养下的变异 〔英〕达尔文
攀援植物的运动和习性 〔英〕达尔文
食虫植物 〔英〕达尔文
宇宙发展史概论 〔德〕康德
兰科植物的受精 〔英〕达尔文
星云世界 〔美〕哈勃
费米讲演录 〔美〕费米
宇宙体系 〔英〕牛顿
对称 〔德〕外尔
植物的运动本领 〔英〕达尔文
博弈论与经济行为（60周年纪念版）〔美〕冯·诺伊曼
生命是什么（附《我的世界观》）〔奥地利〕薛定谔

跟着名家读经典丛书

先秦文学名作欣赏 吴小如等著
两汉文学名作欣赏 王运熙等著
魏晋南北朝文学名作欣赏 施蛰存等著
隋唐五代文学名作欣赏 叶嘉莹等著
宋元文学名作欣赏 袁行霈等著
明清文学名作欣赏 梁归智等著
中国现当代诗歌名作欣赏 谢冕等著
中国现当代小说名作欣赏 陈思和等著
中国现当代散文戏剧名作欣赏 余光中等著
外国诗歌名作欣赏 飞白等著
外国小说名作欣赏 萧乾等著
外国散文戏剧名作欣赏 方平等著

博物文库

无痕山林
大地的窗口
探险途上的情书
风吹草木动
亚马逊河上的非凡之旅
大卫·爱登堡的天堂鸟故事
蘑菇博物馆
贝壳博物馆
甲虫博物馆
蛙类博物馆
兰花博物馆
飞鸟记
奥杜邦手绘鸟类高清大图
日益寂静的大自然
垃圾魔法书
世界上最老最老的生命
村童野径
大自然小侦探
与大自然捉迷藏
鳞甲有灵
天堂飞鸟
寻芳天堂鸟
休伊森手绘蝶类图谱
布洛赫手绘鱼类图谱
自然界的艺术形态
雷杜德手绘花卉图谱
果色花香：圣伊莱尔手绘花果图志
玛蒂尔达手绘木本植物
手绘喜马拉雅植物

西方心理学名著译丛

记忆 〔德〕艾宾浩斯
格式塔心理学原理 〔美〕考夫卡
实验心理学（上、下册） 〔美〕伍德沃斯 等
思维与语言 〔俄〕维果茨基
儿童的人格形成及其培养 〔奥地利〕阿德勒
社会心理学导论 〔英〕麦独孤
系统心理学：绪论 〔美〕铁钦纳
幼儿的感觉与意志 〔德〕蒲莱尔
人类的学习 〔美〕桑代克
基础与应用心理学 〔德〕闵斯特伯格
荣格心理学七讲 〔美〕霍尔 等

其他图书

如何成为卓越的大学生 〔美〕贝恩
世界上最美最美的图书馆 〔法〕博塞 等
中国社会科学离科学有多远 乔晓春
国际政治学学科地图 陈岳 等
战略管理学科地图 金占明
文学理论学科地图 王先霈
大学章程（1—5卷） 张国有
道德机器：如何让机器人明辨是非 〔美〕瓦拉赫 等
科学的旅程（珍藏版） 〔美〕斯潘根贝格 等
科学与中国（套装） 白春礼 等
彩绘唐诗画谱 （明）黄凤池
彩绘宋词画谱 （明）汪氏
如何临摹历代名家山水画 刘松岩
芥子园画谱临摹技法 刘松岩
南画十六家技法详解 刘松岩
明清文人山水画小品临习步骤详解 刘松岩
我读天下无字书 丁学良
教育究竟是什么？ 〔英〕帕尔默 等
教育，让人成为人 杨自伍
透视澳大利亚教育 耿华
游戏的人——文化的游戏要素研究 〔荷兰〕赫伊津哈
中世纪的衰落 〔荷兰〕赫伊津哈
苏格拉底之道 〔美〕格罗斯
全球化时代的大学通识教育 黄俊杰
美国大学的通识教育 黄坤锦
大学与学术 韩水法
国立西南联合大学校史（修订版） 西南联合大学北京校友会
发展中国家的高等教育 〔美〕查普曼 等